Sie ist eine Ikone der brasilianischen Literatur. Mit ihrer Schönheit, ihrem Geist und ihrer einzigartigen Stimme faszinierte Clarice Lispector, mit ihren eigenwilligen, modernen Romanen und Erzählungen ging sie bisweilen an die Grenzen des Sagbaren. Der amerikanische Literaturwissenschaftler Benjamin Moser hat sich auf ihre Spuren begeben und einzigartige Dokumente ihrer Herkunft gefunden. Daraus hat er ein ebenso spannendes wie einfühlsames Porträt einer widersprüchlichen, von ihren jüdischen Wurzeln stark geprägten Persönlichkeit geschaffen. Anschaulich und fesselnd beschreibt Benjamin Moser die Stationen ihres wechselvollen Schicksals und erhellt die Grundmotive ihres Schreibens.

BENJAMIN MOSER, geboren 1976 in Houston, Texas, lebt in den Niederlanden, wo er an der Universität Utrecht promovierte. Er verfasst regelmäßig Beiträge für *Harper's Magazine* und *The New York Review of Books* und ist als Biograph von Clarice Lispector außerdem Herausgeber ihrer Werkausgabe in neuer Übersetzung bei New Directions.

Benjamin Moser

Clarice Lispector

Eine Biographie

Aus dem Englischen
von Bernd Rullkötter

btb

Für Arthur Japin und Lex Jansen

INHALT

Clarice Lispector: Eine Biographie

Westukraine um 1920

POLEN

WOLHYNIEN

• Kiew

UKRAINE

Lwów •

GALIZIEN

Gaissin

PODOLIEN •

Teplyk

Tschetschelnik • Sawran

• Perwomaisk

BESSARABIEN

Dnestr

CHERSON

Kischinjow

Odessa •

0   100   200 km

RUMÄNIEN

Schwarzes

Meer

• Bukarest

Donau

Brasilien 1922

0   500   1000 km

STAMMBAUM DER FAMILIE LISPECTOR

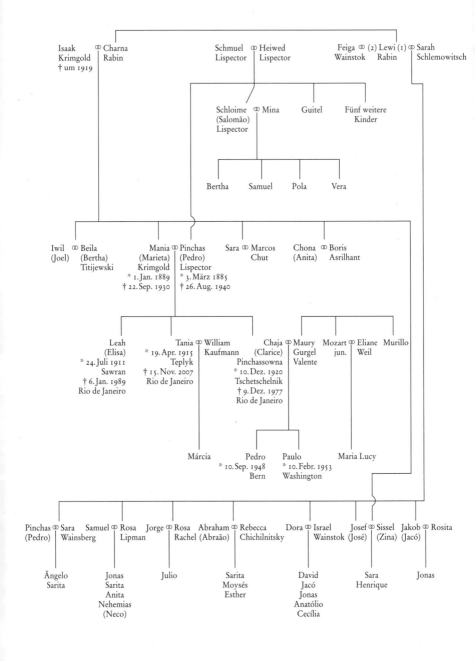

Isaak ∞ Charna
Krimgold Rabin
† um 1919

Schmuel ∞ Heiwed
Lispector Lispector

Feiga ∞ (2) Lewi (1) ∞ Sarah
Wainstok Rabin Schlemowitsch

Schloime ∞ Mina   Guitel   Fünf weitere
(Salomão)   Kinder
Lispector

Bertha   Samuel   Pola   Vera

Iwil ∞ Beila
(Joel) (Bertha)
Titijewski

Mania ∞ Pinchas
(Marieta) (Pedro)
Krimgold Lispector
* 1. Jan. 1889 * 3. März 1885
† 22. Sep. 1930 † 26. Aug. 1940

Sara ∞ Marcos
Chut

Chona ∞ Boris
(Anita) Asrilhant

Leah
(Elisa)
* 24. Juli 1911
Sawran
† 6. Jan. 1989
Rio de Janeiro

Tania ∞ William
* 19. Apr. 1915 Kaufmann
Teplyk
† 15. Nov. 2007
Rio de Janeiro

Chaja ∞ Maury
(Clarice) Gurgel
Pinchassowna Valente
* 10. Dez. 1920
Tschetschelnik
† 9. Dez. 1977
Rio de Janeiro

Mozart ∞ Eliane   Murillo
jun. Weil

Márcia

Pedro
* 10. Sep. 1948
Bern

Paulo
* 10. Febr. 1953
Washington

Maria Lucy

Pinchas ∞ Sara
(Pedro) Wainsberg

Samuel ∞ Rosa
Lipman

Jorge ∞ Rosa
Rachel (Abraão)

Abraham ∞ Rebecca
Chichilnitsky

Dora ∞ Israel
Wainstok (José)

Josef ∞ Sissel
(Zina)

Jakob ∞ Rosita
(Jacó)

Ângelo
Sarita

Jonas
Sarita
Anita
Nehemias
(Neco)

Julio

Sarita
Moysés
Esther

David
Jacó
Jonas
Anatólio
Cecília

Sara
Henrique

Jonas

Reinige deine Kleider und, wenn möglich, mögen all deine Kleider weiß sein, denn all dies ist sehr nützlich, um dem Herzen den Weg zu Gottesfurcht und Gottesliebe zu weisen. Wenn es Nacht ist, zünde viele Lichter an, bis es ganz hell ist, und dann nimm Tinte, Feder und Tafel in die Hand und denke daran, dass du im Begriffe stehst, Gott in Freude des Herzens zu dienen. Dann beginne, wenige oder viele Buchstaben zusammenzusetzen, zu vertauschen und miteinander zu bewegen, bis dein Herz warm wird, und achte auf ihre Bewegung und was sich bei dir aus ihr ergibt. Und wenn du spürst, dass dein Herz schon ganz warm geworden ist, und du siehst, dass du durch die Buchstabenkombinationen neue Dinge erfassen kannst, die du durch menschliche Überlieferung oder von dir selbst aus nicht erkennen könntest, und du schon vorbereitet bist, den Influxus der göttlichen Kraft in dich aufzunehmen, dann richte all deine wahren Vorstellungen darauf, dir den Namen Gottes und seine höchsten Engel in deinem Herzen vorzustellen, als ob sie Menschen wären, die um dich herumstünden oder -säßen.

ABRAHAM ABULAFIA
(1240 – nach 1290)

EINLEITUNG: DIE SPHINX

Im Jahr 1946 kehrte die junge brasilianische Schriftstellerin Clarice Lispector aus Rio de Janeiro nach Italien zurück, wo ihr Mann in Neapel als Vizekonsul diente. Sie war als diplomatischer Kurier mit Depeschen für das brasilianische Außenministerium heimgereist, doch da die üblichen Verbindungen zwischen Europa und Südamerika durch den Krieg lahmgelegt worden waren, musste sie sich auf einer unkonventionellen Route zu ihrem Mann begeben. Von Rio flog sie nach Natal an der Nordostspitze Brasiliens, dann zu dem britischen Stützpunkt auf der Insel Ascension im Südatlantik, zu dem amerikanischen Militärflugplatz in Liberia, zu den französischen Basen in Rabat und Casablanca und schließlich über Kairo und Athen nach Rom.

Vor jeder Teilstrecke hatte sie ein paar Stunden – oder Tage – zur Verfügung, um sich umzuschauen. In Kairo luden der brasilianische Konsul und seine Frau sie zu einer Kabarettvorstellung ein, wo die drei zu ihrem Erstaunen erlebten, wie der exotische Bauchtanz zu den vertrauten Klängen eines Karnevalhits von Carmen Miranda vorgeführt wurde, »Ich steh' auf Mama«, der 1937 in Rio Furore gemacht hatte.

Ägypten selbst machte wenig Eindruck auf Clarice, wie sie einem Freund in Rio de Janeiro schrieb: »Ich habe die Pyramiden gesehen, die Sphinx – ein Mohammedaner hat mir aus dem ›Wüstensand‹ die Zukunft gelesen und gesagt, ich hätte ein reines Herz ... [...] Sphinx, Pyramiden und Piaster, das alles ist ja von furchtbar schlechtem Geschmack. In Kairo zu leben ist fast schon schamlos. Die Herausforderung besteht darin, irgendetwas zu empfinden, das nicht schon im Reiseführer vorgesehen ist.«[1]

Clarice Lispector sollte Ägypten nie wiedersehen, doch viele Jahre später erinnerte sie sich an ihre kurze Sightseeing-Tour, auf der sie in den »Wüstensänden« keine Geringere als die Sphinx selbst mit ihrem Blick niedergezwungen hatte.

»Ich habe sie nicht entziffern können«, sagte die stolze, schöne Clarice. »Aber sie mich auch nicht.«[2]

Als Clarice Lispector 1977 starb, war sie längst eine brasilianische Legende geworden, die Sphinx von Rio de Janeiro, eine Frau, die ihre Landsleute praktisch von Jugend auf faszinierte. »Ihr Anblick war ein Schock«, sagte der Dichter Ferreira Gullar über ihr erstes Treffen. »Mit ihren grünen Mandelaugen und ihren hohen Wangenknochen wirkte sie wie eine Wölfin, eine faszinierende Wölfin ... Ich dachte, wenn ich sie je wiedersähe, würde ich mich hoffnungslos in sie verlieben.«[3]

»Es gibt Männer, die mich auch in zehn Jahren nicht vergessen konnten«, gestand Clarice. »Da war dieser amerikanische Dichter, der damit drohte, sich umzubringen, weil ich seine Liebe nicht erwiderte.«[4] Der Übersetzer Gregory Rabassa erinnerte sich, er sei »verblüfft« gewesen, »einer außergewöhnlichen Person zu begegnen, die aussah wie Marlene Dietrich und schrieb wie Virginia Woolf«.[5]

Im heutigen Brasilien schmückt ihr eindrucksvolles Gesicht Briefmarken. Ihr Name verleiht Luxusappartements einen besonderen Glanz. Ihre Werke, die zu ihren Lebzeiten häufig als undurchsichtig oder unverständlich abgetan wurden, werden in U-Bahn-Stationen am Automaten verkauft. Im Internet findet man Hunderttausende ihrer Fans, und selten vergeht ein Monat, ohne dass ein Buch erscheint, in dem der eine oder andere Aspekt ihres Lebens und ihres Werkes beleuchtet wird. Ihr Vorname genügt zu ihrer Identifikation durch gebildete Brasilianer, die sie, wie eine spanische Verlegerin anmerkte, »alle kannten, ihr Haus besucht hatten und eine Anekdote über sie erzählen können, ähnlich wie die Argentinier im Fall von Borges. Oder allermindestens ist man zu ihrer Beerdigung gegangen.«[6]

Die französische Schriftstellerin Hélène Cixous erklärte, Clarice Lispector sei die Person gewesen, zu der sich ein weiblicher Kafka entwickelt hätte oder »Rilke, wäre er eine jüdische, in der Ukraine geborene Brasilianerin gewesen. Oder Rimbaud, wäre er eine Mutter gewesen und fünfzig Jahre alt geworden. Oder Heidegger, wenn er hätte aufhören können, Deutscher zu sein.«[7] Wer diese unbeschreibliche Frau zu beschreiben versucht, greift häufig nach Superlativen, doch diejenigen, die sie entweder persönlich oder aus ihren Büchern kannten, beharren darauf, dass sich das auffälligste Merkmal ihrer Persönlichkeit, ihre Aura des Geheimnisvollen, jeglicher Beschreibung entzog. »Clarice«, stellte der Dichter Carlos Drummond de Andrade zur Zeit ihres Todes fest, »entstammte einem Geheimnis / und entwich in ein anderes.«[8]

Ihr rätselhaftes Wesen faszinierte und beunruhigte alle, die ihr begegneten. Nach ihrem Tod schrieb eine Freundin: »Clarice war eine Fremde auf Erden, die durch die Welt ging, als wäre sie mitten in der Nacht während eines allgemeinen Verkehrsstreiks in einer unbekannten Stadt eingetroffen.«[9]

*

»Vielleicht wussten ihre engsten Freunde und die Freunde jener Freunde etwas über ihr Leben«, schrieb ein Interviewer im Jahr 1961. »Woher sie kam, wo sie geboren wurde, wie alt sie ist, wie sie lebt. Aber sie spricht nie darüber, ›weil das etwas sehr Persönliches ist‹.«[10] Sie gab wenig von sich preis. Ein Jahrzehnt später fasste eine andere frustrierte Journalistin Clarices Reaktionen auf ein Interview zusammen: »Ich weiß nicht, das ist mir nicht bekannt, ich habe nie davon gehört, es ist mir nicht bewusst, es ist schwer zu erklären, ich weiß nicht, ich glaube nicht, ich habe nie davon gehört, ich bin nicht damit vertraut, das ist nicht der Fall, ich glaube nicht.«[11] Im Jahr vor ihrem Tod versuchte eine Reporterin, die eine lange Reise aus Argentinien zurückgelegt hatte, ihr Informationen zu entlocken: »Man sagt, Sie seien ausweichend, schwierig, wollten mit niemandem reden. Den Eindruck habe ich nicht.« Clarice erwiderte: »Offensichtlich stimmt es aber.« Nach mehreren einsilbigen Antworten füllte die Reporterin das Schweigen mit einer Geschichte über eine andere Autorin.

> Aber sie sagte nichts. Ich weiß nicht einmal, ob sie mich ansah. Sie stand auf und erklärte: »Vielleicht reise ich im Winter nach Buenos Aires. Vergessen Sie nicht, das Buch mitzunehmen, das ich Ihnen gegeben habe. Darin finden Sie Material für Ihren Artikel.«
>
> [Sie war] sehr groß, mit kastanienbraunem Haar und ebensolcher Haut, [und] ich erinnere mich, dass sie ein langes braunes Seidenkleid trug. Aber ich könnte mich irren. Beim Hinausgehen blieb ich vor einem Ölgemälde mit einem Porträt von ihr stehen.
>
> »De Chirico«, sagte sie, bevor ich sie darauf ansprechen konnte. Und dann, am Aufzug: »Sie müssen entschuldigen, aber ich unterhalte mich nicht gerne.«[12]

In dieses aus ihrer Auskunftsverweigerung entstandene Vakuum hinein rankten sich zahlreiche Legenden. Wenn man Berichte über Clarice in verschiedenen Stadien ihres Lebens liest, kann man sich kaum vorstellen, es mit derselben Person zu tun zu haben. Die Abweichungen waren zum Teil erheblich. »Clarice Lispector« galt einst als Pseudonym, und es hieß, man werde ihren wirklichen Namen erst nach ihrem Tod offenbaren. Wo genau sie zur Welt kam und wie alt sie war, schien ebenfalls ungewiss zu sein. Ihre Nationalität wurde in Frage gestellt, und ihre Muttersprache ließ sich nicht bestimmen. Während der eine Experte sie als konservativ bezeichnet, stuft ein anderer sie als Kommunistin ein. Wieder andere behaupten, sie sei eine fromme Katholikin gewesen, obwohl sie in Wirklichkeit Jüdin war. Manche Gerüchte besagen, sie sei Lesbierin gewesen, aber es wurde auch gemunkelt, sie sei ein Mann.

Dieses Gewirr von Widersprüchen ist deshalb so seltsam, weil Clarice Lispector keine nebulöse, nur aus antiken Papyrusfetzen bekannte Figur war. Sie ist erst seit rund fünfunddreißig Jahren tot, und es gibt noch viele Überlebende, die sie gut kannten. Sie war praktisch seit ihrer Jugend prominent, ihr Leben wurde ausführlich in der Presse dokumentiert, und sie hinterließ eine umfangreiche Korrespondenz. Gleichwohl sind nur wenige große moderne Künstler so durch und durch fremd geblieben. Wie kann eine Person, die Mitte des zwanzigsten Jahrhunderts in einer großen westlichen Stadt lebte, die Interviews gab, in Hochhäusern wohnte und mit Flugzeugen reiste, immer noch so rätselhaft erscheinen?

Sie selbst schrieb einmal: »Ich bin so geheimnisvoll, dass ich mich selbst nicht verstehe.«[13]

*

»Mein Geheimnis«, sagte sie an anderer Stelle nachdrücklich, »ist, dass ich keines habe.«[14] Clarice Lispector konnte genauso oft gesprächig und entgegenkommend sein wie schweigsam und kryptisch. Zur allgemeinen Verwirrung beteuerte sie, sie sei eine einfache Hausfrau, und diejenigen, die damit gerechnet hatten, einer Sphinx zu begegnen, fanden ebenso häufig eine jüdische Mutter vor, die ihnen Kuchen und Coca-Cola anbot. »Ich brauche Geld«, sagte sie einem Journalisten. »Als Mythos ist man in einer wenig komfortablen Position.«[15] Spät im Leben erläuterte sie, warum sie keine Interviews mehr gab: »Eine Clarice Lispector, die sich die Zehennägel rot anmalt, würde doch keiner verstehen.«[16]

In erster Linie wollte sie als Mensch respektiert werden. Sie war beschämt, als die berühmte Sängerin Maria Bethânia sich ihr mit dem Ruf »Meine Göttin«[17] zu Füßen warf. »Ah!«, rief eine von Clarices Protagonistinnen aus, »es war leichter, ein Heiliger zu sein als eine Person!«[18] In einem melancholischen Beitrag mit dem Titel »Ansicht eines auserwählten Wesens« beschreibt sie ihre Rebellion gegen ihr Image: »Da versuchte es, die Fotografie mittels subversiver Maßnahmen zu zerstören: Es tat oder sagte Dinge, die der Fotografie so sehr widerstrebten, dass sie sich in der Schublade sträubte. So hoffte das Wesen, lebendiger zu werden als die Fotografie. Doch mit welchem Ergebnis? Mit dem, dass all seine Versuche nur eines bewirkten: das Porträt abzurunden, es auszuschmücken.«[19]

Die Legende war stärker als sie selbst. Gegen Ende ihres Lebens wurde sie nach einem unfreundlichen Kommentar gefragt, den eine Zeitung über sie veröffentlicht hatte. »Zunächst war ich etwas verärgert, aber das hat nicht lange angehalten. Wenn ich [dem Verfasser] begegne, werde ich ihm nur sagen: Übrigens, falls Sie mal wieder über mich schreiben sollten – Clarice schreibt man mit c, nicht mit zwei s, ja?«[20]

Trotzdem gab sie die Hoffnung, als reale Person gesehen zu werden, nie ganz auf, und ihre Proteste gegen ihren Mythos brechen sich an unerwarteten Stellen Bahn. In einem Zeitungsartikel, den sie – ausgerechnet – über die neue Hauptstadt Brasília schrieb, erscheint eine erstaunliche Bemerkung: »Das *monstre sacré* ist tot: An seiner statt wurde ein Mädchen geboren, das die Mutter verloren hatte.«[21]

*

»Fakten und Details sind mir lästig«, schrieb sie und bezog sich damit wohl auch auf ihre eigene Biographie. Denn sie gab sich – in ihrem Leben und in ihren Werken – alle Mühe, solche Dinge auszulöschen. Doch andererseits hat sich auch kaum jemand so völlig entblößt wie sie. Durch die vielen Facetten ihrer Arbeit – in Romanen, Erzählungen, Briefen und journalistischen Artikeln, in ihrer glänzenden Prosa wird eine einzige Persönlichkeit unbarmherzig seziert und auf faszinierende Weise in der vielleicht größten spirituellen Autobiographie des zwanzigsten Jahrhunderts offenbart.

»Neben dem Wunsch nach Verteidigung meiner Privatsphäre ist da auch der sehnliche Wunsch, öffentlich und nicht bei einem Priester zu beichten.«[22] Ihre Form der Beichte zielte auf die inneren Wahrheiten, die sie sich in unaufhörlicher Meditation ihr Leben lang freizulegen bemühte. Dies ist der Grund dafür, dass Clarice Lispector weniger oft mit anderen Schriftstellern als mit Mystikern und Heiligen verglichen wird. »Die Romane von Clarice Lispector lassen uns häufig an die Autobiographie der heiligen Teresa denken«, stand in *Le Monde*.[23] Wie der Leser der heiligen Teresa oder des heiligen Johannes vom Kreuz sieht der Leser Clarice Lispectors eine nach außen gekehrte Seele vor sich

Sie kam aus der Welt der osteuropäischen Juden, einer Welt voller heiliger Männer und Wunder, die bereits die ersten Anzeichen des Untergangs erlebt hatte. Sie brachte die glühende religiöse Berufung jener aussterbenden Gesellschaft mit sich in eine neue Welt, in der Gott längst tot war. Wie Kafka verzweifelte sie, doch anders als Kafka machte sie sich schließlich unter Qualen auf die Suche nach dem Gott, der sie verlassen hatte. Sie schilderte ihr Streben wie Kafka mit Begriffen, die notwendigerweise aus der hinter ihr liegenden Welt stammten, denn sie beschrieb die Seele einer jüdischen Mystikerin, die weiß, dass Gott tot ist, und – ein Paradox, das in ihrem Werk immer wiederkehrt – entschlossen ist, Ihn trotzdem zu finden.

Die in ihrem Werk entblößte Seele gehört einer einzelnen Frau, doch in ihr entdeckt man die gesamte Spanne der menschlichen Erfahrung. Genau deshalb ist Clarice Lispector als fast alles Mögliche dargestellt worden: als Frau und als Mann, als Einheimische und als Ausländerin, als Jüdin und Christin, als Kind und Erwachsene, als Tier und als Mensch, als Lesbierin und als Ehe- und Hausfrau, als Hexe und als Heilige. Da sie so viel von ihrer intimen Erfahrung preisgab, konnte sie glaubhaft alles für jeden sein und von denen verehrt werden, die in ihrem ausdrucksvollen Genie einen Spiegel ihrer eigenen Seele entdeckten. Wie sie selbst sagte: »Ich bin ihr alle.«[24]

*

»Vieles kann ich dir nicht erzählen. Ich werde hier nicht autobiographisch. ›Bio‹ will ich sein.«[25] Aber auch eine universale Künstlerin geht aus einem spezifischen Kontext hervor, und der Kontext, der Clarice Lispector hervorbrachte, war für die meisten Brasilianer – zumal für ihre bürgerlichen Leser – unvorstellbar. Clarice, die Tausende von Kilometern von Brasilien entfernt in einem entsetzlichen Bürgerkrieg geboren wurde und deren Mutter durch einen Akt grauenhafter Brutalität zum Tode verurteilt worden war, hatte eine durch enorme Armut und Gewalt geprägte Herkunft.

Als Heranwachsende schien sie über ihre Anfänge triumphiert zu haben, und für den Rest ihres Lebens vermied sie jeglichen noch so vagen Hinweis auf ihre Ursprünge. Vielleicht fürchtete sie, von niemandem verstanden zu werden. Und deshalb hielt sie den Mund – ein »Monument«, ein »*monstre sacré*«, gefesselt an eine Legende, die Clarice, wie sie wusste, überleben würde und die sie widerwillig und ironisch akzeptierte. Achtundzwanzig Jahre nach ihrer ersten Begegnung mit der Sphinx schrieb Clarice, sie denke daran, ihr einen weiteren Besuch abzustatten.

»Mal sehen, wer hier wen verschlingt.«[26]

I

FUN WONEN IS A JID?

Clarice wurde von doktrinären kommunistischen Kritikern entfremdet, intellektuell, ›intimistisch‹ und ermüdend genannt. Sie reagierte jedoch nur, wenn sie sich durch den albernen Vorwurf, sie sei Ausländerin, gekränkt fühlte.«[1] Ihre engste Freundin schrieb:»Sie war immer sehr ärgerlich, wenn jemand andeutete, sie sei nicht durch und durch Brasilianerin. Gewiss, sie wurde in Russland geboren, aber sie war mit nur zwei Monaten hierhergekommen. Sie wollte auf jede denkbare Art Brasilianerin sein.«[2] »Ich bin Brasilianerin«, erklärte sie, »und damit basta.«[3]

Ich bin in der Ukraine geboren, der Heimat meiner Eltern. Ich bin in einem Dorf namens Tschetschelnik geboren, das so klein und unbedeutend ist, dass es nicht einmal auf der Landkarte auftaucht. Als meine Mutter mit mir schwanger wurde, waren meine Eltern dabei auszuwandern, in die Vereinigten Staaten oder nach Brasilien, das war noch nicht entschieden: Sie machten für die Niederkunft Halt in Tschetschelnik und setzten dann die Reise fort. Ich kam nach Brasilien, als ich *kaum zwei Monate* alt war.[4]

Obwohl Clarice Lispector in frühester Kindheit eingetroffen war, erschien sie vielen Brasilianern stets als Ausländerin, nicht wegen ihrer Geburt in Europa oder der vielen Jahre, die sie im Ausland verbrachte, sondern wegen ihrer Sprechweise. Sie lispelte, und ihr schnarrendes, kehliges R verlieh ihr einen seltsamen Akzent. »Ich stamme nicht aus Frankreich«, erklärte sie, denn so klang es nämlich. »Mein R ist ein Sprachfehler: Ich habe schlichtweg ein verkürztes Zungenbändchen. Nun, da meine brasilianische Identität also geklärt wäre … […]«[5]

Sie behauptete, ihr Freund Pedro Bloch, ein brasilianischer Vorreiter auf dem Gebiet der Sprachtherapie, habe ihr angeboten, eine Operation vorzunehmen, die das Problem beheben werde. Aber Dr. Bloch erklärte, ihre Aussprache sei ganz natürlich für ein Kind, das seine ausländischen Eltern nachahme: Das kehlige R, wenn auch nicht das Lispeln, sei verbreitet bei den Kindern jüdischer Einwanderer in Brasilien.[6] Es gelang Dr. Bloch, das Problem durch Übung, nicht durch einen chirurgischen Eingriff zu lösen. Allerdings nur vorübergehend. Obwohl Clarice es ständig bestritt, weigerte sie sich hartnäckig, dieses unmittelbar erkennbare Zeichen ihrer Fremdartigkeit abzulegen. Ihr ganzes Leben hindurch schwankte sie zwischen dem Bedürfnis nach Zugehörigkeit und dem verbissenen Beharren darauf, ihre Andersartigkeit aufrechtzuerhalten. Ein paar Monate nach seiner erfolgreichen Behandlung traf Dr. Bloch mit Clarice zusammen und bemerkte, dass sie wieder ihr altes R benutzte. Ihre Erklärung war schlicht: »Sie teilte ihm mit, sie verzichte nicht gern auf ihre Besonderheiten.«[7]

∗

Es gab keine Besonderheit, auf die Clarice Lispector lieber verzichtet hätte als auf ihren Geburtsort. Aus diesem Grund stand sie – trotz der Aussprache, die an jenen Ort denken ließ, und trotz der manchmal beängstigenden Ehrlichkeit ihrer Werke – im Ruf einer Lügnerin. Etliche Schwindeleien, etwa die paar Jahre, um die sie ihr Alter gern verringerte, lässt man ihr als Koketterie einer schönen Frau durchgehen, doch fast jede ihrer wirklichen Lügen hat mit den Umständen ihrer Geburt zu tun.

In ihren veröffentlichten Texten zeigte Clarice eindeutig mehr Interesse an der metaphysischen Bedeutung der Geburt als an den konkreten topographischen Einzelheiten ihrer eigenen Herkunft. Gleichwohl ließen diese Einzelheiten sie nicht los. In Interviews behauptete sie, nichts über ihren Geburtsort zu wissen. In den sechziger Jahren gab sie dem Schriftsteller Renard Perez das längste Interview, das sie je gewährte; der freundliche und behutsame Perez dürfte ihr die Nervosität genommen haben. Bevor er den Artikel veröffentlichte, ließ er ihn von ihr genehmigen. Ihr einziger Einwand betraf den ersten Satz: »Als die Lispectors kurz nach der Revolution beschlossen, aus Russland nach Amerika auszuwandern ...« »Es war nicht kurz danach«, protestierte sie. »Es war viele, viele Jahre später!« Perez kam ihr entgegen, und der veröffentlichte Text begann: »Als die Lispectors beschlossen, aus Russland nach Amerika auszuwandern (und zwar viele Jahre nach der Revolution) ...«[8]

Sie log auch darüber, wie alt sie bei ihrer Ankunft in Brasilien war. In der oben zitierten Passage betont sie, dass sie *erst zwei Monate alt* gewesen sei, als ihre Familie von Bord ging. Dabei wusste sie genau, dass sie über ein Jahr alt war. Es ist ein geringfügiger Unterschied – in beiden Fällen war sie zu jung, um sich an eine andere Heimat zu erinnern –, doch ihr Versuch, sich auf das niedrigste glaubwürdige Alter festzulegen, ist merkwürdig. Warum machte sie sich die Mühe? Clarice Lispector wünschte sich nichts sehnlicher, als die Geschichte ihrer Geburt neu zu schreiben. Als sie über dreißig Jahre alt war und im Ausland lebte, vermerkte sie in privaten Aufzeichnungen: »Ich kehre an den Ort zurück, von dem ich stamme. Das Beste wäre, bis in jenes russische Städtchen zu reisen und unter anderen Umständen geboren zu werden.« Dieser Gedanke kam ihr beim Einschlafen. Dann träumte sie, sie sei durch eine öffentliche Gerichtsverhandlung aus Russland ausgewiesen worden. In deren Verlauf sagte ein Mann, »in Russland seien nur feminine Frauen zugelassen – und ich sei nicht feminin«. Mit zwei Gesten habe sie sich ungewollt verraten, erklärt der Richter: »1. hätte ich mir selbst eine Zigarette angesteckt, und eine Frau warte, bis der Mann sie ihr anzünde. 2. hätte ich mir eigenhändig den Stuhl an den Tisch gerückt, anstatt ordnungsgemäß abzuwarten, dass er das für mich tue.«[9]

Damit wurde ihr die Rückkehr verboten. In ihrem zweiten Roman schrieb sie, vielleicht eingedenk der Endgültigkeit ihrer Abreise: »Der Ort, an dem sie geboren war – sie empfand ein vages Erstaunen darüber, dass es ihn noch gab, als gehörte auch er zu dem, was man verliert.«[10]

*

In einem Roman, der auf der Emigrationsgeschichte ihrer Familie beruht, stellt Elisa Lispector, Clarices älteste Schwester, wiederholt folgende Frage: *Fun wonen is a Jid?* Wörtlich bedeutet dies: »Woher stammt der Jude?« Es ist die höfliche Floskel, mit der sich ein Jiddisch Sprechender nach der Herkunft eines anderen erkundigt. Ihr ganzes Leben hindurch fiel es Clarice schwer, eine Antwort darauf zu finden. »Die Frage der Herkunft«, schrieb ein Kritiker, »kehrt so zwanghaft wieder, dass man sagen kann, Clarice Lispectors gesamtes Werk sei darum herum aufgebaut.«[11]

Auf Fotos sieht sie schwerlich so aus, als hätte sie aus einem anderen Land als Brasilien stammen können. Völlig heimisch am Copacabana-Strand, trug sie das dramatische Make-up und den grellen Schmuck der Grande Dame des Rio ihrer Tage. Die Frau, die die Schweizer Berghänge hinunterjagte oder in einer Gondel durch den Canal Grande glitt, hatte nichts von einem hungrigen Ghettokind an sich. Auf einem Bild steht sie neben Carolina Maria de Jesus, einer schwarzen Frau, deren erschütternde Erinnerungen an die brasilianischen Elendsviertel,

Tagebuch der Armut, eine der literarischen Offenbarungen des Jahres 1960 waren. Neben der bemerkenswert schönen Clarice, deren maßgeschneidertes Kostüm und modische Sonnenbrille an einen Filmstar erinnern, wirkt Carolina angespannt und deplatziert, als hätte jemand Clarices Dienstmädchen vor das Objektiv gezerrt. Niemand hätte erraten können, dass Clarices Herkunft sogar noch elender war als die Carolinas.

Doch im wirklichen Leben vermittelte Clarice häufig den Eindruck von Fremdartigkeit. In Memoiren wird ihre Seltsamkeit oft erwähnt. Sie hatte eine sonderbare Stimme und einen ebensolchen Namen, der in Brasilien so unüblich war, dass ein Kritiker beim Erscheinen ihres ersten Buches von »einem unangenehmen Namen, wahrscheinlich einem Pseudonym«,[12] sprach. Hinzu kam die ungewöhnliche Art, wie sie sich kleidete; nach der Trennung von ihrem Mann hatte sie wenig Geld für die Erneuerung ihrer Garderobe und trug ihre im Ausland erworbene alte Kleidung, die sie noch jahrelang »fremd, unzeitgemäß«[13] aussehen ließ.

Ihre Absonderlichkeit verwirrte manch einen. »Ihr wird vorgeworfen, sie sei entwurzelt«, schrieb eine Kritikerin im Jahr 1969, »sie beschäftige sich mit Motiven und Themen, die nichts mit ihrer Heimat zu tun hätten, und das in einer Sprache, die an die englischen Schriftsteller erinnert. Es gibt keine Lüster in Brasilien, und niemand weiß, wo diese belagerte Stadt sein soll.«[14]

(*Der Lüster* war der Titel ihres zweiten Romans, *Die belagerte Stadt* der ihres dritten.)

✳

»Ich muss etwas Eigensinniges ausstrahlen, in meinen Augen sieht man die Ausländerin, die die Landessprache nicht beherrscht«, schrieb sie.[15] Doch ihre Bindung an das Land, das ihre Familie gerettet und in dem sie ihr Leben verbracht hatte, dessen Sprache außerdem das Medium ihrer Kunst darstellte, kam von Herzen.

Bemerkenswerter ist, wie häufig andere ihre enge Beziehung zu Brasilien unterstreichen. Zum Beispiel dürfte es kaum vorkommen, dass jemand, der über Machado de Assis schreibt, hervorhebt, wie durch und durch brasilianisch der Autor sei. In Äußerungen über Clarice Lispector dagegen sind solche Hinweise fast unvermeidlich. Die Herausgeber der populären Taschenbuchreihe »Unsere Klassiker« wählten als einen von nur zwei Auszügen aus Clarices über fünfhundert Seiten langer Sammlung ihrer Zeitungskolumnen ein paar kurze Absätze, mit denen sie auf eine Frage nach ihrer Nationalität reagiert hatte. »Ich gehöre Brasilien«, lautete ihre Antwort.[16]

Nicht weniger als ein Drittel des Klappentextes einer ihrer Biographien ist der Beteuerung gewidmet, dass sie Brasilianerin gewesen sei: »Dieses Kennzeichen ihrer Herkunft [d. h. ihrer ausländischen Geburt] ist jedoch das Gegenteil dessen, was sie zu leben versuchte und was die vorliegende Biographie auf der Grundlage einer umfangreichen Korrespondenz und Dutzender von Interviews geltend macht: Brasilien war mehr als ihr Adoptivland, nämlich ihre wahre Heimat.«[17] Auf der populären Social-Networking-Website Orkut verkündet die Clarice-Lispector-Gruppe mit mehr als 210 000 Mitgliedern, sie sei eine »Gemeinschaft, die sich der größten und stärksten BRASILIANISCHEN Schriftstellerin aller Zeiten widmet. Ich wiederhole: BRASILIANISCHEN.«

Aber von Beginn an begriffen die Leser, dass sie eine Außenseiterin war. »Clarice Lispector«, schreibt Carlos Mendes de Sousa, »ist die erste, radikalste Bekräftigung eines *Nicht-Ortes* in der brasilianischen Literatur.«[18] Sie gehört zu den bedeutendsten Vertretern der modernen Literatur Brasiliens, obwohl sie in einem tiefgreifenden Sinne ganz und gar nicht brasilianisch ist. Der Dichter Lêdo Ivo fing das Paradox ein: »Eine greifbare und annehmbare Erklärung für das Geheimnis von Clarice Lispectors Sprache und Stil wird es zweifellos nicht geben. Die Fremdheit ihrer Prosa ist eine der schlagendsten Erscheinungen in der Geschichte unserer Literatur, ja, in der Geschichte unserer Sprache. Diese Grenzprosa im Zeichen von Auswanderung und Einwanderung verweist uns auf keinen unserer berühmten Vorläufer. [...] Man ist geneigt zu sagen: Sie, die eingebürgerte Brasilianerin, hat eine Sprache eingebürgert.«[19]

»Meine Heimat hat mich in keinerlei Hinsicht geprägt, abgesehen vom Erbe des Bluts. Russischen Boden habe ich nie betreten«, sagte Clarice Lispector.[20] In der Öffentlichkeit erwähnte sie die Wurzeln ihrer Familie nur ein paar Mal. Wenn sie es tat, dann entweder vage – »Ich habe meinen Vater gefragt, seit wann es Lispectors in der Ukraine gibt, und er sagte, seit Generationen und Vorgenerationen.«[21] – oder auf irreführende Art. Ihre veröffentlichten Hinweise auf ihre ethnische Zugehörigkeit sind so karg, dass viele glaubten, sie schäme sich ihrer Herkunft.[22]

Fun wonen is a Jid? Es ist kein Wunder, dass sie sich danach sehnte, die Geschichte ihrer Geburt im Winter 1920 im Gouvernement Podolien – das bis kurz davor ein Teil des Russischen Reiches gewesen war und heute im Südwesten der Republik Ukraine liegt – umzuschreiben. »Ich bin sicher, dass schon in der Wiege mein erster Wunsch der war, dazuzugehören«, schrieb sie. »*Aus Gründen, die nichts zur Sache tun*, muss ich wohl gespürt haben, dass ich zu nichts und niemandem gehörte.«[23]

*

Die Hervorhebung ist hinzugefügt worden, denn Clarice ging auf diese Gründe
nie ein. Immerhin kann man über die Zeit und den Ort ihrer Geburt sagen, dass
sie sozusagen schlecht gewählt waren. Selbst in dem Wirrwarr aus Morden, Desastern und Kriegen, das als ukrainische Geschichte firmiert – von der mongolischen Plünderung Kiews im Jahr 1240 bis hin zu der Kernexplosion von 1986 in
Tschernobyl –, sticht 1920 als besonders entsetzliches Jahr hervor.

Noch Schlimmeres sollte folgen: Zwölf Jahre später begann Stalin, die Bauern
des Landes systematisch auszuhungern, wodurch er mehr Menschen ermordete,
als im Ersten Weltkrieg auf allen Seiten zusammen starben.[24] Neun Jahre danach
fielen 5,3 Millionen Menschen, ein Sechstel der Bewohner, Hitlers Einmarsch
zum Opfer.[25] »Die Ukraine ist noch nicht tot«, singt man staunend in der Nationalhymne.

Vor diesem schrecklichen Hintergrund kann nicht jeder Katastrophe gebührend gedacht werden. Aber obwohl es heute überwiegend vergessen ist, war das,
was den Juden der Ukraine um die Zeit von Clarice Lispectors Geburt zustieß,
ein Unheil von unvorstellbarem Ausmaß. Schätzungsweise 250 000 Menschen
wurden ermordet – es war mit Ausnahme des Holocaust die schlimmste antisemitische Episode der Geschichte.

Im Jahr 1919 erklärte ein Schriftsteller: »Was den Juden Osteuropas [während
des Ersten Weltkriegs] drohte, waren nicht das vorübergehende Leid und die
Schwächung, die im Krieg unvermeidlich sind, sondern die totale Auslöschung
einer ganzen Rasse durch erfinderische und rapide Folter.«[26] Als dieser Satz veröffentlicht wurde, glaubte der Autor, dass jenes Grauen der Vergangenheit angehöre. Das wirkliche Drama stand jedoch noch bevor.

2

JENES RÄTSELHAFTE ETWAS

Tschetschelnik, ein kleiner Winkel des enormen Zarenreiches, im westukrainischen Gouvernement Podolien, war typisch für die schmuddeligen Schtetl, in denen die meisten Juden der Welt bis zur Wende des zwanzigsten Jahrhunderts lebten. Vor dem Ersten Weltkrieg hatte es rund achttausend Einwohner, ein Drittel davon Juden. Ein Emigrant aus Tschetschelnik nach New York, Nathan Hofferman, betonte, dass »die Mehrheit der Juden arm war. Und nicht nach dem Maßstab der ›Armut‹, der hier in den Staaten gilt, sondern buchstäblich arm. Was bedeutete, dass man keine Scheibe Brot für die Ernährung der zahlreichen Kinder hatte.«

Manche hausten in Hütten mit zwei oder drei Zimmern und Sandfußböden, halb nackt, frierend im Winter und schwitzend im Sommer ... Die Kindersterblichkeit war hoch, doch die Geburtenrate ebenfalls, denn laut jüdischem Gesetz ist Geburtenkontrolle tabu. Es gab keine sanitären Einrichtungen, sämtliche Säuglings- und Kinderkrankheiten nahmen epidemische Ausmaße an, und medizinische Hilfe war sehr selten ... Als ich vom Fehlen sanitärer Einrichtungen sprach, übertrieb ich keineswegs. Die meisten Häuser hatten nicht einmal ein Plumpsklo. Die Menschen erleichterten sich direkt hinterm Haus oder in kleinen Senken am Ortsrand. Die einzigen Reiniger waren die Schweine, die durch die Straßen streiften, und der Regen, der den Unrat zum Strom hinunterschwemmte.

Getreide war der Hauptwirtschaftsfaktor. Da Juden kein Land und keine Höfe besitzen durften, stellten sie einen großen Anteil der kleineren Händler, die auch Nutztiere kauften und verkauften. »Am höchsten Punkt des Ortes lag ein großer offener Platz, auf dem die Bauern und Pferdehändler ihre Tiere erwarben und feilboten«, erinnerte sich Hofferman. »Am Fuß des Ortes befand sich ein weiterer Platz, auf dem man mit Vieh handelte. Das Verfahren war das gleiche wie bei den Pferden, abgesehen davon, dass der eine Platz mit Kuhscheiße und der andere mit Pferdescheiße bedeckt war.«[1]

*

Heutzutage wirkt Tschetschelnik gar nicht so abschreckend. Aus seiner baufälligen leuchtend grün und lila gestrichenen Dorfarchitektur stechen ein paar zerbröckelnde Betonbauten der Sowjetzeit hervor. Andere Gebäude sind Denkmäler für verschwundene Bevölkerungsgruppen: Die Katholiken, die ihre Gottesdienste in der polnischen Kirche abhielten, sind längst fort, und die Synagoge, in die Mania und Pinchas Lispector ihre Neugeborene zur Segnung gebracht haben müssen, ist in einem traurigen Zustand – leer und hinter ihrer immer noch eindrucksvollen Steinfassade den Elementen ausgesetzt.[2]

Es ist ein Ort, in dem einem tüchtigen Bürgermeister der Lebensmittelladen, die Tankstelle und das Hotel gehören und in dem Geflügel auf der Hauptstraße, dem Lenin-Boulevard, umherspaziert. Die Bewohner erinnern sich lebhaft an den brasilianischen Botschafter, der vor ein paar Jahren in Shorts und Sandalen eintraf, um den besten Standort für ein Clarice-Lispector-Denkmal auszukundschaften (bei der Einweihung war er formeller gekleidet). Tschetschelnik besitzt nicht gerade viele Denkmäler, und Botschafter lassen sich dort auch eher selten blicken.

Auf einem Hochkamm gelegen, bietet der Ort imposante Ausblicke über die grünen Hügel der Umgebung. Die Aussicht soll jedoch nicht Touristen erfreuen, sondern zur rechtzeitigen Warnung vor einem drohenden Einmarsch dienen. Tschetschelnik war immer in Gefahr – ein verletzlicher Grenzposten dort, wo einst im fünfzehnten und sechzehnten Jahrhundert das Türkische und das Polnische Reich aufeinandertrafen.

Die Familie Lispector gehörte nicht zu den ersten Flüchtlingen des Dorfes. Im Gegenteil, Tschetschelnik wurde von Flüchtlingen gegründet und ist sogar nach ihnen benannt. Es heißt, die Wurzel des Wortes Tschetschelnik, *kaçan lik*, sei das Turkwort für »Flüchtling«. Die ersten Siedler erschienen unter der Führung eines tatarischen Renegaten namens Tschagan, der ein rechtgläubiges Mädchen heiratete, getauft wurde und sich am rechten Ufer des Flusses Sawranka niederließ.[3] Tschagans Beispiel folgend, kamen weitere Flüchtlinge zu Beginn des sechzehnten Jahrhunderts – entflohene Leibeigene, die unter ihren polnischen Eigentümern ein so schweres Leben führten, dass sie es riskierten, sich in einem Gebiet niederzulassen, das dem Terror unablässiger Tataren-Invasionen ausgesetzt war.

Ein ausgeklügeltes Tunnelsystem unter den Gebäuden bot Schutz. Es gab drei miteinander verbundene Hauptgänge, die bis fünf Meter unter der Oberfläche lagen und annähernd zwei Meter hoch waren. Die meisten Häuser, darunter fast alle jüdischen, besaßen im Erdgeschoss getarnte Eingänge in die Katakomben. In Friedenszeiten benutzte man sie zu Lagerungszwecken, und bei drohenden Einmärschen verschwand die gesamte Ortsbevölkerung (mit ihren Tieren) im Untergrund. Die Erbauer des Systems hatten darauf geachtet, den Zugang zu einem unterirdischen Fluss zu ermöglichen, wo die Tiere getränkt werden konnten.[4]

Im siebzehnten Jahrhundert wurde Tschetschelnik, damals unter polnischer Herrschaft, offiziell vom Status eines Dorfes zu dem einer Ortschaft erhoben; und um 1780 errichteten die Juden die stattliche Synagoge, deren wackelige Ruinen immer noch stehen. Es war eine Zeit des religiösen Haders, meist unter den Christen. Die Herrscher des Ortes, die Angehörigen der Fürstenfamilie Lubomirski, versuchten, die Einheimischen zu »polonisieren«, indem sie eine katholische Kirche bauten und Landbesitz orthodoxer Stiftungen an sich brachten.

Die Fürsten begründeten auch den Anspruch des Ortes auf seinen äußerst bescheidenen Ruhm: ein großes Gestüt, das wertvolle Pferde hervorbrachte. Für Clarice Lispectors Geburtsort ist dies ein fast gespenstisch angemessenes Gewerbe: »Wenn ich in Worte fassen sollte, was meine verborgenste und subtilste Empfindung ist«, schrieb sie, »würde ich sagen: Hätte ich die Wahl gehabt, ich wäre gerne als Pferd geboren.«[5]

»Beim Betreten der Ortschaft erblickt man eine römisch-katholische Kirche mit einem grünen Dach und einem hohen Glockenturm«, schrieb der polnische Reisende Kraszewski nach einem Besuch im Jahr 1843. »Nur Vasen verzieren die Oberkanten der Mauern, welche die Ruinen von Fürst Lubomirskis Palast umgeben ... Der Ort und der Markt sind leer, die Häuser ärmlich, niedrig, schräg und aus Lehm. Die einheimischen Juden sprechen mehr Russisch als Polnisch, und ihr Äußeres unterscheidet sich stark von dem der Juden in Polen.«[6]

Zu Beginn des zwanzigsten Jahrhunderts, also ein Jahrhundert nachdem Tschetschelnik in russische Hände übergegangen war, lebten nur noch wenige Russen in der Gegend. Die Bauern waren orthodoxen Glaubens und sprachen Ukrainisch. Der Adel war polnisch und katholisch; man ging zum Gottesdienst in die beeindruckende katholische Kirche, die Kraszewski bemerkt hatte und die viel spektakulärer war als ihr orthodoxes Gegenstück am anderen Ortsende. Trotz der Armut, die von der russischen Regierung erzwungen wurde, überlebten die Juden (wenn auch häufig mit Mühe) durch den Kleinhandel, nicht selten mit Vieh. Sämtliche Läden in Tschetschelnik gehörten Juden, außer der Drogerie, die sich im Besitz eines Polen befand, und dem Spirituosenladen, der unter das Wodkamonopol der Regierung fiel.

*

Kann ein Geburtsort jemandem, der ihn als Kleinkind verlassen hat, seinen Stempel aufdrücken? Vermutlich nicht. Doch die Tatsache bleibt bestehen, dass eine große Mystikerin in einem für seine großen Mystiker bekannten Gebiet geboren wurde. Das vielleicht wichtigste Merkmal der Region, aus der Clarice Lispector stammte, war nicht ihre Verelendung oder Unterdrückung, sondern ihre dynamische Beziehung zum Göttlichen. Isoliert und verarmt, wurden die Juden Podoliens häufig von millenaristischen Wellen überschwemmt.

Die chassidische Bewegung mit ihrem Anspruch auf eine direkte, persönliche Erfahrung Gottes erschien zuerst – und loderte am hellsten – im obskuren Podolien. Der Gründer der Bewegung, der Baal Schem Tow, starb nicht weit von Tschetschelnik in Medschybysch, und das Grab Nachmans von Brazlaw, des Verkünders des Chassidismus, liegt noch näher, in Uman. Der größte Gelehrte des jüdischen Mystizismus schrieb mit Blick auf das achtzehnte Jahrhundert, »dass hier auf geographisch beschränktem Raum und während einer überraschend kurzen Zeit eine ebenso überraschend große Zahl wahrer Heiliger von aufsehenerregender Individualität innerhalb des Ghettos erschienen sind«.[7]

Die West-Ukraine war nicht nur die Heimat vieler großer jüdischer Mystiker, auch ihre christliche Bevölkerung wurde hin und wieder von religiöser Ekstase ergriffen. Zu den offiziellen Gotteshäusern der Gegend gehörten die russisch-orthodoxe, die römisch-katholische, die lutherische, die ukrainische autokephale sowie die ukrainische griechisch-katholische Kirche. Hier erschien die Jungfrau Maria den Dorfbewohnern mit einer gewissen Regelmäßigkeit, und es kam häufig vor, dass Statuen Christi spontan bluteten. Hier führten Prediger um die Zeit von Clarices Geburt eine Vielzahl charismatischer Sekten an, die Namen trugen wie Flagellanten, Maler, Israeliten, Fußwäscher, Tanzbrüder, Studienbrüder und Milchtrinker des heiligen Onkel Kornej und der Tante Melanie.

»Es ist wirklich schwierig, die Geschichte der [ukrainischen] Grenzländer zu schreiben«, merkte eine Historikerin an, »ohne vorübergehend an göttliche Erscheinungen, Geister, Wunder und auch heute noch nicht zu erklärende Vorfälle zu glauben, die einen großen Teil des Alltagslebens ausmachten.«[8]

*

»Ihre Augen hatten den entrückten Glanz der Mystikerin«, schrieb eine Freundin von Clarice Lispector.[9] »Ich bin mystisch veranlagt«, sagte sie in einem Interview. »Ich hänge keiner Religion an, weil ich Liturgien, Rituale nicht mag. Dem Kritiker von *Le Monde* in Paris zufolge erinnere ich an die heilige Teresa von Ávila und an Johannes vom Kreuz, Autoren, die ich allerdings nicht gelesen habe. [Der katholische Schriftsteller] Alceu Amoroso Lima … Einmal rief ich ihn an, weil ich ihn besuchen wollte. Er sagte: Ich weiß, Sie möchten sich über Gott unterhalten.«[10]

Die Faszination von Clarice Lispectors mysteriöser Persönlichkeit und das Unwissen über ihre Ursprünge waren so groß, dass sich schon zu ihren Lebzeiten eine Reihe von Legenden um sie rankte. In dieser Hinsicht ähnelte sie den jüdischen Heiligen ihrer Heimat, den chassidischen *zaddikim*, Trägern »jenes rätselhafte[n] Etwas«, mythischen Figuren in ihren eigenen Tagen, über die sich eine »unübersehbare Masse jener Anekdoten und Geschichten« unauflöslich mit »Trivialität und Tiefsinn, überkommene[m], entlehnte[m] Gut und wahre[r] Originalität« vermischt.[11]

Doch obwohl sie die Geschichte ihrer Ursprünge nicht selbst lieferte und sogar versuchte, sie umzuschreiben, haben sich Aufzeichnungen über das Leben ihrer Familie in der Ukraine erhalten. Die wichtigste hinterließ Elisa Lispector, ihre älteste Schwester: ein unveröffentlichtes Typoskript mit dem Titel *Alte Bilder* und einen Roman, *Im Exil*, erschienen 1948, in dem die Emigration der Familie kaum verhüllt erzählt wird.[12]

Elisa, am 24. Juli 1911 als Leah geboren, war alt genug, um sich deutlich an das Land zu erinnern, das die Familie gezwungenermaßen verlassen hatte. Ihre Großeltern väterlicherseits kannte sie kaum, aber ihr Großvater Schmuel Lispector, ein typischer gelehrter, frommer osteuropäischer Jude, hatte einen tiefen Eindruck bei ihr hinterlassen. Im Einklang mit dem Gebot, das die Wiedergabe der menschlichen Gestalt untersagt, ließ Schmuel sich nie fotografieren.

Er wohnte in dem winzigen Schtetl Teplyk, unweit von Tschetschelnik. Der ruhige und umgängliche Mann begriff sehr früh, dass er »nicht für die Dinge dieser Welt bestimmt«[13] war. Vor die Wahl gestellt, entweder die heiligen Schriften zu studieren oder in dem kleinen Laden voller »Waren mit vielen verschiedenen Gerüchen und lärmender, jähzorniger Kundschaft« zu arbeiten, entschied er sich naturgemäß für Ersteres. Ein Cousin von Elisa und Clarice erinnerte sich an Schmuels Ruhm als Heiliger und weiser Mann, dessen Kenntnis der heiligen Bücher Schriftkundige aus der gesamten Region anzog. Er konzentrierte sich ausschließlich auf seine Studien, was dadurch ermöglicht wurde, dass er nach altem

Brauch eine reiche Frau, Heiwed oder Eva, geheiratet hatte.[14] Gelehrte Männer waren gefragte Gatten für die Töchter vermögender, doch mutmaßlich weniger kultivierter Familien. »Die reichen Eltern unterstützten das Paar, erfreuten sich an dessen Nachwuchs und sonnten sich im Glanz und Ansehen des Schwiegersohns, der seine Studien fortsetzte«, schrieb Nathan Hofferman. Diese Ehen zwischen armen Gelehrten und wohlhabenderen Mädchen aus Kaufmannsfamilien waren weder ungleich noch ungewöhnlich.

Die Ehe war, wie es ebenfalls dem Brauch entsprach, arrangiert worden und brachte fünf Kinder hervor. Das jüngste – Pinchas, Clarices Vater – wurde am 3. März 1885 in Teplyk geboren.[15] Elisa lernte ihren Großvater, der nicht einmal sein fünfzigstes Lebensjahr erreichte, nie kennen, aber sie bekam auch ihre Großmutter, die dreiundneunzig Jahre alt wurde, kaum zu Gesicht. »Großmutter Heiwed besuchte uns nur einmal in Gaissin, wo wir wohnten. Ich erinnere mich nicht gut an sie. Wahrscheinlich blieb sie nicht lange. Sie achtete darauf, anderen aus dem Weg zu gehen, um ihnen nicht zur Last zu fallen. Folglich ist mein Bild von ihr das eines sanften, schüchternen und wortkargen Wesens. Ihr Schweigen und ihre Reserviertheit wurden von ihren Schwiegertöchtern allzu leicht als Empfindlichkeit, verbunden mit Herrschsucht, interpretiert.«[16]

Als es für Pinchas Zeit wurde zu heiraten, beauftragte Schmuel eine Ehestifterin. Die Kandidatin, die gefunden wurde, war Mania Krimgold, geboren am 1. Januar 1889.[17] Wie sein Vater heiratete Pinchas eine Frau, deren Familie seine Studien unterstützen konnte. Pinchas würde kein Gelehrter werden, aber die Verbindung war gleichwohl klug gewählt, denn Manias Schmuck sollte ihre Angehörigen vor dem kommenden Krieg retten.

*

Nach traditionellen Maßstäben war Isaak Krimgold, Manias Vater, kein guter Jude, und so wurde das, was eine einfache Eheschließung hätte sein können, zu einer komplizierten Liebesgeschichte. Als junger Mann hatte Isaak Manias Mutter Charna Rabin auf einer Hochzeitsgesellschaft kennengelernt.

Elisa hatte ihn als »groß und stark wie eine Eiche, würdevoll und aufrecht« in Erinnerung. Der wohlhabende Mann besaß einen Lebensmittelladen in einer Ortschaft bei Perwomaisk, in einiger Entfernung von Teplyk, und pachtete für seine Holzgeschäfte Land bei einem russischen Adligen.[18] Er hatte recht lockere Umgangsformen und unterhielt enge Kontakte zu Nichtjuden. »In dem großen

Speicher, in dem er Holz lagerte, trank er gelegentlich sogar ein paar Schluck Wodka, und es kam bei ihm nicht selten vor, dass er sich mit den Holzfällern verbrüderte.«[19]

Im Gegensatz zu den strenggläubigen Lispectors war Isaak Krimgold nicht religiös. Nur an den wichtigsten Feiertagen begab er sich in den Ort, um die Synagoge zu besuchen. Charnas Vater konnte diese Laxheit nicht akzeptieren und verweigerte die Heiratserlaubnis. Daraufhin fanden Charna und Isaak andere Ehepartner, und Isaaks Frau gebar ihm drei Kinder. Doch »als sie starb, gab er zu, dass er nicht trauerte. Sie sei zu hitzig gewesen, sagte er.« Auch Charna hatte ein Kind, bevor sie ebenfalls verwitwete. Jahre später begegnete sie Isaak erneut, und die beiden wurden endlich getraut. Elisa dachte mit herzlichen Gefühlen an ihre »fromme und bescheidene« Großmutter zurück, deren »Kleidung und Schmuck geradezu prächtig waren«. Isaak und Charna hatten drei Töchter, darunter Mania (oder Marian), die älteste. Für die kleine Elisa war das Haus ihrer Großeltern, wo sie ihre Sommerferien verbrachte, der Inbegriff der Schönheit: die Veranda mit den Buntglasfenstern, wo man jeden Nachmittag Tee trank, und der Fluss, an dem sie mit den Nachbarskindern spielte.

Charna starb jedoch eines frühen Todes, und Isaak heiratete ein drittes Mal. Auch diese Frau musste er zu Grabe tragen.

✻

Mania wuchs in jenem großen, von Bäumen umgebenen Haus heran. Wie ihr Vater war sie unabhängig und zwanglos, »da sie stets auf dem Lande und nicht in einer der schmalen Gassen der jüdischen Viertel gewohnt hatte«.[20] Ihre ländliche Herkunft bedeutete jedoch keinen Mangel an Kultur und Eleganz. Im Gegenteil, wie ihre berühmte Tochter Clarice erweckte sie den Eindruck von Kultiviertheit. »Sie verstand es zu sprechen, sie verstand es dahinzuschreiten. Ihre Kleider stammten ausschließlich von Modeschöpfern in Kiew und Odessa. Sie hatte immer ein verständnisvolles Wort oder eine Münze für andere.«[21]

Dies war die Frau, die die Ehestifterin für Pinchas Lispector aussuchte. Braut und Bräutigam durften vor der Trauung zusammenkommen, aber »natürlich in Gegenwart von Anstandsdamen«.[22] Nach der Hochzeit, die um 1910 stattfand, zogen sie um und sollten nie wieder lange am selben Ort bleiben. Am 24. Juli 1911 waren sie in dem Städtchen Sawran, als ihr erstes Kind Elisa, geborene Leah, das Licht der Welt erblickte.

Die junge Familie erlebte zunächst Zeiten des Friedens und des Wohlstands.

Elisa erinnerte sich an den Glanz der Freitagabende, an denen ihre Mutter, mit herrlichen Perlen geschmückt, die Sabbatkerzen anzündete; an die Tafel in dem blitzsauberen Haus, die mit den Leckerbissen der osteuropäischen Juden gedeckt war; an die Samstagmorgen, die man betend in der Synagoge verbrachte; an die Nachmittage, die lesend und zu Besuch bei Angehörigen und Freunden verbracht wurden; und dann, wenn die ersten Sterne am Himmel erschienen, an das Gebet ihres Vaters bei einem Glas Wein, »wobei er Gott für die Unterscheidung zwischen dem Heiligen und dem Weltlichen, zwischen Licht und Dunkelheit, zwischen dem Sabbat und den Tagen der Arbeit lobte«.[23]

Aber meine Mutter war am großartigsten an den Abenden, an denen andere Paare uns besuchten. Niemand konnte eine so faszinierende Gesprächspartnerin sein, die sich anmutig durch eine von ihr bezauberte Welt bewegte. Denn an den Abenden, an denen meine Eltern ihre Freunde bewirteten, die jung waren wie sie, war das Haus – mit geöffneten Fenstern im Sommer und gemütlich im Winter – stets ein festlicher Ort.[24]

Die Ehe war arrangiert worden, doch »Liebe vereinte sie, dessen bin ich mir nun sicher, wenn ich sie gemeinsam vor Augen habe«, schrieb Elisa. »Ein Heiligenschein umgab sie. Zwischen ihnen bestanden ein großes gegenseitiges Verständnis und ebensolche Bewunderung. Es war nicht ungewöhnlich, dass ich sie dabei beobachtete, wie sie mehr mit den Augen als mit Worten sprachen.« Elisa hebt den Gegensatz zwischen der strahlenden Mania und dem ein wenig reservierten Pinchas hervor: »Schmales Gesicht. Trauriger Ausdruck. Mein Vater hatte immer eine betrübte, doch eindrucksvoll ernste Miene.«

Einer seiner Charakterzüge war es, nicht verschwenderisch mit Lob umzugehen – und nicht deshalb, weil er die Vorzüge anderer Menschen nicht anerkannte, sondern weil ihm jene Art der Unterwürfigkeit fehlte, die gewissen Personen eigen ist und die sich durch Schmeichelei nur verschlimmert. Ganz im Gegenteil: Je mehr er die edlen Eigenschaften eines anderen zu schätzen wusste, desto zurückhaltender benahm er sich ihm gegenüber. Ein Ausdruck, den er ziemlich häufig benutzte, lautete: *a fainer mensch* … Aber wenn jemand seine ganze Bewunderung errungen hatte, nannte er ihn schlicht *mensch* … Wenn er Soundso als *mensch* bezeichnete, machte er ihm also das höchste Kompliment.[25]

Pinchas hatte den Ernst seines Vaters sowie dessen Studieneifer geerbt. Elisa beschreibt ihn als ehrgeizig: »Er hatte das Gefühl, dass sich die Welt ständig vorwärtsbewegte, und wollte nicht zurückgelassen werden.«

Doch die Welt war entschlossen, Pinchas Lispector hinter sich zu lassen. Diese Misere teilte er mit Generationen begabter russischer Juden. Sein streng traditioneller Vater, der ihm gestattete, sich modern zu kleiden, muss eingesehen haben, dass sich Pinchas' Generation nicht so eng an die alten Bräuche halten würde. Aber sobald ein ehrgeiziger russischer Jude sich von diesen Traditionen gelöst hatte, musste er feststellen, dass er keine Zukunft in seinem eigenen Land hatte. »›Jude‹ war die Verunglimpfung, mit der sie ihm den Zugang zur Universität versperrten«, schrieb Elisa. Sie fügte hinzu, dass Pinchas als junger Mann »von Mathematik und Physik fasziniert war, doch stets an eine unverrückbare Schranke stieß: das Stigma, Jude zu sein«.[26]

Statt Naturwissenschaftler oder Mathematiker zu werden, musste sich Pinchas damit zufriedengeben, in einem heruntergekommenen Dörfchen Krimskrams zu verkaufen. »Vater erlernte auch nie ein Handwerk, da sich alle Männer seiner Herkunft dem Studium der Thora widmeten, was, wie er aus Erfahrung wusste, nicht das Geringste dazu beitrug, sich einen Lebensunterhalt zu verdienen. Und er wollte genug verdienen, er wollte leben. Ihm lag daran, die Welt zu sehen. Als er heiratete, zog er sogar an einen anderen Ort. Seine Augen blickten offen in die Zukunft, und dies kam zu seinem immensen Wissensdurst hinzu.«[27]

Das Leben eines Ladenbesitzers, der Schuhe, Stoff, Hüte und Accessoires feilbot – »erworben in Kiew und Odessa, weshalb er über eine sehr exklusive Kundschaft verfügte« –, hätte ein bitterer Rückschlag sein können.[28] Aber in Elisas frühester Kindheit ging es ihm und seiner Familie materiell gut, obwohl er, wie sich Clarice erinnerte, »eigentlich [...] eher eine Neigung zu geistigen Dingen« hatte.[29]

Wie viele andere russische Juden auch kapselte Pinchas sich ab. Wenn das Wetter so schlecht war, dass keine Kunden auftauchten, zog er sich in den hinteren Teil des Ladens zurück, zündete eine Petroleumlampe an und las »alles, was er aus den großen Buchhandlungen, die er auf seinen häufigen Reisen aufsuchte, mitbringen konnte. Neben Bialik und Dostojewski las – oder, besser gesagt, studierte – er auch die Gemara (Talmud). Die Frömmigkeit seines Vaters, den er stets über die heiligen Bücher gebeugt sah, war bei ihm zu einer sowohl spirituellen als auch humanistischen Denkweise geworden.«[30]

*

Trotz der Demütigungen, die den Juden in Russland bevorstanden, hatte Pinchas, wie Elisa mitteilte, nie daran gedacht auszuwandern, und keiner in seiner Familie hatte diesen Schritt je getan.[31] Dies sah bei Manias Verwandten anders aus. Um 1909 reisten ihre Cousins, die fünf Söhne ihres Onkels mütterlicherseits Lewi Rabin, nach Argentinien[32] und machten sich, wie Tausende anderer, zu Baron Moritz von Hirschs Agrarkolonien auf.

Hirsch, der größte jüdische Philanthrop seiner Zeit, ein bayerischer Bankier und Industrieller, finanzierte mit seinem riesigen Vermögen überall auf der Welt wohltätige Projekte. In ganz Europa, in den Vereinigten Staaten, Kanada und Palästina machte er Bildungs- und medizinischen Einrichtungen fürstliche Geschenke. Als die russische Regierung sein Angebot von 2 Millionen Pfund zur Schaffung eines Systems weltlicher jüdischer Schulen im sogenannten Ansiedlungsrayon zurückwies, richtete er seine Aufmerksamkeit darauf, russischen Juden bei der Emigration zu helfen. Mithilfe seiner Stiftung, der Jewish Colonization Association (JCA), kaufte Hirsch Grund und Boden in den Vereinigten Staaten, in Kanada, Brasilien und besonders in der enormen, fruchtbaren, dünn besiedelten Argentinischen Republik auf. Allein in Argentinien erwarb er letztlich über *17 Millionen* Morgen Land.[33]

Wie die Zionisten, deren Traum von einem jüdischen Staat er nicht teilte, glaubte Hirsch, dass landwirtschaftliche Arbeit den Schlüssel zur Regeneration des jüdischen Volkes liefere. Doch obwohl die Jewish Colonization Association einen großen Teil der Infrastruktur der Kolonien bereitstellte, war Hirschs Projekt genauso wenig sozialistisch wie er selbst. Von den Einwanderern wurde erwartet, dass sie ihr Land kauften, und von den Kolonien, dass sie sich zu autonomen Gemeinden entwickelten. Während sich die Verhältnisse in Russland nach der Revolution von 1905 verschlechterten, strömten immer mehr Juden nach Argentinien. Zwischen 1906 und 1912 trafen jährlich 13 000 von ihnen ein, darunter auch Mania Lispectors fünf Cousins, die Arbeit durch »La Jewish« fanden.

Hirschs Projekt in Argentinien stand jedoch von Beginn an unter Druck. Die russischen Juden, die in ihrer Heimat nicht in der Landwirtschaft arbeiten durften, waren im Wesentlichen ein städtisches, kaufmännisch orientiertes Volk. Trotz der Ausbildung und Unterstützung, die sie von der JCA erhielten, konnten sie sich nicht problemlos auf die Bewirtschaftung der Pampas umstellen. Innerhalb von zwei Jahren nach der Gründung der Kolonien im Jahr 1891 war fast ein Drittel der ursprünglichen Kolonisten in die Vereinigten Staaten weitergezogen. Und obwohl sich die Bedingungen schließlich verbesserten, siedelten die verbliebenen Juden kontinuierlich in die Städte um.

Auch die Brüder Rabin ließen die Landgebiete hinter sich. Von den fünf hielt sich nur Abraham, der in Buenos Aires ansässig wurde, längere Zeit in Argentinien auf.[34] Die anderen vier reisten nach Brasilien. Aus irgendeinem Grund strandete einer von ihnen – Josef, nun mit dem brasilianischen Namen José – in Maceió im nordöstlichen Staat Alagoas. Maceió, in der ärmsten und rückständigsten Region des Landes gelegen, war eine seltsame Wahl. Die größere, vermögendere Stadt Recife, nicht allzu weit entfernt, versprach mehr, und dort ließen sich die drei anderen Brüder nieder, die sich nun mit den brasilianischen Namen Pedro, Samuel und Jorge schmückten. Sie widmeten sich der traditionellen Anfangstätigkeit jüdischer Einwanderer: der Hausiererei.[35]

Zu Beginn des Jahres 1914 waren fünf der sieben Kinder der Rabins mithin wohlbehalten in Südamerika. Sarah Rabin, ihre Mutter, lebte nicht mehr. Nur Dora und Jakob blieben mit ihrem Vater Lewi in der Ukraine. Dora begegnete bald einem jungen Mann aus Tschetschelnik, Israel Wainstok, und verlobte sich mit ihm. Sie hatten beabsichtigt, Russland sogleich zu verlassen, doch ihre Pläne wurden durchkreuzt, und sie richteten sich in Tschetschelnik ein. Dort heiratete Israels verwitwete Mutter Feiga den Witwer Lewi Rabin, Doras Vater und Charna Krimgolds Bruder.[36]

Das letzte Familienmitglied, das vor dem Krieg auswanderte, war Manias Schwester Sissel Krimgold, die Verlobte José Rabins, ihres Cousins, der nun in Maceió lebte. Es ist unklar, ob diese Verbindung bereits geplant worden war, bevor José und seine Brüder fünf Jahre zuvor die Reise nach Argentinien angetreten hatten. Wie auch immer, José und Sissel, die mittlerweile den brasilianischer klingenden Namen Zina trug, wurden am 4. April 1914 in Recife getraut.

Sie waren gerade rechtzeitig aus Europa entkommen. Aus unbekannten Gründen blieben Dora und Israel Wainstok, zusammen mit ihren inzwischen verheirateten Eltern Lewi und Feiga Rabin, weiterhin in der Ukraine. Vielleicht hatten sie ihre Ersparnisse dafür verbraucht, ihre Verwandten ins Ausland zu schicken, und planten, sich ihnen später anzuschließen. In jedem Fall war dies eine beinahe tödliche Fehlkalkulation.

*

Als der Weltkrieg im August ausbrach, waren die üblichen Emigrationswege – über Land durch Mitteleuropa und von Hamburg oder den niederländischen Häfen hinüber zum amerikanischen Doppelkontinent – den osteuropäischen Juden verschlossen. Hunderttausende wurden an der Front niedergemetzelt.

Nachdem die Heere sich in ihren Gräben verschanzt hatten, kam es am Frontver-
lauf, wie im Westen, zu kaum einer Bewegung. Ebenfalls wie im Westen wurden
Millionen Menschen für den Gewinn einiger Kilometer umgebracht.

Pinchas und Mania hatten zumindest in einer Hinsicht Glück: Verglichen mit
vielen anderen russischen Juden, überstanden sie den Krieg relativ unbeschadet.
Im fernen Sawran, weitab von der Front, sollten ihnen viele Gräuel des Ersten
Weltkriegs erspart bleiben. Allerdings konnte Pinchas' Geschäft in dem Chaos,
in dem das Land versank, nicht florieren. Am 19. April 1915, als ihre zweite
Tochter Tania geboren wurde, hatten sie Sawran bereits verlassen und waren in
Pinchas' Heimatort Teplyk zurückgekehrt.

Aber im Gegensatz zu Frankreich und Belgien wurde die Ostfront zum Schauplatz von Pogromen, die alle vorausgegangenen übertrafen und die bald auch die
Lispectors erreichen sollten. In den polnischen und ukrainischen Regionen – deren Loyalität die russische Krone aus gutem Grund misstraute – begannen Überfälle auf Juden fast mit Kriegsbeginn. Zuerst wurden Gerüchte ausgestreut: Die
Juden würden im Innern geschlachteter Gänse Gold zu den Deutschen schmug-
geln; sie hätten die Pläne für eine Rebellion gegen den Zaren in eine Flasche
gesteckt und diese ins Meer geworfen, so dass sie nach Danzig treiben könne; sie
würden in den Fenstern codierte Lichtsignale aufblitzen lassen, um den österrei-
chischen Vormarsch zu fördern; sie würden die Telefon- und Telegrafenverbin-
dungen stören.[37] Der russisch-jüdische Schriftsteller Salomon An-Ski beschreibt
ein Gerücht, das er von einem Zimmermädchen im russischen Warschau hörte:

»Die Telefone«, raunte sie. »Die verraten den Deutschen alles. Am Sonntag, als
die Flugmaschinen rüberkamen, haben die Juden ihnen alle möglichen Signale
geschickt und sie informiert, dass die höchsten Generäle in der Kirche seien.
Also fingen sie an, die Generäle mit Bomben zu bewerfen. Zum Glück gingen
die Bomben daneben.«

Das bejahrte Zimmermädchen setzte zu einem Vortrag an, den sie anscheinend für jeden Gast wiederholte. Die Bomben hätten ein Dutzend Menschen
getötet oder verwundet, ausschließlich Polen, und zwar deshalb, weil die
»Juden eine Salbe haben, mit der sie ihren Körper einreiben, damit die Bomben
sie unversehrt lassen«.[38]

Sehr bald gingen diese Absurditäten in Massaker über. Eine Welle der Pogrome
fegte über das Ansiedlungsrayon hinweg. Obwohl letztlich 650 000 Juden in der
russischen Armee dienten und 100 000 im Krieg fielen,[39] galt ihre Loyalität als

zweifelhaft, besonders in den Gegenden, die im Kriegsverlauf den Besitzer wechselten.

In Galizien, nordwestlich von Podolien, wurden nicht weniger als 450 000 Juden (über die Hälfte der jüdischen Einwohner) durch den Krieg entwurzelt. In einem kurzen Zeitraum von 48 Stunden vertrieb man die gesamte Bevölkerung von 40 000 Juden aus dem litauischen Kaunas;[40] insgesamt deportierte man um 600 000. Bis zu 200 000 jüdische Zivilisten wurden ermordet.[41]

*

Während der Krieg seinem blutigen und langwierigen Ende entgegenging, verschwanden Recht und Ordnung aus dem zusammenbrechenden Russischen Reich. Die Beseitigung des Zaren durch die Märzrevolution von 1917 schien zunächst auf eine neue Morgenröte für Russland hinzuweisen. Über Nacht wurde das Land aus einem repressiven Polizeistaat zum »freiesten Land der Welt«. Doch die beiden liberalen Regierungen, die dem Zaren nachfolgten, beendeten den Krieg nicht. Vielmehr wollte die Provisorische Regierung unbedingt beweisen, dass die revolutionäre Demokratie genauso patriotisch für die Verteidigung des Vaterlands kämpfte, wie eine Diktatur es vermochte. Aus diesem Grund trieb sie die angeschlagene Armee im Juni 1917 in eine große Offensive, deren katastrophales Scheitern die Regierung um die fast universelle Unterstützung durch das Volk brachte, mit der ihre Gründung nur ein paar Monate zuvor begrüßt worden war. Außerdem wurde dem Demagogen Wladimir Lenin dadurch im November der Weg zur Übernahme der Hauptstadt eröffnet – hauptsächlich, weil er versprochen hatte, den Krieg zu beenden.

Dieses Versprechen erfüllte er, allerdings nicht so rasch wie angekündigt. In der polnischen Stadt Brest-Litowsk verschleppte sein Stellvertreter Trotzki die Friedensverhandlungen mehrere Monate lang in der Hoffnung, dass in der Zwischenzeit in Deutschland und Österreich eine Revolution ausbrechen werde. Dazu kam es jedoch nicht, und die Deutschen, frustriert über die Kompromisslosigkeit der Bolschewiki, nahmen die Feindseligkeiten Ende Februar 1918 wieder auf. Lenin hatte keine Armee, die er den Deutschen entgegensetzen konnte, und so rückten diese innerhalb von Wochen durch enorme russische Territorien vor. Als sie sich der Hauptstadt Petrograd näherten, kapitulierte Lenin plötzlich am 3. März 1918 und unterzeichnete einen Vertrag, dessen Bedingungen viel schlechter waren als die Ende 1917 erreichbaren.

Der Vertrag führte schließlich zur Unabhängigkeit Finnlands, Estlands, Lettlands, Litauens und Polens. In der Ukraine war das Bild komplizierter. Die meisten Russen fanden sich damals – wie heute – nicht leicht mit dem Gedanken ab, dass die Ukrainer ein separates Volk und dass ihre Sprache – mit dem Russischen verwandt, doch deutlich von ihm unterschieden – mehr als ein Bauerndialekt sein sollten. Die Ukrainer selbst waren vorsichtig. Wie viele der nationalistischen Bewegungen im früheren Russischen Reich strebten sie Anfang 1917 zunächst lediglich Autonomie an: die Freiheit, ihre eigene Sprache, vor allem in den Schulen und in der Regierung, zu benutzen.[42]

Nach Lenins Staatsstreich im November distanzierte die ukrainische Regierung sich stärker von jener in Petrograd. Indes ging sie nicht so weit, volle Unabhängigkeit zu verlangen. Dies beruhigte die Juden, deren Hauptziele – jüdische Autonomie und fortdauernde Einheit mit Russland – respektiert wurden.[43] Die Verschnaufpause endete jedoch bald, denn die Regierung stand unter Druck durch die Bolschewiki im Norden, und die Juden waren alarmiert aufgrund der Pogromwelle in Podolien, Wolhynien und Kiew.[44] Daraufhin gestattete die Regierung den Juden, Selbstverteidigungseinheiten zu gründen.[45] Dieser Plan scheiterte, und die Juden in der westlichen Ukraine waren den Gefahren schutzlos ausgesetzt.

Am 25. Januar 1918 rief die ukrainische Rada die Unabhängigkeit der Ukrainischen Volksrepublik aus.[46] Kurz nach der Erklärung besetzten bolschewistische Streitkräfte Kiew, doch nur für kurze Zeit, denn im April wurde die Rada mit deutscher Hilfe gestürzt, und es entstand das sogenannte Hetmanat unter General Pawlo Skoropadski. Dieser legte sich den traditionellen ukrainischen Titel »Hetman« zu und schuf ein deutsches Militärprotektorat im Austausch für Lebensmittel- und Rohstofflieferungen.[47] Die Beschlagnahme von Getreide durch die Deutschen rief den Widerstand der Bauern hervor, und die Deutschen zögerten nicht, die Juden verantwortlich zu machen.[48]

Gleichzeitig sah sich das gespaltene Land einem bolschewistischen Einmarsch gegenüber. Die Präsenz von Juden, besonders Trotzkis (ursprünglich Lew Bronstein), in den höchsten Rängen der bolschewistischen Organisation hatte zur Folge, dass der Gedanke, die Juden seien die Drahtzieher des Bolschewismus, rasch um sich griff, obwohl eine große Mehrheit der Juden und sämtliche jüdischen politischen Parteien die Bolschewiki ablehnten. »Die Trotzkis machen die Revolutionen«, scherzte man grimmig, »und die Bronsteins zahlen den Preis.«

Das ganze Jahr 1918 hindurch kam es zu sporadischen Pogromen, teils ausgelöst durch die bedingungslose Kapitulation der Deutschen am 11. November 1918, mit der das ukrainische Protektorat endete und ein Machtvakuum geschaffen wurde. Ohne die unverzichtbare deutsche Unterstützung erwies sich die Marionettenregierung des Hetman als zu schwach, um die Ordnung wiederherzustellen. Im November und Dezember führte die Ukrainische Nationalbewegung, bekannt als Direktorat, einen Bürgerkrieg zur Absetzung des Hetman. Mit dem früheren Journalisten Symon Petljura an der Spitze konnte das Direktorat den Hetman letzten Endes besiegen.

Während Petljura die Ukraine eroberte, rückten die Bolschewiki jedoch von Norden und Osten her vor. In vielen Fällen hatte Petljura nur die nominelle Kontrolle über seine Soldaten, die sich in Einheiten unter Leitung örtlicher Kriegsherren aufsplitterten. Diese »Generäle« waren häufig nichts anderes als Schläger und Kriminelle, die das Chaos des Bürgerkriegs nutzten, um die schutzlose Bevölkerung auszurauben. Für die Juden hätte es kein schlimmeres Szenario geben können.

✻

In ihren unveröffentlichten Memoiren erinnerte Elisa Lispector sich besonders gern an die Herstellung von Likören im Herbst:

> Die Weine, der Apfelwein, die feinen Liköre, besonders *wischnjak*, rubinroter Kirschlikör. Die Herstellung war kein Kinderspiel, sondern der Beruf von Erwachsenen mit wirklichem Geschick. Deshalb verdiente jenes Fachwissen Respekt. Und deshalb empfanden wir ein solches Entsetzen, als wir eines Tages – wir waren nach einem schrecklichen Pogrom aus einem Versteck heimgekehrt und hatten das Haus umgekrempelt vorgefunden, die Schränke und geheimen Schubladen für die bestickte Bettwäsche geplündert, die Möbel zerbrochen und in Stücke gehackt – rote Bäche über den Fußboden strömen sahen. Die Weine und Liköre mit ihrem unbeschreiblichen Geschmack hatten sich in Flüsse aus Blut verwandelt.[49]

Bald traf die Nachricht von einer weiteren Katastrophe ein. Recht und Ordnung existierten nicht mehr, Räuber überfielen schutzlose Orte, nahmen Geiseln und verlangten dann für deren Freilassung unglaubliche »Abgaben«. Im Verlauf eines der ersten Pogrome nach der Oktoberrevolution erschienen sie in Isaak Krimgolds Dorf, nahmen eine Gruppe junger Menschen gefangen und versprachen, sie für ein Lösegeld zu verschonen. Isaak und einige Nachbarn boten an, den Platz mit den Geiseln zu tauschen, und der verlangte Betrag wurde unter großen

Schwierigkeiten aufgebracht. Aber die Banditen ermordeten die Geiseln trotzdem.[50]

Über sich selbst schreibt Elisa in der dritten Person: »Sie hätte Großvater nicht
erwähnen sollen. Mutter wusste ebenfalls, was ›sie‹ ihm angetan hatten.« In
Isaaks prächtigem Haus, neben dem Elisa, wie sie sich freudig erinnerte, im Fluss
gebadet und in den angrenzenden Wäldern gespielt hatte, »zerbrachen sie das
Buntglas auf der Veranda, rissen die Mauer um seinen Garten nieder und fällten
sämtliche Bäume. Nun konnte jeder Großvaters Haus betreten. Es gehörte ihm
nicht mehr.«[51]

Die letzten kurzen Sätze in Elisas kaum fiktionalisiertem Roman könnten eine
ihrer Kindheitserinnerungen wiedergeben. Vielleicht hatten ihre Eltern dem kleinen Mädchen auf diese Weise erklärt, dass ihr Großvater ermordet worden war.

3
DER DURCHSCHNITTLICHE POGROM

Ende Dezember 1918 begann die große Pogromwelle. Es war eine Reihe von Angriffen, »beispiellos in der Geschichte, durch die die Felder und Ortschaften der Ukraine mit Strömen jüdischen Blutes« bedeckt wurden – eine Epidemie, »die jene aller anderen Epochen durch ihre raffinierte Grausamkeit, die unbarmherzige Gründlichkeit der Gewaltakte und die nackte Blutgier der barbarischen Verbrecher übertraf«.[1]

Laut einem zeitgenössischen Bericht verlief der »durchschnittliche Pogrom« etwa so:

Die Bande dringt in den Ort ein, belegt sämtliche Straßen mit Beschlag, andere Gruppen brechen in die jüdischen Häuser ein, um ohne Unterschied von Alter und Geschlecht alle zu töten, denen sie begegneten, mit Ausnahme der Frauen, die sie bestialisch schänden und dann ermorden. Männer werden gezwungen, alles, was im Haus ist, auszuliefern, bevor man sie umbringt.

Was sich entfernen lässt, wird fortgebracht und das Übrige zerstört. Wände, Türen und Fenster werden auf der Suche nach Geld eingeschlagen. Wenn eine Gruppe abzieht, folgt eine andere, danach eine dritte, bis überhaupt nichts mehr da ist, was weggeschleppt werden könnte. Sämtliche Kleidung und Bettwäsche wird geraubt, nicht nur den Menschen, die dem Tod entgehen, sondern auch den Toten. Man richtet eine neue Gemeindeverwaltung ein, und eine Abordnung der auf wunderbare Weise verschonten Juden wendet sich an sie oder an die Christen, die den Juden freundlich gesonnen sein sollen, und bittet um Schutz. In der Regel gewähren die neuen Behörden diesen Schutz unter der Bedingung, dass die Juden einen gewissen Beitrag leisten. Mit großer Mühe wird die Summe gezahlt, und dann trifft eine neue Forderung der Behörden nach Leistungen in Naturalien ein, und es ist die Pflicht der Juden, eine gewisse Zahl von Stiefeln und eine gewisse Menge Fleisch für die Soldaten zu beschaffen. Unterdessen setzen kleine Gruppen den Terror fort, pressen den Juden

Geld ab, ermorden oder vergewaltigen sie. Dann wird der Ort von sowjetischen Soldaten besetzt, welche die Räubereien ihrer Vorgänger häufig fortführen. Aber bald kehren sämtliche Banden zurück, da sich die Front verschiebt und die Ortschaft ständig den Besitzer wechselt. Zum Beispiel wurde Boguslaw im Lauf einer einzigen Woche fünfmal eingenommen. Jeder Wechsel der Regierung oder der Verwaltung bringt neue Pogrome mit sich, und am Ende flieht die eingeschüchterte Bevölkerung, zugrunde gerichtet und erschöpft, nackt und barfüßig, ohne eine einzige Münze in ihrem Besitz, ungeachtet der Klimaverhältnisse und der Gefahren des Weges zum nächstgelegenen Ort in der müßigen Hoffnung, dort Schutz zu finden.

Es kam zu mindestens tausend derartigen Pogromen, die im Krieg von allen Seiten verübt wurden. Das Russische Rote Kreuz schätzte, dass bis 1920 mindestens 40 000 Juden getötet worden seien, räumte jedoch ein, dass man die wahre Zahl nie herausfinden werde. Seine Statistik schloss nämlich diejenigen nicht ein, »die während ihrer Wanderungen auf der Suche nach Zuflucht von einem Ort zum anderen starben, die aus Zügen geworfen und erschossen wurden, die man in den Flüssen ertränkte und in Wäldern und an anderen einsamen und isolierten Stellen ermordete. In die oben genannten Zahlen haben wir Personen, die an Verletzungen, Infektionen, Hunger und Unterkühlung starben, nicht einbezogen.«[2]

*

Wie Millionen andere waren Mania, Pinchas, Elisa und Tania Lispector in diesem Horror gefangen. Irgendwann nach dem 19. April 1915, als Tania in Pinchas' Heimatort Teplyk geboren wurde, zog die Familie in das nur ein paar Kilometer entfernte Gaissin.[3] Damals wie heute gab es dort bessere Arbeitsaussichten, da Gaissin eine Art Regionalzentrum war.

Pinchas versuchte verzweifelt, sich als Handelsvertreter oder Kleinhändler durchzuschlagen; als die Weiße Armee eintraf, war er abwesend und konnte sich seinen Familienmitgliedern im Kriegsgebiet nicht anschließen. Unter den Juden gingen Gerüchte um, dass die Weißen erträglicher als die Roten sein und Frieden stiften würden, doch es gab keine verlässlichen Nachrichten.

Eines Abends wurden, wie Elisa in ihrem Roman schreibt, Schüsse abgefeuert, und Brände brachen aus. Etwas Schreckliches spielte sich ab, doch niemand wusste, was genau. Dies war zu einem sehr häufigen Ereignis geworden. »Jeden Morgen eine Überraschung«, schrieb Elisa. »Wir wussten nie, in wessen Hände der Ort durch die nächtliche Schlacht geraten war.«[4] Mania, die eine Gruppe verängstigter Flüchtlinge anführte, war sich nicht sicher, was sie tun sollte. Sie beschloss, das Haus zu verlassen und sich zu informieren.

An dieser Stelle stößt man auf eine seltsame Lücke in Elisas Darstellung. »Also war es ihre Aufgabe«, schreibt sie über ihre Mutter, »ihre Töchter sowie die Frauen und Kinder zu retten, die in ihrem Haus Unterschlupf gefunden hatten.« Mania ging hinaus.

Sie war auf der Straße, ihre Haare wehten im Wind, und der Schnee erreichte fast ihre Taille. Als sie zwei Milizionäre auf sich zukommen sah, fiel sie ihnen zu Füßen und flehte sie um Hilfe an. *Sie weinte und küsste inständig ihre schlammigen Stiefel. Hiernach verschwammen die Bilder phantastisch im trüben Mondlicht.* Wie in einem Traum sah sie, dass Männer im dichten Nebel dahinrannten und aufeinander feuerten, und dann war die Welt, scheinbar für eine Ewigkeit, verlassen. Danach ging sie mit schleppenden, doch elastischen Schritten nach Hause …

Da sie nicht wusste, was sie tun sollte, ließ sich Marim [Mania] auf einen Sessel sinken und blieb dort demütig und gefasst sitzen.[5]

In ihren unveröffentlichten Memoiren kommentiert Elisa schlicht: »Das Trauma, verursacht von einem jener verhängnisvollen Pogrome, ließ meine Mutter krank werden.«[6] In der oben zitierten Passage aus ihrem Roman *Im Exil* spricht sie das Trauma nur indirekt an. Bevor Mania den Soldaten zu Füßen fällt, ist keine Rede von einer Krankheit. Doch danach starb Mania langsam und grauenhaft in jungem Alter an einem unheilbaren Leiden.

Es ist kein Wunder, dass Manias Töchter die Lücken nicht füllten. Ganz am Ende ihres Lebens vertraute Clarice ihrer engsten Freundin an, dass ihre Mutter von einer Bande russischer Soldaten vergewaltigt worden sei.[7] Von ihnen wurde sie mit Syphilis infiziert, die unter den grausigen Bedingungen des Bürgerkriegs nicht behandelt wurde. Vielleicht hätte sie eine bessere Chance gehabt, wenn sie früher in ein Krankenhaus gebracht worden wäre. Aber es sollte noch zwanzig Jahre dauern, bis Penizillin, das effektivste Medikament, allgemein verwendet wurde. Doch da, nach einem Jahrzehnt entsetzlicher Qualen, sollte Mania, das elegante, intelligente, unkonventionelle Mädchen aus dem ländlichen Podolien, bereits auf einem brasilianischen Friedhof liegen.

✻

»Es gibt da etwas, das ich gerne erzählen würde, aber ich kann nicht. Meine Biographie zu schreiben dürfte sehr schwierig werden, falls das jemand versuchen
sollte.«[8] Ist dieses »Etwas« ein Hinweis auf die Vergewaltigung ihrer Mutter, eine
der zentralen Tatsachen ihres Lebens?

In jedem Bericht über die Pogrome wird die Häufigkeit von Vergewaltigungen
verzeichnet. Neben dem Raub jüdischen Eigentums war dies eines der unerläss-
lichen Kennzeichen von Pogromen. Das ist nicht ungewöhnlich, denn Vergewaltigungen sind ein wesentliches Element der ethnischen Säuberung; sie haben den
Zweck, ein Volk, das zu großen Teilen ermordet oder vertrieben wird, auch noch
zu demütigen. In dieser Hinsicht war die Ukraine des Bürgerkriegs keine Ausnahme.

Mania hatte, in dem Sinne, dass ihre ältesten Töchter weder vergewaltigt noch
ermordet wurden, dass ihre dritte Tochter ihre Geburt durch eine syphilitische
Mutter überlebte, dass ihr Ehemann dem Krieg nicht zum Opfer fiel und dass sie
selbst lange genug lebte, um ihre Familie im Ausland Fuß fassen zu sehen, mehr
Glück als viele andere. Angesichts der zahlreichen Gräuel, die die Ukraine der
Bürgerkriegszeit charakterisierten, lässt sich sogar sagen, dass Mania glimpflich
davonkam.

Tausende von Mädchen erlitten Gruppenvergewaltigungen; nach einem Pogrom »wurden viele der Opfer später mit Messer- und Säbelwunden an ihren
kleinen Vaginas aufgefunden«.[9] Das Russische Rote Kreuz verzeichnete die
Nachwirkungen eines »gewöhnlichen, einfachen Pogroms« in Ladyschenka,
einer Siedlung östlich von Pinchas' und Tanias Geburtsort Teplyk: »Am 9. Juli
brachte ein Bauer die beiden letzten Juden aus Ladyschenka (vor dem Krieg hatte
es eine jüdische Bevölkerung von 1600 Menschen) in das jüdische Krankenhaus
in Uman. Es waren zwei junge Mädchen, die schrecklich zugerichtet worden waren. Einer hatte man die Nase abgeschnitten und der anderen die Arme gebrochen. Beide sind jetzt in Kiew, und beide leiden unter Geschlechtskrankheiten.«[10]

Es ist schwer zu ermitteln, wann genau Mania Lispector überfallen wurde,
denn es gibt mehrere widersprüchliche Möglichkeiten. Elisa lässt ihre trügerische
Szene im Winter – überall liegt dichter Schnee – spielen, doch die Hauptangriffe
auf Gaissin fanden im Sommer statt. Die Umgebung von Gaissin, wo die Familie
wohnte, war eines der am schwersten betroffenen Gebiete der ganzen Ukraine.
Pogrome waren dort häufiger als in jedem anderen Teil Podoliens, das sich nach
Kiew als von den meisten Brutalitäten heimgesuchte Provinz der Ukraine erwies.

In dem kleinen Bezirk Gaissin kam es bis zum 19. September 1919 zu nicht
weniger als 29 Pogromen. Viele weitere sollten folgen. Im Jahr 1919 merkte das

Rote Kreuz an: »Die Pogrome in Trostjanez [knapp südlich von Gaissin] am
10. Mai und in Gaissin am 12. Mai können als die grausamsten eingestuft werden,
die je begangen wurden.« Vom 12. auf den 13. Mai ermordete man in Gaissin
mindestens 350 Menschen.[11] Zwischen dem 15. und dem 20. Juli war es erneut
Ziel von Attacken.[12] Wurde Mania Lispector im Lauf eines dieser Angriffe vergewaltigt? 1968, in ihrem einzigen direkten Hinweis auf diese Ereignisse, spielt
Clarice auf den Zeitpunkt an:

Ich wurde für meine Geburt so schön vorbereitet. Meine Mutter war damals
schon krank, und einem recht verbreiteten Aberglauben folgend, dachte man,
ein Kind zu bekommen, könne eine Frau von einer Krankheit heilen. Ich
wurde also mit Bedacht geschaffen: in Liebe und Hoffnung. Nur habe ich
meine Mutter nicht geheilt. Und ich spüre bis heute, wie diese Schuld auf mir
lastet: Man machte mich für eine ganz bestimmte Aufgabe, und ich habe versagt. So als hätte man im Krieg auf mich gezählt, im Schützengraben, und ich
wäre desertiert. Ich weiß, dass meine Eltern mir verziehen haben, dass ich vergeblich geboren bin und sie in ihrer großen Hoffnung enttäuscht habe. Aber
ich, ich kann mir nicht verzeihen. Ich wünschte, es wäre einfach ein Wunder
geschehen: dass ich geboren wäre und meine Mutter geheilt hätte.[13]

Das würde bedeuten, dass Mania einige Zeit vor März 1920, als Clarice gezeugt
wurde, erkrankt war. Aber wie verlässlich ist diese Darstellung? Die Lispectors
stammten aus einem rückständigen Ort und hatten keine fortschrittliche welt-
liche Ausbildung absolviert, mit der sie die Ursache der Syphilis erklären konnten. Gleichwohl war es eine seit Langem bekannte und äußerst gefürchtete
Krankheit, weshalb es überrascht, dass Mania und Pinchas Sex, geschweige denn
eine Schwangerschaft, in dem Wissen riskierten, dass Mania infiziert war.
    Andererseits könnte eine Gefahr, die in besser informierten Gegenden weithin
bekannt war, in Podolien mysteriös erschienen sein. Die Region war nicht gerade
von Medizinern überlaufen, sondern besaß nur einen einzigen Arzt für jeweils
zwanzigtausend Einwohner. Dabei handelt es sich, zum Vergleich, um ein Drittel
der heutigen Ärztezahl in Afghanistan.[14]
    Unter den trostlosen Umständen des Bürgerkriegs, als nicht einmal eine küm-
merliche medizinische Versorgung gewährleistet war, verließen sich Pinchas und
Mania wahrscheinlich auf den Aberglauben ihres Umfelds – das normale Verfahren für die verarmten Menschen der entlegenen ukrainischen Regionen. In solchen Gebieten glaubte man, dass

unreine oder göttliche Kräfte Krankheiten verursachten, die in die gleiche
Kategorie fielen wie Unglück, wirtschaftlicher Ruin und Missernten ... Chassidische *zaddikim* [Heilige], Hebammen, Hellseher und Zauberer hatten alle
die Kraft, andere zu heilen: mit einem Segen, einer Zauberformel, einem Amu-
lett, einem kräftigen Kräutertrunk oder einer Nachtwache in der Synagoge.
Orte und Objekte, genau wie bestimmte Individuen, konnten Wunderkräfte
besitzen. Wasser aus einem bestimmten Brunnen, Sand von einer bestimmten
Stelle, Kräuter von einem besonderen Flecken, der Kot eines Moorhuhns – sie
alle konnten zur Heilung von Kranken beitragen.[15]

Im ländlichen Podolien waren solche Überzeugungen typisch für gewisse Gegenden.[16] Bis heute glaubt man in Tschetschelnik, wenn auch nicht in dem nur
wenige Kilometer entfernten Uman, dass Genitalbläschen (oder Schanker) während einer Schwangerschaft verschwinden. Primäre Syphilis erscheint, durchschnittlich einundzwanzig Tage nach der ursprünglichen Infektion, als harter,
schmerzloser Schanker. Danach vergeht die primäre Läsion in vielen Fällen. Die
Symptome kehren später in einem viel schmerzhafteren und sichtbareren Sekun-
därstadium zurück. Wenn Clarice also als Reaktion auf die primäre Syphilis ihrer
Mutter gezeugt wurde, dürften Pinchas und Mania, als der Schanker verschwand,
gehofft haben, dass die alte Volksweisheit zutraf. Aber ihre Hoffnungen müssen
sich aufgelöst haben, als die Infektion in einer lähmenderen Form zurückkehrte.
Das zweite Stadium der Krankheit begann wahrscheinlich, als Mania bereits
schwanger war, womit es sich als großer Glücksfall für Clarice erwies, dass sie
ohne kongenitale Syphilis geboren wurde. Zudem sind 40 Prozent der von syphi-
litischen Müttern zur Welt gebrachten Kinder Totgeburten. Bis zu 70 Prozent
der Überlebenden sind infiziert, und 12 Prozent sterben verfrüht. Inmitten einer
Kriegszone und ohne angemessene Ernährung dürften die Prozentsätze noch
höher sein. Wenn man in einer solchen Situation von einem Glücksfall sprechen
kann, dann galt dies in hohem Maße für Clarice.

Der Krankheitsverlauf ist unterschiedlich. Aber wenn Clarice ungefähr im
März 1920 gezeugt wurde, ist zu vermuten, dass man Mania im oder nach dem
Sommer 1919 überfiel, als die Pogromwelle mit solcher Gewalt über die Heimat-
region der Familie hinwegfegte. Höchstwahrscheinlich hatten die Lispectors
damals schon die Flucht ergriffen, wiewohl Clarices Erklärung zu dem Thema
ein Meisterwerk der Auslassung ist. Bei ihr klingt die Flucht der Familie wie eine
Urlaubsreise, doch immerhin macht sie deutlich, dass sie unterwegs geboren
wurde: »Als meine Mutter mit mir schwanger wurde, waren meine Eltern dabei

auszuwandern, in die Vereinigten Staaten oder nach Brasilien, das war noch nicht entschieden: Sie machten für die Niederkunft Halt in Tschetschelnik und setzten dann die Reise fort. Ich kam nach Brasilien, als ich *kaum zwei Monate alt* war.«[17]

✳

In ihrem Roman *Im Exil* berichtet Elisa von einem Pogrom, vermutlich einem der Angriffe auf Gaissin im Sommer 1919, durch den das Haus der Familie unbewohnbar wurde: »Die Türen waren aus den Rahmen gerissen worden; die zerbrochenen Fenster starrten, wie geblendete Augen, stumm hinaus auf die Straße.«[18] Mutter und Töchter versteckten sich in der Küche eines anderen Hauses, beobachteten, wie die Stadt in Flammen aufging, und hörten die ganze Nacht hindurch Maschinengewehrfeuer. Ein halbwüchsiger Junge, aus einer Kopfwunde blutend, taumelte in den Raum und starb vor den Augen Elisas und ihrer Mutter. Allerdings gibt es einen Moment der Hoffnung, als es dem hungrigen und verängstigten Pinchas endlich gelingt, sich seiner Familie anzuschließen.

Überall herrschte Hunger. Suppenküchen und Genossenschaften wurden eröffnet, doch dies reichte nicht aus. Eine Szene aus Elisas Buch nimmt auf gespenstische Weise etwas vorweg, das Clarice später schreiben sollte.

Ethel [Tania] rührte sich schläfrig und bat um Brot.
»Wir haben keins, Schatz. Es ist Nacht. Morgen kaufe ich etwas.«
»Aber ich möchte es jetzt. Papa hat etwas mitgebracht, ich habe es gesehen. Ich habe Weißbrot gesehen.«
Dann drehte sie sich um und schlief weiter, wobei sie, um den Hunger zu überlisten, an ihrem Daumen saugte.[19]

Jahre später verfasste Clarice einen kurzen Text, der auf den ersten Blick die Sorge des brasilianischen Mittelstands um seine weniger begüterten Mitbürger widerzuspiegeln schien. Wahrscheinlich handelt es sich jedoch um ein autobiographisches Fragment:

Ich kann nicht. Ich kann nicht an die Szene denken, die ich vor mir gesehen habe, und sie ist wirklich. Ein Junge wird nachts von Hunger gequält und sagt zu seiner Mutter: Mama, ich habe Hunger. Sie antwortet sanft: Schlaf weiter. Er sagt: Aber ich habe Hunger. Sie wiederholt: Schlaf jetzt. Er sagt: Ich kann nicht, ich habe Hunger. Sie sagt noch einmal ungeduldig: Schlaf jetzt. Er redet

weiter auf sie ein. Sie ruft schmerzerfüllt: Jetzt schlaf doch endlich, du Quäl-
geist. Die beiden liegen schweigend im Dunkeln, keiner regt sich. Ob er jetzt
wohl schläft?, denkt sie hellwach. Und er ist zu verschüchtert, um sich zu beklagen. In der Schwärze der Nacht liegen sie beide wach. Bis sie vor Schmerz
und Müdigkeit einnicken, im Nest der Resignation. Und Resignation kann ich
nicht ertragen. Ach, mit welchem Hunger und Genuss ich die Auflehnung ver-
schlinge.[20]

Nachdem Gaissin von der Roten Armee erobert worden war, verboten die neuen
Statthalter sogleich jeglichen Handel, so dass Pinchas keine Möglichkeit hatte,
sich seinen Lebensunterhalt zu verdienen. Mania und Pinchas beschlossen, die
Flucht zu riskieren. Wie in zaristischen (und sowjetischen) Zeiten benötigten sie
einen Binnenpass, um die Stadt zu verlassen. Außerhalb des Ortes trat ein ver-
dächtiger jüdischer Mann namens »Baruch« an sie heran und versprach ihnen, sie
für 500 000 Rubel über die Grenze zu begleiten. Baruch rühmte sich seines Mangels an Sentimentalität und seines nüchternen Realitätssinns, die ihm gestatten
würden, mit der Zeit zu gehen. Er machte spitze Bemerkungen, die auf seine
niedrige Herkunft hindeuteten (»Ich, ich bin ja kein Rabbinersohn«).[21] Wie viele
skrupellose Juden lebte er von der Ausbeutung verzweifelter Flüchtlinge.

»Sie waren nicht interessiert daran, Flüchtlinge zu retten«, schrieb Israel
Wainstok, der zur gleichen Zeit die Flucht ergriffen hatte, »sondern daran, diesen
Menschen so viel Geld wie möglich abzunehmen.«[22] Da Pinchas keine andere
Wahl hatte – die in Russland so verhassten Juden durften im Allgemeinen nicht
legal ausreisen –, übergab er Baruch sein letztes Geld.

Bei ihrem ersten Versuch, die Grenze zu überqueren, schickte Baruch eine
Warnung: Die Übergänge seien zu schwer bewacht. Ihnen bleibt nichts anderes
übrig, als in die nächstgelegene Stadt zurückzukehren. Sie haben jeglichen Besitz
verloren und sind nicht in der Lage, irgendetwas zu verdienen. Sowohl Elisa als
auch Tania erinnern sich, dass Mania sie mithilfe eines Schmucktäschchens rettete.
Es war der Schmuck, den sie, die wohlhabende Tochter eines reichen Händlers, mit
in die Ehe gebracht hatte und der ihrer Familie nun das Überleben sicherte. Wäre
der Schmuck jedoch entdeckt worden, hätte dies den Tod ebendieser Familie bedeuten können. Manias Schachzug – bei dem sie darauf setzte, dass die Banditen,
die durch die Straßen streiften und die wehrlose Flüchtlingsbevölkerung aus-
raubten, ihr nicht auf die Schliche kommen würden – war eine verzweifelte Tat,
doch auch die Tat einer mutigen und vorausblickenden Frau.

»Was soll das heißen?«, fragte der verständlicherweise erschrockene Pinchas, als Mania in aller Ruhe das Täschchen enthüllte. »Wie kannst du es wagen? Wenn die es gefunden hätten, was wäre dann aus uns geworden?«[23]

Aber der Erfolg ihrer riskanten Aktion ermöglichte der Familie, in einem neuen Dorf zu überleben: in Tschetschelnik, genau südlich von Gaissin an der Direktstraße nach Kischinjow. Dort hatte die Familie Verwandte: Manias Cousine Dora, Doras Mann Israel Wainstok und Doras verwitweten Vater, der mit Israels Mutter Feiga verheiratet war.[24]

In Elisas Buch bleibt die Familie mehrere Jahreszeiten lang in der unbenannten Ortschaft. Dies mag Clarices Behauptung erklären, dass sie während der Emigration der Familie, zwischen deren erstem und zweitem Fluchtversuch, geboren worden sei. Dort, wahrscheinlich in Tschetschelnik, feierten sie das Pessachfest am 3. April 1920. In jenem Jahr in der »Geisterstadt« müssen die Lispectors schaudernd an die Befreiung aus der ägyptischen Knechtschaft gedacht haben. Sie selbst waren indes längst noch nicht frei.

Den Sommer und Herbst hindurch warteten sie darauf, dass Baruch, ihr Moses, wieder auftauchte.[25] Vor dem Verhungern wurden sie nur durch die zufällige Begegnung mit einem alten, kranken Mann bewahrt, der sich Pinchas auf der Straße näherte und ihm anbot, ihm die Seifenherstellung beizubringen. Im Austausch dafür sollte Pinchas ihm helfen, den nächsten Ort auf dem Weg in sein eigenes Heimatdorf zu erreichen. Pinchas eignete sich das Gewerbe sehr rasch an, wodurch die Familie wenigstens ein sporadisches Einkommen erhielt.

Der Aufenthalt in Tschetschelnik, das als Zuflucht vor Tataren und Landbesitzern gegründet worden war, bot jedoch keinen Trost. Zwei Wochen nach dem Pessachfest traf eine Abteilung der Ukrainisch-Galizischen Armee ein. Sie wurde bald von den ortsansässigen Polen davongejagt. Im Juni kam die Rote Armee, deren Soldaten man als Befreier begrüßte. Allerdings wurde man hier, wie auch anderswo, der Sowjetsoldaten sehr bald überdrüssig. Die Bauern rebellierten gegen die vom Militär erhobenen Naturalsteuern, die eine Hungersnot auslösten.

Im Süden Podoliens brodelte es vor konterrevolutionären Umtrieben. Im Sommer wurden nicht weniger als fünf Divisionen der Roten Armee dorthin abgeordnet, um die Unruhen niederzuschlagen, und der Kreis Olgopol, in dem Tschetschelnik liegt, war die instabilste Gegend ganz Podoliens. Die Tscheka, die Vorläuferin des KGB, führte die meisten Probleme auf die komplexe Geographie des Gebiets (es ist hügelig und bewaldet und damit ideal für die Guerillakriegführung) sowie auf die »nationalistisch-kleinbürgerliche Mentalität« der Anwohner zurück. Aber sogar die Tscheka erwähnte das »taktlose Verhalten« der Sowjetsoldaten.[26]

Von Angriffen auf die Juden ist keine Rede, doch diese wurden 1920, als Mania mit Clarice schwanger war, zweifellos stärker in Mitleidenschaft gezogen als andere. Allein in der Kleinstadt Tschetschelnik plünderte man in jenem Jahr fünfhundert bäuerliche Haushalte. Geschäfte wurden zerstört, Äcker lagen brach, Epidemien wüteten. Hunger war an der Tagesordnung. Sechs Jahre zuvor hatte Tschetschelnik noch 8867 Einwohner gehabt, doch bis Sommer 1921 war die Bevölkerung um mehr als die Hälfte geschrumpft.

Unter solchen Umständen, bei Temperaturen, die auf minus 20 Grad fielen, wurde Chaja Pinchassowna Lispector am 10. Dezember 1920 von einer syphiliskranken Mutter zur Welt gebracht.

4

DER FEHLENDE NAME

Das zarte Kind wurde eine berühmte Künstlerin in einem Land, das ihre Eltern sich damals noch kaum vorstellen konnten. Aber sie trug dann einen anderen Namen. Der Name, den sie in Tschetschelnik erhielt – Chaja, was auf Hebräisch »Leben« bedeutet und worin die zu ihr, wie man sehen wird, ungemein passende Konnotation »Tier« mitschwingt –, würde verschwinden und lediglich auf ihrem Grabstein in Brasilien, wo er erst Jahrzehnte nach ihrem Tod weithin bekannt wurde, in hebräischer Form wieder erscheinen.

Ihre Bücher sind voll von geheimen Namen. »Man kann sagen, dass es in Clarice Lispectors Werk einen verborgenen Namen gibt oder dass ihre sämtlichen Werke auf ihrem eigenen Namen aufbauen, der verstreut und versteckt wird«, schrieb einer ihrer scharfsinnigsten Kritiker.[1] Der Name Clarice ist innerhalb des Namens Lucrécia verborgen – so hieß die Heldin ihres dritten Romans, *Die belagerte Stadt*. Die Protagonistin von *Eine Lehre* trägt den unbrasilianischen Namen Lóri, der sich aus den ersten und letzten Buchstaben des Namens Lispector zusammensetzt.[2] Dies mögen Zufälle sein, doch wahrscheinlich sind sie es nicht. In Clarices Werk wimmelt es von expliziten Mustern für derartige Buchstabenspiele: »Ich bekomme Lust, verkehrt zu reden. So: Ttog. Das heißt Gott.«[3] Oder: »Aber Brasília fließt nicht. Dort ist es andersherum. So: tßeilf (fließt).«[4]

Die Frage von Namen und Benennungen – der Prozess, durch den Dinge eine Existenz erhalten – beherrscht Clarice Lispectors Bücher. Diese Themen, denen sie letztlich eine hohe mystische Bedeutung zumisst, könnten ihre Ursprünge in Clarices eigener Kindheit haben, als sie plötzlich einen anderen Namen erhielt. In dem posthum veröffentlichten *Ein Hauch von Leben* legt Clarice ihrer Figur Ângela Pralini folgende Worte in den Mund: »Ich führte eine rasche Bestandsaufnahme durch und kam verblüfft zu dem Ergebnis, dass das Einzige, was wir haben, was uns noch nicht genommen wurde, der eigene Name ist. Ângela Pralini, ein Name, so beliebig wie der deine und nunmehr Titel meiner wankenden Identität. Führt mich diese Identität auf irgendeinen Weg? Was fange ich mit mir an?«[5] Wie so viele von Clarices literarischen Schöpfungen ist Ângela ein Alter Ego ihrer Autorin. Aber Clarices Name war ihr tatsächlich geraubt worden. Chaja hatte sich in Clarice verwandelt, und diese bezog sich, soweit wir wissen, nie auf ihren geheimen Namen, es sei denn indirekt: »Ich habe mich vor so vielen Jahren aus den Augen verloren, dass ich zögere, mich finden zu wollen. Ich habe Angst davor, anzufangen. Manchmal bekomme ich vom Dasein ein derartiges Herzrasen. Ich habe solche Angst davor, ich selbst zu sein. Ich bin so gefährlich. Sie haben mir einen Namen gegeben und mich mir entfremdet.«[6]

Die Furcht, ihre Identität zu verlieren, verfolgte sie ihr ganzes Leben lang, beispielsweise in einem Brief, den sie einer Freundin drei Jahre vor ihrem Tod schickte: »Ein schrecklicher Albtraum weckte mich: Ich träumte, ich würde ins Ausland reisen (was ich im August tatsächlich vorhabe) und bei meiner Rückkehr erfahren, viele Leute hätten irgendwelches Zeug geschrieben und mit meinem Namen unterzeichnet. Ich protestierte und sagte, das sei ich nicht gewesen, aber keiner glaubte mir, man lachte mich aus. Da ertrug ich es nicht länger und erwachte. Ich war so aufgebracht und geladen und müde, dass ich ein Glas kaputt schlug.«[7]

Clarice wob einen Mythos um ihren Namen, der bereits in ihrem ersten Roman – damals war sie dreiundzwanzig Jahre alt – deutlich wird. Sie schmückte die Legende ihr ganzes Leben lang aus, indem sie zum Beispiel ohne jegliche Grundlage behauptete, Lispector sei ein lateinischer Name. Durch dessen Zerstückelung – zu *lis,* Lilie, wie bei der heraldischen Fleur-de-Lis, und *pector*, Brust – brachte sie die unsinnige Kombination »Brust-Lilie« hervor. Auf ihrem Totenbett verlieh sie diesem wunderlichen Namen durch ein paar gekritzelte Zeilen eine dichterische Aura:

Ich bin ein von Gott geliebter Gegenstand. Und deshalb wachsen mir Blumen auf der Brust. Er hat mich genau so geschaffen, wie ich gerade schrieb: ›Ich bin ein von Gott geliebter Gegenstand‹, und er hat mich gern erschaffen, genauso gern wie ich den Satz erschaffen habe. Und je mehr Geist der menschliche Gegenstand hat, desto größere Befriedigung empfindet Gott.

Weiße Lilien auf der Nacktheit der Brust. Lilien, die ich darbiete für das, was in dir schmerzt.[8]

Aber die eigentliche Realität liegt jenseits von Namen und Sprache. Die mystische Erfahrung, die sie am denkwürdigsten in ihrem Roman *Die Passion nach*

G. H. inszenieren sollte, besteht darin, die Sprache abzubauen, um eine endgültige – und notwendigerweise namenlose – Wahrheit aufzudecken. Bevor ihr altes Leben durch eine überwältigende mystische Vision zerstört wird, fasst die Heldin G. H. ihre Biographie zusammen: »Alles Andere war, wie ich mich nach und nach in den Menschen verwandelt hatte, der meinen Namen trägt. Und am Ende war ich dann mein Name. Es genügt, auf dem Leder meiner Koffer die Initialen G. H. zu sehen, und da bin ich.«[9]

*

In Tschetschelnik besaß die kleine Chaja kaum mehr als ihren Namen. Während Manias Krankheit fortschritt, wurde die Hausarbeit von Elisa, der ältesten Tochter, übernommen. Die Neunjährige hatte bereits ein Übermaß an Schrecken hinter sich, und die physische Last der Haushaltsführung verstärkte ihr psychisches Trauma.

Die Auswirkungen auf Elisa waren unverkennbar, wie sie in der eindringlichsten Szene ihres Buches schreibt, wo ihr Vater davon merklich erschüttert ist: »Stumm streichelte er ihren Kopf und hielt nur zuweilen kaum merklich inne, um ihr schmales Gesicht zu betrachten; ihre langen, dürren Glieder; ihren ausdruckslosen Mund; ihre wilden Augen. Sie war hässlich, abscheulich, und es schmerzte ihn, dies zu sehen. Besonders weh tat ihm ihr zu früher Ernst, ein Zeichen ihrer schweren Pflichten.«[10]

Die Familie hätte wahrhaftig nicht noch mehr Probleme gebraucht, doch prompt erkrankte Pinchas an dem damals grassierenden Fleckfieber. Dies, eine Schmutzkrankheit, ist genau die Infektion, die man in einem verwüsteten Land wie der Ukraine erwarten würde. Sie wird von Ratten und Läusen übertragen und verbreitet sich zumeist in elenden Gegenden, wo die öffentliche Hygiene völlig zusammengebrochen ist. »Die Läuse, die Fleckfieber übertragen, kommen häufig in großen Ansammlungen von Menschen vor, die nicht regelmäßig baden oder ihre Kleidung wechseln und durch die Umstände gezwungen werden, auf engstem Raum zu leben. Dies sind auch die Umstände, denen Infanteristen, Flüchtlinge und Gefangene oftmals ausgesetzt sind.«[11] Zwischen 20 und 30 Millionen Menschen wurden durch die Fleckfieberepidemie von 1918–1922 infiziert. Mindestens 3 Millionen starben.

Den Winter hindurch, als Elisas Vater, wie sie schreibt, bewegungslos im Bett lag, ging ihre Mutter, »ihre eigene Krankheit vergessend«, täglich hinaus, um irgendeinen Teil ihres kümmerlichen Besitzes gegen Lebensmittel für ihre Angehörigen einzutauschen. In der Ukraine von 1921 war dies selbst für gesunde Menschen eine zermürbende Aufgabe. Das Land, bekannt als die Kornkammer Europas, die vor dem Krieg einen jährlichen Überschuss von 30 Millionen Tonnen Getreide produziert hatte, war am Verhungern.

Kein Geringerer als Vidkun Quisling, dessen eifrige Teilnahme an der nationalsozialistischen Besetzung Norwegens seinen Namen später zu einem Synonym für Verrat werden ließ, besuchte die Ukraine mit einer Delegation des Völkerbunds. Er beschrieb die Szene:

Die Erde ist schwarz gebrannt und karg, ohne jegliche Bäume und andere Pflanzen. Man sieht, wie das Stroh der Dächer als Nahrung für Menschen und Vieh verwendet wird, die minderwertigen und häufig giftigen Ersatzstoffe als Erstes für Menschen; man hört sie erzählen, dass sie bereits sämtliche Hunde, Katzen und Krähen, derer sie habhaft werden konnten, aufgegessen haben, sogar verwesendes Vieh, Leder vom Zaumzeug, Möbelholz. Man hört von Nekrophagie und Kannibalismus und erhält Beweise dafür. Man spricht mit Personen, die ihre Kinder oder Schwestern und Brüder gegessen haben. Man sieht die Menschen, die nur noch Skeletten gleichen, in den Häusern liegen, wo sie sterben oder ohne jedes sichtbare Anzeichen von Erleichterung auf den Tod warten. Man sieht Krankenhäuser, die in Wirklichkeit nur Stätten sind, an denen die verhungernden Menschen zusammengebracht werden, damit ihnen eine gewisse Betreuung zuteil wird, wo es jedoch keine Betten, kein Bettzeug, keine Medikamente und häufig keinen Arzt gibt und wo die Menschen dicht nebeneinander in größter Not auf dem Fußboden liegen. Man probiert das Essen, das in jenen Krankenhäusern verteilt wird: eine Suppe, Salzwasser. Man sieht die Haufen von Leichen, häufig mit offenen Augen, die zu schließen sich niemand die Mühe gemacht hat.[12]

Von 1921 bis 1922 verhungerte in der Ukraine eine Million Menschen. 1922 schätzte Quisling, dass von den 3 Millionen Juden des Landes »die Zahl der an Hunger und Krankheit leidenden 2 Millionen nur knapp unterschreitet«.[13]

Gefangen in einer Kriegszone mit Millionen hungernder Menschen, mit einem durch Krankheit bewegungsunfähigen Ehemann, mit drei unterernährten und hilflosen Kindern, mit einer ebenfalls ruinierten Gesundheit und ohne Geld oder Eigentum, fiel es der Mutter schwer, ihre Familie am Leben zu erhalten. Als es schließlich nichts mehr zu verkaufen gab, zog Mania, die bereits teilweise gelähmt war, mitten im ukrainischen Winter ihre Schuhe aus, machte diese zu Geld und wickelte Lappen um ihre Füße. Elisa erinnerte sich an die erstaunliche Gefasstheit ihrer Mutter.[14]

Bedenkt man die höllischen Verhältnisse der Ukraine, war die Familie immerhin in einer günstigeren Lage als viele andere. Dank Manias Entschlossenheit und ihren verbliebenen Schmuckstücken gehörten die Lispectors nicht zu der Million Menschen, die verhungerten, und Pinchas war keiner der 3 Millionen, die der Fleckfieberepidemie zum Opfer fielen. Nach seiner Genesung versuchte die Familie erneut zu fliehen. Mit einer Gruppe anderer Emigranten verließ sie die Stadt und erreichte den Wald am Abend. In Elisas Buch ist keine Rede von Baruch, der wahrscheinlich mit dem Geld das Weite gesucht hatte. Pinchas trug das Gepäck auf dem Rücken, hatte sich Clarice an die Brust gebunden und stützte die verkrüppelte Mania mit dem Arm. Nach einer erschöpfenden Nachtwanderung kamen sie in ein verlassenes Dorf, wo sie den folgenden Tag hindurch schliefen. Am Abend trafen sie endlich am mondbeschienenen Dnestr ein, wo Kanus warteten, die sie nach Rumänien hinüberbringen sollten. Elisa entsinnt sich: »Zu ihrer Überraschung setzte sich das Dorf der Nacht furchtlos aus, mit geöffneten Türen und Fenstern! Hier hatte niemand Angst vor der Dunkelheit oder vor den Flüchtlingen, die sich stets in der Nacht verbargen. Und das Licht in den Häusern war an. Große Petroleumlampen erhellten die schlichten Bauernhäuser, und auf den Tischen sah man Brot – richtiges Brot – Tee und Teller mit Fleisch. Dann schliefen sie in Betten, richtigen Betten ... Betten für normale Menschen.«[15] Dies war Soroka, eine Stadt am anderen Dnestr-Ufer mit einer großen Zigeunerbevölkerung in der heutigen Republik Moldawien. Die Lispectors sollten nie wieder in ihre Heimat zurückkehren.

*

Später kam Clarice ihrem Geburtsort, als ihr Mann in den 1960er Jahren als brasilianischer Botschafter in Warschau diente, recht nah. Mittlerweile war sie eine berühmte Schriftstellerin, und die Sowjetregierung, wie immer bemüht, ihr »kulturelles« Image aufzupolieren, bot Clarice an, das Land ihrer Geburt zu besuchen. Sie lehnte ab. »Dieses Land habe ich buchstäblich nie betreten: Ich wurde auf dem Arm von dort weggetragen. Aber ich erinnere mich an einen Abend in Polen, als ich im Haus eines der Botschaftssekretäre alleine auf die Terrasse ging: Ein großer schwarzer Wald wies mir dem Gefühl nach den Weg in die Ukraine. Ich spürte den Ruf. Russland hat mich auch gehabt. Aber ich gehöre Brasilien.«[16]

FREIHEITSSTATUE

Sie verließen die Ukraine im Winter 1921.[1] Von Soroka reisten sie nach Süden in Richtung Kischinjow in Rumänien (heute Chişinău, die Hauptstadt von Moldawien). Verglichen mit der Ukraine, herrschte in dem neuen Land Wohlstand, doch in ihm drängten sich viele der Millionen Flüchtlinge, die dem Weltkrieg und dem russischen Bürgerkrieg hatten entgehen wollen. Europa wurde überflutet von diesen Verzweifelten, und nicht nur Europa. Sogar in China gab es hunderttausend russische Exilanten.[2]

Ihre Zahl und ihr Unglück lösten bei etlichen Mitgliedern der etablierten jüdischen Gemeinschaft nur Verachtung aus. »Manche rumänische Juden«, schrieb Israel Wainstok auf Jiddisch in seinen Erinnerungen, »blickten auf Abertausende von Flüchtlingen herab, als wären sie Strandgut, das stromabwärts geschwemmt worden war.« Kischinjow gleiche »dem Garten des Herrn im Land Ägypten… Die Juden, die dort lebten, machten gute Geschäfte und verdienten eine Menge Geld. Sie zeigten sich gleichgültig gegenüber der schrecklichen Situation der jüdischen Flüchtlinge aus Russland, die sich hier und in anderen rumänischen Städten im Exil befanden, zwischen den Synagogen und den Straßen hin und her zogen und auf Hilfe von ihren Freunden und Verwandten in Amerika warteten.«[3]

Pinchas Lispector konnte keine Arbeit finden. Die Familie reiste nach Süden in die heute ebenfalls rumänischen Gebiete, machte Halt in Galatz (Galaţi), einem Industriezentrum im Donaudelta, und erreichte schließlich Bukarest. Elisa schrieb: »Bukarest war besonders unwirtlich. All seine gewundenen Straßen verflochten sich miteinander. Bei Gott, es ähnelte eher einem Albtraum als der Wirklichkeit.« Sie fanden eine vorläufige Unterkunft in einem schäbigen Hotel, »schwarz von dem Rauch aus dem eisernen Kohlebecken, das weder zum Kochen noch zum Beheizen des Zimmers ausreichte. Und das Zimmer war schwarz infolge des fast völligen Mangels an Licht, sogar tagsüber (denn es lag nach hinten hinaus), und von der Trauer und den Sorgen, die auf uns allen lasteten.«[4]

Laut *Im Exil* zog die Familie dann in eine Flüchtlingsherberge. Den fünf Personen wurden zwei schmale Betten auf einem langen Flur mit Hunderten anderer – darunter viele Kranke – zugewiesen. Eines Tages, als Pinchas nach einem weiteren Tag vergeblicher Arbeitssuche zurückkehrte, stellte er fest, dass sich seine Töchter mit Masern angesteckt hatten und in ein Krankenhaus in einem fernen Stadtteil befördert worden waren. Irgendein Verantwortlicher hatte seine Frau ebenfalls fortbringen lassen, denn ihre Krankheit war so weit vorangeschritten, dass »es ihr zunehmend schwerfiel, sich jeden Tag in die kostenlose Küche zu schleppen, wo eine schmutzige, fette Suppe aufgetischt wurde«.[5]

Wie an vielen kritischen Punkten dieser scheinbar unmöglichen Reise hatten sie Glück im Unglück. Auf der Straße begegnete Pinchas einem Landsmann aus seiner Heimat, den Elisa Herschel nennt. Dieser hatte ein bisschen Geld und bot Pinchas ein Darlehen an, wodurch die Familie die Herberge verlassen konnte. Ihre Umstände verbesserten sich, doch die Lispectors waren immer noch alles andere als wohlhabend. Elisa, die ebenfalls keine Schuhe mehr besaß, musste – wie schon in Gaissin nach der Revolution – einen Topf zur Suppenküche schleppen. Das war erniedrigend und entnervend, doch sie hatten Hoffnung: Pinchas nutzte Herschels Darlehen, um auf dem Markt Schuhe zu verkaufen. Ihre Mutter lag noch in dem Armenkrankenhaus, wo man sie einmal pro Woche besuchen durfte. Ihre Angehörigen brachten ihr Brot, Trauben und Äpfel und mussten sie dann eine Woche allein lassen, bis die »herablassende, strenge« Wohltätigkeitsorganisation erneut einen Besuch gestattete.

»Hinzu kam die Ungewissheit«, schreibt Elisa. »Ungewissheit darüber, wie lange wir dort bleiben mussten (es wurden schließlich Monate), und darüber, wohin wir reisen konnten. Fast bis zum Tag unserer Abfahrt hatten wir keine Hoffnung, konnten wir kein Gelobtes Land ausmachen. Die Briefe, die Mutter und Vater nach Amerika und Brasilien schickten, waren lange unterwegs, und die Antworten brauchten noch länger. Was uns am meisten beunruhigte, war der freundliche und zurückhaltende Tonfall dieser Antworten.«[6]

*

Manias Halbgeschwister, die Kinder von Isaak Krimgold und seiner ersten Frau, befanden sich in den Vereinigten Staaten, dem mit Abstand beliebtesten Reiseziel für jüdische Emigranten. Doch am 19. Mai 1921 verabschiedete der amerikanische Kongress den Emergency Quota Act, ein Gesetz, durch das die Zahl der osteuropäischen Einwanderer um 75 Prozent verringert wurde. Brasilien war jedoch noch aufnahmebereit und ohnehin wahrscheinlich das attraktivste Ziel, da die Familie dort die meisten Verwandten hatte. Allerdings wurde für beide Länder eine Einladung von jemandem benötigt, der sich dafür verbürgen konnte, dass die Einwanderer nicht dem Staat zur Last fielen.

Endlich traf die Einladung mit ihrem »freundlichen und zurückhaltenden Tonfall« aus Brasilien ein. Am 27. Januar 1922 stellte man einen russischen Pass für die Lispectors aus, der für die Reise nach Brasilien galt.[7] Man kann sich kaum ein freudloseres Familienporträt vorstellen als das Foto in diesem Dokument. Elisa meinte, Pinchas sei »eine äußerst mitleiderregende Gestalt. Doch voller Würde ... Er war kein Mann, der irgendwo ohne Schlips und Kragen auftauchte! ... Das Gesicht ist ernst, mit einem dunklen Teint und einem dichten Schnurrbart, und seine Kleidung lässt an Charlie Chaplin denken: ein dunkler Frack und eine Weste, recht fadenscheinig und viel zu groß für seinen ausgezehrten Körper, ein altes zerknittertes Hemd, und geknotet um seinen Stehkragen, ja, geknotet, ist ein kümmerlicher Krawattenersatz.« Elisa und Tania wirkten dünn und übermüdet, »erschreckt durch eine Welt aus fremden, von seltsamen Menschen bevölkerten Ländern«.[8] Die jüngste Tochter ist nur ein winziger Fleck. Das auffälligste Gesicht gehört Mania, die viel älter wirkte als zweiunddreißig Jahre. Sie blickt geradeaus, und ihre Kiefer sind zusammengepresst. Es war der gleiche herausfordernde Blick, »zu intensiv, als dass man ihm lange standhalten konnte«, der ihre berühmte Tochter unverwechselbar machen sollte.

*

Kurz nachdem das russische Konsulat in Bukarest den Lispectors einen Pass für Brasilien ausgestellt hatte, fuhren sie über Budapest und Prag nach Hamburg, wo sie an Bord eines brasilianischen Schiffs, der *Cuyabá*, gingen. Zusammen mit fünfundzwanzig weiteren Emigranten reisten sie dritter Klasse.[9] Man kann sich kaum ausmalen, welch eine Tortur die Seereise für Mania gewesen sein muss. Die Atlantiküberquerung war selbst für gesunde Menschen eine Strapaze, und die Fahrt im Zwischendeck ist in der Einwandererliteratur berüchtigt.

Dreck und ein durch defekte Belüftung verstärkter Gestank ließen auf den meisten dieser Schiffe eine Atmosphäre entstehen, die in einem amerikanischen Bericht als »fast unerträglich« beschrieben wird: »In vielen Fällen liegen Menschen, die sich gerade von der Seekrankheit erholt haben, weiterhin wie benommen in ihren Kojen, weil sie Luft einatmen, deren Sauerstoff hauptsächlich durch üble Gase ersetzt worden ist.« Eine amerikanische Ermittlerin, als böhmische Bäuerin verkleidet, schilderte die winzigen Quartiere, in welche die Reisenden eingepfercht waren, die offenen Tröge, die als Toiletten dienten, den Gestank des Erbrochenen seekranker Passagiere. »Alles war schmutzig, klebrig und fühlte sich widerlich an«, schrieb sie zusammenfassend. »Alles war abstoßend.«[10] In ihrem eigenen Buch erwähnt Elisa die Hitze und die stickige, giftige Luft im Laderaum. Eines Abends, als sie im Bett lag und nicht einschlafen konnte, rannte eine riesige Ratte über ihr Kissen und berührte ihr Gesicht, wobei »ihre kleinen Augen in ihrem grauen, ekligen Fell funkelten«.[11]

Im Unterschied zu ihren Nöten in Europa war diese Mühsal indes immerhin befristet. Mania und Pinchas Lispector konnten sich mit dem Wissen trösten, dass ihre Reise bald enden würde. Ihre Kinder würden in einem freien Land heranwachsen, das relativ wenig Antisemitismus zu beklagen hatte. Der Grund war nicht, dass Brasilien, historisch gesehen, wohlgesinnt gegenüber den Juden gewesen wäre. Als portugiesische Kolonie hatte es die Inquisition vollstreckt, durch die bekennende Juden mit einem Arbeitsverbot belegt wurden. Aber es existierte nichts, was mit dem in Osteuropa vorherrschenden Antisemitismus vergleichbar gewesen wäre. Dies lag teilweise daran, dass die »Jüdische Frage« zur Zeit der Ankunft der Lispectors ein fast völlig theoretisches Problem geworden war.

Abgesehen von ein paar kleinen sephardischen Gemeinden in den Amazonasstädten, gab es kaum Juden in Brasilien. Im Jahr 1920 hielten sich wahrscheinlich nicht mehr als 15 000 Juden in dem ganzen riesigen Land auf. In den vorhergehenden dreißig Jahren waren mehr als 2,6 Millionen andere Einwanderer eingetroffen, hauptsächlich aus Südeuropa und mit einem bedeutenden Anteil an Japanern. Nur eine kleine Gruppe der Neuankömmlinge bestand aus Juden.[12] Wie die Verwandten der Lispectors waren viele ursprünglich mithilfe der Jewish Colonization Association eingereist, entweder über Argentinien wie die Brüder Rabin oder durch den fernen brasilianischen Süden, wo die JCA zwei Agrarkolonien betrieb. Aber die jüdischen Emigranten wurden sogleich von den Städten angezogen.

Hauptsächlich strebten sie in die großen südlichen Städte wie Rio de Janeiro und São Paulo. Das nordöstliche Maceió, südlich von Recife in dem kleinen Staat Alagoas, wo die Lispectors an Land gingen, beherbergte nur wenige jüdische Familien. Unter ihnen waren Manias Schwester Sissel und ihr Mann Josef Rabin. Als sie ihre Verwandten im Hafen von Maceió begrüßten, muss die Kluft zwischen ihnen gewaltig gewesen sein. Die Rabins und die Lispectors hatten einander seit fast einem Jahrzehnt nicht mehr gesehen. Mit den brasilianisierten Namen Zina und José hatten die Rabins Zeit gehabt, sich in ihrer neuen Heimat eine bequeme Existenz zu schaffen. Sie betrieben ein erfolgreiches Geschäft, sprachen

Portugiesisch und hatten zwei in Brasilien geborene Kinder, Sara und Henrique. Und vor allem hatten sie nicht die teuflischen Jahre durchgemacht, die die Lispectors, gefangen in der Ukraine, erleben mussten.

Obwohl das Dock mit einer Nachbildung der Freiheitsstatue geschmückt war, hätte man es schwerlich mit Manhattan verwechseln können. Drei Jahre nach der Ankunft der Lispectors, also 1925, besaß die Hauptstadt von Alagoas nur sieben Cafés, sechs Hotels und drei Kinos.[13] Dort war von Anfang an nicht sehr viel los gewesen. Zwischen 1695, als Zumbi, der Anführer der freien schwarzen Republik Palmares – im Innern von Alagoas – getötet worden war, und 1990, als der korrupte, verschwenderische Lokalpolitiker Fernando Collor de Mello zum brasilianischen Präsidenten gewählt wurde, kam dieses verschlafene Nest im ärmsten Teil des Landes kein einziges Mal in die Schlagzeilen. In den Flüssen wimmelte es von Piranhas, und vermutlich fanden Pinchas und Mania Lispector das, was heutige Besuchern an Maceió anzieht, nicht sehr ermutigend. Das tropische Klima muss erstickend für Menschen gewesen sein, die an die gemäßigte Ukraine gewöhnt waren, und sie verbrachten wahrscheinlich nicht viel Zeit an den breiten Stränden. Gleichwohl dürfte Maceió – mit seinen kolonialen Plazas, gesäumt von Tamarinden und Kokosnusspalmen, mit seinem blauen Meer, gesprenkelt mit den charakteristischen dreieckigen Segeln der *jangadas* – der Familie nach allem, was sie durchgemacht hatte, gewiss zugesagt haben.

＊

In Maceió legten sich die Familienmitglieder brasilianische Namen zu: Pinchas wurde zu Pedro, Mania zu Marieta, Leah zu Elisa und Chaja zu Clarice. Nur Tania, deren Name verbreitet war, brauchte ihn nicht zu ändern. Clarice, noch keine anderthalb Jahre alt, würde sich weder an den Namen Chaja noch an die Gräuel der Ukraine erinnern.

Obwohl die Familie es im hellen Tropenlicht vielleicht nicht sofort bemerkte, hätte ihr Alagoas in mancher Hinsicht nicht ganz und gar exotisch vorzukommen brauchen. Es hatte vieles mit der Heimat der Lispectors gemeinsam. Wie Podolien war es ländlich und vorindustriell, und wie in Podolien bestand eine extreme Kluft zwischen der verarmten Mehrheit und den Großgrundbesitzern. Alagoas war mit 800 000 Einwohnern im Jahre 1912 Brasiliens am dichtesten besiedelter Bundesstaat. Doch obwohl Maceió nur etwa 40 000 Einwohner hatte, war es die bei Weitem größte Stadt.[14] Fast die gesamte ländliche Bevölkerung konzentrierte sich auf die Plantagen, die die Hauptprodukte der Region, Zucker und Baumwolle, erzeugten. Genau genommen waren diese Güter kleine unabhängige Fürstentümer, beherrscht von einer Oligarchie, deren Angehörige sich untereinander verheirateten und die ihre Privilegien heftig verteidigten. Diese Gesellschaftsstruktur war vielleicht unvermeidlich. Während die ungleiche Verteilung des ukrainischen Bodens auf die unfähige politische Führung zurückging, waren die gesellschaftlichen Probleme von Alagoas durch seine Geographie und die Produkte, die diese Geographie erzeugen konnte, vorherbestimmt. Keines von beiden begünstigte, gelinde gesagt, die Entwicklung einer egalitären Gesellschaft. Zucker erforderte enorme Investitionen an Geld und Arbeit. Brasilien wirkt auf dem Papier riesig, doch seine fruchtbaren Landstriche, besonders im Nordosten, schwinden rasch dahin, wenn man sich von der Küste her westwärts bewegt. Es gab nie genug Land, um eine unabhängige Schicht mittlerer Grundeigentümer entstehen zu lassen, denn die häufigen Dürren, die Jahre dauern konnten, ließen nur die mächtigsten Plantagenbesitzer überleben. Schon früh in der Geschichte des Staates konzentrierte sich der Landbesitz auf wenige Personen. Und sobald der Zuckerpreis seinen historischen Höhepunkt im siebzehnten Jahrhundert hinter sich gelassen hatte, war abzusehen, dass Alagoas und ähnliche Gegenden stagnieren würden.

Die wirtschaftliche Situation verschlechterte sich dadurch, dass sich in Brasilien keine Städte zu etablieren vermochten. Die wenigen, die existierten, waren weit voneinander entfernt und konnten, mit ein paar Ausnahmen wie Rio de Janeiro, selten als Städte im wahren Sinne des Wortes bezeichnet werden. (Selbst Rio war – und das noch am Beginn des zwanzigsten Jahrhunderts – in erster Linie ein Hafen und ein Regierungssitz, also keine Stadt mit einer dynamischen, autarken Wirtschaft wie später São Paulo.) Maceió und mit ihm vergleichbare Orte stellten schlicht Fortsätze der Landgebiete dar. Von dort schiffte man Agrarwaren ins Ausland, dorthin importierte man verarbeitete Produkte für die Plantagen. In zweiter Linie handelte es sich bei diesen Orten um soziale, religiöse und erzieherische Zentren für die Elite, die hauptsächlich auf ihren Gütern residierte. Sie setzte sich aus Landbewohnern zusammen, und das Geld, das sie in der Stadt ausgab, stammte vom Lande. So gut wie alle städtischen Wirtschaftsaktivitäten hatten mit den Plantagen zu tun.

Dies galt selbst für die Metropole des brasilianischen Nordostens, Recife. In einem 1925 veröffentlichten Jubiläumsband sind die Anzeigen fast ausschließlich Agrarprodukten gewidmet.[15] Neben der spärlichen Werbung für Hotels, Zahnärzte und Tabakläden priesen die Händler von Recife ihre Fachkenntnisse hinsichtlich Baumwolle und Rizinussamen, des Exports von Leder und Fellen, des

Mahlens von Kaffee und Mehl an. Sogar die Werbung für Industrieprodukte betont deren Nutzen für die Landwirtschaft: Motoren werden unter Hinweis auf ihre Vorteile in Zuckerfabriken, Maschinen für das Kämmen von Baumwolle feilgeboten.

Gleichwohl wurde die traditionelle ländliche Ordnung allmählich untergraben. Die Abschaffung der Sklaverei im Jahr 1888 löste in der ländlichen Gesellschaft Brasiliens eine Revolution aus. Die Folgen waren nicht sofort sichtbar, doch um 1900 wurde der brasilianische Süden, beflügelt durch einen sich schnell erweiternden Nachschub an unabhängigen freien Arbeitern, zügig industrialisiert. Das sichtbarste Ergebnis war das explosive Wachstum der modernen Stadt São Paulo. Ebenfalls um diese Zeit bildeten sich wichtige Städte wie Belo Horizonte, Porto Alegre und Curitiba heraus. Die nordöstlichen Staaten blieben wirtschaftlich im Hintertreffen, doch ihre Städte vergrößerten sich, zumal ehemalige Sklaven die zunehmend tristen ländlichen Gegenden hinter sich ließen.

Dies bot Einwanderern enorme Chancen. Millionen strömten nach Brasilien, um Nutzen aus der wachsenden Wirtschaft zu ziehen. Die Portugiesen strebten nach Rio de Janeiro, die Japaner und Italiener nach São Paulo. Sogar Orte wie Maceió expandierten, zogen jedoch nicht die künftigen Mittelständler an, die im Süden eintrafen. Vielmehr füllten sie sich mit Landarbeitern, die an Sklaverei gewöhnt waren. Diesen fehlte es im Allgemeinen an der Ausbildung und an den Fähigkeiten, sich selbstständig zu machen. In den vorindustriellen Städten, in denen es kaum Arbeit gab und in denen man an die Geldwirtschaft noch nicht gewöhnt war, benötigten die Neuankömmlinge billige Güter und Dienstleistungen: etwa die Töpfe und Pfannen und Tücher, die selbst für den ärmsten Haushalt unentbehrlich waren. Maceió hatte kaum etwas, das man als einheimische Mittelschicht bezeichnen konnte. Geschickte Einwanderer, selbst wenn sie nur ein winziges Kapital besaßen, konnten diese Lücke vielleicht füllen.

*

Pinchas – nunmehr Pedro – Lispector hegte hohe Erwartungen. »Vater wollte versuchen, ein neues Leben zu führen«, schrieb Elisa. »Ein Leben in Freiheit.« Auf dem Passbild blickten »seine Augen halb verbittert, halb herausfordernd auf die Kamera. Denn war er nicht der Erste unter den vielen Generationen seiner Familie, der den Mut gehabt hatte auszuwandern?«[16]

In Maceió könnte es das Beispiel von José Rabins erfolgreichem Geschäft gewesen sein, von dem er sich inspirieren ließ. Rabin hatte als *klienteltschik* oder

Hausierer angefangen – ein Gewerbe, das die Juden in Europa seit Langem ausübten. In Brasilien waren die ersten Hausierer levantinische Christen, die ein wenig früher als die Juden eingetroffen waren und in den sich entwickelnden Städten eine wichtige Dienstleistung anboten. Die städtische Bevölkerung war viel rascher gewachsen als der Kleinhandel und das Bankwesen, die die Neuankömmlinge benötigten. Häufig hatten sie Bedarf an den einfachsten Bekleidungsartikeln und Haushaltsgütern, doch es gab nur wenige Läden, die solche Dinge verkauften. In diesen finanzschwachen Regionen gewährten die Juden Kredite selbst auf die billigsten Waren. Dadurch konnten noch die bescheidensten Einwanderer etwas verkaufen, und noch die bescheidensten Verbraucher hatten die Möglichkeit, dringend benötigte Artikel zu erwerben.

Die jüdischen Hausierer erreichten nicht nur Kunden, die von traditionellen Einzelhändlern ignoriert wurden, sondern sie bereisten auch Gegenden, in denen ebendiese Einzelhändler nie davon geträumt hätten, Gewinne zu machen. Sie brachten Waren in die kleinsten Siedlungen des nordamerikanischen Westens, sie hatten Außenposten in der südamerikanischen Pampa oder dem südafrikanischen Busch, also generell an entlegeneren Orten als Maceió, das, obwohl es nicht viel darstellte, immerhin die etablierte Hauptstadt eines Bundesstaates war. Mehr noch, die Städte des brasilianischen Nordostens, die früher lediglich als Häfen für die Plantagen fungiert hatten, waren für Hausierer empfänglich. Die städtischen Bevölkerungen wuchsen mit dem Niedergang der Agrarwirtschaft, und die Städte füllten sich mit genau den Menschen, die ein Unternehmer auf der untersten Sprosse der Leiter bedienen konnte.

Für die meisten Juden war die Hausiererei nichts als ein erster Schritt in die Wirtschaft ihrer neuen Heimat hinein. Die Arbeit war zwar anstrengend, doch die Händler wurden durch Träume vom Aufstieg für sich selbst und ihre Kinder angespornt. Der eingewanderte Hausierer, der seine Waren auf dem Rücken trug, träumte von einem stationären Laden. »Es war keine sehr angenehme oder ehrenhafte Art des Lebensunterhalts«, schrieb Israel Wainstok über seine frühe Laufbahn in Recife. »Andererseits hatten sich viele gute Leute von der Hausiererei hochgearbeitet, um bedeutende Geschäftsleute und Industrielle zu werden. Also widmete ich mich diesem Gewerbe – nicht, dass ich eine Wahl gehabt hätte!«[17]

Gegen Ende ihres Lebens beschrieb Clarice den Beruf ihres Vaters als den eines »Handelsreisenden«. »Das traf nicht ganz zu«, meinte eine Freundin. »Für sie war es eine liebevolle Methode, auf die Armut der Familie in Recife einzugehen ... Zwar konnte man von einer Handelstätigkeit sprechen, aber sie unterschied sich von allen anderen … Er zog mit einem Handwagen durch die Straßen der ärmsten Viertel von Recife und brüllte mit seinem ausländischen Akzent und seiner erschöpften Stimme: *Kaufe Saaachen, alte Saaachen* … Er erwarb Altkleidung und verkaufte sie an größere Händler in der Stadt … Bis zum heutigen Tag höre ich noch Clarices Stimme, wie sie die ihres Vaters mit außerordentlicher Zärtlichkeit nachahmte: *Alte Saaachen*. Das habe ich nicht vergessen.«[18]

Die meisten Hausierer rückten irgendwann in den Kleinhandel auf, aber manche scheiterten völlig. Kaum jemand begründete ein großes Vermögen. In den Vereinigten Staaten verdanken Namen wie Guggenheim, Annenberg und Levi Strauss ihren Glanz jüdischen Hausierern. Zur Zeit der Ankunft der Lispectors war José Rabin bereits zum Oberhaupt einer kleinen Hausierergruppe geworden, die vermutlich aus später eingetroffenen Personen bestand. Diese borgten sich ein wenig Geld von ihm, machten sich selbständig und gingen mit unterschiedlichen Waren in unterschiedlichen Stadtteilen hausieren; anschließend zahlten sie José einen Teil ihrer Einnahmen zurück. Er war kein reicher Mann, doch unzweifelhaft auf dem Weg nach oben.

Außerdem war José Rabin laut Elisas Darstellung ein grausamer Mensch. Nach allem, was die Lispectors durchgemacht hatten, bestürzte sie der frostige Empfang, der sie in Maceió erwartete, obwohl sie möglicherweise durch den »freundlichen und zurückhaltenden Tonfall« der Briefe, die sie in Rumänien erhielten, gewarnt waren. Als Überlebende von Rassenverfolgung, Bürgerkrieg, Vergewaltigung, Krankheit und Exil sahen sie sich nun den Schikanen von kleinlichen Verwandten ausgesetzt. Aus Elisas Buch, das fast dreißig Jahre nach den Ereignissen entstand, spricht immer noch der Zorn über die Erniedrigung, die José und Zina ihren Eltern zuteil werden ließ.

Manches von der Disharmonie ließ sich auf die völlig unterschiedlichen Erfahrungen der beiden Familien im vorherigen Jahrzehnt zurückführen. »Wie schlecht sie einander kannten!«, staunte Elisa. »Wo waren die Bande des Verständnisses füreinander, die kleinsten Anzeichen von Verbundenheit?« Doch wenn wir Elisa glauben dürfen, waren ihre Eltern auch Opfer einer Reihe bewusster Kränkungen. José versuchte häufig, Pedro einzuschüchtern, indem er, sobald ein Problem auftauchte, den Kopf schüttelte und eher besorgt als ärgerlich sagte: »Aha, nach all der Mühe, die wir auf uns genommen haben, nach all den Unkosten, um euch herzuholen, meinst du also …«[19] Unablässig fand er raffinierte neue Wege, Pedro an dessen große Schuld für die Einladung nach Brasilien zu erinnern.

Man kann die Schwierigkeiten von Pedro Lispectors Lage nur schwer ermessen. Sein ganzes Leben war ein schonungsloser, herzzerreißender Kampf. Seine verkrüppelte Frau wurde immer wieder ins Armenkrankenhaus eingeliefert, er musste drei kleine Mädchen großziehen und erhielt dauernd Briefe von panischen Verwandten in Russland, die ihn, den vom Glück Begünstigten, anflehten, sie zu retten. Und nach seinen heroischen Anstrengungen, seine Familie auf der anderen Seite der Welt in Sicherheit zu bringen, war er auf einen arroganten und geizigen Schwager gestoßen.

Pedro verdiente sich ein wenig Geld, indem er undankbare Kinder Hebräisch lehrte und auf Provisionsbasis Tücher für José verkaufte. Dieser unterstrich sein Misstrauen, »indem er sie sorgfältig zählte und dann an seine Frau weiterreichte, die sie pedantisch noch einmal durchsah«. Um seine Angehörigen vor dem stets drohenden Hunger zu bewahren, stapfte Pedro Tag um Tag durch das Gewimmel auf den Straßen von Maceió, was ihm einen kargen Verdienst einbrachte. Es war nie genug. Elisa schildert auf bewegende Weise seine Traurigkeit und Verzweiflung, die Stunden, die er still rauchend auf dem Balkon verbrachte und nach einem Ausweg suchte.

Schließlich erinnerte er sich an die Fertigkeit, die ihm der alte Mann in Tschetschelnik beigebracht hatte. Er konnte ja Seife herstellen. Im Gegenzug für Josés Startkapital schlug er vor, die körperliche Arbeit zu leisten. In der glühenden Hitze von Maceió verwendete er Stunde um Stunde, Tag um Tag darauf, einen kochenden Kessel umzurühren und »den ekelerregenden Dunst des Talgs und das ätzende Gift des Teers«[20] einzuatmen. Er hoffte, dass dieses Unternehmen zu einer Art Gleichstellung zwischen ihm und seinem Schwager führen würde, doch vergeblich. »Was tust du an den Tagen, an denen du keine Seife herstellst – siehst du anderen bei der Arbeit zu?«, höhnte José.[21] Pedro war nicht in der Lage, ihm Widerstand zu leisten, und seine Selbstachtung wurde langsam ausgehöhlt. Zu Hause gab es immer noch nicht genug zu essen. Sogar in seiner knappen Freizeit war er auf die Verwandten seiner Frau angewiesen, wenn er Unterhaltung suchte. Clarice behauptete später, er habe unverzüglich Portugiesisch gelernt, doch Elisa schrieb, dass er in Maceió noch nicht genug Zeit gehabt habe, sich die Sprache anzueignen. Um die Verbindung zur Außenwelt aufrechtzuerhalten, verließ er sich auf die jiddische Zeitung Der Tog, die er sich von seinem Schwager borgte. Irgendwann hörte José jedoch auf, sie ihm zu leihen.

Elisa schildert ihre eigene wachsende Einsamkeit und ihre Flucht in die Phantasiewelt, die sie geschaffen hatte, um sich der düsteren Realität ihres Lebens zu entziehen. Sie hatte ein wenig Portugiesisch gelernt, doch nicht genug. In der Schule wurde sie wegen ihres Akzents verspottet.

»Sag *cadeado* [Vorhängeschloss], sag's schon.« Die Kinder umringten sie, um sie zu hänseln.

»*Ca-de-a-do*«, wiederholte sie und betonte jede Silbe, um keinen Fehler zu machen. Die anderen Mädchen lachten, hüpften um sie herum, und eines zerrte an ihrem Rock, ein anderes an ihrem zottigen Haar.[22]

Während sich die Erniedrigungen häuften, reichte Pedro, dessen Hoffnungen bereits durch die zaristische Regierung, den Bürgerkrieg und die Emigration durchkreuzt worden waren, seine Ambitionen an seine Töchter weiter. Eines Abends, als er den Klängen eines Klaviers aus einem Nachbarfenster lauschte, versicherte er Elisa: »Ich kann dir Musikunterricht geben lassen. Natürlich kann ich das.« Klavierstunden mochten extravagant für einen Mann gewirkt haben, der sich kaum leisten konnte, seine Familie zu ernähren, aber dies war ein geringer Preis für ein bisschen Würde, für das Gefühl, dass seine Kinder ein besseres Leben führen konnten. Elisa schrieb, er habe der Welt unbedingt zeigen wollen, was für Töchter er hatte.[23]

Seine Opfer waren nicht umsonst. Eine seiner Töchter würde den Namen des armen Hausierers in eine Reihe mit den großen Namen Brasiliens stellen. Doch das sollte Pedro Lispector nicht mehr erleben.

6

GRIENE GRINGOS

Elisa zufolge wurde dem Leben der Familie in Maceió ein Ende gesetzt, als Marieta nach einem ihrer längeren Krankenhausaufenthalte zurückkehrte. Sie hatte eine ausgedehnte und fruchtlose Behandlung hinter sich, und Zina, die sich nach Elisas Darstellung an den Grausamkeiten ihres Mannes beteiligte, flüsterte ihrer kranken und verzweifelten Schwester verschwörerische Worte ins Ohr. Sie veranlasste Marieta, Pedro für die Schwierigkeiten der Familie verantwortlich zu machen, und als er nach einem weiteren anstrengenden Tagewerk heimkam, überschüttete Marieta ihn mit heftigen, brutalen Vorwürfen, die ihn zu Tränen trieben. Noch Jahre später dachte Elisa mit Grauen an den Vorfall zurück.

Am folgenden Tag teilte Pedro, wie Elisa schrieb, seinem Schwager mit, dass er die Stadt verlassen werde. Er fuhr mit dem Schiff nach Recife, der Hauptstadt von Pernambuco. Vier Monate später hatte er genug gespart, um seine Frau und seine Töchter zu sich zu holen. Doch Tania Lispector Kaufmann hatte die Umstände der Abreise anders in Erinnerung: »Elisa mochte die Cousinen vielleicht nicht. Sie war zwölf oder dreizehn Jahre alt und könnte schlechte Erinnerungen gehabt haben, wie es bei Kindern manchmal der Fall ist. Kleine Spannungen sind unvermeidlich. Aber nicht deshalb fuhren wir nach Recife. Maceió war in jenen Tagen kaum mehr als ein Dorf, daher erschien es ganz natürlich, in einen größeren Ort wie Recife, die Hauptstadt des Nordostens, umzusiedeln. Wir alle waren auf Recife angewiesen, wo man mehr Dinge kaufen konnte und wo es fähigere Ärzte gab.«[1]

Die Familie hatte drei Jahre in Maceió verbracht, an die Clarice sich später nicht mehr erinnern konnte. Sie war beim Umzug nach Recife fünf Jahre alt und betrachtete es stets als ihre Heimatstadt. »Pernambuco ist so prägend, dass ich dazu nur eines zu sagen habe: Nichts, aber auch überhaupt nichts von dem, was ich auf meinen Reisen durch diese Welt erlebt habe, spielt für das, was ich schreibe, eine Rolle. Recife hingegen ist weiterhin sehr präsent.«[2] »Ich bin in

Recife aufgewachsen«, schrieb sie an anderer Stelle, »und ich glaube, wer im Nordosten oder Norden Brasiliens lebt, der lebt intensiver und aus größerer Nähe ein wahrhaft brasilianisches Leben. [...] Meine abergläubischen Vorstellungen stammen aus Pernambuco, und meine Lieblingsspeisen sind ebenfalls von dort.«[3]

Im siebzehnten Jahrhundert war Pernambuco von den Niederländern erobert worden, die das schläfrige, provinzielle Recife in die reichste und am buntesten gemischte Stadt Südamerikas verwandelten. Die Bevölkerung bestand aus Afrikanern und Indern, Niederländern und Portugiesen, Deutschen, Italienern, Spaniern, Engländern und Polen. Da »in Niederländisch-Brasilien ein höherer Grad an Religionsfreiheit erlaubt war als überall sonst in der westlichen Welt«, Holland eingeschlossen, strömten so viele Juden nach Recife, dass sie die weißen Nichtjuden zahlenmäßig übertroffen haben könnten.[4] Die erste Synagoge in der Neuen Welt, die Kahal-Zur-Israel-Synagoge, wurde 1637 in der Rua dos Judeus (Judenstraße) errichtet. Ein Priester murmelte, Recife und seine Zwillingsstadt Olinda seien »*como a Sodoma, & Gomorra*«.[5]

Schon vor der niederländischen Eroberung hatten Juden im brasilianischen Nordosten gelebt, hauptsächlich zwangskonvertierte portugiesische Juden und ihre Nachkommen, die abseits der straffer kontrollierten Metropole Sicherheit suchten. Aber obwohl es in Brasilien kein Heiliges Offizium gab, blieb es nicht völlig von der Inquisition verschont, und viele prominente Brasilianer wurden Opfer periodischer Verfolgungen. Unter ihnen waren Bento Teixeira, der Autor des ersten in Brasilien verfassten literarischen Werks, *Prosopopéia* (»Ein schlechtes Gedicht, eine schwache Imitation von Camões, und sein Hauptzweck bestand darin, den Gouverneur der *capitania* Pernambuco zu loben«, kommentierte Clarices Freund Erico Verissimo), sowie die Familie von Branca Dias, einer bekannten Einwohnerin von Olinda, die als Erste in Brasilien eine Ausbildung für Frauen organisierte.[6] Doch unter den Niederländern, die im Jahr 1630 die Kontrolle über das nordöstliche Brasilien übernahmen, blühte die Gemeinde auf. Zahlreiche »Kryptojuden«, die ihre Herkunft hatten verbergen müssen, bekannten sich wieder zu ihrer Tradition, und viele Juden, überwiegend Portugiesen, die in Amsterdam Zuflucht gefunden hatten, zogen nach Recife.

Die Ankunft in dem neuen Land brachte auch neue Probleme mit sich. Um 1636 schickte die Gemeinde einen Brief an einen Rabbiner in Saloniki, Haim Shabetai, und erkundigte sich bei ihm, ob sie ihre Gebete den Bedingungen der südlichen Hemisphäre, wo die Jahreszeiten umgekehrt seien, anpassen dürfe: »Und sollten wir zwischen den Monaten Tishrei und Nissan um Regen beten, wie es andere Juden überall auf der Welt tun, oder sollten wir unsere Gebete auf die Jahreszeiten in Brasilien abstimmen?«[7] Die dortigen Portugiesen und ihre Verbündeten, die enorme Schulden bei den Niederländern gemacht hatten,[8] begannen einen stürmischen Feldzug zur Wiedereroberung von Pernambuco. Mehrere Male belagerten sie Recife, hungerten es aus und waren dem Erfolg nahe. In einem besonders verzweifelten Moment trafen zwei Schiffe, die *Falke* und die *Elisabeth*, wie durch Zauberei ein, was den berühmten Rabbiner Isaac Aboab da Fonseca (ein Mitglied des Amsterdamer Gerichtshofs, der später Spinoza exkommunizierte) anregte, ein langes Loblied zu verfassen: »Secher assiti le'nifla'ot El« (»Ich habe an die Wunder Gottes erinnert«). Dies war das erste hebräische Gedicht, das in der Neuen Welt entstand.

Gott ging mit seinen Wundern jedoch sparsam um. Er griff nie wieder ein, um Niederländisch-Brasilien zu retten. Die Portugiesen konnten Recife 1654 erobern und beendeten damit ein kurzes goldenes Zeitalter. Nach der Wiedereroberung wurden die Juden vertrieben und die Inquisition neu etabliert. Dreiundzwanzig Juden aus Recife schlugen sich zu einer anderen niederländischen Kolonie, Neu-Amsterdam, durch und legten auf der Insel Manhattan die Grundlage für die größte jüdische Diaspora-Gemeinde, die die Welt je gesehen hat. Die Synagoge der Shearith-Israel-Gemeinde, die die exilierten Mitglieder von Kahal Zur Israel dort eröffneten, besteht noch heute in einem prachtvollen Gebäude am Central Park West.

Für die amerikanischen Juden war 1654 ein Beginn, doch für Brasilien markierte es ein Ende. Manche Juden, die zurückblieben, konvertierten zum Christentum und hielten ihren religiösen Glauben im Geheimen aufrecht, in manchen Fällen über Generationen hinweg. Schließlich verschmolzen sie jedoch mit der portugiesisch-brasilianischen Gesellschaft, und im Jahr 1925, als die Familie Lispector in Recife eintraf, gab es keine lebendige Verbindung mehr zu den Juden von Niederländisch-Brasilien. Die Juden von Recife, wie all ihre Glaubensgenossen in Brasilien, waren Neuankömmlinge.

*

Im heutigen Pernambuco weckt die kurze Zeit der niederländischen Herrschaft ein Interesse, das an Fetischismus grenzt. Jeder Taxifahrer scheint die Leistungen des niederländischen Gouverneurs Johann Maurits van Nassau-Siegen aufzählen zu können, und manche Bürger wünschen sich offen, dass sie nicht von den stümperhaften Portugiesen, sondern von den toleranten und kompetenten Niederländern kolonisiert worden wären. Diese Faszination ist derart in der Geistes-

haltung von Pernambuco verfestigt und bildet einen solchen Eckpfeiler der staatlichen Identität, dass sie schon immer existiert zu haben scheint.

In Wirklichkeit ist sie relativ neu. In den drei Jahrhunderten, die dem Fall des
niederländischen Recife folgten, wurde die Eroberung von Pernambuco als
Triumph eines katholischen, portugiesischen Einheitsstaats präsentiert – als so
bedeutendes Ereignis, dass es, wie man allgemein annahm, die Geburt der brasilianischen Nation kennzeichnete. Die hohe Zahl der Juden im niederländischen Recife bedeutete auch, dass diese kritischen Äußerungen häufig einen
antisemitischen Beiklang hatten. Noch 1979 konnte der berühmte Soziologe
Gilberto Freyre wohlwollend einen früheren Historiker zitieren, der den Krieg
gegen die Niederländer als Ringen zwischen »dem Kreuz und dem Ladentisch«[9] ansah.

Historiker haben sich stets von der malerischen niederländischen Zwischen-
herrschaft anziehen lassen. »Kein Zeitraum der Nationalgeschichte verfügt über
eine so reichhaltige Literatur wie die wechselhafte niederländische Herrschaft
über Ost-Brasilien«, schrieb Alfredo de Carvalho 1898. Aber die pro-nieder-
ländische Haltung wurde erst Mitte des zwanzigsten Jahrhundert salonfähig.
Bücher wie José Antônio Gonsalves de Mellos *Tempos dos Flamengos* (Zeiten der
Flamen), veröffentlicht 1947, betonten Aspekte der niederländischen Regierungszeit, die für ein modernes, demokratisches Brasilien reizvoll waren: die religiöse
Toleranz der Kolonie, zusammen mit ihren erheblichen künstlerischen und wissenschaftlichen Errungenschaften. Zwei Jahre später verglich ein anderer Autor
die beiden Kolonialmächte miteinander: »[Nach der Errichtung der Inquisition]
vertrieben die Portugiesen die Schichten, die sich vom Feudalismus befreit hatten …, während die Niederländer alte Systeme verwarfen und sich der Privat-
initiative zuwandten.«[10]

Das Ergebnis dieses Revisionismus – und der Niederlandefreundlichkeit, die
er auslöste – besteht darin, dass jeder, der heute in Pernambuco Jude ist, eine
direkte Verbindung zu dem glorreichsten Moment der Landesgeschichte pflegt.
Die kürzliche Neuentdeckung, Ausgrabung und Rekonstruktion der Synagoge
Kahal Zur Israel war ein großer Segen für die jüdische Gemeinde, die recht unerwartet zu einem zentralen Merkmal der *pernambucanidade*, der Identität von
Pernambuco, geworden ist.

Diese Situation könnte sich nicht stärker von den Umständen kurz vor dem
Ersten Weltkrieg unterscheiden, als die ersten Juden in Recife eintrafen. Die Einwanderer, fast ausschließlich arme Menschen aus Osteuropa, ahnten nur vage,
dass es eine frühere Gemeinde gegeben hatte. Sie wussten nichts über diese Ver-

gangenheit, und die Einheimischen, sogar die aufgeklärtesten, wussten nichts über die Juden.[11] Betrachten wir folgenden Austausch von 1922, dem Jahr, als die Familie Lispector Brasilien erreichte. Die Korrespondenten sind zwei prominente Pernambucaner: Gilberto Freyre und Manuel de Oliveira Lima. Freyre war der wahrscheinlich berühmteste Gelehrte Brasiliens und Oliveira Lima einer der größten Historiker, ein Mann von enormer Bildung, welcher der Catholic University in Washington seine persönliche Bibliothek von 40000 Bänden hinterließ. 1922 lebten beide in den Vereinigten Staaten. Am 18. Januar 1922 schrieb Freyre: »Mr. Goldberg ist nach Boston zurückgekehrt. Wir sind einander in unserem Geschmack, unseren Neigungen, unseren Interessen so nahe! Er wird mich mit David Prinski bekannt machen, dem bedeutenden jüdischen Intellektuellen, dessen Haus als Treffpunkt für alle möglichen mit der Literatur verbundenen Menschen fungiert. Übrigens: Wie sagt man ›jiddisch‹ auf Portugiesisch?« Oliveira Lima antwortete: »Ich weiß nicht, wie man ›jiddisch‹ auf Portugiesisch sagt, oder auch nur, was das ist. Ich würde es gerne wissen, denn ich höre nie auf zu lernen.« Freyre erwiderte: »Übrigens: ›Jiddisch‹ ist der Name der Juden, ihrer *modernen* Sprache und Literatur. Man sagt: ›Soundso ist jiddisch‹, ›jiddische Literatur‹ usw. Ich dachte, dafür gebe es im Portugiesischen ein Wort.«[12] (Es gibt eines: *ídiche*.)

Wenn dies das Niveau der jüdischen Kulturkenntnisse international gebildeter Intellektueller war, kann man sich das Wissen bei den einfachen Leuten in diesem rückständigen Teil Brasiliens vorstellen. »Die weniger kundigen Menschen, besonders außerhalb der großen Städte«, schrieb Samuel Malamud, ein prominenter Anwalt und Freund der Lispectors, »verwechselten den Juden mit Judas und hatten etwas aus dem Rahmen Fallendes vor Augen, zum Beispiel den Teufel mit Hörnern und einem Schwanz. Die Juden, mit denen sie täglichen Kontakt hatten – entweder die Hausierer, die Kleidung, Bettzeug und Tischgeschirr, Schmuck und Möbel verkauften, oder sogar die Geschäftsleute, die bereits auf verschiedenen Gebieten etabliert waren –, wurden Russen, Polen oder schlicht ›Gringos‹ genannt – ein Wort, das jeglichen Ausländer bezeichnet. Für die Juden dagegen war ›Gringo‹ das Gleiche wie *griener* (grün) auf Jiddisch, also jemand, der gerade im Land eingetroffen war.«[13] Für die meisten Brasilianer unterschieden sich die Juden nicht von anderen ausländischen Einwanderern, etwa Portugiesen, Libanesen, Italienern oder Spaniern. Die Juden fielen in keine separate Kategorie, und Antisemitismus existierte kaum, nicht einmal als Begriff.

✳

Der Witz, dass ein auf einer einsamen Insel gestrandeter Jude zwei Synagogen bauen würde – eine, die er besucht, und eine andere, die er um keinen Preis betreten will –, galt auch für die junge *kehilah* Boa Vista, das jüdische Viertel von Recife. Mania Lispectors Verwandte hatten zu den ersten Juden der Stadt gehört. Im November 1911 gab es nur acht jüdische Männer in Recife, darunter ihren Cousin Pinchas Rabin.[14] Pinchas hatte die Ehre, im Jahr 1913 die erste Thora-Rolle der Stadt zu importieren, doch diese Ehre scheint ihm zu Kopf gestiegen zu sein. Laut Avrum Ishies auf Jiddisch geschriebenen Erinnerungen von 1956 verärgerte Rabin einen großen Teil der Gemeinde durch seine Knauserei mit dem heiligen Buch. Angewidert durch seine Haltung, bestellten andere Männer eine eigene Thora aus Palästina. Als sie 1914 eintraf, gab es bereits vier *minyanim* (vierzig erwachsene Männer) in der Stadt. Zwei Jahre später erwarb die sich entwickelnde Gemeinde ein Gebäude, in dem eine Schule und andere jüdische Institutionen untergebracht wurden. »Aber wir waren wirklich Juden«, erinnerte sich Avrum Ishie. Einer zweiten Gruppe gefiel das Gebäude nicht, also suchte sie sich ein anderes und gründete eine Konkurrenzschule. Später sollten sich der Zionistische Club und der Sozialistische Club, Tür an Tür in winzigen Häusern an der Rua da Glória gelegen, abmühen, die Herzen und Hirne der kleinen Gemeinde für sich zu gewinnen.

Trotz dieser Streitereien war die Gemeinde, deren Mitglieder man aus den Steppen der Ukraine, Bessarabiens und Weißrusslands vertrieben und auf die andere Seite der Welt befördert hatte, bemerkenswert geschlossen. Sie mochten einander nicht immer sympathisch sein, doch letzten Endes hatten sie einfach mehr mit ihren Miteinwanderern gemeinsam als mit ihren fremdartigen Nachbarn. In erster Linie waren die Einwanderer arm, jedenfalls bei ihrer Ankunft. Einen der Vorzüge von Recife bildete seine Lage an der nordöstlichen Spitze Südamerikas. Als der Europa am nächsten gelegene große Hafen Brasiliens war es mit weniger finanziellem Aufwand zu erreichen als die bekannteren Ziele weiter südlich. Viele Immigranten blieben in Recife, weil sie sich die glanzvolleren Alternativen wie Rio de Janeiro, São Paulo und Buenos Aires nicht leisten konnten.[15]

Aber die günstige Lage von Recife war nicht der einzige Grund dafür, dass sie sich für den Nordosten entschieden. Da die jüdischen Einwanderer in ähnlichen Berufen arbeiteten, waren sie auf gegenseitige Unterstützung angewiesen. Mit zunehmender Immigration waren die großen Zentren – Rio, São Paulo, Montevideo, Buenos Aires – weitgehend mit Beschlag belegt. Die Märkte für die Güter, auf die sich die Juden spezialisierten, waren nahezu gesättigt.[16] Es gab jedoch noch Chancen – und weniger Konkurrenz – in den zweitrangigen Städten. In

Recife, ebenso wie in dem viel kleineren Maceió, begannen diese Hausierer häufig damit, Waren, etwa Stoffe in kleineren Mengen, auf Kommission zu verkaufen, wobei sie die armen Gegenden von Recife, das raue Hinterland von Pernambuco und sogar die Nachbarstaaten bedienten.

Ein Jahrzehnt nach der Landung der ersten Juden hatte sich die Gemeinde im Viertel Boa Vista eingelebt. Es war nach einem Palast benannt, den einer der berühmtesten niederländischen Gouverneure gebaut hatte, und obgleich sein fürstlicher Glanz der Vergangenheit angehörte, war Boa Vista immer noch das emsige Geschäftszentrum der Stadt. Vielen der Pioniere war es mittlerweile gelungen, die Hausiererei hinter sich zu lassen und zu dem weniger anstrengenden Leben von Ladenbesitzern überzuwechseln. In Brasilien konzentrierten sie sich auf ähnliche Tätigkeiten, wie sie Juden in Europa traditionell ausgeübt hatten. In der alten Heimat waren sie, wie Mania Lispectors ermordeter Vater, oftmals Holzhändler gewesen, und auch in der neuen Heimat, die reich an tropischen Wäldern war, entschieden sie sich für dieses Gewerbe. Andere verkauften Holzprodukte, beispielsweise Möbel, und sonstige Haushaltsartikel wie Bettwäsche und Geschirr. Wie in Europa fand man auch hier etliche jüdische Schneider und Juweliere. Genau wie ihre fernen Verwandten im siebzehnten Jahrhundert ihre Gebete den südlichen Jahreszeiten angepasst hatten, mussten die Einwanderer nun ihre Waren auf das neue Klima abstimmen. Anders als im kühlen Podolien wurden Schirme im drückend heißen Recife genauso oft als Schutz vor der Sonne wie vor dem Regen verwendet.

Recife mochte eine bedeutende Stadt im brasilianischen Nordosten gewesen sein, doch seine Wirtschaft war kaum breiter gefächert oder höher entwickelt als die von Maceió. In der Stadt fand man wenig Fertigungsbetriebe, und es blieb den Juden von Boa Vista überlassen, Konfektionswaren wie Handtücher, Laken und Tischdecken einzuführen (vor dieser Neuerung hatten die Menschen ihre eigenen Bedarfsartikel aus groben Stoffballen hergestellt) sowie das primitive Kreditsystem auszuweiten. Wie die jüdischen Hausierer den ärmsten Kunden erlaubten, Stoff, Pfannen und Töpfe zu großzügigen Bedingungen zu kaufen, boten die Ladenbesitzer von Boa Vista später Kredite und Ratenzahlungspläne für größere Produkte – etwa Kühlschränke – an. Diese Praxis hat sich in Brasilien mittlerweile seit Langem eingebürgert.

Den Mittelpunkt der Gemeinde bildete die Praça Maciel Pinheiro, im Jiddischen als *pletzele* bekannt, und hier, in der Hausnummer 367, verbrachte Clarice Lispector ihre Kindheit. »Das Haus war so alt, dass die Dielen federten, wenn wir darüber gingen«, berichtete Tania Lispector. »Es hatte Kolonialfenster, einen

Balkon, Kolonialdachziegel, es war wirklich sehr alt … Wir wohnten im zweiten Stock. Schließlich zogen wir um, weil wir Angst hatten, dass das Haus einstürzen würde.«[17] (Es steht immer noch.) Der Platz trug den Namen eines Lokalhelden, der sich im Krieg gegen Paraguay ausgezeichnet hatte, und war mit einem großen prächtigen Brunnen ausgestattet, den man in Lissabon hergestellt und mit Bildern von Indianern geschmückt hatte. Aber »es gab nicht viele Freundschaften mit den Pernambucanern«, schrieb Tania, womit sie die Nichtjuden meinte.[18] In der Tat waren das *pletzele* und die umliegenden Straßen fast so jüdisch geprägt wie die *schtetlach*, die ihre Bewohner kurz zuvor verlassen hatten.

Auf dem Plätzchen selbst befanden sich Jacob und Lea Ledermans *Sodewosser*-Bar; die Möbelläden von Maurício Gandelsman, Adolfo Cornistean, Benjamim Berenstein, Moisés Rastolder, Isaac Schwarts, Israel Fainbaum, Leopoldo Edelman und den Gebrüdern Iampolsky; ein Konfektionsgeschäft, das Júlio und Ana Guendler und Moisés Rochman gehörte; das Kleinkaufhaus des Memoirenschreibers Avrum Ishie Vainer; sowie Natan und Freida Pincovskys Textilgeschäft.[19] Die Rua Imperatriz, die vom *pletzele* hinunter zum Capibaribe führte, war ebenfalls in jüdischer Hand. Dort lag Casas Feld, ein elegantes Modegeschäft, geleitet von Luiz Feldmus und seiner Frau, einer glamourösen Gestalt, die in Recife als Madame Clara bekannt war. Es gab jüdische Bäckereien und Kurzwarengeschäfte, eine jüdische Schule und Jacob Bernsteins Livraria Imperatriz, die für lange Zeit beste Buchhandlung in Recife, die der städtischen Intelligenz als Treffpunkt diente.

Daneben fand man Einrichtungen wie die Schulen und Synagogen. Ein paar Meter von der Tür der Lispectors entfernt, an der Ecke der Rua do Aragão, war die Cooperativa Banco Popular Israelita de Pernambuco, eine »Freiwilligenbank«, die mit Spenden der Gemeinde betrieben wurde und mittwochabends von 19 bis 22 Uhr geöffnet war. Die Cooperativa, die keine Zinsen für Darlehen forderte, die man heute als Mikrokredite bezeichnen würde, war unerlässlich für die Aufstiegsmöglichkeiten innerhalb der Gemeinde, denn sie half Neuankömmlingen, als Hausierer zu arbeiten, und Hausierern, Läden zu erwerben.

Monate vor ihrem Tod unternahm Clarice Lispector ihre letzte Reise nach Recife, um einen Vortrag an der Universität zu halten. Sie bestand darauf, im Hotel São Domingos zu wohnen, an der Ecke der Praça Maciel Pinheiro, der Stätte der alten jüdischen Bank. Sie verbrachte Stunden damit, den kleinen Platz, auf dem sie aufgewachsen war, durchs Fenster zu betrachten. Für die kleine Clarice glich diese Grünfläche, wo Taxifahrer und Hausmädchen miteinander schäkerten, wie sie sich in einem Interview erinnern sollte, einem Wald, einer Welt, in der sie Sachen versteckte, die sie später nie wiederfinden konnte.[20] Nach all den Jahren hatte sich nur die Farbe des Hauses geändert. »Ich erinnere mich genau, wie ich vom Balkon auf die Praça Maciel Pinheiro in Recife hinaussehe und Angst habe, hinunterzufallen: Alles war so riesig […] Das Haus war rosa gestrichen. Hat eine Farbe ein Ende? Sie löst sich in Luft auf, mein Gott.«[21]

Ein Interviewer fragte: »Wir haben erfahren, dass Sie Ihre Kindheit hier in Recife verbracht haben, aber ist Recife in Clarice Lispector noch vorhanden?« Sie antwortete: »Das alles ist in mir lebendig.«[22]

*

Die Armut ihres Vaters und die Krankheit ihrer Mutter sprachen dagegen, doch in Interviews und Gelegenheitsschriften erinnerte sich Clarice stets an eine glückliche Kindheit. »Also, ich wusste nicht, dass ich arm war«, sagte sie in einem weiteren Interview. »Neulich habe ich mal Elisa, die ja älter ist als ich, gefragt, ob wir Hunger leiden mussten, und sie sagte, fast. In Recife hatte ein Mann auf dem Platz einen Stand, wo er eine Art Orangenlimonade verkaufte. Orangen hatte das Getränk aber nur von Weitem gesehen. Das und ein Stück Brot war unser Mittagessen.«[23]

Clarice hatte das Glück, das jüngste Kind zu sein. Im Gegensatz zu ihren Eltern und Schwestern erinnerte sie sich nicht an die Heimsuchungen der Familie in Europa. Während ihre Schwestern gelitten und gehungert hatten, wurde sie verwöhnt und verhätschelt. Ihre Schwester Tania entsann sich, dass Clarice schon als Baby auffallend schön gewesen sei und dass die Familie und ihre Nachbarn einen Narren an ihr gefressen hätten.[24] Die vorwitzige und energische kleine Clarice war bereits mit vier Jahren eine begabte Mimin, wie Tania erklärte: »Sie ging in den Kindergarten (einen der ersten seiner Art und ganz anders, als sie es heute sind). Es war eine ziemlich strenge Umgebung, und Clarice, die in jenem Alter bereits zu kritischen Analysen neigte, kam nach Hause und ahmte jede Aktion der Erzieherin zur Belustigung der Zuschauer nach. Wir baten sie, die Szene zu wiederholen, und sie imitierte die Kindergärtnerin erneut dabei, wie diese die Gruppe herumkommandierte und jede Aktivität mit den Worten ›Klatscht in die Hände, und nun ganz ruhig‹ unterbrach.«[25] Noch siebzig Jahre später erinnerte Tania sich an ihr Erstaunen, wenn sie zum Arzt oder Zahnarzt gingen und Clarice sofort die Haltung sämtlicher Personen im Wartezimmer nachmachen konnte.

Während Elisa und Tania ein wenig schüchtern auftraten, war Clarice eine geborene Anführerin. »Clarice hatte in der Schule eine Menge Freunde, aber sie war wählerisch und bestand darauf, sich ihre Gefährten auszusuchen«, schrieb Tania. »Ich habe die anderen ganz gerne herumkommandiert«, sagte Clarice. Außerdem war sie »sehr phantasievoll – diejenige, die sämtliche Spiele erfand«, sagte Tania. »Bei einem zum Beispiel, mit einer kleinen Cousine ihres Alters, übernahm Clarice die Initiative und schlug vor: ›Lass uns »Zwei Frauen« spielen.‹ Und dann verbrachten sie Stunden damit, die Worte und das Verhalten von Hausfrauen despektierlich nachzuahmen.« »Noch bevor ich lesen und schreiben lernte, erfand ich schon Geschichten«, erinnerte sich Clarice. »Zusammen mit einer eher zurückhaltenden Freundin dachte ich mir sogar eine Geschichte aus, die kein Ende hatte […] Ich fing an, alles war ganz kompliziert; die beiden tot … Dann kam sie herein und sagte, ganz so tot seien sie doch nicht. Und da ging das Ganze von vorne los …«[26]

Bertha Lispector Cohen, ihre Cousine, erinnerte sich, dass Clarice Namen für sämtliche Kacheln in der Dusche und für alle Federhalter und Bleistifte hatte. »Als ich dann lesen und schreiben lernte, fing ich auch zu schreiben an. Kleine Geschichten«, sagte Clarice später.[27] Nachdem sie ein Theaterstück gesehen hatte, kehrte sie nach Hause zurück und fühlte sich inspiriert, ebenfalls ein Drama zu verfassen: »Armes reiches Mädchen«, drei Akte auf zwei Seiten, die sie versteckte und dann verlor. Sie schrieb an die Kinderseite des *Diário de Pernambuco*, der donnerstags Erzählungen junger Leser veröffentlichte. »Ich wurde nicht müde, meine Erzählungen einzusenden, aber sie wurden nie abgedruckt, und ich wusste auch, warum. Weil die anderen so gingen: ›Es war einmal, und so weiter und so fort …‹ Während meine aus Empfindungen bestanden.«[28] »Es waren Märchen ohne Feen, Abenteuer ohne Piraten. Und so etwas wollte niemand drucken.«[29]

»Sie lernte selten«, sagte Tania, »doch sie erhielt stets gute Noten.«[30] »Außer in gutem Betragen«, fügte Clarice hinzu.[31] In ihrer ersten Schule, der Escola João Barbalho, ein paar Straßen von der Praça Maciel Pinheiro entfernt, wurde sie die unzertrennliche Gefährtin von Leopoldo Nachbin, einem kleinen gleichaltrigen Jungen, dessen Familiengeschichte ebenfalls ziemlich verwickelt war. Sein Vater, Jacob Nachbin, war irgendwann nach dem Ersten Weltkrieg nach Brasilien ausgewandert. Als Waise und Autodidakt stieg er dennoch zu einer Berühmtheit der jiddischen Presse des Landes auf. Er reiste nach Argentinien, Uruguay und später zurück nach Europa, wo er weitere Immigranten für Brasilien anwerben sollte. Obwohl er keinerlei Ausbildung besaß, entwickelte er sich zu dem ersten jüdischen Historiker, der die Geschichte der jüdischen Gemeinden in Brasilien untersuchte; zudem war er ein bekannter Dichter. Schließlich verließ er seine brasilianische Familie und reiste in die Vereinigten Staaten aus.[32]

Leopoldo, der Sohn, den er in Recife zurückließ, sollte der bedeutendste Mathematiker Brasiliens werden. In der Escola João Barbalho in Recife waren Leopoldo Nachbin und Clarice Lispector jedoch bloß »die beiden Unmöglichen der Klasse«. Eine Lehrerin versuchte vergeblich, sie zu trennen: »Leopoldo und ich setzten unsere Unterhaltung einfach laut fort.« Leopoldo wurde nach Clarices Vater ihr erster männlicher Beschützer, »und er machte seine Sache so gut, dass ich danach mein Leben lang männlichen Schutz angenommen und gewünscht habe«.[33]

Mit einer Freundin stahl sie Rosen aus den Gärten der wohlhabenden Einwohner von Recife: »Es war eine Straße, durch die keine Trambahnen fuhren, nur selten kam ein Auto durch. Inmitten meiner Stille und der Stille der Rose war da mein Wunsch, sie als etwas zu besitzen, das nur mir gehörte.« Sie und die Freundin stürmten in den Garten, pflückten eine Rose und nahmen Reißaus. »War das schön. So schön, dass ich einfach weiter Rosen stahl. Es lief immer gleich ab: das Mädchen, das Wache schob, ich, die ich reinging, den Stiel abbrach und davonrannte, die Rose in der Hand. Immer mit klopfendem Herzen und immer mit dieser Seligkeit, die mir niemand nehmen konnte.«[34]

✳

Das vollständigste Porträt dieses aufgeweckten, schelmischen Mädchens findet sich in ihrem ersten Roman, *Nahe dem wilden Herzen*, den sie mit dreiundzwanzig Jahren herausbrachte. Wie so viele von Clarices literarischen Figuren hat die Hauptperson Joana eine auffallende Ähnlichkeit mit ihrer Schöpferin: denselben Familienhintergrund, dieselbe eigensinnige Persönlichkeit, dieselbe Auflehnung gegen Konventionen. (Einem Interviewer, der sie fragte, wie viel von Joana in ihr stecke, antwortete sie: »*Madame Bovary c'est moi.*«)[35] Und dieselbe Nähe zum wilden Herzen, dieselbe dem Tierischen ähnliche Seinsweise. »Nicht als Tier geboren zu sein ist wohl eines der Dinge, die mir insgeheim fehlen«, schrieb Clarice einmal.[36] »Vielleicht weil ich als Sternzeichen Schütze bin, zur Hälfte Tier.«[37] Menschen, die ihr begegneten, verglichen sie häufig mit einem Tier, besonders mit einer Katze: elegant, undurchschaubar, potenziell gewalttätig. »Sie war perfekt gekleidet, lang und schön wie eine jener ägyptischen Katzen«, erinnerte sich ein Freund.[38] »Ihr slawisches Gesicht beeindruckte mich. Es war kräftig und schön und hatte etwas Katzenhaftes an sich«, schrieb der Dichter Ferreira Gullar. »Für mich besaß sie die Aura eines Mythos, so sehr hatten mir ihre seltsamen Bücher imponiert, gewoben aus einer magischen Sprache, ohne Entsprechung in der brasilianischen Literatur.«[39] »Die anderen waren es, die in mir etwas von einem Tiger zu sehen glaubten, von einem Panther«, sagte Clarice zu einer Journalistin.[40] Diese entgegnete: »Wegen Ihrer Augen – aber das ist nicht der Grund. Es liegt daran, dass Sie die innere Gelassenheit einer Katze haben, jene katzenhafte Eigenschaft, immer nach etwas Ausschau zu halten.« Von Joana sagte Clarice: »Wie eine Wildkatze war sie, die Augen brannten über dem erhitzten Gesicht«[41]

Als Mädchen war Clarice »umringt von Katzen«:«Ich hatte eine Katze, die hin und wieder einen Wurf Junge zur Welt brachte. Und ich ließ nicht zu, dass man sich auch nur eines der Jungen vom Hals schaffte. So wurde unsere Wohnung für mich ein freudiger Ort, für die Großen jedoch die reinste Hölle.«[42] Sie verbrachte Stunden mit den Küken und Hennen auf dem Hof: »Ich verstehe eine Henne vollkommen. Ich meine das Seelenleben einer Henne, ich weiß, wie das ist.«[43] Als sie erwachsen war, empfahlen Freunde ihr einen Film mit einer französischen Schauspielerin in der Hauptrolle, die angeblich eine starke Ähnlichkeit mit Clarice aufwies, doch sie hatte nur Augen für das Pferd der Frau. »Jedenfalls identifizierte ich mich mehr mit dem schwarzen Pferd als mit Barbara Laage«, schrieb sie.[44]

»Die Leute hier starren mich an, als wäre ich aus dem Zoo entlaufen«, schrieb sie an den Schriftsteller Lúcio Cardoso. »Das finde ich ganz richtig so.«[45] Die Katzenaugen und ihr intensiver Blick, »dem niemand lange standhalten konnte«, waren beunruhigend, zumal als sie älter wurde.[46] »Wer war sie? Die Natter«, sagt Joana zu sich selbst, wobei sie das Wort benutzt, mit dem ihre verhasste Tante sie beschreibt.»›Sie ist ein merkwürdiges Wesen, Alberto‹, sagt die Tante, ›ohne Freunde und ohne Gott – er möge mir verzeihen.‹« Und Joanas eigener Mann, schockiert über ihr Benehmen, explodiert: »›Du niederträchtiges Wesen. […] Natter! Natter! Natter!‹«[47]

Sie gestand, Rosen gestohlen zu haben, aber nichts deutete darauf hin, dass die junge Clarice, wie Joana, Ladendiebstahl beging, und schon gar nichts lässt vermuten, dass sie, ebenfalls wie Joana, dazu neigte, alten Männern schwere Gegenstände an den Kopf zu werfen. Gleichwohl ist ihre Verbindung mit dem Tierreich, wie es auch in Clarice Lispectors späterem Werk häufig vorkommt, viel beängstigender als etwaige Jugendkriminalität. Joanas Familie ist zu Recht erschüttert, denn das Mädchen liefert tatsächlich das bemerkenswerteste frühe Beispiel für die Hinwendung zum Tierischen, die sich bei Clarice Lispector einem philosophischen Ideal annähert, nämlich ihrer völligen Ablehnung jeder anthropozentrischen Moral.

Moral, schrieb Fernando Pessoa, sei »das Bemühen, das menschliche Leben zu erhöhen, ihm einen menschlichen Wert zu verleihen«.[48] Diesen Versuch, das Leben auf menschliches Maß zurechtzustutzen – in dem Sinne, dass das Leben menschlich oder das Universum auf die Bedürfnisse der Menschen zugeschnitten sei –, sollte Clarice am radikalsten in *Die Passion nach G. H.* zurückweisen, ihrem monumentalen Roman von 1964, in dem die Protagonistin ihre Identität mit einer Kakerlake entdeckt. Clarices Amoralität ist, wie sie selbst erkennen wird, so entsetzlich und absolut, dass ihre Logik in den Wahnsinn führt. In jenem Buch erschreckt sie sich selbst so sehr, wie Joana ihre Verwandten schockiert.

Betrachtet man die brutalen Umstände von Clarices Lebensbeginn, so konnte sie kaum eine andere Einsicht gewinnen als die, dass das Leben nicht menschlich sei und keinen »menschlichen Wert« habe. Ihre eigene Existenz war ebenso unergründlich wie die einer Kakerlake. Die ukrainischen Gräuel, denen so viele Millionen anderer zum Opfer gefallen waren, hatte sie durch schieres Glück überlebt. Die Folgerung, dass das Wesen der Welt beliebig und sinnlos sei, war die einzig logische. Und da sie den willkürlich tierischen Charakter der Welt durchschaute, musste sie notwendigerweise die konventionelle Moral zurückweisen, die einer unmenschlichen Welt menschliche Bedeutungen zuschrieb. Jemand mit Clarices Biographie konnte sich mit der unglaubwürdigen Vorstellung eines Universums, das menschlicher Kontrolle unterworfen sei, niemals zufriedengeben.

Stattdessen war das Leben für sie etwas Neutrales und Universelles, ohne menschlichen Wert, jenseits des menschlichen Wissens und folglich – wie der große heilige Name Gottes, der für die Juden zugleich unerkennbar *und* das höchste mystische Ziel ist – jenseits der menschlichen Sprache, unmöglich zu benennen oder zu beschreiben. Menschen können nichts anderes tun, als den Kontakt mit jenem universellen Leben aufzunehmen. Deshalb ist Joanas Animalität so wichtig, denn diese sollte zum mystischen Ziel von Clarice Lispectors Werken werden.

In ihrer Kindheit brachte Clarice diese Idee natürlich nicht so klar zum Ausdruck wie als reife Frau. Aber mit ihrer katzenhaften Schönheit und ihrer intellektuellen und spirituellen Aufsässigkeit faszinierte und beunruhigte sie bereits die anderen. Über Joana schrieb Clarice, dass es »etwas Kristallenes, Hartes an ihr [gab], das ihn anzog und zugleich abstieß«.[49] Und über sich selbst: »Manche Leute, ich weiß es wohl, man hat es mir sogar gesagt, halten mich für gefährlich.«[50]

✳

Joana ist nicht nur animalisch, sondern auch, wie Clarice, ein exzentrisches sprachliches Wunderkind, das »einen ganzen Nachmittag mit einem einzigen Wort spielen konnte«.[51] In eines der letzten Manuskriptfragmente, das nach ihrem Tod gefunden wurde, kritzelte Clarice: »Eine Frage aus meiner Kindheit, die ich mir erst jetzt beantworte: Sind Steine gemacht oder geboren? Antwort: Steine sind.«[52]

Wie Clarice steht auch Joana ihrem Vater nahe, einem Witwer, den sie aufsucht, um ihm ihre neuesten Erfindungen vorzuführen.

»Papa, ich habe mir ein Gedicht ausgedacht.«

»Wie heißt es?«

»›Ich und die Sonne.‹« Nach einer kurzen Pause begann sie:

»›Die Hühner im Hof haben schon zwei Regenwürmer gegessen, aber ich hab es nicht gesehen.‹«[53]

Dies ist dasselbe Kind, das sich in seinen Einsendungen an die Kinderseite des *Diário de Pernambuco* nicht in der Lage sah, die von den Redakteuren erwarteten »Es-war-einmal«-Geschichten zu schreiben. In *Nahe dem wilden Herzen* liefert Clarice ein Beispiel für die Neigung des Kindes, Gefühle durch Wörter heraufzubeschwören, etwa durch das Wort »Lalande«, das sie erfindet und dann definiert: »Es ist wie Engelstränen. Weißt du, was Engelstränen sind? Eine Art kleine Narzisse, bei dem leisesten Windhauch biegt sie sich von einer Seite zur anderen. Lalande ist auch das Meer am frühen Morgen, wenn noch keine Augen den Strand betrachtet haben, wenn die Sonne noch nicht aufgegangen ist. Immer wenn ich sage: Lalande, solltest du den frischen, salzigen Hauch des Meeres spüren, solltest du den noch dunklen Strand entlanggehen, langsam, nackt. Bald wirst du Lalande fühlen ...«[54]

In einem späten Erzählband, *Wo warst du in der Nacht*, beweist Clarice, dass sie die Gewohnheit, Namen zu erfinden, nie verloren hat, denn sie verwendet mehrere Seiten darauf, mit der Bezeichnung für einen Wecker – *sveglia* – zu spielen. »Streit ist Sveglia. Gerade hatte ich einen mit der Besitzerin des Weckers. Ich sagte: Wenn du mich Sveglia schon nicht sehen lassen willst, beschrieb mir wenigstens, wie er gemacht ist. Da wurde sie wütend – und das ist Sveglia – und sagte, sie habe schon genug Probleme – Probleme zu haben ist nicht Sveglia. Da versuchte ich, sie zu beschwichtigen, und am Ende war es gut.«[55]

Solche sinnverweigernden Phrasierungen entfalten, besonders wenn sie sich über viele Seiten fortsetzen, eine verstörende, hypnotische Wirkung. Zunächst unverständlich wie ein pointillistisches Gemälde, wenn man es aus zu großer Nähe betrachtet, gewinnen sie durch ihre Ausweitung an Tempo und Kraft.

Wenn Joana derlei Geschichten in der Schule erzählte, »wuchs [sie] über sich selbst hinaus, sie zog die Mädchen mit ihrem Willen und ihren Worten in ihren Bann, voller geistreichem Witz, der brannte und einschnitt wie leichte Peitschenhiebe. Bis sie schließlich, von ihr überwältigt, ihre glänzende, erstickende Luft einatmeten.«[56]

MAGISCHE GESCHICHTEN

Diese kindlichen Spiele, so bezaubernd sie waren, dienten nicht nur dem Zeitvertreib. Sie hatten einen todernsten Zweck. Denn Clarice Lispectors glückliche Kindheit wurde von dem unablässigen schrecklichen Anblick ihrer gelähmten Mutter Mania Krimgold Lispector überschattet, die sich, in ein verwirrend fremdes Land geraten, weder bewegen noch sprechen konnte und an einen Schaukelstuhl gefesselt war, in dem sie langsam und unter Schmerzen starb. Dieser Anblick beherrschte Clarices Kindheit und vielleicht ihr ganzes Leben. Wie der verlorene oder geheime Name sollten die sterbende Mutter und die Sehnsucht ihres Kindes nach ihr in fast allem wiederkehren, was Clarice schrieb.

»Sie war wie eine Statue in der Wohnung«, erinnerte sich Clarices Cousine Anita Rabin.[1] Elisa erläuterte: »Jeden Nachmittag saß sie auf dem Balkon des alten Hauses in der Rua da Imperatriz; sie war in steifes Leinen gekleidet, ihr glattes schwarzes Haar zurückgekämmt, ihre nutzlosen Arme vor der Brust verschränkt. Nachdem sie hinuntergeschaut hatte, um zu sehen, was auf der Straße geschah, wobei sie innehielt, um den einen oder anderen Passanten zu betrachten, ließ sie den Kopf zur Seite fallen, und ihre Augen blickten wie stumpf gewordene blaue Perlen ins Leere.«[2]

»Ich war so fröhlich, dass ich den Schmerz vor mir versteckte, meine Mutter so zu sehen«, sagte Clarice. »Ich hatte mörderische Schuldgefühle, weil ich glaubte, meine Geburt sei der Grund dafür. Aber man sagte mir, sie sei bereits vorher gelähmt gewesen …«[3] Selbst ihre glücklichsten Momente wurden von der gelähmt auf dem Balkon dasitzenden Frau verdunkelt. In einer aufschlussreichen Anekdote dachte Clarice an den Karneval des Jahres 1929 zurück. Es war ihr erster, denn »über all den Sorgen um meine kranke Mutter hatte niemand bei uns den Kopf frei für kindliche Karnevalsfeiern«. In den Jahren zuvor hatte sie höchstens einmal die Erlaubnis erhalten, mit einer Tüte Konfetti und einem Parfümfläschchen zum Besprühen der Feiernden bis 23 Uhr unten im Türeingang zu bleiben.

Bei diesem Karneval sollte jedoch alles anders werden, »als ließen die Straßen und Plätze von Recife endlich erkennen, wozu sie gemacht waren«. Die Mutter einer Freundin hatte beschlossen, ihre Tochter in rosa Krepppapier zu wickeln, und bot an, auch für die achtjährige Clarice ein Kostüm anzufertigen; sie sollte als Rose verkleidet sein. »Ich war schon ganz in Krepppapier eingehüllt, noch mit Lockenwicklern im Haar und ohne Lippenstift und Rouge – da verschlechterte sich der Gesundheitszustand meiner Mutter auf einmal massiv, zu Hause ging es drunter und drüber, und ich wurde eilends losgeschickt, um ein Medikament aus der Apotheke zu holen. Als *Rose* verkleidet rannte ich, […], verstört, fassungslos, zwischen Luftschlangen, Konfetti und Karnevalsgeschrei. Die Ausgelassenheit der anderen erschreckte mich. Als Stunden später wieder Ruhe im Haus einkehrte, kämmte und schminkte mich meine Schwester. Aber in mir war etwas gestorben.«[4]

Die versehrte Frau war ganz und gar auf ihren Mann und ihre Töchter angewiesen, besonders auf die älteste, Elisa, die in ihrem Buch bewegend auf die emotionale und materielle Belastung durch die Krankheit ihrer Mutter eingeht – sowohl für ihren Vater, dessen »rebellisches Wesen von einem tiefen Kummer verdrängt worden war«,[5] als auch für sie selbst. Den größten Teil ihrer Kindheit hatte sie bereits durch die Gewaltherrschaft in der Ukraine eingebüßt, und nun, in dem neuen Land, musste sie das, was von dieser Kindheit noch übrig war, auf die ständige Pflege ihrer hilflosen Mutter verwenden.

Elisa sehnte sich danach, das Haus – »traurig und abweisend gegen Außenstehende« – zu verlassen, doch wenn sie es tat, etwa um den jüdischen Club aufzusuchen, der ebenfalls an der Praça Maciel Pinheiro lag, erschien ihr der Umgang mit anderen so ungewohnt, dass sie sich noch deplazierter fühlte und wieder zurückeilte.[6] Trotz der erschütternden Proteste ihrer Mutter musste sie in die Schule gehen. »Meine Tochter, ich möchte nicht mehr leben, ich kann nicht mehr«, sagt die Mutter zu Elisa in einer besonders herzergreifenden Szene von *Im Exil*. »Mutter«, versucht das Mädchen sie aufzumuntern, »auf diese Weise kannst du dich nicht erholen. Hab Mitleid mit dir selbst und mit uns. Hör auf zu weinen. Ich muss in die Schule.« »Nein, heute nicht, nur heute nicht«, fleht ihre Mutter.[7]

So schrecklich die Situation auch sein mochte, waren Elisa, Tania und Pedro wenigstens fähig, Hilfe zu leisten. Pedro konnte arbeiten, um Geld für die Medikamente seiner Frau zu verdienen; Tania und Elisa konnten sie füttern, ausziehen und ins Bett bringen. Clarice dagegen war zu klein, um sich wirklich nützlich zu machen. Das Einzige, was sie zu bieten hatte, war magischer Art. Sie bat Gott, ihrer Mutter zu helfen, und laut Bertha Lispector Cohen stellte sie zu Manias

Unterhaltung kleine Schauspiele zusammen, wobei es ihr manchmal gelang, die todgeweihte »Statue« zum Lachen zu bringen. Anita Rabin berichtete, dass Clarice, wenn sie Geschichten erfand, Requisiten wie Bleistifte oder Kacheln benutzte und sich ein zauberhaftes Ende einfallen ließ, an dem ihre Mutter durch ein Wundermittel geheilt wurde. »Wir machten uns deshalb immer Sorgen«, sagte Anita. »Dieser Traum, dass etwas sie heilen könne, machte mich sehr betroffen.«[8]

Die Geschichten eines kleinen Mädchens reichten jedoch nicht aus, um eine Frau mit einer verheerenden tödlichen Krankheit zu retten. Und Mania wollte nicht mehr gerettet werden. »Weint nicht, wenn ich sterbe«, hörte Elisa ihre Mutter sagen. »Es wird eine so große Erleichterung für mich sein.«[9] Mania wusste, dass sich das Ende näherte. »Schicksalsergeben und gottesfürchtig bat sie Vater, ihr einen neuen *sidur* (Gebetbuch) zu kaufen. Dann betete sie eine ganze Woche lang und starb an deren Ende.«[10]

Mania Krimgold Lispector war zweiundvierzig Jahre alt, als ihre lange Leidenszeit am 21. September 1930 endlich ablief. Sie wurde auf dem israelitischen Friedhof von Barro, einem fernen Vorort der Stadt Recife, beigesetzt. Die silbernen Kerzenhalter ihrer Mutter Charna, die sie erstaunlicherweise aus ihrer Heimat gerettet hatte, wurden ihrem Wunsch gemäß der kleinen örtlichen Synagoge übergeben. Die Familie habe fortan jegliche Erwähnung Manias vermieden, schrieb Elisa, denn die Angehörigen hätten »sich stillschweigend geeinigt, das Thema und ihren Namen auszulassen, da sie in all ihren Gedanken und Handlungen gegenwärtig war«.[11]

*

Clarices Kunststück war gescheitert. Ihre Träume von einem göttlichen Eingreifen wurden enttäuscht. Aber die Gewohnheit, die sie sich in früher Kindheit zu eigen gemacht hatte – mit Wörtern zu spielen und Geschichten zu erzählen, um ein Wunder herbeizuführen –, blieb ihr erhalten. Ein halbes Jahrhundert später, als Clarice Lispector, nun selbst von einer tödlichen Krankheit gezeichnet, das Haus zum letzten Mal verließ, sollte sie immer noch die gleiche Taktik anwenden: »Tu so, als wenn wir nicht unterwegs ins Krankenhaus wären, und ich bin auch nicht krank und wir fahren nach Paris«, sagte sie, wie sich ihre Freundin Olga Borelli erinnerte, auf der Taxifahrt zum Krankenhaus.

Also begannen wir, Pläne zu machen und über alles zu sprechen, was wir in Paris unternehmen würden. Der Taxifahrer, der arme Kerl, schon müde, weil er die ganze Nacht gearbeitet hatte, fragte furchtsam: »Darf ich mit Ihnen reisen?«, und Clarice antwortete: »Na sicher können Sie, und bringen Sie ruhig auch Ihre Freundin mit.« Und er: »Meine Freundin ist eine siebzigjährige alte Frau, und ich habe kein Geld.« Clarice antwortete: »Sie kommt auch mit. Tun Sie so, als hätten Sie beim Fußballtoto gewonnen.« Als wir das Krankenhaus erreichten, fragte Clarice nach dem Fahrpreis. Es waren nur zwanzig Cruzeiros, doch sie gab ihm zweihundert.[12]

Die Reise nach Paris fand natürlich nie statt. Sechs Wochen später starb Clarice Lispector.

*

Ein Freund fragte Clarice einmal, was sie von einem bestimmten Gemälde in einem italienischen Museum hielt. »Aha«, meinte er, als sie sich nicht an das Bild erinnern konnte, »es stimmt also, du gehörst zu den Menschen, die sich nur an Dinge entsinnen können, die sich vor ihrem zehnten Geburtstag ereignet haben.«[13]

Und wirklich waren ihre frühe Kindheit, deren verlorenes Glück und unerbittliche Tragödien ihren Gedanken nie fern. Ein später Essay über die neue Hauptstadt Brasília enthält eine unerwartete Klage: »Ach, ich Ärmste. So mutterlos. Man muss doch eine Mutter haben. Das ist doch von Natur aus so.«[14] Eine Interviewerin entdeckte, was sie tatsächlich beschäftigte:

»Haben Sie Frieden [*paz*, gleichlautend zu *pais*, ›Eltern‹], Clarice?«
»Ich habe weder Vater noch Mutter.«
»Ich meinte ›Frieden‹.«
»Wie merkwürdig, ich dachte, Sie hätten ›Eltern‹ gesagt. Gerade erst dachte ich an meine Mutter. Ich dachte – Mama –, und dann habe ich nichts mehr mitbekommen. Frieden, sagen Sie? Wer hat den schon?«[15]

Obwohl Geschichten und Mythen in der realen Welt gegen ein tödliches Virus nicht ankamen, klammerte Clarice sich an sie. »Sie war zutiefst erschüttert über den Tod ihrer Mutter«, bemerkte Anita Levy. »[In der Schule] sagte man ihr, dass eine Schere nicht geöffnet auf dem Tisch liegen dürfe. Zu Hause hatte sie eine geöffnete Schere auf dem Tisch gesehen. Deshalb meinte sie, dies sei der Grund dafür gewesen, dass ihre Mutter starb. Weil jemand eine geöffnete Schere zurückgelassen hatte.«[16]

Ein Kind kann Wundergeschichten für ein geeignetes Mittel halten, um göttliches Eingreifen herbeizuführen, und eine geöffnete Schere kann einem Kind durchaus als brauchbare Erklärung für eine unverständliche Katastrophe dienen. Aber die Frau, die ein halbes Jahrhundert später in einem Taxi saß und auf der Fahrt zum Krankenhaus von einer Reise nach Paris träumte, war kein Kind mehr. Geschichten hatten ihre Mutter nicht retten können, und sie kann wohl kaum an ihre Wirksamkeit geglaubt haben. Einer Erwachsenen hätte stille Duldung vielleicht besser angestanden.

Andererseits hatte diese Frau ihr ganzes Leben dem Schreiben gewidmet. Noch in ihren letzten Stunden kritzelte sie Notizen. Warum machte sie sich weiterhin die Mühe, nachdem ihr die Nutzlosigkeit dieser Aktivität so drastisch vor Augen geführt worden war? Zum Teil handelte es sich gewiss um einen Reflex, einen Rückgriff, in einer verzweifelten Situation, auf eine bewährte Taktik. Außerdem wollte sie die anderen Personen im Taxi trösten, die über die Krankheit ihrer Freundin beunruhigt waren. Doch 1977 diente die Illusion nicht ihr selbst. Die Enttäuschung, die sie als neunjähriges Mädchen durchmachte, hatte sie gelehrt, wie wertlos solche poetischen Bemühungen waren. Das Schreiben war das Letzte, was der hartnäckigen Realität zu einem glücklichen Ende verhelfen konnte.

Die Gewohnheit ließ sie indes nicht los. Ihr Leben lang suchte sie nach Rechtfertigungen für ihre Handlungen. Sie klammerte sich an die Hoffnung, etwas zur Rettung der Welt tun zu können. Immer wieder klage sie, manchmal bitter, über ihre Ohnmacht:

In Recife, wo ich bis zum Alter von zwölf Jahren gelebt habe, sah man auf der Straße oft kleine Menschenansammlungen, vor denen irgendjemand eine feurige Rede über die gesellschaftliche Tragödie hielt. Und ich weiß noch, wie ich innerlich bebte und mir schwor, dass eines Tages genau dies meine Aufgabe sein würde: für die Rechte anderer einzutreten.

Aber was ist am Ende aus mir geworden, und das so bald? Ein Mensch, der sucht, was man tief in sich fühlt, und das Wort gebraucht, das dieses Gefühl ausdrückt.

Das ist wenig, sehr wenig.[17]

Doch sie versuchte nie, diese Ohnmacht zu leugnen oder zu verstecken. Das Problem quälte nicht nur sie. Viele Künstler quälte ihre Machtlosigkeit angesichts der Schrecken des zwanzigsten Jahrhunderts. Die Atombomben explodierten, die Gaskammern zischten, eine vergewaltigte Mutter starrte leer aus ihrem Schaukelstuhl.

Man konnte die Irrelevanz zum Prinzip erheben, Kunst um der Kunst willen herstellen. Oder man konnte seiner offensichtlichen Wirkungslosigkeit durch Engagement begegnen: indem man Literatur oder Dramen oder Architektur zur Wiedergutmachung von sozialer Ungerechtigkeit einsetzte. Diese Methode war besonders beliebt in Brasilien, wo so viel Unrecht bekämpft werden musste. Aber die Probleme bestanden fort – trotz (oder, in vielen Teilen Lateinamerikas, wegen) des politischen Aktivismus. Künstler, die nach einem höheren Sinn ihres Schaffens suchten, waren frustriert. »Wenn man einen Roman schreibt, sitzt man da und spinnt eine kleine Handlung«, meinte V. S. Naipaul. »Und das ist in Ordnung, doch belanglos. Schreibt man romantische Literatur, so verfasst man Romane über Männer und Frauen, die sich ineinander verlieben, etc., und man fugt hier und dort ein bisschen Handlung hinzu. Aber wiederum ist es belanglos.«[18]

Trotz ihres imaginären Ausflugs nach Paris auf der Fahrt zum Krankenhaus machte sich Clarice Lispector keine Illusionen über die größere Bedeutung ihrer Arbeit. Sie war ein Tier und dazu bestimmt, als solches zu sterben. Und sie vergaß die Lektionen, die sie vor ihrem zehnten Lebensjahr gelernt hatte, nie. »Sie ändert nichts«, sagte sie nachdrücklich in einem ihrer letzten Interviews. »Sie ändert nichts. Ich schreibe ohne Hoffnung, dass etwas, das ich schreibe, irgendetwas verändern könnte. Es ändert nichts.«[19]

Was war dann der Sinn des Ganzen? Sie sollte zeit ihres Lebens versuchen, das herauszufinden. Doch ihr grundlegender Instinkt änderte sich nie. Unter ihren letzten Notizen finden sich die Worte: »Ich schreibe, als gälte es, jemandem das Leben zu retten. Wahrscheinlich mir selbst.«[20]

*

»Jede Geschichte eines Menschen [ist] immer die Geschichte seines Scheiterns«, schrieb Clarice und dachte dabei vielleicht an ihre eigene.[21] »Ich war die geborene Schuldige, diejenige, die mit der Todsünde zur Welt kam.«[22] Solange ihre Mutter noch lebte, konnte sie die Hoffnung hegen, dass ihre Geburt nicht umsonst gewesen war. Durch Manias Tod verschwand diese Möglichkeit, und Traurigkeit hält in die Persönlichkeit des glücklichen Kindes Einzug. »Ich habe oft gesehen, wie sie allein und still weinend dasaß«, erinnerte sich Tania.[23]

Ihr Kummer und Unglaube schlugen bald in eine Art Rebellion um – ein Wort, das in ihren Büchern häufig auftaucht: das gleiche Wort, vielleicht nicht zufällig, das Elisa für ihren Vater in seiner Jugend verwendete. Im Todesjahr ihrer Mutter komponierte Clarice ein Klavierstück in zwei Sätzen: »Der erste Satz war sanft, der zweite eher militärisch-heftig, eine Rebellion, vermute ich.« Das tat sie, anstatt bei der kolossalen Dona Pupu zu lernen, »die man sich dickleibiger nicht vorstellen kann«[24] und die den Klavierstunden vorsaß, die Pedro Lispector unter erheblichen Mühen für seine Töchter arrangiert hatte. Tania und Elisa machte der Unterricht Spaß; Elisa war eine begabte Musikerin und studierte später am Konservatorium von Recife. Clarice dagegen zerbrach sich in den Klavierstunden den Kopf darüber, wie es einer so dicken Frau wie Dona Pupu je gelungen war, einen Ehemann zu finden; sie war viel mehr an ihren eigenen Erfindungen interessiert als an den ihr zugewiesenen Aufgaben.

Tania, angerührt durch Clarices stilles Leid, half ihr bei diesen und anderen Schwierigkeiten. Wenn Clarice keine Lust hatte, am Klavier zu üben, sprang Tania ein, indem sie die schwarzen Tasten drückte, während Clarice sich auf die weißen beschränkte, »bis die Klavierstunden zu Clarices großer Erleichterung abgesagt wurden«. Nachdem Tania die Jüngere hatte weinen sehen, schrieb sie: »Aus Liebe und Mitleid adoptierte ich als ältere Schwester sie in gewissem Maße«, um die verlorene Mutter zu ersetzen. »Diese mütterlich-töchterliche Beziehung verband uns für immer. Wir waren mehr als Schwestern.«[25]

In einem Fragment, das Clarice während ihrer Jahre in den Vereinigten Staaten auf Englisch schrieb, denkt sie an ihre Kindheit und die Ursprünge ihrer Verbindung mit Tania zurück. »›Bis ins Alter von zehn Jahren [sagte Tania zu mir] habe ich nicht viel Notiz von dir genommen, aber dann wurde mir plötzlich klar, dass du interessant warst.‹ Ich nehme an, sie wollte eigentlich sagen: Mir wurde klar, wie sehr du mich brauchtest. Wenn jemand auf mich zugeht, weiß ich nie, wie ich mich verhalten soll; ich bin ein Mensch, der auf den anderen zugeht. Gewählt zu werden ist verstörend. Ich muss der Bittsteller sein, ich muss selbst wählen.«[26]

Mithilfe eines Stückchens Kaugummi erläuterte Tania, so unwahrscheinlich es klingt, ihrer jüngeren Schwester das »mühsame und dramatische« Konzept Ewigkeit. Tania schenkte ihr den Kaugummi, ein in Recife neuartiges Produkt, und sagte: »Pass auf, dass du das Bonbon nicht verlierst, das geht nämlich nie aus. Es hält ein ganzes Leben lang.« Die verblüffte Clarice nahm den Kaugummi, »ich konnte das Wunder kaum fassen«, und Tania gab ihr die Anweisung, »für immer darauf zu kauen«. Clarice war verängstigt, wagte jedoch nicht zuzugeben, dass sie sich der Ewigkeit nicht gewachsen fühlte und die Idee als quälend empfand. Auf dem Weg zur Schule gelang es ihr schließlich, den Kaugummi in den Sand fallen zu lassen, wobei sie Kummer heuchelte und sich schämte, ihre Schwester zu belügen. »Aber ich war erleichtert. Ohne die Last der Ewigkeit auf meinen Schultern.«[27]

＊

In der Schule strengte Clarice sich nicht besonders an, erhielt aber trotzdem gute Noten. In der dritten Klasse, vor dem Tod ihrer Mutter, besuchte sie eine neue Schule, das Colégio Hebreo-Idisch-Brasileiro in der Rua da Glória, etwa einen Häuserblock von der Praça Maciel Pinheiro entfernt. Wie der Name anzeigt, wurden in der Schule neben den üblichen Fächern auch Hebräisch und Jiddisch gelehrt. Doch trotz Clarices offensichtlicher Begabung wechselte sie nicht sogleich in die vierte Klasse. Ihr Cousin Samuel Lispector erinnert sich an den Grund dafür: »Sie war wirklich klein und konnte die größeren Bücher, zum Beispiel einen gewaltigen Atlas, nicht tragen. Daraufhin beschloss mein Onkel: ›Das Buch ist zu groß für dich. Du gehst nicht in die vierte Klasse.‹ Also wiederholte sie ein Jahr.«[28]

Vielleicht war ihre Größe nicht das einzige Hindernis. In der staatlichen Schule dürfte sie keinen Hebräischunterricht erhalten haben, während die anderen Schüler bereits damit begonnen hatten. Jedenfalls scheint sie ein Talent für die Sprache gehabt zu haben. In ihrem Werk gibt es keine Hinweise auf das Hebräische, aber das Mädchen mit der Begabung für Worte holte den Rückstand offenbar sehr schnell auf, denn nach drei Jahren wurde sie für einen der Vorträge ausgewählt, die die Schüler vor der Lehrerschaft und den Eltern in hebräischer, jiddischer und portugiesischer Sprache hielten. Die kleine Clarice hatte die hebräische Rede zugewiesen bekommen, was bedeutete, dass sie die Klassenbeste gewesen sein muss.[29]

Der Hebräischlehrer von Recife, Moysés Lazar, war ein Mann mit so progressiven Ideen, dass »wir«, so Anita Rabin, »entsetzt waren über einige der Dinge, die er [im Religionsunterricht] sagte, und er hätte nie uns gesagt: ›Nein, ihr müsst es einfach glauben.‹«[30] Clarice setzte ihm mit Fragen zu: »Wie war das genau?«, wollte sie wissen, als er von Gottes Übergabe der Thora an Moses erzählte. »Gott hat ihm die Thora in die Hand gedrückt?« Lazar sagte dem Mädchen: »Also, gesehen hat das keiner.«[31]

Diese Fragen ließen Clarice nie wieder los. Am Ende ihres Lebens schrieb sie in einem Manuskript: »Aber es gibt Fragen, die mir niemand beantworten wird: Wer hat die Welt erschaffen? Wurde die Welt überhaupt erschaffen? Aber wo? Was war das für ein Ort? Und wenn Gott derjenige war – wer hat dann Gott geschaffen?«[32]

Eine andere Freundin erinnert sich an eine stürmische Diskussion. »Sie war groß und dünn und sprach mit ihrem Hebräischlehrer Lazar, einer Koryphäe. Er unterrichtete nicht bloß das Abc. Ich ging vorbei und Clarice erkundigte sich hartnäckig nach dem Unterschied zwischen Mann und Frau. Sie ließ nicht nach und verlangte eine Erklärung! Sie hörte einfach nicht auf, weil sie bereits einen ganz eigenen Kopf hatte.«[33] Lazar könnte das Vorbild für eine wiederkehrende Figur in Clarices Büchern gewesen sein: für den alten Lehrer, der sich über ein vorlautes Mädchen einerseits ärgert, andererseits fasziniert von ihm ist. »Ich wusste von der Existenz dieses Lehrers«, sagte Tania Kaufmann einer Interviewerin, »aber ich wusste nicht, dass sich Clarice als kleines Mädchen so mit ihm auseinandersetzte. Sie war immer eine Überraschung für mich.«[34]

Der Lehrer kommt in *Nahe dem wilden Herzen* und in »Sofias Verhängnis« vor, der Geschichte von einer wilden, blitzgescheiten Neunjährigen, die einen Lehrer, den sie einerseits liebt, andererseits verachtet, zur Weißglut treibt. Das Mädchen, dessen Mutter kurz zuvor gestorben ist, versucht immer wieder, ihn zu provozieren, doch sie kann ihn nicht aus der Reserve locken, bis er die Klasse eines Tages einen Aufsatz schreiben lässt. Er umreißt die Handlung, die die Schüler mit ihren eigenen Worten neu erschaffen sollen: »Ein bettelarmer Mann hatte geträumt, er habe einen Schatz entdeckt und sei auf einmal steinreich; nach dem Erwachen schnürte er sein Bündel und begab sich auf die Suche nach dem Schatz; er durchwanderte die ganze Welt und fand doch den Schatz nicht; müde kehrte er in sein armes, armes Häuschen zurück, und da er nichts zu essen hatte, begann er sein armseliges Gärtchen zu bebauen; und er pflanzte so viel an, erntete so viel, verkaufte so viel, dass er schließlich steinreich wurde.«[35]

»Da ich nur ›meine eigenen Wörter zu gebrauchen‹ verstand, fiel mir das Schreiben leicht«, erinnert sich das Mädchen. Sie steht als Erste auf, reicht dem Lehrer trotzig ihr Heft und schlüpft hinaus in den Pausenhof. Als sie in das Klassenzimmer zurückkehrt, hat der Lehrer ihre Geschichte gelesen. Da fürchtet sie, in eine Falle geraten zu sein. »Zu meiner plötzlichen Qual nahm er, ohne den Blick von mir zu lassen, langsam die Brille ab. Und sah mich mit nackten Augen an, die viele Wimpern hatten. Ich hatte seine Augen nie gesehen, die mit den zahllosen Zilien zwei süßen Kakerlaken glichen.« Der Lehrer hat sich gewandelt durch das Lesen ihrer Geschichte über den versteckten Schatz, »[den] Schatz, der da versteckt ist, wo man ihn am wenigsten erwartet«.[36] Ihre Furcht vor dem Lehrer entkleidet ihn seiner menschlichen Merkmale – seine Brille ist ein Beispiel –, und zu ihrem Entsetzen sieht das Mädchen, dass sie beide »namenlos [sind] wie ein für eine Darmoperation geöffneter Bauch«, etwas, das sie das »wilde Herz« des Lebens nannte. »Ich sah in ein Auge. Was ebenso unbegreiflich war wie ein Auge. Ein geöffnetes Auge mit seinem beweglichen Gallert. Mit seinen organischen Tränen.« Schließlich bricht der Lehrer das Schweigen: »›Dein Aufsatz über den Schatz ist sehr hübsch. Der Schatz, den man nur zu entdecken braucht. Du ...‹ Eine Sekunde lang fügte er nichts hinzu. Er durchforschte mich sanft, indiskret und mir so vertraut, als wäre er mein Herz. ›Du bist ein sehr komisches Mädchen‹, sagte er endlich.«[37]

8

EIN NATIONALES MELODRAM

Am 26. Juli 1930, einige Wochen vor Mania Lispectors Tod, geriet das bescheidene Viertel Boa Vista unabsichtlich ins nationale Rampenlicht, als der Gouverneur von Paraíba, das im Norden an Pernambuco grenzt, in der Confeitaria Glória in der Rua Nova niedergeschossen wurde. Clarices Cousin Samuel Lispector beobachtete den Tumult zusammen mit Elisa und Tania vom Balkon ihres Hauses.[1] Ein weiterer Cousin, David Wainstok, der zum Tatort rannte, sah dort gerade noch, wie João Pessoa »mit blutdurchtränktem Hemd«,[2] in der benachbarten Apotheke auf eine Bank gelegt wurde.

Das makabre Ereignis sollte revolutionäre Folgen haben, doch das sich anschließende nationale Melodram war eindeutig hausgemacht. João Pessoa Cavalcanti de Albuquerque, das erste Opfer, trug den Namen von drei Dynastien des Nordostens. Sein Onkel, Epitácio Pessoa, war von 1919 bis 1922 brasilianischer Präsident; die Cavalcantis und die Albuquerques, mit ihren zahllosen Verzweigungen, gehörten zu den ersten Familien von Pernambuco. João Pessoa kandidierte mit einem Wahlprogramm, das gegen die Oligarchie gerichtet war.

Nach seinem Aufstieg ins Gouverneursamt von Paraíba trat João Pessoa bei den Wahlen von März 1930 als Kandidat für die nationale Vizepräsidentschaft an. Er und der Präsidentschaftskandidat Getúlio Vargas wurden durch Wahlbetrug in großem Maßstab besiegt. Bei ihren Protesten gegen die Resultate achteten sie darauf zu betonen, dass sie »innerhalb der bestehenden Ordnung« bleiben und nicht von den »politischen Traditionen und Gebräuchen«[3] Brasiliens abweichen würden.

Seitdem Brasilien 1822 – auf friedlichem Weg – unabhängig geworden war, hatte das Land nur eine einzige Revolution erlebt: den unblutigen Putsch von 1889, der den bejahrten gutmütigen Kaiser Dom Pedro II. durch eine Republik ersetzte. Ihre relativ geordnete Politik war eine Quelle des Stolzes für die Brasilianer, die spöttisch und entsetzt zuschauten, wie Spanisch-Amerika durch endlose Staatsstreiche und Fehden ausblutete. Der Hinweis auf die »politischen Traditionen und Gebräuche« könnte eine verhüllte Kritik an den chaotischen Nachbarn Brasiliens darstellen.

Aber hinter dem friedlichen Machtwechsel auf nationaler Ebene verbarg sich ein hohes Maß an Gewalt, Korruption und Betrug, und vermutlich waren die nationalen Politiker kaum in der Lage, eine Verschlimmerung im Zaum zu halten. Der Nordosten mit seinen Massen analphabetischer Landarbeiter, die unter fast sklavenartigen Bedingungen lebten, war in den Händen einiger mächtiger Familien wie der João Pessoas. Stimmen konnten mühelos gekauft oder manipuliert werden. Im moderneren Süden herrschte eine langjährige Rivalität zwischen dem größten und einflussreichsten Staat, São Paulo, und den Staaten Minas Gerais und Rio Grande do Sul. Seit der Gründung der Republik im Jahr 1889 war die Präsidentschaft in der Regel von einem São-Paulo-Kandidaten auf einen von Minas Gerais und Rio Grande do Sul unterstützten Anwärter übergegangen.

Im Jahr 1930 drohte dieses heikle Arrangement zu kippen, als der scheidende Präsident, ein São-Paulo-Mann, versuchte, einen weiteren *paulista* zu seinem Nachfolger zu machen. Für Getúlio Vargas, den Oppositionsführer aus Rio Grande do Sul, und seinen Vizepräsidentschaftskandidaten João Pessoa, der die nordöstlichen Grundbesitzer repräsentierte, war dies nicht tragbar. Vargas lehnte Betrug nicht prinzipiell ab (in Rio Grande do Sul hatte er 298 000 Stimmen, verglichen mit 982 der Opposition, erhalten), er fand nur, er und sein Mitkandidat seien an der Reihe. Dennoch schien ein bewaffneter Aufstand, so selten in Brasilien, keine realistische Option zu sein, und es sah so aus, als würden die Verlierer ihre Niederlage hinnehmen müssen.

Dies änderte sich jedoch, als João Pessoa in der Confeitaria Glória niedergeschossen wurde. Angesichts der gespannten Lage nahm man sofort an, dass die Tat politische Motive hatte. In Wirklichkeit war die unwissentlich Schuldige eine Dichterin namens Anaíde Beiriz aus Paraíba. Sie hatte die paraibanische Gesellschaft durch ihren Avantgardismus so sehr aufgebracht, dass es Kindern angeblich verboten war, ihren Namen auszusprechen. Eine Auflistung sämtlicher Sünden Anaídes verdeutlicht, wie archaisch die nordöstliche Gesellschaft war: Sie trug den typischen »Flapper«-Look: Make-up, kurze Haare, und sie rauchte. Zudem erklärte sie, nicht heiraten und keine Kinder haben zu wollen. Und sie ging ohne Anstandsdame aus dem Haus.

Anaíde war die Geliebte von João Dantas, einem erbitterten politischen Gegner João Pessoas. Dantas, ein paraibanischer Anwalt, war mit einem Landadelsclan verbündet, der sich Pessoas Versuch, die Besteuerung der staatlichen Baumwollproduktion zu reglementieren, widersetzte. Pessoas Polizei durchsuchte

Dantas' Anwaltspraxis, wo Briefe von Anaíde gefunden wurden; darin war, wie
Pessoas Zeitungen andeuteten, von allen möglichen schmutzigen Akten die Rede.
Anaídes Familie verstieß sie, und sie war gezwungen, nach Recife zu ziehen. In
dieser Stadt betrat João Dantas, nach Rache dürstend, die Confeitaria Glória, rief:
»Ich bin João Dantas, den Sie so gedemütigt und schikaniert haben«, und feuerte
seinem Rivalen zwei Kugeln in die Brust.[4]

Das Drama nahm für alle Beteiligten ein böses Ende: Dantas wurde im Gefängnis getötet, worauf die untröstliche Anaíde Selbstmord beging. In einer politisch weniger angespannten Lage wäre das Ganze wahrscheinlich als die klein-
städtische Seifenoper vergessen worden, die es war, doch unter den Umständen
entfachte João Pessoas Ermordung Leidenschaften, die Getúlio Vargas' Anhänger
eifrig schürten. Die Hauptstadt von Paraíba wurde in João Pessoa umbenannt,
und man reiste mit dem Leichnam des Gouverneurs durch ganz Brasilien, von
Paraíba nach Rio de Janeiro, wobei an jedem der vielen Haltepunkte Massen-
hysterie aufkam.

Schließlich strömte zum Begräbnis in der Hauptstadt eine große Menschenmenge zusammen, um leidenschaftlichen Reden zu lauschen. »Wir werden ihn
nicht beerdigen«, verkündete ein hitzköpfiger Prediger. »Wir werden ihn stehen
lassen, stark, wie er immer gelebt hat, aufrecht, im Gegensatz zu seinen Mördern:
mit dem Herzen über dem Magen und mit dem Kopf über dem Herzen.«

Vier Tage nach Mania Lispectors Tod leitete Getúlio Vargas eine bewaffnete
Revolution in Rio Grande do Sul ein. Achtundzwanzig Tage später banden
Vargas' Gauchos, in einer Geste des trotzigen Machismo, ihre Pferde an den
Obelisken am Ende des größten Boulevards von Rio de Janeiro, der Avenida Rio
Branco, um die Hauptstadt symbolisch in Besitz zu nehmen.

Im folgenden Vierteljahrhundert beherrschte Vargas' provisorische Regierung
Brasilien unter verschiedenen Namen und mit nur einer wichtigen Unterbre-
chung. Als sich der melancholische Diktator, der von einer Welle nationaler
Melodramatik ins Amt getragen worden war, schließlich verabschiedete, tat er es
auf eine Weise, die seiner Machtübernahme angemessen war. 1954 schoss er sich,
mit seinem Schlafanzug bekleidet, im Präsidentenpalast eine Kugel ins Herz.

*

Es war das sensationelle Ende der sensationellsten Laufbahn in der brasilianischen Politik des zwanzigsten Jahrhunderts. Das Land, das Getúlio zurückließ,
unterschied sich stark von demjenigen, das ihn Ende der 1930er Jahre in Rio

begrüßt hatte. Er verkörperte sämtliche Widersprüche Brasiliens: Klein und kahlköpfig, einen enormen Schmerbauch vor sich her tragend, war er für Frauen unwiderstehlich. Der Behauptung seiner Anhänger, er sei der »Vater der Armen«, setzten seine Gegner höhnisch entgegen, er sei die »Mutter der Reichen«.[5] Getúlio regierte Brasilien als faschistischer Diktator, doch als Einziger unter den Führern Lateinamerikas entsandte er Soldaten zur Bekämpfung des Faschismus.

Seine Fähigkeit, es fast allen Menschen gleichzeitig recht zu machen, liefert wahrscheinlich den Schlüssel zu seinem ungewöhnlichen Durchhaltevermögen. Seit dem Sturz des Kaisers einundvierzig Jahre zuvor war es extrem schwierig gewesen, Brasilien zu regieren. Obwohl es noch nicht so weit gekommen war, hatte es gute Gründe gegeben, einen Bürgerkrieg zu fürchten, denn das Gezänk der verschiedenen regionalen und klassenbasierten Parteien drohte alle vier Jahre, die Nation für immer zu spalten. Die südlichen Staaten florierten, während die nordöstlichen verkümmerten; die neue städtische Mittelschicht mit ihren demokratischen Ambitionen stand der alten und immer noch mächtigen ländlichen Oligarchie gegenüber.

Ein Bürgerkrieg blieb weiterhin in greifbarer Nähe. 1925 wäre er durch die berühmte Prestes-Kolonne beinahe ausgelöst worden. Dies war eine bürgerliche Kampftruppe unter Führung des Heeresingenieurs Luís Carlos Prestes, bekannt als »Ritter der Hoffnung«. Zwei Jahre und fünf Monate lang marschierte er mit 1500 Mann durch fast jeden Winkel Brasiliens, wobei er, der Armee immer nur einen Schritt voraus, 25 000 Kilometer zurücklegte. Gleichheit predigend, starben seine Männer alarmierend rasch durch Cholera, Erschöpfung und Armeeangriffe, bevor die überlebenden schließlich aus dem Land flohen. Prestes erwies sich unbeabsichtigt als Verbündeter von Getúlio Vargas, der sein Erzfeind werden sollte. Denn mehr als jede andere Bewegung bestärkte die Prestes-Kolonne die Menschen in der Überzeugung, dass die Alte Republik bankrott und reif für den Untergang sei.

Als Vargas' Revolution von 1930 die Alte Republik tatsächlich in den Untergang trieb, endeten die politischen Unruhen des Landes jedoch nicht. Wenig mehr als ein Jahr später wäre der Bürgerkrieg nach dem 9. Juli 1932 beinahe erneut ausgebrochen. Der Staat São Paulo, der vermögendste und dynamischste des Landes, erhob sich gegen Getúlio Vargas' zentralistische Verfassung, die die Autonomie des Staates weitgehend beseitigt hätte. São Paulo versetzte sich in Gefechtsbereitschaft: Damen spendeten ihren Goldschmuck, und Männer hoben Schützengräben um die Stadt herum aus. Zwei Monate lang belagerte die Bundesarmee São Paulo, bis sich die ausgelaugten Rebellen ergaben.

Obwohl Getúlio den Bundesstaat dann beschwichtigte, einige der anstößigeren Klauseln der neuen Verfassung aufhob und die Banco do Brasil anwies, die Kriegsschuld der Banken von São Paulo zu übernehmen, verschaffte die Rebellion ihm genau das, was er benötigte: ein Mandat, mit der Zentralisierung des brasilianischen Staates voranzuschreiten. Die Rebellion war das letzte Aufbäumen des alten politischen Systems, das sich auf bestimmte Persönlichkeiten sowie auf regionale und Klassengegensätze gründete. Die neuen politischen Parteien – ob rechts oder links – waren, wie in Europa, radikal und ideologisch geprägt. Ebenfalls wie in Europa tendierte die brasilianische Politik bald zu zwei Polen hin: zu den Kommunisten auf der Linken und den Integralisten, den einheimischen Nazis, auf der Rechten. Beide bedrohten Getúlio Vargas, und die Existenz beider bedrohte die Juden.

Wie die Sezessionisten von São Paulo unterzeichneten die Kommunisten ihr eigenes Todesurteil durch eine verfrühte Rebellion. Ende 1935 putschten kommunistische Soldaten – zunächst in Recife und Natal –, indem sie hohe Offiziere in deren Betten ermordeten.[6] Aber sie überschätzten ihre Anhängerschaft in den Streitkräften, und die Rebellion verlief rasch im Sande. Luís Carlos Prestes, der Anführer der Kommunisten, entzog sich der Gefangennahme bis März 1936. Zum Symbol der Brutalität von Vargas' Regime wurde das grausame Vorgehen mit dem man Prestes' schwangere Frau, Olga Benário Prestes, eine in München geborene Jüdin, nach Deutschland deportierte. Dort wurde sie mit dreiunddreißig Jahren in Bernburg vergast.

*

Laut Gustavo Barroso waren Kommunismus und Kapitalismus und Judaismus gleichzusetzen.[7] Diese Formel lässt es nicht vermuten, aber Barroso wurde als Intellektueller sehr ernst genommen und sogar dreimal zum Vorsitzenden der Brasilianischen Akademie gewählt, der angesehensten Literaturgesellschaft des Landes. Seine zahlreichen antisemitischen Schriften deuten auf eine wahre Obsession hin. 1936 wurde er zum ersten brasilianischen Übersetzer der *Protokolle der Weisen von Zion*, deren Verlag, die Agência Minerva von São Paulo, unterstrich, dass er durch die Veröffentlichung dieses Buches »niemanden beleidigen oder verletzen und schon gar keinen rassistischen Feldzug führen, sondern *nur* das Wissen über eine Frage, die von höchster Relevanz für die Menschheit ist – die Jüdische Frage –, vergrößern wolle«.[8] Barroso war ein bedeutender Vertreter des Integralismus, der brasilianischen Version der nationalsozialistischen Bewegung. Die argentinische pronazistische *Deutsche La Plata Zeitung* beschrieb ihn sogar als »Führer des Integralismus«.[9]

Mit ihm konkurrierte der tropische Möchtegern-Hitler Plínio Salgado – wie Barroso ein mittelmäßiger Romanautor mit großspurigen Ideen – um diesen Titel. Wie viele der Integralisten wurde Salgado stark von den katholischen Schriftstellern der 1920er Jahre beeinflusst, die einem mystischen Nationalismus das Wort redeten. Clarice Lispector sollte einigen dieser Leute, beispielsweise Augusto Frederico Schmidt und Octavio de Faria, später nahekommen. Barroso, Salgados Rivale, kritisierte ihn wegen seiner Verbindungen zu Juden, vornehmlich Horácio Lafer, einem Politiker aus São Paulo, der mit dem Segall-Klabin-Clan, der reichsten und prominentesten jüdischen Familie Brasiliens, verwandt war. Und im Oktober 1934 traf Salgado mit dem führenden Rabbiner Isaías Raffalovich zusammen, dem er aufrichtig versicherte, dass die Integralisten »die Jüdische Frage aus dem Programm herauslassen werden«.[10] Es kam anders.

Obwohl die Integralisten vielleicht nicht vorhatten, einen Völkermord zu begehen, gibt es hinsichtlich ihres Vorbilds keinerlei Zweifel. Salgado ließ sich einen Hitler-Schnurrbart wachsen und stattete seine Anhänger mit grünen Hemden und Armbinden im nationalsozialistischen Stil aus. Das Hakenkreuz wurde durch den griechischen Buchstaben Sigma ersetzt, der für »die Summe aller Werte« stand. Und statt mit »Heil Hitler« grüßten die Integralisten einander mit dem Wort »Anauê«, das angeblich der brasilianischen Eingeborenensprache Tupi entstammte und »Du bist mein Bruder« bedeutete, doch das war aus der Luft gegriffen.

Wie in Europa wäre derartiger Kitsch schlicht peinlich gewesen, hätte er nicht solche vernichtenden Folgen gehabt. Die Integralisten folgten dem Beispiel der Nazis, indem sie ihre politischen Gegner, besonders Kommunisten, auf offener Straße zusammenschlugen und sich damit einen furchteinflößenden Ruf zulegten. Getúlio Vargas mit seinem Geschick, es fast allen recht zu machen, verließ sich in den ersten Jahren seiner Herrschaft auf die Integralisten. Er konnte sie schwerlich ignorieren, denn die Partei hatte 400 000 *zahlende* Mitglieder, was in Brasilien ohne Beispiel war, und viele Tausend Sympathisanten. Ihre Mischung aus Nationalismus und Katholizismus, ihre Forderung nach einem autoritären, hierarchischen System, nach einer Rückkehr zu den »Werten« und einer »geistigen Wiedergeburt« fanden weithin Anklang bei Menschen, die durch den globalen Wirtschaftsverfall schwer getroffen und von dem alltäglichen Schmierentheater der Politik angewidert waren. Und ihre Angriffe auf Kommunisten, ihr

Ruf danach, die nationalen Interessen über kleinliche lokale Auseinandersetzungen zu stellen, waren unzweifelhaft von Nutzen für Getúlio Vargas.

✲

Nicht alle Integralisten waren Antisemiten, wie sich Clarices Cousine Bertha Lispector Cohen erinnert. Die Ideologie war aus Europa importiert worden, doch sie fand nicht unbedingt viele Anhänger, die sich so enthusiastisch wie Gustavo Barroso zeigten. Bertha hatte sogar Freunde, die der Partei angehörten. »Sie dachten, die Ideologie werde die Welt, werde Brasilien ändern«, sagte Bertha. »Natürlich«, fügte sie mit einer abschätzigen Handbewegung hinzu, »änderte sich rein gar nichts.«[11]

In jedem Fall waren allerdings etliche Integralisten Antisemiten. Berthas Bruder Samuel Lispector spricht von einem Klima der Furcht, das die Juden von Boa Vista erfasste: »Wir hatten Angst. Wir wussten, was geschehen *konnte*. Schließlich hatten wir es in Europa erlebt. Furcht herrschte, sehr große Furcht.« In der Schule hätten Schüler und sogar einige Lehrer das grüne Hemd und die Sigma-Armbinde getragen. Jüdische Schüler seien häufig bedrängt worden. »›Du bist Jude, du hast hier nichts zu suchen‹, riefen sie.« Er unterbrach sich. »Das vergisst man nie.«[12]

Ein anderer Cousin, David Wainstok, besuchte Ende 1933 eine neue Schule. Damals hatte die integralistische Bewegung enormen Zulauf, und es bedrückte ihn, auch dort überall Schüler und Lehrer mit grünen Hemden zu sehen. »Wir, die Juden der Schule, wurden durch ›Schockbrigaden‹ provoziert, die uns überfielen, wenn wir das Klassenzimmer verließen. Uns blieb nichts anderes übrig, als ihnen entgegenzutreten, manchmal durch eigene Überfälle, manchmal durch sonstige Kämpfe. Von mehreren Zusammenstößen dieser Art kamen wir mit Verletzungen nach Hause.«[13]

»Die Rua da Imperatriz war fest in jüdischer Hand«, berichtete ein Einwanderer. Dies war die Straße, in der Clarice, Tania, Elisa und Pedro Lispector seit kurz vor Manias Tod wohnten – eine emsige Geschäftsstraße, die die Praça Maciel Pinheiro, das *pletzele*, mit dem Capibaribe verbindet. Der Zeitzeuge erinnert sich an Integralisten in grünen Hemden, die, angefeuert durch Plínio Salgados judenfeindliche Artikel, auf der Straße Parolen brüllten. »Sie randalierten und warfen mit Steinen, und ihre Jungen, ihre Söhne, die heute hohe Tiere im Staat sind und deren Namen ich nicht nennen kann, drohten: ›Du bist Jude, und wenn wir am Ruder sind, werden wir euch alle hinauswerfen.‹« Außerdem wurden Juden mit

Kommunisten gleichgesetzt, was sich in den 1930er Jahren noch verstärkte. »Damals waren die Polizisten sehr ungebildet, und sie kamen dauernd in die Bibliothek und beschlagnahmten sämtliche Bücher, die ihres Erachtens nach Kommunismus rochen. Zum Beispiel besaß ein Freund von mir den *Roten Freibeuter*, einen Seefahrtsroman, und das Buch wurde mitgenommen.«[14]

Glücklicherweise konnte der Parteifuhrer bei seinen seltenen Besuchen in Recife, das immerhin keine integralistische Hochburg war, der Aura seiner Partei keinen Glanz verleihen. »Seine groteske, mickrige Gestalt mit dem kleinen Hitler-Schnurrbart und der gepressten, keuchenden Stimme – zudem war er in eine Uniform gezwängt, die einen Kontrast zu seinem Äußeren bildete – ließ ihn ein bisschen komisch wirken«, erzählte David Wainstok. »Einmal kam Plínio nach Recife, um einen Vortrag an der berühmten juristischen Fakultät zu halten. Seine Anhänger hatten einen bombastischen Marsch im faschistischen Stil vorbereitet. Der ›nationale Führer‹ konnte seine Tirade jedoch nicht zu Ende bringen. An einem bestimmten Punkt widersprach ihm ein Jurastudent mit lauter Stimme, was den Redner und dessen Gefolgsleute aus der Fassung brachte. In diesem Moment gingen die Lichter aus, und die Papiere auf dem Rednerpult wehten davon. Gleichzeitig wurden Fläschchen mit Schwefelsäure von der Empore heruntergeworfen, und der Gestank erfüllte den Saal. Es kam zu einer allgemeinen Panik, als das Publikum zu den Ausgängen rannte.«[15]

Bei einer anderen Gelegenheit mündete eine Militärparade, diesmal ohne den »nationalen Führer«, in eine ähnliche Schlappe. »Sie waren uniformiert, schwenkten ihre Fahnen und Symbole und marschierten unter einem Trommelwirbel in all ihrer Pracht durch die Rua Nova« – wo João Pessoa, direkt am anderen Flussufer gegenüber der Wohnung der Lispectors, ermordet worden war – »im geschäftigen Stadtzentrum. Plötzlich flogen aus ein paar Gebäuden grün bemalte Hühner, mit dem Sigma auf den Flügeln, kreischend auf die Demonstranten herab. Ein großes Durcheinander brach aus, und die Marschierer, verblüfft über das unerwartete Ereignis, zerstreuten sich. Das groteske Spektakel löste bei den Zuschauern beträchtliche Heiterkeit aus.«[16]

9
NUR FÜR VERRÜCKTE

Die verworrene Politik Brasiliens, selbst wenn sie sich direkt unter den Fenstern der Lispectors abspielte, konnte die Familie nicht von ihren eigenen Dramen ablenken. Die Mädchen wuchsen heran. Elisa, beim Tod ihrer Mutter neunzehn Jahre alt, war nun heiratsfähig und hatte einen Verehrer, der wie sie zu den jüdischen Einwanderern zählte. Doch im Gegensatz zu der intellektuellen Elisa (sie hatte den weiterführenden *curso comercial* – unter Universitätsniveau, doch gleichwohl viel mehr als das, was die meisten Mädchen erreichten – abgeschlossen und glänzte mittlerweile als am Konservatorium ausgebildete begabte Pianistin) war der potenzielle Bräutigam »ein ungebildeter Ladenbesitzer«.[1]

Aber das war laut Tania nicht das einzige Hindernis. Elisa hatte, solange sie sich erinnern konnte, nämlich seit der Erkrankung ihrer Mutter, einen Haushalt geführt. Nun war sie endlich unabhängig. Sie hatte Arbeit, ihre Schwestern konnten sich selbst versorgen, und sie war einfach nicht bereit, einen Neubeginn als Ehefrau und Mutter zu machen. Trotzdem verlobte sie sich mit dem jungen Mann und akzeptierte seinen Ring. Bald jedoch kamen ihr Zweifel, und sie schickte ihre jüngste Schwester Clarice mit dem Ring und einer Entschuldigung zum Haus des Mannes. »Was sollte ich machen?«, fragte ihr Vater Dora Wainstok, die Cousine seiner Frau. »*Sie hot sich bepischt met trejnen* [Sie hat Rotz und Wasser geheult]!«[2] (Der niedergeschlagene Verehrer übersiedelte später nach Israel.)

Das war eine für Pedro Lispector typische Reaktion. Tania erinnerte sich an seine außerordentliche Toleranz und Gutherzigkeit. »Er hatte den besten Charakter aller Männer, die ich kannte«, sagte sie.[3] »Sein Bibelwissen war sehr ausgeprägt … Er las die jiddische Zeitung aus New York, *Der Tog*, und er hatte sehr fortschrittliche Ideen. Überhaupt war er ein fortschrittlicher Mann. Nie krümmte er einer seiner Töchter ein Haar. Er war außergewöhnlich. Wären die Umstände anders gewesen, hätte er ein besseres Leben führen können.«[4]

Mit einundneunzig Jahren entsann sich Tania immer noch an ihre Verwunderung über die Reaktion ihres Vaters, nachdem sie sich als Jugendliche für »freie

Liebe« ausgesprochen und verkündet hatte, nie heiraten zu wollen. Von einem Mädchen in der kleinen, konservativen jüdischen Gemeinde von Recife in den 1930er Jahren war dies eine Provokation, und Tania machte sich auf einen Wutausbruch ihres Vaters gefasst. »Andere Väter hätten ein Kind geschlagen, das solche Dinge sagte. Ich bin sicher, dass er schockiert war, doch er fragte nur, weshalb ich diesen Standpunkt vertrat. Wir sprachen darüber. Und dann vergaß ich die ganze Sache, wie er bestimmt gewusst hatte.«[5]

Auch Clarice blühte auf. 1932 begann sie, das Ginásio Pernambucano zu besuchen, die angesehenste höhere Schule des Staates, die in einem eleganten Gebäude am Capibaribe, nicht weit von Boa Vista, untergebracht war. Nur die besten Schüler wurden dort aufgenommen, und unter den dreiundvierzig, die die Prüfung in jenem Jahr bestanden, waren drei Lispectors: Tania, Clarice und ihre Cousine Bertha.[6] Das Ginásio war nicht nur angesehen, sondern auch gebührenfrei, im Unterschied zur jüdischen Schule. Dies muss ein wichtiger Gesichtspunkt für Pedro Lispector gewesen sein, der stets am Rande der Armut stand. Clarice war bereits kokett, wie sich Bertha erinnerte, hatte keine Angst vor Jungen, und ihre legendäre Schönheit kündigte sich schon an. In ihrem ersten Jahr an der neuen Schule wurden sie und eine Kameradin zu den hübschesten Mädchen der Klasse gewählt.[7]

Sie begegnete ihrem ersten festen Freund, dessen sephardische Herkunft bei ihr zu Hause für Stirnrunzeln sorgte. »Vater dachte, er hätte aschkenasisch sein sollen«, erzählte Tania. »Aber schließlich akzeptierte er den Jungen, wie er es immer tat. Mittlerweile hatten sie sich jedoch schon voneinander getrennt, denn er erklärte Clarice, dass er acht oder neun Kinder haben wolle. Er wurde Arzt, heiratete – und hatte am Ende überhaupt keine Kinder.«[8]

*

Alle drei Töchter berichteten, dass Pedro Lispector ein großartiger Mathematiker gewesen sei.[9] Es ist schwer zu ermitteln, was genau sie meinten, doch Clarice muss einen Teil ihrer Begeisterung für Zahlen von ihm geerbt haben. Ihr Kindheitsfreund Leopoldo Nachbin, der im Gegensatz zu Pedro Lispector eine gute Ausbildung absolviert hatte und international als hervorragender Mathematiker anerkannt war, stimmte Clarice bereitwillig zu, als sie sagte: »Mathematik und Physik [sind] nicht nur das Resultat hohen Denkens: Sie sind eine Kunst, und zwar in einem Maße, dass ich sie mit Bach vergleichen würde.«[10]

Als Kind hatte Clarice ein eher konventionelles Interesse an Zahlen. Sie besaß eine pädagogische Ader und unterrichtete Nachbarskinder in Mathematik und Portugiesisch. »Die Mathematik faszinierte mich, und ich weiß noch, dass ich mich als sehr junges Mädchen in einer Zeitungsannonce als Nachhilfelehrerin anbot. Daraufhin rief mich eine Dame an. Sie sagte, sie habe zwei Kinder, und nannte mir ihre Adresse. Als ich dort eintraf, sah sie mich an und sagte: ›Ach, mein Liebes, das geht nicht, du bist doch noch viel zu klein.‹ Darauf sagte ich: ›Machen wir's so: Wenn sich die Noten Ihrer Kinder nicht verbessern, brauchen Sie mich nicht zu bezahlen.‹ Sie fand die Idee ungewöhnlich und nahm mein Angebot an. Und die Noten verbesserten sich deutlich.«[11] Clarices kleiner Cousin Anatólio (Tutu) Wainstok dagegen, dem sie ebenfalls das Lesen beibrachte, erwies sich als enttäuschender Schüler. »Tutu«, redete sie ihm zu, »wie willst du denn etwas lernen, wenn du deine Hausaufgaben nicht machst?« »Clarice«, antwortete er, »ich tu dir doch einen Gefallen, indem ich bei dir Nachhilfe nehme. Du wolltest das doch unbedingt machen!«[12] Seine beschämte Lehrerin blieb ihm eine Antwort schuldig.

Später jedoch, als sie erwachsen war, mündete ihr Interesse an der Mathematik in eine umfassendere Beschäftigung mit Abstraktionen und deren Verbindung zum Göttlichen. Mystische Zahlen, ähnlich wie geheime Namen, sollten in ihrem Werk eine bedeutende Rolle spielen. Ein Teil dieses Interesses war skurril, wie Olga Borelli, die Clarice in den letzten Jahren ihres Lebens begleitete, unterstrich: »Wenn ich für sie tippte, sagte sie immer: ›Zähl bis sieben, mach sieben Leerzeichen, wenn du einen Absatz anfängst, sieben. Danach pass auf, dass du nicht über dreizehn Seiten kommst.‹ So was von abergläubisch! Wenn es eine Kurzgeschichte war, sagte sie immer: ›Schreib schön eng. Lass nicht so viel Abstand, damit es nicht über dreizehn Seiten geht.‹« Sie mochte die Zahlen 9, 7 und 5 wirklich gern. Es war eine seltsame Marotte von ihr, aber sie forderte den Verlag immer auf, nicht mehr als eine gewisse Seitenzahl drucken zu lassen ... Das ist fast kabbalistisch, nicht wahr? Sie hatte solche Eigenheiten.«[13]

Die Zahl sieben nannte Clarice »meine geheime und kabbalistische Zahl«, und sie taucht überall in ihrem Werk auf. In ihrer späten Kurzgeschichte »Wo warst du in der Nacht« beschreibt sie eine »gescheiterte Schriftstellerin«, die in ihr mit einem roten Ledereinband versehenes Journal einträgt: »7. Juli 1974. Ich, ich, ich, ich, ich, ich, ich!« – mit sieben »ich«.[14] An anderer Stelle sagt sie: »Man wusste nur, dass aus sieben Noten sämtliche Musikstücke entstehen, die es gibt und die es gab und die es geben wird.«[15] Und es gebe häufig »theosophische Additionen«, also Zahlen, die zu einer magischen Summe zusammengezählt werden könnten. Beispielsweise ergibt das Jahr 1978 eine Gesamtsumme von sieben: $1 + 9 + 7 + 8 = 25$

und 2 + 5 = 7. »Ich versichere euch, 1978 ist das wahre kabbalistische Jahr: / Die Summe der Einzelziffern ergibt am Ende sieben. / Daher habe ich angeordnet, sämtliche Punkte in der Zeit zu polieren, / die Sterne sollen neu erstrahlen, der Mond mit Milch gewaschen werden und die Sonne mit flüssigem Gold. / Mit jedem Jahresanfang fange auch ich an zu leben.«[16] Sie sollte zwei Wochen vor dem wahren kabbalistischen Jahr sterben.

Ihr Interesse an der Numerologie beschränkte sich jedoch nicht auf abergläubische Spiele. »Meine Leidenschaft für das Mark der Zahlen, in denen ich den Kern ihres eigenen starren und unausweichlichen Schicksals erahne«,[17] entsprach, wie ihre Überlegungen zu dem neutralen Pronomen »It«, einem Streben nach der reinen, neutralen, nicht klassifizierbaren und jenseits der Sprache angesiedelten Wahrheit – also nach einer endgültigen mystischen Realität. In ihrem späten Werk verschmelzen nackte Zahlen mit Gott – nun ohne die Mathematik, die Zahlen miteinander verbindet, um ihnen eine syntaktische Bedeutung zu verleihen. Für sich genommen, waren Zahlen, wie die Gemälde, die sie am Ende ihres Lebens schuf, reine Abstraktionen und dadurch mit den zufälligen Mysterien des Lebens selbst verknüpft. In ihrem späten abstrakten Meisterwerk *Aqua viva* heißt es: »Ich kann immer noch klar denken – ich habe mich früher mit Mathematik beschäftigt, dem Wahnsinn des klaren Denkens –, aber jetzt will ich das Plasma, ich will mich direkt aus der Plazenta nähren.«[18]

Wie immer wird die schweigende Gegenwart ihrer Mutter vorausgesetzt.

*

Die werdende Mathematikerin war in mancher Hinsicht frühreif, »zum Beispiel wenn es darum ging, eine Stimmung zu erfassen oder die innere Verfassung eines Menschen zu erspüren«. Andererseits lernte sie, vielleicht weil sie keine Mutter gehabt hatte, die ihr diese Dinge hätte vermitteln können, erst bemerkenswert spät, »was die Amerikaner *facts of life* nennen«. Mit dreizehn Jahren, »so als fühlte ich mich erst jetzt reif, eine Wirklichkeit aufzunehmen, die mich schockieren könnte«, vertraute sie ihr Geheimnis einer engen Freundin an: »dass ich [von den *facts of life*] nicht wusste, sondern immer nur so getan hatte. Sie konnte es kaum glauben, so gut hatte ich mich verstellt […] Wie erstarrt sah ich sie an, in einer Mischung aus Verwirrung, Schrecken, Scham und tödlich verwundeter Unschuld. Im Geist stammelte ich vor mich hin: Aber warum nur? Wozu? Der Schock war so groß – und für ein paar Monate traumatisierend –, dass ich an ebenjener Straßenecke laut schwor, niemals zu heiraten.«[19]

Dieser Schock legte sich bald – im Gegensatz zu dem großen Ereignis von Clarices Entwicklungsjahren: ihrer Entdeckung der Literatur. Bereits in ihrer Kindheit war ihre Kreativität unverkennbar gewesen: von der Benennung ihrer Stifte und der Kacheln in der Dusche und dem Verfassen ihres Zwei-Seiten-Dramas »Armes reiches Mädchen« bis hin zum Erzählen der Wundergeschichten über ihre Mutter. Aber die Phantasien eines kleinen Mädchens haben noch lange nichts mit Literatur zu tun. Genau wie Zahlen nach Regeln verlangen, damit sie eine menschliche Bedeutung erhalten, benötigen Wörter eine Form, damit sie zu Literatur werden. »Als ich lesen und schreiben lernte, verschlang ich die Bücher nur so! Ich dachte, ein Buch ist wie ein Baum, wie ein Tier: etwas, das zur Welt kommt! Ich kam nicht darauf, dass ein Autor dahintersteckte! Erst nach langer Zeit kam ich darauf, dass es da einen Autor gab! Und da sagte ich: ›Das will ich auch.‹«[20]

Im Jahr nach Manias Tod zog die Familie ein Stück weiter die Rua Imperatriz hinunter. Nebenan – dort, wo die Straße ans Ufer des Capibaribe traf – hatte ein bessarabischer Einwanderer namens Jacob Bernstein einen Buchladen eröffnet, der zu einer Institution von Recife werden sollte: die Livraria Imperatriz, die noch heute existiert. Das Geschäft, lange Zeit das beste der Stadt, war ein Treffpunkt für die örtliche Intelligenz, und einige ihrer Angehörigen sollten zu herausragenden Persönlichkeiten Pernambucos und Brasiliens werden. Einer von ihnen war Gilberto Freyre; seine berühmte Untersuchung *Herrenhaus und Sklavenhütte* wurde zuerst in Bernsteins Laden verkauft (obwohl Bernstein sie zu Recht für antisemitisch angehaucht hielt). Diese Buchhandlung ermöglichte Jacob Bernstein als einem der ersten Juden von Recife, in die lokale Bourgeoisie aufzusteigen.[21]

Bernsteins Tochter Reveca war gleichaltrig mit Clarice. Laut Revecas Schwester Suzana durfte sich Clarice eine Zeit lang frei in der Buchhandlung und in der großen Privatbibliothek der Bernsteins bewegen. Dort las sie brasilianische Klassiker wie Machado de Assis und den Kinderbuchautor Monteiro Lobato, deren Werke ihr Vater sich nicht leisten konnte. Suzana berichtete, dass Clarice und ihre Schwester eng befreundet gewesen seien.

Dagegen hegte Clarice weniger liebevolle Erinnerungen an Reveca. »Sie bestand aus reiner Rachsucht«, schrieb Clarice. »Welch ein Talent für Grausamkeit.« Eines Tages verkündete Reveca beiläufig, sie verfüge über Monteiro Lobatos *Näsleins Späße*, »ein dickes Buch, mein Gott, man konnte darin sicherlich leben, es essen, darin schlafen.« Wie Reveca genau wusste, hätte sich Clarice ein solches Buch nie leisten können. Deshalb forderte sie ihre Freundin auf, am folgenden

Tag vorbeizukommen, um es sich auszuleihen. Strahlend ging Clarice zur vereinbarten Zeit wieder hin, »ich rannte buchstäblich« durch die feuchten Straßen von Recife. Als sie eintraf, setzte Reveca ihren Plan »gelassen und teuflisch« ins Werk. Mit geheucheltem Bedauern erklärte sie Clarice, sie habe das Buch noch nicht, und bat sie, am folgenden Tag zurückzukommen. Einen Tag später ließ sie sich einen weiteren Vorwand einfallen. »Wie lange? Täglich ging ich zu ihr, nicht einen Tag ließ ich aus. Manchmal sagte sie: Tja, gestern Nachmittag war das Buch noch hier, aber du bist ja erst heute Morgen gekommen, da habe ich's einem anderen Mädchen geliehen.«

Schließlich wurde Frau Bernstein misstrauisch und wollte wissen, warum »das blonde Mädchen, das da vor der Tür stand, erschöpft, im Wind der Straßen von Recife« immer wieder zu ihnen komme. Als sie es herausfand, erkannte sie entsetzt, was für eine Tochter sie hatte. »Das Buch hat das Haus doch nie verlassen, und du wolltest es gar nicht lesen!«, sagte sie erschüttert und befahl ihrer Tochter, Clarice das Buch auf der Stelle zu leihen. Und Clarice dürfe es behalten, solange sie wolle.

»Zu Hause angekommen, fing ich nicht mit der Lektüre an. Ich tat so, als hätte ich das Buch nicht, nur um hinterher erstaunt festzustellen, dass ich es hatte. Erst nach Stunden schlug ich es auf, las einige wundervolle Zeilen, klappte es wieder zu, lief in der Wohnung herum, schob den Moment noch weiter hinaus, indem ich ein Stück Brot mit Butter essen ging, tat so, als hätte ich das Buch verlegt, fand es wieder, schlug es für einige Augenblicke auf. Ich dachte mir die unsinnigsten Schwierigkeiten für dieses heimliche Etwas aus, das das Glück schlechthin war. Glück sollte für mich immer etwas Heimliches bleiben.«[22]

✳

1933 beschloss Clarice Lispector, Schriftstellerin zu werden.

Als ich mir mit dreizehn Jahren den Wunsch zu schreiben bewusst zu eigen machte – ich hatte zwar schon als Kind geschrieben, mir das aber nicht als Schicksal zu eigen gemacht –, als ich mir also den Wunsch zu schreiben zu eigen machte, fand ich mich auf einmal in einem leeren Raum wieder. Und in diesem leeren Raum war niemand, der mir hätte helfen können.

Ich selbst musste mich aus einem Nichts erheben, ich selbst musste mich verstehen, ich selbst sozusagen meine Wahrheit erfinden. Also fing ich an, aber nicht einmal beim Anfang. Die Seiten stapelten sich – der Sinn widersprach sich, die Verzweiflung angesichts der eigenen Unfähigkeit war ein weiteres Hindernis, das tatsächlich zur Unfähigkeit beitrug. Es war eine endlose Geschichte, die ich damals zu schreiben begann (unter dem starken Einfluss von Hermann Hesses *Steppenwolf*), wie schade, dass ich sie nicht aufbewahrt habe: Ich zerriss sie und verwarf damit eine fast übermenschliche Anstrengung des Lernens, der Selbsterkenntnis. Und das alles geschah in solcher Heimlichkeit. Ich erzählte niemandem davon, ich durchlebte diesen Schmerz allein. Eines erriet ich schon: Man musste stets versuchen zu schreiben, nicht auf einen besseren Augenblick warten, denn der würde schlichtweg nicht kommen. Das Schreiben ist mir immer schwergefallen, auch wenn der Ausgangspunkt das war, was man eine Berufung nennt. Berufung und Begabung sind zweierlei. Man kann eine Berufung haben, aber keine Begabung, das heißt, gerufen werden, aber nicht wissen, wie man den Weg zurücklegen soll.[23]

Diese ersten Versuche, sagte sie, waren »chaotisch. Intensiv. Völlig fern der Lebenswirklichkeit«, und sie nährten sich aus Lektüren, die, wie sie sich später erinnern sollte, »die einer Hungernden waren, voller Gier; ich las hastig durcheinander, manchmal zwei Bücher am Tag«.[24] Neben den brasilianischen Klassikern wie Machado de Assis las sie alles, was sie auf den Regalen der Bibliothek finden konnte, wobei sie die Werke nach den Titeln auswählte. Zwei Bücher hinterließen, wie ihr stets im Gedächtnis blieb, den tiefsten Eindruck. Das erste war *Schuld und Sühne*, eine Geschichte von menschlichem Versagen und mystischer Erlösung, die jemanden wie sie, der sich von Gott verlassen fühlte, ansprechen musste (Dostojewski war zudem ein Lieblingsautor ihres Vaters). Das zweite – und das ist möglicherweise schon interessanter – war Hermann Hesses *Steppenwolf*, ein 1927 in Deutschland veröffentlichter experimenteller Roman. Es ist leicht zu verstehen, warum Clarice das Buch, das sie in ein »wahres Fieber« versetzte, derart reizvoll fand. So viele seiner Ideen hallen in ihren eigenen Erfahrungen nach, dass es beinahe mit der ausdrücklichen Absicht geschrieben worden sein könnte, Clarice Lispector zu beeinflussen. Hesses Bücher haben stets einen besonderen Anklang bei Jugendlichen gefunden, für die die Sehnsucht nach Liebe und die Frage, was für ein Leben man führen solle, besonders dringlich sind.

Der Steppenwolf ist ein Buch über den Nimbus der Kunst und den Preis, den der Künstler dafür zahlt. Wie viele von Clarices eigenen künftigen Werken stellt *Der Steppenwolf* eine philosophische Meditation dar, vor der die bizarre, lose verknüpfte Handlung in den Hintergrund tritt. Darin geht es um den »Wolf der

Steppen« Harry Haller, einen Wissenschaftler und Künstler, dessen Spitzname sich von seinem halb menschlichen, halb tierischen Wesen herleitet. Haller ist »das in eine ihm fremde und unverständliche Welt verirrte Tier, das seine Heimat, Lust und Nahrung nicht mehr findet«.[25] In seinem »Tractat vom Steppenwolf«, dem die Warnung »Nur für Verrückte« vorangestellt ist, skizziert er ein Lebensprojekt für den angehenden Künstler. Der Pfad der Kunst – und die Unabhängigkeit, die er erfordert – sei schrecklich, scheint er die heranwachsende Clarice zu warnen. Aber Haller merkt zudem an: »Auch wer keinen Wolf in sich hat, braucht darum nicht glücklich zu sein.«[26]

»Es gibt ziemlich viele Menschen von ähnlicher Art, wie Harry einer war«, schrieb Hesse. »Viele Künstler namentlich gehören dieser Art an. Diese Menschen haben alle zwei Seelen, zwei Wesen in sich, in ihnen ist Göttlichkeit und Teuflisches, ist mütterliches und väterliches Blut, ist Glücksfähigkeit und Leidensfähigkeit ebenso feindlich und verworren neben- und ineinander vorhanden, wie Wolf und Mensch in Harry es waren.« Solche Menschen seien »dem wilden Herzen nahe«, doch sie wüssten auch, »dass der Mensch vielleicht nicht bloß ein halbwegs vernünftiges Tier, sondern ein Götterkind und zur Unsterblichkeit bestimmt sei«.[27]

Wie andere Erzeugnisse – Romane, Dichtung und Filme – der Weimarer Republik hat Hesses Text mehr mit einem Traumgebilde als mit einem traditionellen Roman gemein. Er erzählt eine Geschichte, doch sie dient lediglich als Vorwand, um sinnliche und philosophische Möglichkeiten auszuloten. Der wahre Reiz des *Steppenwolfs* für eine angehende junge Schriftstellerin wie Clarice Lispector bestand in der Freiheit, die er ihr bot, ihrer Berufung zu folgen und das Seelenleben zu beschreiben.

»Die innere Reise faszinierte mich«, schrieb sie über ihr »Aufkeimen« dank Hesse. Die von ihm aufgezeigte Möglichkeit des Schreibens über jene Reise war eine Offenbarung für ein Mädchen, dessen Geschichten nie geradlinig gewesen waren und das sich immer viel weniger für den Romanapparat aus Handlung und Figuren als für den Prozess interessiert hatte, durch das Schreiben zu einer inneren Wahrheit gelangen kann. Mit *Aqua viva*, das drei Jahre vor ihrem Tod erschien, wollte Clarice ein Buch schreiben, das mit Musik oder einer Skulptur zu vergleichen war; und im posthumen Fragment *Ein Hauch von Leben* widmete sie dem traditionellen Erzählen gerade einmal drei Sätze: »Schnell, denn Daten und Fakten gehen mir auf die Nerven. Also gut: geboren in Rio de Janeiro, 34 Jahre alt, einen Meter siebzig groß und aus guter Familie, wiewohl die Tochter armer Eltern. Heiratete einen Industriellen, usw.«[28]

Abgesehen davon, dass sie »Es-war-einmal«-Geschichten, wie sie die Redakteure des Kinderteils im *Diário de Pernambuco* erwarteten, nicht schreiben wollte, konnte sie es auch gar nicht, fiel ihr später auf. Als Erwachsene erinnerte sie sich an die Absage und beschloss, einen neuen Versuch zu machen. »Aber seit damals hatte ich mich so sehr verändert«, überlegte sie, »wer weiß, vielleicht war ich ja nun für das wahre ›Es war einmal‹ bereit. Sofort fragte ich mich: Warum fange ich dann nicht an? Jetzt gleich? Es würde nicht schwer werden, das hatte ich im Gefühl. Ich fing also an. Doch kaum hatte ich den ersten Satz geschrieben, da sah ich, dass es mir noch immer unmöglich war. Der Satz lautete: ›Es war einmal ein Vogel, mein Gott.‹«[29]

FLYING DOWN TO RIO

Als Clarice Lispector fünfzehn Jahre alt war – ein Jahr nachdem sie die Möglichkeit der Schriftstellerei entdeckt hatte –, zog ihr Vater zum letzten Mal um. Diesmal war das Ziel Rio de Janeiro. Damals wie heute besaß die Stadt eine spektakuläre natürliche Kulisse: Riesige Berge aus Granit und Quarz fallen steil ins Meer ab, Urwälder beginnen knapp hinter modernen Wohngebäuden, und herrliche, sichelförmige Strände erstrecken sich meilenweit.

Anders als heute, da die Stadt mit Gewalt und Drogen in Verbindung gebracht wird, befand sich Rio in jenen Jahren auf dem Höhepunkt seines internationalen Ansehens. Während die Eigner von Schiffen, die nach Buenos Aires fuhren, früher betont hatten, dass man nicht in Brasilien anlegen werde, weil Ausländern, wenn sie überhaupt an das Land dachten, dazu immer gleich Affen, Gelbfieber und Cholera einfielen, war Rio mittlerweile zu einem der feudalsten Ausflugsziele der Welt geworden. Ein Luxusdampfer nach dem anderen lief in die Bucht von Guanabara ein und lud wohlhabende Passagiere nahe den neuen Hotels ab, die den verschnörkelten weißen Villen der Französischen Riviera nachempfunden waren: Das Hotel Glória, fast in der Innenstadt, eröffnete 1922 und der legendäre Copacabana Palace – an einem Strand, der damals noch außerhalb der Stadt lag – ein Jahr später.

Die Besucher verbrachten ihre Abende in eleganten Örtlichkeiten wie dem Casino da Urca unterhalb des Zuckerhuts, wo kommende Stars wie Carmen Miranda bis spät sangen und tanzten. Clevere Touristen ließen ihren Besuch mit den fünf Tagen des Februarkarnevals zusammenfallen, eines trotz seiner altertümlichen Ursprünge völlig neuen Ereignisses. Wie jede andere Stadt in der katholischen Welt hatte Rio stets eine Fastnacht gefeiert, doch unter der sorgfältigen Aufsicht von Getúlio Vargas' Regierung mit ihrem unfehlbaren Gespür für Werbung wurde das alte Fest umorganisiert, erweitert und im Ausland aggressiv vermarktet.

Es war eine Hollywood-Produktion, und Hollywood wurde aufmerksam.

Dolores Del Rio gab sich 1933 die Ehre für das Filmmusical *Flying Down to Rio*, das die Karriere von Fred Astaire und Ginger Rogers einleitete und Tänze auf den Tragflächen von Flugzeugen zeigte. In jenen Jahren flog Orson Welles hinunter nach Rio und Carmen Miranda hinauf nach Hollywood aus einer Stadt, die sie, mehr als jede andere, zum Synonym von Tanz und Stränden und hübschen Mädchen gemacht hatte. São Paulo mit seiner zunehmenden Industriemacht konnte sich, was die wirtschaftliche Dominanz anging, mit Rio messen, doch innerhalb Brasiliens gab es nur eine einzige unumstrittene Hauptstadt, und auch in den Augen der ganzen Welt wurde Brasilien mit Rio und Rio mit dem Karneval gleichgesetzt.

*

Ginger und Fred waren nicht die Einzigen, die nach Rio kamen. Pedro Lispector gehörte zu der Masse weniger glanzvoller Neuankömmlinge, nämlich zu den Zuwanderern, die unaufhörlich in die Hauptstadt strebten. Sie kamen aus aller Welt, doch die beiden Hauptströmungen entsprangen dem Nordosten, dem ärmsten und rückständigsten Teil Brasiliens, und aus Portugal, einem der ärmsten und rückständigsten Länder Europas.

Um 1909 umfasste die etwa eine Million zählende Bevölkerung von Rio de Janeiro zweihunderttausend in Portugal geborene Bürger, wobei die in Brasilien geborenen Kinder portugiesischer Eltern nicht einbezogen wurden, was die Zahl mindestens verdoppelt hätte.[1] Zwischen 1901 und 1950 traf fast eine Million portugiesischer Bürger in Brasilien ein.[2] Dies machte einen enormen Prozentsatz der Bevölkerung aus, die im Jahr 1920 kaum sechs Millionen zählte, und es war fast das Doppelte der heutigen Einwohnerschaft von Lissabon. Viele, wenn nicht die meisten der Einwanderer wählten Rio de Janeiro, wo sie sich dem unteren Mittelstand aus Ladenbesitzern, Handwerkern und kleinen Geschäftsleuten anschlossen. Sie dominierten gewisse Berufe: Zum Beispiel waren Bäcker fast ausschließlich Portugiesen; Carmen Mirandas Vater war Friseur.

Die Portugiesen besaßen oftmals verwertbare Fertigkeiten. Die ungebildeten und unqualifizierten Zuwanderer aus dem Nordosten dagegen, von denen viele Sklaven gewesen oder die Kinder von Sklaven waren, gelangten in eine Stadt, die keine Verwendung für sie hatte. Sie sammelten sich in den Slums, den Favelas, die um die Jahrhundertwende aus dem Boden schossen. Während der Nordosten seinen nicht aufzuhaltenden Verfall auch im zwanzigsten Jahrhundert fortsetzte, folgten immer mehr Neuankömmlinge jenen ersten Unglücklichen nach Rio. Die

Stadt brachte jedoch keine neuen Industriezweige hervor, und die Zuzügler konnten nicht von einer Wirtschaft beschäftigt werden, die immer noch hauptsächlich auf den Export von Agrarprodukten ausgerichtet war. Wer dem Nordosten den Rücken gekehrt hatte, musste oft feststellen, dass er das Elend an dem einem Ort nur für das gleiche an einem anderen Ort ausgetauscht hatte.

Pedro Lispector hatte mehr mit den portugiesischen Einwanderern gemeinsam als mit denen, die im Nordosten inzwischen seine Landsleute waren. Nach jahrelanger Arbeit gingen seine Geschäfte in Recife weiterhin schlecht, und er hoffte, dass die Hauptstadt mehr Möglichkeiten für seine Ambitionen bieten würde. Daneben hoffte er, dass Rio de Janeiro mit seiner großen jüdischen Gemeinde geeignete Ehemänner für seine Töchter bereithielt. Elisa war nun vierundzwanzig, Tania zwanzig und Clarice fünfzehn Jahre alt. In Recife mit seinen zweihundert jüdischen Familien hatten sie wahrscheinlich das Angebot geprüft und es für unzulänglich befunden. In Rio wäre die Auswahl sicherlich größer.

Über ihre Abreise aus Recife, wo sie ihre gesamte Kindheit verbracht hatte, schrieb Clarice nie. Sie erinnerte sich indes an das englische Schiff, das die Familie als Passagiere dritter Klasse nach Rio beförderte: »Das war schrecklich *exciting*. Ich konnte kein Englisch und wählte beim Essen aufs Geratewohl das Gericht von der Speisekarte, auf das mein kindlicher Finger zeigte. Ich weiß noch, wie ich einmal gekochte weiße Bohnen erwischte und nichts dazu. Ich war enttäuscht, musste aber damit vorliebnehmen, ich Ärmste. Eine Entscheidung auf gut Glück, die danebenging. Das kommt vor.«[3]

Obwohl sie selten zurückkehrte, sprach sie häufig von Pernambuco (»Recife hingegen ist weiterhin sehr präsent«),[4] und neben ihrem kehligen R behielt sie den charakteristischen Akzent der Gegend bei – eine Kombination, durch die sie in Rio auffiel. In einem kurzen elegischen Essay stellte sie sich vor, erneut aus dem Fenster des Hauses zu blicken, in dem sie ihre Kindheit verlebt hatte: »Das da ist der Fluss. Dort die Strafanstalt. Dort die Uhr. Das ist Recife [...] Ich sehe immer klarer: Das da ist das Haus, mein Haus, die Brücke, der Fluss, die Strafanstalt, die quadratischen Gebäudeblöcke, die Außentreppe verlassen von mir.«[5]

*

Nur zwei seiner Töchter begleiteten Pedro nach Rio. Elisa arbeitete noch einige Wochen in Recife, bevor sie den anderen folgte. Kurz nach ihrer Ankunft legte sie das Examen für den Verwaltungsdienst im Arbeitsministerium ab; dies war

ein offener Wettbewerb, bei dem sie die höchste Punktzahl im ganzen Land erzielte.

Allerdings gab es zu jenem Zeitpunkt keine Stellen im Ministerium. Aber immerhin hatten die Lispectors nun zum ersten Mal in ihrem Leben Beziehungen,
und zwar in Gestalt eines Politikers aus Recife mit einem extravaganten Namen:
Agamemnon Sérgio de Godoy Magalhães, der neben seinem Freund João Pessoa
gesessen hatte, als dieser in der Confeitaria Glória niedergeschossen worden war.
Im Lauf der sich anschließenden Revolution war Magalhães zum Arbeitsminister
aufgestiegen. Bevor er seine hohe Stellung bekleidete, hatte er als Geographieleh-
rer am Ginásio Pernambucano gearbeitet, wo Clarice und Tania Lispector zu seinen Schülern gehörten.

Tania beschloss, ihrer Familie zu helfen, und sie erwies sich als äußerst geeignete Botschafterin. Mit ihrer kurvenreichen Figur und ihrem schwarzen Haar
wirkte die Zweiundzwanzigjährige »sinnlich«, wie sich ein Nachbar erinnerte, und
»üppig wie eine Zigeunerin«.[6] In ihrem besten Kleid suchte sie das Ministerium
im Zentrum von Rio auf. »Ich erklärte, dass Elisa den ersten Platz belegt habe,
dass sie Arbeit benötige und dass wir unserem Vater helfen müssten, weil unsere
Mutter gestorben sei«, erzählte Tania. »Er hatte Clarice und mich noch aus Recife
in Erinnerung und versprach, sich für uns einzusetzen.«[7] Nach einem Wink des
Ministers wurde Elisa in seinen Beamtenapparat übernommen, wo sie den Rest
ihres Arbeitslebens verbringen sollte.

Pedro hatte Mühe, es diesem verheißungsvollen Beginn gleichzutun. Er war
nach Rio gekommen, um die Lage der Familie zu verbessern, doch er konnte
kaum mehr Erfolg verzeichnen als in Recife. In der neuen Stadt suchte er Arbeit
als Handelsvertreter, aber ein guter Posten war nicht leicht zu finden. Zunächst
schien sich eine andere Freude abzuzeichnen, denn zum ersten Mal seit Manias
Tod lernte er eine Frau kennen. Man sprach von Heirat, aber die Frau dachte
anscheinend, er habe Geld, und verließ ihn, als sie die Wahrheit entdeckte – eine
weitere Demütigung in einem Leben, das ihm schon etliche derartige Erfahrungen beschert hatte.

Durch Elisas Einkommen verringerte sich der finanzielle Druck, und Anfang
1938 erlangte auch Tania eine Stelle im öffentlichen Dienst. Im Januar desselben
Jahres trug Pedros Hoffnung, jüdische Ehemänner für seine Töchter zu finden,
ihre erste und einzige Frucht, als Tania den Möbelverkäufer und Dekorateur
William Kaufmann heiratete. Er stammte aus Bessarabien (dem heutigen Moldawien), das von der Heimat der Lispectors aus am anderen Ufer des Dnestr lag.
Clarice war beeindruckt von dem Auserwählten ihrer Schwester, der ihrer Mei-

nung nach wie ein Filmstar aussah.[8] Tania zog von Tijuca, wo sich Pedro mit der Familie niedergelassen hatte, nach Catete an der anderen Seite des Zentrums, wo William und sie eine Wohnung in einer Straße fanden, die an die Gärten des Präsidentenpalastes grenzte.

*

Im Innern des Palastes agierte Getúlio Vargas nun als absoluter Herrscher Brasiliens. Diese Entwicklung dürfte Pedro Lispectors Optimismus nicht erhöht haben. Am 29. September 1937, ein paar Monate vor Tanias Hochzeit, berief der Stabschef des Heeres eine Pressekonferenz ein, um ein »Dokument von großer Bedeutung« publik zu machen. Der Geheimdienst, enthüllte der General, habe einen Plan in die Hände bekommen, der die Errichtung eines kommunistischen Regimes mithilfe von »Moskauer Gold« im Land vorsehe. Sofort wurde aus den üblichen Gruppierungen – den Großgrundbesitzern, den Integralisten und dem Militär zusammen mit dem verängstigten Mittelstand – der Ruf laut, die »Nation und ihre Traditionen« zu verteidigen.[9]

Wer genau hinter diesem heimtückischen Vorhaben steckte, wurde durch den Namen verdeutlicht: Cohen-Plan. Zu dem Zeitpunkt, als sich offenkundig nachweisen ließ, dass der Cohen-Plan, wie der Name ebenfalls nahelegte, eine grobe Fälschung der Integralisten war, hatte er sein Ziel bereits erreicht. Am 10. November beantwortete Vargas den sorgfältig inszenierten Schrei der Entrüstung, dass die Nation nicht in Moskauer Hände fallen dürfe. Im Namen der »nationalen Sicherheit« hob er sämtliche politischen – individuellen oder kollektiven – Rechte auf, schaffte Präsidentschaftswahlen ab, entmachtete die Gerichte und die unabhängige Justiz und ließ beide Kongresskammern von Militärpolizisten umzingeln.

Der Name des neuen Regimes, Estado Novo (»Neuer Staat«), war von Portugal entlehnt. Dort hatte António de Oliveira Salazar – der das Volk aufforderte, ihn den »Erwählten Gottes« zu nennen – 1933 unter dem gleichen Namen ein Regime errichtet, das zu einer der dauerhaftesten Tyranneien des zwanzigsten Jahrhunderts werden sollte. Es gab noch andere Vorbilder für Vargas' Coup, vornehmlich Mussolinis Herrschaft in Italien, und die Verfassung, die seine Machtübernahme sanktionierte, wurde als *polaca* bekannt, weil sie sich angeblich an dem polnischen Muster orientierte.

Das Wort *polaca* hatte jedoch noch eine andere Bedeutung: In Rio de Janeiro bezeichnete man Huren als »polnische Mädchen«, denn viele der Prostituierten in Rio – wie in São Paulo, Montevideo und Buenos Aires – stammten tatsächlich aus Polen und waren Jüdinnen.[10] Etliche, verwaist durch den Ersten Weltkrieg, hatten es nicht wie die Lispector-Mädchen geschafft, unbeschadet ins Ausland zu entkommen. Solche Mädchen oder andere, deren Familien in die Armut gestürzt worden waren, hatten nicht die geringste Ausbildung genossen, und es bereitete keine Mühe, sie mit dem Versprechen der Ehe oder eines neuen Lebens im Ausland nach Südamerika zu locken. »Der Mann aus Buenos Aires« in Scholem Alejchems gleichnamiger Erzählung war Zuhälter und Mitglied einer furchterregenden jüdischen Mafia, bekannt als Zwi Migdal, die ihren Stützpunkt zuerst in Buenos Aires hatte und dann, als sich die Dinge dort zuspitzten, nach Rio auswich. Eine Zeit lang kontrollierte sie den weißen Sklavenhandel in Südamerika.

Die jüdische Mitwirkung an diesem Geschäft war natürlich nicht unbemerkt geblieben, und die Existenz jüdischer Prostituierter und Zuhälter war ein wichtiger Punkt auf der Beschwerdeliste der Integralisten gegen die Juden. Damit nicht genug, am 7. Juni 1937, noch vor dem Cohen-Plan und dem Estado Novo, trat ein geheimes Rundschreiben in Kraft, das alle Juden, darunter Touristen und Geschäftsleute, an der Einreise nach Brasilien hindern sollte. Dies war nicht nur das Werk der Integralisten, sondern es reflektierte auch den verbreiteten Antisemitismus in den oberen Rängen des brasilianischen Außenministeriums sowie in der Regierung als ganzer.[11]

Dieser Antisemitismus führte in Brasilien im Allgemeinen nicht, wie beispielsweise in Argentinien, zu Angriffen auf die bereits dort lebenden Juden. Die offizielle brasilianische Haltung, das sollte Getúlio Vargas im Folgenden deutlich machen, war viel durchtriebener. Selbst diejenigen, die im öffentlichen Leben darauf bestanden, die antisemitischen Maßnahmen durchzusetzen, konnten sich zu einzelnen Juden durchaus hilfsbereit verhalten – teils weil sie in einem Land mit einer winzigen jüdischen Bevölkerung wahrscheinlich gar nicht immer auf den Gedanken kamen, nachzufragen, ob ihr Gegenüber Jude war. Ein Beispiel lieferte kein anderer als Agamemnon Magalhães, jener Arbeitsminister, der bereit war, Tania und Elisa Lispector zur Seite zu stehen, während er gleichzeitig im Kabinett dafür agitierte, Brasilien gegen die zunehmend verzweifelten Flüchtlinge aus dem nationalsozialistischen Deutschland abzuriegeln.[12]

Brasilien stand allerdings, indem es diesen Menschen die Zuflucht verweigerte, nicht allein da. Auch andere große Länder – die Vereinigten Staaten, Kanada, Großbritannien, Argentinien, Südafrika, Australien – sowie eine Vielzahl kleinerer Staaten, von Ecuador bis Liberia, verschlossen den europäischen Juden die Tore. Brasilien nahm widerwillig immerhin einige von ihnen auf – zwischen 1933 und 1942 waren es fast 25 000 –, obwohl das Vargas-Regime jüdische Einwanderer als unerwünscht einstufte.[13]

In einem Land, das schwerer Zensur unterlag, wurde diese Unerwünschtheit nicht publik gemacht. Das war ohnehin nicht nötig. »Wir wussten, dass Geheimprotokolle existierten, die die Aufnahme von Juden durch Brasilien untersagten«, kommentierte ein Jude aus Recife. »Aber sie gaben es nicht bekannt – wir spürten es. Dies war die Zeit der Konzentrationslager … Manchmal behaupteten sie, es habe damit zu tun, dass die Juden Intellektuelle und keine Bauern seien. In Brasilien würden bereits zu viele Intellektuelle leben. Dann erklärten sie, die Juden würden dem Land keinen Fortschritt bringen. Sie sagten also nie ausdrücklich, dass keine Juden einreisen dürften. Wir sprachen in der Gemeinde darüber und auch bei uns zu Hause.«[14]

*

Die Juden zahlten einen hohen Preis für Vargas' Griff nach der absoluten Macht, wie das grausame Schicksal von Olga Benário Prestes zeigte, die nach Deutschland deportiert und später dort vergast wurde. Im selben Jahr, 1936, musste auch Clarices Cousin David Wainstok, der in Recife Medizin studierte, ein großes Opfer bringen, als er unter dem Verdacht, mit den Kommunisten zu sympathisieren, in Recife verhaftet und brutal gefoltert wurde. »Aufgezogen in einem Zuhause, in dem der Zionismus das höchste Ideal war, von Eltern, die den Traum aller jüdischen Generationen träumten, ging der junge jüdische Student einen Schritt weiter als seine Eltern und versuchte, die jüdischen Prophezeiungen vom ›Ende der Tage‹ und davon, dass ›die Erde mit Weisheit gefüllt werde‹, zu beschleunigen«, kommentierte Davids Vater, Israel Wainstok, in seinen Jiddisch geschriebenen Memoiren und zog damit eine explizite Verbindung zwischen der zionistischen Erziehung seines Sohnes und dessen Verlangen nach sozialer Gerechtigkeit. Nach Davids Verhaftung »legte sich eine schwarze Nacht über das Leben unserer Familie. Sie dehnte und dehnte sich über so viele Nächte, Wochen und Monate«.[15] Davids Schwester Cecília sprach von einer Atmosphäre des Terrors. Ihre Mutter, Dora Rabin Wainstok, hatte alle bedenklichen Bücher ihres Sohnes hinter dem Haus vergraben und mit Zement zugedeckt, womit sie der Familie vielleicht noch größere Komplikationen ersparte. Der verängstigten Cecília, einem kleinen Mädchen, folgten Polizisten in Zivil zur Schule. Nach einem Jahr in genau dem Gefängnis, das Clarice durch ihr Fenster beobachtet hatte – jenseits der Brücke von ihrem Haus aus –, wurde David endlich entlassen.

Im Ginásio Pernambucano, das Tania und Clarice in Recife besucht hatten, begann ein gewisser Pater Cabral, die jüdischen Mädchen anzuprangern, weil sie »christliche Jungen verführten«,[16] und bald wurden sie von der Schule verwiesen, deren Leitung beschloss, nun lediglich Jungen auszubilden. Es gibt unterschiedliche Darstellungen darüber, ob dies eine direkte Reaktion auf Pater Cabrals Hetze war. Jedenfalls dachten die Juden, die Maßnahme ziele auf sie ab: Da die Schule in ihrem Viertel lag und für Kinder, die ihre strikte Aufnahmeprüfung bestanden, kostenfrei war, übte sie auf eine arme Gemeinschaft, die der Bildung oberste Priorität einräumte, große Anziehung aus. Doch die jüdischen Mädchen mussten, nur ein Jahr nachdem die Lispectors nach Recife abgereist waren, die Schule verlassen.

*

Die Gleichsetzung von Judaismus und Kommunismus war, ungeachtet dessen, dass sie natürlich nicht von einer objektiven Beobachtung wirklicher Juden in den Reihen der Kommunisten herrührte, potenziell ebenso gefährlich für die brasilianischen Juden, wie sie es für ihre Glaubensbrüder in Russland und Deutschland gewesen war. Laut Gustavo Barrosos Formel war Kommunismus gleich Kapitalismus gleich Judaismus. Der Estado Novo ergriff energische Maßnahmen, um alle drei zu unterdrücken. Die Kommunisten waren nach 1935 bekämpft worden, und ähnlich wie in Mussolinis Italien und Peróns Argentinien hatte man die im Entstehen befindlichen brasilianischen Industrien in einem korporatistischen System zusammengefasst, das wenig dazu beitrug, weiteres Wirtschaftswachstum zu fördern.

Zur Zeit einer die Juden erfassenden weltweiten Krise muss jede Spur von Unterdrückung für Menschen, die bereits die schrecklichen Massaker im Anschluss an den Ersten Weltkrieg und die Russische Revolution überlebt hatten, äußerst demoralisierend gewesen sein. Selbst Pedro Lispector, so niedrig er in der Hierarchie der brasilianischen Gesellschaft angesiedelt war, wurde zum Ziel der neuen Sicherheitsmaßnahmen des Estado Novo. »Er war Zionist«, sagte Tania, »und er hatte Geld für den Jewish National Fund gesammelt. In unserer Wohnung stand die kleine Büchse, in die wir, wann immer wir konnten, eine Münze für die Juden in Palästina steckten.«[17]

Durch diese Aktivitäten unterschied sich Pedro Lispector in keiner Weise von anderen Juden in Brasilien oder anderswo. Pedro Lispectors und Israel Wainstoks Haushalte waren nicht die einzigen, in denen der Zionismus als »höchstes

Ideal« galt. Kurz nach seiner Ankunft in Rio, im März 1935, hatte Pedro im Exekutivausschuss der Zionistenföderation gedient, als diese ihre dritte nationale Konferenz vorbereitete.[18] Damals hatte er nicht geahnt, dass jene Ideologie, die gewiss keine große Gefahr für die nationale Sicherheit Brasiliens darstellte, bald als Anzeichen der Gefolgschaft gegenüber einer ausländischen Regierung verboten werden würde. (Dabei gab es 1937, als das Verbot in Kraft trat, überhaupt keine zionistische Regierung.) Die Puschke, die zehn Zentimeter hohe Metallbüchse, an die Tania sich erinnerte, wurde für »illegal und gefährlich« erklärt.[19] Auch das Wort »Zionismus« unterlag einem Bann, so dass ein Dozent gezwungen war, sich auf »eine gewisse Idee« zu beziehen, »die allen wohl bekannt ist und die Herzl mitbegründete«.[20]

Zum Glück für die brasilianischen Juden pokerten die Integralisten zu hoch und nutzten den Vorteil nicht, den sie gewonnen hatten, als Vargas unter Übernahme eines Großteils ihrer Rhetorik 1935 gegen die Kommunistische Partei vorging und 1937 den Estado Novo errichtete. Sie waren verärgert über Vargas' Verbot politischer Parteien, das ihre eigene einschloss. Plínio Salgado, ihr Parteichef, der Vargas stets als nützlichen Idioten angesehen hatte, beschloss, dass es an der Zeit sei, ihn durch einen integralistischen Diktator – sich selbst – zu ersetzen.

In der Nacht des 11. Mai 1938 – Salgado wartete vornehm abseits des Schlachtgetümmels in São Paulo – stürmte ein Integralisten-Bataillon den Guanabara-Palast in Rio de Janeiro, während Vargas und seine Familie im Innern schliefen. Zum Glück des Herrschers gelang es seiner zweiundzwanzigjährigen Tochter Alzira, einer künftigen Freundin von Clarice Lispector, mehrere Telefonate zu führen und die Armee mobil zu machen. Nach langen, ungewissen Stunden für die Bewohner des Palasts wurde der Aufstand gegen Mittag des folgenden Tages niedergeschlagen. Die Verschwörer kamen viel glimpflicher davon als ihre kommunistischen Rivalen: Salgado wurde zum Glätten der Wogen nach Portugal entsandt, wo Gustavo Barroso bald zu ihm stieß, und die meisten Offiziere, die an dem Coup teilgenommen hatten, brauchten nur eine symbolische oder gar keine Bestrafung hinzunehmen.

Getúlio Vargas hielt einen Vergeltungsschlag für sinnlos. Die Integralisten, die Partei der Rechten, hatten genauso stümperhaft gehandelt wie die Kommunisten, die Partei der Linken, die ihre Chance drei Jahre zuvor verpasst hatte. Es war eine einmalige Gelegenheit für den Diktator, sich jeglicher nennenswerter Opposition zu entledigen, ohne sich die Hände schmutzig machen zu müssen. Obgleich die Integralisten – und viele ihrer Ideen – später zurückkehren und Brasilien heimsuchen würden, war die von ihnen ausgehende Bedrohung für die Juden des Landes vorläufig gebannt.

*

Das Streben nach Gerechtigkeit, der »Traum aller jüdischen Generationen«, der die kommunistische Idealistin Olga Benário Prestes in die Gaskammer und David Wainstok in die Kerker von Recife geführt hatte, ließ Clarice Lispector einen anderen Pfad beschreiten.

In Rio de Janeiro angelangt, verbrachte sie ab 1935 eine kurze Zeit in einer hübschen Stadtteilschule in Tijuca, bevor sie am 2. März 1937 den Vorbereitungslehrgang für die nationale juristische Fakultät der Universität von Brasilien besuchte. Es handelte sich um eine höchst ungewöhnliche Entscheidung für eine Frau – im ganzen Land praktizierten nur einige wenige Anwältinnen –, noch dazu für eine Studentin ihrer Herkunft. Der Juristenstand war überall in Brasilien der Elite vorbehalten, und keine juristische Fakultät war angesehener als die der Hauptstadt. Das Mädchen aus dem podolischen *schtetl* schickte sich an, in die höchsten Ränge der brasilianischen Gesellschaft aufzusteigen.

Karrieredenken war jedoch nicht das, was Clarice zum Jurastudium antrieb, denn die Sehnsucht nach Gerechtigkeit war ihr ureigen. Sie hatte ihre Mutter einen schrecklichen Tod sterben sehen, und ihr brillanter Vater, der keine Möglichkeit gehabt hatte zu studieren, musste sich damit begnügen, mit Stofflappen hausieren zu gehen. In Armut in Recife aufgewachsen, sah sie freilich ein, dass ihre Familie trotz aller Sorgen besser gestellt war als viele andere. »Als kleines Mädchen«, schrieb sie später, »hatte ich in meiner Familie den Spitznamen ›die Tierschützerin‹. Weil ich, sobald jemand angegriffen wurde, zu seiner Verteidigung antrat. Und ich nahm die dramatischen Zustände in der Gesellschaft überaus intensiv wahr. Mit Verwirrung im Herzen stand ich vor den großen Ungerechtigkeiten, die den sogenannten unterprivilegierten Klassen aufgezwungen werden. In Recife ging ich unser Hausmädchen jeden Sonntag in den Slums besuchen. Und was ich da sah, ließ mich sozusagen das Versprechen ablegen, dass ich das nicht weiter hinnehmen würde.«[21]

Ihr Eintreten für die Wehrlosen war so leidenschaftlich, dass sie gelegentlich zu hören bekam, sie werde bestimmt einmal Rechtsanwältin. »Das ging mir nicht aus dem Kopf«, schrieb sie, und »da ich keinerlei Ahnung hatte, was ich studieren sollte, entschied ich mich für Jura.«[22] Ihr Vater warnte sie jedoch vor diesem Plan. Er vertraute einer ihrer Schwestern an, Clarice werde sich zu viele Gedanken machen und aus der Haut fahren.«Offensichtlich«, bemerkte sie einige Jahre später in einem Brief an Fernando Sabino, »hat nicht das Studium mich zu dem gemacht, was ich bin. Aber ich verstehe jetzt sehr gut, was er damit sagen wollte.«[23]

Clarice hatte allerdings durchaus ein konkretes Ziel: »Ich dachte – in jungen Jahren hat man ja absurde Ideen! –, ich würde Jura studieren, um die Gefängnisse zu reformieren.«[24] Dies war nicht aus der Luft gegriffen, denn in jenen Jahren existierte in Brasilien eine Bewegung zur Reform der Gefängnisse des Landes. Ihre berühmteste Errungenschaft war die Haftanstalt in São Paulo, ein Mustergefängnis, das Besuchern aus aller Welt offenstand.

Der Anthropologe Claude Lévi-Strauss, der sich in Brasilien einen Namen machte, besichtigte die Anstalt ebenso wie Stefan Zweig, der 1936 entdeckte, dass beispielhafte Reinlichkeit und Hygiene das Gefängnis in eine Arbeitsfabrik verwandelt hätten: Die Häftlinge backten das Brot, teilten die Medikamente aus, dienten in der Klinik und im Krankenhaus, pflanzten Gemüse an, wüschen die Kleidung, fertigten Bilder und Zeichnungen an und nähmen Unterricht.[25]

Die Behörden steckten jedoch immer mehr Häftlinge in das Gebäude. Bald wurde es das größte Gefängnis Lateinamerikas und war nicht mehr dafür bekannt, dass die Insassen Zeichnungen herstellten und Gemüse anpflanzten, sondern für ein so entsetzliches Ausmaß an Gewalt, dass der Spitzname der Anstalt – Carandirú – zu einem Synonym für Horror wurde. 1992 kam es zu einem Häftlingsaufstand und einem Gemetzel, bei dem rund 250 Menschen starben. Danach wurde das Mustergefängnis endlich geschlossen.

*

Das »große, nachdenkliche, rebellische« blonde Mädchen mit dem seltsamen Akzent und den herausragenden schulischen Leistungen hinterließ einen starken Eindruck.[26] In der Schule, wo sie Englischstunden außerhalb des Lehrplans belegte, ersann eine Lehrerin eine spezielle Übung, um mehr über sie herauszufinden. Zu diesem Zweck ließ sie das Mädchen einen Englischessay über das Thema »Was tust du tagsüber?« schreiben. Als Clarice eine banale Aufzeichnung ihrer täglichen Aktivitäten einreichte, sagte die enttäuschte Lehrerin: »Ich dachte, du seist Malerin oder spieltest Klavier.« Ein paar Jahre später begegnete Clarice der Frau erneut und erwähnte, dass sie ihren ersten Roman veröffentlicht habe. »Sie waren also Schriftstellerin?«, rief die Lehrerin. Genau das habe sie durch das Aufsatzthema zu erfahren gehofft.[27]

Clarice Lispector tat jedoch nie das Offensichtliche. Sie machte ihre ersten zaghaften Schritte als Schriftstellerin insgeheim, »indem sie sich eine Maske schuf«, wie sie es definieren sollte, »und unter vielen Schmerzen. Denn die Einsicht, dass man künftig eine Rolle verkörpern wird, ist eine beängstigende Überraschung. Es ist die schreckliche Freiheit, nicht zu sein. Und die Stunde der Entscheidung.«[28] Die Entscheidung war bereits getroffen, doch ihr Umfeld bekam nur mit, dass Clarices Energie sich auf die juristische Fakultät konzentrierte. Sie trat im Februar 1939 zur Aufnahmeprüfung an und belegte den ersten Platz in ihrem Vorbereitungskurs sowie den vierten unter dreihundert Kandidaten im nationalen Wettbewerb[29] und schickte sich an, die Universität von Brasilien zu besuchen.

»Ich war eben eine unsichere, verwirrte junge Frau, die einer stummen und drängenden Frage nachging: ›Wie ist die Welt? Und warum diese Welt?‹ Später habe ich vieles gelernt. Aber die Frage der jungen Frau blieb stumm und drängend im Raum.«[30] Beinahe schon vor dem Eintritt in die Universität wusste sie, dass sie im Justizwesen keine Antworten finden würde. Sie hatte ihre Maske bereits gewählt, als sie den *Steppenwolf* las und beschloss, Schriftstellerin zu werden; durch eine kurze Tätigkeit in einer Anwaltspraxis bestätigte sich, dass sie sich nicht für Büroarbeit eignete.

In jenen Tagen hatten jedoch längst nicht alle, die Jura studierten, tatsächlich vor, Anwalt zu werden. Im Gegenteil, relativ wenige arbeiteten später in einer Kanzlei. Die Fakultät war eine Ausbildungsstätte für einflussreiche Journalisten, Politiker, Diplomaten und Geschäftsleute – also für beinahe jeden, der einen Beruf außerhalb der Naturwissenschaften anstrebte. Dies lag teilweise daran, dass das riesige Brasilien vor Clarices Geburtsjahr – 1920 – keine Universität als solche besaß. Es hatte Hochschulen für Medizin, Jura, Ingenieurwesen und so weiter, aber keine einzige Institution, die die ganze Bandbreite von Fächern anbot. (In Spanisch-Amerika dagegen gab es schon Mitte des sechzehnten Jahrhunderts Universitäten in Lima, Mexiko-Stadt und Santo Domingo.) Die nationale juristische Fakultät – sie befand sich im früheren Kaiserlichen Senat gegenüber einem ausgedehnten Park, dem Campo de Santana, wo große Nagetiere, genannt Agutis (eine Meerschweinchenart), über das Gras spazierten – war die renommierteste Hochschule Brasiliens.

Mithin war die Fakultät ausländischen Einflüssen, darunter dem des »wissenschaftlichen Rassismus«, ausgesetzt. Viele der Mitarbeiter des Außenministeriums, die jüdische Flüchtlinge aus Brasilien fernhielten, hatten hier ein Studium absolviert. Ihre Einstellung war von Schriftstellern wie Arthur de Gobineau geprägt worden, der 1870 zu einer diplomatischen Mission in Rio eintraf und fast jeden Aspekt des Landes, mit der einzigen Ausnahme des blonden Habsburger-kaisers Dom Pedro ii., verabscheute. Gobineaus Behauptungen, dass nur ein ge-rüttelt Maß an europäischem Blut die beklagenswert dunkle Bevölkerung Brasi-liens kräftigen könne, fanden innerhalb der Hochschule ein beifälliges Publikum. Ähnliche Aussagen anderer Autoren, etwa des Proto Nazis Houston Stewart Chamberlain, stießen dort ebenfalls auf Sympathie, genau wie die Idee von einem starken zentralisierten Staat, die sowohl für die Integralisten als auch für Getúlio Vargas eine so bedeutende Rolle spielte. »Die intellektuellen Wurzeln des Inte-gralismus entsprangen nicht dem Volk«, schreibt ein Forscher, »sondern den angesehenen juristischen Fakultäten Brasiliens, wo die Integralisten – wie viele der Diplomaten, die die Richtlinien für die Einwanderungspolitik festlegten und durchsetzten – in ihren Programmen häufig eine Verbindung zwischen Kommu-nismus und ›internationaler jüdischer Finanz‹ herstellten.«[31]

Einer der maßgeblichen Befürworter der rassischen Stärkung an der Hoch-schule war Francisco José Oliveira Vianna, selbst ein Mulatte.[32] Die Absurdität der Ideologie bedeutete jedoch nicht, dass sie innerhalb und außerhalb des Lan-des keine Folgen gehabt hätte. Andererseits wuchs der Chor derjenigen, die die Nähe der Diktatur zu den Achsenmächten – und zunehmend die Diktatur selbst – verurteilten.

※

Die Politik war nicht der Grund dafür, dass Clarice Lispector nie ein sonder-liches Interesse an der juristischen Fakultät zeigte. Ihre Noten, am Gymnasium stets vorzüglich, waren nun eher achtbar als herausragend, und am 17. Dezember 1943 machte sie sich nicht einmal die Mühe, zur Abschlussfeier zu erscheinen.

Beinahe schon vor Beginn des Studiums hatte sie einen anderen Weg einge-schlagen, denn in ihrem ersten Universitätsjahr entdeckte sie einen Markt für ihre wahre Berufung, und am 25. Mai 1940 veröffentlichte sie ihre erste uns bekannte Geschichte, »Triumph«, in *Pan*. Dies war eine Zeitschrift des damals in Brasilien populären Typs: ein Publikumsmagazin, deren Redaktion alle möglichen Nach-richten, Essays, Erzählungen und Reportagen aus ausländischen Publikationen übersetzen und nachdrucken ließ, doch auch Beiträge von brasilianischen Auto-ren brachte. Seit der ersten Ausgabe Ende 1935 hatte sich die politische Orien-tierung der Zeitschrift zusammen mit der des Landes geändert. In jenem Heft war *Pan* unverhohlene Weise profaschistisch gewesen. Benito Mussolini wurde als »Titelheld«, als »dynamischste weltbekannte Persönlichkeit dieses Jahrhunderts« vorgestellt. Man ging auf das Blutbad des Krieges gegen Äthiopien ein, und auf der Rückseite erschien eine Karikatur des »heldenhaften Kreuzfahrers, so kultiviert durch den Faschismus, der die afrikanische Barbarei angreift, um uneigennützig den schönen schwarzen Sklaven zu befreien«.[33]

Zu dem Zeitpunkt, als Clarice ihre Erzählung veröffentlichte, gehörte jene politische Orientierung längst der Vergangenheit an, und dies galt für den größten Teil der brasilianischen Presse, die seit dem Beginn des Estado Novo stark zensiert wurde. Clarices Anliegen waren vor allem persönlicher Art. Passenderweise für ein Erstwerk handelte »Triumph« von einem angehenden Schriftsteller und seinen Schwierigkeiten, betrachtet aus der Perspektive seiner Geliebten: »Er sagte, er brauche die richtigen Umstände, um etwas zu Papier zu bringen, um seinen Roman weiterzuschreiben, der von Anbeginn durch eine völlige Unfähigkeit, sich zu konzentrieren, im Keim erstickt worden sei. Damit verschwand er dorthin, wo er ein ›lebendiges Umfeld‹ finden würde.« Die Freundin hat er auf dem Altar der Literatur geopfert, obwohl sie sich daran erinnert, von ihm gehört zu haben, »und die geliebten breiten Schultern wurden dabei von Lachen geschüttelt, dass all dies nichts als ein Scherz sei, eine Erfahrung zum Einfügen auf eine Buchseite«.

Die kurze Geschichte enthält bereits die unerwarteten sprachlichen Schnörkel (»die geliebten breiten Schultern wurden dabei von Lachen geschüttelt«), die Clarice Lispectors Markenzeichen werden sollten. Und sie lässt auch schon einen Zweifel an der Rolle der Literatur im Leben anklingen. Clarice verspottet das rührselige Drama, das der Schriftsteller aus seinen belanglosen Problemen macht. Gleichzeitig jedoch hat sie Mitgefühl mit seinen Qualen, beispielsweise als Luísa, die Freundin, einen Zettel findet, den der Mann zurückgelassen hat: »›Ich schaffe es nicht zu schreiben. Mit diesen Worten rühre ich an eine Wunde. Meine Mittelmäßigkeit ist so …‹ Luísa unterbricht die Lektüre. Das, was sie immer gespürt hat, wenn auch nur vage: Mittelmäßigkeit.«[34] Hier ist die Furcht des jungen Schriftstellers vor seiner eigenen Mittelmäßigkeit unverkennbar, eine Furcht vor dem Scheitern, die dem im Titel beschworenen Triumph zuwiderläuft. Dieser stellt sich erst ein, als die nackte Luísa das Bad betritt, spürt, wie das Wasser in der heißen Morgensonne über ihren Körper läuft, und plötzlich begreift, dass er zu ihr zurückkehren wird. Sie – das Tier, der Körper, die Frau – war stärker als seine Zweifel. Das Leben triumphiert über die Literatur.

Es ist eine beachtliche Leistung für ein neunzehnjähriges Mädchen, wie Pedro Lispector gemerkt haben muss. Er war stolz darauf, dass seine jüngste Tochter in einer bekannten überregionalen Zeitschrift erschien, doch selbst wenn er, wie die meisten Eltern, die Erfolge seiner Kinder übertrieben hoch bewertete, konnte er nicht gewusst haben, dass er den Beginn einer der ungewöhnlichsten Karrieren in der Literatur des zwanzigsten Jahrhunderts erlebte. Vielleicht war dieser Stolz eine kleine Entschädigung für die Angst und Depression, die er beim Voranschreiten Adolf Hitlers über seinen Heimatkontinent empfand – ein Voranschreiten, das Mitte 1940 unaufhaltsam schien. Nach dem Überfall auf Russland versuchte Pedro, mithilfe des Roten Kreuzes Nachrichten über seine Verwandten einzuholen. Es gab keine.

Trotz eines Lebens der Rückschläge, der »Jahre voller Enttäuschungen und fruchtloser, unrühmlicher Kämpfe«, hatte er sich nicht unterkriegen lassen. Er liebte Bücher und Musik. »Häufig kam er strahlend nach Hause: ›Ich habe Karten gekauft, damit wir uns Yehudi Menuhin anhören können.‹ Oder es war Brailowsky oder Arthur Rubinstein. Ihm hatten wir es immer zu verdanken, dass wir ins Theater gingen und gute Musik hörten«, schrieb Elisa. »Er war ein engagierter Aktivist, der für den Jewish National Fund und Keren Hayesod arbeitete, um den Kriegsflüchtlingen zu helfen.«[35]

Dies war ein kleiner Trost in einem Leben, das einem ständigen Ringen glich. »Er fand nie heraus, wie es war, einen einzigen Tag ohne Sorgen zu verbringen, nicht arbeiten oder sparen zu müssen«, schrieb Elisa. »Einfach nur, ohne an den Tag denken zu müssen, an dem ein Kredit fällig war. Denn in Wahrheit hatte Papa nie eine Begabung für Geschäfte, und wenn jemand glaubte, wir wären reich gewesen, dann höchstens wegen der Festigkeit seines Charakters. Was immer geschah, Papa bezahlte seine Rechnungen unweigerlich an dem Tag, an dem sie fällig waren. Und wenn möglich noch am Vortag, was er als Sieg empfand.«[36]

Wie Clarice begann auch Elisa, ihre Texte zu veröffentlichen. Eine Geschichte zeigte sie ihrem Vater, der, nachdem er den Text gelesen hatte, dasaß und grübelte.

»Lass mich dir ein Thema vorschlagen. Schreib über einen Mann, der sich verirrt hat, einen Mann, der vom Weg abgekommen ist.«

Eine Zeit lang blieb er schweigend dort sitzen und ging dann in sein Zimmer. Er fügte nichts hinzu. Und ich saß da und versuchte mir vorzustellen, was ihm das Gefühl gegeben hatte, schiffbrüchig geworden zu sein, an welchem Zeitpunkt er sich in seinen Zweifeln verloren hatte, schwankend zwischen zwei Welten, verschollen zwischen unterschiedlichen Kulturen.

Denn damals war Vater über fünfzig, und er hatte nichts aufgebaut. All seine tiefsten Sehnsüchte waren unerfüllt geblieben.[37]

Insgeheim begann Elisa, sich Notizen für ein Buch zu machen, das auf dem Vorschlag ihres Vaters beruhte.

Im August hatte Pedro leichte Beschwerden, die ihn einen Arzt aufsuchen ließen. Er erfuhr, dass seine Gallenblase entfernt werden müsse – ein alltäglicher Eingriff, der am 23. August 1940 vorgenommen werden sollte. Im Brasilien des Jahres 1940 war jede Operation riskant, aber Pedros Töchter sahen keinen Grund, sich zu ängstigen. Doch dann kehrte ihr Vater unter erheblichen Schmerzen aus dem Krankenhaus zurück und war drei Tage später tot. Nach einem Leben, das Armut und Exil, das Martyrium seiner geliebten Frau und die unaufhörliche Mühe mit sich gebracht hatte, seine Töchter in einem völlig fremden Land aufwachsen und Fuß fassen zu lassen, starb er im Alter von fünfundfünfzig Jahren.

»Ich werde ein sehr starkes Wort benutzen«, sagte seine Tochter Tania. Als äußerst kultivierte und diskrete Person benutzte Tania keine starken Wörter, weshalb es umso überraschender war, sie behaupten zu hören, dass ihr Vater ermordet worden sei. »Es war eine Routineoperation«, erklärte sie, wobei ihr Schmerz und ihre Bestürzung noch sechsundsechzig Jahre später durchklangen. »Und dann, nach seinem Tod, gingen wir in die Klinik und versuchten, mit den Ärzten zu sprechen. Sie weigerten sich, uns zu empfangen, sie wollten uns keine Antwort geben.«[38]

Es war die endgültige Niederlage in einem Leben, das voll davon gewesen war, eine letzte Erniedrigung für den brillanten jüdischen Jungen aus der ukrainischen Provinz, der davon geträumt hatte, Mathematik und Religion zu studieren, und stattdessen in ein fernes Exil gezwungen worden war. Seine Frau war dazu verurteilt gewesen, quälend langsam zugrunde zu gehen, und sein eigenes unermüdliches Ringen um eine bessere Existenz hatte nie Erfolg gehabt. Wäre er ein wenig länger am Leben geblieben, hätte er sich über den plötzlichen, unerwarteten Ruhm seiner schönen jüngsten Tochter und die Entstehung des von ihm erträumten jüdischen Staates freuen können. Doch nach Lage der Dinge wurde sein Tod von den Ärzten, die ihn verursacht hatten, nicht einmal für so wichtig gehalten, dass er eine Erklärung verdient gehabt hätte.

Wenige Jahre später schrieb Clarice an einen Freund: »Einmal sagte er: Wäre ich Schriftsteller, ich würde ein Buch über einen Mann schreiben, der erkennt, dass er sich verloren hat. Ich kann daran nicht denken, ohne einen unerträglichen körperlichen Schmerz zu verspüren.«[39]

Erneut übernahm Tania die Mutterrolle. Sie bestand darauf, dass die gerade verwaisten Elisa und Clarice zu ihr und William zogen. Dabei war ihre Wohnung, auf der anderen Straßenseite von den Gärten des Catete-Palastes, so klein, dass Elisa im Wohnzimmer und Clarice im winzigen Dienstmädchenzimmer schlafen musste. Dort verbrachte sie einen großen Teil ihrer Zeit damit, zu lernen und zu schreiben, und bald begann sie, neben ihrem Studium auch als Journalistin zu arbeiten.

Damals waren wenige brasilianische Frauen, mit Ausnahme der einen oder anderen Dame der besseren Gesellschaft, für Zeitungen tätig. Diese wenigen besaßen jedoch eindeutig Format, darunter die Dichterin Cecília Meireles, die in den 1930er Jahren für den *Diário de Noticias* gearbeitet hatte, und die Romanschriftstellerin Rachel de Queiroz, die im folgenden Jahrzehnt für *Cruzeiro* tätig war.[40] Die Anwesenheit einer Frau in der Nachrichtenredaktion war ungewöhnlich und erforderte eine gewisse Anpassung: Ihre Kollegen, die sich geschämt hätten, vor einer Frau unflätige Ausdrücke zu benutzen, mussten sich damit begnügen, auf den Tisch zu trommeln.[41]

Clarices Eintritt in diese Welt kam zustande durch eine der drei Personen außerhalb Italiens, die den Faschismus, wie Benito Mussolini selbst bescheinigte, wirklich verstanden hatten.[42] Der allmächtige Lourival Fontes war Getúlio Vargas' Graue Eminenz. Er leitete die Presse- und Propagandaabteilung, die das Zeitungswesen durch »Verführung, Bestechung und Nötigung« kontrollierte. Fontes leistete einigen jüdischen Flüchtlingen Beistand – darunter Stefan Zweig, der ungarische Philologe Paulo Rónai und der französische Verleger Max Fischer –, während er gleichzeitig jüdische Zeitungen einstellen ließ.

Vom Tiradentes-Palast aus, einem neoklassizistischen Prachtbau im Zentrum von Rio, in dem bis 1937 der mittlerweile nicht mehr existierende Kongress untergebracht gewesen war, herrschte Lourival Fontes über die brasilianische Presse. Sein Büro war mit einem gigantischen Porträt von Vargas geschmückt – seine Aufgabe bestand darin, nachzuweisen, dass Getúlio »weder pinkelte noch schiss« –,[43] und der glattzüngige Fontes schaffte es, offene Zensur fast überflüssig zu machen. Denn nach der Unterdrückung der Kommunisten und der Integralisten stimmte die Presse ohnehin weitgehend mit der Regierung überein, und wenn nicht, konnte man den Zugang zu Druckerschwärze und öffentlichen Mitteln mühelos einschränken. »Von literarischer oder journalistischer Begabung zu leben war fast unmöglich, es sei denn, man arbeitete für Lourival Fontes.«[44]

Die Presse- und Propagandaabteilung war die einzige bevollmächtigte Stimme des Landes. Die Diktatur hatte Rádio Nacional (den einflussreichsten Sender Brasiliens), die Abendzeitung *A Noite*, den Nachrichtendienst Agência Nacional und eine Vielzahl von Zeitschriften übernommen, darunter *Vamos Lêr!* (Lasst uns lesen!), »eine Publikation für ihre Zeit, eine Publikation für den Mann der dynamischen, aufregenden Ära der Zeppeline, der phantastischen ›Geschwindigkeitsrekorde‹, der ›Wolkenkratzer‹ und des Fernsehens«.⁴⁵ Wahrscheinlich wurde Lourival Fontes durch *Vamos Lêr!* auf Clarice Lispector aufmerksam. Genau wie Tania, als sie Agamemnon Magalhães überredet hatte, Elisa anzustellen, marschierte Clarice in das Büro von Fontes' Sekretär Raymundo Magalhães Junior.

»Ich bin schüchtern und wagemutig zugleich«, erinnerte sie sich in einem Interview. »Unangemeldet ging ich in die Redaktionen und sagte: ›Ich habe da eine Geschichte, wollen Sie die nicht drucken?‹ Dabei kommt mir in den Sinn – einmal bekam Raymundo Magalhães jr. einen Text von mir in die Hand, und er las ein Stück, sah mich an und sagte: ›Wo haben Sie das abgeschrieben?‹ Ich sagte: ›Nirgends, das ist von mir.‹ [...] Da sagte er: ›Dann drucke ich es.‹«⁴⁶

Vermutlich handelte es sich um »Jimmy und ich«, eine Story, die am 10. Oktober 1940 in *Vamos Lêr!* erschien. Clarice Lispector wird gelegentlich als feministische Schriftstellerin eingestuft, doch wenige ihrer Erzählungen machten so deutlich wie diese, warum. »Aber was sollte ich tun?«, fragt die Protagonistin. »Von klein auf hatte ich gesehen und gespürt, wie sich die Auffassungen der Männer gegen jene der Frauen durchsetzten. Tante Emília zufolge war Mutter, bevor sie heiratete, eine Rakete gewesen, eine stürmische Rothaarige, mit eigenen Vorstellungen zur Freiheit und Gleichberechtigung der Frauen. Aber da kam Papa, sehr großgewachsen und ernst und ebenfalls mit eigenen Vorstellungen zur ... Freiheit und Gleichberechtigung der Frauen«, schrieb Clarice ungewohnt politisch schrill und umständlich. Auch andere Themen kehren wieder: Als die Erzählerin ihren Liebhaber Jimmy verlässt, denkt sie: »Jetzt sieh zu, wie du zurechtkommst! Wir sind einfach nur Tiere [...] Ich glaubte nicht, dass das ein Argument sei, aber ich konnte mich damit ein wenig trösten. Beim Einschlafen war ich etwas traurig. Aber aufgewacht bin ich glücklich, ganz Tier.«⁴⁷

Vielleicht war es die Veröffentlichung dieser Erzählung, die Clarice ermutigte, an Magalhães' Chef heranzutreten. Lourival Fontes mochte ein faschistischer Propagandist gewesen sein, doch er war auch ein kultivierter Mann mit einer Schwäche für schöne Literatinnen (im selben Jahr, in dem er Clarice Lispector anstellte, heiratete er die Dichterin Adalgisa Nery). Trotzdem brauchte es Mut, an seine Tür zu klopfen. »In jenen Tagen«, sagte Tania, »ging ohne Beziehungen *gar nichts.* Niemand spazierte einfach so herein und bat um Arbeit. Alles wurde durch deinen Cousin oder deinen Schwager geregelt. Aber Clarice tat es. Sie gefiel ihm, und er heuerte sie an.«⁴⁸

Fontes setzte sie in der Agência Nacional ein, die positive Nachrichten an Zeitungen und Rundfunksender in ganz Brasilien verteilte. Es war vorgesehen, dass sie als Übersetzerin arbeitete, doch da auf diesem Gebiet kein Mangel bestand, teilte man sie als einzige Frau den Redakteuren und Reportern zu. Vielleicht war sie auch die Einzige, die wirklich aktiv war, denn ihr Enthusiasmus hob sich stark von der trägen Atmosphäre der Redaktion ab. Deren Aufgabe bestand nicht einmal darin, Nachrichten zu finden, sondern lediglich, Beiträge aus anderen Zeitungen zu verschönern und amtlich klingen zu lassen, bevor man sie an andere Kanäle weiterverteilte.[49]

Die Redaktion war eine junge Truppe, und ihr Freund Francisco de Assis Barbosa, damals achtundzwanzig Jahre alt, beschrieb den Eindruck, den sie dort machte: »Ein wunderbares Geschöpf. Schön, attraktiv, doch ganz und gar bescheiden. Sie trug immer Weiß. Eine Bluse und einen Rock. Einen Ledergürtel. Sonst nichts. Flache Schuhe, möglicherweise Sandalen. Hellbraunes Haar. Ach ja, schulterlanges Haar. Sie sprach leise. Ein leichter Akzent, der ihre jüdische Herkunft erkennen ließ. Sie lachte viel und genoss das Leben. Sie war zufrieden damit und wollte es auskosten.«[50]

GOTT WÜHLT DIE WASSER AUF

Zu der gelangweilten jungen Truppe der Agência Nacional gehörte Lúcio Cardoso, ein Sechsundzwanzigjähriger aus einer Kleinstadt, der bereits als einer der begabtesten Schriftsteller seiner Generation gefeiert wurde. Sein Vater, Joaquim Lúcio Cardoso, hatte Ingenieurwesen studiert, die Universität jedoch ohne Abschluss verlassen, weil sein eigener Vater gestorben war. Dann kehrte er in das Hinterland des Binnenstaats Minas Gerais zurück, wo er vorübergehend in großem Reichtum lebte (zu einem Zeitpunkt besaß er 8000 Rinder), bis er sich verschuldete und gezwungen sah, sein Vermögen an einen Textilfabrikbesitzer abzutreten. Nach dem Tod seiner Frau gründete er, wie Pedro Lispector in Maceió, eine Seifenfabrik. Seine Sprunghaftigkeit führte jedoch zu Auseinandersetzungen mit den örtlichen Händlern, die seine Erzeugnisse boykottierten. Nachdem seine geschäftlichen Unternehmungen gescheitert waren, zogen Joaquim und seine zweite Frau, Dona Nhanhá, ihre sechs Kinder in relativer Armut auf.[1]

Das Städtchen Curvelo, wo sie lebten, war typisch für das provinzielle Minas Gerais, einen Staat, der seine Bewohner angeblich in besonderer Weise prägte. Deren Regionalcharakter nimmt einen wichtigen Platz in der brasilianischen Mythologie ein: Die *mineiros*, so das Stereotyp, seien knauserig, misstrauisch und religiös; ein Witz besagt, dass die Tische in Minas eingebaute Schubladen hätten, damit man, sobald sich ein Besucher nähere, das Essen verstecken könne. Es ist eine Gegend, in der gestelzte Redewendungen eine bedeutende Rolle in der Regionalsprache spielen. Niemand in Minas ist je verrückt, sondern man bevorzugt den Euphemismus »systematisch«. Medizinische Verfahren direkt zu beschreiben ist tabu. Über eine Operation etwa darf man allerhöchstens sagen: »Sie schnitten ihn auf und machten ihn wieder zu.« Vor allem aber will ein *mineiro* keine Aufmerksamkeit auf sich ziehen. Ein Einheimischer, der nach längerer Zeit aus São Paulo zurückkam, wunderte sich darüber, dass er mit erstaunten Blicken gemustert wurde, bis ihm einfiel, dass er ein rotes Hemd trug.[2]

Und das ereignete sich in den 1960er Jahren in der Staatshauptstadt Belo Horizonte, einer der größten und modernsten Städte Brasiliens. Vier Jahrzehnte vorher, in dem anonymen Dorf Curvelo, war es vermutlich noch leichter, einen Skandal auszulösen. Niemand eignete sich dazu besser als Joaquim und Nhanhá Cardosos jüngster Sohn Lúcio, der sich weigerte, in die Schule zu gehen. Das ärgerte vor allem seinen Vater, der sich deshalb häufig mit seiner Frau stritt. »Es ist deine Schuld«, warf er ihr vor. «Du hast zugelassen, dass er dir am Rockzipfel hängt, und das Ergebnis ist diese Tunte. Wo hat man je davon gehört, dass ein Junge mit Puppen spielt? Warum hat er keine Lust, mit anderen Jungen zu spielen? Er ist ein nervöses Kind, das es nie zu etwas bringen wird.«[3]

Es war unmöglich, Lúcio in die Schule zu schicken, doch seine Neugier kannte keine Grenzen, und seine ältere Schwester Maria Helena, die zur besten Chronistin seines Lebens werden sollte, suchte seine Lektüre für ihn aus. Er las viele derselben Autoren wie Clarice in ihrer Kindheit: von Dostojewski bis hin zu den Liebesromanen, die die Zeitungen in Folgen veröffentlichten und die Lúcio und Maria Helena verschlangen.[4] Die Familie zog nach Rio de Janeiro, und er wurde in ein Internat geschickt, wo er, was nicht überraschen dürfte, todunglücklich war. Schließlich erhielt er eine Stelle in einer Versicherungsgesellschaft, A Equitativa in Rio, die sein Onkel leitete. »Ich war immer ein schrecklicher Mitarbeiter«, sagte er. »Denn ich tat nichts anderes, als Gedichte zu schreiben.«[5]

Aber er war endlich frei und befand sich in der Hauptstadt. 1934, als er zweiundzwanzig Jahre alt war, veröffentlichte er mithilfe des katholischen Dichters und Industriellen Augusto Frederico Schmidt seinen ersten Roman, *Maleita*. Zu dem Zeitpunkt, als sein dritter Roman, *Das Licht im Keller*, erschien, hatte er bereits den selbst ernannten Kulturpapst Brasiliens auf sich aufmerksam gemacht: Mario de Andrade, der ihm einen seiner typischen gepfefferten Briefe aus São Paulo zukommen ließ. »Künstlerisch gesehen ist er grauenhaft«, wetterte de Andrade. »Sozial gesehen ist er verabscheuenswert. Aber ich verstehe, worum es Ihnen ging … der materialistischen Literatur, die heute in Brasilien vorherrscht, wieder eine geistige Dimension zu verleihen. Gott ist wieder da, um die Wasser aufzuwühlen. Endlich.«[6]

*

Seit 1826, als die erste Geschichte der brasilianischen Literatur herauskam, hatten sich die meisten brasilianischen Schriftsteller an den Rat des Autors dieser Pionierarbeit gehalten, der darauf drang, dass das Land »unabhängig bleiben und seine einzige Anleitung im Beobachten suchen muss ... frei in seiner Dichtung wie in seiner Regierung«.[7] Die Tatsache, dass dieser Literaturhistoriker Franzose war und das Buch in Paris publiziert wurde, verlieh seinem Rat, Europa zu ignorieren, noch mehr Gewicht. »Wer immer die brasilianische Literatur der Gegenwart untersucht, erkennt sofort ihr Hauptmerkmal, einen sicheren Instinkt für Nationalität«, schrieb Machado de Assis, die Hauptfigur der brasilianischen Literatur, im Jahr 1873. »Dichtung, Romane, alles ... kleidet sich in die Farben des Landes.«[8]

Dies hatte zur Folge, dass die brasilianische Literatur in erster Linie eine Literatur über Brasilien und in geringerem Maße eine von Brasilianern geschriebene Literatur war. Sie gab sich lokal, regional und patriotisch, verfasst von unsicheren Brasilianern, die sich damit abmühten, ein gewisses Image von Brasilien zu schaffen oder sich ihm zu widersetzen. Sie feierten die Besonderheiten des Landes – seine natürliche Schönheit, seine Geschichte, seine Volkskultur, das Vermächtnis der Indianer und der Afrikaner –, und sie prangerten die gesellschaftlichen Probleme des Landes an: seine Armut, seine Ungerechtigkeit, sein Unvermögen, das offenbar unbegrenzte Potenzial auszuschöpfen. In den meisten Fällen taten sie beides.

In dieser Hinsicht ähnelt die Literatur Brasiliens derjenigen Russlands. Beide riesigen Länder sind Teil der westlichen Welt und in ganz wesentlicher Hinsicht dennoch kein Teil von ihr. Sie haben die Literatur benutzt, um die scheinbar unüberwindlichen Gräben, die ihnen von ihrer Geschichte und Geographie auferlegt wurden, zu überbrücken. Ihre Regionen erstrecken sich über gewaltige Entfernungen; das Leben ihrer modernen Städte erscheint in ihren rückständigen Landgebieten oft unvorstellbar. Ihre jeweilige Oberschicht kann sich, außer mithilfe der Literatur, das Leben ihrer gigantischen Unterschicht nicht ausmalen. Und ihre Eliten, so sehr sie um nationale »Authentizität« bemüht waren, unterlagen lange dem Einfluss Frankreichs, was einem großen Teil ihrer Literatur, selbst wenn sie ganz und gar nationalistisch ausgerichtet war, einen kolonialen, derivativen Beigeschmack verlieh.

Im zwanzigsten Jahrhundert setzte sich der Trend weitgehend fort, und das trotz der als »22« bekannten Revolution, das heißt der 1922 in São Paulo abgehaltenen Woche der Modernen Kunst. Obwohl erst 1928 veröffentlicht, war der paradigmatische »22«-Roman Mario de Andrades *Macunaíma: Der Held ohne jeden Charakter*, eine ironische Wiederaufbereitung der alten nationalen Klischees: Macunaíma selbst ist ein Indianer, der in die Großstadt São Paulo kommt, und Mario de Andrades Anliegen, die nationale, brasilianische Sprache von ihrem kolonialen portugiesischen Ballast zu befreien, ist ebenfalls typisch. Auch der Untertitel des Romans, »Der Held ohne jeden Charakter«, ist ironisch gemeint, doch dadurch wird das Buch gleichwohl in die ideologische Tradition der brasilianischen Literatur gestellt, in der Menschen nicht als ausgereifte Persönlichkeiten gezeigt werden, sondern die Aufgabe haben, eine ideologische Position zu vertreten oder anzugreifen. Mario de Andrade bezeichnete es anderswo als sein Ziel, »den Brasilianer hundertprozentig brasilianisch zu machen, eine Nation zu nationalisieren, der es bis jetzt so sehr an nationalen Merkmalen fehlt«.[9] Das ist eine ziemlich überraschende Aussage von einem Mann, der besser als jeder andere wusste, wie viele nationale Merkmale Brasilien besaß, denn er war einer der ersten Sammler brasilianischer Kunst und verwandte Jahre darauf, die musikalischen Traditionen des Landes zu katalogisieren.

Der Drang, »eine Nation zu nationalisieren«, stieß sowohl im kommunistischen als auch im faschistischen Lager auf offene Ohren, denn beide ermutigten die Künstler, sich auf die nationale »Realität« zu konzentrieren. Von den Kommunisten beeinflusste Schriftsteller neigten dazu, die soziale Unterdrückung zu verurteilen und die Ansprüche der ausgebeuteten Arbeiter Brasiliens in der Stadt, aber vor allem auf dem Land zu unterstützen. Faschistisch beeinflusste Schriftsteller entdeckten dagegen, ebenfalls in erster Linie auf dem Land, die »völkischen« Werte der einfachen Leute. Diese Werte standen natürlich im Gegensatz zum »Kommerzialismus« der als ausländisch empfundenen Städte.

Der Nordosten, wo Clarice Lispector aufwuchs und wo die gesellschaftlichen Kontraste Brasiliens am schärfsten waren, stellte einen beliebten Schauplatz dar. In den Jahren nach 1922 kam es zu einer Blüte von Romanen mit nordöstlichen Themen, denen es darum ging, »in einem brasilianischen Milieu eine brasilianische Sprache zu verwenden«, wie Clarice Lispector bei einem ihrer seltenen Abstecher in die Literaturkritik schrieb. »Das alles geht noch auf das Jahr 1922 zurück [...]. Wir dürsten danach, etwas über uns zu erfahren, und wir haben es damit eilig, weil wir uns selbst mehr brauchen als die anderen.«[10]

Doch die Suche nach einem solchen Wissen brachte gewöhnlich ziemlich trockene Bücher hervor. Indem sie die Literatur als Instrument benutzten, um eine allgemeine Wahrheit über irgendeinen Aspekt Brasiliens zu entdecken, opferten Schriftsteller die Genauigkeit im Detail für den großen Bogen, das Panorama, die *grande ligne*. Dies war ein unvermeidliches Ergebnis der Aufgabenstellung. Wie in Deutschland, wo städtische Intellektuelle über Stock und Stein wanderten, um einen imaginären Ort zu finden, der »realer« als München oder Hamburg sein sollte; wie in Argentinien und Uruguay, wo die nationale Gauchodichtung er-

wiesenermaßen nicht von Gauchos, sondern, mit Borges' Worten, von »gebildeten Leuten, Herren aus Buenos Aires oder Montevideo« geschrieben wurde, gingen die Versuche, Brasilien »zu befreien«, ebenfalls von gebildeten Städtern aus,
die längst wussten, was sie finden wollten, bevor sie sich auf die Suche danach
machten. Es war ein Brasilien, das von außen betrachtet wurde, und das vorhersehbare Resultat der Konzentration auf die Realität erschuf das Bild eines Landes, das genauso unwirklich erschien wie die romantischen Erzeugnisse, die ihm
den Weg bereitet hatten.

*

Vor allem war diese Literatur materialistisch statt spirituell, weshalb Mario de
Andrade, trotz seiner Vorbehalte gegenüber den künstlerischen und gesellschaftlichen Qualitäten des Buches, Lúcio Cardosos *Das Licht im Keller* so sehr begrüßte.

Gott war tatsächlich zurückgekehrt, um die Wasser aufzuwühlen. Aber Lúcio
Cardoso war nicht der erste gottgefällige Schriftsteller, der in den Jahren nach
1922 auftauchte. Ein anderer war Augusto Frederico Schmidt, Lúcio Cardosos
erster Verleger, der 1928, mit zweiundzwanzig Jahren, eine eigene Gedichtsamm-
lung mit dem Titel *Canto do Brasileiro Augusto Frederico Schmidt* (Gesang des
Brasilianers Augusto Frederico Schmidt) herausbrachte. Schon auf der ersten
Seite, in seinem Titel, trat Schmidt der Betonung der Nationalität entgegen:

Ich möchte keine Liebe mehr
Ich möchte nicht mehr meine Heimat besingen.
Ich bin verloren in dieser Welt.
Ich will Brasilien nicht mehr.
Ich will die Geographie nicht mehr
Noch das Malerische.

Damals leitete Schmidt eine katholische Zeitschrift mit dem Titel *A Ordem* (Der
Orden). Sie zog Autoren an, die man später, wie Schmidt selbst, mit der »introspektiven Schule« in Verbindung brachte. Dies war eine lose Gruppierung von
Autoren, deren Interesse weniger gesellschaftlichen und nationalen als inner-
lichen und geistigen Fragen galt. Zu ihr gehörten Vinicius de Moraes, später
berühmt als dichtender Bohemien, der neunmal heiratete und ein früher Vorkämp-
fer des Bossa nova wurde; die beliebte Dichterin Cecília Meireles; der aristokra-

tische Romancier Octavio de Faria, dessen enormer, dreizehnbändiger Zyklus *Bürgerliche Tragödie* eines der bekanntesten ungelesenen Werke der brasilianischen Literatur darstellt; sowie der halb blinde Cornélio Penna, dessen Roman *Die Grenze* 1936, im selben Jahr wie *Das Licht im Keller*, erschien. »Alles spielt sich an der Grenze zwischen Traum und Realität ab, zwischen Vergangenheit und Gegenwart, zwischen dem Natürlichen und dem Übernatürlichen, zwischen Klarheit und Wahnsinn«, schrieb ein bedeutender Kritiker, Tristão de Athayde, über das Buch.[11] Diese Beschreibung ließe sich auch auf die Werke von Lúcio Cardoso, den Schmidt als Erster verlegte, genau wie auf Hermann Hesse anwenden.[12] Der katholische Glaube vieler dieser Schriftsteller veranlasste einige von ihnen, sich vorübergehend auf den Integralismus einzulassen und mit ihrer reaktionären Haltung so weit zu gehen, dass sie die Einführung des Tons beim Film verwerflich fanden.

Doch der Katholizismus spielte eine andere Rolle in den Werken der Homosexuellen der Gruppe, darunter Mario de Andrade, Octavio de Faria, Cornélio Penna und Lúcio Cardoso. Für sie war die Kirche eine naheliegende logische Heimstatt – nicht nur deshalb, weil es in ihr, in Brasilien wie anderswo, vor schwulen Männern wimmelte, sondern auch, weil die Kirche denen, die das Schuldgefühl aufgrund ihrer Sünde belastete, Erlösung versprach. Diese Autoren sahen die Kunst nicht als Mittel, sich sozialen Problemen zu widmen oder die Nationalsprache zu verfeinern oder den Vorrang einer politischen Partei vor einer anderen geltend zu machen. Ihre Mission war viel dringender: Sie wollten durch die Kunst gerettet werden. Das Schreiben war für sie keine intellektuelle, sondern eine spirituelle Übung.

Ebendies teilte Clarice Lispector, »die geborene Schuldige, diejenige, die mit der Todsünde zur Welt kam«, mit Lúcio Cardoso.[13] »Schönheit war eine Eigenschaft, keine Form; ein Inhalt, kein Arrangement«, bemerkte ein Autor zur Weltanschauung der verarmten Juden Osteuropas. Als er schrieb, die »Juden wären zutiefst verwundert über den Gedanken gewesen, dass das Ästhetische und das Moralische unterschiedliche Bereiche seien«,[14] hätte er genauso gut von den Werken Lúcio Cardosos und anderer schwuler Katholiken sprechen können, deren ekstatisches Schaffen weitgehend der dringlichen Mission diente, Seelen zu retten, die, wie sie fürchteten, sonst unwiderruflich verdammt wären.

Dies war auch das Bemühen Clarice Lispectors und vieler anderer jüdischer Schriftsteller, die sich mit dem Schweigen eines Gottes konfrontiert sahen, der sich trotz ihrer inbrünstigen Gebete immer wieder von ihnen zurückzog. Beide Gruppen waren Ausgestoßene, und beide dürsteten nach der Erlösung, die ihnen versagt zu bleiben schien. Es ist kein Wunder, dass sich Clarice Lispector leidenschaftlich in Lúcio Cardoso verliebte.

*

Sie war nicht die Einzige. Viele verliebten sich in Lúcio, wie eine Freundin bezeugt.[15] Er sah auffallend gut aus, war von brillantem Witz und unendlich kreativ.»Es strömte nur so aus ihm hervor!«, sagte eine andere. Er saß in Cafés, tippte Seite um Seite, zog ein Blatt aus der Maschine und begann sofort mit dem nächsten.[16] Seinen Roman *Inácio* vollendete er in nur vier Tagen.[17] »Welch ein sprachliches Talent der hatte, mein Gott, dieser Lúcio Cardoso«, erinnerte sich ein weiterer Freund.»Und was für eine Leistungsfähigkeit, obwohl er die ganze Nacht unterwegs war und trank. Er stand früh auf und schrieb, schrieb, schrieb. Und er veröffentlichte nicht einmal die Hälfte dessen, was er zu Papier brachte.«[18]

Er war ein geborener Schriftsteller, ein geborener Erzähler und ein geborener Verführer. Bei seiner ersten Begegnung mit Luiz Carlos Lacerda, einem Jugendlichen, der später ein bekannter Filmregisseur werden sollte, kritzelte er ein Gedicht für den Jungen und nahm ihn dann mit zu sich nach Hause. Der naive Lacerda glaubte, sie würden glücklich und zufrieden bis an ihr Lebensende zusammen bleiben. Doch ein paar Tage später war er untröstlich, als er an Lúcios Wohnung in Ipanema vorbeiging und keine Antwort auf sein Klingeln erhielt, obwohl er sah, dass Licht an war. Nachdem er eine Zeit lang gewartet hatte, kam ein anderer Junge heraus, und er begriff, dass er nur eine weitere Kerbe am Bettpfosten darstellte.[19]

Lúcio hielt es nie in einer Beziehung aus. Bekümmert und gequält wie die Figuren in seinen Büchern, wünschte er sich anscheinend auch keine solche Verbindung, obwohl er sich ständig in diverse Männer verliebte. Als er starb, schrieb Clarice:»In so vielem waren wir so großartig, dass wir, wenn da nicht die Unmöglichkeit gewesen wäre, vielleicht auch noch geheiratet hätten.«[20] Clarices Freundin Rosa Cass ist anderer Meinung, denn für sie bestand noch eine weitere Unmöglichkeit.»Es lag nicht nur daran, dass er schwul war«, betont sie.»Sie waren einander viel zu ähnlich. Er benötigte seine Abgeschiedenheit, er war ein ›Star‹, außerirdisch. Die beiden wären ein unmögliches Paar gewesen.«[21]

Das hielt Clarice nicht davon ab, einen Versuch zu machen.»Er wird dich nie heiraten, er ist homosexuell«, warnte ihr Kollege Francisco de Assis Barbosa.»Aber ich werde ihn retten«, erwiderte Clarice.»Ich werde ihm gefallen.«[22] Selbstverständlich nahm das Verhältnis nicht einmal seinen Anfang. Das war wahrscheinlich auch gut so, denn dem Vernehmen nach wäre Lúcio ein ziemlich schwieriger Gatte gewesen.

»›Lúcio ist übergeschnappt, Helena‹«, verriet ein Kollege Cardosos seiner Schwester, als sie in sein Büro im Zentrum von Rio kam. »›Er hat mir einen Anzug verkauft, weil er Geld brauchte, und nun amüsiert er sich damit, Scheine und Münzen aus dem Fenster zu werfen – die Hälfte der Summe, die ich ihm gerade gezahlt habe‹… Ich ging ans Fenster und musste selbst lachen. Unten war die Rua Álvaro Alvim voller Menschen, und mit jeder Minute strömten mehr Zuschauer herbei, angezogen vom Lärm der Menge, die dem Geld nachjagte, das unaufhörlich aus dem wunderbaren Fenster fiel.«[23]

Diese Spinnereien hatten eine dunkle Seite. Einmal gab Cardoso bekannt, er habe jemanden angeheuert, ihn zu töten, damit er das Gefühl, verfolgt zu werden, besser verstehen könne.[24] Dabei wäre ein solches Theater unnötig gewesen, denn die Mietervertretung in seinem Gebäude versuchte, ihn mit einem Brief, in dem auf Oscar Wilde verwiesen wurde, zum Auszug zu bewegen.[25] Er selbst bemühte sich wiederholt, seine Homosexualität zu korrigieren, und ging manchmal so weit, sich wie ein mittelalterlicher Büßer zu bestrafen. »Diese nicht enden wollende Tendenz zur Selbstzerstörung«, schrieb er. »Ja, sie ist seit Langem in meinem Innern, und ich kenne sie so gut, wie ein Kranker sein Leiden anzunehmen lernt.«[26] Er begann zu trinken.

*

Ihre Begegnung mit Lúcio Cardoso löste bei Clarice eine so heftige Leidenschaft aus, wie ihre Entdeckung Hermann Hesses sie ein paar Jahre vorher verursacht hatte. Unter seinem Einfluss und dem der neuen Welt, die sich ihr durch die Universität und durch ihre Beschäftigung als Journalistin eröffnet hatte, begann sie ausgiebig zu schreiben und ihre Arbeiten zu publizieren.

Ihr längster und ehrgeizigster früher Text ist eine rätselhafte Novelle vom Oktober 1941. Mittlerweile war sie sich der Realität bewusst geworden und hatte ihre frühere Hoffnung, Lúcio »retten« zu können, aufgegeben.[27] In dieser Erzählung stellt sie eine dunkle Gestalt vor, die in ihrem zweiten Roman, *Der Lüster*, einen erneuten markanten Auftritt hat. Dieser Mann namens Daniel, der Führer durch okkulte Reiche, ist höchstwahrscheinlich Lúcio Cardoso.

Clarice erzählt die Geschichte so konventionell, wie ihre Hauptfigur Cristina lebt. Die junge Autorin, die sich ihrer erzählerischen Grundlagen noch unsicher ist, ringt erkennbar nach Ausdrucksmöglichkeiten. Im Unterschied zu ihren meisten Arbeiten hat »Obsession« auch eine klare, traditionelle Handlung. »Ich muss ein wenig von mir erzählen, davon, wie ich vor meiner Begegnung mit Daniel war«, schreibt sie mit untypischer Direktheit. »Ich war immer ein ausgeglichener Mensch gewesen und hatte keinerlei Anzeichen der Wesenszüge erkennen lassen, die Daniel in mir zutage fördern sollte.«[28]

Cristina hatte sich nur gewünscht, »zu heiraten, Kinder zu bekommen und dann eben glücklich zu sein«. Sie ehelicht den langweiligen Jaime und lebt in einer Welt, in der »die Menschen in meiner Umgebung [...] sich gelassen [bewegten], mit glatter, sorgenfreier Stirn, in einem Umkreis, wo die Gewohnheit schon vor langer Zeit zuverlässige Wege gebahnt hatte, wo Gegebenheiten sich rational erklären ließen, aus sichtbaren Gründen, und man alles, was aus dem Rahmen fiel, nicht aufgund einer mystischen Haltung, sondern aus reiner Bequemlichkeit mit Gott verband«.[29]

Vielleicht geht Clarices skeptische Haltung gegenüber der Ehe, die in ihrem Werk immer wieder auftaucht, auf ihre enttäuschte Liebe zu Lúcio zurück. Auf jeden Fall verspottet Clarice Cristinas selbstgefällige, sichere Welt, die allerdings durch eine fast tödliche Erkrankung an Fleckfieber – derselben Krankheit, der Pedro Lispector in Bessarabien beinahe zum Opfer gefallen wäre – erschüttert wird. Nach ihrer Genesung schickt ihre Familie sie wegen der besseren Luft nach Belo Horizonte, der Hauptstadt von Minas Gerais, Lúcio Cardosos Heimatgegend, und bringt sie in einer Pension unter. Der bequemen Gewissheiten ihres Zuhauses entledigt, war sie »mit einem Mal in eine Freiheit geworfen, um die ich nicht gebeten hatte und mit der ich nicht umzugehen wusste«.[30]

An dieser Stelle kehrt Cristina, wie ihre Autorin, stockend zur erzählerischen Konvention zurück. »Aber ich muss beim Anfang beginnen, ein wenig Ordnung schaffen in meiner Erzählung ...«, stammelt sie. Für ihre Verwirrung ist ein mysteriöser Mann verantwortlich, der ebenfalls in der Pension wohnt. Sie hört ihn ungewöhnliche, beunruhigende Dinge sagen. »Daniel war die Gefahr«, wird ihr bewusst. »Vor allem liegt mir daran«, sagt Daniel, »zu spüren, Wünsche anzuhäufen, mich mit mir selbst zu füllen. Wenn etwas sich verwirklicht, dann öffnet mich das, es macht mich leer und satt.« Sie erkennt in ihm »das Schicksal derer, die ungebunden auf der Erde sind und die ihre Taten nicht daran messen, ob sie gut oder böse sind«.[31]

Diese Amoralität wird viele von Clarices Figuren kennzeichnen. Die Zufälligkeit des Universums hatte sie stets erkannt, stets gewusst, dass in ihrer Welt »Gegebenheiten« sich eben nicht »rational erklären ließen«. Was zum Beispiel hätten die »sichtbaren Gründe« für die Tragödie ihrer Mutter sein sollen? Doch für Cristina ist all das eine Offenbarung: Daniel »machte [sie] wach« und eröffnete ihr nicht nur ihr tierisches Wesen (»meine ›blöden Augen, die Naivität verrieten, die Naivität eines Tiers‹«), sondern auch ihre menschlichen Möglichkeiten. »›Sich verwirklichen‹, wiederholte er, ›das ist das höchste und edelste Ziel des Menschen‹« – und der Zustand der künstlerischen Schöpfung sei die größte existierende Freude.[32]

Cristina verliebt sich, wie es zu erwarten war, unsterblich in Daniel, den sie für ein Genie hält und der in ihr ein stürmisches verborgenes Begehren hervorruft. Er warnt sie jedoch, dass dieses Begehren zu Wahnsinn, einem »privilegierten« Wahnsinn, führen könne. »Cristina, weißt du überhaupt, dass du lebst?‹«, bedrängt er sie. »Cristina, ist es gut, kein Bewusstsein zu haben? [...] Cristina, du willst gar nichts, stimmt's?« Er würde zu gern »meinem Körper ein wenig Gift einflößen, gutes, schreckliches Gift«.[33]

Cristinas Mutter erkrankt, und sie kehrt zu Jaime zurück. Daniel lässt nichts von sich hören. Sie beginnt, den Wahnsinn zu fürchten, den er ihr eingeimpft hat, und erinnert sich an seine Worte: »Man muss wissen, wie man fühlt, aber man muss auch wissen, wie man zu fühlen aufhört: Wenn die Erfahrung sublim ist, kann sie auch gefährlich werden.« Der Wahnsinn lauert weiter, während sie versucht, sich wieder ihrem früheren bürgerlichen Alltag anzupassen. »›Es ist heiß, Cristina, was?‹ – sagte Jaime. ›Seit zwei Wochen sitze ich an dieser Stickarbeit, und ich komme einfach nicht weiter‹ – sagte Mutter. Jaime redete dazwischen, rekelte sich: ›Na, bei so einem Wetter sticken.‹«[34]

Von Schuldgefühlen gepeinigt – »aber mein gott (in Kleinbuchstaben, wie er es mir beigebracht hatte), ich bin nicht schuld, ich bin nicht schuld ...« –, sehnt sie sich gleichwohl danach, sich wieder der Tiefgründigkeit des wahren Lebens zuzuwenden, die sie mit Daniel kennengelernt hatte, diesem »Gefühl, in meinem Körper und meinem Geist poche ein tieferes, intensiveres Leben, als ich es lebte«.[35] Sie hinterlässt eine grausame Notiz für Jaime und kehrt zu Daniel zurück. Eines Tages kommt sie heim und findet ihn mürrisch und hungrig vor. Sie stellt fest, dass der Mann, der sie so fasziniert hat, nicht einmal eine Mahlzeit zuzubereiten vermag. Ihre Liebe schlägt in Verachtung um, und sie fährt zurück zu ihrem hasenfüßigen Ehemann.

Auf den vierzig Seiten von »Obsession« werden viele der Motive eingeführt, die in den späteren Werken weiter ausgearbeitet werden sollten. Es gibt eine Erleuchtung, die ein eintöniges Leben aufrüttelt und die Protagonistin auf die Möglichkeit des mystischen Wissens hinweist. Es gibt die herablassende Einschätzung jenes konventionellen, »menschlichen« Lebens (»zu heiraten, Kinder zu bekommen und dann eben glücklich zu sein«), die neben dem angstvollen Bewusstsein besteht, dass eine uneingeschränkte Hinnahme des irrationalen Lebens, »das eines Tiers«, einen Abstieg in den Wahnsinn mit sich bringen und ihn vielleicht sogar provozieren kann. »Zwei Seelen wohnen, ach! in meiner Brust«, zitiert der Steppenwolf die Klage des Faust. Es sind die beiden Seelen, die der Künstler, der »gutes, schreckliches Gift« einatmet, zu vereinen bemüht ist, wobei er immer fürchtet, die bedrückende Schwere der Vernunft abzuwerfen.

Ein weiteres Grundmotiv kommt am Ende der Geschichte hinzu: Als Cristina zu Jaime zurückkehrt, entdeckt sie, dass ihre Mutter infolge ihrer Abwesenheit gestorben ist.

*

Während Clarice ihre ersten Geschichten schrieb, lernte sie viele Mitglieder der »introspektiven Gruppe« kennen, die sich, ebenso wie Lúcio Cardoso, in der Bar Recreio in der Innenstadt von Rio einfanden. Sie hatte reichlich Arbeit als Journalistin und Studentin und neigte ohnehin nicht zu literarischem Geplauder, aber immerhin begegnete sie den etwas älteren Schriftstellern – Octavio de Faria, Vinicius de Moraes und Cornélio Penna –, die wie sie an Metaphysik interessiert waren. Außerdem traf sie durch Vermittlung der Agência Nacional auch Augusto Frederico Schmidt, den sie über Industriefasern interviewen sollte. Die Bewunderung, die sie für seine Lyrik zum Ausdruck brachte, ließ die beiden vom Thema abkommen, und so begann eine lange Freundschaft.[36]

Die Agência Nacional war ein Regierungsorgan, und die junge Reporterin wurde ausgesandt, um nicht wenige Generäle, Admiräle und auf Besuch weilende Würdenträger zu interviewen. Doch ihre skeptische und unehrerbietige Persönlichkeit kommt selbst in diesen Artikeln zum Vorschein, die sorgfältig darauf angelegt waren, Getúlio Vargas' Regime zu schmeicheln. Ein Beispiel liefert die ironisch betitelte »Schule des Glücks«, eine Lobeshymne auf Senhora Darcy Vargas' neue Schule für fünftausend Mädchen, eine Insel des Fleißes und des Lernens, die auf Pater Edward Flanagans Boys Town in Nebraska basierte. »Sie ahnen es wohl kaum, die Mädchen von Darcy Vargas, dass sie ihr Leben im Angesicht des seltensten Gefühls beginnen, das auf dieser Welt zu finden ist: das der reinen Güte, die nichts für sich beansprucht und einfach nur gibt«, schrieb Clarice, ohne eine Miene zu verziehen. »Die jungen Frauen werden also erfahren, dass man von ihnen die Erfüllung der bedeutenden Pflicht erwartet, glücklich zu sein.«[37]

Nur ein paar Monate nach dem verfrühten Tod ihres Vaters, während einer hoffnungslosen Affäre mit einem Mann, der sie nicht so lieben konnte, wie sie es sich gewünscht hätte, war Clarice Lispectors Skepsis gegenüber den Möglichkeiten einer Institution, Glück zu lehren – und überhaupt gegenüber der Möglichkeit des Glücks –, nur zu verständlich. Trotz ihrer jüngsten Erfolge und des Vergnügens, mit dem sie der Schriftstellerei und dem Journalismus nachging, hatte sie auch an anderen Ideen ihre Zweifel.

In *A Época*, der Zeitschrift für Jurastudenten, veröffentlichte sie im August 1941 einen kurzen Essay mit dem Titel »Bemerkungen über das Recht zu strafen«. Weil sie an Verbrechen und Bestrafung, natürlich verbunden mit den Begriffen Schuld und Sühne, die sie stets beschäftigten, interessiert war, hatte sie überhaupt die juristische Fakultät besucht. »Es gibt kein Recht zu strafen. Es gibt nur die Macht zu strafen«, schrieb sie. »Der einzelne Mensch wird für sein Verbrechen bestraft, weil der Staat stärker ist als er, der Krieg hingegen, das große Verbrechen, wird nicht bestraft: Wenn über dem einzelnen Menschen die Menschheit steht, so steht über der Menschheit nichts Weiteres mehr.«[38] Dies ist eine gewagte Aussage. In praktischer, politischer Hinsicht handelt es sich, und das in einer Diktatur, um die Behauptung, dass jeder Staat im Grunde illegitim sei. Noch faszinierender ist, dass hier eine Frau, die als Mystikerin berühmt werden sollte, ihren Atheismus erklärt. Als Clarice Lispector diesen Satz schrieb, hatte sie bereits Interesse an dem inneren Leben gezeigt, das sie zu Lúcio Cardoso, Augusto Frederico Schmidt und anderen katholischen Autoren hinzog. Sie war von einem Mann aufgezogen worden, dessen Hauptbegabung, wie sie selbst betonte, »geistigen Dingen« galt. Wie ihre frühen Texte vermuten lassen und wie ihr ganzes Leben beweisen sollte, waren auch ihre eigenen Interessen eher geistig als materiell. Die materialistische oder ideologische Färbung mancher ihrer frühen Texte – zum Beispiel der recht schrille Feminismus – sollte bald abklingen.

Da die Geschichte ihres Lebens als Schriftstellerin und als Mystikerin in hohem Maße eine Geschichte ihrer Bewegung *zu Gott hin* ist, muss diese anfängliche Ablehnung Gottes als Ausgangspunkt betrachtet werden. Es war in Wirklichkeit nicht mehr als das, was sie bereits beim Tod ihrer Mutter empfunden hatte: »Ich sehe mich selbst klein, schwach und schutzlos in dem riesigen Haus meiner Kindheit, wo niemand mir helfen konnte und wo ich mich von Gott verlassen fühlte.«[39] Und dies ist es, was sie von ihren katholischen Kollegen trennt. Ihre Ablehnung Gottes unterscheidet sich völlig von dem Verlust des Glaubens, den christliche Schriftsteller verzeichnen. Deren schwankender Glaube kann persönlichen, inneren Umständen zugeschrieben werden. Beispielsweise war Lúcio Cardosos Homosexualität eine Eigenschaft, durch die er sich jenseits der Lehren der Kirche befand. Dagegen kommen die Impulse, die einen jüdischen Mystiker zwingen, sich in sich selbst zurückzuziehen, von außen: die Verfolgung, das Exil und die Rassentrennung, die so viele jüdische Generationen heimgesucht haben. Die geistige Erfahrung der Mystiker sei immer unentwirrbar mit der historischen Erfahrung des jüdischen Volkes verknüpft, bemerkte Gershom Scholem. Tatsächlich folgen mystische Revolutionen häufig gesellschaftlichen Umbrüchen. Daher ist der Mystizismus als historisches Phänomen laut Scholem ein Ergebnis von Krisen.[40]

Nachdem Clarice Lispector das Leid, das Exil und die fruchtlose Schufterei ihrer Eltern mit angesehen hatte, war es recht naheliegend für sie, Gott abzulehnen oder sich zumindest von einem Gott abgelehnt zu fühlen, der ihre Familie und ihr Volk im Stich gelassen hatte. »Wissen Sie, ich bin Jüdin«, sagte sie bei einer ihrer seltenen Äußerungen zu dem Thema. »Aber ich glaube nicht an diesen Unfug, dass die Juden das auserwählte Volk Gottes seien. Von wegen. Wohl eher wären das die Deutschen, die haben schließlich getan, was sie getan haben. Die Juden und auserwählt? Ich bitte Sie.«[41]

Es ist ihre einzige bekannte Anspielung auf den Holocaust und typischerweise eine indirekte Formulierung (»die haben schließlich getan, was sie getan haben«). Hinweise auf das Trauma, das ihre Familie in der Ukraine durchmachte, sind ebenso selten und elliptisch. Doch die erschütternden historischen Umstände ihrer Kindheit sind das fundamentale Merkmal, das sie mit den jüdischen Mystikern vor ihr verbindet. Wie Clarice verwandelten diese ihre realen Traumata in komplexe Allegorien, in denen nur selten von den zugrunde liegenden historischen Umständen die Rede war.

In der jüdischen Geschichte, in ihren wiederkehrenden Katastrophen, denen mystische Wiedererweckungen folgen, muss Gott wiederholt zurückweichen, damit sich die Juden unterschiedliche Wege zu ihm bahnen können.[42] Dieser Rückzug ist schrecklich. Viele überstehen ihn nicht, darunter auch solche Menschen, die er nicht physisch zerstört. Dies gilt etwa für Elisa Lispector, die ihrer Kindheit beraubt wurde und deren Erwachsenenleben von Schmerz und Einsamkeit geprägt war.

Aber einigen weniger religiösen und künstlerischen Genies gelingt es, die Schrecken der Geschichte ihres Volkes zu einer individuellen Schöpfung umzuformen. Oft ertappen sie sich wegen der tragischen Kontinuität der jüdischen historischen Erfahrung dann dabei, dass sie die gesamten ethischen und geistigen Grundlagen des Judaismus nacherschaffen. Gott musste sich von Clarice Lispector zurückziehen, damit sie ihr eigenes Schöpfungswerk beginnen konnte.

Im August 1941, ein Jahr nach dem Tod ihres Vaters, als sie erklärte, »über der Menschheit [stehe] nichts Weiteres mehr«, hatte Gott sich abermals von seinem auserwählten Volk abgewandt. Hitler marschierte ungehindert durch Europa. Das Mädchen, das einen Völkermord überlebt hatte, sah nun hilflos zu, wie ein weiterer um sich griff.

»... in der großen Katastrophe, die über das jüdische Volk in dieser Generation tiefer als je bisher in seiner langen Geschichte hereingebrochen ist, ... [sind] die Geschichten [der jüdischen Mystik] noch nicht tot, sie sind noch nicht zur Geschichte geworden, das geheime Leben in ihnen kann heute oder morgen bei dir oder bei mir wieder zum Vorschein kommen«, schrieb Gershom Scholem im Mai 1941. »Unter welchen Aspekten dieser jetzt unsichtbar gewordene unsichtbare Strom jüdischer Mystik wieder einmal hevorbrechen wird, ist von Menschen nicht abzusehen.«[43]

Zwei Monate später gestand Clarice Lispector Lúcio Cardoso ihren »großen Wunsch«: »mir und anderen zu beweisen, dass ich mehr bin als eine Frau. Ich weiß, dass du das nicht glaubst. Aber nach dem, was ich bis heute getan habe, zu urteilen, habe ich es ja auch nicht geglaubt. Letztlich bin ich nichts als Potenzial, und ich spüre, dass in mir frisches Wasser fließt, komme aber nicht darauf, wo die Quelle liegt.«[44]

*

Als Clarice Lispector sich nach dem Tod ihres Vaters vom praktizierenden Judentum abwendete, vollzog sie eigentlich nur die langsame, doch unvermeidliche Auflösung der Religion nach, die an Orten wie Tschetschelnik stattfand. Jene osteuropäische Welt, in der seit Beginn des zwanzigsten Jahrhunderts einst die meisten Juden der Welt lebten, fiel auseinander und sollte in den folgenden beiden Jahren unwiederbringlich zerstört werden.

Auch ohne den Holocaust hätte die traditionelle Gesellschaft nicht überlebt. Sie blutete bereits durch Massenemigration aus. In Brasilien, wie in all den Ländern, wo sich die Auswanderer niederließen, waren die wirtschaftlichen und sozialen Schranken nicht annähernd so hoch wie früher im Russischen Reich. Im Lauf der zweiten Generation arbeiteten sich die eingewanderten Juden überall in den Mittelstand empor. In jenen Ländern, wie in der europäischen Heimat auch, hielten moderne Menschen den alten Glauben zunehmend nicht mehr für angemessen. Die größte Massenbewegung in der jüngeren jüdischen Geschichte stellte der Zionismus dar, der, obwohl er die Rückkehr der Kinder Israels an den

Wohnsitz ihrer Vorfahren verkündete, eine säkulare nationalistische Bewegung war, die überraschend wenig mit der alten Tradition des jüdischen Millenarismus gemein hatte.

Der Verlust des alten Universums wurde aber durchaus bedauert, und er wurde keinesfalls einmütig als Emanzipation begrüßt. Vielleicht spürt man bei Kafka die jüdische Verzweiflung über den Verlust Gottes am intensivsten. Auch bei Clarice Lispector war die Abkehr von Gott nicht mehr als die logische Folge eines Verlusts, den die jüdische Welt als Ganzes durchgemacht hatte. Und es erschien auf grausame Art umso ironischer, dass die Juden, gerade als sie ihren alten Glauben eingebüßt hatten, wieder zur Zielscheibe von Verfolgungen wurden. »Aber das Tragischste an dieser jüdischen Tragödie des zwanzigsten Jahrhunderts war, dass, die sie erlitten, keinen Sinn mehr in ihr finden konnten und keine Schuld«, schrieb Stefan Zweig, der sich deswegen unweit von Rio (und nur einen Monat bevor Clarice *Nahe dem wilden Herzen* zu schreiben begann) das Leben nahm. »All die Ausgetriebenen der mittelalterlichen Zeiten, ihre Urväter und Ahnen, sie hatten zumindest gewusst, wofür sie litten: für ihren Glauben, für ihr Gesetz. Sie besaßen noch als Talisman der Seele, was diese heute längst verloren, das unverbrüchliche Vertrauen in ihren Gott. Sie lebten und litten in dem stolzen Wahn, als auserlesenes Volk vom Schöpfer der Welt und der Menschen bestimmt zu sein für besonderes Schicksal und besondere Sendung.«[45]

Doch im Jahr 1941 war jener Gott tot. Die Thora und der Talmud waren keine trostspendenden Lebensbäume mehr, und das gewaltige Gebäude der Kabbala, deren Metaphysik durch Jahrhunderte mystischer Genies weiterentwickelt worden war, lag in Trümmern. Allein die Tatsachen des Exils und der Verfolgung – und der Drang nach Erlösung, den sie hervorbrachten – blieben unverändert. Das mag als Sackgasse erschienen sein, dieselbe Sackgasse, gegen die schon Kafka aufbegehrt hatte, aber für einen Menschen, der eine außerordentliche geistige Berufung besaß und das sprachliche Vermögen, sie auszudrücken, konnte es eine Herausforderung sein. Schließlich hatte die Sehnsucht nach Erlösung, entstanden aus schwerer Verfolgung, die jüdische Geisteshaltung seit Jahrhunderten beeinflusst. Als Clarice Lispector begann, ihre eigenen Gedanken über das Göttliche zu formulieren, berief sie sich auf die Schriften früherer Generationen, die in der Krise und im Exil nach dem Ewigen gesucht hatten.

GERADEWEGS AUS DEM ZOO

In Clarice Lispectors Werk gibt es Anklänge an einen anderen großen jüdischen Denker, ebenfalls geprägt vom Exil, der sich dem Tod Gottes gegenübersah und versuchte, in Seiner Abwesenheit ein moralisches Universum nachzuschaffen. Dank der nicht lange zurückliegenden Entdeckung einer französischen Spinoza-Anthologie in Clarice Lispectors Bibliothek ist die Verbindung nicht bloß spekulativ, nicht nur eine mögliche Übereinstimmung historischer Umstände. Das Buch enthält ihre Vermerke und das handgeschriebene Datum »14. Februar 1941«.[1] Selbst ohne diese wichtige Information wird aus dem Roman *Nahe dem wilden Herzen*, den sie im März 1942 begann, sehr deutlich, dass sie Spinoza aufmerksam gelesen hatte.

»Sollten sie doch Artikel über Spinoza von ihm fordern, wenn er nur nicht als Anwalt arbeiten, nicht mit jenen Menschen zu tun haben musste, die so abstoßend menschlich waren, wenn sie an ihm vorbeizogen, sich schamlos zur Schau stellten«, beginnt ein längerer Abschnitt. (»Er« ist der Jurastudent Otávio, der künftige Ehemann der Hauptfigur Joana.) Er macht sich Notizen:

Der reine Wissenschaftler hört auf, an das zu glauben, was er liebt, kann aber nicht verhindern, das zu lieben, woran er glaubt. Das Bedürfnis, an etwas Gefallen zu finden: Markenzeichen des Menschen. – Nicht vergessen: ›Die intellektuelle Liebe Gottes‹ ist das wahre Wissen und schließt jeden Mystizismus oder jeden Götzendienst aus. – Viele Antworten finden sich in Spinozas Worten. Liegt nicht in der Vorstellung, es gebe kein Denken ohne Ausdehnung (Seinsweise Gottes) und umgekehrt, die Sterblichkeit der Seele bestätigt? Natürlich: Sterblichkeit als unterscheidbare und denkende Seele, die eindeutige Unmöglichkeit der reinen Form der Engel des heiligen Thomas. Sterblichkeit in Bezug auf den Menschen. Unsterblichkeit durch die Verwandlung in Natur. – Innerhalb der Welt gibt es keinen Ort für andere Schöpfungen. Es besteht nur Aussicht auf Wiedereingliederung und Kontinuität. Alles, was exis-

tieren könnte, existiert schon. Nichts kann mehr erschaffen, nurmehr offenbart werden.²

Diese Passage ist in vieler Hinsicht bemerkenswert. Erstens ist sie nicht besonders gründlich verarbeitet, denn Teile sind fast wörtlich den Anmerkungen am
Ende ihres Spinoza-Exemplars entnommen (beispielsweise die Passage »Innerhalb der Welt gibt es keinen Ort für andere Schöpfungen. Es besteht nur Aussicht
auf Wiedereingliederung und Kontinuität. Alles, was existieren könnte, existiert
schon.«). Dies ist der Aufmerksamkeit ihrer vielen Kommentatoren irgendwie
entgangen, doch es handelt sich um das bei Weitem größte Zitat in ihrem umfassenden Schaffen, das sonst nur wenige, selten mehr als ein oder zwei Sätze lange
Anleihen enthält. Der recht trockene Duktus ist ungewöhnlich, und die abge-
hackte Wiedergabe ist interessant deshalb, weil sie in ein paar Zeilen ein Ver-
zeichnis der vielen philosophischen Themen darbietet, die Clarice ihr ganzes Leben lang so intensiv mit Energie erfüllen und bildlich darstellen sollte.

Die Liste geht weiter: »Wenn der Mensch, je höher er entwickelt ist, umso
mehr versucht, zusammenzufassen, zu bewerten, Prinzipien und Gesetze für sein
Leben aufzustellen, wie könnte dann Gott – in jedem Sinne, auch der bewusste
Gott der Religionen – infolge seiner eigenen Vollkommenheit nicht absolute
Gesetze haben?«³

Clarice wird diesen »bewussten Gott der Religionen« häufig verspotten, doch
nur weil sie sich so sehr nach ebenjener Vollkommenheit und Gewissheit sehnte,
die Spinoza als Unmöglichkeit verworfen hatte.

Ein Gott, der mit einem freien Willen ausgestattet ist, ist geringer als ein Gott
des einen Gesetzes. Aus ebendiesem Grund ist auch ein Begriff umso wahrer,
je mehr er nur einer ist und sich nicht in jedem einzelnen Fall verwandeln
muss. Die Vollkommenheit Gottes wird eher durch die Unmöglichkeit von
Wundern als durch deren Möglichkeit bewiesen. Wunder zu vollbringen heißt
für einen von den Religionen vermenschlichten Gott, ungerecht zu sein – Tausende von Menschen brauchen ebenfalls und zur selben Zeit dieses Wunder –
oder einen Irrtum zu erkennen, indem man ihn richtigstellt – was, mehr als
eine Gutmütigkeit oder »Charakterstärke«, bedeutet, sich geirrt zu haben. –
Weder der Verstand noch der Wille gehören zur Natur Gottes, sagt Spinoza.
Das macht mich glücklicher und freier. Denn die Vorstellung eines bewussten
Gottes ist entsetzlich unbefriedigend.⁴

Vielleicht dachte Clarice beim Schreiben dieser Zeilen an ihre Mutter und an ihr eigenes Unvermögen, ein Wunder zu bewirken: Der Gedanke, dass ein »bewusster Gott« statt ihrer womöglich jemand anderen gerettet hatte, wäre vielleicht unerträglich gewesen. Ein unbewusster Gott wäre wenigstens ein bisschen besser, zumindest auf einer intellektuellen Ebene: Dann hätte Gott ihre Mutter immerhin nicht *aktiv* getötet. Sie endet mit einem der berühmtesten Sätze Spinozas, den *Nahe dem wilden Herzen* mit seiner Betonung einer durch das Universum pulsierenden wilden Energie in gewisser Weise als erweiterte poetische Metapher fortschreibt. »Seiner Studie würde er ein Zitat von Spinoza voranstellen: ›Die Körper unterscheiden sich voneinander hinsichtlich der Bewegung und Ruhe, der Geschwindigkeit und der Langsamkeit, aber nicht hinsichtlich der Substanz.‹«[5]

Clarices philosophische Beschäftigung mit Spinoza beschränkte sich nicht darauf, Sätze zu kopieren und sie dann zu vergessen. Seine Gedanken wurden vielmehr ihren eigenen einverleibt, und obwohl sie ihn nie wieder so ausführlich zitierte, tauchen seine Formulierungen immer wieder in ihrem Werk auf. Auch *Der Lüster*, ihr zweiter Roman, enthält ein fast wörtliches Zitat von Spinoza: »Um geboren zu werden, müssen die Dinge lebendig sein, denn die Geburt ist eine Bewegung – sollte jemand einwenden, Bewegung sei nur notwendig für das Ding, das gebiert, und nicht für jenes, das geboren wird, so irrt er, denn das Ding, das gebiert, kann nichts gebären, das außerhalb seiner Natur liegt, und bringt daher stets etwas von seiner eigenen Art hervor, das somit ebenfalls über Bewegung verfügt.«[6] In ihrem dritten Roman, *Die belagerte Stadt*, finden wir die Zeile: »Ein Irrtum war nicht möglich – alles, was existierte, war vollkommen – die Dinge fingen erst zu existieren an, wenn sie vollkommen waren.«[7] Diese Worte wiederholte sie zwei Jahrzehnte später in *Eine Lehre oder Das Buch der Lüste*: »Alles, was existierte, war von einer großen Vollkommenheit.«[8]

*

Diese Ideen mögen verworren erscheinen, doch Clarice kehrte in den folgenden Jahren viele Male zu ihrem Spinoza-Taschenbuch zurück. Einfach nur der Ideen wegen, oder suchte sie nach einem moralischen und philosophischen Modell? Laut Arnold Zweig, der die lange Einführung zu dem Buch geschrieben hatte, war Spinoza ein weltlicher Heiliger. Seine Mahnungen, dem eigenen Wesen treu zu bleiben, dürften bei Clarice Anklang gefunden haben, denn »dass dieser grandiose Pantheismus auf Dichter und dichterische Naturen, auf faustische Charaktere besonders gewirkt hat, bedarf keiner Erklärung«.[9]

Ihre Eltern waren tot, und in Rio de Janeiro gab es, anders als in Spinozas Amsterdam, keine Institution, der daran lag, die Orthodoxie durchzusetzen. Sie brauchte nicht, wie Spinoza es getan hatte, mit traditionellen Einschränkungen zu brechen. Trotzdem bestanden zwischen ihnen einige wesentliche biographische Ähnlichkeiten. Spinozas Eltern waren jüdische Exilanten aus Portugal, die zehn Jahre vor seiner Geburt in Amsterdam eingetroffen waren. Er hatte seine Mutter mit sechs Jahren verloren und sollte sein ganzes Leben lang um sie trauern. (Arnold Zweig führte Spinozas Gleichsetzung von Gott und Natur in der berühmten Formel »Deus sive natura« auf diesen frühen Verlust zurück: »… und damit ist magisch und mystisch jenes Bündnis und jene Ehe zum Weltprinzip erhoben worden, über deren Zerstörung der Stern seiner Kindheit unheilvoll stand.«)[10] Beide verloren ihren Vater mit zwanzig Jahren, und beide verließen die jüdische Gemeinde nach dem Tod ihres Vaters. Beide wurden in ihrer ersten Liebe enttäuscht, Clarice zu Lúcio und Spinoza zur Tochter seines Lehrers. Und beide kamen anderen »aristokratisch« und, bezeichnenderweise, »fremdartig« vor.

Vielleicht fühlte sich Clarice durch diese Ähnlichkeiten zu dem großen Philosophen hingezogen, in dem sie ihre eigene Ablehnung des »humanisierten Gottes der Religionen« bestätigt fand, jenes bewussten Gottes, der sich in menschliche Angelegenheiten einmischt. Es muss eine Erleichterung für sie gewesen sein, denn ihr Leben hatte ihr beigebracht, dass es absurd war, sich auf Wunder oder andere Eingriffe zu verlassen. »Die Vorstellung eines bewussten Gottes ist entsetzlich unbefriedigend.«[11]

Real war dagegen die göttliche Eminenz, die sich in der amoralischen tierischen Natur kundtat, in dem »wilden Herzen«, das das Universum beseelte. Für Spinoza, wie für Clarice Lispector, war die Treue zu dieser göttlichen inneren Natur das vornehmste Ziel von allen.

*

»Ich hatte eigentlich vor, unterwegs zu weinen, ich bekomme ja immer Heimweh nach mir. Aber zum Glück bin ich ein gutes, gesundes Tier und habe ausgezeichnet geschlafen, danke. ›Gott‹ ruft mich zu sich, sooft ich ihn brauche«, schrieb Clarice im Juli 1941 an Lúcio Cardoso. Sie war in Belo Horizonte, der Stadt, in der Lúcio einen Teil seiner Kindheit verbracht hatte, und ihre Eindrücke von dem Ort fielen nicht schmeichelhaft aus. »Die Frauen hier sind alle dunkel und klein von Wuchs, sie haben glattes Haar und etwas Lauwarmes an sich. Allerdings sieht man auf der Straße fast nur Männer. Die Frauen bleiben anscheinend im Haus und gehen dort ihren Pflichten nach, das heißt, sie schenken der Welt ein Dutzend Kinder pro Jahr. Die Leute starren mich an, als wäre ich aus dem Zoo entlaufen. Das finde ich ganz richtig so.«[12]

1941 führte ihre Arbeit als Reporterin sie dorthin und in verschiedene andere Gegenden, auch in den alten Erholungsort Petrópolis in den Bergen oberhalb von Rio de Janeiro, wo Stefan Zweig im September eintreffen und sich im Februar das Leben nehmen sollte. Die Stadt hatte Kaiser Dom Pedro II. im neunzehnten Jahrhundert als Zuflucht gedient. Er hatte sich vor der entsetzlichen Hitze der an der Küste liegenden Hauptstadt in einen großen rosa Palast zurückgezogen, den Getúlio Vargas emsig als Kaiserliches Museum restaurierte, denn schließlich war es, mindestens seit ägyptischen Zeiten, ein Hobby von Diktatoren, die Tempel früherer Dynastien herauszuputzen. Clarice gehörte zu den ersten Besuchern des Museums – die Öffentlichkeit wurde erst 1943 zugelassen –, und am 1. Mai 1941, als sie für die Agência Nacional über die Erster-Mai-Feiern berichtete, lernte sie Getúlio Vargas persönlich kennen.

Das ganze Jahr hindurch veröffentlichte sie ihre Artikel nicht nur in den Provinzblättern, die die Beiträge der Agência Nacional druckten, sondern auch in den Literaturzeitschriften der Hauptstadt, in denen ihre Erzählungen – und wenigstens ein Gedicht – erschienen.[13]

»Dann war da eine Zeitung, *Dom Casmurro*«, erinnerte sie sich. »Auch dorthin brachte ich ein paar … ein paar Sachen. Einfach so, ohne irgendwen zu kennen […] Sie waren begeistert, sie fanden mich wundervoll! Sie fanden, ich hätte die schönste Stimme der Welt! Und druckten meine Texte. Und zahlten nicht. Natürlich! Natürlich!«[14]

Die Seiten von *Dom Casmurro* bieten Einblick in die Interessen der damaligen gebildeten Schichten von Rio de Janeiro. Die Zeitung gab sich ernst, aber unterhaltsam – auf den Frauenseiten wurden Artikel über die Aufhellung von Zähnen gebracht –, und sie belegt die überaus wichtige Rolle, die die Literatur immer noch in der brasilianischen Gesellschaft spielte. Man findet dort Beiträge über die Herkunft Nietzsches, das Tier in der Malerei, über peruanische Volksdichtung sowie Texte mit dem Titel »Unsere Mutter Griechenland« und »Reden wir über Freud«. Daneben erschienen Artikel von lokalem Interesse über die Predigten von Padre António Vieira, die Romane von Eça de Queiroz, die Barockkirchen von Minas Gerais und »Die Akademie und die brasilianische Sprache«.

Es ist eine breite Palette, doch trotz ihrer sonstigen Universalität ist keine Rede von Politik, und die einzige Sache, für die sich die Zeitung mitten in einem Weltkrieg einsetzte, war eine wochenlange Kampagne mit Spendenaufrufen für ein hinreichend prächtiges Grabmal für den Dichter Castro Alves. In einer Atmosphäre der Zensur und der brasilianischen Neutralität brachte die Zeitung ihre politische Orientierung indirekt zum Ausdruck, indem sie großen Wert auf die französische Kultur (»Vigée Le Brun«, »Zur Erinnerung an Pierre Loti«) legte und auch Artikel in französischer Sprache veröffentlichte. Dies war die Kultur, die man in Brasilien traditionell bewunderte, weshalb die Zensoren kaum Anstoß an den Texten nahmen. Da Getúlio Vargas immer noch mit beiden Seiten flirtete, konnten die Redakteure von *Dom Casmurro* gerade noch so viel wagen.

*

Als Clarice im Juli 1941 aus Belo Horizonte an Lúcio Cardoso schrieb, hatte sie den Versuch, ihn vor seiner Homosexualität zu »retten«, aufgegeben. »PS,«, schrieb sie am Ende in Anspielung auf eine vorangegangene, stärker kompromittierende Mitteilung, »*diesen* Brief wirst Du nicht ›in Stücke reißen‹ müssen.« Die beiden Katastrophen der enttäuschten Liebe und des Verlustes ihres Vaters, verbunden mit dem Druck des Studiums und ihrer anspruchsvollen Arbeit, hatten ihren Tribut gefordert. Zum ersten Mal in ihrem Leben wurde sie wegen Depression ins Krankenhaus eingeliefert. Dort verschrieb man ihr eine »Schlaftherapie« und verabreichte ihr Medikamente, die sie fast eine Woche lang nicht aufwachen ließen.[15] Diese Behandlung half dem Körper, wie man glaubte, sich von physischem wie psychischem Stress zu erholen. Am Jahresende hatte sie sich so weit aufgerappelt, dass sie eine neue Romanze mit einem Kommilitonen an der juristischen Fakultät, Maury Gurgel Valente, begann.

Maurys Vergangenheit war so bunt, wenn auch nicht so schrecklich, wie ihre. Seine Mutter Maria José Ferreira de Souza, bekannt als Zuza, war die Tochter eines Gummibarons aus dem Amazonasstaat Pará. Wie viele andere – und wie die gesamte Amazonaswirtschaft – wurde er ruiniert, als Brasilien sein Kautschukmonopol verlor, denn es konnte nicht mit der Sklavenwirtschaft in Belgisch-Kongo und mit den Plantagen konkurrieren, die die Briten mit aus Brasilien hinausgeschmuggelten Kautschuksamen gründeten. Nach dem dramatischen Diebstahl der Samen und den noch dramatischeren Versuchen von Botanikern in den Londoner Kew Gardens, herauszubekommen, wie man sie verpflanzte, begann man in den britischen Tropenkolonien, vor allem in Malaysia, in großen Mengen Kautschukbäume anzubauen. Zu Beginn des Ersten Weltkriegs war die Wirtschaft Nordbrasiliens in einem desolaten Zustand. Zurück blieben nur so berühmte Monumente wie das kostspielige Opernhaus Teatro Amazonas in der kurzlebigen Boomtown Manaus. Nachdem die Samen in Malaysia zu sprießen begannen, musste sich Zuza plötzlich ihren Lebensunterhalt selbst verdienen. Als Tochter eines reichen Geschäftsmanns hatte sie jeweils fünf Jahre in Frankreich und England verbracht, und die dort erlernten Fertigkeiten ließen sich in Brasilien für ein anständiges Auskommen als Sprachlehrerin nutzen. Durch diese frühen Reisen scheint der Familie eine diplomatische Berufung anerzogen worden zu sein: Ihr Bruder Glauco Ferreira de Souza starb als brasilianischer Botschafter in La Paz, und auch ihre drei Söhne – Mozart junior, geboren 1917, Maury, geboren 1921, und Murillo, geboren 1925 – wurden Botschafter.

Zuzas Mann Mozart Gurgel Valente war ein Zahnarzt aus einer Provinzadelsfamilie in Aracati im nordöstlichen Staat Ceará. Ihre Söhne wurden in Rio de Janeiro geboren, aber die Jungen wuchsen in einer sogar nach Amazonasmaßstäben entlegenen und exotischen Gegend heran: in dem Territorium (heute Staat) Acre an der bolivianischen Grenze. Dr. Mozart zog dorthin, um eine der letzten Kautschukplantagen von Zuzas Vater zu retten, doch er mühte sich jahrelang vergeblich ab. Schließlich kehrte die Familie in Zuzas Heimatort Belém do Pará zurück, eine wichtige Stadt an der Mündung des Amazonas.

Maury besuchte die juristische Fakultät seit 1938, und Ende 1941 waren Clarice und er ein Paar. Sie reiste im Januar 1942 für zwei Wochen zu einem abgeschiedenen Urlaubsort im Staat Rio de Janeiro, und die beiden schrieben einander fast täglich. Seine Briefe an sie verraten die schüchterne Bewunderung eines sensiblen jungen Mannes, den die Literatur faszinierte, auch wenn er sich auf eine Tätigkeit in der Verwaltung vorbereitete. »Ich beende Briefe folgendermaßen«, ließ er sie wissen, »Ich habe die Ehre, Eure Exzellenz noch einmal meiner höchsten Wertschätzung und meiner größten Aufmerksamkeit zu versichern.‹ Was für ein dummes Zeug«, klagte er. »Nur eines würde mir im Moment guttun. Mit meinem Kopf auf Deinem Schoß einzuschlafen, während Du süße, köstliche Nichtigkeiten flüsterst und mir hilfst, die Gemeinheit der Welt zu vergessen.«[16]

Seine Liebe zu seiner Kommilitonin wird durch die Unsicherheit beeinträchtigt, die ihr überlegener Intellekt hervorruft. Er hat Zweifel an seinen Formulierungen: »Warnung an Leser: Lebensgefahr – dieser Brief ist voll von schlechter Literatur«, teilt er ihr mit.[17] Ein paar Tage später fügt er hinzu: »Ich bitte die ›Schulmeisterin‹, sämtliche kindlichen Ausdrücke in meinen Briefen zu unterstreichen, damit ich sie korrigieren kann.«[18]

Sie wiederum antwortet zärtlich:»Wie geht es Dir, mein Herz? Wie geht es Deinen Händen?«[19] Oder auch:»Du neugierige Maus, Deine Hände in meinen sind doch auch eine nicht geringe Dosis Menschlichkeit.«[20] Zur selben Zeit widmet sie sich aber auch philosophischen Mutmaßungen von der Art, die ihren verliebten jungen Freund einschüchtert:»Warum sich der Welt nicht hingeben, auch ohne sie zu begreifen? Aus Sicht des Einzelnen ist es absurd, nach einer Lösung zu suchen. Eine solche findet sich vermengt mit den Jahrhunderten, der ganzen Menschheit, der ganzen Natur. Und selbst das größte Idol in Literatur oder Wissenschaft hat nicht mehr getan, als dem Problem blindlings ein weiteres Faktum hinzuzufügen. Noch etwas: Was würdest Du, *Du persönlich*, Besonderes vollbringen, gäbe es nicht die Niedertracht in der Welt? Deren Fehlen wäre für die Menschheit insgesamt das Beste: Für einen Einzelnen wäre es nicht genug.«[21]

Er versucht, sie auf den Boden der Tatsachen, auf sein eigenes bescheidenes Niveau, zurückzuholen.»Ich muss gestehen«, schreibt er nach ihrem letzten Brief,»dass ich, während ich ihn las, immer kleiner wurde … Jener Brief war nicht für mich bestimmt, es war ein an die ganze MENSCHHEIT gerichtetes Pamphlet … Ich bin viel einfacher. Meine kläglichen kleinen Sorgen haben nichts mit den großen Problemen zu tun. Oh! Göttin Clarice! … Verängstige mich nicht mit Deinen Flakgeschützen – ich fliege zu dicht am Boden. Du brauchst nur die Hand auszustrecken, um mich zu packen.«[22]

»Ich musste herzlich lachen, als ich Deinen Brief las«, antwortet sie.»So eine Antwort hätte man ja auch erwarten können. Aber die Wahrheit ist: Ich möchte gar nicht versuchen, mich als riesengroß oder intelligent darzustellen.« Sie spielt auf eine besonders negative Selbstbeschreibung an:»Als ich Dir sagte, ich sei egoistisch veranlagt, war das nicht nur so dahergeredet. Ich bin es wirklich. Und viele andere, noch schlimmere Dinge dazu […] Ich habe mich nie für vertrauensvoll und gutherzig gehalten. Ich weiß nicht, ob gewisse Lebensumstände mich so haben werden lassen und es mir deswegen so schwerfällt, mich jemandem anzuvertrauen. Und stolz (warum, mein Gott? … ich scherze, nicht erschrecken – keine Tragödie).«[23]

Tania gegenüber erwähnte sie die Quelle ihres Unmuts:»Wir haben uns gestritten, weil er einen Brief, den ich ihm geschickt hatte, als literarisch bezeichnete. Und Du weißt ja, dass mich nichts so sehr beleidigen kann. Ich will ein ganz normales Leben leben, gerade deshalb möchte ich die Literatur strikt von allem anderen trennen.«[24] Ihr Brief erschien ihr spontan und natürlich, und als Maury sich überwältigt zeigte, brach sie sogar die Beziehung ab.

Doch nach der Enttäuschung mit Lúcio – der älter als sie war, sexuell unerreichbar und ein etablierter Schriftsteller – müssen die feurigen Liebeserklärungen des jüngeren, weniger intellektuellen und unsterblich in sie verliebten Mannes ihr geschmeichelt haben. Andererseits wahrte sie offenbar eine gewisse Distanz. »Du hast keine anderen Einwände mir gegenüber als diejenigen, die gerade in abgetippter Form eingetroffen sind?«, fragte der vernarrte Junge ein paar Tage später beklommen. »Ich glaube nicht, denn wenn Du sie hättest, würdest Du mir Bescheid sagen, nicht wahr? ... Darf ich Dich noch meine Freundin nennen?«[25]

٭

Sie muss ihm grünes Licht gegeben haben, denn die Romanze setzte sich fort. Ein anderes Hindernis hatte mit keinem von beiden zu tun. Im August 1940 bestand Maury die Prüfung für den auswärtigen Dienst und schloss sich dem diplomatischen Korps an, wobei sein offizieller Amtsantritt bis zu seinem Universitätsabschluss warten musste. Damals durften brasilianische Diplomaten keine Ausländer heiraten, und Clarice Lispector konnte die brasilianische Staatsbürgerschaft erst an ihrem einundzwanzigsten Geburtstag, dem 10. Dezember 1941, beantragen.

Kurz danach begann sie mithilfe eines alten Freundes der Familie – Samuel Malamud, der aus Podolien stammte und nun Anwalt war –, die Papiere vorzubereiten. Wegen des Krieges und wegen ihres Wunsches zu heiraten war ihr Antrag recht dringlich, wie ihre noch vorliegenden Briefe an Getúlio Vargas zeigen. Nach ihrem ersten Schreiben an den Präsidenten wartete sie fast ein halbes Jahr, bevor sie sich erneut an ihn wandte. Dieser Schritt wurde erforderlich, da Vargas – ähnlich wie Nikolaus II., der, während das enorme Reich zerfiel, seine persönliche Aufmerksamkeit emsig auf jeden Einzelnen richtete, der einen Namenswechsel beantragte – schriftlich nachfragte, weshalb die Antragstellerin so lange gebraucht habe, sich um die Einbürgerung zu bemühen. »Sobald ich die Volljährigkeit erreichte und mit ihr das Recht, [die brasilianische Staatsangehörigkeit] zu beantragen, tat ich unverzüglich diesen Schritt, und tatsächlich war der Vorgang, der in der Regel mindestens ein Jahr langer Anstrengungen bedarf, in nur drei Monaten abgeschlossen«, schrieb sie an den »Befehlshaber der Nation«, dessen »sprichwörtlicher Großmut« in ihr, wie sie erklärte, eine »aufrichtige Bewunderin« habe.[26]

In ihrem ersten Brief beschrieb sie sich als

einundzwanzigjährige Russin, die seit nahezu einundzwanzig Jahren in Brasilien lebt. Die kein Wort Russisch kann, sondern auf Portugiesisch denkt, spricht, schreibt und handelt, woraus sie auch ihren Beruf gemacht hat und worauf sie all ihre Pläne richtet, für die nähere wie für die ferne Zukunft. Die weder Vater noch Mutter hat – Ersterer war, wie auch die Schwestern der Unterzeichneten, naturalisierter Brasilianer – und sich daher in keiner Weise an ihr Herkunftsland gebunden fühlt, nicht einmal wegen der Geschichten, die sie von dort gehört hat. Die einen Brasilianer zu heiraten und brasilianische Kinder zu gebären gedenkt. Die sich, falls sie genötigt würde, nach Russland zurückzukehren, dort unweigerlich als Fremde fühlen würde, ohne Freunde, ohne Beruf, ohne Hoffnungen.[27]

Sie geht nicht auf »die Geschichten [ein], die sie [über Russland] gehört hat« und die ihren Wunsch zurückzukehren wohl ohnehin nicht verstärkt hatten. Als Malamud andeutete, man werde ihr die Einbürgerung nicht gewähren, brach seine Mandantin in Tränen aus, bevor er ihr versicherte, er habe nur gescherzt.[28] In ihrem Brief an den Präsidenten äußerte Clarice Bedauern darüber, dass ihre Jugend sie daran gehindert habe, der Nation größere Dienste zu leisten, doch sie wies darauf hin, dass sie durch ihre Arbeit in der amtlichen Presse »zur Informationsverbreitung und Propaganda der Regierung Eurer Exzellenz« beigetragen habe.[29]

Ihr Antrag wurde von ihrem neuen Chef André Carrazzoni, dem Herausgeber der Zeitung *A Noite*, unterstützt. »Clarice Lispector ist ein gescheites Mädchen, eine vorzügliche Reporterin und versteht sich, im Unterschied zu den meisten anderen Frauen, tatsächlich aufs Schreiben«, versicherte er einem Freund im Justizministerium.[30]

Diese Eingaben zeitigten die gewünschte Wirkung, und am 12. Januar 1943 erhielt Clarice Lispector die Staatsbürgerschaft. Elf Tage später heiratete sie Maury Gurgel Valente.

＊

In einer Kladde, in der sie Gespräche mit ihrem Sohn Pedro aus dessen Kindheit aufzeichnete, erinnerte sich Clarice an eine Frage von ihm: »Als du zum ersten Mal meinen Vater gesehen hast (er verbesserte sich und sagte) als du zum ersten Mal Maury gesehen hast, war er da ein Unbekannter für dich?« Clarice antwortete: »Ja.« Pedro bohrte nach: »Aber wolltest du diesen Unbekannten heiraten?« Auch das bejahte sie. Der Sohn gab zurück: »Du hast also den geheiratet, den du wolltest?«[31]

Sie ließ die Frage unbeantwortet, jedenfalls in der von ihr festgehaltenen Version, womit ihre Meinung über die Ehe offen blieb. Ihre Liebe zu Lúcio Cardoso sollte bis ans Ende ihres Lebens fortdauern, doch sie wusste, dass eine sexuelle Beziehung zu ihm nicht zur Debatte stand. Aus ihren Briefen von Beginn des Jahres 1941 wird deutlich, dass sie sehr herzliche Gefühle für Maury hegte, und er war unzweifelhaft in sie verliebt.

Aber nicht alle hielten die Eheschließung für ratsam. »Elisa lehnte sie energisch ab, weil er ein Goi war«, sagte Tania, die legalistische Argumente heranzog, um ihre ältere Schwester umzustimmen. »Ich betonte, Vater sei der Einzige, der es verbieten könne, und er sei nicht mehr bei uns. Außerdem sei Clarice nun erwachsen und könne ihre eigenen Entscheidungen treffen.« Ihr Vater, dachte Tania, hätte sich allerdings der Ehe widersetzt, jedenfalls zuerst. Aber wenn er überzeugt gewesen wäre, dass Clarice Maury wirklich heiraten wolle, hätte er sich umstimmen lassen. Anderen Familienmitgliedern behagte die Verbindung ebenfalls nicht. Bertha Lispector Cohen fragte ihre Cousine, wie sie dazu stehe, einen Katholiken zu heiraten. »Ich sehe keine Lösung für die jüdische Frage«, erwiderte Clarice uneindeutig wie immer. Berthas Bruder Samuel sagte, der Widerstand dagegen, dass sie einen Nichtjuden heiraten wolle, habe mehr mit Furcht als mit ethnischem oder religiösem Stolz zu tun.[32] Die Juden trauten den Gojim nicht, und im Jahr 1943 hatten sie gute Gründe dafür.

Damals war es extrem selten, ja geradezu beispiellos, dass ein jüdisches Mädchen in Brasilien jemanden außerhalb ihrer Glaubensgemeinschaft heiratete. In weit höherem Maße als lange Zitate aus Spinozas Werk war die Heirat eine Erklärung der Unabhängigkeit von der Gemeinde, in der sie aufgewachsen war. Vielleicht hatten die Schwestern Angst vor der Missbilligung der Familie, weshalb wenige Angehörige zur standesamtlichen Trauung erschienen. Maurys Eltern waren anwesend, aber die Familie Wainstok, die in Niterói wohnte, von Rio de Janeiro aus am anderen Ufer der Bucht, erfuhr erst von der Trauung, als Elisa und Tania hinüberfuhren, um sie zu unterrichten. Die Zeugen waren keine Verwandten, sondern die Vorgesetzten der Braut und des Bräutigams: André Carrazzoni, der Herausgeber von *A Noite*, der Clarice bei der Einbürgerung geholfen hatte, und Dora Alencar de Vasconcellos, eine der ersten Frauen, die in den auswärtigen Dienst eintraten, und der Clarice viele Jahre später in den Vereinigten Staaten erneut begegnen sollte.

Die entscheidende Skepsis gegen die Heirat hegte jedoch Clarice selbst. Die Zweifel, die an ihr nagten, hatten wenig oder nichts mit Fragen zu tun, die Maury oder eine Eheschließung außerhalb der eigenen Gemeinde betrafen. Sie galten der Ehe als solcher. In der Tat ist es bemerkenswert, in wie vielen ihrer frühen Erzählungen, die zumeist vor ihrer Begegnung mit Maury geschrieben wurden, diese Skepsis zum Ausdruck kommt. In »Obsession« werden die Zukunftspläne der phantasielosen Cristina abschätzig beschrieben (»zu heiraten, Kinder zu bekommen und dann eben glücklich zu sein«). In »Jimmy und ich« geht es um die Befürchtung, dass die Ehe die Möglichkeiten von Frauen einschränke (»Mama [hatte] [...] ihre eigenen Ideen zum Thema Freiheit und Gleichberechtigung. Aber da kam Papa, sehr großgewachsen und ernst und ebenfalls mit eigenen Ideen zum Thema ... Freiheit und Gleichberechtigung«).[33] In »Die Flucht«, einer Erzählung von 1940, verlässt eine Frau ihr Zuhause: »Seit zwölf Jahren war sie verheiratet, und nach drei Stunden Freiheit gehörte sie wieder fast ganz sich selbst.«[34] Aber es ist unmöglich, aus der Ehefalle auszubrechen. Wie Cristina in »Obsession«, die nach ihrem aufregenden Zusammenleben mit Daniel schließlich zu ihrem langweiligen Mann Jaime zurückkehrt, muss auch die Frau in »Die Flucht«, ohne die finanziellen Mittel für ein unabhängiges Leben, niedergeschlagen umkehren.

In »Gertrudes bittet um Rat« sucht eine Siebzehnjährige bei einer Ärztin Hilfe wegen ihrer quälenden existenziellen Zweifel: »Ich wollte fragen, was ich mit mir anstellen soll.« Vor allem anderen – wie ihre Autorin hat sie bereits das Gefühl, eine glänzende Berufung und ein ebensolches Schicksal vor sich zu haben – möchte sie, dass die Welt endlich sieht, »dass sie jemand war, jemand Außergewöhnliches, eine Missverstandene!« Angesichts dieser überbordenden Vitalität sagt die Ärztin schlicht: »Das geht wieder vorbei. Du musst nicht erst eine Arbeit finden oder etwas Außergewöhnliches leisten. Wenn du willst‹ – die Zeit für ihren bewährten ›Trick‹ war gekommen, und sie lächelte –, ›wenn du willst, such dir doch einfach einen Freund.‹«[35]

13

WIRBELSTURM CLARICE

Ein großer Teil des Romans *Nahe dem wilden Herzen*, den Clarice von März bis November 1942 schrieb, also in dem Jahr vor ihrer Ehe, ist eine Meditation über deren Unmöglichkeit. »Die Ehe«, das erste Kapitel des zweiten Buchabschnitts, beginnt mit den Tagträumen Joanas, der wilden Heldin. Sie weiß, dass ihre Phantasievorstellung, am Kopf einer Treppe zu stehen, Unsinn ist – »absurd. Also stimmte es nicht« –, aber sie möchte trotzdem weiterträumen, und als sie von ihrem Mann unterbrochen wird, fällt es ihr schwer, das Bild wiederaufleben zu lassen. »Sie hielt einen Augenblick in ihren Bewegungen inne, und nur die Augen blickten rasch umher, auf der Suche nach dem Gefühl. Ach ja«, fällt es Joana wieder ein, bevor sich die Vorstellung endgültig auflöst und sie wieder zu ihrem Leben mit Otávio zurückkehrt, einem mittelmäßigen Intellektuellen, der ein Buch über das Gewohnheitsrecht schreibt.[1]

»Wie ein Tier«, denkt sie, während sie Otávio betrachtet – das Wort ist, wie immer bei Clarice, zweideutig –, und die Wucht ihres Gedankens lässt ihn zusammenfahren. »Er hörte auf zu schreiben und sah sie entsetzt an, als hätte sie etwas nach ihm geworfen.« Doch Joana ist zufrieden, weil sie ihm überhaupt eine Gefühlsregung entlockt hat, und sie begreift, dass sie ihn hasst. »Es war seine Schuld, dachte sie kalt und lauerte auf eine neue Welle von Wut. Es war seine Schuld, es war seine Schuld. Seine Anwesenheit und mehr als seine Anwesenheit: zu wissen, dass er da war, brachte sie um ihre Freiheit,« denkt Joana. Ihre Wut erreicht den Höhepunkt und flaut dann ab, aber »sie dachte: und dennoch, trotz des Todes, werde ich ihn eines Tages verlassen«.[2]

Joana, von elementarer Kraft, leidenschaftlich und grausam (»wie der Teufel«, »die Natter«), übt eine Faszination auf Otávio aus, der er selbst misstraut. Als er sie zum ersten Mal zu Gesicht bekommt, streichelt sie den Bauch einer schwangeren Hündin. »[An ihr gab es] etwas Kristallenes, Hartes, das ihn anzog und zugleich abstieß. [...] Joanas zerbrechliche, skizzenhafte Konturen waren unangenehm. Aufdringlich, mit offenen, brennenden Augen. Sie war nicht hübsch, zu schlank. Selbst ihre Sinnlichkeit musste anders sein als die seine, viel zu hell leuchtend«, denkt er. Er verlässt seine Kindheitsliebe Lídia für Joana, deren »Furcht, nicht zu lieben, schlimmer [ist] als die Furcht, nicht geliebt zu werden«.[3] Joanas Ehe mit Otávio ist nicht einfach, und er nimmt sein Verhältnis mit Lídia wieder auf, die bald darauf schwanger wird. Als Joana Lídia zu sich einlädt, rechnet diese mit einer heftigen Auseinandersetzung, stellt jedoch fest, dass Joana ihr keine Angriffsfläche bietet.

«Wären Sie gern verheiratet – wirklich verheiratet – mit ihm?«, erkundigte sich Joana.

Lídia warf ihr rasch einen Blick zu, versuchte herauszufinden, ob Sarkasmus in der Frage lag.

»Ja.«

»Warum?«, fragte Joana überrascht. »Ist Ihnen nicht bewusst, dass man damit gar nichts gewinnt? Alles, was es in einer Ehe gibt, haben Sie schon.« Lídia errötete, aber ich bin nicht boshaft, du hässliche und saubere Frau. »Ich wette, Sie haben Ihr ganzes Leben lang verheiratet sein wollen.«

Ein Anflug von Auflehnung überkam Lídia: Sie war kalt getroffen, genau am wunden Punkt.

»Ja. Jede Frau …«, gab sie zu.

»In meinem Fall nicht. Denn ich habe nie ans Heiraten gedacht. Und das Komische ist, dass ich mir immer noch ganz sicher bin, nicht verheiratet zu sein … Ich dachte mir das ungefähr so: Die Ehe ist das Ende, nach der Heirat kann mir nichts mehr passieren. Stellen Sie sich vor: immer jemanden an Ihrer Seite zu haben, keine Einsamkeit mehr zu kennen. – Mein Gott, nie mit sich selbst zusammen zu sein, nie. Und eine verheiratete Frau zu sein, das heißt ein Mensch mit einem vorgezeichneten Weg. Von da ab braucht man nur noch auf den Tod zu warten. Ich dachte: Man hat nicht einmal mehr die Freiheit, unglücklich zu sein, weil man immer jemanden mit sich zieht. Jemand beobachtet einen immer, durchschaut einen, verfolgt alle Bewegungen. Und auch wenn man des Lebens müde ist, hat es doch eine gewisse Schönheit, die man allein in seiner Verzweiflung ertragen kann – dachte ich. Aber als Paar jeden Tag dasselbe Brot ohne Salz zu essen, die eigene Niederlage in der Niederlage des anderen zu erleben … Und das ohne mit der Last der Gewohnheiten zu rechnen, die sich in den Gewohnheiten des anderen widerspiegeln, die Last des gemeinsamen Bettes, des gemeinsamen Tisches, des gemeinsamen Lebens, in Vorbereitung und Androhung des gemeinsamen Todes. Ich habe immer gesagt: niemals.«

»Warum haben Sie dann geheiratet?«, fragte Lídia nach.

»Ich weiß nicht. Ich weiß nur, dass dieses ›ich weiß nicht‹ sich nicht speziell auf diesen Punkt bezieht, sondern der Grund der Dinge ist.« – Ich weiche der Frage aus, sie wird mich jetzt gleich auf diese Art ansehen, die ich schon kenne. »Ich habe sicher geheiratet, weil ich heiraten wollte. Otávio wollte mich heiraten. Das ist es, genau, ich habe es herausgefunden: Statt zu fragen, ob er ohne verheiratet zu sein mit mir zusammenleben könnte, hat er mir etwas anderes vorgeschlagen. Es wäre übrigens auf das Gleiche herausgelaufen. Und ich war dumm, Otávio sieht gut aus, nicht wahr? an mehr habe ich nicht gedacht.« – Pause. – »Wie begehren Sie ihn: Mit dem Körper?«[4]

Joana befiehlt Lídia: »Nehmen Sie Otávio. Bringen Sie Ihr Kind zur Welt, seien Sie glücklich und lassen Sie mich in Frieden.«[5] In einer traumartigen Sequenz, die an Andrej Bely oder Kafka erinnert – oder, noch auffälliger, an die Szenen aus dem *Steppenwolf*, in denen Harry Haller herumwandert, durch düstere Türen tritt und wirre Gespräche mit vagen und formlosen Menschen beginnt –, folgt ein gesichtsloser Mann Joana durch die Straßen. Sie geht mit ihm nach Hause, wo er mit einer anderen Frau zusammenwohnt. Sie kehrt mehrere Male zurück, und die beiden haben vermutlich eine sexuelle Beziehung, obwohl Joana sich nie die Mühe macht, ihn nach seinem Namen zu fragen.

Schließlich begibt sich Joana in aller Ruhe wieder zu Otávio, und schockiert ihn wie gewohnt. Diesmal liegt es nicht an ihrer Wildheit, die ihn ja ohnehin bewogen hatte, die sanfte Lídia ihretwegen zu verlassen, sondern an ihrer völligen Gleichgültigkeit gegenüber den Regeln konventionellen Benehmens, an ihrem Unvermögen, sich an Maßstäbe zu halten, die sie gar nicht einmal missachtet, sondern überhaupt nicht wahrnimmt. Er erfährt, dass sie von seiner Affäre mit Lídia wusste, sich aber nicht viel daraus machte.

Was – in ihm kämpfte eine stammelnde, keuchende Wut, dann wusste sie also von Lídia, von dem Kind … wusste und schwieg … Sie hat mich die ganze Zeit getäuscht … – Die erstickende Last drang immer tiefer in ihn ein. – Sie hat meine Schande gelassen hingenommen … weiter neben mir geschlafen, mich geduldet … seit wann? Warum? Aber heiliger Gott, warum? Warum?! …

»Du niederträchtiges Wesen.«

Joana fuhr hoch und hob schnell den Kopf.

»Ich verachte dich.«

Seine Stimme konnte sich in der geschwollenen Kehle kaum halten, die
Adern am Hals und auf der Stirn traten dick, knotig hervor, triumphierten:
»Deine Tante hat dich Natter genannt. Natter, jawohl. Natter! Natter! Nat-
ter!«[6]

✻

Was Otávio und so viele andere Figuren in dem Buch – zum Beispiel die Tante –
erschüttert, ist die Amoralität des Mädchens, ihre Nähe zum »wilden Herzen«.
Joana ist ein Tier, eher »natürlich« als menschlich. Im Verlauf des Buches vergleicht Clarice sie mit einer Natter, einem Hund, einer Wildkatze, einem Pferd
und einem Vogel. Joanas Unfähigkeit, die Regeln des menschlichen Benehmens
anzuerkennen oder zu durchschauen, bringt andere aus der Fassung. Sie ist nie
bewusst boshaft, sondern sie bewohnt schlicht eine andere Welt, jenseits von Gut
und Böse, wie ein Haustier, das ahnungslos auf den Teppich macht.

»Böse ist, nicht zu leben, mehr nicht. Sterben ist wieder etwas anderes«, sagt
Joana. »Sterben ist etwas anderes als Gut und Böse.«[7] Joanas Schöpferin hatte
freilich Grund, die konventionelle Moral abzulehnen, die sich ihrer Erfahrung
nach als so unnütz erwiesen hatte. Das Leben ihrer Eltern strafte jeglichen Gedanken an eine gütige Ordnung Lügen, jegliche Illusion eines mitfühlenden persönlichen Gottes, der die Guten belohnte und die Bösen zur Rechenschaft zog.

Doch mit der Realität des Bösen war sie seit ihrer frühen Kindheit eng vertraut
gewesen. Wie konnte sie im Wissen darum, was ihrer vergewaltigten Mutter,
ihrem ermordeten Großvater und ihrem ruinierten Vater, inmitten der größten
Katastrophe in der langen Geschichte ihres Volkes, zugestoßen war, trotzdem
behaupten, dass das Böse allenfalls bedeute, »nicht zu leben«? Es ist leicht zu verstehen, weshalb Clarice und Joana gleichgültig oder rebellisch sein konnten.
Aber diese rigorose Ablehnung der Moral, die eine Zurückweisung der Idee des
Bösen selbst einschließt, wirft andere Fragen auf.

Hier sehen wir den unverkennbaren Stempel Spinozas, der die Natur mit Gott
und beide mit einem Fehlen von Gut und Böse gleichsetzt. Er schreibt, die Natur
bestehe ausschließlich aus Dingen und Handlungen. Da Gut und Böse weder
Dinge noch Handlungen seien, existierten sie nicht in der Natur.[8] Folglich ist
Joana als Kind der Natur weder gut noch böse und scheint sich dieser Kategorien
nicht einmal bewusst zu sein. Wie die Natur hat Joana neben »positiven« Eigenschaften, der Freiheit zum Beispiel, auch »negative«: Joana ist gewalttätig, die-
bisch und aggressiv.

Ein spinozistisches Naturverständnis besagt, dass die Regeln, die für den Menschen gelten, auch von Gott zu befolgen seien, der kein moralisches Wesen mehr sei, das an die Ideen von Gut und Böse gebunden ist und sich in menschliche Angelegenheiten einmischt, indem er belohnt und bestraft, sondern eine philosophische, der Natur gleichwertige Kategorie. Dies sei nicht mehr »der humanisierte Gott der Religionen«, den Spinoza als »Aberglauben« und Ausdruck »unzulänglicher Ideen« bezeichnet. Die Religionen hätten jedoch triumphiert, wäre nicht die Mathematik gewesen, die sich nicht mit Zwecken befasse, sondern nur mit der Essenz und der Beschaffenheit von Zahlen, wodurch sie den Menschen einen anderen Wahrheitsmaßstab aufzeige.[9]

In *Nahe dem wilden Herzen* sehnt sich Otávio nach einem auf absurde Weise humanisierten Gott: »Vor Gott niederknien und bitten. Worum? Um die Absolution. Ein großes Wort, so voller Bedeutungen. Er war nicht schuldig – oder doch? wessen? Er wusste, dass er es war, dennoch verfolgte er weiter den Gedanken – er war nicht schuldig, aber wie gern würde er die Absolution erhalten. Über seinem Kopf die großen dicken Finger Gottes, der ihn wie ein guter Vater segnete, ein Vater aus Erde und Welt, der alles enthielt, alles, selbst das winzigste Teilchen, damit es ihm später nicht vorhalten könnte: Ja, aber ich habe dir nicht vergeben!«[10]

In einem langen, gebetsartigen Abschnitt, der den Höhepunkt des Romans bildet, ist keine Rede mehr davon, den Gott mit den großen dicken Fingern um Gefälligkeiten zu bitten. Stattdessen treibt Joana ihre spinozistische Auffassung weiter voran. Genau wie es keine bedeutungsvolle Trennung zwischen Mensch und Tier, zwischen Joana und der Katze oder der Natter gebe, seien weder Mensch noch Tier von Gott getrennt, der einzigen, unendlichen und ewigen »einen Substanz«, die mit der Natur synonym sei: eine Substanz in ständigem Übergang, verbunden mit einer unendlichen Kette von Ursache und Wirkung.

Dies ist die Grundlage von Spinozas Denken, und in der ekstatischen Passage, mit der Clarice Lispectors Buch endet, kehrt die Idee deutlich wieder, während sich die Erzählweise fast unmerklich von Joanas dritter Person in die erste der Autorin verschiebt.

Was sich in ihr erhob, war nicht Mut, sie war nur Substanz, weniger als menschlich, wie konnte sie Held sein und wünschen, alle Dinge zu besiegen? Sie war keine Frau, sie existierte, und was es in ihr gab, waren Bewegungen, die sie für immer in den Übergang hoben. Vielleicht hatte sie einmal mit ihrer wilden Kraft die Luft um sich herum verändert, und niemand würde es je wahrnehmen, vielleicht hatte sie mit ihrem Atem eine neue Materie erfunden und wusste es nicht, sie fühlte nur, was ihr kleiner Frauenkopf niemals begreifen könnte.

Horden heißer Gedanken keimten auf und schleppten sich durch ihren verängstigten Körper, und bedeutsam war an ihnen, dass sie einen Lebensimpuls enthielten, und bedeutsam war an ihnen, dass sich im Augenblick ihres Entstehens die blinde, wahre Substanz erschuf, sich erhob, wie eine Luftblase sich vom Wasser absetzte, es fast durchbrach ... Sie merkte, dass sie noch nicht eingeschlafen war, dachte, sie müsste noch in offenes Feuer ausbrechen. Dass einmal das lange Austragen der Kindheit zu Ende sein und aus ihrer schmerzvollen Unreife ihr eigenes Wesen hervorbrechen würde, endlich, endlich frei! Nein, nein, kein Gott, ich will allein sein. Und eines Tages, ja, eines Tages wird in mir eine Fähigkeit erstehen, so rot und bejahend wie hell und sanft, eines Tages wird, was immer ich tue, blind sicher unbewusst in mich treten, in meine Wahrheit, die sich so vollständig über das legt, was ich tun werde, dass ich nicht fähig sein werde zu sprechen, vor allem wird ein Tag kommen, an dem all meine Bewegung Schöpfung sein wird, Geburt, ich werde alle Neins, die in mir existieren, zerreißen, werde mir selbst beweisen, dass es nichts zu fürchten gibt, dass alles, was ich bin, immer sein wird, wo eine Frau mit meinem Anfang ist, werde in mir errichten, was ich eines Tages bin, bei einer Geste von mir werden sich meine Wellen mächtig erheben, reines Wasser wird den Zweifel ertränken, das Bewusstsein, ich werde stark sein wie die Seele eines Tiers, und wenn ich spreche, werden es Wörter sein, nicht gedacht und langsam, nicht flüchtig erfühlt, nicht voller Wille nach Menschlichkeit, nicht die Vergangenheit, die die Zukunft zersetzt! was ich dann sage, wird unabwendbar und vollständig erklingen! es wird keinen Raum in mir geben, der mir sagt, dass Zeit existiert, Menschen, Dimensionen, es wird keinen Raum in mir geben, der mich auch nur merken ließe, dass ich Augenblick für Augenblick erschaffe, nicht Augenblick für Augenblick: immer verschmolzen, weil ich dann leben werde, erst dann werde ich größer leben als in der Kindheit, ich werde brutal und ungeschlacht sein wie ein Stein, ich werde schwerelos und vage sein wie das, was man fühlt und nicht versteht, ich werde mich in Wellen überholen, o Herr, und alles möge kommen und auf mich herabfallen, sogar das Nichtbegreifen meiner selbst in gewissen weißen Momenten, weil es reicht, mir zu genügen, und dann wird nichts meinem Weg bis zum Tod-ohne-Angst entgegenstehen, von jeglichem Gefecht und jeglicher Rast werde ich mich stark und schön erheben wie ein junges Pferd.[11]

Wenn die Autorin von *Nahe dem wilden Herzen* wie Joana fürchtete, dass ihr »nach der Heirat nichts mehr passieren« werde, so irrte sie sich. Das Buch, das Mitte Dezember 1943 herauskam, machte nämlich Furore.

Als Clarice es im März 1942 zu schreiben begann, studierte sie noch an der juristischen Fakultät und arbeitete als Journalistin. Im Februar war sie zu der Zeitung *A Noite* gewechselt, die einst zur Elite des brasilianischen Journalismus gehört hatte. Ihre Redaktion teilte sich eine Etage mit *Vamos Lêr!* Der Posten war nicht völlig neu, sondern eher eine Erweiterung ihrer vorherigen Aufgabe, denn wie die Agência Nacional (und übrigens auch *Vamos Lêr!*) war *A Noite* nun ein mittelmäßiges Regierungsorgan, das, wie Clarice es in ihrem Einbürgerungsgesuch ausdrückte, »zur Informationsverbreitung und Propaganda der Regierung Eurer Exzellenz« beitrug.[12]

Einige ihrer Kollegen taten den gleichen Schritt wie sie, darunter auch Francisco de Assis Barbosa. Ihn bat sie um Hilfe bei dem Roman, den sie zu schreiben begonnen hatte. »Im Dunkeln tastend«, fügte sie das Buch zusammen, indem sie ihre Ideen, sobald sie ihr einfielen, in einem Notizheft festhielt.[13] Um sich konzentrieren zu können, verließ sie das winzige Dienstmädchenzimmer in der Wohnung, die sie sich mit ihren Schwestern und ihrem Schwager teilte, und verbrachte einen Monat in einer nahegelegenen Pension, wo sie intensiv arbeitete. Allmählich nahm das Buch Gestalt an, doch sie fürchtete, es lasse eher an einen Stapel Notizen als an einen vollständigen Roman denken.[14] Doch Lúcio Cardoso versicherte ihr, dass sich die Fragmente zu einem Buch zusammenfügten. Barbosa las eines der ursprünglichen Kapitel nach dem anderen, aber Clarice wies seine gelegentlichen Vorschläge mit der für sie typischen Drastik zurück. »Wenn ich wieder lese, was ich geschrieben habe«, sagte sie ihm, »habe ich das Gefühl, mein eigenes Erbrochenes zu schlucken.«[15]

Lúcio schlug einen Titel vor, der James Joyces *Porträt des Künstlers als junger Mann* entlehnt war: »Er war allein. Er war verlassen, glücklich, nahe dem wilden Herzen des Lebens.« Dies wurde zum Motto des Buches, was, da darin gelegentlich die Bewusstseinsstrommethode zum Einsatz kam, gewisse Kritiker dazu veranlasste, das Buch als joyceanisch zu bezeichnen. Der Vergleich ärgerte Clarice. »Ich habe dieses Zitat, den Titel des Buchs und Joyce selbst erst entdeckt, als das Buch längst fertig war. Geschrieben habe ich es in acht oder neun Monaten, während ich gleichzeitig studierte, arbeitete und mich verlobte – aber es entstand unter keinem direkten Einfluss des Studiums, der Verlobung, Joyces oder der Arbeit.«[16]

Barbosa, mit Lúcio einer der ersten Leser des Buches, erinnerte sich an sein Erstaunen.»Während ich die Kapitel verschlang, die die Autorin gerade noch tippte, dämmerte es mir langsam, dass dies eine außerordentliche literarische Offenbarung war«, sagte er.»Clarice war aufregend, sie war ein Wirbelsturm.«[17] Er leitete das Manuskript an die Verlagsabteilung der ihn beschäftigenden Zeitung *A Noite* weiter, wo es mit einem leuchtend rosa Cover, typisch für Bücher von Frauen, im Dezember 1943 erschien. Es war kein gewinnbringendes Arrangement für die neue Autorin.»Ich bezahlte nicht [für die Publikation], aber ich verdiente auch nicht daran. Sofern es einen Gewinn gab, fiel er denen zu«, sagte Clarice.[18] Tausend Exemplare wurden gedruckt; hundert davon erhielt sie anstelle einer Bezahlung. Sobald das Buch vorlag, schickte sie ihre Belegexemplare verschiedenen Rezensenten.

*

»Alle wollten wissen, wer das Mädchen war«, berichtete der Journalist Joel Silveira.»Niemand hatte eine Ahnung. Plötzlich redeten alle darüber.«[19] Die Rezensionen zeugen immer noch von der Aufregung, die»Wirbelsturm Clarice« unter den brasilianischen Intellektuellen auslöste. Noch fast ein Jahr nach der Veröffentlichung erschienen laufend Artikel über das Buch in sämtlichen großen Städten Brasiliens. Sechzehn Jahre später schrieb eine Journalistin:»Wir entsinnen uns an kein sensationelleres Debüt, das einen Namen, der kurz vorher noch völlig unbekannt war, zu solcher Prominenz emporhob.«[20]

Clarice Lispector, verkündeten die Kritiker, sei»die seltenste Persönlichkeit in unserer literarischen Welt«,»etwas Außergewöhnliches«, sie verfüge über eine »verwirrende sprachliche Vielfalt«.»Das ganze Buch ist ein Wunder der perfekt abgestimmten Balance«, das die»intellektuelle Hellsicht der Figuren Dostojewskis mit der Unschuld eines Kindes« vereine.[21] Im Oktober 1944 wurde das Werk mit dem renommierten Graça-Aranha-Preis für den besten Debütroman des Jahres 1943 ausgezeichnet. Der Preis bestätigte das, was die Zeitung *Folha Carioca* zu Beginn desselben Jahres entdeckt hatte, als sie ihre Leser aufforderte, den besten Roman von 1943 auszuwählen. *Nahe dem wilden Herzen* siegte mit 457 Stimmen. Bedenkt man, dass nur neunhundert Exemplare in den Verkauf gelangten, war dies eine spektakuläre Zahl. Aber sie war einem Buch angemessen, das *A Manhã* zum»größten Debütroman« erklärte,»den eine Frau in der gesamten brasilianischen Literatur geschrieben hat«.[22] Ein anderer Rezensent ging noch weiter:»*Nahe dem wilden Herzen* ist der größte Roman, der je von einer Frau in portugiesischer Sprache verfasst wurde.«[23]

Der Urheber dieses Satzes, der Dichter Lêdo Ivo, machte sie ausfindig, nachdem er das Buch gelesen hatte. »Ich lernte Clarice Lispector genau zu dem Zeitpunkt kennen, als sie *Nahe dem wilden Herzen* veröffentlichte«, erinnerte er sich. »Die Begegnung fand in einem Restaurant in Cinelândia statt. Wir aßen zu Mittag, und unser Gespräch kam von literarischen Dingen ab ... Das Mindeste, was ich sagen kann, ist, dass sie mir den Atem raubte. Es war Herbst, die Blätter auf dem Platz fielen, und das Grau des Tages trug dazu bei, die Schönheit und Leuchtkraft von Clarice Lispector hervorzuheben. Zu dem fremden Klima kamen jene seltsame Stimme und die kehlige Aussprache hinzu, die mir bis heute in den Ohren klingen. Ich war noch keine zwanzig Jahre alt und hatte, unter dem Eindruck ihres Buches, das Gefühl, vor Virginia Woolf oder Rosamond Lehmann zu stehen.«[24]

Die »seltsame Stimme« des Buches und das »fremde Klima« seiner ungewöhnlichen Sprache übten auf seine ersten Leser eine ungeheure Wirkung aus. Dabei gab es durchaus einige Berührungspunkte mit älteren brasilianischen Werken. »Clarice Lispectors Text erscheint in unserer literarischen Welt als ernsthaftester Versuch, den introspektiven Roman zu schreiben«, meinte der Doyen der Kritiker von São Paulo, Sérgio Milliet. »Zum ersten Mal geht ein brasilianischer Autor auf diesem fast jungfräulichen Feld unserer Literatur über die schlichte Annäherung hinaus; zum ersten Mal dringt ein Autor in die Tiefen der psychologischen Vielschichtigkeit der modernen Seele vor.« Aber die Affinität mit anderen »introspektiven« Schriftstellern, auch solchen, die ihr so nahestanden wie Lúcio Cardoso, war oberflächlich, wie ein anderer bekannter Kritiker begriff. Er führte aus, Clarice Lispector habe »den Schwerpunkt verschoben, um den sich der brasilianische Roman seit ungefähr zwanzig Jahren drehte«.[25]

Es ist bemerkenswert, wie selten Kritiker das Buch mit denen anderer brasilianischer Schriftsteller verglichen. Stattdessen erwähnten sie Joyce, Virginia Woolf, Katherine Mansfield, Dostojewski, Proust, Gide und Charles Morgan. Das lag nicht einfach daran, dass die ganze Frage Brasiliens – jener »sichere Instinkt für Nationalität«, den Machado de Assis für den Kern der brasilianischen Literatur hielt – in *Nahe dem wilden Herzen* fehlt. Es lag daran, dass die Sprache des Romans nicht brasilianisch klang. Lêdo Ivo schreibt in Erinnerung an Clarices »seltsame Stimme« und »kehlige Aussprache«: »Clarice Lispector war Ausländerin ... Die Fremdartigkeit ihrer Prosa ist eine der überwältigendsten Tatsachen unserer Literaturgeschichte, ja sogar der Geschichte unserer Sprache.«[26]

Später sollte sich diese Sprache als die einer großen brasilianischen Künstlerin einbürgern, doch zunächst klang sie exotisch. »In Brasilien haben wir es mit

einer gewissen stilistischen Einheitlichkeit zu tun«, schrieb Antonio Candido
und kritisierte jene Schriftsteller, die, ungeachtet ihrer sonstigen Verdienste, meinten, »dass die sie inspirierenden hochfliegenden Intentionen wichtiger sind als
die Unbekanntheit ihres Materials«.[27] Und Sérgio Milliet stellte fest, es sei das
Wunder des Buches, dass die Autorin »eine kostbare, vollkommene Harmonie
zwischen Ausdruck und Substanz« erzielt habe.[28]

Daher rührt also die Faszination, die *Nahe dem wilden Herzen* und Clarice
Lispector ausübten. Weder hinsichtlich ihres Stils oder ihres Stoffs noch durch
bloße Intensität unterschied sie sich von jenen Schriftstellern, für die »die sie inspirierenden hochfliegenden Intentionen wichtiger sind als die Unbekanntheit
ihres Materials«. Sie hatte einfach eine völlig andere Auffassung von Kunst. In jenem ersten Buch fasste sie ihren Antrieb, den Candido und Milliet erahnten, mit
den Worten zusammen: »In der Vision kam es darauf an, das Symbol der Dinge
in den Dingen selbst zu erhaschen.« Die Formulierung war ihr so wichtig, dass
sie sie hundert Seiten später wiederholte – »das Symbol der Dinge in den Dingen
selbst zu erhaschen« –, und sie bildete den Kern ihres gesamten künstlerischen
Projekts.[29]

Aber dieses Projekt war, wie ihre Begrifflichkeit erkennen lässt, weniger künstlerisch als spirituell. Die Möglichkeit, ein Ding und sein Symbol zu vereinen,
die Sprache erneut mit der Realität zu verknüpfen und umgekehrt, ist kein intel-
lektuelles oder künstlerisches Bemühen. Vielmehr ist es eng mit den heiligen
Sphären der Sexualität und der Schöpfung verbunden. Ein Wort, das kein vorher
existierendes Ding beschreibt, sondern jenes Ding *ist*, oder ein Wort, welches das
Ding, das es beschreibt, *erschafft* – die Suche nach solch einem mystischen Wort,
dem »Wort, das sein eigenes Licht besitzt«, erfordert ein ganzes Leben. Dieser
Suche widmeten sich die jüdischen Mystiker über Jahrhunderte hinweg mit aller
Kraft. Genau wie Gott in Clarices Werken keinerlei moralische Bedeutung hat,
so bezeichnet auch die Sprache nicht mehr als das, was sie ausdrückt: »das Symbol der Dinge in den Dingen selbst zu erhaschen«.

*

Der beispiellose Jubel, mit dem Clarice Lispectors Debüt begrüßt wurde, markierte auch den Beginn ihrer Legende, die sich aus einem Geflecht von Gerüchten, Rätseln, Mutmaßungen und Lügen zusammensetzte, das in der öffentlichen
Wahrnehmung untrennbar mit ihrer eigenen Person verschmolz. 1961 hieß es in
einer Zeitschrift: »Eine große Neugier richtet sich auf Clarices Person. Sie lässt

sich selten in literarischen Kreisen blicken, vermeidet Fernsehprogramme und Autogrammstunden, und nur sehr wenige haben das Glück gehabt, mit ihr zu sprechen. ›Clarice Lispector existiert nicht‹, sagen manche. ›Es ist das Pseudonym von jemandem, der in Europa lebt.‹ ›Sie ist eine schöne Frau‹, behaupten andere. ›Ich kenne sie nicht‹, sagt ein Dritter. ›Aber ich glaube, sie ist ein Mann. Sie soll Diplomat sein.‹«[30]

Der Beginn dieser Legende lässt sich auf Sérgio Milliets einflussreichen Essay vom Januar 1944 datieren, in dem er den »seltsamen und sogar unangenehmen Namen, wahrscheinlich ein Pseudonym«,[31] der Autorin erwähnte. Nachdem Clarice den Artikel gelesen hatte, schrieb sie Milliet, um sich für seine freundliche Rezension zu bedanken und das Rätsel ihres Namens aufzuklären.»Ich hatte mich, ich weiß nicht recht, warum, auf einen verdrießlichen Beginn und ein einsames Ende vorbereitet. Aber Ihre Worte haben mich entwaffnet. Auf einmal war es mir geradezu unangenehm, so gut aufgenommen zu werden. Ich, die ich doch nicht erwartet hatte, *at all* aufgenommen zu werden. Überdies – so dachte ich – wird die Zurückweisung von außen mich härter machen, mich stärker an die Richtung binden, in die ich mit meiner Arbeit gehen wollte. PS. Der Name ist wirklich der meine.«[32]

Clarice Lispectors Legende konnte fortan nach Kräften ausgeschmückt werden, teils deshalb, weil sie nicht da war, um ihr zu widersprechen. Weniger als einen Monat nach der Publikation von *Nahe dem wilden Herzen* verließ sie Rio de Janeiro. Für fast zwei Jahrzehnte sollte sie nicht mehr dauerhaft zurückkehren. Der Brief, den sie Milliet schickte, wurde in Belém do Pará, an der Mündung des Amazonas, aufgegeben. Es war ein ungewöhnliches Ziel für einen Diplomaten, doch Maury wurde dorthin entsandt, weil das schläfrige Belém, wie der Großteil Nordbrasiliens, plötzlich zu einem wesentlichen Schauplatz in dem Krieg geworden war, der die Welt verschlang.

14

TRAMPOLIN ZUM SIEG

1942, während Clarice Lispector die brasilianische Staatsbürgerschaft beantragte, die Beziehung zu Maury knüpfte und ihren ersten Roman schrieb, machte die brasilianische Außenpolitik eine Revolution durch. In mancher Hinsicht hätte Brasilien ein logischer Partner für die Achsenmächte sein können. Es besaß eine Diktatur, die vom kontinentalen Faschismus inspiriert worden war und mit ihm sympathisierte. Es hatte enorme Mengen von deutschen, italienischen und japanischen Einwanderern aufgenommen. Sein Präsident Getúlio Vargas hatte keinen Zweifel daran gelassen, dass er freundschaftliche Beziehungen zu den Achsenmächten unterhalten wollte, und war so weit gegangen, Adolf Hitler herzliche Geburtstagsgrüße zu schicken. Noch im Sommer 1940 hielt er an Bord des Flottenschiffs *Minas Gerais* eine Rede mit der ominösen Wendung: »Neue Kräfte erheben sich im Westen.«[1]

Wie immer spielte der »Vater der Armen« und die »Mutter der Reichen« natürlich beide Seiten gegeneinander aus. Ein Mann, der so lange an der Spitze der byzantinischen Politik Brasiliens überlebt hatte, war letztlich nicht so töricht, auf die Achsenmächte zu wetten, schon gar nicht, nachdem er die enormen Vorteile wahrgenommen hatte, die ein engeres Bündnis mit den Vereinigten Staaten mit sich bringen würde. Vargas begriff, dass das Land mithilfe der Vereinigten Staaten seine industrielle Basis festigen und seine politische Vormachtstellung in Südamerika konsolidieren konnte. Da Argentinien mehr oder weniger offen für Hitler Partei ergriff, würde ein alliierter Sieg Brasilien unumstrittene Dominanz verschaffen. Vargas konnte den Krieg nutzen, um sein Militär aufzurüsten, seine heimische Infrastruktur zu verbessern und seinen diplomatischen Einfluss zu erweitern.

Brasilien hatte die Vereinigten Staaten stets gebraucht, doch nun brauchten die Vereinigten Staaten Brasilien. Die Amerikaner würden stattliche Beträge für die Kooperation des Landes zahlen, dessen riesige Bodenschätze für die Kriegsanstrengungen wichtig waren. Aber seine Trumpfkarte war die geographische

Lage, die »brasilianische Wölbung« seiner Nordostflanke, des östlichsten Teils des Doppelkontinents. Die Wölbung war ein wichtiges Glied in der Kommunikationskette, die von Miami durch die Karibik und die Guyanas nach Französisch-Westafrika verlief. Dies war die einzige sichere Route über den Atlantik, und die Gegend war in der damaligen albernen Redeweise als »Trampolin zum Sieg« bekannt. Ohne brasilianische Mitarbeit wäre die Route nutzlos gewesen.

Die Flugstrecken waren so unentbehrlich, dass in Washington, während Vargas mit den Achsenmächten flirtete, sogar davon gesprochen wurde, Nordostbrasilien gewaltsam zu besetzen, denn es wurde in einem amerikanischen Bericht – zusammen mit dem Suezkanal, Gibraltar und dem Bosporus – als eine der vier strategisch wertvollsten Gegenden der Welt beschrieben.[2] Solches Gerede wurde Mitte 1941 überflüssig: Als sowohl Brasilien wie die Vereinigten Staaten noch offiziell neutral waren, gestattete Vargas Pan-American Airways, mit dem Bau eines gigantischen Luftstützpunktes in Natal, unmittelbar nördlich von Recife, zu beginnen, der zur größten derartigen Basis außerhalb der USA werden sollte. »Hätte Natal nicht als ›Trampolin zum Sieg‹ gedient«, bemerkte ein Historiker, »wären die alliierten Nachschubprobleme von 1942 und 1943 vielleicht unüberwindlich gewesen.«[3]

Im Januar 1942, unmittelbar nach Pearl Harbor, hielten die amerikanischen Nationen eine entscheidende Konferenz in Rio de Janeiro ab. Der Schauplatz des Treffens war der Tiradentes-Palast, wo Lourival Fontes, einer der drei Nichtitaliener, die den Faschismus »wirklich verstanden«, bis kurz vorher über die brasilianische Presse geherrscht hatte. Die Konferenz endete mit einem diplomatischen Triumph für Sumner Welles, den Leiter der US-Delegation, als sämtliche Staaten der Hemisphäre, mit Ausnahme Argentiniens und Chiles, die Beziehungen zu den Achsenmächten abbrachen. In den Straßen von Rio de Janeiro wurde die Meldung mit Jubel begrüßt.

Es handelte sich jedoch nicht um eine brasilianische Kriegserklärung, obwohl die Achsenmächte sie als solche bewerteten. Dies war ein Fehler, denn es gab viele Armeevertreter, vor allem ehemalige Integralisten, die mit dem Faschismus sympathisierten. Unter ihnen befanden sich so einflussreiche Individuen wie der Kriegsminister Pedro Aurélio de Góis Monteiro und der überaus antisemitische Polizeichef von Rio, Filinto Müller, der nur Vargas selbst Rechenschaft schuldete. Zudem befand sich eine große Zahl von Staatsbürgern der Achsenmächte im Land, und etliche Politiker und Journalisten hatten faschistische Neigungen.

Sie alle wurden zum Schweigen gebracht, als Hitler und Mussolini brasilianische Schiffe zu torpedieren begannen und Hunderte von Menschen töteten. Die

Baependi sank mit 250 Soldaten und sieben Offizieren sowie mit zwei Artillerie-batterien und anderem Gerät. Ebenfalls versenkt wurde ein Schiff, das mit Pilgern an Bord einen Eucharistischen Kongress in São Paulo ansteuerte.[4] Als Reaktion auf die vorhersehbar weit verbreitete Empörung verabschiedete die Regierung am 11. März 1942 einen Erlass, der ihr ermöglichte, den Schaden durch Beschlag-nahme des Eigentums von Bürgern der Achsenmächte wiedergutzumachen.

Bald darauf kam es zu pogromartigen Szenen, in deren Mittelpunkt die sicht-barsten Vertreter der Achse, die Japaner, standen. Während Italiener und Deut-sche häufig als Brasilianer durchgehen konnten, war dies bei den Japanern nicht der Fall. Wie in den Vereinigten Staaten, wo man Japanisch-Amerikaner inter-nierte, Deutsch- und Italo-Amerikaner dagegen keiner kollektiven Bestrafung unterzog, wurden die Japaner herausgegriffen, obwohl Japan, im Unterschied zu Italien und Deutschland, Brasilien nicht attackiert hatte. Und es gab eine Menge Japaner: Die brasilianische Kolonie, die Hunderttausende zählte, war die größte derartige Gemeinschaft außerhalb Japans. Ihre Geschäfte wurden konfisziert, und man vertrieb sie aus den Küstengegenden, da sie unter Verdacht standen, den U-Booten der Achsenmächte insgeheim Nachrichten zu übermitteln.[5]

Die Bezichtigungen erinnern auf gespenstische Weise an jene, die im Ersten Weltkrieg gegen die Juden erhoben wurden: blitzende Spiegel, geheimnisvolle Funksignale, unerklärliches Gepolter in der Nacht. Die Sprachen der Achsen-mächte wurden verboten, eine besonders verheerende Benachteiligung für die Japaner. Als relativ neue Einwanderer, die häufig kein Portugiesisch sprachen, sahen sie sich isoliert in einer Umgebung, in der sämtliche Ausländer verdächtig waren.

Clarice Lispectors altes Viertel in Recife erlebte eine eigenartige Umkehrung der Situation, die ein paar Jahre vorher in Deutschland eingetreten war. Während die brasilianischen Juden den Aufstieg von Vargas und seinen einstigen integra-listischen Verbündeten sowie die heranbrechende Katastrophe in Europa mitan-sahen, hatten sie um ihre Sicherheit gefürchtet. Plötzlich jedoch war es ein Vor-teil, Jude zu sein; große Schilder mit der Aufschrift FIRMA JUDAICA tauchten in den Schaufenstern an der Rua Nova auf, wo João Pessoa erschossen worden war. »Wer gehörte zur Achse und wer nicht?«, fragte eine jüdische Frau im Rück-blick auf jene Zeiten. »Alle waren Ausländer. Man musste wissen, wer Jude, wer Deutscher und wer kein Nazi war.« Ein freundlicher Japaner, dem eine Eisdiele in der Nähe gehörte, habe zusehen müssen, wie sein Geschäft geplündert wurde. »Sie zerstörten alles, obwohl sie ihn mochten, seine köstliche Eiscreme. Es war eine wunderbare Eisdiele, sie besaß sogar eine Kapelle.«[6]

»Die Juden hatten Angst, weil sie sich an die Pogrome in Europa erinnerten«, erklärte ein Zeuge. »Sie versetzten sich an die Stelle jener Menschen in Europa. Es war eine Form des Mitgefühls. Die Vorfälle beunruhigten sie, weil sie wussten, dass ihre Angehörigen in Europa waren.«[7] Jüdische Unternehmen, die Zweifel an ihrer Loyalität ließen, waren gefährdet. Die Firma Stillman & Dimenstein, die in Recife eine Kleiderfabrik mit dem Namen Fábrica de capas Argentina besaß, rettete sich in allerletzter Sekunde. Als sich Schläger aus der Nachbarschaft näherten, wurde die verdächtige Anspielung auf Argentinien im Namen des Unternehmens rasch entfernt.

Nachdem ein einzelnes deutsches U-Boot zwischen dem 15. und dem 19. August sechs brasilianische Schiffe torpediert hatte, wurde der Druck, in den Krieg einzutreten, unausweichlich. Getúlio Vargas gab die Kriegserklärung am 22. August 1942 ab, und das Land ging bald weiter als jede andere lateinamerikanische Nation (sprich Argentinien), indem es Soldaten bereitstellte: das 25 000 Mann starke Brasilianische Expeditionskorps (Força Expedicionária Brasileira, FEB), das gänzlich dem Kommando der Vereinigten Staaten unterstand.

Es gab Bedenken, ob Brasilien eine so bedeutende Operation durchführen könne. Seit dem Krieg gegen Paraguay, der zweiundsiebzig Jahre zuvor geendet hatte, war das Land in keinen internationalen Konflikt verwickelt gewesen. Ein Witzbold scherzte: »Eine Kobra wird rauchen, bevor brasilianische Soldaten am Krieg teilnehmen.« Als die FEB 1944 in Italien an Land ging, war ihr Symbol eine Schlange mit einer Pfeife im Maul.

*

Clarice und Maury Gurgel Valente trafen am 20. Januar 1944 in Belém do Pará ein. Die schwüle, träge Stadt an der Mündung des großen Flusses ist ein sinnlicher Ort, die Hauptstadt des Bundesstaats Pará, der so groß ist wie Westeuropa. Jeden Nachmittag schüttet es dort wie aus Eimern – nie länger als eine Stunde –, das reinigt die Luft der Stadt vom Gestank faulender Fische, der von dem riesigen Markt am Ufer herantreibt. Belém ist geographisch und kulturell vom übrigen Brasilien isoliert, denn seine Bevölkerung hat einen stärker indianischen als afrikanischen Einschlag.

»Man kann sich die Stadt Belém nicht in den anderen Regionen Brasiliens vorstellen«, schrieb der große Journalist Euclides da Cunha zu Beginn des Jahrhunderts.[8] Damals befand sich Belém mitten in seinem legendären Kautschukboom, der eine eindrucksvolle Ansammlung von Fin-de-Siècle-Gebäuden hinterließ und der Maurys Großvater, einen wichtigen Kautschukerzeuger und Bankeigentümer, vorübergehend reich gemacht hatte. Maurys Mutter war in der Stadt aufgewachsen, wo seine Brüder und er ebenfalls einen Teil ihrer Kindheit verbrachten. Es war eine glückliche Zeit für Clarice und Maury. Das Außenministerium hatte ihn beauftragt, die vielen ausländischen Würdenträger, die auf der Reise nach Europa, Afrika und Asien in Belém Station machten, zu empfangen und zu begrüßen. Im Januar 1944 war das »Trampolin zum Sieg« nicht mehr so entscheidend wie vor der Neueroberung Nordafrikas durch die Alliierten, doch es war immer noch wichtig genug, um eine Besucherin vom Kaliber Eleanor Roosevelts anzuziehen, die sich am 14. März die Ehre gab. Clarice war zur Stelle, um sie willkommen zu heißen. »Ich ging in meinem schwarzen Kleid«, erzählte sie ihren Schwestern. »Sie ist ausgesprochen nett, gar nicht umständlich, sie kleidet sich ziemlich schlicht, in Wirklichkeit sieht sie viel besser aus als auf den Fotos und in der Wochenschau. Am nächsten Tag gab sie eine Pressekonferenz, ich war auch dort, ich habe darüber telefonisch an *A Noite* berichtet, obwohl ich doch freigestellt bin, die Gelegenheit wollte ich nicht verpassen.«[9]

Und sie war zum ersten Mal betrunken, beim us-amerikanischen Konsul. »Mensch! Das ist vielleicht ekelhaft«, schrieb sie an Tania. »Ein Kater, wie er im Buch steht. Aber es war gut, mich betrunken zu haben, jetzt bin ich das Verführerische an dieser Vorstellung los, die von den Dichtern so eifrig besungen wird ... Das war das erste und letzte Mal, ganz sicher.«[10]

Trotz solcher aufregender Momente hatte sie zum ersten Mal in ihrem Leben nicht viel zu tun. Sie studierte nicht mehr, und sie ging keiner Arbeit nach. »Ich bin hier ein wenig verloren«, schrieb sie einige Wochen nach der Ankunft an Lúcio Cardoso. »Ich tue so gut wie nichts. Ich habe mich auf Arbeitssuche gemacht und fange schon wieder an, mich so lange zu quälen, bis ich mir vornehme, keine Pläne mehr zu schmieden; dann führt die Freiheit zu nichts, und ich schmiede wieder Pläne und lehne mich dagegen auf. Gelesen habe ich, was mir in die Finger kam. Dabei fiel mir *Madame Bovary* in die Finger, und ich habe es ein weiteres Mal gelesen. Ich habe die Sterbeszene genutzt, um mich über alles auszuweinen, woran ich gelitten habe, und über alles andere auch. – Ich hatte zu keiner Zeit das, was man einen ›Zirkel‹ nennt, aber ein paar Freunde hatte ich immer.«[11]

Die ungewohnte Freiheit war selbstverständlich für viele Diplomatenfrauen, deren Reihen Clarice sich nun anschloss. Das Außenministerium, wegen des neoklassizistischen Palastes, in dem es untergebracht war, als Itamaraty bekannt, war – und ist – der snobistischste Club Brasiliens. In einem Land, in dem Beziehungen eine viel größere Rolle spielten als Begabung, zog der Ruf des Itamaraty, eine strikte Meritokratie zu verfechten, etliche kluge Köpfe Brasiliens an. Und da seine Diplomaten in der Lage waren, für die Sicherheit der Nation zu sorgen, ohne zum Mittel des Krieges greifen zu müssen, umgab sie eine geradezu mythische Aura der Kompetenz in einem Staat, dessen Bürger im Allgemeinen den Regierenden wenig Vertrauen schenkten. Wie sich versteht, setzte sich das Personal des auswärtigen Dienstes vorwiegend aus Mitarbeitern zusammen, die mehr mit Maurys als mit Clarices Herkunft gemein hatten. Die Diplomatenfrauen waren zumeist hübsche, wohlerzogene Damen der Oberschicht, die in einer Welt der Botschaften und der Dienerschaft eine überwiegend dekorative Funktion besaßen.[12] Wenige von ihnen verfügten über eine Hochschulausbildung wie Clarice, und noch weniger stammten aus so bescheidenen Verhältnissen wie sie. Es gab keine Juden im auswärtigen Dienst – als Clarice Maury heiratete, war nur eine einzige weitere jüdische Gattin im Itamaraty zu finden –,[13] und dunkelhäutige Brasilianer, die große Mehrheit der Bevölkerung des Landes, fehlten ebenfalls. Der auswärtige Dienst mochte meritokratisch sein, doch die Aufnahmekriterien – eine vorzügliche Ausbildung sowie Französisch- und Englischkenntnisse – stellten sicher, dass sich sein Personal überwiegend aus den alten Elitefamilien rekrutierte, die, wie überall sonst auch, zu einer konservativen, katholischen und nationalistischen Haltung tendierten.

Folglich spielte das Itamaraty, während Hitler durch Europa marschierte, eine führende Rolle bei dem Bemühen, Juden aus Brasilien fernzuhalten. Die rassistische Ideologie, die sich viele Diplomaten an der nationalen juristischen Fakultät in Rio de Janeiro zugelegt hatten, ließ das Außenministerium zu einem Bollwerk des Antisemitismus werden; im Verlauf des Krieges sprachen sich brasilianische Diplomaten, die für die Gestaltung der Einwanderungspolitik verantwortlich waren, häufig – und heftig – gegen die Aufnahme von Juden aus. In den Memos, die nach Rio zurückgeschickt wurden, stellten sie zum Beispiel regelmäßig eine Verbindung, die, schon oberflächlich betrachtet, hätte absurd sein müssen, zwischen Kommunismus und »internationaler jüdischer Finanz« her.[14]

Immerhin gab es einige Ausnahmen. Unter ihnen nahm Luiz Martins de Souza Dantas den höchsten Rang ein. Er diente bis 1942 als Botschafter in Frankreich und wurde seines Postens enthoben, weil er große Mengen von gefälschten Visa für verzweifelte Juden hatte ausstellen lassen, von denen sich mindestens einige hundert nach Brasilien durchschlugen.[15] Paulo Estevão Berredo Carneiro, später UNESCO-Botschafter Brasiliens, arbeitete während des Krieges für das Handels-

büro in Paris, von wo er Pässe mit nach Hause nahm, um sie auf seinem Küchen-
tisch zu fälschen.[16]

Der berühmteste dieser Helden war João Guimarães Rosa, dessen Erzählungszyklus *Sagarana*, drei Jahre nach *Nahe dem wilden Herzen* veröffentlicht, das
Erscheinen des anderen großen Meisters der brasilianischen Prosa des zwanzigsten Jahrhunderts ankündigte. Zusammen mit seiner deutsch-brasilianischen Frau
Aracy Moebius de Carvalho, die die Initiative übernahm, gab er im Konsulat
in Hamburg illegale Visa aus. Aracy benutzte sogar ihren Diplomatenpass, um
Juden zu den Schiffen zu begleiten, mit denen sie in Sicherheit gebracht werden
sollten. Nach der brasilianischen Kriegserklärung wurde das Paar vier Monate
lang in Baden-Baden interniert und schließlich gegen deutsche Diplomaten in
Brasilien ausgetauscht.[17]

⁎

Clarice war nun eine Diplomatengattin, doch vorläufig befand sie sich, obwohl
weit von ihrer Heimat entfernt, noch nicht im ausländischen Kokon des Dienstes. Trotz ihrer gelegentlichen Langeweile gefiel ihr Belém, wo sie viel Zeit mit
der Lektüre von Büchern – Sartre, Rilke, Proust, Rosamond Lehmann und Virginia Woolf sowie Flaubert – verbrachte, die sie in der Buchhandlung »Unserer
Lieben Frau von den Tränen« kaufte.[18] Ihre Wahl scheint oft von den Vergleichen
beeinflusst worden zu sein, die Rezensenten von *Nahe dem wilden Herzen* zu
den Werken anderer Schriftsteller zogen. Während Besprechungen massenhaft
aus allen Winkeln Brasiliens eintrafen (Tania leitete sie aus Rio weiter), erhielten
manche Kritiker persönliche Antworten von der Autorin, darunter der Verfasser
eines der auffälligsten Verrisse, der junge Álvaro Lins.

Lins' Einwände gegen das Buch sind heute amüsant zu lesen: »Es stimmt, dass
jedes literarische Werk Ausdruck und Enthüllung einer Persönlichkeit sein sollte.
Es gibt jedoch bei männlichen Temperamenten eine stärkere Tendenz, den Autor
hinter seiner Schöpfung zu verbergen, sich von dem fertigen und vollendeten
Werk abzukoppeln. Das bedeutet, dass ein Autor seine ganze Persönlichkeit in
ein Werk einbringen, sie jedoch im Text dergestalt abschwächen kann, dass der
Zuschauer nur das Objekt und nicht den Mann sieht.« Lins legt nahe, dass »weibliche Temperamente« eine solche Distanz nicht einhalten könnten, mit Ausnahme
des einen oder anderen Falles von »androgyner Intelligenz«. Interessanterweise
benutzt er den Begriff »magischer Realismus«, um das Buch zu beschreiben:
»Realismus, der nicht nur als Beobachtung der äußeren Aspekte menschlicher

Phänomene definiert wird, sondern als Intuition für das Wissen um die intime und geheimnisvolle Realität derselben Phänomene.« Dies könnte das erste Mal sein, dass dieser Begriff verwendet wurde, um das Werk eines lateinamerikanischen Schriftstellers zu kennzeichnen.[19]

»Die Kritiken tun mir im Allgemeinen nicht gut«, schrieb Clarice an Tania. »Die von Álvaro Lins […] hat mich richtig getroffen, und in gewisser Weise war das gut. Ich habe ihm geschrieben und gesagt, dass ich, als ich das Buch schrieb, weder Joyce kannte noch Virginia Woolf noch Proust, hätte ja nur noch gefehlt, dass mich dieser Mistkerl deren ›Handlungsreisende‹ nennt.«[20] Jahre später schrieb sie, noch immer irritiert über den Vergleich: »Ich mag nicht hören, dass ich eine Affinität zu Virginia Woolf hätte (abgesehen davon, dass ich sie erst gelesen habe, nachdem mein erstes Buch fertig war): Vor allem trage ich ihr nach, dass sie sich umgebracht hat. Die furchtbare Pflicht ist, bis ans Ende zu gehen.«[21] Auch jeden Vergleich mit Sartre lehnte sie ab: »Selbst mein Ekel unterscheidet sich vom Ekel Sartres, als Kind konnte ich Milch nicht ausstehen, mir kam es fast hoch, wenn ich welche trinken musste. Zitrone haben sie mir in den Mund geträufelt. Also, was Ekel ist, das weiß ich mit dem ganzen Körper, mit der ganzen Seele. Sartre spielt dabei keine Rolle.«[22]

Nachdem am 12. März Lúcio Cardosos Rezension erschienen war, schrieb sie ihm: »Ich habe mich sehr darüber gefreut. Erschreckt hat mich Deine Aussage, dass das Buch vielleicht mein wichtigstes sei. Am liebsten würde ich es zerreißen und wäre wieder frei: ein schrecklicher Gedanke, dass man schon vollendet sein könnte.« Der Brief lässt eine gewisse Verletzlichkeit und Unsicherheit erkennen. Sie spricht ihn an wie jemand Unerreichbaren und Überlegenen, fast so, wie Maury *sie* vor ihrer Heirat angesprochen hatte. »Es drängte mich zu Offenheit und Geständnissen, so wie es mir bei Dir häufig geht«, erklärte sie Lúcio. »Aber ich weiß nicht, vielleicht weil Du mir gegenüber nie dieselbe Neigung verspürt hast, stehe ich mit den Worten, die ich sagen wollte, plötzlich alleine da, und sie gefallen mir nicht.«[23] In einem ähnlichen Sinn schrieb sie wenige Monate später: »Heute habe ich mich porträtieren lassen, und das Bild muss schrecklich geworden sein, ich sah nämlich schrecklich aus. Wenn es doch halbwegs annehmbar werden sollte, schicke ich Dir eines. Ja? Du Ärmster, dabei willst Du doch weder Bild noch Brief. Ich habe mir ausgedacht, dass Du mich als Freundin siehst, weil ich Deine Freundin bin; was für eine kleine Tragödie.«[24] Er antwortete mit gelassener Autorität: »Es gibt keine kleine Tragödie. Ich bin wirklich Dein Freund, und es täte mir schrecklich leid, wenn Du mir das nicht glauben würdest.«[25]

Ihre Zusammenarbeit, die für das Verfassen von *Nahe dem wilden Herzen* so wichtig gewesen war, setzte sich beim *Lüster* fort, dem Buch, das sie im März 1943 – ein paar Wochen nach der Hochzeit, als sie noch in Rio wohnte – begonnen hatte. *Nahe dem wilden Herzen* sollte erst im Dezember veröffentlicht werden, doch sie bewegte sich bereits in eine andere Richtung. In Belém aß sie *açaí*, eine Lieblingsspeise der Amazonasregionen, um sich besser konzentrieren zu können.[26] Aber die Ergebnisse fielen enttäuschend aus, wie sie im Februar an Tania schrieb: »Ich fühle mich schrecklich kraftlos: Was ich in letzter Zeit geschrieben habe, ist der reinste Trester; ohne Geschmack, eine Imitation meiner selbst, oder in einem oberflächlichen Ton, der mich weder interessiert noch mir gefällt.«[27]

Dennoch war sie froh, sich wieder an die Arbeit gemacht zu haben. Wie sie einem Interviewer erzählte (wahrscheinlich ihrem ersten): »Ich schreibe, weil ich darin eine Freude finde, die ich nicht erklären kann. Ich bin nicht eitel. Ich schreibe für mich, damit ich spüre, wie meine Seele spricht und singt, manchmal auch weint …« In demselben Interview gab sie zu, dass ihr Schreiben in gewisser Weise autobiographisch sei, und nahm dabei Bezug auf das Buch, das sie gerade las: »Im Grunde hatte Flaubert recht, als er sagte: ›*Madame Bovary c'est moi.*‹ An erster Stelle kommt immer man selbst.«[28]

Im Mai war sie so weit, Lúcio Auszüge aus ihrem neuen Buch zu zeigen. »Tatsache ist, dass ich jetzt ein sauberes und ruhiges Buch schreiben wollte, ohne starke Worte, aber echt – so echt wie das, was man träumt und für etwas Echtes und überaus Feines hält.«[29] Aber das Buch sollte in Belém nicht fertig werden. Am 5. Juli 1944, einen Monat nach dem D-Day und der Befreiung von Rom, kam die Nachricht, dass Maury Gurgel Valente an das Konsulat in Neapel versetzt werden sollte.

15

PRINCIPESSA DI NAPOLI

Nach ein paar Tagen in Rio de Janeiro[1] traten Clarice und Maury am 19. Juli ihre Reise nach Europa an. Ihre gewundene Route lässt erkennen, wie schwierig es in jenen Tagen war, den Atlantik zu überqueren. Ihre erste Anlaufstelle war das »Trampolin zum Sieg«, der große US-Stützpunkt in Parnamirim, Natal, wo sie fünf Tage auf den Weiterflug warteten. Der Stützpunkt war luxuriös eingerichtet: In seinem Kino wurden Filme vorgeführt, die Rio noch nicht erreicht hatten, in der Kantine servierte man köstliche Speisen, und die Wohnungen waren mit mächtigen elektrischen Kühlschränken ausgestattet.[2] Maury reiste als Erster, zusammen mit den anderen Diplomaten, die das Konsulat wiederöffnen sollten, bevor sie ihre Angehörigen nachholten. Die Flüge waren zermürbend: von Rio nach Natal, zur Insel Ascension, nach Accra, nach Robertsfield (Liberia), nach Dakar, nach Tindouf, nach Marrakesch, nach Casablanca, nach Oran und von dort nach Algier, wo Maury und seine Kollegen endlich eine Ruhepause einlegen konnten.

Sie zog aus dem US-Stützpunkt in das »grässliche kleine Grandhotel« vor Ort, wie sie Lúcio schrieb. »Maury ist gestern geflogen, und ich erwarte eine Transportmöglichkeit vielleicht am Wochenende.« Insgesamt verbrachte sie zwölf Tage in Natal, »eine[r] Kleinstadt ohne Eigenschaften, sie ist noch nicht einmal alt«, und vermisste ihre Schwestern, Maury und die Freunde in Rio und Belém.[3]

Zum ersten Mal seit ihrer Ankunft in Maceió als Kleinkind von Einwanderern sollte sie Brasilien verlassen. Die Umstände wären zweiundzwanzig Jahre zuvor kaum vorstellbar gewesen, als sie als armes, hungriges Kind einer Familie zerlumpter Flüchtlinge im Zwischendeck eintraf. Der schönen jungen Frau, einer bewunderten Schriftstellerin und geachteten Journalistin, die auf ihr Flugzeug wartend im Grandhotel saß und einen vornehmen katholischen Namen in ihrem Pass trug, war der ungeheure Kampf ihrer Familie nicht im Geringsten anzusehen.

Es war eine Art Triumph, doch kein eindeutiger. In den Jahren seit der Lan-

dung ihrer Familie im Schatten der falschen Freiheitsstatue an den Docks von
Maceió war sie in dem einzigen Land, das sie kannte, sesshaft geworden.»Clarice
hätte Brasilien nie verlassen sollen«, sagte Eliane Weil, die sie ein paar Wochen
später in Algier traf.»Sie war nicht wie die anderen Frauen. Nur sehr wenige hatten eine Ausbildung. Sie waren darin geschult worden, ihren Männern zu helfen,
sich um die Kinder und das Personal zu kümmern. Clarice dagegen hatte studiert
und war berufstätig. Sie hatte ein Leben in Brasilien.«[4]

Die Erfahrung, im Ausland zu leben, sollte schwierig, aber lohnend sein, doch
zunächst musste sie dorthin gelangen. Am 30. Juli brach sie aus Natal auf.»Unter
den Mitreisenden waren zahlreiche Missionare, und ich beobachtete eine heilige
kleine Frau, die gegenüber von mir schlief, ich selbst fühlte mich schwach und
schrecklich vergeistigt, ohne eine Spur von Hunger, bereit, sämtliche Schwarzen
in Afrika davon zu überzeugen, dass für nichts Notwendigkeit besteht, außer für
Zivilisation«, schrieb sie an Lúcio.[5]

Am folgenden Tag erreichte sie die Niederlassung des U. S. Army Air Corps
am Fisherman's Lake in Liberia, wo sie sich einen Tag und eine Nacht lang aufhielt. Obwohl sie dauernd von liberischen Dorfbewohnern umringt wurde, die
ihr glattes blondes Haar bestaunten, kam ihr der Ort nicht besonders exotisch
vor.»Ich musste mir immer wieder sagen: Wir sind in Afrika, um etwas zu empfinden. Ich bin noch nie jemandem begegnet, der weniger touristisch veranlagt
wäre.« Am 1. August landete sie in Bolama in Portugiesisch-Guinea, wo sie zu
Mittag aß und mit dem Kolonialregime konfrontiert wurde. Noch 1974 sollte sie
über das Erlebnis schreiben.»[Angesichts der Auspeitschung von Einheimi-
schen] fragte ich: Ist das denn nötig, sie zu behandeln, als wären sie keine menschlichen Wesen? Er antwortete mir: Sonst arbeiten sie nicht. Ich kam ins Grübeln.
Geheimnisvolles Afrika.«[6] Sie verließ das geheimnisvolle Afrika über Dakar und
flog die Nacht hindurch nach Lissabon.[7]

✳

Dank der Opfer ihrer Eltern konnte Clarice Lispector gut ernährt und gut
gekleidet, verheiratet mit einem Diplomaten, dessen Gehalt in Dollar gezahlt
wurde, auf ihren Heimatkontinent zurückkehren. Es ist unwahrscheinlich, dass
sie über das Ausmaß der Schrecken Bescheid wusste, die ihrem Volk widerfuh-
ren. Seit den dreißiger Jahren war weithin bekannt, dass die europäischen Juden
verfolgt wurden, doch das wahre Wesen der Verfolgung war noch unvorstellbar.
Brasilien befand sich seit Jahren unter der Zensur des Estado Novo. Die jiddi-

schen Zeitungen, die das größte Interesse an dem Thema gehabt hätten, unterlagen noch der Zensur; die portugiesischsprachigen Zeitungen hatten entweder kein Interesse oder wurden an der Berichterstattung gehindert.»Wir wussten es nicht«, sagte Tania Lispector Kaufmann.»Wir waren in unsere Arbeit vertieft, und die Leute sprachen kaum darüber.«[8] Im Wesentlichen tappten die brasilianischen Juden im Dunkeln.»Als der Krieg endete, kamen viele Journalisten und Schriftsteller … nach Lateinamerika«, erinnerte sich ein anderer Brasilianer. »Denn hier wussten wir überhaupt nichts. Die Zeitungen schrieben nicht darüber, weil wir eine Diktatur hatten. Also wurden Journalisten und Schriftsteller eingeladen, die in Europa gewesen waren.«[9]

Das neutrale Lissabon, wo Clarice am 2. August 1944 landete, war in einer besseren Lage als die meisten Gegenden Europas, aber es machte trotzdem einen schäbigen und elenden Eindruck.»Lissabon muss ein schrecklicher Ort zum Leben und Arbeiten sein«, schrieb sie einige Wochen später an Lúcio.»Wie Maria Archer sagt – die größte Schwäche der Portugiesen ist die Würde.«[10] Archer, eine Romanautorin, die in Portugiesisch-Afrika aufgewachsen war, gehörte zu den vielen Kulturschaffenden, denen die junge Brasilianerin imponierte. Clarice schrieb Tania und Elisa, der brasilianische Dichter und Diplomat Ribeiro Couto habe»ein Abendessen gegeben, zu dem unter anderen João Gaspar Simões eingeladen war, der große portugiesische Kritiker«. (Heute erinnert man sich an ihn hauptsächlich als ersten Biographen Fernando Pessoas.)»Wir haben uns ausgiebig unterhalten. Er fand sichtlich Gefallen an mir und möchte das Buch gerne haben. (Ihr könnt Euch nicht vorstellen, was für ein Erfolg ich an dem Abend war. Alle imitierten mich, alle waren ›bezaubert‹.)«[11]

Eine dauerhafte Freundschaft knüpfte sie mit der portugiesischen Dichterin Natércia Freire.»Die vier Stunden, die wir miteinander verbrachten, wurden mir kurz, so viel hatten wir einander zu sagen. Aber eines Tages werden wir uns wiedersehen, und ich werde viel zuhören und viel reden.«[12] Sie sollten einander nie wiedersehen, doch die vier Stunden hinterließen bei Natércia einen so tiefen Eindruck, dass die beiden noch 1972 in Briefkontakt standen. (»Mein Gott, wie viel wir gelebt haben!«, sollte Clarice schreiben.)[13]

Die Reise war kein reines Vergnügen, wie sie Lúcio schrieb.»Ich zumindest fühlte mich – vielleicht wegen der besonderen Lage des Wartens und der inneren Anspannung – so rastlos wie lange nicht mehr. Aber in gewisser Hinsicht ist es für uns wie zu Hause – vielleicht liegt der Grund darin, wer weiß?«[14] Und an Tania schrieb sie:»Das Reisen bereitet mir keine Freude. Lieber wäre ich dort bei Euch oder bei Maury. Anscheinend ist es überall auf der Welt leicht unerfreulich.

Das Wichtigste im Leben ist, bei denen zu sein, die man liebt. Das ist die größte Wahrheit überhaupt.«[15]

Nach anderthalb Wochen in Lissabon reiste »Mme. Clarisse Gurgel Valente, courrier diplomatique«,[16] nach Marokko ab. Bei sich hatte sie Schreiben für Dr. Vasco Tristão Leitão da Cunha, den Vertreter Brasiliens bei der Provisorischen Regierung der Französischen Republik, die von Algier aus operierte. Clarice hatte einen kurzen Aufenthalt in Casablanca, das sie »hübsch [fand], aber ziemlich anders als im Film Casablanca«, wie sie ihren Schwestern schrieb. »Die einfacheren Frauen gehen verschleiert. Sie sehen kurios aus mit ihrem Umhang, dem Schleier und dem manchmal kurzen Kleid, unter dem die Schuhe (und Socken) hervorlugen im Stil von Carmen Miranda«, der unvermeidlichen Botschafterin der brasilianischen Mode.[17] Von Casablanca reiste Clarice weiter nach Algier.

»Es ist überall gleich – seufzt die weitgereiste kleine Lady«, schrieb sie an Lúcio. »Die Kinos überall auf der Welt heißen Odeon, Capitol, Imperial, Rex, Olympia; die Frauen tragen Carmen-Miranda-Schuhe, selbst wenn ihr Gesicht verschleiert ist. Die Wahrheit bleibt dieselbe: Das Wichtigste sind nun einmal wir, und wir sind die Einzigen, die keine Carmen-Miranda-Schuhe tragen.«[18] Aus Algier schreibt sie an Tania und Elisa: »Ehrlich gesagt, weiß ich nicht, wie man Reisebriefe schreibt; ehrlich gesagt, weiß ich nicht einmal, wie man reist. Es ist merkwürdig, wie ich bei der kurzen Zeit kaum etwas von den einzelnen Orten wahrnehme. Die Natur kommt mir überall mehr oder minder ähnlich vor, die Dinge fast gleich. Ich wusste mehr von arabischen Frauen mit Schleier im Gesicht, als ich noch in Rio lebte. Nun ja, ich hoffe, dass ich mich nie dazu zwinge, Stellung zu beziehen. Das würde mich nur ermüden [...] In dem ganzen Monat unterwegs habe ich rein gar nichts getan oder gelesen oder sonst was – ich bin voll und ganz Clarice Gurgel Valente. Und dabei guter Dinge.«[19]

In Algier wohnte sie in der brasilianischen Gesandtschaft im Zimmer ihres Schwagers Mozart Gurgel Valente, der mit dem Sofa vorlieb nehmen musste. Hier machte sie ihre erste längere Erfahrung mit der Diplomatengesellschaft und war nicht begeistert, wie sie Elisa und Tania in Rio mitteilte.

Die meisten Frauen sind ausgesprochene Snobs, von Natur aus hart und unbarmherzig, ohne dass sie sich deshalb bösartig verhalten würden. Ich muss lachen, wenn ich sie über Adel und Aristokratie schwadronieren höre und mich inmitten des Getümmels sehe, mit der freundlichsten und feinsten Miene, die ich aufbringen kann. Noch nie habe ich so viel ernsthaften, heillosen Blödsinn gehört wie während dieses einen Reisemonats. Leute voller Gewissheiten und Urteile, die ein leeres Leben voller gesellschaftlicher Genüsse und Feinheiten führen. Natürlich muss man den wahren Menschen dahinter kennenlernen. Aber selbst für eine Tierschützerin wie mich ist das eine schwierige Aufgabe.[20]

Die Aussichten waren jedoch nicht nur düster, und im Lauf ihrer zwölf ereignisreichen Tage in Algier gewann sie langjährige Freunde. Darunter war eine junge jüdische Französin namens Eliane Weil, die den Nazis in Paris entkommen und mit dem letzten Schiff aus Marseille nach Algerien gelangt war. Dort, wo sie bei der psychologischen Kriegführung für die Amerikaner arbeitete, lernte sie Mozart kennen, der vier Jahre älter als Maury war und sich seit April 1943 in Algier aufhielt. Sie verliebten sich ineinander, doch wie schon Clarice und Maury entdeckt hatten, durften brasilianische Diplomaten keine Ausländer heiraten.

Zum Glück half ihnen ein genealogischer Zufall: Elianes Mutter Lucy Israel war 1899 in Rio geboren worden. Die Familie gehörte zu den ersten Juden, die sich in Brasilien niederließen, aber sie kehrten nach Europa zurück, als Lucy sieben Jahre alt war. In Paris heiratete Lucy 1920 einen elsässischen Juden namens Léon Weil, wodurch ihre Tochter Eliane gesetzlich als »in Paris geborene Brasilianerin« galt, genau wie Lucy eine »in Rio de Janeiro geborene Französin« gewesen war. Elianes Papiere mussten bearbeitet werden, damit sie, nach ihrer Wiedergeburt als brasilianische Staatsbürgerin, im Dezember 1944 in Rom Mozart heiraten konnte. Damit wurde sie zur dritten jüdischen Gattin im Itamaraty.

Eine weitere Überraschung hatte Mozart und Maury erwartet, als ein paar Wochen zuvor Elza Cansanção Medeiros in der Gesandtschaft in Algier aufgetaucht war. Mozart Senior hatte die Medeiros in Copacabana als Zahnarzt betreut. Die Familien, die einander seit Jahren kannten, waren Nachbarn gewesen, und die beiden hätten nie damit gerechnet, dass sie der neunzehnjährigen Elza ausgerechnet in dieser Gesandtschaft begegnen würden. »Was tust du hier?«, erkundigten sich die erstaunten Brüder. »Wieso hat dein Vater dich hierherkommen lassen?« Das sei nicht der Fall, erwiderte Elza. Vielmehr habe ihr Vater sie verstoßen, nachdem sie sich als erste Frau freiwillig zum FEB gemeldet habe.[21]

Dr. Medeiros war nicht der Einzige, der die brasilianischen Krankenschwestern skeptisch betrachtete. Carmela Dutra, genannt Santinha, die »kleine Heilige«, berühmt für ihren reaktionären Katholizismus und Frau des Kriegsministers, bezeichnete die freiwilligen Schwestern als »Prostituierte, die in den Krieg ziehen, um Karriere zu machen«. Sie überredete ihren Mann Eurico Gaspar Dutra, die Krankenschwestern weder als einfache Soldaten noch als Offiziere einzustufen. Das bedeutete, wie Elza sich erinnerte, dass sie nirgendwo essen konnten, denn es gab keine Messe, die sie betreten durften. Zum Glück habe der Vorsitzende des Roten Kreuzes in Recife, dem eine Keksfabrik gehörte, ihr zwei Schachteln seiner Erzeugnisse geschenkt, und dies sei ihre einzige Verpflegung auf der Reise von Brasilien nach Algerien gewesen.

Nachdem Elza wohlbehalten angekommen war, wurde sie von einem weiteren verblüfften Freund der Familie, Dr. Vasco Leitão da Cunha, begrüßt. Er half den jungen Frauen, im Dienstbotenflügel eines nicht weit entfernten Hotels unterzukommen. Dr. Vasco, der Vertreter Brasiliens bei der französischen Provisorischen Regierung, schickte sich an, seinen Posten als Generalkonsul in der neu eröffneten Botschaft in Rom zu übernehmen. Clarice mochte den begabten und charmanten Dr. Vasco sehr, genau wie alle anderen, die ihn kannten. Im Lauf seiner Karriere im Itamaraty sollte er die wichtigen Botschaften in Washington und Moskau leiten und zum Außenminister aufsteigen. Mozart und er begleiteten Clarice per Schiff nach Italien »bis Tarent, ohne auch nur eine Sekunde lang die obligatorische Rettungsweste abzulegen, eskortiert von zwei Zerstörern«. »In Tarent nahmen wir das persönliche Flugzeug des Oberbefehlshabers der Alliierten Streitkräfte im Mittelmeerraum und kamen so in diese Stadt.«[22]

Sie trafen am 24. August ein, dem Tag vor der Befreiung von Paris. Wie so viele andere Menschen überall auf der Welt verbrachte Elisa Lispector daheim in Rio vor Freude und Aufregung eine schlaflose Nacht.[23]

*

Lange vor dem Zweiten Weltkrieg hatte das Konsulat in Neapel eine bedeutende Rolle für die brasilianische Geschichte gespielt. Nach der Abschaffung der Sklaverei im Jahr 1888 suchte die brasilianische Regierung im Ausland nach kostenlosen Arbeitskräften für die florierenden Kaffeeplantagen des Landes. Das verarmte Italien mit seinem großen Überschuss an Landarbeitern bot die ideale Lösung. Im Gegensatz zu Juden oder Japanern wurden Italiener auch den Forderungen der brasilianischen Rassentheoretiker gerecht: Sie waren weiße Katholiken, die mühelos integriert werden konnten. Hunderttausende kamen, besonders in den Süden. Es waren so viele, dass sie die Vorfahren ganzer 15 Prozent der gegenwärtigen brasilianischen Bevölkerung ausmachen.[24] Wie die Italiener, die in die Vereinigten Staaten und nach Argentinien auswanderten, stachen die meisten, die nach Brasilien fuhren, von Neapel aus in See; vorher ließen sie ihre Papiere im brasilianischen Konsulat abstempeln.

Nun war das Konsulat, bei dessen Wiedereröffnung Maury Gurgel Valente mitwirkte, die Basis für eine weitere kritische Aktion, mit der 25 000 Soldaten des Brasilianischen Expeditionskorps unterstützt werden sollten. Im Jahr 1944 ließ sich Neapel schwerlich als Station in der »Elizabeth-Arden-Laufbahn« beschreiben, jener bei Diplomaten begehrten Reihe feudaler Auslandsvertretungen. Maury erfuhr in Algier, dass zu den Bequemlichkeiten, auf die er würde verzichten müssen, auch Kissen und Mittagsmahlzeiten gehorten.[25] Die Stadt war ein knappes Jahr zuvor, am 1. Oktober 1943, befreit worden. Ihre Bevölkerung war dem Elend ausgesetzt.»Nichts, absolut nichts, was das menschliche Verdauungssystem verarbeiten kann, wird in Neapel verschwendet«, kommentierte der bekannte englische Reiseschriftsteller Norman Lewis. »Die Metzgereien, die hier und dort eröffnet worden sind, verkaufen nichts, was wir als Fleisch gelten lassen würden, doch ihre Schlachtabfälle sind kunstvoll ausgestellt und werden ehrfurchtsvoll behandelt: Hühnerköpfe, denen man die Schnäbel säuberlich abgeschnitten hat, kosten fünf Lire; ein kleiner grauer Haufen Hühnerdärme auf einem hell policrten Untersatz fünf Lire; ein Muskelmagen drei Lire; Kalbsfüße jeweils zwei Lire; ein großes Stück Luftröhre sieben Lire.«[26] Zudem war die Stadt von den sich zurückziehenden Deutschen mit Sprengfallen versehen worden. Regelmäßig explodierten Gebäude, und man hatte die unbewachte Stadt völlig ausgeraubt:»Nichts ist zu groß oder zu klein – von Telegrafenmasten bis hin zu Penicillinampullen –, um der neapolitanischen Kleptomanie zu entgehen. Vor ein oder zwei Wochen spielte ein Orchester im San Carlo vor einem Publikum, das überwiegend in alliierte Krankenhausdecken gehüllt war, und als es nach einer fünfminütigen Pause zurückkehrte, waren sämtliche Instrumente verschwunden.«[27] Der Himmel knisterte vor bösen Vorzeichen. Der Vesuv war am 18. März ausgebrochen, und die Bevölkerung steigerte sich in einen religiösen Wahn, dessen Erscheinungsformen für jemanden aus Nordostbrasilien nicht ungewöhnlich gewesen sein dürften:

Kirchen sind plötzlich voll von Bildern, die sprechen, bluten, schwitzen, mit dem Kopf nicken und heilende Flüssigkeiten absondern, die man mit Taschentüchern aufwischen oder sogar in Flaschen abfüllen soll. Ängstliche, ekstatische Mengen versammeln sich, um auf solche Wunder zu warten. Täglich berichten die Zeitungen von neuen Mysterien. In der Kirche Santo Agnello führt ein Kruzifix regelmäßig Gespräche mit dem Bild der Santa Maria d'Intercessione – eine Tatsache, die von Augenzeugen vor Ort bestätigt wird.

Das Bild der Santa Maria del Carmine, das den Kopf zum ersten Mal während
der Belagerung von Neapel durch Alfonso von Aragon gebeugt haben soll, um
einer Kanonenkugel auszuweichen, tut dies nun jeden Tag routinemäßig.[28]

Brot, Fleisch, Öl und Pasta seien selbst ein Jahr nach der Befreiung noch sehr
teuer, schrieb Rubem Braga, der Korrespondent des *Diário Carioca*.[29] »Die Menschen von Neapel leben schlecht, kleiden sich schlecht, essen wenig – und ihre
Freiheit unterliegt zahlreichen Einschränkungen«, fuhr er fort. »Der Schwarz-
markt funktioniert überall. Manchmal hat man den tragikomischen Eindruck,
dass jeder versucht, etwas für 20 Lire zu erwerben, um es für 40 Lire an jemanden
weiterzuverkaufen, der es für 70 Lire an noch jemanden veräußert, der es erneut
weiterverkauft – und so fort, bis ein Bürger an irgendeinem Punkt der Kette beschließt, die Ware mit Gott weiß wo entdecktem Geld zu kaufen und zu benutzen.« Braga machte jedoch deutlich: »Man sieht keinen Hunger, den absoluten
Hunger, der in Griechenland und anderswo herrschen soll. Lebensmittel sind
teuer und selten, aber immerhin gibt es welche.«[30]

*

An diesem paradiesischen Ort begannen Clarice und Maury ihre überseeische
Karriere. In ihren Briefen ging Clarice kaum auf die Probleme ein (oder erwähnte
sie nicht einmal). »Schön ist es hier«, schrieb sie an Lúcio. »Die Stadt ist ver-
dreckt und unordentlich, so als zählten vor allem das Meer, die Menschen, die
Dinge. Die Menschen scheinen hier provisorisch zu leben. Und alles hat eine ver-
blasste Farbe, aber nicht so, als läge ein Schleier darüber: Das sind die wirklichen
Farben.«[31]

Elisa, der sie in der Regel ausführlichere Schilderungen zuteilwerden ließ als
Tania oder Lúcio, beschrieb sie die Situation ein wenig genauer. »Die Leute leben
unzweifelhaft von Schmuggel, Schwarzmarktgeschäften, Prostitution, Überfäl-
len und Diebstählen. Darunter leidet vor allem die Mittelschicht.«[32] Einige
Wochen später führte sie das weiter aus: »Tatsächlich wird der Krieg als Erklärung für vieles herangezogen, was es hier schon immer gegeben hat. Prostitution
zum Beispiel ist seit jeher ein wichtiger Quell des Lebensunterhalts. Es heißt, die
jungen Kerle würden jetzt ihre Schwestern auf der Straße anbieten, dazu der
Ehemann, der sagt, er hätte da ein überaus hübsches Mädchen, und am Ende
stellt sich heraus, dass es seine Frau ist, und so weiter; aber alle sagen, dass das
schon immer so gewesen ist.«[33]

Sie las recht viel, hauptsächlich auf Italienisch. In dieser Sprache erneuerte sie ihre Bekanntschaft mit Katherine Mansfield, deren *Seligkeit und andere Erzählungen* sie einige Jahre vorher außerordentlich beeindruckt hatte. Es war das erste Buch, das sie sich mit ihrem Gehalt als Journalistin kaufte. »Dieses Buch bin ich!«, rief sie laut ihrer eigenen Schilderung aus, als sie es zum ersten Mal öffnete.

Nun, in Neapel, während sie Mansfields Briefe las, teilte sie Lúcio mit: »Es kann kein großartigeres Leben als das ihre geben, und ich weiß schlichtweg nicht, was ich tun soll. Wie absolut außergewöhnlich sie ist.«[34]

Clarices Bewunderung für Mansfield und ihre Identifizierung mit der Neuseeländerin sind interessant. Es handelt sich um die Bewunderung, die eine Schriftstellerin naturgemäß für eine bedeutende Vorgängerin empfinden würde. Aber die Aussage »Es kann kein großartigeres Leben als das ihre geben« wirft die Frage auf, was Clarice mit der Anspielung auf ein Leben meinte, das durch weibliche wie männliche Liebespartner, Geschlechtskrankheit, Depression, Tuberkulose und den Tod mit vierunddreißig Jahren gekennzeichnet war. Möglicherweise bezieht sie sich auf Mansfields Herausforderung der Konventionen, auf ihren unaufhörlichen, zum Scheitern verurteilten Kampf um Freiheit. Für die junge Autorin von *Nahe dem wilden Herzen*, ebenso wie für ihre rebellische Schöpfung Joana, war persönliche und künstlerische Freiheit das höchste Gut. Die Botschaft von Katherine Mansfields Leben muss Clarice, die gerade vom diplomatischen Korps vereinnahmt wurde, das sich sogar zu Kriegszeiten vorsichtig, verschlossen und äußerst formell verhielt, besonders angesprochen haben.

»Insgesamt habe ich durchaus ›gesellschaftlichen Erfolg‹«, schrieb sie an Lúcio. »Nur dass Maury und ich uns am Ende blass und erschöpft anschauen, wir die Leute verabscheuen und nur noch Hass und Reinheit im Sinn haben [...] Alle Welt ist intelligent, gutaussehend, gebildet, man gibt Almosen und liest Bücher; aber warum scheren sie sich nicht allesamt zum Teufel? Auch ich täte das liebend gerne, wenn ich nur wüsste, dass die ›leidende Menschheit‹ in den Himmel kommt. Mein Gott, am Ende bin ich doch keine Missionarin.«[35]

Trotz dieser Töne schrak sie nicht vor der »leidenden Menschheit« oder gar Missionarstätigkeit zurück. Kurz nach ihrer Ankunft konzentrierte sie sich darauf, bei der Betreuung der »rauchenden Kobras« – der FEB-Soldaten, die zur Verwirrung der Italiener in Neapel gelandet waren – zu helfen. Am 15. November, dem Jahrestag der Gründung der Brasilianischen Republik, hielt Vasco Leitão da Cunha eine Rede, in der er die Gründe für den brasilianischen Kriegseintritt darlegte. Insbesondere bezog er sich auf die italienischen U-Boote, die Schiffe unter der Flagge seines Landes angegriffen hätten. Dies musste hervorgehoben werden, denn die meisten Italiener waren im Unklaren darüber, was die Brasilianer in Europa zu suchen hatten. »Hunderte von Italienern, mit denen ich gesprochen habe – Menschen aller sozialen Schichten und Bildungsstufen, darunter politische Journalisten –, wussten absolut nichts von den feigen Aktionen italienischer U-Boote, die Männer, Frauen und Kinder eines neutralen Landes ermordeten«, schrieb Rubem Braga.

Die faschistische Zensur verschleierte diese Tatsache. Der faschistischen Propaganda zufolge zwangen die Vereinigten Staaten Brasilien, in den Krieg einzutreten. Die großen Protestmärsche des brasilianischen Volkes nach der Torpedierung unserer Schiffe durch deutsche und italienische U-Boote wurden hier, wie man sich leicht denken kann, nicht gemeldet. Sobald sich Brasilien den kriegführenden Parteien angeschlossen hatte, begann Mussolinis Propagandaapparat ein größeres Interesse an unserem Land zu zeigen. Während unser Eintritt in den Konflikt auf widerwärtigste Art verhöhnt wurde – nicht nur die Position unserer Regierung, sondern das brasilianische Volk selbst wurde attackiert –, erfand man Geschichten über Tausende von italienischen Einwanderern, die angeblich in brasilianischen Gefängnissen und Konzentrationslagern Gräuel durchmachten.[36]

Es war die übliche faschistische Propaganda, doch die Brasilianer kämpften nicht gegen die Italiener, die 1943 kapituliert hatten. Sie nahmen es mit den Deutschen auf. Schlimm genug, dass sie unzureichend gerüstet und ausgebildet waren und dass ihr allgemeiner Zustand das klägliche Gesundheitsniveau in Brasilien widerspiegelte.[37] Noch schlimmer war jedoch, dass sie rassisch »gemischt« waren – ein Umstand, auf dem pro-nationalsozialistische Brasilianer herumritten, als sie die Torheit des Kriegseintritts unterstrichen. Rubem Braga dagegen betonte die Zähigkeit der Soldaten: »Sie sind keine schlechteren Kämpfer als alle anderen, und sie glauben nicht an die Legende von den ›Übermenschen‹ die, wie ich zu meiner Beschämung gestehen muss, durch unsere eigenen ›Soziologen‹ kolportiert wird, von denen manche, wie ich persönlich weiß, ihrerseits von ›minderwertiger‹ rassischer Zusammensetzung sind.«[38]

An dieser Stelle legten die Nationalsozialisten mehr Fingerspitzengefühl an den Tag. In den Flugblättern, die sie an brasilianische Soldaten verteilten, benutzten die Deutschen die gleichen Argumente wie die einheimische fünfte Kolonne (mit dem einzigen Unterschied, dass das Portugiesisch der Deutschen zu wünschen übrig ließ). »Der Haupteinwand betrifft die Frage, warum die Brasilianer in Italien kämpfen. Allerdings erklärt der Autor nirgends, warum die Deutschen im selben Land Krieg führen. «Außerdem wird Gefangenen und Deserteuren, »ohne Ansehen von Rasse oder Nation, gutes Essen versprochen, und nicht nur gutes Essen, sondern auch Rücksichtnahme, da dort ›jeder respektvoll behandelt wird‹. Kein Wort von Rassismus. Die stärkste Wendung, die einen besonderen Schriftgrad verdient hatte, brachte folgende, zutiefst philosophische Wahrheit zum Ausdruck: ›Im Krieg ist es am wichtigsten, heil in die Heimat zurückzukehren.‹ Welch ein netter Gedanke aus dem Mund der deutschen Soldaten, der angeblichen Verfasser der Botschaft. Hier erscheint Herr Hitler als Pazifist und Antirassist – auf Portugiesisch.«[39]

*

Hitlers »pazifistische und antirassistische« Armeen fügten den brasilianischen Einheiten schwere Verluste zu. Die Brasilianer wurden in die Lazarette zurückgedrängt, in denen Elza Cansanção Medeiros und die anderen Schwestern arbeiteten. Die Lagerlazarette, knapp hinter der Front, waren die erste Station. Für die Verwundeten, die sich fortbewegen konnten und sich voraussichtlich innerhalb von ein paar Tagen erholen würden, gab es etwa zwanzig Kilometer hinter der Front eine Evakuierungsklinik. Die schlimmsten Fälle wurden im US-Hauptlazarett in Neapel behandelt.[40]

Symbolischerweise war das Lazarett in der Mostra d'Oltremare untergebracht, einem ultramodernen Ausstellungskomplex, den Mussolini im Mai 1940 eingeweiht hatte.[41] Hier wurde der »heldenhafte Kreuzfahrer, so kultiviert durch den Faschismus«, gefeiert, »der die afrikanische Barbarei angreift, um uneigennützig den schönen schwarzen Sklaven zu befreien«. Es war derselbe Held, den die Zeitschrift *Pan*, in der Clarice ihre erste Erzählung veröffentlichte, ein Jahrzehnt zuvor geehrt hatte.[42] Nur vier Jahre nach der prunkvollen Einweihung des Komplexes beherbergten die Pavillons, durch der die italienischen Kolonien Eritrea, Äthiopien, Albanien und Libyen gedacht wurde, bereits die neuesten Opfer jener »heldenhaften Kreuzfahrer«: die im Italienfeldzug verwundeten alliierten Soldaten.

Dort wurde Elza Cansanção Medeiros, eine Neunzehnjährige aus einer wohlhabenden Familie in Rio, die ihr Englisch von einer in Oxford ausgebildeten Gouvernante erlernt hatte, wie sie später berichtete, von Verzweiflung übermannt, als sie feststellte, dass das Krankenhaus von »TEXANERN!« geleitet wurde. »Was sie sprechen, ist beinahe ein Dialekt, mit halb geschlossenem Mund. Es war grässlich! Nach ein paar Tagen weinte ich bitter, denn ich musste die Aussagen der Ärzte für die Patienten und umgekehrt übersetzen.«[43]

Die Schwestern benötigten jede nur mögliche Hilfe und freuten sich über die Verstärkung durch Frau Clarice Gurgel Valente, die sich trotz ihrer abschätzigen Bemerkungen über die »leidende Menschheit« als unermüdliche Philanthropin erwies. Da die brasilianische Armee nicht über Sozialarbeiter verfügte, »beantragte [Clarice] die Erlaubnis der Militärbehörden auf brasilianischer und amerikanischer Seite, das Lazarett täglich aufzusuchen und ein bisschen mit den kranken Männern zu plaudern«, erinnerte sich Elza. »Es war schwierig, die Genehmigung zu erhalten, da sie Zivilistin war und, obwohl Mitglied unseres diplomatischen Korps, keinen militärischen Rang besaß. Nach langem Ringen wurde ihr die Erlaubnis erteilt. Sie begann, jeden Tag ins Krankenhaus zu kommen, eine wahre Samariterin. Die anmutige Gestalt ging von einem Bett zum anderen, immer mit einem freudigen Lächeln auf den Lippen, unterhielt sich mit den Soldaten, las ihnen Briefe aus der Heimat vor, erteilte ihnen Rat, schrieb Mitteilungen für jene, die es nicht konnten oder sich nicht darauf verstanden, organisierte Spiele für die Verwundeten und verteilte die armseligen Dinge, die wir unseren kranken Männern anbieten konnten.«[44]

Die große Mystikerin hatte, wie sich Elza entsann, eine besondere Begabung dafür, Zehennägel zu stutzen.[45] Rubem Braga vermittelt eine Vorstellung von den Briefen, die Clarice gelesen oder sogar geschrieben haben könnte. Die Gedanken der verwundeten und im Ausland festsitzenden Soldaten waren nie fern der Heimat. »Einer von ihnen – erzählt mir der Zensor, ohne seinen Berufseid zu verletzen – schrieb ein endloses sentimentales Gefasel: Er vermisse sie unsäglich, ohne sie zu leben sei eine Tragödie, ich weiß nicht, wie ich es ertragen soll, diese Trennung ist eine stechende Folter, ich weine, wenn ich an Dich denke, und am Ende noch ein Postskriptum: Lass mich wissen, wer das Spiel gegen Bangu gewonnen hat … Ein anderer, der ebenfalls an seine Frau schrieb, erklärte, wie sehr er sich nach ihr sehne, sprach vom Vaterland und mahnte dann: ›Frau, vergiss nicht, denn Hof zu jäten. Er sah so hässlich aus, als ich zuletzt da war.‹«[46]

»Ich besuche täglich alle Kranken«, erzählte Clarice Lúcio im März. »Ich bringe ihnen, was sie brauchen, spreche mit ihnen, streite mich mit der Verwaltung herum, um alles Mögliche zu erreichen, kurz, ich bin grandios. Jeden Morgen gehe ich dorthin, und bin ich einmal verhindert, so stört mich das sehr, denn die Kranken warten schon auf mich, und mir selbst fehlen sie auch.«[47]

Sie begnügte sich nicht mit Besuchen am Krankenbett, berichtete Elza, die »aus einer Krankenstation eintraf, wo einige [der] verwundeten Offiziere lagen, und zufällig ein Gespräch zwischen Dona Clarice und den Patienten hörte. Diese sollten in die Vereinigten Staaten evakuiert werden, wo sie viele Monate bleiben und lernen mussten, Prothesen zu benutzen.« Einer der Offiziere sagte:

»Ach, Dona Clarice, wie gern würde ich etwas Brasilianisches essen, bevor ich in die Vereinigten Staaten abfliege. Ich vermisse Brasilien so sehr, vor allem die Speisen, und nun wird es so lange dauern, bis ich ein paar gute brasilianische Bohnen oder Reis mit süßer Soße essen kann!«

Dona Clarice stand schweigend da, dachte angestrengt nach und traf eine Entscheidung, bevor sie erwiderte:

»Also gut, wenn Ihr Arzt einverstanden ist, kommen Sie bitte morgen ins Konsulat, und ich werde sehen, was ich mit unseren Rationen anstellen kann, um eine brasilianische Mahlzeit für Sie zuzubereiten.«

»Wenn ich diesen Abschnitt heute lese«, kommentiert Elza, »wirkt er nebensächlich, aber nur jemand, der in einem vom Krieg verwüsteten Land gewesen ist, kann ermessen, was für ein Opfer diese Einladung gefordert haben muss, denn sogar das diplomatische Korps hatte große Mühe, Lebensmittel zu beschaffen. Umso mehr, als es sich um fünf zusätzliche Personen handelte, die sich Mahlzeiten wünschten, die normalerweise nicht durch die Rationen abgedeckt wurden ... Unsere gute Fee scheute keine Anstrengung, und am folgenden Tag wurden die verstümmelten Offiziere herzlich im Konsulat empfangen und aßen gute brasilianische Speisen, die Dona Clarice liebevoll zubereitet hatte.«[48]

Das Mädchen, das Europa als verfolgter Flüchtling verlassen hatte, war zurückgekehrt, um den Opfern eines anderen Krieges zu helfen. Für Elza war sie eine »gute Fee«, die »Principessa di Napoli« für Rubem Braga und Joel Silveira, einen weiteren Reporter, der im Februar 1945 zweitausend Kilometer durch die Kriegszone zurücklegte, um Clarice zu besuchen.[49] Fotos zeigen sie auf dem Höhepunkt ihrer Schönheit, die in der vernichteten Umgebung noch dramatischer wirkte. Das größte Kompliment, das Clarice nach eigenem Bekunden je erhielt, wurde ihr gemacht, als Maury und sie in Neapel eine Straße entlanggingen. »Und ein Mann sagte recht laut zu einem anderen, er wollte, dass ich das höre: ›Auf solche Frauen zählen wir, um Italien wieder aufzubauen.‹«[50]

DIE GESELLSCHAFT DER SCHATTEN

Im Oktober 1944 wurde Clarice Lispector daheim in Rio mit dem Graça-Aranha-Preis für den besten Debütroman des Jahres ausgezeichnet, wodurch *Nahe dem wilden Herzen* noch einmal verstärkte Publicity erhielt. In der enormen Zimmerflucht in der Via Giambattista Pergolesi, die Maury und sie sich mit dem Konsulat, dem Konsul, Mozart Gurgel Valentes Verlobter Eliane Weil und dem zweiten Botschaftssekretär teilten, legte Clarice letzte Hand an den Roman *Der Lüster*, den sie im vorherigen März in Rio begonnen hatte. Genau wie in dem Zeitraum, als sie versucht hatte, *Nahe dem wilden Herzen* in Tania und William Kaufmanns überfüllter Wohnung zu beenden, schloss sie sich zum Arbeiten in einem Zimmer ein.[1]

»Meine hausfraulichen Pflichten sind glücklicherweise gleich null«, schrieb sie im November an Elisa. »Ich treffe keine Entscheidungen und mische mich nur selten ein; denn sonst würde alles über mir zusammenstürzen, und selbst das, was einfach von Natur aus schlecht ist, würde zum Fehler meinerseits erklärt. Ich habe anderes zu tun, als eine Art Pension zu leiten: Zum Beispiel sitze ich da und starre an die Wand.«[2]

Natürlich war sie keineswegs untätig. Im November sollte das Buch so weit sein, wie sie Lúcio gegenüber erklärte. »Nur fehlt darin das, was ich nicht zu sagen weiß. Überdies habe ich den Eindruck, dass es schon fertig war, als ich aus Brasilien abflog; und dass ich es als unabgeschlossen ansah wie eine Mutter, die ihre riesengroße Tochter betrachtet und sagt: So viel ist klar, fürs Heiraten ist es noch zu früh.« Sie bat ihn, »[der Tochter] einen Ehemann im Verlag José Olympio zu finden«, dem damals angesehensten Verlagshaus in Rio.[3] Offenbar dachte sie, dass sie sich nach dem kolossalen Erfolg von *Nahe dem wilden Herzen* einen Verlag würde aussuchen können.

Sie irrte sich. Trotz der Anerkennung für *Nahe dem wilden Herzen* sollte ihr nächstes Buch nicht von José Olympio veröffentlicht werden. Rubem Braga half, es bei der Editora Agir, einem katholischen Verlag, unterzubringen. Dies hielt

Clarice für eine seltsame Entscheidung, wie sie Elisa gestand:»Ich muss sagen, mir ist ein Rätsel, warum Agir, ein im Wesentlichen katholisch geführter Verlag, ein Buch zur Publikation annimmt, das weder katholisch ist noch von einem Katholiken geschrieben wurde. Das wundert mich sehr.«[4] Und als Elisa weitere Informationen über den Verlag schickte, antwortete Clarice:»Ich sehe schon, wenn ich will, kann ich bald Nonne werden: Mein armes Buch ist ja von einer Orgie katholischer Bücher umgeben.«[5]

Lúcio berichtete sie:»Tania hat ernsthafte Vorbehalte gegen den *Lüster*. Das betrifft auch den Titel.«[6] Auch er hatte seine Vorbehalte ausgedrückt:»Mir gefällt der Titel *Der Lüster* schon, aber nicht besonders. Ich glaube, er ist ein bisschen mansfieldianisch und zu armselig für eine so reiche Person wie dich.«[7] Clarice entgegnete:»Das bleibt trotzdem so, auch wenn sie vielleicht recht hat. Eigentlich ist nichts darin so richtig überzeugend. Mein Problem ist, dass ich aus nichts als Fehlern bestehe, und wenn man die herausnimmt, bleibt kaum mehr als eine Mädchenzeitschrift übrig.«[8]

Es war problematisch, einen Verlag für den *Lüster* zu finden, weil das Buch in einem seltsamen und schwierigen Lebenswerk als das vielleicht seltsamste und schwierigste hervorsticht. Unter ihren Werken ist es das am wenigsten übersetzte, und obwohl Clarice die am intensivsten erforschte brasilianische Schriftstellerin ihres Jahrhunderts sein dürfte, gibt es erstaunlich wenig Sekundärliteratur über den *Lüster*. Dabei lässt gerade die Schwierigkeit des Buches die Geschichte im Gedächtnis haften.

Clarice sagte häufig, dass man ihre Bücher mehrmals lesen müsse, und das gilt besonders für den *Lüster*.

Im Gegensatz zu ihrem ersten, in Fragmenten geschriebenen Roman mit seinen ständigen Szenenwechseln bildet *Der Lüster* ein kohärentes Ganzes. Obwohl darin in langen Abschnitten vorgeblich Ereignisse beschrieben werden, bestehen diese fast ausschließlich aus inneren Monologen, die nur von gelegentlichen dissonanten Dialog- oder Handlungsfetzen unterbrochen werden. Der Text bewegt sich in langsamen Wellen fort, die in Momenten der Offenbarung gipfeln. Zwischen diesen Erleuchtungen muss der Leser auf langen Durststrecken den inneren Entwicklungen einer anderen Person in mikroskopischem Detail folgen. Wer an Offenbarungen gewöhnt ist und kontinuierliche Anregungen und Überraschungen erwartet, wird, wenn er das Buch zum ersten Mal in die Hand nimmt, sehr bald aus der Fassung gebracht.

Doch die eisige Intensität des Buches übt auch eine besondere Faszination aus. Darin kommt Clarice ihrem Ziel, die tatsächliche Erfahrung des Schreibens in ihrer Prosa widerzuspiegeln, so nahe wie nie. Diese Erfahrung ist nun einmal voll von Pausen und Monotonie und langer Weile und wird nur gelegentlich durch Höhepunkte und Glücksgefühle aufgelockert. Was auf die Literatur zutrifft, gilt noch nachdrücklicher für das Leben selbst –»Literatur ist Leben, das lebt« – in seiner durch intensive Erfahrungen nur vereinzelt aufgelockerten Monotonie. Das Buch ist zu dicht, als dass man es nebenbei lesen könnte, und es erfordert eine gewisse Anstrengung. Bei der Lektüre denkt man daran, wie die Freundin Olga Borelli Clarice am Ende ihres Lebens beschrieb:»Ihre Augen schienen in alle Mysterien des Lebens hineinzuspähen, völlig gelassen, sie fixierten Menschen wie die Augen des eigenen Gewissens, zu heftig, als dass jemand es lange ausgehalten hätte.«[9] Nur wenn man dieses Werk langsam, nachdenklich und unabgelenkt – in jeweils drei oder fünf Seiten am Stück – liest, offenbart *Der Lüster* seine geniale Hellsichtigkeit.

✳

Der Lüster eignet sich noch weniger als die meisten anderen von Clarices Büchern dazu, seine Handlung oder seine Charaktere umreißen zu wollen. Die Schauplätze sind allgemein und vage: Die Protagonistin Virgínia wächst an einem ländlichen Ort namens Granja Quieta (Stiller Hof) in der Nähe des Städtchens Brejo Alto (Obermoor) heran, von wo sie schließlich»in die Stadt« umzieht. Die Figuren haben fast keine äußeren Merkmale. Niemand trägt einen Nachnamen, und nur ein paar haben einen Beruf, eine Familie oder ein Zuhause. Das Drama von Virgínias Leben, das die Geschichte des Buches ausmacht, ist fast ganz verinnerlicht, obwohl es häufig von außen erschüttert wird; Dialogfetzen, fremde Personen und Ereignisse wirken sich schockartig auf ihre gespenstische Existenz aus. Wie in vielen von Clarices Büchern entsteht die eigentliche Spannung aus dem Versuch des Individuums, seine innere Welt vor Attacken von außen zu schützen.

Virgínias Bemühungen, Kontakt zu jener äußeren Welt herzustellen, scheitern ausnahmslos; auf der letzten Seite des Buches wird sie von einem Auto erfasst. Diese nicht gerade subtile Symbolik kehrt in Clarice Lispectors Werken häufig wieder. In *Nahe dem wilden Herzen* erscheint sie am Ende:»Sie hatte die Puppe schon angezogen und wieder ausgezogen, hatte sie sich auf einem Fest vorgestellt, wo sie glänzte zwischen all den Töchtern. Ein blaues Auto fuhr durch Arletes Körper, tötete sie. Dann kam die Fee, und die Tochter war wieder lebendig.«[10] Ganz klar handelt es sich um einen Nachhall der Geschichten, die Clarice erzählte, um ihre Mutter wiederzubeleben. Das Motiv durchzog ihr ganzes Leben. Noch in ihrem letzten Roman, *Die Sternstunde*, wird die Protagonistin von einem Mercedes überfahren.

Das Wissen um das brutale unvermeidliche Ende führt jedoch nicht zu einer fatalistischen Weltanschauung. Vielmehr beleuchtet es das Ringen des Individuums umso stärker. Virgínia widersetzt sich den Angriffen anderer Menschen nicht, doch sie ist auch nicht mit ihnen verbunden. Die Menschen um sie herum sind Geister. Die Interpunktion der folgenden Passage, in der eine potenzielle Freundin versucht, Virgínia in die Alltagswelt zu holen, verleiht einem banalen Gespräch einen ätherischen, gesangsähnlichen Rhythmus: »›Virgínia, komm mich doch mal besuchen … Ich sage das nicht nur so dahin‹, insistierte sie … ›Komm nur … ich lebe alleine … Dann führen wir ein gutes Gespräch unter uns Frauen, wir reden über BHS, Menstruationsbeschwerden … was immer du willst … abgemacht?‹«[11] Die Einladung ist lächerlich, aber in diesen Textstellen setzt Clarice die Frau, die sie ausspricht, nicht herab. Virgínia ist nicht fähig, am normalen Leben teilzunehmen, Erfüllung in einer Freundschaft zu suchen. Nichts kann ihre Isolation beseitigen: weder ihr Umzug vom Lande in die Stadt, weder Familie noch Sex, noch Freundschaft.

Das liegt teilweise daran, dass die äußere Welt für Virgínia nicht existiert, sie hat keine Erwartungen daran. Übrigens ist dies ein weiterer Grund, warum Vergleiche zwischen Clarice Lispector und Sartre so unangebracht sind: Die Welt der Politik, der »neuen Menschen«, der Revolution und der Ideologie ist ihr völlig fremd. Für eine Frau ihrer Herkunft, die erlebt hatte, wohin Revolution und Ideologie führen können, war wahrscheinlich nichts anderes denkbar. Virgínias Freiheit rührt allein von innen her. Ihre Vollkommenheit ist nicht dauerhaft oder definitiv, sie blitzt nur hin und wieder kurz, aber grell auf. Die Sehnsucht nach einem solchen Stand der Gnade treibt Clarice Lispectors Figuren an. Sie widmen sich der Meditation, dem Gebet und schöpferischen Tätigkeiten mit einer Intensität, die ohne die Gewissheit des Untergangs unmöglich wäre. In einer ausgedehnten Metapher für Clarice Lispectors eigene schöpferische Tätigkeit formt die junge Virgínia Figürchen aus Lehm:

Aber am allermeisten liebte sie es, Lehmpuppen zu formen, was niemand ihr beigebracht hatte. […] Wenn es sie sehr danach verlangte, ging sie die Straße hoch bis zum Fluss. An einem der Ufer, das zwar glitschig war, doch gut zu erklimmen, fand sie den besten Lehm, den man sich wünschen konnte: weiß, formbar, klebrig, kühl. […] Sie gewann daraus eine helle, fügsame Masse, aus der man eine ganze Welt hätte modellieren können. Wie, wie das Wunder erklären?... Sie bekam Angst, wurde nachdenklich. Sie sagte nichts, regte sich nicht, doch innerlich wiederholte sie ohne ein Wort: Ich bin nichts, ich habe keinen Stolz, alles kann mir geschehen, wenn – – – will, wird er mich daran hindern, den Lehm zu kneten, – – –, wenn er das will, kann mir alles zertrampeln, alles kaputtmachen, ich weiß, dass ich nichts bin. – – – war weniger als eine Vision, es war ein Gefühl im Körper, ein erschrockener Gedanke über das, was ihr erlaubte, aus Lehm und Wasser so viel zu schaffen, und vor wem sie sich ernsthaft erniedrigen musste.

Ihr stummes Wissen, dass sie zermalmt werden könnte, dass sie nichts ist, und ihre hartnäckige Entschlossenheit, ihr Schaffen fortzusetzen, verleihen ihrer schöpferischen Tätigkeit einen spirituellen Glanz, und ihre eigene Rolle darin wird göttlich.

Aber manchmal erinnerte sie sich an den nassen Lehm, lief erschrocken in den Hof – tauchte die Finger in diese Mischung, kalt, stumm und ausdauernd wie ein Warten, sie knetete, knetete, gewann daraus nach und nach Formen. Sie machte Kinder, Pferde, eine Mutter mit einem Kind, eine Mutter alleine, ein Mädchen, das Dinge aus Lehm formte, einen Jungen, der sich ausruhte, ein Mädchen, das froh war, ein Mädchen, das nachsah, ob es regnen würde, eine Blume, einen Kometen, den Schweif besprenkelt mit gewaschenem, blitzendem Sand, eine welke Blume mit Sonne darüber, den Friedhof von Brejo Alto, eine junge Frau, die schaute... Noch vieles, vieles mehr. Kleine Formen, die nichts bedeuteten, aber in Wirklichkeit geheimnisvoll und ruhig waren. Manchmal hoch wie ein hoher Baum, aber das waren keine Bäume, sie waren nichts... Manchmal wie ein Bach, der dahinfloss, aber sie waren kein Bach, sie waren nichts... Manchmal ein kleiner Gegenstand, der Form nach fast ein Stern, aber müde wie ein Mensch. Eine Arbeit, die nie beendet sein würde, und das war das Schönste und Sorgfältigste, was sie je erfahren hatte: wenn sie doch formen konnte, was es gab und was es nicht gab![12]

Die eigenartige Syntax und die unerwarteten Adjektive, die Clarice Lispectors Sprache am Anfang so fremd wirken ließen, bleiben auch heute noch auffällig, besonders wenn sie durch Übersetzung eine weitere Schicht der Fremdheit erhalten. In Verbindung mit ihren unmöglichen poetischen Bildern – wie kann man »ein Mädchen, das nachsah, ob es regnen würde«, kneten? – löst die Passage beim

Leser das gleiche Schwindelgefühl aus, das Virgínia empfunden haben könnte, während sie ihre Welt aus Lehm und Sand schuf. Wie für Clarice –»Ich schreibe für mich, damit ich spüre, wie meine Seele spricht und singt, manchmal auch weint« – ist auch für Virgínia die Ekstase der Kontemplation und Schöpfung die höchste Freiheit.

*

Als Mädchen und dann als junge Frau ist Virgínia, wie Joana, unangepasst und manchmal gewalttätig. Doch Joana scheint gegenüber den Erwartungen der Außenwelt, gegenüber der Art und Weise, wie Kinder mit Erwachsenen, Frauen mit Männern oder Menschen mit Tieren umgehen, nicht so sehr aufsässig als vielmehr gleichgültig – oder sogar ignorant – zu sein. In diesem Sinne ist Joana bereits frei. Virgínia dagegen muss sich um ihre Freiheit bemühen. Sie neigt nicht von Natur aus zum Widerstand. Als Kind unterwirft sie sich fügsam dem Willen ihres bösen, sentimentalen Bruders Daniel, und in ihren Beziehungen als Erwachsene findet sie sich kleinlaut damit ab, erniedrigt zu werden. Nicht einmal die von ihr ausgeübte Gewalt hängt völlig von ihren eigenen Wünschen ab. Angeleitet wird sie von Daniel, der der gleichnamigen, vielleicht durch Lúcio Cardoso inspirierten Figur in Clarices früher Erzählung »Obsession« ähnelt.

In der gemeinsamen Kindheit führt Daniel seine Schwester in die okkulten Mysterien der Gesellschaft der Schatten ein, deren Motti »Einsamkeit« und »Wahrheit« lauten. Seine Schikanen und seine Grausamkeit werden von Virgínia hingenommen, die »Genuss« darin findet, sich ihm unterzuordnen. Die Gesellschaft der Schatten – also Daniel – befiehlt ihr, lange Zeiträume mit Gebeten oder Meditation zu verbringen, manchmal im Keller, manchmal in dem Wald, der das große, teils verfallene Landhaus umgibt. Und die Gesellschaft gebietet Virgínia auch, ihrem Vater zu erzählen, dass ihre Schwester sich heimlich mit einem jungen Mann trifft. Später hat es den Anschein, dass sie die Aussichten ihrer Schwester, Liebe zu finden, ruiniert hat.[13]

Virgínias Vergehen bereitet ihr einen wohligen Kitzel: »Sie hatte etwas Verdorbenes und Gemeines getan. Nie zuvor hatte sie allerdings das Gefühl gehabt, so frei und aus einem so unverfälschten Wunsch heraus gehandelt zu haben.«[14] Sie träumt davon, einen hilflosen Hund mit einem Tritt von einer Brücke in die Tiefe zu befördern, und dann, sich einem vorübergehenden Mann sexuell hinzugeben. All das wird von der Autorin, wie sich versteht, nicht verurteilt. Wie Joana existiert Virgínia außerhalb der konventionellen Welt von Schönheit und Hässlichkeit, Tugend und Sünde. Aber während Joana spontan und natürlich handelt, braucht Virgínia, die durch Daniel und die Gesellschaft der Schatten beeinflusst wird, Anweisungen, denn diese Akte widersprechen ihrem Wesen.

Unabhängig davon, woher sie kommen oder wozu sie führen, erfordern sämtliche Interaktionen Virgínias mit der Außenwelt große Anstrengung, und sie muss um die Unabhängigkeit ringen, die Joana mühelos zufällt. Als Erwachsene strebt sie, auf einer Dinnerparty in der Stadt, nach Befreiung durch eine kümmerliche kleine Rebellion:»wie sich befreien? nicht von etwas Bestimmtem, sondern einfach nur sich befreien, sie hätte nicht zu sagen gewusst, wovon. Einen Augenblick lang blieb sie gedanken-los, den Kopf gebeugt. Sie nahm eine Serviette, ein rundes Brötchen… mit außerordentlicher Anstrengung, einen verblüfften Widerstand in sich brechend, gab sie dem Schicksal eine andere Richtung, warf Serviette und Brötchen aus dem Fenster – und bewahrte so die Macht.«[15]

In der sich anschließenden traumartigen Sequenz versucht Virgínia, »fremdem Lachen und Glanz« zu entkommen, indem sie sich betrinkt. Dabei geht es ihr nicht um den Alkohol, sondern um die Meditationen, die er in ihrem Innern über den Charakter von Empfindungen auslöst, und um die Sprache, die diese Empfindungen nicht beschreibt, sondern sie hervorruft. Dadurch entdeckt sie die Freiheit wieder, die sie als Kind beim Formen von Tonfiguren spürte:

Sie trank den Likör genüsslich und wehmütig – versuchte wieder, an die Kindheit zu denken, und wusste schlichtweg nicht, wie sie sich ihr annähern sollte, so sehr hatte sie jene Zeit vergessen und so vage und gewöhnlich schien sie ihr –, wollte den Anis fixieren, wie man einen unbewegten Gegenstand ansieht, wurde aber kaum seines Geschmacks habhaft, da er dahinfloss, verschwand – und so erhaschte sie die Erinnerung wie ein Glühwürmchen, das einfach nur verschwindet… ihr gefiel die Vorstellung vom Glühwürmchen, das einfach nur verschwindet… und sie bemerkte, dass sie zum ersten Mal in ihrem Leben an Glühwürmchen dachte, und dabei hatte sie so lange in ihrer Nähe gelebt… verwirrt sann sie kurz über den Genuss nach, den es bedeutete, an etwas zum ersten Mal zu denken. Das war es, Anis rötlich als Erinnerung. Verstohlen behielt sie einzelne Schlucke im Mund, um des Anis habhaft zu werden, ihn mit seinem Duft zu greifen; auf unerklärliche Weise weigerte er sich, zu riechen und sein Aroma freizugeben, solange er unbewegt blieb, und ihr Mund wurde vom Alkohol taub und warm. Besiegt schluckte sie die gealterte Flüssigkeit herunter, der Likör rann ihr die Kehle hinab, und sie stellte überrascht fest, dass er während einer Sekunde ›Anis‹ gewesen war, solange er durch die Kehle glitt, oder hinterher? oder davor? Nicht ›während‹, nicht ›solange‹, sondern stärker gebündelt: Er war eine Sekunde Anis gewesen, wie die Nadelspitze sich gegen die Haut drückt, nur dass die Nadelspitze ein stechendes Gefühl vermittelte, der flüchtige Geschmack des Anis hingegen weit war, ruhig, unbewegt wie ein Feld, ja, wie ein Anisfeld, als sähe man auf ein Feld aus Anis. Ihr schien, als schmeckte man den Anis nie, sondern hätte ihn schon geschmeckt, nie in der Gegenwart, sondern in der Vergangenheit: Wenn dies geschah, dachte man eine Weile darüber nach, und dieses Nachdenken darüber ... war der Geschmack des Anis. Sie bewegte sich auf einmal in einem vagen Siegesgefühl. Mit jedem Mal verstand sie den Anis besser, so sehr, dass sie ihn kaum noch mit der Flüssigkeit in der Kristallkaraffe in Verbindung bringen konnte – Anis existierte nicht in dieser ausgewogenen Dichte, es sei denn, sie teilte sich in Partikel und breitete sich als Geschmack auf die Leute aus […] Sie trug eine ruhige und harte Klarheit zur Schau, sprach niemanden an und überließ sich wachsam wie einem Traum, den man vergessen wird. Hinter sicheren Bewegungen versuchte sie mit Gefahr und Feinsinn, gerade das Leichte und Flüchtige zu berühren, den Kern zu finden, der aus einem einzigen Augenblick besteht, solange sich die Eigenart nicht auf Dingen niederlässt, solange das, was tatsächlich ist, nicht aus dem Gleichgewicht stürzt ins Morgen –, und da ist ein nach vorne gerichtetes Gefühl und ein anderes, das zerfällt, schwacher Triumph und Niederlage, vielleicht auch nur das Atmen. Das Leben im Werden und die Entwicklung des Seins ohne Schicksal – das Fortschreiten des Vormittags, der sich zum Abend nicht hinbewegt, sondern ihn erreicht.[16]

*

Diese Textstelle illustriert die Unmöglichkeit, den *Lüster* im herkömmlichen Hinblick auf Handlung und Charaktere zu erfassen. Die gleiche Frustration steht einem Leser bevor, der eine Handlung und Charaktere erwartet, denn während das Buch auf einer Ebene die Lebensgeschichte einer Frau erzählt, besteht sein wahres Drama in Clarice Lispectors Versuch, die poetische innere Sprache, die sie in *Nahe dem wilden Herzen* entdeckt hatte, weiterzuentwickeln.

Gewisse Sequenzen aus dem *Lüster* ähneln Joanas poetischen Improvisationen. Aber während sie sich in *Nahe dem wilden Herzen* auf kürzere Passagen beschränkten, können sie sich nun, wie oben, über mehrere Seiten hinziehen. »Sie hätte gerne eine lange Geschichte erzählt oder gehört, nur aus Wörtern«,[17] heißt es von Virgínia, und in diesem Wunsch scheint Clarice Lispector mit modernistischen Schriftstellern wie Gertrude Stein oder sogar den Dadaisten übereinzustimmen. Doch im Unterschied zu den Letzteren, die dazu tendierten, Gedichte zu verfassen, indem sie beliebige Wörter aus einer Papiertüte hervorholten, will Clarice Lispector dadurch, dass sie Wörter vermischt, deren Sinn nicht aufgeben. Vielmehr will sie ihn bewusst erfassen. »Es wird«, schrieb sie Jahre später, »oder besser gesagt, es wurde früher viel Aufhebens gemacht um meine ›Wörter‹, meine ›Sätze‹. Als wären sie verbal. Dabei war keines, aber auch kein einziges der Wörter in dem Buch – ein Spiel.«[18]

Wie Sérgio Milliet begriff, als er »die kostbare und präzise Harmonie zwischen Ausdruck und Substanz« hervorhob, war die Verbindung von Gestalt und Hintergrund die große Leistung ihres ersten Buches.[19] *Der Lüster* treibt ihre Suche noch weiter voran. Worum es bei jener »kostbaren und präzisen Harmonie« geht, erkennt man in der Passage, in der Virgínias Versuche beschrieben werden, das Aroma des Anislikörs einzufangen. Für sich genommen ist das Aroma von Anis unerheblich. Der Geschmack eines Getränks auf der Zunge ist ein so winziger Teil der menschlichen Erfahrung, dass es kaum so großer Mühe wert zu sein scheint, ihn zu beschreiben. »Ihr Eindruck war dann, dass sie nur über Wörter zu den Dingen gelangen könnte«, schreibt sie in *Der Lüster*.[20] Aber wenn die menschliche Sprache, belastet durch die Zwänge der Syntax und klischeehaften Bedeutungen, nicht einmal solch einer trivialen Erfahrung gewachsen ist, wie geeignet ist sie dann zur Beschreibung wichtigerer Dinge?

Wenn Clarice schreibt, dass »das Nachdenken […] der Geschmack des Anis« war, dass also Virgínias Nachdenken über den Geschmack selbigen *erschafft*, identifiziert sie den Punkt, an dem ein Ding benannt wird, als den Punkt, an dem jenes Ding entsteht. Der Name des Dings *ist* das Ding, und durch die Entdeckung des Namens bringt man es hervor. Der geheime Name ist »das Symbol des Dings im Ding selbst«, das bereits in *Nahe dem wilden Herzen* vorkam: die reinstmögliche Sprache, das, was man als konkretes spirituelles Ziel dieser linguistischen Übungen bezeichnen könnte. Der Punkt, an dem der Name eines Dings identisch mit dem Ding selbst wird, mit dem »Wort, das sein eigenes Licht besitzt«, ist die ultimative Realität.

Die Entdeckung des heiligen Namens, synonym mit Gott, war das höchste Ziel der jüdischen Mystiker, und das Verfahren, mit dem Virgínia den Anislikör beschreibt, hat vieles mit deren Verfahren gemeinsam. »Die Gesellschaft der Schatten hat die Pflicht, jene, die ihr angehören, zur Vollkommenheit zu führen«, sagt Daniel zu Virgínia, »und sie erteilt dir die Weisung, alles in sein Gegenteil zu verkehren.« Die Wiederholung unsinniger Wörter, die Kombination von Buchstaben, die Analyse von Versen, die Suche nach einer anderen Logik als der strikt buchstäblichen waren gebräuchliche Methoden, und sie konnten zu paradoxen oder gar absurden Ergebnissen führen. Dadurch, dass Clarice ihre Sprache verlagert (der Likör ist purpurn, ist ein Feld, ist eine Nadel auf der Haut), dass sie einzelne Wörter aufspaltet und neu arrangiert, versucht sie, ihnen Bedeutungsnuancen zu entlocken und genau das Wort zu finden, welches das Aroma des Likörs auf Virgínias Zunge erschaffen kann.

Die Suche nach verborgenen Bedeutungen innerhalb der Sprache ist eine sehr ernste Betätigung, wie Virgínias Formung von Tonfiguren, und hängt mit der Schöpfung selbst zusammen. »Keines, aber auch kein einziges der Wörter in dem Buch war – ein Spiel«, beharrte Clarice, denn wenn etwas so Vergängliches und Unwichtiges wie das Aroma von Anislikör eingefangen werden könnte, dann würde das Gleiche vielleicht auch für eine größere Wahrheit gelten.

Für Clarice Lispector, genau wie für Virgínia, ist die Suche nach dem geheimen Wort nach innen gerichtet und einsam – »Wahrheit« und »Einsamkeit« lautet die Losung der Gesellschaft der Schatten –, und sie verheißt kein Endergebnis, keine permanente Verzückung, keine definitive Erlösung. Im *Lüster* tastet Clarice noch nach dieser Sprache, die sie vorläufig nicht ganz beherrscht, aber die Ekstase der Suche ist der höchste Zustand, den Virgínia erreicht. »Es gab solche Tage, an denen sie so gut verstand und so vieles sah, dass sie am Ende in eine sanfte, benebelte, fast schon sehnsüchtige Trunkenheit verfiel, so als rissen ihre Wahrnehmungen ohne Gedanken sie in einen glänzenden und süßen Sog wohin, wohin.«[21]

LAUTSTÄRKEREGLER IM GEHIRN

Die Fertigstellung des *Lüsters* fiel mit hektischen Aktivitäten im neapolitanischen Konsulat zusammen. Am 18. Dezember ließen sich Mozart Gurgel Valente und Eliane Weil, nun eingebürgerte Brasilianerin, dort – mit Maury und Dr. Vasco als Zeugen – trauen. Auch im Lazarett war man überaus beschäftigt, denn es wurden in großer Zahl Verwundete des Brasilianischen Expeditionskorps eingeliefert. Die Brasilianer führten seit dem 24. November vier blutige, langwierige Angriffe auf die deutsche Stellung in Monte Castello bei Bologna und eroberten sie schließlich am 21. Februar 1945.

Durch diese Siege entfernte sich der Krieg immer weiter von Neapel. Ein gewisses Maß an Reisen war nun möglich, und Rom, wo Mozart an der Vatikanbotschaft arbeitete, bot sich als Ziel an. Clarice und Maury fuhren auf Einladung von Vasco Leitão da Cunha zum Jahreswechsel und im Mai 1945 dorthin.[1] Die verarmte Stadt empfing sie, wie sich Eliane erinnerte, mit Freuden. Unter Kriegsbedingungen waren Maury und Mozart keine schlichten Beamten mehr, und im zerstörten Italien waren ihre Gattinnen bei vornehmen Modehäusern wie Gucci, Fendi und Leonardo sehr gefragt. Diese Unternehmen stürzten sich auf die wenigen Frauen mit Dollars in den Taschen, um ihre Klientel neu aufzubauen. Die Preise waren, wie Eliane erfreut berichtete, hoch, aber erschwinglich.[2]

Ein ähnliches Prinzip regierte in der römischen Kunstwelt, wo der Zusammenbruch der italienischen Wirtschaft Maler genauso sehr in Mitleidenschaft gezogen hatte wie die übrige Bevölkerung. Zufällig war Mozarts Kollege Landulpho Borges da Fonseca ein Kenner zeitgenössischer Malerei, und er trat an die Künstler der Stadt heran. Der vielleicht berühmteste unter ihnen war der sechsundfünfzigjährige Giorgio de Chirico, der sich Mitte der 1940er Jahre in Rom niedergelassen und zu Beginn seiner Laufbahn eine wichtige Rolle in der Surrealistenbewegung übernommen hatte.

»Ich war in Rom«, schrieb Clarice, »und ein Freund sagte mir, de Chirico würde mich bestimmt gerne malen. Und so sprach er ihn darauf an. Und de

Chirico antwortete, erst müsse er mich sehen. Dann sah er mich und sagte: Ich werde Ihr ... Ihr Porträt malen.«³ Sie suchte ihn in seinem Atelier auf, an der Piazza di Spagna, wenige Schritte von dem Haus, in dem Keats starb, und posierte für ein kleines Porträt. »Seine Bilder hängen in fast allen großen Museen«, erzählte sie Elisa und Tania. »Sicher habt Ihr schon Reproduktionen gesehen. Das von mir ist klein; es ist großartig geworden, sehr schön, sehr ausdrucksvoll. Er ist teuer, natürlich, aber von mir hat er weniger verlangt. Und während er daran arbeitete, tauchte ein Käufer auf. Aber er hat es natürlich nicht verkauft [...]. Mein Porträt zeigt nur den Kopf, den Hals und ein Stück von den Schultern. Alles verkleinert. Ich habe ihm in dem blauen Samtkleid von der Mayflower Modell gestanden, erinnerst Du Dich, Tania?«⁴

Das Porträt zeigt Clarice mit ein wenig nach rechts geneigtem Kopf, während ihre Augen, misstrauisch oder herausfordernd, nach links schauen. Ihre roten Lippen, direkt im Zentrum des Bildes, sind der einzige nennenswerte Farbfleck in einem ansonsten dunklen Bild, das den intensiven inneren Fokus, die »brillante und ersückende Aura«, die ihren Büchern so vehement entströmt, erstaunlich gut einfängt.

Dies sollte zu einer der bekanntesten Darstellungen von Clarice Lispector werden, doch das Modell, nie sehr leicht beeindruckt von berühmten Namen, hatte Zweifel – nicht nur wegen ihrer eigenen Erscheinung, die sie später als »ein bisschen affektiert« bezeichnete, sondern wegen des Künstlers selbst. De Chirico sei, wie sie einem Interviewer ein paar Jahre später anvertraute, ein »Maler auf dem absteigenden Ast, der sein künstlerisches Gespür verloren hat«.⁵

Trotzdem bezeugt das Porträt nebenbei einen großen Moment. Während Clarice am 8. Mai 1945 Modell saß, hörten sie und der Maler den Zeitungsjungen vom Platz unter ihnen rufen: »È finita la guerra!« Im Anschluss an die Nachricht schrieb sie ihren Schwestern: »Auch mir entfuhr ein Schrei, der Maler hielt inne, wir tauschten ein paar Bemerkungen darüber aus, wie seltsam es doch war, dass man sich gar nicht zu freuen schien, und dann ging es weiter.«⁶

᛭

Nach Kriegsende wurde Clarice nicht mehr von dramatischen Ereignissen beansprucht. Ihr Buch war abgeschlossen, die brasilianischen Soldaten kehrten heim, und das neapolitanische Konsulat, kurz vorher noch Zeuge bedeutender Geschehnisse, überließ sich seinem Alltag als verschlafenes Büro in einer verschlafenen Provinz. Clarice unternahm ein paar Reisen und las sehr viel, darunter

Proust, Kafka und Lúcio Cardosos Übersetzung von Emily Brontës Gedichten. »Wie gut sie mich versteht, Lúcio, so möchte ich es tatsächlich ausdrücken. Ich hatte so lange keine Lyrik gelesen, ich hatte das Gefühl, in den Himmel getreten zu sein, ins Freie. Am liebsten hätte ich geweint, aber zum Glück tat ich das nicht, denn wenn ich weine, tröstet mich das immer sehr, und über Emily Brontë möchte ich mich nicht hinwegtrösten; und über mich auch nicht.«[7]

Sie lernte einen anderen großen Dichter kennen, nämlich Giuseppe Ungaretti, mit dem sie vieles gemein hatte. Wurde Clarice als »hermetisch« beschrieben, so war Ungaretti der stolze Begründer der sogenannten hermetischen Schule. Clarice war eine in der Ukraine geborene jüdische Brasilianerin, Ungaretti ein in Ägypten geborener jüdischer Italiener. Anders als Clarice hatte sich Ungaretti zum Faschismus bekannt – zumindest in den frühen Jahren traf man in Italien nicht selten auf jüdische Faschisten –, doch 1936 war er, desillusioniert von der Politik, nach Brasilien ausgereist, wo er an der Universität São Paulo unterrichtete. Bevor er 1942 nach Italien zurückkehrte, erforschte er einen großen Teil des Landes und lernte viele seiner führenden Schriftsteller kennen. Vor allem jedoch war es Clarice Lispector, die »dank ihrer dichterischen Intensität und ihrer Erfindungsgabe [seinen] Respekt vor der portugiesischen Sprache«[8] erhöhte. Nachdem er ihr in Italien begegnet war, übersetzte er zusammen mit seiner Tochter einen Teil von *Nahe dem wilden Herzen* und veröffentlichte ihn in einer Literaturzeitschrift.[9]

Clarices engster Freund war jedoch ihr Hund Dilermando, den sie in Neapel auf der Straße gefunden hatte. »Was mich betrifft, so brauchte ich ihn nur einmal anzusehen, um mich in sein Gesicht zu verlieben«, erzählte sie in ihrem Kinderbuch *Die Fischmörderin*.

Obwohl er Italiener ist, sah er doch aus wie ein Brasilianer, und zwar wie einer, der Dilermando heißt. Ich gab seiner Besitzerin ein paar Münzen und nahm Dilermando mit nach Hause. Danach gab ich ihm zu fressen. Er schien so glücklich darüber, dass nun ich sein Frauchen war, dass er mich den ganzen Tag lang anguckte und mit dem Schwanz wedelte. Wahrscheinlich hat seine frühere Besitzerin ihn geschlagen […] Dilermando liebte mich so heiß und innig, dass er fast verrücktspielte, sooft er meinen Frau-und-Mutter-Geruch witterte und den Duft des Parfüms, das ich immer verwende. […] Er hasste es zu baden, er fand uns gemein, wenn wir ihn zu diesem Opfergang nötigten. Weil es zu anstrengend war, ihn täglich zu baden – er sprang immer wieder aus der Wanne, ganz bedeckt mit Seifenschaum –, ging ich am Ende dazu über, ihn nur zweimal pro Woche in die Badewanne zu stecken. Das Ergebnis war, wie man sich denken kann, dass er stark nach Hund roch, was ich dann witterte, wir Menschen können das nämlich auch.[10]

Ihre Liebe zu Dilermando, »dem reinsten Menschen von Neapel«, führte zum einzigen Ausdruck eines Unwillens gegenüber Maury in Clarices gesamter Korrespondenz. »Der Hund hat sich eine Krankheit eingefangen, ich war mit ihm beim Tierarzt, und dieser Esel sagte mir, da sei nichts mehr zu machen«, schrieb sie an Tania. »Da saß ich und weinte, war einen ganzen Tag lang aufgebracht und traurig über den Gedanken, dass man ihn einschläfern lassen müsste, und dabei habe ich ihn doch so lieb. Maury reagierte wie immer darauf, normal, es hat ihm wohl nicht sehr leidgetan. Aber wir sehen zu, dass wir den Hund röntgen lassen, und man hat mir versichert, dass er wieder gesund wird.«[11]

»Wenn ich auf der Schreibmaschine schrieb, streckte er sich halb liegend neben mir aus, so wie die Sphinx, und döste. Hörte ich zu tippen auf, weil ich auf irgendein Hindernis gestoßen war, und saß recht mutlos da, dann riss er sofort die Augen auf, hob den Kopf, und sah mich wartend an, ein Ohr aufgestellt. Wenn ich das Problem löste und weiterschrieb, machte er es sich wieder in seinem Dämmerzustand bequem, den weiß Gott welche Träume bevölkerten – Hunde träumen nämlich, das habe ich selbst gesehen. Kein menschliches Wesen hat mir je das Gefühl vermittelt, so umfassend geliebt zu sein, wie ich von diesem Hund vorbehaltlos geliebt wurde.«[12]

*

Ungeachtet dieser Freundschaften musste Clarice eine Rolle für sich selbst finden, als sich die Aufregung des Krieges zu legen begann und der Reiz des neuen Landes nachließ. Es war nicht leicht, und in ihren Briefen gab es immer häufiger Hinweise auf Einsamkeit und Depression. Schon vor Kriegsende hatte sie Frustration darüber ausgedrückt, von ihren Freunden und Angehörigen abgeschnitten zu sein: »Während Ihr in Brasilien lebt«, schrieb sie im November 1944 an Lúcio Cardoso, »trinke ich hier an einer Mädchenschule Tee mit Milch.«[13]

Im Mai schrieb sie ihren Schwestern: »Ich habe einen wahren Durst danach, bei Euch zu sein. Das Wasser, das ich in der Welt hier draußen vorgefunden habe, ist ziemlich schmutzig, selbst wenn es in Form von Champagner auftritt.«[14] Im August erklärte sie gegenüber Natércia Freire: »Ich sterbe hier vor Sehnsucht nach meinem Zuhause und nach Brasilien. Dieses Leben als ›Diplomatenfrau‹ ist meine erste Prüfung. Reisen kann man das nicht nennen: Beim Reisen bricht man

auf und kehrt zurück, wann einem beliebt, man kann jederzeit weiterziehen. So
zu reisen, wie ich es tun muss, ist unschön: als müsste man eine Strafe an verschiedenen Orten verbüßen. Die Eindrücke, die man im Lauf eines Jahres an
einem Ort sammelt, löschen letztlich die ersten Eindrücke aus. Am Ende bleibt
ein ›kultivierter‹ Mensch. Aber das ist nicht mein Stil. Unwissenheit hat mich
noch nie gestört.«[15]

In ähnlicher Weise berichtete sie Elisa anlässlich eines geplanten Ausflugs nach
Florenz, ihr Leben vermittle ihr »schnelle Bildungshäppchen für Vorstadtbürger.
Das sei dann für die ›Salons‹« von Nutzen, erklärte sie. »Die Botschafter respek-
tieren mich … Die Leute finden mich ›interessant‹ … Ich bin auch mit allem
einverstanden, äußere nie eine abweichende Meinung, bin überaus taktvoll und
mache mir die richtigen Personen gewogen. Wie Du siehst, bin ich eine gute
Diplomatengattin. Weil vage bekannt ist, dass ich ›eine Schriftstellerin‹ bin (meine
Güte), nähme man wohl auch in Kauf, wenn ich mit den Füßen äße und mir den
Mund mit den Haaren abwischte.«[16]

Während sie tastend an ihrem nächsten Buch arbeitete, hatte sie mit künstlerischen Zweifeln zu kämpfen: »Alles, was ich habe, ist die Sehnsucht, die von einem
verfehlten Leben kommt, einem Übermaß an Feinfühligkeit, vielleicht auch von
einer verfehlten oder erzwungenen Berufung«, schrieb sie im September an
Tania.[17] Lúcio gegenüber äußerte sie: »An Italien habe ich keinen echten Gefallen
gefunden, wie ich überhaupt an keinem Ort einen echten Gefallen finden könnte;
ich spüre, dass etwas zwischen mir und allem anderen steht, so als zählte ich zu
den Menschen, deren Augen von einem weißen Film überzogen sind. Zu meinem
schrecklichen Bedauern muss ich sagen, dass dieser Schleier just mein Wille ist,
zu arbeiten und zu viel zu sehen.«[18]

Als jemanden, der zu viel sieht und »ein Übermaß an Feinfühligkeit« besaß,
beschrieb ihre Schwägerin Eliane sie im Rückblick auf diese Zeit. »Sie spürte, was
andere empfanden«, sagte Eliane. »Sie spürte, was sie empfanden, bevor es ihnen
selbst bewusst wurde.«[19] Diese extrem verfeinerte Sensibilität war ihre große
Stärke als Schriftstellerin. »Du empfängst tausend Wellen, die ich nicht wahrnehmen kann«, teilte Rubem Braga ihr mit. »Ich komme mir vor wie ein billiges
Radio, das nur den Sender um die Ecke empfängt, während Du Radar, Fernsehen, Kurzwellen aufschnappst.«[20] Aber das war auch sehr schmerzhaft, wie
Clarice später erläuterte: »Ich kann einfach nicht auf Dauer die Schmerzen der
Welt tragen. Was tun, wenn ich ganz und gar empfinde, was andere Menschen
sind und empfinden?«[21]

Eine einfühlsame Rezensentin von *Der Lüster* gab Clarices Dilemma wieder:

»Im Besitz eines enormen Talents und einer außergewöhnlichen Persönlichkeit, wird sie zwangsläufig auch deren Nachteile erleiden müssen, da sie sich die Vorzüge ja so ausgiebig zunutze macht.«[22] Aus Florenz, wohin sie Ende 1945 fuhr, schrieb sie Elisa und Tania:»Ich versuche zu tun, was man tun *soll*, und so zu sein, wie man sein *soll*, und mich der Umgebung anzupassen, in der ich lebe – all dies bringe ich zustande, aber um den Preis meines inneren Gleichgewichts, das spüre ich. [...] Immer wieder bin ich über längere Phasen hinweg gereizt, deprimiert. Mein Gedächtnis ist so gut wie nicht vorhanden: Von einem Raum zum nächsten vergesse ich die Dinge wie selbstverständlich.«[23]

Viele Jahre später unterstrich Clarice folgende Sätze in einem Zeitungsartikel mit der Überschrift»Lautstärkeregler im Gehirn«:

Neuste Forschungen ergaben, dass die gleichen physischen Ereignisse von manchen Menschen, verglichen mit anderen, als lauter, glänzender, schneller, wohlriechender oder bunter wahrgenommen werden ... Bei einigen Menschen ist der Lautstärkeregler maximal aufgedreht, so dass er die Intensität aller sinnlichen Erfahrungen erhöht. Diese Menschen nennt man»Verstärker« ... Ein Pegel, der nur leichtes Unbehagen bei»Dämpfern« hervorruft, kann für»Verstärker« heftige Qualen bedeuten ... Am anderen Extrem ist der»Verstärker« ein introvertierter Mensch, der das geschäftige Leben des»Dämpfers« vermeidet. Er ist jemand, der sich über die Lautstärke des Radios, die Würzung von Speisen, die knalligen Farben der Tapete beklagt. Wenn es nach ihm geht, ist er am liebsten allein, still, in einer isolierten Umgebung.

Oben auf die Seite kritzelte sie:»Alles trifft mich – ich sehe zu viel, ich höre zu viel, alles verlangt mir zu viel ab.«[24]

٭

Die Worte»diplomatisches Korps« werden oft mit Muffigkeit und Exklusivität gleichgesetzt. Die Institution scheint grundsätzlich unvereinbar mit einer Künstlerin, deren Helden – Spinoza, Katherine Mansfield, Lúcio Cardoso – der Inbegriff der Rebellion waren. So hatte Clarice ihre Jahre als Diplomatengattin später im Gedächtnis:»Da erinnerte ich mich an eine Zeit, in der ich zu solcher Verfeinerung (!?) gelangte, dass ich den Hausdiener, der den Gästen die Fingerschalen zu reichen hatte, diese wie folgt vorbereiten ließ: In jeder Schale sollte das Blütenblatt einer Rose treiben.«[25]

Schon bevor Clarice Maury heiratete, begann sie, gegen die Diplomatenwelt zu rebellieren. »Seit ich mit Itamaraty zusammen bin«, gestand sie Tania und William, »finde ich besonderen Gefallen an umgangssprachlichen Ausdrücken, ja, Ordinärem.«[26] Innerhalb des Itamaraty genoss sie jedoch viel Freiheit. Ihre Pflichten als Frau eines Vizekonsuls, der eine niedrige Stellung in der Hierarchie einnahm, waren nicht beschwerlich. Clarice bezog ein großzügiges, garantiertes Einkommen, so dass sie, was entscheidend war, über Platz und Zeit zum Schreiben verfügte. Sie hatte gute Freunde, darunter Maury, Eliane und Mozart Gurgel Valente sowie Vasco Leitão da Cunha, ganz zu schweigen von ihrem Hund Dilermando. Das Leben im auswärtigen Dienst war nicht ideal, aber in vieler Hinsicht weniger anstrengend als die journalistische Arbeit in Rio.

Es gibt keinen Zweifel daran, dass es ihr verhasst war, nicht in Brasilien zu sein, und dass sie das Exil fürchtete: »Einfach weil ich so gerne in Brasilien lebe […] Weil ich genau hierhin gehöre, weil ich hier meine Wurzeln habe.«[27] Natürlich vermisste sie ihre Schwestern und ihre Freunde. Aber eine schlichtere Erklärung für ihre damalige Unzufriedenheit bestand darin, dass die Aufregung ihres neuen Lebens – Ehe, Erfolg, Reisen und die Nützlichkeit, die sie im Krankenhaus empfunden hatte – sich gelegt hatte. Nun konnten die Depressionen erneut aufkommen, die sie bereits vor ihrer Eheschließung geplagt hatten. »Meine Probleme sind die eines Menschen, dessen Seele krank ist«, schrieb sie an Tania, »und nicht zu begreifen für andere Menschen, die, Gott sei Dank, gesund sind.«[28]

Immerhin zeichnete sich Hoffnung ab. Im Dezember wurde Maury vom Vizekonsul zum Konsul befördert. Sie schwärmte gegenüber Tania und Elisa: »Mir geht es ausgezeichnet. […] ich genieße den Aufenthalt in Rom, und […] man sieht auf den ersten Blick, dass ich mich etwas erholt habe.«[29] Ihre neu entdeckte Gelassenheit hatte sicher auch damit zu tun, dass in nur sechs Wochen eine Reise nach Brasilien bevorstand.

*

Das Land, in das Clarice im Januar 1946 zurückkehrte, unterschied sich erheblich von dem, das sie achtzehn Monate zuvor verlassen hatte. Mit dem Krieg endete auch Getúlio Vargas' fünfzehnjährige Herrschaft. Viele Brasilianer schämten sich, den Faschismus in Italien im Namen einer quasi-faschistischen Diktatur daheim zu bekämpfen. Für Elza Cansação Medeiros, Rubem Braga und zahlreiche brasilianische Soldaten war der Kampf für die Befreiung Europas zugleich ein Kampf zur Befreiung Brasiliens.[30] Immerhin war Getúlio Vargas' lange Regierungszeit zunächst vorbei. Er wurde am 29. Oktober 1945 abgesetzt. Der neue Präsident war der unauffällige Eurico Gaspar Dutra, Vargas' früherer Kriegsminister. Als enger Mitarbeiter des Diktators verkörperte er die konservative Option. Dies bestätigte sich, als er unter dem Einfluss seiner reaktionären erzkatholischen Frau, die die Kriegskrankenschwestern mit karrieristischen Huren verglichen hatte, das Glücksspiel in einem Land verbot, das geradezu wettsüchtig war. Dutras Wahl bedeutete keinen Bruch mit dem alten Regime, und das war auch nicht beabsichtigt. Immerhin bescherten das Kriegsende und die Rückkehr der Demokratie Brasilien eine dringend benötigte Atempause, und Brasilien bescherte Clarice Lispector das Gleiche.

Es war ein kurzer, weniger als zwei Monate währender Aufenthalt. Clarice erlebte die Veröffentlichung des *Lüsters* und begegnete mehreren Menschen, die sie später zu ihren engsten Freunden zählen sollte. An erster Stelle stand Bluma Chafir Wainer, eine jüdische Frau aus Bahia, die Clarice durch Rubem Braga kennenlernte. Anders als Clarice war Bluma nicht fotogen und konnte mit ihrer großen Nase und ihren mächtigen Zähnen kaum als schön bezeichnet werden. Doch alle, die sie kannten, sprechen einmütig von ihrem großen Charme und ihrer Anziehungskraft. »Sie war noch schöner als Clarice«, sagte der Journalist Joel Silveira, »denn Clarice wirkte oft verschlossen, niedergeschlagen. Bluma war witzig, dynamisch, unterhaltsam.«[31]

Bluma zog bedeutende und mächtige Männer an. Ihr Gatte Samuel Wainer war einer der einflussreichsten Journalisten Brasiliens. Seine gegen Vargas gerichtete linke Monatszeitschrift *Diretrizes*, die er unter hohem persönlichen Risiko 1938 gegründet hatte, war zuerst stark von der jüdischen Mittelschicht in Rio unterstützt worden: von den Ladenbesitzern, Zahnärzten und Anwälten, die Inserate bestellten, um ihm in der ersten Phase der Zeitschrift zu helfen. Später, in einem sogar nach den Maßstäben des brasilianischen politischen Journalismus barocken Kapitel, wurde Samuel Wainer der engste Verbündete von Getúlio Vargas in den Medien. Bluma, eine engagierte Linke von großer moralischer Integrität, zeigte sich entsetzt über die Nähe ihres Mannes zu Getúlio: »Der Zweck heiligt nicht die Mittel«, war einer ihrer Lieblingssprüche.[32] Obwohl sie der Kommunistischen Partei nie beitrat, behielt die Polizei sie im Auge. Wie Clarice war sie eine Freidenkerin, die Konventionen verachtete. Sie suchte häufig Bars auf, nicht um zu trinken, sondern um an politischen und intellektuellen Debatten teilzunehmen, und zwar »nach europäischer Art«[33] – eine Wendung, die offenbar bedeutete: »ohne ihren Mann«, von dem sie weder sozial noch intellektuell abhängig sein wollte.

Und, wie sich zeigte, auch nicht sexuell. Im Gegensatz zu Clarice, die ihre Vergehen den Seiten ihrer Bücher vorbehielt, setzte Bluma sie in die Tat um. Seit 1933 mit Samuel Wainer verheiratet, verliebte sie sich 1938 in Rubem Braga, einen jungen verheirateten Kollegen Samuels. Sie wurde schwanger, verließ ihren Mann und informierte Braga, dass sie bereit sei, an seiner Seite zu leben. Rubem geriet in Panik und floh nach Südbrasilien, wonach Bluma in Rio nichts anderes übrigblieb, als abzutreiben.

Ihr Charme war jedoch so ausgeprägt, dass Samuel sie wieder zu sich nahm und einen Skandal verhinderte. Rubem Braga gestand Jahrzehnte später, dass Bluma die Liebe seines Lebens gewesen sei.[34] 1946 schlossen Bluma und Clarice auf der Stelle Freundschaft, und das schöne, kultivierte, intelligente Paar entging nicht der Aufmerksamkeit der künstlerischen und journalistischen Kreise von Rio de Janeiro. Die beiden stammten aus bescheidenen Einwandererfamilien und arbeiteten zu einer Zeit in der Presse, als dort wenige Frauen zu finden waren. Vor allem aber sahen sie nicht im Geringsten aus wie vermeintlich typische Juden. »Früher neigten sogar viele Philosemiten dazu, die Juden zu mythologisieren. Sie hielten diese für etwas Weises, Mysteriöses, etwas aus dem Alten Testament. Bluma und Clarice dagegen waren jung, schön, sinnlich, kultiviert«, sagte der Journalist Alberto Dines. »Sie änderten das allgemeine Bild von jüdischen Frauen in diesem Land.«[35]

*

Als *Nahe dem wilden Herzen* herauskam, schickte Clarice auf Geheiß von Lúcio Cardoso mehrere Exemplare an literarische Bekanntschaften in Minas Gerais. Eines erreichte Fernando Sabino, einen jungen Mann, der sich offensichtlich auf dem Weg nach oben befand. 1941, mit achtzehn Jahren, veröffentlichte Sabino sein erstes Buch. Er ließ es Mario de Andrade, dem brasilianischen Literaturpapst, in São Paulo zukommen; Andrade stellte, ein wenig übertreibend, eine Ähnlichkeit mit dem Werk von Machado de Assis fest. Kurz darauf gelang es Fernando – einem gut aussehenden Leistungsschwimmer von unspektakulärer bürgerlicher Herkunft –, Helena Valladares, die Tochter des mächtigen Gouverneurs von Minas Gerais, zu heiraten. Als Hochzeitsgeschenk gewährte Getúlio Vargas dem jungen Mann eine großzügige Pension auf Lebenszeit, womit er Fernando Sabino mit einem Schlag aus der Mittellosigkeit befreite, in der die meisten brasilianischen Schriftsteller lebten.[36]

»Ich wusste nicht, wer sie war«, schrieb Sabino über die Zusendung von Clarices Buch, das er enthusiastisch besprach.»Auch wusste ich nicht, wer es vorgeschlagen hatte – vielleicht Lúcio Cardoso. Das Buch brachte mich aus der Fassung ... Als sie nach Brasilien zurückkehrte, machte Rubem [Braga] uns miteinander bekannt. Sie brachte mich ebenso aus der Fassung.«[37] Ihre Gespräche in Rio, wohin er 1944 gezogen war, hinterließen einen tiefen Eindruck bei beiden; er wurde, nach ihren Schwestern und Bluma Wainer, Clarices häufigster Briefpartner.»Wir unterhielten uns stundenlang bei unseren Treffen in einem Café im Zentrum. Oder auch in meinem Haus, wo sie, abgesehen von Helena, meine Freunde aus Minas – Otto Lara Resende, Paulo Mendes Campos (und später Hélio Pellegrino) – kennenlernte.«[38]

Diese Gruppe, zu der auch Rubem Braga gehörte, sollte in Clarices Leben eine wichtige Rolle spielen. Paulo Mendes Campos, ein alter Freund von Fernando, war nach Rio gekommen, um den auf Besuch weilenden chilenischen Dichter Pablo Neruda zu treffen. Er reiste nie wieder ab. Seine sehr kleine Statur wurde durch Bildung, Charme und Attraktivität ausgeglichen; zu seinen Geliebten zählte schließlich auch Clarice Lispector. Wie sie und Fernando Sabino ließ Paulo frühe Anzeichen einer vielversprechenden Entwicklung erkennen.»In einer literarischen Karriere stellt sich der Ruhm am Anfang ein«, sinnierte er später.»Der Rest des Lebens ist eine intensive Schule der Anonymität und der Vergessenheit.«[39] Tatsächlich brachte er es, obwohl er ein Lyriker von seltener Qualität war, nie zu wirklicher Bekanntheit. Aber als Clarice ihm begegnete, war er, mit den Worten eines anderen Freundes,»Byron im Alter von dreiundzwanzig Jahren«.[40]

✳

Der Rausch dieser neuen Freundschaften dürfte Clarice die Rückkehr nach Europa Mitte März nicht erleichtert haben.»Im Flugzeug löste sich das fröhliche Abschiedsgesicht in Tränen auf«, schrieb sie an ihre neuen Freunde.»Die glücklichen Amerikaner sehen zu, während wir uns fragen, wohin mit all den Tränen, und nicht einmal genug Taschentücher dabeihaben.«[41] Sie machte Station in den »Wüstensänden« Ägyptens, wo sie ihre Konfrontation mit der Sphinx hatte, und erreichte Italien, als Maury fast mit dem Packen für ihre nächste Versetzung fertig war: in die Schweizer Hauptstadt Bern. Eine weitere, noch schmerzlichere Abreise stand bevor.

Die Auskunft, die sich später als unwahr erwies, dass Schweizer Hotels Hunde nicht akzeptierten, zwang sie, Dilermando zurückzulassen. Sie fand ein nettes

Mädchen, das sich um ihn kümmerte, doch sie war untröstlich. »Ich kann auf der Straße keinen Hund sehen, ich schaue am liebsten gar nicht hin«, schrieb sie an ihre Schwestern. »Du weißt ja nicht, was für eine Offenbarung es für mich war, einen Hund zu haben, zu sehen und zu spüren, woraus ein Hund gemacht ist. So etwas Süßes hatte ich noch nie gesehen, und so ein Hund ist gegenüber der eigenen machtlosen Natur und der unbegreiflichen Natur der anderen von einer Duldsamkeit… Mit den bescheidenen Mitteln, die ihm zur Verfügung stehen, mit einer Tölpelhaftigkeit, die voller Sanftmut ist, findet er irgendwie einen Weg, uns auf direkte Weise zu begreifen. Vor allem war Dilermando etwas, das mir gehörte und das ich mit niemandem teilen musste.«[42]

Um ihre Schuldgefühle darüber, dass sie ihn im Stich ließ, zu bewältigen, schrieb sie eine Geschichte mit dem Titel »Das Verbrechen«, die am 25. August 1945 in einer Zeitung in Rio erschien.[43] Erweitert und in »Das Verbrechen des Mathematikprofessors« umbenannt, ist dies die erste der dreizehn berühmten Erzählungen, die in *Familienbande* zusammengefasst wurden. Ein Mann erklimmt einen Hügel hoch über der Stadt und trägt in einem Sack bei sich einen toten Hund.

Während ich dich nach meinem Bilde machte, machtest du mich nach dem deinen. Ich habe dir den Namen José gegeben, um dir einen Namen zu geben, der dir zugleich als Seele diente: Und du – wie soll ich je wissen, welchen Namen du mir gegeben hast? Wie viel mehr du mich geliebt hast, als ich dich geliebt habe, überlegte er. Wir haben einander zu gut verstanden, du mit deinem menschlichen Namen, den ich dir gab, ich mit dem Namen, den du mir gabst und den du nur mit deinem inständigen Blick aussprechen konntest, dachte der Mann liebevoll. Ich erinnere mich an dich, als du klein warst, so klein, so niedlich und zart, wie du mit dem Schwänzchen wedeltest und mich anblicktest, und ich überraschend in dir eine neue Form fand, meine Seele zu haben. Jeden Tag warst du ein Hund, den man verlassen konnte.

Als der unvermeidliche Moment des Aussetzens eintritt, macht niemand den Mathematikprofessor für sein Verbrechen scheinbar ohne Opfer verantwortlich. »›Mit einer Entschuldigung, die alle im Hause billigten: Denn wie hätte ich eine Umzugsreise machen können, mit Sack und Pack und Familie und obendrein mit einem Hund?‹, sagte Marta.« Das Im-Stich-Lassen Dilermandos scheint Clarice an ihre Erbsünde, das Versäumnis, ihrer Mutter zu helfen, erinnert zu haben; das Aussetzen des Hundes ist ein Ersatz für ein größeres, namenloses Verbrechen:

»Es gibt so viele Formen, schuldig zu sein und sich für immer zu verlieren; ich wählte die Möglichkeit, einen Hund zu verletzen. Weil ich wusste, dass dies nicht schlimm war und dass dieses Verbrechen nicht strafbar war. Erst jetzt begreife ich, dass ich tatsächlich straffrei ausging, und zwar für immer. Für dieses Verbrechen verurteilte mich niemand. Nicht einmal die Kirche. Nicht einmal du«, sagt der Lehrer, an den toten Hund gewandt.

In der ursprünglichen Version ist die Erzählung nur eine Skizze der beängstigenderen Geschichte »Das Verbrechen des Mathematikprofessors«, die sie 1960 herausbrachte. Doch schon in der vorläufigen Fassung zeigt sich, wie in *Nahe dem wilden Herzen*, welch ungeheure Kraft Clarice entfaltete, wenn sie zu einem höheren Sinn nicht über den Umweg komplizierter Allegorien, sondern anhand ihrer unmittelbaren persönlichen Erfahrung vordrang.

18

FRIEDHOF DER SINNESEINDRÜCKE

In noch höherem Maße als Venedig war Clarices neues Zuhause, die Schweiz, ein Ort kaum zu übertreffender künstlerischer Morbidität. Hier fanden Thomas Mann und Nabokov die letzte Ruhe; hier wurden Nietzsche und Nijinsky wahnsinnig. Die Spielzeugstädte, die Kuckucksuhren, die Pralinen und die Neutralität hätten keinen größeren Kontrast zum Chaos, der Jugend und Energie von Rio de Janeiro bilden können. Die Schweiz war weniger, als Clarice ertragen konnte: »Diese Schweiz«, schrieb sie an Tania, »ist ein Friedhof der Sinneseindrücke.«[1]

Zum Glück waren ihr einige ihrer neuen Freunde nach Europa gefolgt: Samuel und Bluma Wainer hatten sich nun in Paris ansässig gemacht. Der Gründer von *Diretrizes* machte sich einen Namen als Auslandskorrespondent, zuerst als einziger Brasilianer, der über die Nürnberger Prozesse berichtete, wo es ihm gelang, Hitlers Nachfolger Karl Dönitz zu interviewen, und dann als Korrespondent für eine andere Zeitung.[2] Samuel und Bluma erschienen ein paar Wochen nach Clarices und Maurys Ankunft in Bern, und zumindest Samuel gefiel es dort nicht besonders.

»Wainer sagt, in Bern sei jeden Tag Sonntag«, schrieb Clarice ihren Schwestern. »Und dass er Bern nicht ertragen würde, wenn wir nicht hier wären. Er fand die Stadt von Anfang an ausgesprochen öde und charakterlos …«[3] »Am besten, man schaut in Bern einfach aus dem Fenster und macht den Mund ganz fest zu«, schrieb sie an Fernando Sabino und seine Freunde. »Bern ist gepflegt und ruhig, die Lebenshaltungskosten hoch, die Leute unscheinbar; Fleisch gibt es kaum, und ich werde noch laut losschreien von all dem Fisch, dem Käse, der Milch, den neutralen Leuten […]; in dieser Stadt fehlt ein bisschen der Teufel.«[4] Tania und Elisa gegenüber fügte sie hinzu: »Bern ist von einer grauenhaften Stille: Auch die Menschen sind still und lachen wenig. Nur ich bekomme Lachanfälle.«[5]

Immerhin rang sie sich für ein paar Aspekte des Landes Anerkennung ab: »Die Schweizer haben nichts geschenkt bekommen. Alles in diesem Land zeugt von noblen Bemühungen, von geduldigem Erwerb. Und sie haben nicht gerade wenig erreicht – sie sind ein Symbol für den Frieden geworden«, schrieb sie später. Aber sie relativierte ihre Bewunderung mit dem Zusatz:»Was nichts daran ändert, dass so viele im Stillen von der Kirchenfeldbrücke springen.«[6] Ihre unausgesprochene Sympathie für diese stillen Selbstmörder ist dem Unterton der Verzweiflung abzulesen, der aus ihren Briefe dringt. Diese Verzweiflung setzt sich aus der jüdischen Urangst vor der Verbannung und dem zusammen, was ihren Eltern zustieß, was sie einmal andeutet.»Es ist schade, dass mir die Geduld fehlt, um ein so ruhiges Leben wie das in Bern zu genießen«, schrieb sie an ihre Schwestern.»Es ist wie auf dem Bauernhof. […] Und die Stille, die in Bern herrscht – man könnte meinen, die Häuser seien alle leer, ganz zu schweigen davon, dass auf den Straßen so wenig los ist […]. Hält man vielleicht den Frieden nicht mehr aus? In Bern braucht offensichtlich keiner den anderen. Alle sind fleißig. Es ist schon komisch, wenn man richtig darüber nachdenkt, gibt es keinen *echten* Ort zum Leben. Alles ist Land, das den anderen gehört, wo es den anderen gutgeht.«[7]

Allerdings lachte sie auch ein bisschen, und ihre Briefe können genauso häufig enthusiastisch und aufgeregt wie deprimiert klingen. Eines blieb unverändert: die schreckliche Sehnsucht nach ihren Schwestern und ihrem Heimatland. Sie bedrängte Elisa und Tania geradezu, ihr öfter zu schreiben, und wenn Briefe eintrafen, wie am Tag nach ihrem sechsundzwanzigsten Geburtstag, konnte sie sich kaum beherrschen.»Ich war so gerührt, ich weinte vor Freude, vor Dankbarkeit, vor Liebe, vor Sehnsucht, vor Glück. Ich beschloss, sofort ins Kino zu gehen: Ich musste erst einmal in meinen Normalzustand zurückkehren, um Euch dann zu antworten, sofern es denn möglich ist, in Worten auf die Liebe zu antworten, die man empfängt.«[8]

»Es ist nicht schön, fernab des Landes zu leben, in dem man aufgewachsen ist«, schreibt sie an Lúcio Cardoso.»Es ist schrecklich, ringsum fremde Sprachen zu hören, alles scheint ohne Wurzel; der eigentliche Grund für alles entzieht sich dem Fremden, und auch die Bewohner eines Ortes sehen uns wie nutzlose Menschen an. Wenn es für mich gut gewesen sein sollte, andere Orte und andere Menschen zu sehen, so wie eine Medizin gut für die Gesundheit ist, dann ist dieses Gute schon längst ins Ungute gekippt. Nie hätte ich damit gerechnet, dass ich so wenig anpassungsfähig wäre, nie hätte ich gedacht, dass ich die Dinge, die ich besitze, so sehr brauchen würde. Auch wenn ich mich in diesem Moment dafür schäme, so zu sein, denn während ich dies schreibe, läuten am Dom die Glocken; ich schäme mich dafür, dass ich nicht an irgendeinem Ort gut leben kann, wo

Domglocken läuten, wo es einen Fluss gibt, wo Menschen arbeiten und Einkäufe erledigen; aber es ist nun einmal so.«[9]

*

»Man muss schon sehr glücklich sein, um es in einer Kleinstadt auszuhalten, denn diese verstärkt Glück und Unglück gleichermaßen«, erzählte sie in einem Interview aus den 1960er Jahren, als sie wieder in Brasilien war. »Also bleibe ich hier in Rio. Wissen Sie, in Großstädten herrscht bekanntlich in jedem Apartment eine gewisse Solidarität, da in jedem Apartment ein unglücklicher Mensch wohnt.«[10] Ein Grund für ihre Unzufriedenheit in Bern war das Desinteresse, mit dem *Der Lüster* aufgenommen wurde. »Das Schweigen um Dein Buch ist wirklich zu dumm«, schrieb Fernando Sabino im Mai 1946.[11] Er, wie der eine oder andere Kritiker von Rang, hatte es besprochen. Sérgio Milliet, der ihr erstes Buch gepriesen hatte, veröffentlichte eine positive Rezension; Oswald de Andrade, einer der wichtigsten Schriftsteller des Landes, bezeichnete es als »furchteinflößend«; ein anderer Kritiker in São Paulo nannte es »noch bedeutsamer als ihr erstes« und behauptete, sie werde dadurch »in die erste Reihe unserer Autoren gestellt«.[12] Aber der Kontrast zu der Aufregung, die *Nahe dem wilden Herzen* begrüßt hatte, war dramatisch. »Ich hatte mich, ich weiß nicht recht, warum, auf einen verdrießlichen Beginn und ein einsames Ende vorbereitet.« Nun überraschte es sie, dass sogar die Kritiker, die ihr erstes Buch gelobt hatten, das zweite ignorierten. Sie hätten doch »fast schon die Pflicht, das zweite wenigstens zur Kenntnis zu nehmen, ob sie es nun verreißen oder annehmen«, schrieb sie an Tania.[13]

Überwiegend scheint *Der Lüster*, der in der Tat sehr anspruchsvoll ist, Clarices Bewunderer verwirrt und die Kritiker zum Schweigen gebracht zu haben.[14] Die positiven Signale waren vorhersehbar. »*Der Lüster* ist, wie ich immer noch glaube, ein authentisches Meisterwerk«, versicherte Lúcio Cardoso ihr. »Welch ein großartiges Buch, welch eine Persönlichkeit, welch eine Schriftstellerin!«[15] Die einzige wirkliche Attacke wurde ebenfalls von einem der üblichen Verdächtigen geführt, nämlich von Álvaro Lins, der *Nahe dem wilden Herzen* wie kein anderer verrissen hatte. »Alles, was er sagt, ist wahr«, schrieb Clarice an Lúcio, »egal, ob es auf einer Feindseligkeit mir gegenüber gründet oder ob die Kritik nur so hingeschludert war. [...] Im Allgemeinen sollte man das so handhaben wie der Mann, der jeden Tag seine Frau verprügelt, irgendwas wird sie schon verbrochen haben. Selbst wenn Álvaro Lins gar nicht wissen sollte, warum er mich ›verdrischt‹, nehme ich es hin, denn irgendeinen Grund wird es schon geben, wenn nicht mehrere.«[16] Einen Monat später dachte sie offenbar immer noch an Álvaro Lins, und so schrieb sie Fernando Sabino: »Alles, was er sagt, ist wahr. Man kann nicht einfach Kunst machen, nur weil man ein unglückliches, etwas verdrehtes Temperament besitzt. Eine tiefe Mutlosigkeit.«[17]

Dieser Gemütszustand ließ die Fortschritte an ihrem neuen Buch, *Die belagerte Stadt*, ins Stocken geraten, denn beim Schreiben plagten sie Zweifel, die sie bei der Arbeit an ihren ersten beiden Büchern nicht gekannt hatte. »Ich kämpfe weiter mit dem Buch, das grässlich ist. Wie brachte ich nur den Mumm auf, die anderen beiden zu veröffentlichen? Ich weiß nicht mal, wie ich mir verzeihen soll, dass ich so unbesonnen bin und schreibe. Aber ich habe mich nun einmal ganz darauf verlegt, und wenn ich diesen Wunsch abschneiden wollte, so bliebe überhaupt nichts übrig. So weit also die Lage«, schrieb sie an Tania. »Ich bin wirklich zu dem Schluss gelangt, dass Schreiben das ist, was ich mir auf der Welt am meisten wünsche, mehr noch als Liebe.«[18]

⁂

»Zwei Seelen wohnen, ach! in meiner Brust« – Fausts Klage, das Leitmotiv von Hesses *Steppenwolf*, könnte auch als Motto von *Nahe dem wilden Herzen* dienen. Das in diesem Buch inszenierte Ringen zwischen der charismatischen, tierischen Joana und der sanften, bürgerlichen Lídia reflektiert den Kampf zwischen den einander grundlegend feindlichen Hälften ihrer Schöpferin. Wenn, wie Clarice im Zusammenhang mit Joana sagte, gilt: »*Madame Bovary c'est moi*«, dann war Clarice auch Lídia, eine konventionelle Person, eine Ehefrau und Mutter, die im Frieden mit der Welt zu leben wünschte.

»Ich würde gern wenigstens einen Tag damit verbringen, Lídia zuzusehen, wie sie von der Küche ins Wohnzimmer geht, dann an ihrer Seite in einem ruhigen Zimmer zu Mittag essen – einige Fliegen, klimperndes Besteck«, sagt Joana. »Dann am Nachmittag, dasitzen und sie nähen sehen, ihr hier und da etwas reichen, die Schere, den Faden, warten, bis Zeit für das Bad und den Kaffee ist, das wäre gut, es wäre weit und erfrischend. Ist es ein wenig das, was mir immer gefehlt hat? Warum bloß ist sie so mächtig? Die Tatsache, dass ich nie einen Nachmittag mit Nähen verbracht habe, stellt mich nicht unter sie, nehme ich an. Oder doch?«[19]

Clarice und Joana verachten Lídia nicht. In Interviews mit denen, die Clarice Lispector kannten, erscheint das Wort *careta* (prüde, korrekt, altbacken) so oft wie Attribute, die ihre Exzentrizität und ihr Genie beschreiben. Sie war eitel, was ihre äußere Erscheinung betraf, glaubte, dass ihre Leistungen als Mutter ihren Wert als Künstlerin bei Weitem übertrafen, und veröffentlichte, neben ihren belebenden mystischen Romanen, Tipps zur Herstellung von Mayonnaise und zum Auftragen von Augen-Make-up. »Intuitiv habe ich den Gedanken nie aufgegeben, dass Clarice, Joana und Lídia nebeneinander in Dir existieren«, hörte sie von Maury. »Joana und Lídia waren – und sind – dieselbe Person im Innern von Clarice.«[20]

In der Schweiz drohte die heikle Balance zwischen Joana und Lídia sich zu verschieben. »Ich stimme Dir nicht zu, dass Du zur Künstlerin berufen bist, weil Du ›ein unglückliches und irres Temperament hast‹«, ließ Fernando Sabino sie wissen. »Ich setze große, enorme Hoffnung in Dich, und ich habe bereits gesagt, dass Du uns allen vorausgeeilt bist, hinaus durch das Fenster, viel weiter als wir alle. Ich kann nur inständig hoffen, dass Du nicht so weit vorrückst, dass Du an der anderen Seite hinunterfällst. Man muss immer ein Gleichgewicht finden.«[21]

Aber in Bern gab es keinen Platz für Joana, höchstens eine Reihe von Teegesellschaften mit höflichen Teilnehmern. Clarice, deren Texte so selten Zorn oder Bitterkeit widerspiegeln, klang nie sarkastischer oder spöttischer als in ihren Schilderungen der Menschen, denen sie in der Schweiz begegnete. »Wir fuhren also [den Minister und seine] Familie besuchen. Sie sind alle sehr nett«, schrieb sie an Tania. »Nur gehören sie einer völlig anderen Spezies an. Die Frau Botschafterin ist vom Typ gutbürgerliche Dame, aus guter Familie, schlicht, ganz gutmütig. Aber ich muss mich ständig zusammenreißen und den Mund halten, weil alles, was ich sage, ›originell‹ klingt und sie erschreckt. Das Stichwort ›originell‹ verdient eine Erklärung. Die Arme leidet an Originalitätspanik. Wir waren auf einer Modenschau mit Wiener Modellen (nicht besonders reizvoll), und sie sagte Dinge wie: Das hier ist originell, aber es ist hübsch. Über eine Engländerin, die viel Sport treibt, bemerkte sie: Sie ist originell, das mag ich nicht. […] Letzten Endes sind diese Leute vor allem eines: Bestseller… Ihre Meinungen sind Bestseller, ihre Ideen sind Bestseller.«[22] Joana musste sie buchstäblich im Koffer lassen: »Ich suche nach Ausreden, um ihnen mein Buch nicht leihen zu müssen und sie nicht zu ›verletzen‹. Man hat mich nämlich unter ›moderne Kunst‹ abgelegt. […] Von all den Lügen, die ich mir abringe, um die Meinung der anderen zu teilen – Widerspruch bringt ja nichts –, bin ich wie gelähmt.«[23] Die Assoziation kann nicht zufällig sein.

In Neapel hatte sie reichlich Gelegenheit gehabt, sich nützlich zu machen, besonders bei der Versorgung der verwundeten brasilianischen Soldaten. In der

Schweiz bedrückte sie das Gefühl der Nutzlosigkeit, und der mögliche Bezug auf die Mutter, die sie nicht hatte retten können, entspricht der Hilflosigkeit, die sie gegenüber den Opfern einer Tragödie jüngeren Datums verspürte. Tania gestand sie, sie sei »im Innersten erschüttert« über ihre Unfähigkeit, sich »der Kriegssituation« zu stellen, »der Lage der Menschen, diesen Tragödien«, und fügte hinzu: »Einerseits drängt es mich, etwas zu unternehmen, andererseits merke ich, dass mir dazu die Mittel fehlen. Du würdest sagen, dass ich die doch habe, über meine Arbeit. Ich habe darüber lange nachgedacht und sehe keinen Weg, ich meine, keinen wirklichen Weg.«[24] Sie versuchte, für das Rote Kreuz zu arbeiten, doch die örtliche Zweigstelle akzeptierte nur Schweizer Bürger.[25]

Da Joana aus dem Land des tausendjährigen Friedens verbannt war, fiel es Clarice immer schwerer, überhaupt zu arbeiten. »Ich arbeite nicht mehr, Fernando. Ich verbringe die Tage damit, so gut es geht, meine Beklemmungen zu überlisten und mich nicht selbst zu erschrecken. An manchen Tagen lege ich mich um drei Uhr nachmittags hin und wache um sechs auf, nur um hinüber zum Sofa zu gehen und bis sieben die Augen zu schließen, das ist die Abendessenszeit«, schrieb sie Ende Juli.[26] »Aber sie wollte nicht ruhen!«, schrie es in Joana. »Das Blut floss langsamer, in gezähmtem Rhythmus, wie ein Tier, das seine Runden abmisst, um in den Käfig zu passen.«[27]

Das eingesperrte Tier, der Steppenwolf: »Diese Menschen haben alle zwei Seelen, zwei Wesen in sich, in ihnen ist Göttliches und Teuflisches, ist mütterliches und väterliches Blut, ist Glücksfähigkeit und Leidensfähigkeit ebenso feindlich und verworren neben- und ineinander vorhanden, wie Wolf und Mensch in Harry es waren«, schrieb Hesse. Konnten der Wolf und der Mensch, Joana und Lídia, nebeneinander leben? Unter Clarices letzten Notizen findet sich diese: »Das Schreiben kann einen Menschen wahnsinnig machen. Er muss ein geruhsames Leben führen, sehr behaglich, sehr bürgerlich. Sonst kommt der Wahnsinn über ihn. Die Gefahr ist da. Man muss den Mund halten und nichts von dem erzählen, was man weiß, und dabei ist, was man weiß, so viel und so grandios. Ich weiß zum Beispiel Gott.«[28]

＊

Clarice ging jeden Nachmittag ins Kino: »Was lief, spielte keine große Rolle.«[29] Sie schaute sich einige Sehenswürdigkeiten an und besuchte Kunstausstellungen; in Bern nahm sie auch ihre lebenslange Gewohnheit auf, Kartenleserinnen und Astrologinnen zu befragen. Ein paar Mal fuhr sie nach Paris, um Bluma Wainer und andere Freunde zu besuchen; Maury und sie unternahmen eine glückliche Reise nach Spanien und Portugal. Im August 1947 war sie anwesend, als Evita Peróns aufwändige »Regenbogentour« Bern erreichte (Gerüchten zufolge hatte ihr unerwarteter Abstecher in die Schweiz etwas mit den Banken des Landes zu tun). Als die argentinische First Lady am Bahnhof erschien, wurde aus der Menge eine Salve fauler Tomaten abgefeuert, die den Schweizer Außenminister bespritzte.[30] Clarice schien es, als wäre Evita »ein wenig pikiert darüber, dass ihr nicht alle Welt zu Füßen liegt«.[31] Aber der Tomatenvorfall machte Bluma Hoffnung für die Schweiz: »In dem sauberen kleinen Bern mit seinen höflichen Menschen! Es ist gut, damit ist nicht alles verloren. Unser Warten darauf, dass etwas geschieht, lohnt sich doch.«[32]

Clarices Leben war nicht ohne Zerstreuungen, aber sie amüsierte sich immer nur kurz, und jedes Mal, wenn sie glaubte, sich zu erholen, folgte gleich wieder ein Zusammenbruch. Nichts half. »Jeder Tag ist ein Auf und Ab«, schrieb sie an Tania. »Noch schlimmer: Ganze Wochen vergehen, ohne dass an ein Auf auch nur zu denken wäre. Ich habe in solchem Maß an Mut und Zuversicht verloren, dass ich mich nicht einmal mehr beklage. Ich kann stundenlang in einem Sessel sitzen, nicht mal ein Buch in der Hand, nicht mal bei laufendem Radio – ich sitze einfach nur da und warte, dass die Stunden verstreichen und andere kommen wie sie.«[33]

Sie suchte Ablenkung, beispielsweise Privatstunden, um sich selbst und Joana zu retten. In die Fußstapfen ihres Vaters tretend, beschäftigte sie sich mit Differenzialrechnung: »Abstraktes interessiert mich immer mehr.«[34] Auf Empfehlung Fernando Sabinos las sie eine französische Übersetzung der *Nachfolge Christi*, »die mich zuweilen geläutert hat«.[35] Bluma kam in die Schweiz, doch ihre Ehe löste sich nun endgültig auf, und sie selbst war häufig deprimiert. »Alles hier ist ruhig und sauber«, schrieb Bluma im Juli aus ihrem Hotel am Montparnasse. »Etwaige Übereinstimmungen mit dem Friedhof sind reiner Zufall.«[36]

Gegen Jahresende suchte Clarice einen Therapeuten namens Ulysses Girsoler auf, der sie einem ausführlichen Rorschach-Test unterzog.[37] Es ist ungewiss, ob er Psychoanalytiker war und wie er Clarice kennenlernte. »Er war Student – der Malerei, glaube ich«, sagte Clarices Freundin Olga Borelli. »Und dieser Ulysses war von so heftiger Leidenschaft für sie erfüllt, dass er in eine andere Stadt ziehen musste. Er verschwand [nach Basel und dann nach Genf]. Aufgrund ihrer Schönheit verliebte sich so mancher in Clarice. Er reiste ab, und sie behielt ihn stets in Erinnerung. Der Mann war blond, hatte helle Augen und hieß Ulysses. Also benutzte sie den Namen, um ihn zu würdigen, in *Eine Lehre*.«[38]

Wenig ist über diesen Ulysses bekannt. Er war kein Schweizer, und die spärlichen Hinweise auf ihn in Clarices Korrespondenz lassen vermuten, dass andere Details noch nicht veröffentlicht oder verfügbar gemacht worden sind. Der ergiebigste Hinweis, der sich wahrscheinlich auf Ulysses bezieht, kommt in einem Brief an Tania vom Oktober 1947 vor:

Dieser junge Mann in Genf ist allerdings völlig neurasthenisch. Anscheinend wacht er sogar nachts auf, um zu weinen ... *Natürlich sagst Du davon niemandem etwas, ja?* Anscheinend lässt er sich sogar in einem Sanatorium behandeln. Teilweise wohl, weil er krank war und ihn das in eine Depression getrieben hat. Aber ich glaube, zum überwiegenden Teil kommt das von der Entwurzelung des Lebens im Ausland. Nicht alle sind stark genug, um zu ertragen, wenn ihnen das gewohnte Umfeld oder die Freunde fehlen. Ich bewundere immer mehr Papa und andere wie ihn, die es geschafft haben, ein »neues Leben« anzufangen; dazu muss man schon sehr viel Mut besitzen. In diesem Berufszweig befindet man sich völlig außerhalb der Wirklichkeit, eigentlich tritt man in nichts ein, das man ein Milieu nennen könnte – das diplomatische Milieu setzt sich aus Schatten und Schatten zusammen. Einen persönlichen Geschmack zu haben, über sich selbst oder auch nur über andere zu sprechen, gilt geradezu als geschmacklos. Einen Diplomaten lernt man im Grunde nicht kennen; mit einem Diplomaten geht man mittagessen.[39]

Girsoler war der Erste in einer langen Reihe von Psychotherapeuten (wenn er denn diesen Beruf wirklich ausübte), die sich entweder in Clarice verliebten oder eine so starke Bindung zu ihr entwickelten, dass sie keine angemessene analytische Distanz mehr hielten. Das Ergebnis seines prophetischen Rorschach-Tests entspricht mit unheimlicher Präzision dem Drama, das Clarice in *Nahe dem wilden Herzen* geschildert hatte: dem Kampf zwischen der ungestümen Joana und der sanften Lídia.

»Es braucht schließlich kaum erwähnt zu werden, dass die Intelligenz von Cl. V. weit überdurchschnittlich ist. Das weiß sie selbst, obwohl sie zur Zeit ihre Zweifel hat. Sie besitzt eine Breite intellektueller Fähigkeiten, die fast zu groß ist, um völlig genutzt zu werden«, beginnt die Diagnose. »Bei Cl. V. ist die Affektivität, die sich aktiv auf den Verlauf ihrer Assoziationen auswirkt [d. h., als ihr die Rorschach-Zeichnungen vorgelegt wurden], von einer beunruhigenden Macht ... Eine große Phantasie verbindet sich mit einer starken Intuition ... Der schöpferische Drang bricht unwiderstehlich durch.« Doch er warnt vor der Gefahr:

[Sie hat eine] Tendenz, in ein bequemes, undiszipliniertes Chaos abzugleiten. Affektivität nimmt einen weit mehr als überdurchschnittlichen Platz ein und besitzt einen eindeutig egozentrischen Charakter. – Diese Affektivität erfordert unmittelbar eine große intellektuelle Anstrengung von den meisten, die von ihr betroffen sind. – Die impulsive Affektivität ... kann bei Cl. V. – zur Erschütterung der davon in Mitleidenschaft Gezogenen – völlig explosiv werden, und in solchen Momenten kann sie sich jeder Steuerung entziehen. Während solcher Ausbrüche ist es möglich, dass sie durch und durch gedankenlose Handlungen ausführt und sich töricht benimmt. Vorläufig wird diese impulsive Seite stark zurückgedrängt. Wir sehen, dass sich ihr Gefühlsleben von einem Extrem (Impulsivität) über die ganze Spannweite hinweg zum anderen Extrem (Subtilität, Sensibilität, Fähigkeit, alle denkbaren Emotionen, die anderen Menschen eigen sind, zu spüren) ausdehnt. – Für einen solchen Charakter wird es sehr schwierig sein, ein Gleichgewicht zu finden, [denn es erfordert] eine bewusste Zähmung dieser elementaren Impulse durch intellektuelle Mitwirkung. – Das Resultat ist ein mehr oder weniger melancholischer Charakter. Das ist der Grund für die mögliche Neigung, trotz großer Vitalität aus der Welt zu fliehen. – Besonders wenn ihre Gedanken affektiv mit Konflikten zu tun haben, hält ein großer Teil von ihnen hartnäckig an. Cl. V. denkt um die Konflikte herum, und ein großer Teil ihrer Originalität und ihrer kreativen Kraft wird von dieser Art des Im-Kreis-Denkens absorbiert. Eine solche Denkweise rekurriert auf ursprüngliche Symbole und teils auf mystische Gestaltungsmuster. – Dieser depressive Zustand geht häufig in eine melancholische Ausdrucksform über, doch nie für einen längeren Zeitraum, denn das Pendel schlägt bald wieder zur Seite der Vitalität hin aus.

Sie sei in der Lage, Routineaufgaben zu bewältigen, doch sie hege »eine große Skepsis gegenüber der Welt, einen Zweifel an Menschen, der sich zu einer lebhaften Opposition auswächst«, und zwar auch »mit derselben Energie gegen sich selbst«.[40]

In Clarices Roman *Eine Lehre oder Das Buch der Lüste* sollte Ulisses (in der portugiesischen Schreibweise des Namens) zu einem recht pedantischen Lehrer und Philosophen werden; und auch ihr letzter, geliebter Hund trug den Namen Ulisses. In einem Brief, den der wirkliche »Ulisses« an »Clarissa. Clarissima« schickte, erklärt er: »Es ist noch schwerer, wahre Freiheit zu ertragen.«[41]

*

»Mein Drama: Das ist, dass ich frei bin«, schrieb sie später; es war tatsächlich ein großer Teil des Dramas, das sie in der Schweiz erlebte.[42] Aus einer künstlerischen Perspektive besaß sie, wovon so viele Schriftsteller träumen: unbegrenzte Stunden, in denen sie ungestört arbeiten konnte. Aber ihre Tage hatten keine Struktur, und sie starrte aus dem Fenster. »Die Einsamkeit, die ich seit jeher gebraucht habe, ist zugleich ganz unerträglich«, schrieb sie an Fernando Sabino.[43] Tania gegenüber erklärte sie: »Ich hätte gerne eine mathematische Vorrichtung, die mit absoluter Genauigkeit aufzeichnen könnte, wann ich einen Millimeter vorangekommen oder einen zurückgefallen bin.«[44]

Die Monate schleppten sich dahin. Anfang Januar 1947 schickte sie Tania einen langen Brief. Für ihre Ersatzmutter, die ihr »mehr als eine Schwester« zu sein hoffte, muss es noch schmerzlicher gewesen sein, diese Worte zu lesen, als für Clarice, sie zu schreiben.[45] Man kann kaum glauben, dass ihre Verfasserin dieselbe schöne und verführerische junge Frau war, die Rio de Janeiro weniger als ein Jahr zuvor verlassen hatte – eine Frau, die von vielen der führenden Künstler ihres Landes gefeiert wurde und die ihre Reise nach Europa unterbrach, um der Sphinx Auge in Auge gegenüberzutreten. An ihrer Stelle zeigt sich eine Frau, die so niedergeschlagen und hilflos ist, dass ihr Schreiben sich fast wie ein Abschiedsbrief liest.

Denk nicht, ein Mensch sei so stark, dass er irgendein beliebiges Leben führen und dabei er selbst bleiben kann. […] Ich weiß gar nicht, wie ich Dir meine Seele erklären soll. Aber was ich sagen möchte, ist, dass wir überaus kostbar sind, und wir können nur bis zu einem gewissen Punkt von uns absehen und uns den anderen und den Umständen überlassen. […] Berichten wollte ich Dir nur von meinem neuen Charakter, oder meiner Charakterlosigkeit. […] Meine Liebe, diese fast vier Jahre haben mich sehr verändert. Von dem Augenblick an, in dem ich resignierte, habe ich jegliche Lebendigkeit und jegliches Interesse an den Dingen eingebüßt. Weißt Du, wie ein kastrierter Stier sich in einen Ochsen verwandelt? So geht es auch mir … so hart der Vergleich klingen mag … Um mich an das anzupassen, an das ich mich nicht anpassen konnte, um meinen Widerwillen und meine Träume zu überwinden, musste ich abschneiden, was mich band – ich schnitt in mir die Art ab, in der ich anderen und mir selbst wehtun könnte. Und damit schnitt ich auch meine Stärke ab. Ich hoffe, Du musst mich nie so resigniert sehen, denn es ist beinahe abstoßend. […] Eine Freundin nahm dieser Tage, wie sie mir sagte, ihren Mut zusammen, und fragte mich: Du warst doch mal ganz anders, oder? Sie sagte, sie habe mich immer

glühend und pulsierend von Leben gefunden, und als sie mich nun wiederge-
sehen habe, sei ihr durch den Sinn gegangen: Entweder ist diese übermäßige
Ruhe eine Pose, oder Clarice hat sich so sehr verändert, dass man sie fast nicht
wiedererkennt. Jemand anderes sagte, ich würde mich mit der Schlaffheit einer
Fünfzigjährigen bewegen […], was einem Menschen widerfahren kann, der
sich mit allen arrangiert und dabei vergessen hat, dass der Lebenskern eines
Menschen respektiert werden muss. Pass gut auf: Respektiere Dich selbst mehr
als andere, respektiere Deine Bedürfnisse, respektiere selbst das, was schlecht
an Dir ist – respektiere vor allem das, wovon Du glaubst, dass es schlecht an
Dir sei – um Himmels willen versuch nicht, aus Dir einen vollkommenen Menschen zu machen – imitiere keinen Idealmenschen, imitiere Dich selbst – das ist
die einzige Art zu leben.

19
DIE ÖFFENTLICHE STATUE

In der Schweiz, in Bern, wohnte ich in der Gerechtigkeitsgasse. Gegenüber von meinem Haus stand die farbige Statue, die Waage in der Hand. Um sie herum besiegte Könige, die womöglich um Gnade baten. Im Winter der Teich, in dessen Mitte die Statue stand, im Winter das eiskalte Wasser, manchmal überzogen von feinem, brüchigem Eis. Im Frühjahr rote Geranien. [...] Und die noch mittelalterliche Straße: Ich wohnte in der Altstadt. Vor der Berner Monotonie retteten mich die Tatsache, dass ich im Mittelalter lebte, das Warten darauf, dass der Schneefall aufhörte und die roten Geranien sich wieder im Wasser spiegelten, der Umstand, dass ich einen Sohn habe, der dort zur Welt kam, und schließlich, dass ich dort eines meiner ungeliebtesten Bücher geschrieben habe, *Die belagerte Stadt*, wobei manche Leser, die das Buch ein zweites Mal in die Hand nehmen, es zu schätzen lernen. Meine Dankbarkeit gegenüber diesem Buch ist gewaltig: Die Anstrengung, es zu schreiben, hielt mich beschäftigt, sie rettete mich immer wieder vor der fürchterlichen Stille der Straßen von Bern, und als ich das letzte Kapitel fertiggestellt hatte, ging ich in die Klinik, um den Jungen zur Welt zu bringen.[1]

Für Virgínia in *Der Lüster* war die einzige Realität innerer Art; die Außenwelt erschien ihr verschwommen und unverständlich und bewirkte schließlich ihren Untergang. Lucrécia Neves, die Heldin des Romans *Die belagerte Stadt*, verkörpert das Gegenteil. Ihr eigenes Innenleben erscheint »zu wenig zu gebrauchen«, weshalb sie, die »nicht einmal intelligent« ist, nach außen blickt, zu der neuen Stadt, die um sie herum entsteht. »Was so viel bedeutete für einen Menschen, der gewissermaßen beschränkt war; Lucrécia, der die Nichtigkeiten der Vorstellungskraft nicht zur Verfügung standen, sondern nur das enge Dasein dessen, was sie vor sich sah.«[2] Als Buch über die äußere Welt ist es ein Einzelfall in Clarice Lispectors Werk. Vielleicht stellte es Clarices letzten Versuch dar, aus sich selbst herauszugelangen, den »Schiffbruch der Introspektion«[3] zu verlassen, der Melancholie zu entkommen, die ihr Leben bedrohte.»Atme die Frühlingsluft tief ein«, schrieb Bluma Wainer ihr nach einem Besuch in Bern im März 1947.»Denk so wenig wie möglich und analysiere noch weniger.«[4]

Hinter dem Namen Lucrécia verbirgt sich Clarices eigener Name, doch im Unterschied zu vielen von Clarices Figuren, die Ergänzungen oder Artikulationen ihrer selbst sind, ist Lucrécia ein wahres Alter Ego, eine Person, die so wenig wie möglich denkt und noch weniger analysiert. Im Gegensatz zu der durch und durch schmerzlich lebendigen Clarice erreicht Lucrécia den Höhepunkt an Stummheit und mangelnder Reflexion. In dem Kapitel »Die öffentliche Statue« schreibt Clarice:»In dieser Haltung hätte man Lucrécia Neves ohne Weiteres auf den Platz stellen können. Ihr fehlten nur noch Sonne und Regen. Damit sie im Matsch von den Bewohnern endlich übersehen und endlich Tag für Tag wahrgenommen würde, ohne dass es jemand merkte. Denn genau so gehörte eine Statue zu einer Stadt.« Es lässt sich kaum vermeiden, hier an die Statue der Justitia vor ihrem Fenster in der Gerechtigkeitsgasse zu denken. Später kehrt die Metapher erneut wieder:»Nach und nach, während der Mann vorlas, dehnte Lucrécia Neves sich aus, undurchschaubar, eine Statue, zu deren Füßen man an öffentlichen Feiertagen Blumen ablegte.«[5]

Lucrécia existiert, um ihre kleinen, leicht zu identifizierenden Bedürfnisse zu befriedigen. Ihre Geschichte verläuft mit einer verführerischen Einfachheit: Sie wird erwachsen, heiratet, wird Witwe und heiratet zum zweiten Mal. Es ist unmöglich, sich der Schlussfolgerung zu entziehen, dass Clarice gern Lucrécia gewesen wäre oder wenigstens jemand, auf dessen leichteres Leben ein Teil von ihr neidisch war: glücklich mit ihrer Oberflächlichkeit, zufrieden mit Teegesellschaften und »Bestsellerleuten«. Bei der Vielzahl ihrer Bücher, die mit Autounfällen, Unterwerfung und Niederlage enden, ist es kein Zufall, dass *Die belagerte Stadt* ein Happy End hat.

Vieles von dem, was Clarice Elend und Exil bescherte, gewährte Lucrécia Erfüllung und Frieden. Nachdem Lucrécia ihren verträumten halbwüchsigen Freund Perseu abgewiesen hat, dessen Name an den Helden mit dem geflügelten Pferd Pegasus aus der griechischen Sage erinnert, heiratet sie Mateus, einen reichen Mann aus einer anderen Stadt. Er bietet ihr manches von dem, was Maury Clarice bieten konnte. Ein Außenseiter in ihrer Gemeinschaft, kultiviert und weltgewandt, verspricht Mateus finanzielle Sicherheit und weckt in ihr die Hoffnung, andere Länder zu sehen.»Männer schienen einer Frau eine größere Stadt zu versprechen«, schreibt Clarice.»Ah, Mateus stammt aus einem anderen Umfeld, Mutter! Er kommt aus einer anderen Stadt, er ist kul-

tiviert, kennt sich aus, er liest Zeitung, kennt andere Leute«, erklärt die oberflächliche Lucrécia ihrer Mutter, als sie heiraten möchte. Es ist die perfekte
Verbindung. Lucrécia »wollte gerne reich sein, Dinge besitzen und gesellschaftlich aufsteigen«.[6] Doch genau wie Clarice klagte, »Bern ist ein Grab,
selbst für die Schweizer. Und ein Brasilianer ist nichts in Europa«, entdeckt
Lucrécia, nachdem sie ihr heimisches São Geraldo verlassen hat, dass sie fehl
am Platz ist: »Nun, da sie das Vorortviertel verlassen hatte, war ihre relative
Schönheit verschwunden, und ihre Bedeutung hatte abgenommen.«[7] An ihrem
neuen Ort ist sie »das unerfahrenste Mitglied der Stadt«,[8] obwohl sie dort
bald eine Art Genugtuung findet.

Überhaupt scheinen die gehässigen Bemerkungen, die das Buch durchziehen
und so untypisch für Clarices Werk sind, ihr eigenes Unglück, nicht das Lucrécias,
widerzuspiegeln. Als sie beispielsweise über Mateus schrieb, er habe »etwas von
einem Anwalt oder Ingenieur – diese Art von Rätselhaftigkeit«,[9] dachte sie wahrscheinlich an die Juristen und Diplomaten, die »Bestsellerleute«, die sie im Exil
umgaben. Lucrécia dagegen ist in der Regel gut gelaunt.

An dem neuen Ort widmet die hohle Frau sich dem sozialen Aufstieg:
»Lucrécia wartete, bis sie noch zwei oder drei Mal ins Theater gegangen wäre, bis
zu dem Zeitpunkt, an dem die Zahl ihrer Besuche nur noch schwer zu über-
blicken sein würde, vielleicht bei sieben oder neun, und sie den Satz sagen könnte:
›Ins Theater ging ich fast immer.‹« Sie erlernt die Gepflogenheiten der neuen
Stadt und passt sich ihnen umstandslos an. Bei ihrem ersten Besuch ist sie ganz
ergriffen von der Schönheit der Aufführung, doch auch das vergeht, und die
»Bestseller«-Ausdrucksweise geht ihr in Fleisch und Blut über: »Denn später
lernte sie sagen: Es hat mir sehr gut gefallen, das Stück war großartig, ich habe
mich prächtig amüsiert. [...] Das ist der schönste Platz, den ich je gesehen habe,
sagte sie, und konnte anschließend mit Sicherheit den schönsten Platz überqueren, den sie je gesehen hatte.« Eine ihrer Lieblingswendungen ist: »Theoretisch
ist das wunderbar, aber in der Praxis funktioniert es nicht.«[10]

Lucrécia Neves, die sich die Sehenswürdigkeiten der großen Stadt anschaut,
Einkäufe macht und ins Theater geht, lebt so ähnlich wie Clarice Lispector in
Paris, wo diese Anfang 1947 einen Monat verbrachte. »Ich weiß nicht, ob ich von
Paris so wahnsinnig begeistert bin«, schrieb sie an ihre Schwestern. »Schwer zu
sagen. Nach Lage der Dinge bin ich in Paris, scheint es, ›ein anderer Mensch‹.
Das gleicht einem Rausch, der nichts Angenehmes an sich hat. Ich habe zu viele
Menschen gesehen, zu viel geredet, Lügen von mir gegeben, ich bin wirklich sehr
freundlich gewesen. Wer sich da amüsiert, ist eine Frau, die ich nicht kenne, eine

Frau, die ich verabscheue, eine Frau, die nicht Eure Schwester ist. Sie ist einfach irgendwer.« Sie ist, mit anderen Worten, Lucrécia. Aber so bedauerlich das für ihren Seelenfrieden auch war, Clarice konnte sich nicht einfach in irgendwen verwandeln.»In Paris habe ich von intelligenten Leuten wirklich genug bekommen. Man kann nicht ins Theater gehen, ohne dass man sagen müsste, ob es einem gefallen hat und warum oder warum nicht. Ich habe gelernt, ›ich weiß nicht‹ zu sagen, was ein Grund zum Stolzsein ist, eine Verteidigungsstrategie und eine schlechte Gewohnheit, denn am Ende mag man nicht einmal mehr denken, wo man doch eigentlich nur nichts sagen wollte.«[11]

*

Zu Lucrécias Lebzeiten wird die kleine Siedlung São Geraldo zu einer vollwertigen Stadt. In ihrer Kindheit ist São Geraldo, ähnlich wie Tschetschelnik, ein winziger Ort, an dem es von Wildpferden wimmelt. Die Geschichte des Städtchens beginnt mit der Vertreibung der Pferde; während es eine zunehmend zivilisierte Gestalt annimmt und schließlich ein Viadukt und einen Uferdamm erhält, verschwinden die Pferde nach und nach und überlassen»die Großstadt dem Glanz ihres eigenen Mechanismus«.[12]

Zugleich bildet sich die Sprache der Stadt heraus. Die ersten Bürger von São Geraldo kommen ohne Wörter aus. Lucrécias alte Nachbarin Efigênia, die durch ihre lange Ansässigkeit zu so etwas wie einem Maskottchen des Ortes geworden ist, erweist sich als fast so schweigsam wie die Pferde.»Wobei das geistige Leben, das Efigênia vage zugeschrieben wurde, letztlich darauf beschränkt zu sein schien, dass sie weder ja noch nein sagte, nicht einmal sich selbst schenkte sie Beachtung, so weit ging ihre nüchterne Strenge. So dass sie still und hart war, wie es bei Menschen vorkam, die noch nie einen Gedanken fassen mussten. Während in São Geraldo allmählich ganz schön viel geredet wurde.«[13]

Das Symbol von São Geraldos sprachlicher Entwicklung ist Perseu, Lucrécias erster Freund, der die gleiche linguistische Ekstase erlebt, die Joana und Virgínia kennzeichnete. Wie die junge Clarice Lispector ist Perseu entzückt über eine Sprache, die noch so klangvoll und unsinnig wie Musik ist.

»Die Bewohner der See führen, sofern sie sich keine Heimstatt am Meeresgrund suchen, ein dahintreibendes oder pelagisches Leben«, studierte Perseu am Abend des 15. Mai 192...
Heldenhaft und leer stand der Bürger am offenen Fenster. Doch tatsächlich

hätte er niemals zu vermitteln gewusst, was ihn harmonisch sein ließ, und selbst wenn er sprach, konnte kein Wort seiner blanken Erscheinung gerecht werden: Seine enorme Harmonie war bloße Evidenz.

»Pelagische Tiere reproduzieren sich in großer Zahl«, sagte er mit hohlem Leuchten. Blind und glanzvoll – mehr konnte man über ihn nicht erfahren. […]

»Sie ernähren sich von Mikroorganismen, Infusorien usw.«

»Usw.!«, wiederholte er brillant, unbezähmbar.

[…]

»Der Aufbau dieses scheibenförmigen Tiers folgt einer viergliedrigen Symmetrie.«

So stand es geschrieben! Und die Sonne schien prall auf die staubige Seite: An der gegenüberliegenden Hauswand krabbelte sogar eine Kakerlake empor … Da sagte der Junge etwas, das schimmerte wie ein Skarabäus: »Pelagische Wesen reproduzieren sich in außerordentlich großer Zahl«, zitierte er endlich lauthals und auswendig.[14]

Dadurch, dass Lucrécia dem außenstehenden Mateus den Vorzug vor dem ein heimischen Perseu gibt, entscheidet sie sich auch für eine ausgefeilte Sprache, die ihrem kleinen Geburtsort noch fremd ist. Aber São Geraldo holt auf, und raffinierte linguistische Verfeinerungen sind im selben Maße wie das Viadukt und der Uferdamm Teil seines Fortschritts. »Je weiter São Geraldo sich ausdehnte, desto größer wurden [Lucrécias] Schwierigkeiten, sich klar auszudrücken, so sehr hatte sie es sich zur Gewohnheit gemacht, ihr Inneres zu verbergen.« Nun ist nichts mehr wild; alles wird von Lucrécias sirupartigen Worten erstickt, sogar Mateus' letzte Momente. »Selbst seinen Tod hatte sie versucht zu zerstören. Sie hatte ihn getröstet, so gut sie konnte, denn nur so ließ sich das Ereignis auf etwas reduzieren, das wiedererkennbar war: Immerhin stirbst du nicht in einem fremden Haus. […] Dumm von ihr, als spielte sich das Sterben nicht immer in einem fremden Haus ab.«[15]

*

Clarices Missfallen über ihre eigene erzwungene Domestizierung äußert sich recht lautstark darin, wie sie die wachsenden Ansprüche der Stadt beschreibt. Es liegt auf der Hand, dass ihr das Verschwinden der Pferde zuwider ist. Aber *Die belagerte Stadt* will nicht einfach nur bourgeoise Allüren anprangern, sondern fügt sich in ihre lebenslange Suche nach einer authentischen Sprache ein.

Der ursprüngliche Impuls mag von den Stunden ausgegangen sein, die sie damit verbrachte, in der Schweiz aus ihrem Fenster zu schauen und die unbeugsame Figur der Justitia zu betrachten. Die Sprache des Buches ist die Sprache des Wahrnehmens, und Metaphern des Sehens kehren überall im Text wieder. In gewissen Momenten ersetzt die Wahrnehmung sogar die gesprochene Sprache, zum Beispiel wenn jemand Worte »schaut« oder »sieht«, statt sie zu äußern oder zu denken: »Diese Stadt gehört mir, schaute die Frau.«[16]

Die Blicke ihrer Bewohner, nicht Ziegel und Asphalt, werden dazu benutzt, die neue Stadt São Geraldo zu erbauen. »Und die Stadt nahm immer weiter die Form an, die ihr Blick offenbarte.« »Oh, aber die Dinge wurden nie gesehen: Die Leute sahen.« »Sie öffnete einen Spalt weit die Augen, starrte blind. Allmählich nahmen die Dinge im Zimmer wieder ihren Platz ein, gewannen die Art zurück, von ihr gesehen zu werden.« »Eigentlich eine recht rudimentäre Funktion – sie bezeichnete den inneren Namen der Dinge, sie, die Pferde und noch ein paar andere; und später sah man die Dinge dann durch diesen Namen. Die Wirklichkeit bedurfte des Mädchens, um eine Form zu bekommen.«[17]

Am Ende von Lucrécias Leben war »das Schauen noch immer ihre höchste Reflexion«. Selbst als Kind nahm sie »die Dinge wie ein Pferd« wahr;[18] das heißt, Lucrécia begnügt sich damit, nicht unter die Oberfläche der Dinge zu blicken, und dies ist der Vorteil ihrer »Oberflächlichkeit«. Clarice, deren unerbittliche Introspektion sie in die Verzweiflung getrieben hatte, konnte Bluma Wainers Empfehlung, selbst etwas oberflächlicher zu sein, »so wenig wie möglich zu denken und noch weniger zu analysieren«, nicht folgen. »Mein Übel ist, dass ich Fragen stelle«, schrieb sie später, »ich war schon von klein auf eine einzige Frage.«[19]

Lucrécia muss lernen, »in einer subtilen Anstrengung nur die Oberfläche anzusehen – und dann schnell wegzuschauen«.[20] Diese Anstrengung verlangt eine gewisse Entschlusskraft, denn Lucrécia hat nicht, wie Perseu oder Efigênia, organisch teil an der Wahrheit.[21] »Sie beugte sich vor, ohne jede Individualität, und versuchte nur, die Dinge direkt anzusehen.«[22] Aber diese Betrachtungsweise führt, paradoxerweise, aber unweigerlich zu Clarices eigenem metaphysischen Anliegen. Wie sich herausstellt, ist *nicht* tiefgründig zu sein nur eine andere Art der Tiefgründigkeit.

Lucrécias Seichtheit vereint sie nicht nur mit ihrer unmittelbaren Schöpferin, sondern auch mit dem göttlichen Schöpfungsakt selbst. Sie erschafft die Stadt und alles, was sie betrachtet. »Denn es konnte ja sein, dass etwas nur existierte, wenn sie ihm ihre intensive Aufmerksamkeit widmete; indem sie mit einer Strenge und einer Härte schaute, die dazu führten, dass sie nicht den Grund der

Dinge suchte, sondern das Ding und nichts weiter.«[23] Mit anderen Worten, ihr beharrliches Augenmerk auf Oberflächen ist eine weitere Methode, sich »dem Ding selbst« zu nähern, das Clarice in ihren vorigen Büchern schon gesucht hatte.

Aber welche Dinge können grundlegend wahrgenommen werden, wenn man lediglich ihre Oberfläche anschaut? Beispielsweise ist die Form eines Kreises nicht zu unterscheiden von dem Kreis selbst, der die Ganzheit von sich selbst in seinem Symbol enthält. Dies, nicht bloß das ungezähmte »wilde Herz«, macht die Bedeutung der Pferde von São Geraldo aus. Für Clarice ist das Pferd, in diesem Buch wie in so vielen anderen, ein vollkommenes Geschöpf, und wie ein Pferd zu werden ist ein mystisches Ziel, das Seele und Körper, Materie und Geist vereint. Ein Pferd handelt allein im Einklang mit seinem Wesen, unbeschwert von den Winkelzügen des Denkens und der Analyse, und dies ist die Freiheit, nach der sich Clarice zu sehnen scheint: die Freiheit, zu tun, was ihr gefiel, gewiss, doch vor allem die Freiheit vom »Schiffbruch der Introspektion«. Für eine Person, die von ihrer Vergangenheit gequält wurde und unfähig war, in ihrer Gegenwart zu leben, bot das Pferd auch einen Ausweg.

Und das Gleiche galt schließlich für Lucrécia. »Alles, was sie sah, war irgendein Ding. Bei ihr und bei einem Pferd war der Eindruck der Ausdruck.«[24] Der Eindruck war der Ausdruck: Lucrécia und die Pferde sind »das Symbol einer Sache in der Sache selbst«. In einem Brief erklärt Clarice die Wendung eingehender: »Ohne die Waffen der Intelligenz, jedoch nach dieser, wenn man so will, spirituellen Integrität eines Pferdes strebend, das nicht ›zerlegt‹, was es sieht, keine ›versprachlichte‹ oder geistige ›Sicht‹ auf die Dinge hat und keine Notwendigkeit verspürt, den Eindruck durch einen Ausdruck abzurunden – eines Pferdes, in dem das Wunder vorliegt, dass der Eindruck total ist – auf jeden Fall real –, dass in ihm der Eindruck schon der Ausdruck ist.«[25]

Was ein Pferd fühlt, seine »Eindrücke«, kann nicht durch die verbalen, linguistischen »Ausdrücke« korrumpiert werden, die jene ursprünglichen, authentischen Gefühle nur verwässern oder verzerren. Lucrécia sieht lediglich Oberflächen und ist selbst nichts als eine Oberfläche, ein weiteres Mittel für Clarice, sich demselben Ziel zu nähern: dem »Wort, das ein eigenes Licht hat«, in dem sich Bedeutung und Ausdruck schließlich vereinen.

DIE DRITTE ERFAHRUNG

»Das Wort ›Wort‹ ist ex-möglich!«
»Ex-möglich?«
»Ja! Ich sage lieber ex-möglich als unmöglich! Das Wort ›Wort‹ ist ex-möglich, weil es Wort bedeutet.«[1]

Man muss sich vorstellen, mit welch aufgeregt mütterlichem Stolz Clarice Lispector diesen Dialog mit ihrem Sohn Pedro niederschrieb. Benannt nach seinem Großvater und am 10. September 1948 in Bern geboren, schien Pedro die philosophischen Belange verinnerlicht zu haben, die seine Mutter beschäftigten, als er sich in ihrem Leib befand. Sie war gerade dabei, *Die belagerte Stadt* abzuschließen: »Als ich das letzte Kapitel fertiggestellt hatte, ging ich in die Klinik, um den Jungen zur Welt zu bringen.«[2]

Mit Pedros Geburt begann die dritte ihrer »drei Erfahrungen«: »Ich wurde geboren, um die anderen zu lieben, ich wurde geboren, um zu schreiben, und ich wurde geboren, um meine Kinder aufzuziehen.« Allerdings nicht in dieser Reihenfolge. Clarice betonte oft, dass die Mutterschaft viel wichtiger für sie sei als die Literatur: »Es kann keinen Zweifel geben, dass ich als Mutter wichtiger bin denn als Schriftstellerin.«[3] Die Mutterschaft gab ihr auch die Chance, ein Leben neu zusammenzusetzen, das in Stücke gebrochen war, als sie ihre eigene Mutter verlor: »Wäre ich nicht Mutter, ich wäre allein auf der Welt.«[4]

Mutter zu sein war das Einzige, was sich sowohl die wilde Joana als auch die zahme Lídia wünschte, und Clarice wollte es ebenfalls: »Was meine Kinder betrifft, so war ihre Geburt kein Zufall. Ich wollte Mutter sein.«[5] Doch es war nicht leicht, und die Art, wie Pedro die Welt erblickte, deutete auf das hin, was kommen würde. Die Geburt wurde mit Injektionen eingeleitet, aber nach fast fünfzehnstündigen Wehen war das Baby noch nicht herausgekommen, und die Ärzte beschlossen, einen Kaiserschnitt vorzunehmen.[6]

Fiebernd und unter Schmerzen, musste Clarice zwei Wochen im Krankenhaus verbringen. »Was Maury betrifft, so bin ich selten einem Menschen begegnet wie ihm. Er ist so gut zu mir, denkt an alles, hat eine Engelsgeduld und überhäuft mich mit so viel Zärtlichkeit und Aufmerksamkeiten, wie ich sie gar nicht verdiene. Ich hoffe, dass ich ihm nie im Leben Leid zufügen werde. Und das nicht nur, weil er sich so verhalten hat, wie ich erzähle. Er ist in jeder Hinsicht einer der lautersten Menschen, die ich kenne. Ich könnte mir für meinen Sohn keinen besseren Vater wünschen.«[7]

Ihre ersten Berichte an die Verwandten fließen über vom Enthusiasmus einer jungen Mutter: »Der kleine Pedro ist sehr putzig, er nimmt ständig zu und zieht komische Gesichter. Beiliegend ein Beispiel, eine ziemlich schlechte Porträtaufnahme nur so zur Anschauung. Auf diesem Foto ist er eine Woche ›alt‹. Seine Lieblingsgrimasse ist genau die: Er bläht die Nasenflügel weit auf und spitzt den Mund zu einem Schnäbelchen.«[8] Gewisse Vorbehalte gab es bezüglich des Kindermädchens: »Vor allem ist sie völlig fixiert darauf, dass Ruhe herrscht. (Man stelle sich das mal vor: mehr Ruhe, als in Bern ohnehin schon herrscht! Wenn es nach ihr ginge, müssten wir im Flüsterton sprechen und auf Zehenspitzen herumlaufen – aber es wäre sehr unpraktisch, wenn sich das Kind das angewöhnte; in jedem anderen Land würde es sich erschrecken.«[9] Später beschrieb sie die Kinderschwester gegenüber Tania als »Plage mit einem Diplom«.[10]

Jedoch entging ihr nicht die Schwere ihrer neuen Aufgabe: »Jede Frau fasst sich an den Hals, wenn sie erfährt, dass sie schwanger ist: Sie weiß, dass sie ein Geschöpf zur Welt bringen wird, das unweigerlich den Weg Christi gehen und viele Male unter der Last des Kreuzes zusammenbrechen muss. Es gibt keinen Ausweg.«[11] Pedro sollte unter dem Gewicht seines Kreuzes zusammenbrechen und ihr so viel Schmerz bereiten, wie es der Verlust ihrer Mutter getan hatte. Zunächst jedoch konnte nicht einmal diese Vorahnung Maurys und ihr Glück trüben. Vielleicht ging ihr genau das durch den Kopf, als sie am 21. Dezember 1971 eine Weihnachtskolumne mit dem Titel »Heute wird ein Kind geboren« schrieb. Das Kreuz zeichnete sich in der Zukunft ab, aber »einstweilen gehörte die sanfte Freude ganz einer kleinen jüdischen Familie«.[12]

*

1948 brach auch in anderen jüdischen Familien Freude aus. Am 29. November 1947 stimmte die UN-Generalversammlung unter dem Vorsitz des brasilianischen Präsidenten Oswaldo Aranha für die Teilung Palästinas. (Die Geste brachte Aranha Ruhm als Freund der Juden ein, und das trotz seiner Bemerkung, die Gründung

Israels bedeute, dass Copacabana nun den Brasilianern zurückgegeben werden könne.)[13] Anfang Mai, als Clarice *Die belagerte Stadt* fertigstellte, stand Blumas Mann, der globetrottende Reporter Samuel Wainer, vor dem Café Brasil in Tel Aviv, einem Treffpunkt für die jüdische Untergrundregierung, und versuchte, mit der Irgun Kontakt aufzunehmen. Vertreter der jüdischen Terrororganisation erschienen wie erwartet, um ihren berühmten Sprengstoffanschlag auf das King David Hotel detailliert zu beschreiben.[14] Am 13. Mai, bei seiner Ausreise aus dem Land, wäre Wainer auf der Straße zum Flughafen beinahe einer Minenexplosion zum Opfer gefallen. Am folgenden Tag wurde der Staat Israel ausgerufen.

Und auch in Rio de Janeiro herrschte Freude. Elisa Lispectors Erinnerungen in Romanform, *Im Exil*, beginnen mit Elisas frühmorgendlicher Ankunft an einem Bahnhof. Sie hört einen lustlosen Zeitungsverkäufer rufen:»Lest den *Diário*!« (Samuel Wainers Zeitung).»Neuste Nachrichten: Gründung des jüdischen Staates! Großer Bericht! Im *Diário*!«

Lizzas Herz machte einen Sprung und riss sie aus ihrer Versunkenheit. Sie kaufte sich eine Zeitung, schlug sie fieberhaft auf, und während ihre Augen über die Nachrichten glitten, breitete sich eine wachsende Ermüdung in ihrem ganzen Wesen aus, als fließe eine dunkle Quelle in ihrem Innern und durchdringe jeden Winkel ihrer Seele. Nun hatte sie endlich Frieden gefunden – beinahe zu endgültig für jemanden, der während der letzten Tage im Sanatorium in unaufhörlicher Besorgnis die Ereignisse in Lake Success hinsichtlich des Palästina-Problems in den Zeitungen und im Rundfunk verfolgt hatte.

»Jüdischer Staat!«, hörte sie jemanden gereizt unter dem Fenster ihres Waggons sagen.»Diese Juden ...«

Seine Schritte entfernten sich, und der Rest des Satzes verklang.

Lizza vernahm ihn ohne Groll. Sie hatte ähnliche Kommentare so oft gehört, dass sie sich nicht mehr darüber aufregte. Und nun war sie ruhiger denn je. Sie schöpfte eine süße Hoffnung für die Bestimmung der Welt. Die Menschheit rehabilitierte sich. Endlich trug sie ihre Schuld gegenüber den Juden ab. Das Leid und der Kampf hatten sich gelohnt. So viele Tränen, so viel Blut. Sie sind nicht umsonst gestorben.

» ... sie sind nicht umsonst gestorben ...«, sangen die Räder auf den Schienen, während sich der Zug erneut in Bewegung setzte.[15]

Die sich anschließende Geschichte behandelt die Flucht der Familie Lispector aus ihrer Heimat.[16] Die Erschaffung des jüdischen Staates – und das Glück, das die Heldin darüber empfindet – verleiht den grässlichen Prüfungen der Charaktere, besonders Elisas, eine Art Sinn, eine Hoffnung, dass die Opfer ihrer Familie und ihres Volkes zu einem positiven Ende geführt haben, dass ihre Angehörigen, vor allem ihre Mutter, »nicht umsonst gestorben sind«.

Sowohl was die expliziten historischen Bezüge als auch die politische Tendenz betrifft, hat *Im Exil* nichts mit Clarices künftigen literarischen Werken gemeinsam. Elisa, die neun Jahre älter war, erinnerte sich nicht nur an die grauenhaften Umstände der Flucht ihrer Familie aus Europa, sondern sie konnte sie im Grunde nicht vergessen. Als aktive Zionistin und Sekretärin des Jüdischen Instituts für historische Forschung in Rio reiste sie in späteren Jahren nach Israel. Eher akademisch interessiert als ihre jüngere Schwester, hatte sie neben ihrem Klavierstudium am Konservatorium von Recife ein Studium in Soziologie und Kunstgeschichte abgeschlossen und nahm lebhaften Anteil an literarischen und intellektuellen Debatten.[17]

Wie der Halbsatz »Jemand, der die letzten Tage im Sanatorium in unaufhörlicher Besorgnis die Ereignisse verfolgt hatte« jedoch enthüllt, hatten Elisa und Clarice gleichwohl etwas gemeinsam, nämlich ihr schreckliches Ringen mit Depressionen. Nachdem Elisa ihre Stelle in der Bundesverwaltung angetreten hatte, wurde sie von Kummer überwältigt und machte nach dem Tod ihres Vaters eine »enorme Krise« durch.[18] Diese Verzweiflung veranlasste sie zu schreiben. Ihren ersten Roman, *Jenseits der Grenze*, verfasste sie unter solcher Geheimhaltung, dass nicht einmal Tania etwas von seiner Entstehung wusste. 1945 veröffentlicht, kurz nach *Nahe dem wilden Herzen*, ist er in Wirklichkeit um einiges älter als Clarices Debütroman, der im Januar 1942 fertiggestellt wurde.[19]

Die Autorin macht keinen Hehl daraus, dass sie sich mit der Niederschrift ihres Romans ihre Niedergeschlagenheit von der Seele schreiben wollte wie ihr Erzähler. »In einem Schmerzausbruch begann er rasch und nervös mit zittrigen, ungleichmäßigen Buchstaben zu schreiben, als wolle er sich von einer schweren Bedrückung befreien«, beginnt das Buch.[20] *Jenseits der Grenze* ist die Geschichte des eingewanderten Literaten Sérgio, früher Sergej, der manches sowohl mit Pedro Lispector als auch mit dessen Töchtern gemein hat. »Wenn ich von Kriegspsychose spreche, meine ich die qualvolle Zeit, die wir durchmachen«, hört Sérgio von einem Kollegen. »Ich weiß, du schreibst nicht über Kriege. Ich habe deine Bücher gelesen. Aber von alledem geht ein schädlicher Einfluss aus. Ich weiß nicht, vielleicht liegt es am Exil, den Wanderungen durch fremde Länder oder an deiner extremen Abgeschiedenheit.«[21]

Ein Freund von Elisa schrieb, das Buch sei »durch das Vorbild ihres Vaters, dem es gewidmet ist, inspiriert [worden]. Es ist die Hommage seiner Tochter an den unverwirklichten Künstler.«[22] In der Figur Sérgios kündigt sich Elisas künftige Thematik an:»extreme Abgeschiedenheit«.»Einsamkeit wird zu seinem einzigen Mittel, dem bedrückenden Gefühl zu entkommen, dass er ständig scheiterte, weil er nicht fähig war, so wie andere zu leben.«[23]

Das Buch erinnert an Pedro Lispectors Geständnis gegenüber Clarice und an die Worte, die Elisa veranlassten, es in Angriff zu nehmen:»Wenn ich schreiben würde, dann ein Buch über einen Mann, der erkennt, dass er sich verloren hat.« Sein Unvermögen, in der alltäglichen Welt zu leben, hatte er Clarice vererbt, die sich dem Leben in der Öffentlichkeit nie anpassen konnte, und auch Elisa, die ihre ständige Angst bekämpfte, indem sie sich von der Welt abschottete. Elisa stand ihren Freunden und ihrer Familie, die sie in herzlicher Erinnerung haben, sehr nahe. Sie hatte Liebhaber, darunter den bekannten Romanautor Orígenes Lessa,[24] doch sie heiratete nie. Abgeschiedenheit war ihr großes Thema.

Das Vermächtnis der Pogrome war eine unerbittliche Depression, eine tiefe Bindungsunfähigkeit, wie ihr Freund Renard Perez hervorhob:»Ich spürte ihre Unbeholfenheit, ihren Mangel an Bereitschaft für das Alltagsleben. Eine große Unsicherheit, die zu Misstrauen gegenüber anderen wurde.«[25] Wie Sérgio und Clarice (»Ja, sie war mitten in ihrer Neurose ein wenig fröhlich. Kriegsneurose.«)[26] litt Elisa unter ihrer eigenen lähmenden Kriegsneurose. In ihrem letzten Roman, der wie *Im Exil* stark autobiographisch gefärbt ist, schrieb Elisa:»Aber es ist nicht gut zu überleben. Glaub mir. Man überlebt nie völlig, und der Teil von uns, der zurückbleibt, wird schwach, weil man nicht weiß, was man mit seiner Zeit, die stillsteht, und mit seiner fruchtlosen Existenz, die stagniert, anfangen soll. Zu überleben bedeutet, nicht zu wissen, was man mit sich anfangen soll.«[27]

Elisas Beweggründe für das Schreiben waren weitgehend die gleichen, weshalb Clarice Lucrécia erschuf.»Wenn ich wenigstens aufhören könnte zu denken, wenn ich nur vergessen könnte«, sagt Sérgio. Wie ihre Schwester suchte Elisa nach einem Ausweg durch Schreiben, aber es war gefährlich, bei seinem Unglück zu verweilen.»Zu schreiben, die Vergangenheit wiederaufleben zu lassen, mag das Übel ausmerzen, rede ich mir ein, aber die Wahrheit ist, dass die Wunde, je öfter ich sie berühre, umso stärker blutet.« Das Gegenmittel erwies sich als giftig. »Werde ich nie fähig sein, diese Last abzulegen? Immer nur schreiben, schreiben. Der Gedanke verlässt mich nie, und nun frage ich mich, warum, welchen Sinn hat es? Wenn ich aufhören könnte, würde ich vielleicht Frieden finden.«[28]

*

Im Mai 1948, als der Krieg im Nahen Osten ausbrach, schloss die schwangere Clarice in der gemütlichen Schweiz ihr Buch *Die belagerte Stadt* endlich ab. Ihr italienisches Dienstmädchen Rosa war verblüfft über die lange Zeit, die Clarice zur Überarbeitung benötigt hatte, und gelangte zu dem Schluss, dass der Beruf einer Köchin besser sei als der einer Schriftstellerin, denn »wenn man das Essen versalzt, lässt sich nicht viel daran ändern«.[29]

Das Buch erhielt von der Editora Agir, dem katholischen Verlagshaus, das den *Lüster* veröffentlicht hatte, umgehend eine Absage. Anfang Juli schrieb Clarice an Tania:

Ich weiß nicht, ob Du schon weißt, dass Agir mein Buch nicht veröffentlichen will oder kann – jedenfalls fiel die Antwort negativ aus. Ich stehe also ohne Verlag da. Wahrscheinlich ist das Beste, wenn ich das Manuskript einem jungen Mann mitgebe, der demnächst nach Brasilien reist. Gib Du es dann Lúcio Cardoso zu lesen. Vielleicht findet er einen Verlag für mich. Wenn nicht, macht das auch nichts. Hauptsache, das Buch verschwindet von hier. Besser bekomme ich es nicht hin. Und außerdem kann ich es kaum erwarten, davon befreit zu sein. Wenn Du Lúcio das Buch übergibst, sag ihm nicht, dass er einen Verlag suchen soll. Vielleicht schreibe ich ihm selbst einen Brief. Ich habe nicht mal den Mut, Dich zu bitten, es zu lesen. Offen gestanden, ist es wirklich schauderhaft. Und Dich würde es vielleicht hart ankommen, mir zu sagen, dass es Dir nicht gefällt und dass es Dir leidtut, mich literarisch so verloren zu sehen… Nun ja, mach das, wie Du willst, wie es Dir am wenigsten Mühe bereitet. Ich hoffe, eines Tages diesem Teufelskreis zu entrinnen, in den meine »Seele gefallen ist«.[30]

Wie immer wusste Tania ihre jüngere Schwester aufzumuntern, die sich bei ihr für die ermutigenden Kommentare zu dem Buch überschwänglich bedankte: »Ich kann gar nicht sagen, wie dankbar ich Gott bin, wenn es ihn denn gibt, dass Du meine Schwester bist. Du bist der Preis meines Lebens. Du bist die Sonne der Erde, bist das, was ihr Anmut verleiht. Dass es Dich gibt, verleiht dem Leben einen Sinn und eine Rechtfertigung.«[31] Doch es gab keine erfreulichen Neuigkeiten: Der Ablehnung durch Agir folgte bald eine weitere durch Jackson Editores.

Clarice war froh darüber, Mutter zu sein, doch nicht einmal Pedros Geburt hatte ihre Depression vertreiben können. Im Dezember ließ die Familie die Gerechtigkeitsgasse mit der Justitia-Skulptur hinter sich und zog um. Clarice besuchte einen Bildhauerkurs, wo sie sich vergeblich bemühte, den Kopf eines

Affen zu töpfern, und lernte sogar stricken.[32] Allerdings weigerten sie und Maury
sich, Karten spielen zu lernen, obwohl es ihr Gesellschaftsleben hätte verbessern
können:»Aber wir wollen nicht, und zwar fast schon aus Prinzip: Das Spiel wäre
eine billige Lösung, um der Langeweile zu entrinnen, und hätte gewissermaßen
eine ähnliche Funktion wie Morphium. Vielleicht lerne ich es eines Tages ja doch,
aber bis es so weit ist, werde ich noch lange zögern.«[33]
Sie nahm jedoch bereits andere Medikamente ein. Auch Tania empfahl sie
Bellergal, das gewöhnlich bei Ruhelosigkeit, Erschöpfung, Schlaflosigkeit und
Kopfschmerzen verschrieben wird, jedoch Barbiturate enthält und für schwangere
Frauen kontraindiziert ist.[34] Pedro ließ auch schon Anzeichen dafür erkennen,
dass er nicht völlig normal war. Der erste Schock stellte sich ein, als Clarice und
Maury verreisen mussten und ihn in der Obhut seines Kindermädchens zurück-
ließen. Er war noch sehr klein und konnte kaum Portugiesisch sprechen. Als sie
nach nur ein paar Tagen Abwesenheit zurückkehrten, entdeckten sie, dass er die
Sprache des Kindermädchens fließend beherrschte. Clarice ließ Elisa wissen, sie
habe große Angst vor dieser abnormen Frühreife.[35]

Das Einzige, was ihre Stimmung heben konnte, war die Aussicht, nach Brasilien zurückzukehren.»Ich habe mich gefreut, dass Marcinha [Tanias Tochter]
sich erkundigt, wann ich zurückkomme. Sag ihr, wir sind möglicherweise Anfang
des Jahres wieder da«, schrieb sie an Tania.»Sag ihr, dass all diese Jahre nur ganz
langsam vergangen sind, Tropfen für Tropfen, und dass ich diese Tropfen sozusagen einzeln gezählt habe – aber die Jahre sind auch unglaublich schnell vergangen, weil ein einziger Gedanke sie miteinander verbunden hat: Diese ganze Zeit
war wie das Entfalten einer einzigen Idee: der Rückkehr. Sag ihr, sie soll deshalb
nicht erwarten, dass ich unter Freudensprüngen zurückkehre und mit einem
Lachen im Gesicht: Man hat noch niemand lachend aus dem Gefängnis kommen
sehen: Die Freude liegt viel tiefer.«[36]

Als das Jahr 1948 zu Ende ging, ließ die Rückkehr noch immer auf sich warten.
Erst am 17. Mai 1949 kam die Nachricht von Maurys Versetzung nach Rio.»Ich
schreibe Euch von unter dem Haartrockner«, erzählte Clarice eine Woche später
ihren Schwestern,»in Reisevorbereitungen, heute Abend fahre ich nach Rom,
um mir ein paar Kleider machen zu lassen. Ich kann gar nicht ausdrücken, was
die Nachricht, dass wir nach Brasilien zurückkehren, in mir ausgelöst hat. Große
Freude ist ausdruckslos. Als unmittelbare Reaktion fing mein Herz an zu rasen,
und meine Füße und Hände wurden kalt. Anschließend konnte ich nachts nicht
mehr schlafen, und irgendwie habe ich sogar noch mehr abgenommen. Ich bin so
blöd, dass ich schon daran denken muss, dass ich Brasilien wieder verlassen

werde. Und ich reiße mich zusammen, um mich nicht allzu sehr zu freuen. Ich
bin ja so glücklich. Wer weiß, vielleicht kann ich in Rio wieder schreiben und
neuen Mut fassen.«[37]

＊

Am 3. Juni 1949 reiste die junge Familie endlich aus Bern ab und stach in Genua
nach Brasilien in See. »Das Essen war schauderhaft, wahnsinnig fett«, erinnerte
sich Clarice an die Atlantiküberquerung. »Ich tat mein Möglichstes, um meinen
acht Monate alten Sohn so zu ernähren, wie er es brauchte.«[38] Die Ernährung
verbesserte sich, nachdem sie in Recife eingetroffen waren. Dort erwartete sie ein
großes Mittagessen, zubereitet von ihrer Tante Mina Lispector. Wie Tania war
Mina eine Ersatzmutter für das Mädchen gewesen, und Clarice dachte mit großer
Zärtlichkeit an sie zurück. Während ihres letzten Besuches in Recife, ein paar
Monate vor ihrem Tod, nannte Clarice die Person, die ihr Leben am stärksten
beeinflusst hatte: »Das war Tante Mina, die mir zu essen gab. Mir Liebe gab.«[39]
    Clarice hatte die Stadt ihrer Kindheit seit 1935, als die Familie nach Rio zog,
nicht mehr gesehen. Recife hatte sich weniger verändert als sie selbst. Auf der
Fahrt zu Tante Mina wollte sie sich die Avenida Conde da Boa Vista ansehen, die
Hauptstraße durch das jüdische Viertel. Da sie die Avenida als imposant in Erinnerung hatte, fühlte sie sich enttäuscht von der ziemlich unscheinbaren Straße.
Ähnlich verhielt es sich mit der berühmten juristischen Fakultät von Recife. Sie
erinnerte sich daran, dass sie häufig auf der Außentreppe des Gebäudes spielte –
riesig in ihrer Erinnerung –, und jetzt sah sie die Treppe wieder, allerdings »so
groß, wie sie wirklich war«.[40]
    Maury, Pedro und Clarice hatten nur ein paar Stunden Zeit in Recife, bevor sie
wieder an Bord gingen und weiter nach Rio fuhren, wo Clarice seit März 1946
nicht mehr gewesen war. Nachrichten über die Stadt – und über Brasilien – hatte
sie hauptsächlich von Bluma Wainer erhalten, die zunehmend unter Depressionen litt und sich von Samuel getrennt hatte. Seit Jahren hatte es nicht zum Besten
gestanden. Samuel, der sich unermüdlich eine der außerordentlichsten Karrieren
des brasilianischen Journalismus aufbaute, brach dauernd zu exotischen Reisen
auf und ließ Bluma allein in Paris oder in Rio zurück. »Ich habe mit Sam tele-
foniert, und wie üblich (ich habe es bereits gesagt) kamen wir nicht über ›Wie
geht es dir? Alles in Ordnung? etc.‹ hinaus«, schrieb sie Clarice im Jahr 1947.[41]
Im folgenden Jahr teilte sie ihr mit: »Ich werde zu Stein, nichts berührt oder
interessiert mich noch.« Samuel war erneut unterwegs und flog von Palästina

nach Bogotá. »Dona Bluma wird wieder einmal allein sein. (Ich würde gern ein Wort finden, das mehr bedeutet als ›allein‹. Du, die Du die Kraft der Worte verstehst, finde mir bitte eines und schick es mir.)«[42]

Die Ehe war Anfang 1949, als Samuel mit Getúlio Vargas in Rio Grande do Sul zusammenkam, unzweifelhaft gescheitert. Der einstige Diktator, inzwischen Senator, plante in seinem Heimatstaat mit großer Sorgfalt die Rückkehr in den Präsidentenpalast. Samuel wollte mit Getúlio als dem Führer einer echten nationalen Bewegung sprechen, die breite Unterstützung aus vielen Gesellschaftsschichten genoss und sich für die seit 1945 existierende Demokratie einsetzte. Bluma und er waren Linke gewesen – beispielsweise interviewte Samuel als erster Brasilianer den jugoslawischen Staatschef Tito –, und Bluma war es immer noch. Aus ihren Briefen an Clarice ist ihre Begeisterung über die republikanische Bewegung Spaniens und über ihren Besuch in Jugoslawien abzulesen, und ihre Schreiben verraten Anflüge von Antiamerikanismus. Im Jahr 1947 berichtete sie mit verständlichem Erstaunen, dass Brasilien vereinbart habe, 27 000 Tonnen amerikanischer Bananen zu importieren.[43] Für die Frau, deren Motto lautete: »Der Zweck heiligt *nicht* die Mittel«, war Samuels Bündnis mit dem Diktator der Tropfen, der das Fass zum Überlaufen brachte.

Bluma lieferte nicht nur Berichte über die sich entfaltende politische Szene in der Heimat – »Brasilien wird einfach immer brasilianischer«, seufzte sie –,[44] sondern sie drängte ihre Freundin auch, sich nicht nach dem Land zu verzehren. »Im Übrigen sind die Zeitungen voll von Nachrichten über Ehefrauen, die ihre Männer ermorden, über Ehemänner, die ihre Frauen und deren jeweilige Liebhaber ermorden, und über andere, die sich, mit weniger Aufregung, schlicht selbst umbringen.«[45]

21

IHRE LEEREN HALSBÄNDER

Für Clarice bedeutete die Ankunft in Rio, dass sie einem weiteren alten Freund wiederbegegnen würde: Lúcio Cardoso. Der Junge, der in seiner Kleinstadt von Filmstars geträumt hatte, eröffnete nun ein Kammertheater, um die Werke von Klassikern, neben seinen eigenen und denen seiner Freunde, auf die Bühne zu bringen.[1] Als er Clarice 1943 kennenlernte, hatte er gerade begonnen, am Theater zu arbeiten. Es blieb sein Lebenstraum.

»Lúcio Cardoso – ich erinnere mich gut – maß seiner Arbeit im Theater große Bedeutung bei«, sagte sein Freund, der Romanautor Octavio de Farla. »Es war unvermeidlich, denn er selbst war im Grunde eher ein ›Tragöde‹ als ein Schriftsteller.«[2] Seine Bühnenarbeit war in künstlerischer Hinsicht avantgardistisch und in politischer Hinsicht ihrer Zeit weit voraus, vor allem was Rassenfragen betraf. Obwohl die Sklaverei erst 1888 abgeschafft wurde, also zu Lebzeiten vieler damals lebender Brasilianer, war es ein Credo der sozialen Elite, dass das Land angeblich nicht unter Rassentrennungen leide.[3] Zusammen mit Tomás Santa Rosa, der die Buchumschläge von *Nahe dem wilden Herzen*, *Der Lüster* und *Die belagerte Stadt* illustriert hatte, beteiligte sich Lúcio am Teatro Experimental do Negro des frühen afrobrasilianischen Aktivisten Abdias do Nascimento. Santa Rosa entwarf das Bühnenbild und wurde Co-Regisseur von Lúcios *Der verlorene Sohn*, einem biblischen Drama mit rein schwarzer Besetzung.

Allen Bemühungen der Gruppe zum Trotz floppte das Stück. Lúcios Schwester erinnerte sich an ihren »Kummer, als ich Pascola, den seinerzeit berühmtesten Theaterkritiker, in der ersten Reihe dösen sah«.[4] Unverzagt und überzeugt, dass das Theater eine Schwachstelle in der brasilianischen Kultur darstellte, beschloss Lúcio 1947, das Kammertheater zu eröffnen. Um das Projekt verwirklichen zu können, bat er mit ihm befreundete Schriftsteller, Empfehlungen beizusteuern. Aus Bern schickte Clarice Lispector einen Reklametext: »Die Dramatiker, Bühnenbildner und Künstler, die für das Teatro da Câmara arbeiten, stehen für die Umsetzung ihres Vorhabens – die Geste soll ihren Sinn zurückgewinnen, das

Wort seinen unersetzlichen Ton, auch Stille soll zu hören sein, wie bei guter
Musik, und das Bühnenbild sich nicht aufs Dekorative beschränken oder nur
einen Rahmen abgeben –, aber auch dafür, dass all diese Elemente von ihrer spezifischen theatralischen Reinheit her die unauflösliche Struktur eines Dramas
bilden.«[5] Sie fügte einen eigenen theatralischen Schnörkel hinzu, indem sie den
Satz mit »Lili, Königin der Wüste« unterzeichnete.

Zur Eröffnung dieses ehrgeizigen Vorhabens produzierte Lúcio sein Stück
A corda de prata (Die Silberschnur). »Ich kann mich an kein sorgfältiger vorbe-
reitetes, besser ausgearbeitetes, eindrucksvolleres Schauspiel für unsere kleine
Gruppe um Lúcio erinnern«, meinte Octavio de Faria. »Ester Leão führte Regie,
und Lúcio Cardoso ging auf all ihre Forderungen ein (wenn auch manchmal fast
schreiend). Immer wieder sah ich, dass er den Tränen nahe war. Es spielt keine
Rolle. Das Stück feierte Premiere, und die Schauspielerin Alma Flora erhielt fast
den ganzen Beifall.«[6] Wie es der Zufall wollte, war Alma Flora, die Schauspielerin
mit dem poetischen Namen, in Clarice Lispectors Kindheit auf der prächtigsten
Bühne von Recife, im Teatro Santa Isabel, aufgetreten. Die Vorstellung hatte die
damals Neunjährige inspiriert, ihren zwei Seiten langen Dreiakter »Armes reiches Mädchen« zu schreiben.[7]

Wie immer bei Lúcios Projekten schlug die Begeisterung hohe Wellen. »Es steht
mir vor Augen, als wäre es heute gewesen«, berichtete Faria später.

Lúcio Cardoso, entzückt über die neue »Diva« (er sollte seine »Passion« für
italienische Filmdiven nie aufgeben), bestellte ein gigantisches »Bankett« im
Lapa 49, um Alma Floras Durchbruch zu zelebrieren.

Bier und frische Krabben ohne Ende – obwohl es kein Geld gab, um die
Rechnung zu bezahlen … und dort, mitten auf dem Tisch, ein herrliches Ge-
steck aus roten Rosen (natürlich rot! …) für die gefeierte Diva. Es war eine
großartige Party, eine der wenigen freudigen, erfolgreichen, an die ich mich
entsinne. Und es war wirklich ein Durchbruch – nicht für Alma Flora, nicht
für Maria Sampaio (eine weitere Schauspielerin, glänzend übrigens), nicht für
Ester Leão, eine bedeutende Regisseurin –, sondern für Lúcio Cardoso, einen
unserer größten Dramatiker.

Der unvermeidliche Katzenjammer stellte sich bald ein. »Trotz dieses großen
Erfolgs, sogar eines Kassenerfolgs (verglichen mit den früheren Stücken), war es
ein kompletter professioneller Fehlschlag. Es ging spurlos unter.«[8]

Immerhin war es Lúcio wie stets gelungen, eine Gruppe der begabtesten

Künstler Brasiliens mit seinen extravaganten Träumen anzustecken. Mitwirkende an seinem kleinen Theater waren Marques Rebelo, dessen Chronik von Rio de Janeiro in den 1940er Jahren ein Klassiker der brasilianischen Literatur ist; Nelson Rodrigues, später der berühmteste und umstrittenste Bühnenautor Brasiliens; der Landschaftsarchitekt Burle Marx, der für seine Gärten in der neuen Hauptstadt Brasília gefeiert wurde; und die große Dichterin Cecília Meireles; ganz zu schweigen von Lúcio selbst, dem Maler Santa Rosa und, mit einem bescheidenen Beitrag aus der Ferne, Clarice Lispector.

Lúcios Schwester Maria Helena Cardoso erfasste, was die Stärke dieses unverwüstlichen Enthusiasmus ausmachte:

Ich erinnere mich, wie fröhlich Nonô [ihr Kosename für Lúcio] war, den Kopf voller Phantasien, besonders wenn er ans Reisen dachte, und immer noch jung, mit mehreren veröffentlichten Büchern und vielen, die noch geschrieben werden sollten, sowie mit dem Plan, eines Tages Viehzüchter zu werden. Angesteckt von seiner Begeisterung, von der Kraft seiner Zuversicht und seines Einfallsreichtums, glaubte ich wirklich an all seine Launen, sogar an die unmöglichsten. Natürlich war alles machbar, nichts war für ihn, den ich über alles bewunderte, ausgeschlossen: Romane, Gedichte, schöne Plantagen, aus dem Nichts heraufbeschworen. Seine luftigsten Träume waren für mich Realität, solche Wirkung hatte seine Vorstellungskraft.[9]

*

Vielleicht war es die Nachricht von Lúcios neuem Theaterprojekt, die Clarice gegen Ende ihres Aufenthalts in der Schweiz inspirierte, das Drama »Der Chor der Engel« zu schreiben, später veröffentlicht als »Die verbrannte Sünderin und die harmonischen Engel«. Oder der Anstoß könnte von einem anderen Freund ausgegangen sein, dem aus Pernambuco stammenden Dichter João Cabral, der auf seinem diplomatischen Posten in Spanien einen kleinen Verlag gegründet hatte und unbedingt ein Werk von Clarice herausbringen wollte. »Ich warte immer noch auf den ›Chor der Engel‹«, schrieb er Anfang 1949. »Du sprichst so fabelhaft darüber, dass meine Hoffnung wächst.«[10]

Er sollte das Stück nie veröffentlichen und bekam es vielleicht gar nicht zu Gesicht, bis es 1964 im hinteren Teil des Sammelbandes *Die Fremdenlegion* erschien. Es ist Clarices einziger Vorstoß in die Dramatik. Obwohl Tanias Enkelin Nicole Algranti es im Jahr 2006 aufführte, scheint »Die verbrannte Sünderin« im Grunde nicht für die Bühne bestimmt zu sein, schon wegen seiner Kürze (dreizehn Seiten). In einem biblischen Rhythmus und einer Sprache, die in Clarices Werk ebenfalls einzigartig ist, erzählt das Stück von einer zum Tode verurteilten Frau.[11] Ihr Vergehen ist trivial:

> VOLK: Das heißt, sie hat ihren Liebhaber vor dem Mann versteckt und vor dem Liebhaber den Mann? Seht, die Sünde aller Sünden.
>
> LIEBHABER: Ich lache jedoch nicht, und für einen Moment leide ich auch nicht. Ich schlage die Augen auf, die bis jetzt aus Selbstgefälligkeit geschlossen waren, und frage euch: Wer? Wer ist diese Fremde, wer ist diese einsame Frau, der ein Herz nicht genug war?

Das Stück endet damit, dass die »Fremde« auf den Scheiterhaufen gestellt wird. Nach ihrem Tod kommen die Figuren reihum zu Wort:

> PRIESTER: Die Schönheit einer Nacht ohne Leidenschaft. Welche Fülle, welcher Trost. ›Er tut große Dinge, die nicht zu forschen sind.‹
>
> ERSTER UND ZWEITER WÄCHTER: Genau wie im Krieg, wenn das Böse verbrennt, bleibt nicht etwa das Gute …
>
> DIE NEUGEBORENEN ENGEL: … wir sind geboren.
>
> VOLK: Wir begreifen nicht und begreifen nicht.
>
> EHEMANN: Ich werde jetzt ins Haus der Toten zurückkehren. Denn dort ist meine frühere Ehefrau und erwartet mich mit ihren leeren Halsbändern.
>
> PRIESTER: Die Stille einer Nacht ohne Sünde … Welche Helligkeit, welche Harmonie.
>
> MÜDES KIND: Mutter, was ist los?
>
> DIE NEUGEBORENEN ENGEL: Mama, was ist los?
>
> FRAUEN AUS DEM VOLK: Kinder, das war so: usw. usw. und usw.
>
> JEMAND AUS DEM VOLK: Vergib ihnen, Herr, denn sie glauben ans Verhängnis und werden selbst dazu.

Aus diesem seltsamen kleinen Stück spricht mit verstörender Unverhohlenheit die Hilflosigkeit, die in Clarices Briefen aus dem Exil in der Schweiz durchschimmert. Dort war ihr Leben ihrem Einfluss völlig entzogen, in ihrer Umgebung hörte sie nichts als hochtrabende Klischees, und sie fühlte sich ganz und gar dem Willen anderer unterworfen. In »Die verbrannte Sünderin« kommen die Menschen zu Wort: Der Liebhaber kommt zu Wort, der Ehemann kommt zu

Wort, der Priester kommt zu Wort, die Wächter kommen zu Wort, und die Engel kommen zu Wort. Die »Fremde« selbst, zum Flammentod verurteilt, bleibt stumm.

*

Endlich nach Rio zurückgekehrt, fand Clarice allmählich ihre Stimme wieder. Diesmal war es nicht bloß ein kurzer Besuch. Sie würde über ein Jahr lang in Brasilien bleiben, während Maury dem Ministerium im Itamaraty-Palast zugewiesen war. Nachdem sie eine Wohnung in Flamengo, nicht weit von Tania entfernt, bezogen hatte, stand als Erstes die Suche nach einem Verlag für *Die belagerte Stadt* auf der Tagesordnung. Dies ging rasch vonstatten. Clarice traf Ende Juni in Brasilien ein, und das Buch erschien Ende August.[12] Der Verlag war wiederum A Noite, der fünf Jahre zuvor *Nahe dem wilden Herzen* veröffentlicht hatte. Es handelte sich um die Verlagssparte der Zeitung, für die sie früher gearbeitet hatte, und um eine achtbare Wahl, obwohl die Ablehnung anderer, prestigeträchtigerer Häuser – sogar Agirs, das den *Lüster* herausgebracht hatte – sie geschmerzt haben muss.

Schlimmer noch, das Buch fiel durch. Nur wenige Rezensionen erschienen, und die waren nicht positiv. Sogar Sérgio Milliet, der Kritiker aus São Paulo, der ihre früheren Bücher so nachdrücklich unterstützt hatte, empfand die gleiche Verzweiflung wie viele Leser angesichts dessen, was eine enge Freundin »den vielleicht ungeliebtesten von Clarice Lispectors Romanen«[13] nannte. Milliet hielt das Buch für zu barock; die Autorin habe sich »in ihrem eigenen Gewebe entlegener Metaphern verfangen«, die Struktur verschwinde im Dickicht rhetorischer Schnörkel. Dies sei schade, fährt er fort, denn das Buch »zeigt andere Ambitionen und versucht sich in psychologischer Tiefgründigkeit«. Er äußert sich bewundernd über ihre sprachliche Erfindungsgabe, schließt jedoch: »Die Autorin erliegt dem Gewicht ihres eigenen Reichtums.«[14]

Milliet hat nicht unrecht. Clarice erklärte, keines ihrer Bücher sei schwerer zu schreiben gewesen,[15] und es ist frustrierend schwer zu lesen, weil man Mühe hat, den komplizierten inneren Regungen seiner stark allegorischen Charaktere zu folgen. »Es ist so hermetisch wie irgendwelche unerklärlichen Träume. Möge jemand den Schlüssel finden«, schrieb der portugiesische Kritiker João Gaspar Simões.[16] Clarice räumte das Problem ein, hoffte jedoch, dass die Vorzüge des Buches bei näherer Betrachtung deutlich werden würden, wie das bei ihrem Freund von der juristischen Fakultät, San Tiago Dantas, der Fall gewesen sei: »Er schlug das Buch auf, las und dachte: ›Arme Clarice, da hat sie aber stark nachgelassen.‹ Zwei Monate später, erzählte er mir, wollte er vor dem Einschlafen noch irgendwas lesen und nahm es noch einmal zur Hand. Und danach sagte er mir: ›Das ist dein bestes Buch.‹«[17]

Sie gab allerdings zu, dass das Buch unvollendet sei: »Tatsächlich zählt *Die belagerte Stadt* unter meinen Bücher zu denen, die zu schreiben mir am schwersten fiel, denn es erforderte eine Sinndeutung, die ich nicht zu leisten vermag. Es ist ein dichtes, unzugängliches Buch. Ich war hinter etwas her, aber da war niemand, der mir gesagt hätte, was das sein mochte.«[18] Im Rückblick kann man recht leicht erkennen, was sie anstrebte. Mit der Verfeinerung ihrer Sprache war sie an die Grenzen gegangen. Aber ansonsten hatte *Die belagerte Stadt* keine Pointe. Lucrécias Identifizierung mit den Pferden – und folglich Clarices Suche nach der Vereinigung von Ausdruck und Eindruck – war im Rahmen des Möglichen abgeschlossen worden.

Aber diese Suche ist definitionsgemäß eine geistige. Und in *Die belagerte Stadt* war Clarice noch nicht bereit, offen zuzugeben, dass diese extravaganten linguistischen Übungen dem Zweck dienten, sie zu einem Gott zu führen, der sie im Stich gelassen und den sie ihrerseits verworfen hatte. In diesem Buch scheint sie sich noch an ihren Satz vom August 1941 zu klammern, als sie kühn behauptete: »Über der Menschheit aber [steht] nichts Weiteres mehr.« Obwohl sie Jahre damit verbracht hatte, ihr Werkzeug, das heißt die zunehmend verblüffende Meisterschaft ihrer Sprache, zu verfeinern, war sie noch abgeneigt, es zu benutzen. Daher die »dichte, unzugängliche« Anmutung des Buches. Daher auch – und dies ging weit über bloße Frustration anlässlich der Einschränkungen der diplomatischen Gesellschaft hinaus – das Schweigen der Fremden.

*

Am 8. September 1949, ein paar Tage nachdem *Die belagerte Stadt* erschienen war, erhielt Maury Nachricht über seine nächste Stationierung: Er wurde nach Torquay berufen, einem Kurort im britischen Devon, wo die dritte Verhandlungsrunde über das Allgemeine Zoll- und Handelsabkommen beginnen sollte. Anders als seine Arbeit in Bern, die mehrere Jahre gedauert hatte, nahm die Mission in Torquay nur sechs Monate in Anspruch, was für Clarice eher einem langen Urlaub als einer endlosen Gefängnisstrafe entsprach. Und sie würden nicht sofort abreisen müssen, sondern konnten noch ein weiteres Jahr, bis Ende September 1950, in Rio bleiben.

Während Clarice zu Hause war, skizzierte sie ein paar Erzählungen und betätigte sich hin und wieder journalistisch, doch hauptsächlich wurde ihre Zeit von ihrer Familie und ihrem Baby in Anspruch genommen. Sie erneuerte ihre Bekanntschaft mit alten Freunden, darunter Paulo Mendes Campos, der in ihre Wohnung kam, um sie für den *Diário Carioca* zu interviewen. Als er eintraf, wurde Pedro, »ein richtiger Wonneproppen«, gerade vom Bad ins Bett befördert. Clarice vertraute Mendes Campos an, durch die Mutterschaft habe sie erfahren, dass »ihre Stimme kratziger und ihre Gesten brüsker« seien, als sie früher geglaubt habe. Da der Journalismus – und mutmaßlich die Mutterschaft – sie hinreichend beschäftige, denke sie nicht über einen weiteren Roman nach.[19]

Solche Pläne mussten bis zu ihrer Ankunft an der englischen Riviera warten, wo sich die junge Familie in einem der vielen Hotels der malerischen Stadt niederließ. Die Besitzer dieser Hotels waren berüchtigt für ihren Snobismus und ihre Starrköpfigkeit, die später in der Fernsehserie *Fawlty Towers*, einem Ableger von *Monty Python's Flying Circus*, verewigt wurden. Wie die Hotels war auch manches andere in dem Küstenstädtchen nicht so bezaubernd, wie es schien. Agatha Christie wurde dort im Jahr 1890 geboren und ließ viele ihrer Mordgeschichten in der Gegend spielen, darunter ihr berühmtes *Letztes Weekend*, auch bekannt als *Zehn kleine Negerlein*. (Clarice Lispector sollte später Hercule Poirots letzten Fall ins Portugiesische übersetzen. Sie sagte einmal: »Im Idealfall würde ich etwas schreiben, das wenigstens vom Titel her an Agatha Christie erinnert.«[20])

Da sich Diplomaten aus achtunddreißig Ländern in Torquay einfanden, dürfte sich das Gastgewerbe des Ortes von seiner besten Seite gezeigt haben. Zumindest in Clarices Briefen ist keine Rede von irgendwelchen Problemen. England gefiel ihr ziemlich gut. »Typische Kleinstadt hier, mit einem Hauch Bern. Wäre es nicht nur für kurze Zeit, man könnte es kaum aushalten. Die Leute sind alle mehr oder weniger hässlich, mit schauderhaften Hüten, in den Schaufenstern schauderhafte Klamotten […] Obwohl Torquay so unansehnlich ist, gefällt mir England. Keine Sonne, einige Strände mit dunklen Felsen, keine Schönheit – das alles berührt mich wesentlich mehr als die Schönheit der Schweiz. Apropos, die Schweiz verabscheue ich immer mehr. Hoffentlich muss ich nie mehr dorthin zurück.«[21]

Maury und sie nahmen sich die Zeit, Kents Cavern zu besuchen, ein Höhlensystem bei Torquay, das ungefähr 40 000 Jahre lang von Menschen bewohnt wurde (und dann in Agatha Christies *Der Mann im braunen Anzug* eine Rolle spielte). Der Ausflug ließ Clarice die Dinge ein wenig relativieren. »Sehr hübsch war das dort. Obwohl es auch etwas Beklemmendes hatte. Als ich herauskam, beschloss ich, mir nicht mehr wegen jeder Kleinigkeit den Kopf zu zerbrechen, wo doch hinter mir so viele und noch mehr Jahre liegen. Zurück im Hotel aber sah ich, dass der Vorsatz nutzlos war – die Frühgeschichte geht mich nichts an, das Essen für Pedrinho ist wichtiger.«[22]

Pedro, der bereits zwei Jahre alt war, hielt Clarice auf Trab. Er lernte Englisch, das er, schrieb Clarice, sprach wie ein hinterwäldlerischer Brasilianer: »gude morningue«, »looki di funni mani«. Ein geeignetes Kindermädchen zu finden erwies sich als schwierig; in zwei Monaten hatte Clarice drei Kandidatinnen verschlissen, und Ende Oktober schrieb sie an Tania, sie warte »noch immer auf die ›Frau meines Lebens‹«.[23] »[Er] isst ganz wunderbar, hat immer Hunger, redet ständig über das Essen, ›lecker Fleisch‹, ›Fisch ist gut‹, und so weiter […] Er redet so viel, dass ich das ermüdend finden würde, wenn er nicht einfach mein Sohn wäre. Die Gesprächsthemen sind nicht sehr abwechslungsreich – es geht ums Essen, um Autos, um Busse und wieder ums Essen.«[24]

Wenigstens wurde es ihr nicht langweilig. Im Gegensatz zu ihrem Leben in der Schweiz hatte sie nun kaum Zeit, aus dem Fenster zu schauen. Ihr Aufenthalt in Rio und der Abstecher nach England hatten sie aufgemuntert, und das so sehr, dass sie Tania, der normalerweise ausgeglichensten der drei Schwestern, ihren Rat anbot. »Versuch, gewisse Probleme nicht so ernst zu nehmen«, schrieb Clarice mit seltener Unbeschwertheit. »Wenn ich manchmal an gewisse Ereignisse zurückdenke, denen ich damals so große Bedeutung beimaß und die jetzt überhaupt keine Rolle mehr spielen, dann ärgert mich das richtig. Pass gut auf Dich auf, meine Liebe, auch was das Moralische betrifft. Sei glücklich, koste es, was es wolle!«[25]

Gegen Ende November unternahm sie eine Zerstreuungsreise nach London, wo sie eine Theatervorstellung mit dem amerikanischen Schauspieler Tyrone Power besuchte. Sie mochte London. »Es war nicht so, wie ich erwartet hatte. Es ist weniger ›offensichtlich‹. […] Anders als Paris, das unmittelbar und eindeutig Paris ist. Man muss sich die Stadt nach und nach erschließen, sie nach und nach kennenlernen.«[26] Die Erinnerung an England blieb ihr, und in den 1960er Jahren schrieb sie darüber einen kurzen Artikel: »Ich fand es ganz natürlich, in England zu sein, aber wenn ich heute denke, dass ich dort gewesen bin, füllt sich mein Herz mit Dankbarkeit.«[27]

Der glückliche Tonfall ihrer Briefe aus England hing vielleicht auch mit der Tatsache zusammen, dass sie erneut schwanger war. Das damalige Stadium der Schwangerschaft ist ungewiss, doch Anfang 1951, auf einem weiteren Ausflug nach London, wurde sie plötzlich ohnmächtig. »Ich wäre fast gestorben«, sagte sie Jahre später. »Ich wurde in bewusstlosem Zustand ins Krankenhaus gebracht, und als ich die Augen aufschlug, saß neben mir João Cabral und blickte mich liebevoll an. Das werde ich nie vergessen.«[28] Sie verlor das Baby. In ihrem großen Roman *Die Passion nach G. H.* sollte sie schreiben: «Das alles zu verlassen schmerzt wie die Trennung von einem Kind, das noch nicht geboren ist.«[29]

*

Clarice, Maury und Pedro stachen am 24. März 1951 nach Brasilien in See. Bei ihrer Rückkehr erwarteten sie weitere traurige Nachrichten. Bluma Wainer, neben ihren Schwestern Clarices engste Freundin, war plötzlich an einem Gehirntumor erkrankt. Samuel ließ seine Frau nicht im Stich, obwohl sie seit drei Jahren getrennt lebten. Bluma mag Samuels politischen Umgang für moralisch anfechtbar gehalten haben, aber sie konnte ihm keinen Mangel an Loyalität vorwerfen. Er hatte sie nach ihrer gescheiterten Beziehung mit Rubem Braga wieder bei sich aufgenommen, und nun bezahlte er ihr eine Reise in die Vereinigten Staaten, wo sie sich behandeln lassen sollte. Aber es war vergebens. Sie kehrte nach Rio zurück, wo Clarice mithalf, sie zu pflegen, und starb nur wenige Monate später. Sie war noch nicht einmal sechsunddreißig Jahre alt.[30]

1955 widmete Rubem Braga ihr einen kurzen Essay. Das Einzige, was ihm von der Liebe seines Lebens blieb, war eine Gipsbüste, mit deren Anfertigung er den renommierten Bildhauer Bruno Giorgi beauftragt hatte, am Eingang seiner Wohnung.[31] »Wie oft sah ich diese Augen im Tageslicht lachen oder sanft in der Dunkelheit glänzen, während sie in meine schauten. Nun blicken sie über mich hinweg oder an mir vorbei, weiß, denn sie sind mit ihr zu ihrer göttinglichen Gestalt zurückgekehrt. Nun kann ihr niemand mehr wehtun. Und wir alle in dieser Stadt, die sie einst kannten – und, mehr als jeder von ihnen, er, der sie unerschütterlich und glühend liebte; er, der sie heute so vor sich sieht, gefangen in reglosem Gips, doch frei von Schmerz und der ungestümen Leidenschaft des Lebens –, wir alle starben ein wenig, als sie von uns ging.«[32]

Vielleicht kam Blumas Tod zum richtigen Zeitpunkt, denn er ersparte ihr das Entsetzen, mit anzusehen zu müssen, wie Samuel Wainer zur Grauen Eminenz der neuen Getúlio-Vargas-Regierung wurde. Der frühere Herausgeber von *Diretrizes*, der sich dem Kampf gegen den diktatorischen Estado Novo verschrieben hatte, war nun die prominenteste Medienstimme von Getúlios Anhängern. Andererseits hatte das nicht allzu viel zu bedeuten. Die brasilianischen Zeitungen lehnten Getúlio Vargas' Rückkehr an die Macht einmütig ab, aber nicht wegen ihrer starken demokratischen Überzeugungen. Vielmehr waren sie schon immer das Bollwerk einer reaktionären Oligarchie gewesen, im Besitz mehrerer sehr vermögender Familien, die ihre Medienmacht von einer Generation an die andere weitergaben.

Wainer begriff, dass Vargas' Wahl ein wirklich populäres Phänomen war. Nach seiner Absetzung im Jahr 1947 war Getúlio im Senat geblieben, hatte Pläne geschmiedet, um in den Präsidentenpalast, den er fünfzehn Jahre lang bewohnt hatte, zurückzukehren, und den richtigen Augenblick abgewartet, während sich seine Nachfolger diskreditierten. Am 3. Oktober 1950, als Clarice und Maury in ihr Hotel in Torquay zogen, wurde Vargas mit 48,7 Prozent der Stimmen wiedergewählt – also fast mit einer absoluten Mehrheit, was im zersplitterten politischen System Brasiliens unerhört war.[33] Ab 31. Januar 1951 war der demokratisch gewählte Getúlio Vargas erneut brasilianischer Präsident. »Während ich mein Amt antrete, wird das Volk mit mir die Stufen des Catete-Palasts hinaufsteigen«, erklärte er während der Wahlkampagne melodramatisch. »Und es wird mit mir an der Macht bleiben.«[34]

Samuel und Bluma hatten gehofft, mit *Diretrizes* ein echtes Organ der Massenpresse zu schaffen, obwohl zumindest Bluma es nicht im Traum für möglich gehalten hätte, dass diese Getúlio Vargas unterstützen würde. In einer geheimen Unterredung mit dem neuen Präsidenten erklärte Samuel sich einverstanden, eine neue Zeitung zu gründen, in der sich die Volksstimmung widerspiegeln sollte. Zu diesem Zweck würde er einen erheblichen Kredit – natürlich ebenfalls geheim – von der Banco do Brasil erhalten. Am 1. Juni 1951 feierte *Última Hora*, mit einer tönenden Unterstützungsbekundung des Präsidenten auf der Titelseite, ihr Debüt. Wie Samuel es später schilderte, war die Zeitung »aus Berufung ökumenisch«. In seinen Memoiren zitiert er zustimmend einen Kollegen, der ihn »den einzigen Journalisten« nannte, »der eine Zeitung herausbringen kann, deren erster Teil kapitalistisch und deren zweiter Teil kommunistisch ist«.[35] Damit passte sie perfekt zum »Vater der Armen« und der »Mutter der Reichen«. Durch den Start von *Última Hora* war Samuel Wainer zu einem der mächtigsten Männer in Brasilien geworden.

✴

Während ihres Jahres in Rio de Janeiro war Clarice Lispector an der Entstehung einer anderen Publikation beteiligt. *Comício* sollte nicht so viel Furore machen wie *Última Hora*, und man hätte es heute völlig vergessen, wären da nicht seine glänzenden Mitarbeiter gewesen, zu denen die meisten brasilianischen Schriftsteller der nachwachsenden Generation gehörten, darunter Paulo Mendes Campos, Fernando Sabino und Clarice Lispector. Seine Gründer waren Rubem Braga und Joel Silveira, die beide als Kriegskorrespondenten in Italien gearbeitet hatten, und es stand für erhabene Ziele, denn es wollte »die dramatische und bildhafte Entwicklung der Ziele dieser Nation und, in Maßen, auch anderer Nationen« erörtern, obwohl die Verleger deutlich machten, dass sie nicht beabsichtigten »das Land einmal pro Woche zu retten«.[36]

Wie die übrige Presse war *Comício*, jedenfalls theoretisch, gegen Vargas. Allerdings wurden die meisten seiner Inserenten, was typisch für die Zeit und den Ort war, von Danton Coelho, Vargas' Arbeitsminister, vermittelt, denn er »schlug vor«, dass seine Freunde die Zeitung förderten.[37] Deren politische Orientierung – oder das Fehlen einer solchen – war jedoch nebensächlich für die gesprächige, selbstbewusste Teresa Quadros, die die Frauenseite betreute. Dies war keine andere als Clarice Lispector, die den Posten unter der Bedingung annahm, ein Pseudonym benutzen zu dürfen, vermutlich um ihren seriösen literarischen Ruf nicht zu schädigen.

Auf den Seiten von *Comício* erteilt Clarice beispielsweise Ratschläge für den Wechsel des Parfüms je nach Anlass: Zum Abendessen, schlägt die brasilianische Sphinx vor, wähle man etwas Leichtes, um das Aroma der Speisen nicht zu überdecken und um den anderen Gästen nicht den Appetit zu verderben. »Ihr Parfüm kann hundertmal aus Frankreich importiert sein, häufig ist doch das Grillfleisch das Entscheidende.« Die Leserinnen sollten ihren Schmuck mit etwas Stil einsetzen: »Mischen Sie echte Juwelen nicht mit unechten. Putzen Sie sich nach Möglichkeit nicht zu sehr heraus. Verzichten Sie darauf, eine brillantenbesetzte Brosche mit einer dreireihigen Perlenkette, goldenen Ohrringen, drei Goldarmbändern an jedem Handgelenk und einem dicken Aquamarinring zu kombinieren. Oder sind Sie vielleicht die Auslage eines Juweliers oder die Jungfrau von Saragossa?«[38]

In einem Ton vornehmer Selbstsicherheit erteilte Teresa Quadros auch Ratschläge zu der Frage, wie eine Dame sich beruhigen sollte: »Tun Sie, als gäbe es [Ihre Probleme] gar nicht«, schrieb sie in der ersten Ausgabe. »Es gibt wenige Probleme, die nicht eine Woche lang warten könnten. Wer weiß, vielleicht stellen Sie dann überrascht fest, dass sich die Sache von selbst erledigt.« Und in der nächsten Ausgabe schrieb Teresa: »Sich Sorgen zu machen kann zur schlechten Angewohnheit werden, so wie das Nägelkauen. Vielleicht werden Sie eines Tages gefragt: Was bereitet Ihnen Sorgen? Und Ihre ehrliche Antwort müsste lauten: Gar nichts, ich mache mir eben welche.«[39]

Auf Clarices Seite in *Comício* ging es allerdings auch noch um mehr. »Ich hatte keine Bedenken, dass die Kolumne zu einem Sammelsurium schlichtweg banaler weiblicher Themen ausarten könnte, in dem Sinne, in dem sowohl die Männer als auch die Frauen selbst das Wort ›weiblich‹ verstehen: als wäre eine Frau Mitglied einer geschlossenen, für sich bestehenden und gewissermaßen segregierten Gemeinschaft«.[40] Die Seite enthielt daneben viele ernsthafte Texte, darunter die Einführung zu dem Abschnitt, der den Titel »Der Hausiererkasten« trug. Dies ist eine verschleierte Hommage an ihren Vater und die anderen jüdischen Hausierer, die ihre Waren in die brasilianische Wildnis brachten.

Im Mittelpunkt eines solchen Paradieses [der urbanen Konsumgesellschaft] kann man sich als Frau kaum vorstellen, dass es Gegenden gibt, in denen der Hausierer und sein Bauchladen so sehnlich erwartet werden wie die Ankunft des Messias. Aber wer durch das wilde Hinterland von Brasilien gereist ist und noch immer gelegentlich auf dessen staubigen Pfaden wandelt, der weiß, dass der Hausierer auch ein Pionier ist, einer, der Wege durch die Wildnis bahnt und die Vorboten der Zivilisation und Grundlagen von Hygiene an Orte schafft, wohin sie schwerlich auf anderem Wege gelangen könnten. Von denen, die unsere Lebensumstände schriftlich niederlegten, denjenigen, die unsere Eigenarten lieben, ist die anonyme Gestalt des Hausierers mit seinem Bauchladen nie hinreichend gewürdigt worden. Nie wurde dem Hausierer auch nur die bescheidenste Ehrung zuteil. Dabei hätte er sie sich wohl verdient. Denn er bringt unter all dem Plunder doch immer auch ein wenig Freude mit.[41]

Außerdem veröffentlichte Clarice einen kurzen Beitrag, der für die damalige Zeit – besonders nach den Maßstäben der Frauenseiten brasilianischer Zeitschriften – avantgardistisch gewesen sein muss: »Shakespeares Schwester«, eine Umarbeitung von Virginia Woolfs Geschichte über die hypothetische Judith Shakespeare, die mit den gleichen Begabungen und Neigungen wie ihr Bruder geboren wurde, doch der man die Gelegenheit verwehrte, sie zu nutzen. Am Ende beging sie Selbstmord. Mit Virginia Woolfs berühmten Worten fragte Clarice: »Wer will die Hitzigkeit und das Ungestüm des Dichterherzens ermessen, wenn es im Körper einer Frau gefangen und gebunden ist?«[42]

22

MARMORMAUSOLEUM

Dieses Aufbrausen und seine Unterdrückung ist auch das Thema einer von Clarices großen Erzählungen, »Liebe«, die sie während des ausgedehnten Aufenthalts in Rio schrieb. Anders als Judith Shakespeare ist Ana, die Hauptfigur, keine Dichterin, sondern eine Hausfrau aus dem Mittelstand, die »das Leben so geschickt beschwichtigt [hatte], so gut dafür gesorgt [hatte], dass es nicht explodierte«.[1] Sie versorgt ihren Mann und ihre Kinder und wischt regelmäßig den Staub von den Möbeln, ähnlich wie Lídia in *Nahe dem wilden Herzen*. Und dann, wie in so vielen von Clarices Geschichten, gerät Anas alltägliche Existenz durch ein alltägliches Ereignis aus den Fugen: Auf der Rückkehr aus dem Lebensmittelgeschäft in einer Straßenbahn sitzend, sieht sie einen blinden Mann Kaugummi kauen.

Ana hatte gerade noch Zeit, eine Sekunde lang darüber nachzudenken, dass ihre Geschwister zum Abendessen kämen – ihr Herz schlug heftig, stockend. Nach vorne gebeugt sah sie den Blinden forschend an, wie man etwas betrachtet, das uns nicht sehen kann. Er kaute Kaugummi in der Dunkelheit. Ohne Leiden, mit offenen Augen. Die Kaubewegung ließ sein Gesicht lächeln und plötzlich aufhören zu lächeln, lächeln und aufhören zu lächeln – als hätte er sie beleidigt, blickte Ana ihn an. Wer sie so gesehen hätte, hätte sie für eine hasserfüllte Frau gehalten. Doch sie fuhr fort, ihn anzusehen, immer weiter nach vorne gebeugt – die Straßenbahn machte einen Ruck und schleuderte sie unvermutet zurück, das schwere Tragenetz rutschte von ihrem Schoß und fiel zu Boden. Ana schrie auf, der Schaffner ließ von Neuem halten, ohne zu wissen, was los war, die Straßenbahn bremste, die Fahrgäste hoben erschrocken die Köpfe.

Unfähig, ihre Sachen aufzuheben, richtete sich Ana bleich auf. Mühsam gelang ihr ein seit Langem nicht mehr gebrauchter Gesichtsausdruck, vorerst noch unsicher, unverständlich. Der Zeitungsjunge gab ihr lachend ihr volles

Netz. Doch die Eier in dem Zeitungspapier waren zerbrochen. Eigelb und Eiweiß tropften aus dem Netz. Der Blinde hatte das Kauen unterbrochen und streckte tastend die Hände vor; vergebens versuchte er zu begreifen, was geschehen war. Das Paket mit den Eiern wurde aus dem Netz geworfen, und unter dem Gelächter der Fahrgäste und auf das Zeichen des Schaffners fuhr die Straßenbahn wieder an.

Wenige Augenblicke später sah sie schon keiner mehr an. Die Straßenbahn schüttelte sich in den Schienen, und der kaugummikauende Blinde blieb für immer zurück. Aber das Unglück war geschehen.[2]

In eine Art träumerisches Delirium versetzt (»Warum? Hatte sie vergessen, dass es Blinde gab?«), verpasst Ana ihre Haltestelle und findet sich in der urzeitlichen Welt des großen Botanischen Gartens von Rio wieder: »Und plötzlich hatte sie das dumpfe Gefühl, in einen Hinterhalt geraten zu sein. Eine geheime Arbeit, die sie erst allmählich wahrnahm, ging im Botanischen Garten vor. Die Früchte in den Bäumen waren schwarz, süß wie Honig. Auf dem Boden lagen trockene Kerne, voller Windungen wie kleine verfaulte Gehirne. Die Bank war beschmiert mit dunkelroten Saftflecken. Mit reger Sanftheit murmelte das Wasser. An einem Baumstamm hafteten die leuchtenden Beine einer Spinne. Die Grausamkeit der Welt war friedlich. Das Morden war tief. Und der Tod war nicht das, wofür wir ihn hielten.«[3] Der Botanische Garten mit seinen verfaulten Gehirnen ist »so hübsch, dass sie Angst vor der Hölle bekam«, und Anas plötzliche Wahrnehmung des »wilden Herzens«, des faulenden, triefenden, sprießenden Gartens, treibt sie an den Rand des Wahnsinns (»Verrücktheit ist die Nachbarin der grausamsten Verständigkeit«, schrieb Clarice.)[4] Aber im Unterschied zu Joana, die ungebunden ist und volle Bewegungsfreiheit besitzt, kann Ana nicht im Garten verharren, ebenso wenig wie Clarice in den alten Höhlen von Torquay bleiben konnte: »das Essen für Pedrinho ist wichtiger«. Auch Ana hat ein Kind, das versorgt werden muss, und außerdem werden Gäste zum Abendessen erwartet.

Sie hat das Zeitgefühl verloren und muss das Tor des Botanischen Gartens vom Wächter aufschließen lassen. Aber ihre Befreiung von der einen Form des Wahnsinns führt zur nächsten. Sie eilt nach Hause. »Das Wohnzimmer war groß, rechteckig, die Türklinken glänzten vor Sauberkeit, die Fensterscheiben glänzten, die Lampe glänzte – was für eine neue Erde war dies?« Ana verängstigt ihren Sohn, indem sie ihn zu wild an sich drückt, atmet dann jedoch tief durch und veranstaltet ihre Abendgesellschaft, »etwas blass und sanft mit den anderen lachend«. Am Ende des Abends holt ihr Mann sie zurück in ihre frühere Welt. »›Zeit, schlafen zu gehen‹, sagte er, ›es ist spät.‹ Mit einer Geste, die sie von ihm nicht kannte, die aber natürlich erschien, nahm er die Hand der Frau und führte sie ohne einen Blick zurück fort, und damit entzog er sie der Gefährlichkeit des Lebens.«[5] Nachdem Clarice diese Erzählung in Rio abgeschlossen hatte, sollte auch sich, unterwürfig und ruhig wie Ana, von ihrem Mann wegführen lassen: auf eine weitere lange Reise, zu einem weiteren langen Schweigen.[6] Die Unterwerfung – von Joana unter Lídia, von Clarice Lispector unter Clarice Gurgel Valente – war qualvoll, sie tat sich damit Gewalt an, aber Clarice wusste, dass sie nicht endlos in dem wilden Garten bleiben konnte. »Ah!«, ruft Ana aus. »Es war leichter, ein Heiliger als eine Person zu sein!«[7]

❊

»Liebe« wurde 1952 in einem dünnen Band, mit zweiundfünfzig Seiten kaum mehr als eine Broschüre, veröffentlicht; er trug den Titel *Einige Geschichten*. Das Buch ging aus Fernando Sabinos Freundschaft mit José Simeão Leal hervor, dem Direktor des Dokumentationsdienstes des Ministeriums für Bildung und Kultur.[8] Sabino legte ein Wort bei Simeão Leal ein, der die Reihe »Cadernos de Cultura« verlegte. Sie bestand aus kurzen Büchern, die Gedichte, Erzählungen und Essays von in- und ausländischen Autoren enthielten. Das Ziel bestand darin, diese Bücher weithin und billig zu verbreiten, aber nur die zweite Absicht wurde verwirklicht; zumindest in Clarices Fall zog das Buch nicht die geringste Aufmerksamkeit auf sich.[9]

Neben »Liebe« enthielt der Band »Mysterium in São Cristóvão«, die Geschichte von drei Kindern, die, mit Kostümen verkleidet, in einen Garten eindringen und Hyazinthen stehlen. Die Handlung ließ an Clarices eigene Erfahrungen als Mädchen in Recife denken, als ihre Freunde und sie Rosen stahlen, und der Text war, zusammen mit anderen Kurzgeschichten, bereits in *Comício* getestet worden. Das Buch enthielt auch eine längere Erzählung mit dem Titel »Familienbande«, die der 1960 veröffentlichten Sammlung ihren Namen geben sollte. Wie »Anfänge eines Vermögens« und »Mysterium in São Cristóvão« war sie früher, ebenfalls in Bern, geschrieben worden. Der älteste Beitrag hieß »Das Abendessen«; er entstand 1943 zur Zeit von *Nahe dem wilden Herzen* und erschien 1946 in einer Zeitung.[10]

»Ein Huhn« war, wie »Liebe«, ein jüngerer Text, den Clarice während ihres Aufenthalts in Rio verfasst hatte. Viele dieser Erzählungen dramatisieren erneut das *Steppenwolf*-Dilemma – »Zwei Seelen wohnen, ach! in meiner Brust« –, das

Clarice bereits in der Gegenüberstellung von Joana und Lídia in *Nahe dem wilden Herzen* vorgeführt hatte. »Liebe« zeigt Ana in der gleichen Sackgasse, doch ihr Problem erscheint in knapperer, auf den Punkt gebrachter Form. Wie kann sich jemand für das wilde Herz – den Wolf, die Katze, das Pferd, die Natter, die verfaulten Gehirne des Botanischen Gartens – entscheiden, wenn er Menschengestalt benötigt, um zu überleben? Wie kann jemand der animalischen Seite seines Charakters treu bleiben, ohne verrückt zu werden?

Clarice hatte viel über tierähnliche Menschen geschrieben, doch »Ein Huhn« war ihr erster Text über ein menschenähnliches Tier. Er beginnt mit den Worten: »Es war ein Sonntagshuhn. Noch lebte es, weil neun Uhr morgens noch nicht vorbei war.«[11] Das Huhn, das beiläufig für den Sonntagsbraten ausgewählt wurde, rebelliert unerwartet und flattert unbeholfen über die Dächer und durch die Hintergärten der Nachbarn. Es wird verfolgt von dem Hausherrn, in dem der Jäger erwacht ist. »Allein auf der Welt, ohne Vater oder Mutter, lief das Huhn dahin, keuchend, stumm, konzentriert. Dann und wann, mitten auf der Flucht, schwebte es, nach Luft schnappend, auf den Rand eines Daches, und während der junge Mann mühsam über andere Dächer hinwegbalancierte, fand es Zeit, einen Augenblick auszuruhen.« Schließlich fängt der junge Mann das Huhn und trägt es an einem Flügel zurück in die Küche, wo er es »etwas unsanft« auf dem Boden absetzt. Aber gerade, als das Spiel aus zu sein scheint, legt es zu seiner eigenen und der Verblüffung der Familie ein Ei – »Sein Herz, so klein, auf einem Teller, hob und senkte das Gefieder und füllte mit Wärme, was nie mehr sein würde als ein Ei.« –, eine Glanzleistung an Vitalität, die ihm die Begnadigung einbringt. Dadurch wird es zur »Königin des Hauses«, ohne sich dessen allerdings bewusst zu sein. Es erhält ein Plätzchen zwischen Küche und Terrasse. »Doch wenn alle still waren im Haus und es vergessen zu haben schienen, fasste es sich ein kleines Herz, Überbleibsel von der großen Flucht, und spazierte auf den Fliesen umher, den Körper hinter dem Kopf hochgestreckt, gemächlich wie auf einem Feld, wenngleich sein Köpfchen es auch verriet: Es bewegte sich rasch und zitternd, mit der alten, längst mechanischen Ängstlichkeit seiner Gattung.«[12]

Die Geschichte, die kaum drei Seiten umfasst, ist voll von indirekten Hinweisen auf Clarices eigenes Leben: das Gefühl der Gefangenschaft und die Sehnsucht nach Flucht; die Existenz »ohne Vater oder Mutter«; die Meisterleistung, gefolgt von einer langen Periode des Schweigens. Der Bezug auf die »alte Ängstlichkeit seiner Gattung« und die Wendung »Überbleibsel von der großen Flucht«, verbunden mit dem Schauspiel eines hilflosen, unbeholfenen, schwangeren Wesens, das um sein Leben rennt, könnte auf die verzweifelte Flucht ihrer Mutter aus Europa hinweisen.

Aber genau wie Mania Lispector ihrem Schicksal nicht entgehen konnte, hat das Huhn seine Energie mit einer einzigen Großtat erschöpft. Das Los der »Königin des Hauses« steht fest. Das Huhn gedeiht eine Zeit lang, »bis man es eines Tages schlachtete, es aß und Jahre vergingen«.[13]

*

Wie im Fall des Huhns war Clarices Entlassung in den häuslichen Frieden befristet. So, wie es dem Huhn bestimmt war, verspeist zu werden, und wie Ana unvermeidlich in ihr großes, rechteckiges Wohnzimmer zurückkehren musste, so würde Clarice zwangsläufig in das große, rechteckige Washington reisen, wohin man Maury als zweiten Sekretär der brasilianischen Botschaft versetzt hatte. Wie immer fiel es ihr schwer, Brasilien zu verlassen. Nach ihren langen Jahren im Ausland hatten die Monate in Rio ihr ein wenig professionellen Erfolg beschert – durch die Arbeit für Comício und die Publikation ihrer Erzählungen –, und nun kehrte sie zurück ins trostlose Exil. Und wie das Huhn, das sein Ei beschützte, war auch Clarice wieder schwanger.

Maury, Pedro und sie reisten erster Klasse mit einem englischen Luxusdampfer nach New York. »Aber ich habe das überhaupt nicht genossen: Ich war zu traurig. Ich hatte ein sechzehnjähriges Kindermädchen dabei, das mich unterstützen sollte. Nur dass ihre eigenen Absichten ganz anders aussahen: Sie war fasziniert von der Reise und dem Diplomatenleben. Und so schenkte Avani, beladen mit Englischbüchern und vor Glück ganz wirr im Kopf, meinem Kind nicht die geringste Aufmerksamkeit.«[14] Während man die Überquerung des Äquators feierte, indem Passagiere in voller Bekleidung in den Swimmingpool geworfen wurden, blieb die niedergeschlagene Clarice in ihrer Kabine.

Sie trafen am 24. September 1952 in Washington ein. »Zum Glück kennt Ihr das alles ja schon«, schrieb sie an Fernando Sabino und seine Frau, »und ich kann mir den Versuch ersparen, Euch diese vage und anorganische Stadt ins Konkrete zu übersetzen. Sie ist schön, diversen Schönheitsgesetzen zufolge, die ich nicht teile. Mir fehlt hier das Ungeordnete, Städte ohne ein gewisses Durcheinander begreife ich einfach nicht. Jedenfalls ist die Stadt nichts für mich.«[15] Es erschien jedoch angenehmer als Bern, da die Stadt und die Botschaft viel größer waren und Clarice unter den Diplomaten einen breiteren Kreis von Brasilianern vorfand.

Mehrere alte Freunde hielten sich bereits in Washington auf, zum Beispiel Lauro Escorel, der *Nahe dem wilden Herzen* einige Jahre zuvor rezensiert hatte, und seine schwangere Frau Sara, die, neben Claricc und Eliane, zu den drei jüdischen Ehefrauen im Itamaraty gehörte. Sara ging mit Clarice kurz nach deren Ankunft Möbel einkaufen, aber nach zwei Tagen verbot Clarice ihr, sie in Zukunft zu begleiten. »Aber Clarice, was habe ich denn getan?«, fragte Sara. »Du triffst zu schnell Entscheidungen«, antwortete Clarice. Außerdem begegnete sie einem Freund aus ihrer Studienzeit in Washington wieder: João Augusto de Araújo Castro, den sie Fernando Sabino nachdrücklich empfohlen hatte, und Eliane und Mozart Gurgel Valente waren nicht weit weg in New York.

Den Botschafterposten bekleidete der vermögende Banker Walther Moreira Salles, der sein prestigeträchtiges Amt keinem anderen als Samuel Wainer verdankte. Als Gegenleistung für einen Kredit, mit dem er eine Rotationsdruckmaschine für *Última Hora* kaufte, hatte Samuel ein gutes Wort beim Präsidenten eingelegt. Wainers Einfluss und die Bedeutung von *Última Hora* für das Vargas-Regime waren so groß, dass Getúlio einen mächtigen Industriellen aus São Paulo und seinen eigenen Schwager überging, um Wainer gefällig zu sein.[16] (Samuel erwartete nicht, dass das Darlehen je eingefordert werden würde, doch als der politische Wind umschlug, trat genau das ein.)

Sehr bald kauften Maury und Clarice das Haus Nr. 4421 in der Ridge Street, einen Block vom Country Club entfernt in dem grünen, gepflegten Vorort Chevy Chase. Es war ihr erstes Haus und erwies sich aufgrund seiner Nähe zu der Stadt und guten Schulen als ideal für eine junge Familie. Das zweistöckige Gebäude mit einem hübschen Hof und Garten war sehr komfortabel, und dort wartete Clarice auf die Geburt ihres zweiten Kindes. Das Wissen, dass ihr ein Kaiserschnitt bevorstand, trieb sie an den Rand der Panik, wie Lauro Escorel berichtete.[17] Dies lag wahrscheinlich daran, dass sie sich an ihre schreckliche Erfahrung bei Pedros Geburt in Bern erinnerte. Aber am 10. Februar 1953, zwei Wochen nach Dwight Eisenhowers Amtseinführung, kam Paulo Gurgel Valente im George Washington University Hospital zur Welt. »Diesmal brachte die Geburt keine der schrecklichen Komplikationen von damals mit sich«, schrieb sie an Elisa.[18] Die Familie war nun vollständig.

*

Kurz nach Paulos Geburt traf eine weitere Familie in Washington ein: Erico und Mafalda Verissimo und ihre beiden Heranwachsenden Clarissa und Luis

Fernando. Im Mai 1953 übernahm Erico Verissimo den Posten des Direktors für kulturelle Angelegenheiten im »Marmormausoleum« der Panamerikanischen Union, die zur Organisation der Amerikanischen Staaten gehört. Mit siebenundvierzig Jahren war Verissimo ein überaus seltenes Exemplar: ein brasilianischer Romanschriftsteller, der von seinen Werken leben konnte (im zwanzigsten Jahrhundert konnten nur Fernando Sabino und Jorge Amado den gleichen Anspruch erheben). Wie Getúlio Vargas stammte er aus einem kleinen Ort im südlichsten brasilianischen Bundesstaat Rio Grande do Sul. Er wuchs in einer reichen Familie auf, die gegen Ende seiner Jugend Bankrott machte. Nachdem er die Schule abgebrochen hatte, versuchte er sich an mehreren Tätigkeiten, so betrieb er beispielweise eine Apotheke in einer Kleinstadt (ein Fehlschlag), bis er Arbeit in der Livraria do Globo fand, der legendären Buchhandlung samt Verlag in der Staatshauptstadt Porto Alegre.

Endlich konnte er seine Begabung nutzen. Er begann zu lesen, zu schreiben und zu übersetzen (unter anderem war er verantwortlich für die Übersetzung von Katherine Mansfields Buch *Seligkeit und andere Erzählungen*, das der jungen Clarice so sehr imponiert hatte). 1935 wurde sein Roman *Caminhos Cruzados* mit dem Graça-Aranha-Preis ausgezeichnet – eine Ehre, die *Nahe dem wilden Herzen* neun Jahre später zufiel. Wichtiger vom Marketingstandpunkt aus war die Tatsache, dass das Buch weithin wegen Kommunismus und Obszönität angeprangert wurde, was Verissimos Bekanntheitsgrad erhöhte. Aber zu seinem wirklichen Durchbruch kam es 1939, als man von *Die Lilien auf dem Felde* »sagenhafte« – und in Brasilien beispiellose – 62 000 Exemplare verkaufte.[19]

Sein wachsender Ruhm brachte ihm 1941 eine Einladung des US-Außenministeriums zum Besuch der Vereinigten Staaten ein. 1943 beauftragte man ihn, brasilianische Literatur an der University of California in Berkeley zu lehren. Dort blieb er bis 1945 und verfasste in englischer Sprache seinen kurzen Leitfaden *Brazilian Literature*. Der Beginn des Buches vermittelt einen guten Eindruck von dem Stil, durch den er eine so breite Leserschaft gewann:

In einer brasilianischen Ortschaft sah ich vor vielen Jahren ein Stück, das von Laien inszeniert und aufgeführt wurde. Eine der Szenen werde ich nie vergessen (sie spielte im Jahr 1200 n. Chr. irgendwo in Europa). Der Held trat ans Proszenium und rief, mit geballten Fäusten auf seinen Papp-Brustharnisch einschlagend: »Wir sind die mutigen und edlen Ritter des Mittelalters!«

Später erzählte mir einer meiner Freunde von einem weiteren Melodram, in dem die Hauptfigur, ein wackerer, liebenswürdiger Mann, beim Abschied von

seiner reizenden Braut deklamierte:»Oh, meine Geliebte, nun werde ich an
jenem furchtbaren Feldzug teilnehmen, der in der Geschichte als Dreißigjähri-
ger Krieg bekannt ist!«[20]

Zu Beginn seiner Karriere attackierten die hochtrabenden Kulturvertreter Brasiliens – die ihm den Erfolg natürlich neideten – Verissimos aufgeschlossenen, zugänglichen Stil, bis sie 1949 durch das Erscheinen des ersten Teils von *Die Zeit
und der Wind* zum Schweigen gebracht wurden. Er hatte 1939 mit den Vorarbei-
ten begonnen, wobei ihm ein Einzelband von rund achthundert Seiten Länge
vorschwebte, der die Geschichte einer Familie und einer Stadt erzählte. Plötzlich
jedoch nahm das Werk fünfzehn Jahre in Anspruch und umfasste 2200 Seiten, auf
denen der Autor in dramatischer Erzählform die gesamte Geschichte seiner Hei-
matprovinz Rio Grande do Sul wiedergab. Trotz seiner enormen Länge ist es bis
heute einer der beliebtesten und meistgelesenen brasilianischen Romane; man hat
ihn häufig für Kino und Fernsehen verfilmt, und seine Figuren sind allgemein
bekannt.

Trotz seines Erfolgs scheint Verissimo jedoch aufgrund seiner Ansprüche an
literarische Qualität von Zweifeln geplagt worden zu sein. In einem Interview
mit Clarice Lispector sagte er 1969:»Ich plane, aber ich halte mich nie strikt an
meine Vorgaben. Romane (das weißt du besser als ich) sind die *Kunst* des Unbewussten. Andererseits muss ich beinahe sagen, dass ich mich eher für einen
Handwerker als für einen Künstler halte. Und deshalb kannst du verstehen, weshalb die Kritiker mich nicht als profund einschätzen.«[21]

Clarice wollte den Kommentar nicht so stehen lassen. Vier Jahre später fügte
sie einer Geschichte aus der Kurzgeschichtensammlung *Wo warst du in der
Nacht*, die sie bereits in *Comício* veröffentlicht hatte, die folgende »Mitteilung an
Erico Verissimo« hinzu:»Ich bin nicht einverstanden mit Deiner Aussage: ›Tut
mir leid, aber mir fehlt es an Tiefe.‹ Du bist zutiefst menschlich – und was kann
man von einem Menschen mehr erwarten? Du verfügst über innere Größe. Ein
Kuss für Dich, Erico.«[22]

*

Erico Verissimos Humanität machte ihn zu einer guten Wahl für den angesehenen Posten bei der Panamerikanischen Union, durch den er in Kontakt mit allen
möglichen Bittstellern geriet. Zum Glück war er ein sehr taktvoller Mann.

Einmal sprach eine im Ruhstand lebende Sängerin (Altistin), die behauptete, eine Hymne der Amerikas geschrieben zu haben, bei mir vor. Sie bat um meine Vermittlung, damit das Stück zur offiziellen Hymne der OAS gemacht werde. Nachdem sie mir das Notenblatt gezeigt hatte, sang sie den Text in einem gezierten, stockenden Flüstern. Ich bewegte den Kopf im Takt mit der Hymne. Eine unwiderstehlich groteske Zeile ist mir in Erinnerung: *Lösung der Fälle durch Schiedsstelle*. Als die Dame die letzte Note von sich gegeben hatte, erklärte ich, dass die Hymne wirklich hinreißend sei.»Aber Sie müssen verstehen, um sie annehmen zu lassen, müssten wir eine Sondersitzung des Rates einberufen und die einmütige Zustimmung der Vertreter aller 21 Länder in der Organisation erhalten ... Nicht praktikabel. Tut mir leid, sehr leid.«[23]

Der Posten machte auch zahlreiche Reisen auf dem amerikanischen Doppelkontinent erforderlich, bei denen er Mafalda und seine Kinder zu Hause zurücklassen musste.»Meine Frau, die Flugreisen nicht ertragen kann, ist automatisch verwitwet, sobald ich in ein Flugzeug steige«, schrieb Erico.[24] Vielleicht bildeten diese Furcht und Isolation eine Gemeinsamkeit, die Mafalda und Clarice zusammenbrachte. Da Erico sehr häufig im Ausland war, Maury Überstunden in der Botschaft machte und da ihre Kinder von der Schule oder ihren eigenen Aktivitäten in Anspruch genommen wurden, kamen die beiden Frauen, weit von ihrer Heimat entfernt und mit viel Freizeit, einander sehr nahe und verbrachten fast jeden Nachmittag miteinander. Mafalda Verissimo wurde Clarices engste Freundin seit Bluma Wainer.

»Ich war keine Intellektuelle«, erklärte Mafalda einer Interviewerin,»aber ich konnte zuhören. Genau das brauchte sie. Sie vertraute sich mir ganz natürlich an.« So beschreibt auch ihre Tochter, Clarissa Jaffe, die Freundschaft.»Clarice fand in meiner Mutter jemanden, mit dem sie entspannt umgehen konnte, ohne auf der Hut sein zu müssen. Meine Mutter war eine unkomplizierte Frau, das genaue Gegenteil von Clarice.«[25]»Sie hätten keine unterschiedlicheren Persönlichkeiten sein können«, stimmte Luis Fernando zu,»[aber] sie schlossen eine langjährige Freundschaft.«[26] Mafalda hielt Clarice für »eine außergewöhnlich intelligente Frau mit einer Menge Probleme. Ich habe keine Frau je so sehr leiden sehen.«

An den langen, öden Nachmittagen saßen die beiden an der Imbisstheke in Drugstores,»unterhielten [sich], tranken Kaffee (diesen scheußlichen amerikanischen Kaffee) und aßen Toast«. Ihre Gespräche drehten sich um Clarices persönliche Geschichten, denn sie »redete [ständig] von Brasilien, von der Vergangenheit, ihrer Familie, ihrer jüdischen Herkunft«.[27] Vielleicht verließ sich Clarice unter der Last dieser Erinnerungen immer mehr auf die Beruhigungsmittel, die sie spätestens seit 1948 einnahm. »Wir saßen herum, tranken Kaffee und schluckten Bellergal. Ist das nicht verrückt?«, erzählte Mafalda. »Bellergal war das damals beliebteste Sedativum. Es waren winzige Pillen, und wir hatten immer eine bei uns.«

Mafalda hatte wegen ihrer Flugangst begonnen, Bellergal zu nehmen, ohne jedoch eine Abhängigkeit zu entwickeln. Das galt leider nicht für Clarice. Mafalda war betroffen über einen Vorfall in einem Kino: Clarice wollte sich *Citizen Kane* ansehen, obwohl sie – wie Maury, Erico und Mafalda – den Film bereits kannte. Nur weil sie darauf beharrte, kauften alle erneut Karten für die Vorstellung. Sie hatte kaum begonnen, als sie merkten, dass Clarice fest schlief. »Sie bekam nichts von dem Film mit«, sagte Mafalda. »Wahrscheinlich hatte sie mehr als ein Bellergal genommen.«[28]

In einer Passage aus *Der Apfel im Dunkeln*, dem Roman, den Clarice in Washington schrieb, wird auf diese Gewohnheit angespielt: »Ach, sagte sie schlicht, es verhält sich so: Stellen wir uns vor, dass jemand schreit und ein anderer kommt und ihm ein Kissen auf den Mund presst, damit der Schrei nicht zu hören ist. Nun, wenn ich Beruhigungsmittel nehme, höre ich meinen Schrei nicht mehr, ich weiß, dass ich schreie, aber ich höre es nicht, so ist das, sagte sie und zog ihren Rock zurecht.«[29]

*

Aber mit ihrer Arbeit kam Clarice gut an. Nicht einmal das Aus von *Comício* nach weniger als sechs Monaten (»Unser *Comício* starb, wie Du siehst, sobald Teresa Quadros sich verabschiedete«, schrieb Rubem Braga im Mai 1953), brachte ihre Aufträge zum Versiegen.[30] Während einige ehemalige *Comício*-Mitarbeiter zu Samuel Wainer überwechselten, schlossen andere, darunter Clarice, Verträge mit *Manchete*, einer neuen, im April 1952, als sie noch in Rio war, gegründeten Zeitschrift.[31] Ihr Gründer war Adolpho Bloch, der, wie Clarice, in der Ukraine geboren worden und ebenfalls während der Pogrome geflüchtet war. Seine Familie ließ sich, ein paar Monate bevor die Lispectors in Maceió eintrafen, in Rio de Janeiro nieder, wo Lúcio Cardoso zu ihren Nachbarn gehörte.[32] Bloch begann mit einer handgetriebenen Druckerpresse und baute ein Medienimperium auf, zu dessen Hauptorgan *Manchete*, das brasilianische Gegenstück zu *Paris Match* oder *Life*, wurde. Der Chefredakteur war ein alter Freund von Clarice:

Otto Lara Resende. Otto, eines von zwanzig Kindern seines Vaters, zählte zu der berühmten Gruppe aus Minas Gerais (neben Fernando Sabino, Paulo Mendes Campos und dem Psychoanalytiker Hélio Pellegrino), die man als die »vier mineiros« bezeichnete. Wie die anderen kannte er Clarice seit 1944, als Lúcio Cardoso seinen literarischen Freunden in Minas *Nahe dem wilden Herzen* vorgestellt hatte.

Fernando wurde erneut als Clarices Impresario tätig und schlug in ihrem Namen vor, so etwas wie eine »Mitteilung aus den USA« in die neue Zeitschrift aufzunehmen.[33] Sein Einfall wurde bereitwillig aufgegriffen, stieß jedoch auf ein Hindernis, als Clarice verlangte, anonym zu bleiben. Sie regte an, Teresa Quadros wiederaufleben zu lassen, doch die *Manchete*-Redaktion war nicht einverstanden. Fernando und sie tauschten im Lauf des Jahres 1953 immer wieder Briefe zu dem Thema aus, wobei Fernando sensibel auf Clarices störrische Abwehrhaltung einging.

»Sie [Teresa] ist viel besser als ich, ganz ehrlich: Die Zeitschrift wäre mit ihr viel besser bedient sie ist eifrig, weiblich, aktiv, sie hat keinen niedrigen Blutdruck, manchmal ist sie sogar feministisch, kurz, eine gute Journalistin.« Worauf Fernando erwiderte: »Es ist mir unangenehm, den anderen mitzuteilen, dass Du nicht unterzeichnen willst. Aus zwei Gründen: erstens, weil ich weiß, dass sie – trotz des großen Respekts und der eindeutigen Wertschätzung, die sie für die charmante Tereza Quadros hegen – Deinen Namen haben wollen. So haben wir die Sache besprochen. Ich weiß nicht, ob Dir klar ist, dass Du einen Namen *hast*.« »Dann möchte ich aber nur mit C. L. zeichnen«, kam Clarice ihm etwas widerborstig entgegen.[34] Fernando antwortete: »Was die Leute interessiert, ist Clarice Lispector, zumindest eine Clarice Lispector, die Nachrichten liefert – selbst wenn sie mit C. L. unterzeichnet.«

Letztlich sollte Clarice tatsächlich für *Manchete* schreiben, wenn auch erst 1968. Unterdessen wurde zum ersten Mal eines ihrer Bücher im Ausland veröffentlicht, was ihr besondere Kopfschmerzen bereitete. Die Rechte an *Nahe dem wilden Herzen* waren von Pierre de Lescure, dem Herausgeber des Verlagshauses Plon in Paris, erworben worden. Zusammen mit »Vercors« – dies war das Pseudonym von Jean Bruller, dem Autor der gefeierten Novelle *Das Schweigen des Meeres* – hatte Lescure den berühmten Résistance-Verlag Les Éditions de Minuit gegründet.

Im Frühjahr 1954 traf die Übersetzung in Washington ein. Sie strotzte vor Fehlern – das Werk eines Übersetzers, der offensichtlich über mangelnde Portugiesischkenntnisse verfügte und nicht gezögert hatte, ganze Kapitel des Buches wegfallen zu lassen. Zudem schien es der letzte Fahnendurchlauf zu sein, und Clarice hatte sehr wenig Zeit für die Korrektur.

Erico Verissimo riet ihr, sich bei Lescure zu beschweren,[35] was sie auch tat. »Ich beeile mich, Sie darüber in Kenntnis zu setzen«, schrieb sie in ihrem förmlichsten Französisch, »dass ich die Publikation des Buches in seinem derzeitigen Zustand nicht dulden kann.« Die Übersetzung sei »skandalös schlecht ... oftmals sogar lächerlich«. Letzten Endes, schrieb sie, »ziehe ich es vor, das Buch in Frankreich nicht veröffentlichen zu lassen, als es so voller Fehler gedruckt zu sehen«.[36] Die schlechte Übersetzung war anscheinend das Ergebnis eines Missverständnisses, denn sechs Wochen später versicherte sie Lescure, dass sie seine früheren Mitteilungen zu dem Thema nicht erhalten habe. Gleichwohl war sie nicht bereit, die Sache auf sich beruhen zu lassen. »Ich gestehe zu, dass die Sätze, wenn Sie so wollen, nicht die übliche Redeweise abbilden, aber ich versichere Ihnen, dass sich das auf Portugiesisch ganz genauso verhält«, schreibt sie. »Die von mir in dem Buch verwendete Zeichensetzung ist nicht willkürlich und gründet keineswegs auf einer Unkenntnis der grammatikalischen Regeln. Sie werden mir beipflichten, dass die elementaren Grundsätze der Interpunktion allerorts schon in der Schule vermittelt werden. Ich bin mir der Gründe vollständig bewusst, die mich dazu veranlasst haben, diese Zeichensetzung zu wählen, und bestehe darauf, dass sie eingehalten wird.«[37]

Dies ist ein Gesichtspunkt, den ihre Übersetzer unbedingt beachten sollten: Gleichgültig, wie seltsam Clarices Prosa in der Übertragung klingt, hört sie sich im Original genauso ungewohnt an. »Die Fremdartigkeit ihrer Prosa ist eine der überwältigendsten Tatsachen unserer Literaturgeschichte und sogar der Geschichte unserer Sprache«, schrieb ihr Freund, der Dichter Lêdo Ivo. Die kanadische Literaturwissenschaftlerin Claire Varin bedauert die Tendenz von Clarices Übersetzern, »die Stacheln aus dem Kaktus zu rupfen«.[38]

Trotz ihrer Probleme mit der Übersetzung versicherte Clarice Lescure, dass sie die Wendung »skandalös schlecht« bedaure. Im Juni fügte sie hinzu, es tue ihr leid, dass ihre Mitteilungen seinen Gesundheitszustand beeinträchtigt hätten. Der Held des Widerstands gegen die deutsche Besatzung musste sich in der Konfrontation mit Clarice Lispector geschlagen geben. »Was mich betrifft«, fügte sie hinzu, »so bin ich aufgrund meiner Veranlagung innere Unruhe gewöhnt. Aber ich achte stets darauf, nicht die Ruhe der anderen zu stören.«[39]

23
INNERES GLEICHGEWICHT

Am 15. Juli 1954 flog die Familie zu einem zweimonatigen Urlaub nach Rio. Sie traf gerade rechtzeitig ein, um einen der größten Tumulte in der modernen brasilianischen Geschichte mitzuerleben. Dabei spielte Samuel Wainer wieder einmal eine zentrale Rolle. Getúlio Vargas' einziger Verbündeter in den Druckmedien war eine unwiderstehliche Zielscheibe für die Feinde des Präsidenten, die von einem kämpferischen – manche sagten, irrationalen – Journalisten namens Carlos Lacerda angeführt wurden. Carlos war ein alter Freund von Samuel aus ihrer linksextremen Zeit. Die Freundschaft war so eng, dass Lacerda nach seinem Ausschluss aus der Kommunistischen Partei (wegen eines Missverständnisses, behauptete er) als Erstes Trost bei Bluma Wainer suchte. Der Ausschluss versetzte ihn jedoch derart in Rage, dass er seine beträchtlichen polemischen Talente in den Dienst des Antikommunismus stellte.

Als ein Mann mit vielen Feinden begnügte sich Lacerda nicht damit, die Kommunisten anzugreifen. Die Wiedergeburt von Getúlio Vargas in Gestalt eines demokratisch gewählten Populisten ging ihm noch viel mehr gegen den Strich, und er konnte seinem alten Freund Wainer das Bündnis mit dem Präsidenten nicht verzeihen. Seine Attacken auf Wainer und *Última Hora* wurden immer aggressiver, bis er seine größte Sensationsnachricht verbuchen konnte. Am 12. Juli 1953 tönte seine Schlagzeile: »WAINER NICHT IN BRASILIEN GEBOREN.« Dessen Staatsbürgerschaft war von größter Bedeutung, da ein Ausländer von Gesetzes wegen nicht Eigentümer einer brasilianischen Zeitung sein durfte. Wenn er und *Última Hora* ausgeschaltet wurden, war der Sturz von Getúlio Vargas so gut wie sicher.

Das Beweisstück war ein vergilbendes Dokument, das man im Archiv einer Oberschule in Rio entdeckt hatte. Darin behauptete Artur, Samuels älterer Bruder, dieser sei nicht in São Paulo, sondern in Bessarabien geboren worden. Samuel erklärte hastig: »Einwandererfamilien, traumatisiert durch die Schrecken des Krieges, die sie miterlebt hatten, fürchteten, dass ihre Kinder zu der Armee des Lan-

des, in dem sie versuchten ihr Leben wiederaufzubauen, eingezogen werden könnten.«[1] Eine absurde Posse entspann sich: Während Wainer Bürger aus Bom
Retiro, dem jüdischen Viertel von São Paulo, anschleppte, damit sie aussagten, sie
hätten seine Beschneidung miterlebt, entsandten Lacerdas Verbündete ihre in der
Welt verstreuten Korrespondenten ins exotische Bessarabien, wo sie »Edenitz«
ausfindig machen sollten, das *schtetl*, aus dem Samuel angeblich stammte. (Der
damit beauftragte Fotograf, Jean Manzon, war übrigens der Einzige, dem es gelang, den schizophren gewordenen Nijinsky beim Tanzen aufzunehmen.)

Wie diese Nachforschungen in einer Sowjetunion angestellt werden sollten, in
der Stalin erst seit Kurzem unter die Erde gekommen war, hatte keiner so recht
durchdacht. Lacerdas Detektive konnten Edenitz nicht finden, obwohl der Ort,
heute Edeniţ, in der Tat existiert. Er liegt in Nordmoldawien, ein paar Kilometer
von Soroka entfernt, wo die Familie Lispector den Dnestr überquerte. Wainer
wurde wegen des Skandals kurzfristig inhaftiert, leugnete jedoch bis zum Schluss,
nicht in Brasilien geboren worden zu sein. (Nach seinem Tod stellte sich heraus,
dass er tatsächlich in Bessarabien zur Welt gekommen war.)

Trotz Samuels Entlastung wurde Carlos Lacerda durch den Skandal als mäch-
tigster Feind der Regierung bestätigt, und die Treffer, die er gegen *Última Hora*
erzielte, schwächten den bereits angeschlagenen Vargas noch mehr. Der Höhepunkt
ereignete sich am Morgen des 5. August 1954, bereits drei Wochen nach Clarices
Ankunft in Rio, als Carlos Lacerda vor seinem Wohngebäude in Copacabana
angeschossen wurde. Der Attentäter traf ihn nur in den Fuß – danach ließ er
sich monatelang mit einem theatralisch massiven Gipsverband sehen –, schaffte
es jedoch, einen Luftwaffenmajor, der neben Lacerda dahinschritt, zu töten.

Von seinem Krankenbett aus erklärte Lacerda sofort, dass Samuel Wainer
nichts mit dem Mordanschlag zu tun habe. Da der Präsident selbst sein wirk-
liches Ziel war, hatte er kein Interesse an Wainer.[2] Tatsächlich wurde der Schuss
zu einer von Getúlio Vargas' Palastwachen zurückverfolgt, einem korrupten,
analphabetischen Schläger namens Gregório Fortunato, der ohne Getúlios Genehmigung oder Wissen gehandelt hatte. Dieser hätte das riesige Brasilien ja nicht
fast ein Vierteljahrhundert lang beherrschen können, wenn er sich zu einer solchen Dummheit hätte hinreißen lassen. Aber der Schuss bedeutete, wie er sogleich
begriff, das Ende seiner Regierung.

Rio kochte vor Empörung und Intrigen. Doch der gerissene alte »Vater der
Armen«, der von allen Seiten belagert wurde, hatte noch einen Trumpf im Ärmel.
Am 23. August 1954 brachte Samuel Wainers *Última Hora* eine dramatische
Schlagzeile: »GETÚLIO ANS VOLK: ICH WERDE DEN PALAST NUR TOT VERLAS-

SEN.« Er scherzte nicht. Am folgenden Abend, nachdem Getúlio Vargas einen provozierenden Abschiedsbrief verfasst hatte, ging er, mit einem Pyjama bekleidet, in sein Schlafzimmer, holte eine Pistole hervor und schoss sich eine Kugel ins Herz.

Samuels Zeitung war die einzige, die vom wütenden Pöbel verschont wurde. An jenem Tag wurden rund 800 000 Exemplare verkauft,[3] während es zu Angriffen auf das Bürogebäude von Standard Oil und auf die amerikanische Botschaft kam. Carlos Lacerda, der immer noch einen Gipsverband am Fuß trug, flüchtete aus dem Land. Vargas' donnerndes Abschiedsschreiben – »Gelassen mache ich den ersten Schritt auf dem Weg zur Ewigkeit, indem ich aus dem Leben scheide, um in die Geschichte einzugehen«[4] – ertönte Tag und Nacht im nationalen Rundfunk.

»DER PRÄSIDENT HAT SEIN VERSPRECHEN GEHALTEN«, posaunte *Última Hora.*

*

Eine Woche nach dem Attentat auf Carlos Lacerda schrieb Clarice an Mafalda Verissimo: »Ich habe Rio noch nicht richtig verdaut, ich bin da langsam und schwierig. Eigentlich würde ich noch ein paar Monate brauchen, um die Atmosphäre von Neuem zu begreifen. Aber gut ist es schon. Es ist wild, es ist unerwartet, und rette sich wer kann.«[5] Für ein paar Tage entzog sie sich dem politischen Chaos der Hauptstadt, indem sie den Ferienort Teresópolis aufsuchte; ihre Wohnung in Rio war nur ein paar Häuserblocks vom Catete-Palast, dem Zentrum der Unruhen, entfernt.[6] In dieser elektrisierten Atmosphäre gelang es Clarice, sich mit alten Freunden wie Fernando Sabino und Lúcio Cardoso zu treffen. Außerdem festigte sie ihre Beziehung zu José Simeão Leal, der so beeindruckt von *Einige Geschichten* war, dass er einen vollständigen Erzählband (auch mit den bereits veröffentlichten Texten) in Auftrag gab. Zum ersten Mal erhielt Clarice einen Vorschuss für ein Buch. Wie ihr Pariser Debüt sollte diese Segnung sich bald als zwiespältig erweisen.

Gerade als sie sich in dem wilden und faszinierenden Rio wieder einzuleben begann, wurde Clarice in die vorstädtische Ruhe von Eisenhowers Washington zurückgezerrt, wo sie am 15. September eintraf. Sie hatte den Wechsel oft genug hinter sich gebracht, aber er fiel ihr nie leicht. »Brasilien zu verlassen ist für mich eine ernste Angelegenheit«, schrieb sie nach ihrer Rückreise an Fernando, »und so ›fein‹ ich auch sein möchte, wenn ich gehen muss, fließen die Tränen. Dabei mag ich es nicht, dass man mich so sieht, auch wenn es ganz wohlerzogene Tränen sind, die Tränen der zweitrangigen Schauspielerin, der ihr Regisseur noch nicht mal erlaubt, sich die Haare zu richten ...«[7]

Nach ihrer Rückkehr hatte Clarice viel zu tun, denn sie nahm wieder einmal Fahrstunden. »Der Fahrlehrer hat mich unverblümt gefragt, ob das denn wahr sei, dass ich schon mal fahren gelernt hätte. Worauf ich erwiderte: Leider ja. Worauf er gar nichts erwiderte. [...] Maury neben mir gibt sich bemerkenswert zuversichtlich, aber nur, damit ich nicht den Mut verliere. Er sagt, mein Fehler – ein Flüchtigkeitsfehler – sei, zu wenig auf den Verkehr zu achten.«[8] Irgendwann muss sie die Fertigkeit erlernt haben. Eine der ersten Erinnerungen ihres Sohnes Paulo an seine Mutter drehte sich um die Autofahrt zur Schule: »Ich muss drei oder vier Jahre alt gewesen sein, also war es 1956 oder 1957. Die Schule auf einem Hügel, die Straße eingeschneit, meine Mutter am Lenkrad, das Auto in einer Kurve nach der anderen, bis wir ankamen ... Sie machte wohl den Eindruck, in einem ›Wachtraum‹ zu sein, als wäre sie mit einer anderen Realität als der gegenwärtigen verbunden.«[9]

Sie lernte Englisch etwa so, wie sie Fahrstunden nahm: gleichgültig. Zusammen mit Mafalda Verissimo trank sie Milkshakes und schluckte Pillen, aber in Washington sah sie zunehmend ein, dass sie sich nicht für das Diplomatenleben eignete. »Ich fühlte mich nicht besonders wohl in diesem Umfeld«, sagte die Frau, die sich einst etwas darauf zugutegetan hatte, »aus dem Zoo entlaufen« zu sein. »All die Förmlichkeiten... Aber ich spielte die mir zugewiesene Rolle ... Ich war nachgiebiger als heute. Was ich für meine Pflicht hielt, das tat ich.«[10] Jahrelang hatte die Vorstellung einer Pflicht sie aufrechterhalten: »Ich fand es furchtbar, aber ich erfüllte meine Verpflichtungen [...]. Ich lud zum Souper, tat all die Dinge, die man tun soll, aber es widerte mich an ...«[11] Das war die Zeit, in der sie »den Hausdiener, der den Gästen die Fingerschalen zu reichen hatte, diese wie folgt vorbereiten ließ: In jeder Schale sollte das Blütenblatt einer Rose treiben.«

»Nicht nur die Gastgeberin, auch jede der eingeladenen Damen schien zufrieden, dass alles so gut verlief. Als schwebte man stets in Gefahr, plötzlich feststellen zu müssen, dass diese Wirklichkeit aus stummen Hausdienern, aus Blumen und Eleganz sie alle ein wenig überforderte [...] Die Nachbarin sagte zu ihr: ›Die Landschaft dort ist grandios!‹ Und die Gastgeberin erwiderte hastig, in einem Ton von Anspannung, Müdigkeit und Sanftheit: ›Ja, wirklich ... nicht wahr?‹«[12] Dieses fiktionalisierte Fragment liest sich wie eine Einleitung zu einer von Clarices Erzählungen: Das Chaos lauert hinter einem Schleier der Ordnung und droht in jedem Moment die sorgsam gepflegte Oberfläche zu durchbrechen.

Clarice selbst fiel jedoch nie aus ihrer diplomatischen Rolle, obwohl ihre Höflichkeit oft auf die Probe gestellt wurde. Eliane Gurgel Valente erinnerte sich an eine Botschaftsveranstaltung in New York, als ein Diplomat auf die Juden zu sprechen kam. »Ich kann sie *riechen*«, behauptete er. Clarice schaute ihm direkt ins Gesicht und erwiderte: »Da müssen Sie ja schrecklich erkältet sein, wenn Sie meinen Geruch und den meiner Schwägerin nicht wahrgenommen haben.«[13] In einer anderen Episode nennt Clarice, elliptisch wie so oft, die Dinge nicht beim Namen, aber man kann sich denken, wovon sie redet:

Ich erinnere mich an eine Botschafterin in Washington, die den Ehefrauen der ihr unterstellten Diplomaten nach Gutdünken Weisungen erteilte. Sie gab Befehle, die eine Unverschämtheit waren. So sagte sie etwa zu der Frau eines Botschaftssekretärs: Kommen Sie mir zu dem Empfang nicht in Sackleinen. Zu mir hat sie nie etwas gesagt – warum, weiß ich nicht –, kein unfreundliches Wort: Sie respektierte mich. Manchmal war sie gedrückter Stimmung, und dann rief sie mich an und fragte, ob sie mich besuchen könne. Ja, sagte ich. Und sie kam. Ich weiß noch, wie sie mir einmal – bei mir auf dem Sofa – unter dem Siegel der Verschwiegenheit anvertraute, sie möge eine bestimmte Art von Menschen nicht. Ich war erstaunt: Denn genau diese Art Mensch war ich. Sie wusste davon nichts. Sie kannte mich nicht oder nur zum Teil. Aus reiner Rücksicht – um sie nicht in Verlegenheit zu bringen – klärte ich sie nicht darüber auf, was ich war. Hätte ich es ihr gesagt, so wäre das sehr peinlich für sie gewesen, und sie hätte sich bei mir entschuldigen müssen. Ich hörte also schweigend zu. Später starb ihr Mann, und sie kam nach Rio. Da rief sie mich an. Sie habe ein Geschenk für mich, ich möge sie doch besuchen kommen. Das tat ich nicht. Meine Gutherzigkeit (?) hat Grenzen: Ich kann niemanden beschützen, der mich beleidigt.[14]

✳

Trotz ihres Unbehagens war Clarice beliebt bei ihren Botschaftskollegen, und die antisemitische Botschaftergattin war nicht die Einzige, die sie mochte und respektierte. Sie hatte Erico und Mafalda Verissimo, und als sie 1956 nach Brasilien zurückkehrte, gewann sie eine unerwartete neue Freundin. Der neue Botschafter, Ernani do Amaral Peixoto, war mit keiner anderen verheiratet als mit Getúlio Vargas' Tochter Alzira. Dies war die beeindruckende Frau, die den Guanabara-Palast als Zweiundzwanzigjährige mit der Pistole in der Hand gegen die integralistischen Angreifer verteidigt hatte. Ihre Kampfbereitschaft war nur einer der Gründe dafür, dass sie sich weithin Achtung verschaffte. Für viele verkörperte sie die Intelligenz hinter dem Thron ihres Vaters, und als geschickte Politikerin war sie jahrelang die mächtigste Frau in Brasilien: die Tochter des Präsidenten und die Gattin von Amaral Peixoto, der vor seiner Ankunft in Washington unter anderem das Gouverneursamt von Rio de Janeiro ausgeübt hatte.[15]

Alzira fand sofort Gefallen an Clarice Lispector, der sie schon bei einem früheren Besuch in Washington begegnet war.[16] Obwohl sie als unerschütterlich galt, war Alzira vom Selbstmord ihres Vaters zutiefst getroffen. In Washington schrieb sie – vielleicht auch, um ihren Kummer zu überwinden – mit Clarices Hilfe einen Erinnerungsband, *Getúlio Vargas, meu pai (Getúlio Vargas, mein Vater)*. »Du warst sehr großzügig, wie ich nun verstehe, was Deine Aussagen über mein literarisches ›Genie‹ angeht«, schrieb sie Clarice später. »Du hast mein *Ego* so gut wie möglich verschont.«[17] Aber Clarice hatte ihr nicht einfach nur geschmeichelt, denn das Buch ist tatsächlich bewundernswert. Und sie konnte Alziras Schmerz über den Verlust ihres Vaters nachfühlen.

Alziras fünfzehnjährige Nichte Edith Vargas bemerkte bei einem Besuch in Washington, dass ihre Tante immer noch über den Verlust betrübt war und dass Clarice – die »wie eine Königin aussah, sie hatte wahre Größe« – ebenfalls in Traurigkeit gehüllt zu sein schien.[18] So wie Alzira als privilegierte Kontaktperson zu ihrem Vater tätig gewesen war, fungierte Clarice, bekannt als Alziras »rechter Arm«, als diskrete und mitfühlende Vermittlerin zwischen den Diplomatenfrauen und der Botschaftergattin. Silvia de Seixas Corrêa (deren Neffe Elianes und Mozarts Tochter Marilu heiratete) nahm die gleiche Traurigkeit, die gleiche Freundlichkeit und Schönheit an ihr wahr. Auf Literatur, sei es ihre eigene oder die anderer, kam Clarice nie zu sprechen.

Eine weitere Diplomatenfrau, Lalá Ferreira, berichtete, dass sie einmal dringend von Clarice gebeten worden sei, ihr einen Besuch abzustatten. Der Grund war, wie sie nach ihrem Eintreffen erfuhr, dass Clarice eine Schallplatte gekauft hatte, bei der sie sich fürchtete, sie allein anzuhören. »Sie legten die LP auf den Plattenspieler und setzten sich hin, um der Platte zu lauschen. Nach einem Moment erklangen Seufzer, Schreie, schweres Atmen, Stöhnen, Türenquietschen, seltsame gespenstische Geräusche, alles ging ineinander über. Der Abend brach an, und die beiden saßen immer noch verängstigt im düsteren Licht des Wohnzimmers.« Es handelte sich offenbar um eine Aufnahme, die für Theaterproduktionen von Horrorgeschichten benutzt wurde.

Lalá beschrieb einen weiteren merkwürdigen Vorfall. Zu Weihnachten, nachdem die amerikanischen Nachbarn ihre Rasen mit den üblichen glitzernden Lichtern sowie mit Schlittenglöckchen und Weihnachtsmännern festlich geschmückt hatten, wollte die Familie Valente sich nicht übertreffen lassen. »Lalá, die von Freunden einen Wink bekommen hatte, schaute sich Clarices Schmuck an: unregelmäßige Formen, ausgeschnitten aus Plastikfolien, in dunklen Farben – grau, schwarz, braun –, die an den Zweigen der Tanne hingen. Lichter fehlten. Das Dunkelgrün der Tanne und das Weiß des Schnees ließen den ›Weihnachtsschmuck‹ nicht hervortreten. Lalá fragte Clarice, warum sie solche ›Ornamente‹ ausgewählt habe. Die Antwort: »Das ist für mich eben Weihnachten.«[19]

*

Durch Alzira Vargas lernte Clarice eine weitere lebenslange Freundin, die junge Künstlerin Maria Bonomi, kennen. Deren Mutter Georgina war die uneheliche Tochter des in Italien geborenen Magnaten Giuseppe Martinelli, der dadurch berühmt wurde, dass er den ersten Wolkenkratzer in São Paulo, das dreißigstöckige Martinelli-Gebäude, errichtete. Heutzutage ist es schwer vorstellbar, dass man in der gewaltigen Metropole São Paulo je eine kritische Haltung zu dem Wolkenkratzer vertrat. Aber dieses erste Hochhaus machte die Bürger so nervös, dass Martinelli, um die Sicherheit der Konstruktion zu demonstrieren, gezwungen war, seine eigene Familie in das gigantische Penthouse ziehen zu lassen, das bald zu einer der gefragtesten Adressen von São Paulo wurde.

Seine ebenfalls in Italien geborene Enkelin Maria Bonomi kam als kleines Mädchen nach Brasilien, als ihr Aufenthalt in Europa durch den Krieg nicht mehr ratsam schien. Wie Clarice war sie frühreif, und ihre Begabung wurde durch den engen Umgang ihrer Familie mit vielen der führenden Künstler Brasiliens gefördert. Sie begann, sich schon bald für Graphik zu interessieren, und 1957, mit zweiundzwanzig Jahren, trat sie ein Studium in New York an. Zwei Jahre später nahm sie an einer Ausstellung in der Panamerikanischen Union teil. Zu ihrer Überraschung lud man sie zu einem Dinner für ausländische Studenten im Weißen Haus ein. Weil sie nicht wusste, was sie zu dem Ereignis anziehen sollte, wandte sie sich an die brasilianische Botschaft. Alzira Vargas warf einen einzigen Blick auf sie und sagte:»Ich weiß, wer ihr ein paar Sachen leihen kann. Clarice Gurgel Valente.«[20]

Maria fuhr nach Chevy Chase und fand Clarice »mit einem Baby auf dem Schoß« und einer bereits ausgewählten Garderobe vor: Abendkleid, Handschuhe, Schuhe.»Gekleidet als Clarice«, ging sie zu dem Bankett. Als sie die Sachen später zurückbrachte, kamen die beiden ins Gespräch. Maria erzählte Clarice von ihrer Arbeit, und Clarice ihrerseits erwähnte zwar, dass sie »gern schrieb«, verschwieg ihre Veröffentlichungen jedoch. Wieder in New York, begegnete Maria einer der wenigen Frauen im brasilianischen auswärtigen Dienst, nämlich Dora Alencar de Vasconcellos, die Maurys und Clarices Trauzeugin gewesen war. Clarices Name wurde erwähnt, und Dora bedauerte lautstark, dass Clarice mit all ihrem Talent in der Langeweile des Diplomatenlebens verkümmere.[21]

Das beste Porträt von Clarice aus ihrer Zeit in Washington lieferte jedoch João Cabral, der sie dort zu Beginn ihres Aufenthalts besuchte. Er und andere Diplomaten aßen in ihrem Haus zu Abend, als man auf den Tod zu sprechen kam. Clarice musste in die Küche gehen, um etwas nachzuprüfen, wollte die Diskussion nach ihrer Rückkehr aber unbedingt fortsetzen. João Cabral schilderte den Vorfall in einem Gedicht, das er kurz nach ihrem Tod verfasste.

»Man erzählt von Clarice Lispector«

Einst tauschten Clarice Lispector
und einige von ihren Freunden
zehntausend Geschichten vom Tod,
was ernst ist daran und was Farce.

Da kommen noch andere Freunde,
sie waren gerade beim Fußball,
erörtern das Spiel und erzählen,
vollziehen es nach, Tor um Tor.

Als die Debatte verebbt, öffnet
gewaltiges Schweigen den Mund,
und man hört die Stimme Clarices:
Reden wir jetzt weiter vom Tod?[22]

*

Das Leben in Washington war ereignisreicher als das in einer kleinen Botschaft in einem Schweizer Städtchen, wo die wilde, sprudelnde Jugendliche ohne Freunde oder Kinder zu einer traurigen, einsamen Erwachsenen verkümmert war. In Washington hatte Clarice zahlreiche Menschen um sich, schloss viele neue Freund-

schaften und empfing eine Menge Besucher: Tania, San Tiago Dantas, Rubem
Braga, João Cabral, Augusto Frederico Schmidt. Sie ging häufig auf Reisen,
kehrte 1956 nach Brasilien zurück, besuchte 1957 Kalifornien und Mexiko und
begleitete Alzira Anfang 1959 nach Rotterdam, wo sie ein neues Schiff, die *Getúlio Vargas*, tauften, um dann auf dem Rückflug nach Washington einen Abstecher
nach Grönland zu machen.

Bei all diesen Ablenkungen achtete Clarice stets darauf, ihr »inneres Gleichgewicht« zu wahren, da sie fürchtete, sonst in den Wahnsinn abzugleiten. Nun
drohte jedoch eine neue empfindliche Störung: durch ihre Söhne. Da sie zwei
kleine Kinder zu versorgen hatte, konnte sie sich nicht mehr in ihrem Zimmer
einschließen, um zu schreiben. »Ich wollte nicht, dass meine Söhne das Gefühl
bekämen, ihre Schriftsteller-Mutter, diese beschäftigte Frau, hätte keine Zeit für
sie. Das habe ich immer versucht zu vermeiden. Ich setzte mich aufs Sofa, die
Schreibmaschine auf dem Schoß, und schrieb. Als sie klein waren, konnten sie
mich jederzeit unterbrechen. Das nutzten sie nach Kräften aus.«[23]

Obwohl sie entschlossen war, den Kindern zur Verfügung zu stehen,
ging ihre Arbeit den beiden manchmal gegen den Strich. Pedro sagte einmal in
herrischem Ton: »Du sollst nicht schreiben! Du bist eine Mama!«[24] Und Paulo,
der sich ärgerte, weil sie für Erwachsene arbeitete, »befahl« ihr, sich eine Geschichte über Joãzinho, das Kaninchen der Familie, auszudenken. Diese erschien
ein Jahrzehnt später unter dem Titel *Das Geheimnis des denkenden Hasen*. Das
Geheimnis besteht darin, wie es Joãzinho, der nicht sehr gescheit ist, immer wieder gelingt, aus seinem scheinbar gesicherten Stall zu entkommen (die Handlung
basierte auf einer wahren Geschichte). Clarice bietet keine Lösung an, und nach
der Publikation des Buches gingen ungezählte Vorschläge ein. »Die Briefe der
Kinder enthielten die unterschiedlichsten Lösungen. An einige kann ich mich
noch erinnern: Sie bezichtigten die ›Großen‹, die Kaninchen umgebracht zu
haben, und ›dass sie verschwunden sind, haben sie sich als Ausrede ausgedacht‹.
Andere erklärten die Kaninchen für so stark, dass sie die Stäbe auseinander-
gebogen hätten und geflohen seien. Wieder andere bekräftigten, in der Nacht sei
ein großes und mächtiges Kaninchen gekommen und habe die übrigen aus der
Gefangenschaft befreit.«[25]

Pedro, der Ältere, war von Anfang an auffällig, und Clarice führte sorgfältig
Buch über seine Entwicklung. In vielen ihrer Aufzeichnungen verhält er sich
allerdings nur wie ein niedliches kleines Kind. »Heute Abend hat er mich ans Bett
gerufen«, notiert sie beispielsweise. »Mama, ich bin traurig. Warum? Weil Nacht
ist und ich dich liebhabe.« An seinem sechsten Geburtstag, dem 10. September

1954, kurz bevor die Familie aus Rio nach Washington aufbrach, schien er von der bevorstehenden Feier gelangweilt zu sein, bis Clarice ihm schließlich seine neue Geburtstagskleidung anzog. »Ich bin so glücklich, dass es in mir da ist.«[26] Aber Pedro war schon relativ früh kein normales Kind. Seine ungewöhnliche Intelligenz verblüffte alle von Anfang an. Bereits als Kleinkind in der Schweiz hatte er seine Eltern ja durch seine sprachliche Begabung erstaunt und sogar erschreckt. Zwei Jahre später saß Pedro, wie Tania sich erinnerte, auf dem Sofa und las zusammen mit Erico Verissimo in der Enzyklopädie. Ein Diplomatenkollege war fassungslos über einen Kommentar, den Pedro anlässlich einer politischen Diskussion in Washington abgab. Der Fünfjährige blickte von seinen Spielsachen auf und sagte: »Meinst du also, dass eine linke Partei, sobald sie an die Macht kommt, automatisch nach rechts driftet?«[27]

In dem Notizheft, in dem Clarice Pedros Witz und Weisheit festhielt, machte sie einen seltsamen Vermerk, auf den sie, nachdem das Ausmaß des Problems klarer geworden war, mit einem Schaudern zurückgeblickt haben könnte. »Mama«, sagte er. »Ich habe besondere Ohren. Ich kann Musik in meinem Gehirn hören und ich kann auch Stimmen hören, die gar nicht da sind.«[28] Es steht nicht fest, wann genau Clarice und Maury anfingen, sich Sorgen um Pedro zu machen, aber als er neun Jahre alt war, erwähnte Clarice ihren Schwestern gegenüber, dass sie ihn in ein Betreuungszentrum schicken wolle, »wo er neben der schulischen Erziehung auch Unterstützung in emotionaler Hinsicht erhalten wird«.[29] (Bereits in einem Brief von 1953, als er fünf Jahre alt war, sprach sie davon, dass sie einen Psychologen mit ihm aufsuche.)[30]

Ungefähr zur selben Zeit ging sie mit Pedro zu einem Psychiater, der befand, dass der Junge entweder ein Genie werden oder den Verstand verlieren würde. Es war eine unverblümte Version dessen, was Ulysses Girsoler Pedros Mutter ein Jahrzehnt zuvor in Bern mitgeteilt hatte: »Wir sehen, dass sich ihr Gefühlsleben von einem Extrem (Impulsivität) über die ganze Spannweite hinweg zum anderen Extrem (Subtilität, Sensibilität, Fähigkeit, alle denkbaren Emotionen, die anderen Menschen eigen sind, zu spüren) ausdehnt. Für einen solchen Charakter wird es sehr schwierig sein, ein Gleichgewicht zu finden ...«

Pedro erbte vieles von Clarices Charakter. Er hatte sogar eine erstaunliche physische Ähnlichkeit mit ihr: Als junger Mann war er ebenfalls außerordentlich schön, »hochgewachsen, kräftig wie ein Muschik, einer von Tolstois Bauern«, erinnerte sich eine Freundin. Als Junge besaß er eine so frühreife Intelligenz, wie sie nicht einmal seiner brillanten Mutter eigen gewesen war. Clarices mächtiges Über-Ich hielt ihre Emotionen unter Kontrolle, wenn auch mit großem Aufwand, und die beherrschte Spannung zwischen Impulsivität und Vernunft war eine Quelle ihrer schöpferischen Kraft. Aber sie hatte stets Angst vor der Gefahr. Und diejenigen ihrer Figuren – zum Beispiel Virgínia –, die versuchen, ihr »inneres Gleichgewicht« zu wahren, werden am Ende unweigerlich besiegt.

24
ERLÖSUNG DURCH SÜNDE

Der Gott wusste, was er tat: Lóri fand es richtig, dass uns der Zustand der Gnade nicht häufig gewährt wurde. Würde er das, so wechselten wir womöglich endgültig auf die *andere Seite* des Lebens, und diese Seite war auch wirklich, aber keiner würde uns je verstehen: Uns käme die gemeinsame Sprache abhanden«, schrieb Clarice.[1] Sich diesen Übergang auf die andere Seite vorzustellen nahm ihre Jahre in Washington in Anspruch, wo sie ihren längsten, auf höchst diffizile Weise allegorischen Roman, *Der Apfel im Dunkeln*, vollendete. In dem Buch, das sie in Torquay begonnen und in ihrem Wohnzimmer im beschaulich-vorstädtischen Chevy Chase fertig geschrieben hatte, wird – in poetischem Detail – ein Abgleiten in den Wahnsinn beschrieben.

Der Wahnsinn in *Der Apfel im Dunkeln* ist ein positives Instrument der Erkenntnis, kein Mittel zur Selbstzerstörung. Doch er setzt Selbstzerstörung voraus. Die alte Welt des Protagonisten Martim, eines Statistikers, also eines Mannes der Vernunft, wird durch ein Verbrechen zerstört: Er hat seine Frau ermordet. Aber wie sich herausstellt, hat das Verbrechen gar nicht stattgefunden, denn die Rettungssanitäter waren rechtzeitig eingetroffen.

Die Einzelheiten dieses Verbrechens spielen kaum eine Rolle – weder für Martim noch für die Autorin. Im Lauf des langen Buches widmet Clarice den Details nicht mehr als ein paar geringschätzige Zeilen. Martims Sünden sind so neutral und amoralisch wie die Joanas und Virgínias: »Hatte er nach seinem Verbrechen Entsetzen gefühlt? Mit peinlicher Genauigkeit tastete der Mann sein Gedächtnis ab. Entsetzen? Und doch war es das, was die Sprache von ihm erwarten würde.«[2]

Dass Clarice Lispector von Verbrechen so fasziniert war, lag an der mit ihrer Existenz verbundenen Schuld: »die geborene Schuldige, diejenige, die mit der Todsünde geboren wurde«.[3] Auch Martim wird verfolgt, bloß weil er existiert. Sein Verbrechen ist lediglich ein Vorwand, »vergeblich: Solange er selbst lebte, würden die anderen ihn rufen«.[4] Und das tritt ein: Am Ende des Buches wird

Martim verhaftet. »Zu sein« ist nicht gesetzeswidrig, also wird er wegen eines Verbrechens in Gewahrsam genommen, dem man einen Namen geben kann.

Clarices Einstellung zum Verbrechen ist eng mit ihrer amoralischen, »animalischen« Weltanschauung verwandt, die jener Spinozas entspricht. Er schreibt, »dass die Menschen gewöhnlich annehmen, alle Dinge in der Natur handelten, wie sie selbst, um eines Zweckes willen, ja dass sie von Gott selbst mit aller Bestimmtheit behaupten, er leite alles zu irgendeinem bestimmten Zweck ...« Sie seien »der Meinung ..., alle Dinge wären um ihretwillen gemacht, und sie nennen die Natur eines Dinges *gut* oder *schlecht, gesund* oder *faul* und *verdorben*, je nachdem sie von demselben erregt werden«.[5]

Die »moralische« Anschauung des Menschen und Gottes – mit dem Menschen im Mittelpunkt des Universums und der Geschichte als logischem, sinnvollem Prozess – kam Clarice stets lächerlich vor. Am Ende des Buches erscheint ein Lehrer, um Martim zu begutachten. Mit seinem aufgeblähten Dünkel ist der Lehrer eine Karikatur des Kritikers, eine Verkörperung des Gebäudes der falschen Moral, die Martim von sich gewiesen hat.

»Er hat ein Recht auf die Schüler, viel Recht«, wiederholte sie monoton und schien nicht weiter darauf zu achten, was sie sagte. »Eines Tages hat ein Schüler während des Unterrichts geschwätzt. Am Ende der Stunde rief der Lehrer ihn vor die Klasse und hat eine ergreifende Rede gehalten, er nannte ihn ›Sohn‹ und forderte ihn auf, seine Seele zu Gott zu erheben, so dass der reuige Junge gar nicht mehr aus dem Schluchzen herauskam. Keiner lachte über den Lehrer, das lässt er nicht zu. Über die anderen Lehrer lachen die Schüler, aber nicht über ihn.«

»Ja«, sagte Martim wie ein Arzt zu seinem Patienten.

»Der Schüler hat so geschluchzt«, sagte die Frau erschöpft, »dass man ihm ein Glas Wasser geben musste. Er wurde ein regelrechter Sklave des Lehrers. Der Lehrer ist sehr gebildet. Aus dem Jungen ist ein richtiger Sklave geworden, er ist sehr gebildet.«

Zum ersten Mal machte Vitória Martims Schweigen nicht ungeduldig. Sie stand da, als hätte sie nichts weiter zu tun und als wollte sie auch nicht gehen. Das Gesicht vor Müdigkeit verzerrt, erzählte sie weiter:

»Bis heute führt der Lehrer den Jungen als Beispiel an. Der Junge sieht jetzt wie ein Engel aus, er ist noch blasser, er sieht aus wie ein Heiliger. Der Lehrer war so froh über diesen Erfolg, über diesen so großen moralischen Sieg, dass er sogar etwas dicker geworden ist«, sagte sie erschöpft.[6]

Für Clarice Lispector, der die moralische Klarheit des Lehrers fehlte, ließen sich Verbrechen nicht umstandslos verurteilen. Spinoza schrieb, dass ein und dasselbe Ding zugleich gut, schlecht und neutral sein könne. Zum Beispiel sei Musik gut für schwermütige, schlecht für trauernde und weder gut noch schlecht für taube Menschen.[7] Joanas Übergriffe waren ein entscheidender Teil ihres Wesens; Virgínia gönnte sich mit ihren spärlichen kleinen Sünden etwas Freiheit.

Diese Vergehen (»Sie nahm eine Serviette, ein rundes Brötchen ... mit außerordentlicher Anstrengung, einen verblüfften Widerstand in sich brechend, gab sie dem Schicksal eine andere Richtung, warf Serviette und Brötchen aus dem Fenster – und bewahrte so die Macht.«) hatten etwas von jugendlicher Rebellion.[8] In *Der Apfel im Dunkeln* gewinnt das Verbrechen hingegen eine höhere Bedeutung. Martims Straftat bahnt ihm den Weg zu einer höheren Wirklichkeitsstufe. Erlösung durch Sünde, Erleuchtung durch Verbrechen: Es ist die Art Paradox, die Clarice Lispector liebte. Damit geht Clarice weiter denn je und sogar weiter als Kafka. Wie er entdeckte sie verschlossene Türen, versperrte Gänge und verallgemeinerte Bestrafung. Aber sie sah auch eine andere Möglichkeit: einen Stand der Gnade.

✳

Der Apfel im Dunkeln beginnt wie ein Detektivroman. In einem fernen Provinznest ist Martim der einzige Gast in einem fast leeren Hotel. Der Besitzer, ein Deutscher, parkt seinen Ford gewöhnlich in einer der Alleen vor dem Haus. Als der Wagen verschwindet, befürchtet Martim, dass der Deutsche ihn anzeigen will, und flieht zu Fuß durch die Nacht »so dunkel wie die Nacht ist, sobald wir einschlafen«.[9] Er erwacht in einem verlassenen Ödland.

Es ist eine Wiedergeburt, von der Dunkelheit ins Licht, von der Nacht in den Tag, von der Welt der Sprache in eine Welt des Schweigens: »Man hätte sich auch kaum vorstellen können, dass die Gegend einen Namen hatte.« Seiner Sinne beraubt – es gibt nichts zu riechen, zu hören oder zu schmecken –, kann Martim nur noch sehen, ein »zufriedener Idiot«.[10]

Schließlich kommt ihm ein Gedanke: »Heute muss Sonntag sein!« Der erste Tag, ein Name und eine statistische Angabe für die Welt ohne Sinn. »Da er die vergangenen Tage nicht gezählt hatte, gab es keinen Grund, anzunehmen, dass Sonntag sei. Martim blieb stehen, gehemmt von der Notwendigkeit, verstanden zu werden, von der er sich noch nicht befreit hatte.«[11]

Ein schwarzes Vögelchen sucht Zuflucht auf Martims Handfläche. Er versucht, mit dem Vogel zu sprechen, aber er kann es nicht, und der Vogel kann ihn natürlich nicht verstehen.»›Ich habe die Sprache der anderen vergessen‹, wiederholte er ganz langsam, als wären die Worte dunkler als in Wirklichkeit und irgendwie schmeichelnder. [...] Nun setzte er sich auf einen Stein, aufrecht, gemessen, leer, und hielt den Vogel offiziell in der Hand. Denn es geschah ihm etwas. Und es war etwas Bedeutungsvolles. Obwohl es kein Synonym gab, für das, was geschah. Ein Mann saß da. Und es gab kein Synonym für gar nichts, und so saß der Mann da.«

Nachdem Martim die Sprache der anderen vergessen hat – so beschrieb Clarice den Wahnsinn –, wird er von der Furcht vor der Verrücktheit verfolgt, die denjenigen begleitet, der »auf die *andere Seite* des Lebens« wechselt.»Dieser Mann hat schon immer die Neigung gehabt, in die Tiefe zu stürzen, und das konnte ihn eines Tages in den Abgrund führen.« Das Beste für ihn ist es, überhaupt nicht mehr zu denken.»Angesichts der Tatsache, fast gedacht zu haben, [empfand er] einen solchen Widerwillen, dass er in einer schmerzlichen Grimasse, die Hunger und Ratlosigkeit verriet, die Zähne zusammenbiss; unruhig suchend wandte er sich nach allen Seiten, um zwischen dem Gestein seine bisherige mächtige Dummheit wiederzufinden, die ihm zu einer Quelle des Stolzes und der Überlegenheit geworden war. [...] Mit ungewöhnlichem Mut hatte er es endlich aufgegeben, intelligent zu sein.«[12]

Clarice missfiel es, intelligent genannt zu werden, und zwar aus dem gleichen Grund, aus dem viele religiöse Menschen dem Wort misstrauen: Gott entzieht sich definitionsgemäß der menschlichen Erkenntnis, weshalb Versuche, das Göttliche durch »Intelligenz« zu erreichen, zwecklos sind. Der Fortschritt des Mystikers führt ihn vom rationalen Denken zu irrationaler Meditation.

Aber man kann nicht in der irrationalen Welt verharren. Wenn der »Stand der Gnade« die größte Versuchung ist, birgt er zugleich auch eine tödliche Gefahr. Die Sprache und den menschlichen Verstand – die »Intelligenz« – zu verlieren ist Wahnsinn. Der Unterschied zwischen dem Mystiker und dem Wahnsinnigen ist der, dass der Mystiker aus dem Stand der Gnade zurückkehren und eine menschliche Sprache finden kann, um ihn zu beschreiben.

*

Nach seinem wortlosen Sein – »Es gab jedoch kein Synonym für einen sitzenden Mann mit einem Vogel in der Hand«[13] – muss Martim das irrationale Göttliche verlassen und ein vollwertiger Mensch werden, und wer Mensch ist, hat eine Sprache.

Die ersten Worte sind ein Klischee:»Wie Edelsteine, dachte er, denn er hatte immer die Neigung gehabt, Dinge mit Edelsteinen zu vergleichen.« Davon ermutigt, setzt er zu einem langen Monolog an. Auf dem Höhepunkt krümmt sich seine Hand unwillkürlich und zerdrückt das Vögelchen. Es ist sein zweites Verbrechen.»Er war über sich selbst verwundert. Er war ein gefährlicher Mensch geworden.«[14]

Es ist eine wie von einem Maler eingefangene Szene, vierzig Seiten Stille, wie bei einer Landschaft von Magritte oder de Chirico: der einsame Mann, die brennende Sonne, die schimmernden Felsen, der tote Vogel, alles in der enormen Wüste. Die einzige Handlung spielt sich in Martims Innerem ab. Am Ende des Monologs wandert er aus der Wüste hinaus und erreicht schließlich einen»einen ärmlichen und zugleich anmaßenden Hof«. Er stellt sich als Ingenieur vor, was die Leiterin der Plantage, eine robuste Frau namens Vitória,»empört«. Sie sieht ihn an, als wäre er ein Tier,»als prüfe sie fachmännisch ein Pferd«.

»Woher kommen Sie?«

»Aus Rio.«

»Mit *der* Aussprache?«

Er antwortete nicht. Durch ihre Blicke verständigten sie sich, dass es eine Lüge war.[15]

Vielleicht war Martim von vornherein Ausländer gewesen. Aber sein Verbrechen enthob ihn jeglicher Klassifizierung. Die gebieterische Vitória,»eine so mächtige Frau, als hätte sie eines Tages einen Schlüssel gefunden. Dessen Tür, das stimmt, vor Jahren verloren gegangen war«, schickt ihn an die Arbeit. Er kann nur schuften und abwarten:»Der Mann nahm nichts vorweg, er sah, was er sah. Als wären seine Augen nicht dazu geschaffen, zu erkennen, sondern nur zu sehen.«[16]

Seine Blicke verwirren Vitória, die sich wegen des Zustands der Plantage zu sorgen beginnt,»als hätte sie bis zum Eintreffen des Mannes die vernachlässigten Ländereien gar nicht bemerkt«. Ermelinda, Vitórias kindliche, hypochondrische Cousine, fängt ebenfalls an, Dinge zu bemerken:»Mit der Schärfe der Befremdung bemerkte sie an ihrer Hand eine Ader, die sie seit Jahren nicht beachtet hatte; sie sah, dass sie magere kurze Finger hatte, und sah einen Rock, der ihre Knie bedeckte.«[17]

Martims Existenz ist schlicht und vollkommen:»Wenn er schlief, schlief er. Wenn er arbeitete, arbeitete er. Vitória befahl ihm, er befahl seinem Körper.« Dies endet, als Vitória ihm befiehlt, den Kuhstall auszumisten. Es ist eine widerliche

Aufgabe.»Drinnen herrschte eine Atmosphäre von Eingeweiden und ein schwerer Schlaf voller Fliegen. Nur Gott allein kennt keinen Ekel.«
Aber erst durch die Überwindung seines Ekels kann Martim»sich [...] endlich vom Reich der Ratten und Pflanzen [...] befreien und den geheimnisvollen Atem der größeren Tiere [...] erreichen«.

Danach muss er den Sex wiederentdecken. Dazu wählt er nicht Ermelinda, die in ihn verliebt ist, oder Vitória, sondern eine Mulattin – bezeichnenderweise ist sie namenlos –,»ein junges Tier. Während er sie hielt, überlegte er, wie alt sie war«. Für sie ist er»stark wie ein Stier«. Er nimmt sie wie ein Tier:»Er müsste sie gehen lassen oder nach ihr greifen. Er griff nach ihr ohne Hast, wie er einmal einen Vogel gegriffen hatte.«[18]

Nach dem Akt»begann [er] auch wieder, die Frauen zu begreifen. Er begriff sie nicht auf persönliche Weise, als ob er der Eigentümer seines eigenen Namens wäre. Er schien jedoch zu verstehen, wofür Frauen geboren werden, wenn ein Mensch ein Mann ist.« Während Martim in die feuchten Welten der Ställe und des Sex vordringt, nähert sich eine Dürre. Die Tage sind schön und sonnig.»Das Feld ist wie ein Edelstein‹, sagte er tief errötend.«[19]

*

Nachdem Martim sich von einem Felsen zu einer Pflanze zu einer Ratte zu einer Kuh zu einem Pferd entwickelt hat, ist er nun ein Mensch. Dies bedeutet für Clarice, dass sie eine Sprache finden und dass Martim Sinnbilder wiederentdecken muss:»Dieses Bedürfnis einer Person, auf einen Berg zu steigen – und zu sehen. Es war das erste Sinnbild, das er gefunden hatte, seit er von zu Hause fortgegangen war: auf einen Berg zu steigen.« Mit diesem Symbol kommt Martim Clarices alten Idealen näher:»Es war, als würde Martim dort ein Sinnbild seiner selbst.«[20]

Doch Worte passen kaum zu jemandem, der kurz vorher noch ein Tier gewesen ist.»Ach, er war so hilflos. Er wusste einfach nicht, wie er sich seinem Wunschziel nähern sollte. Er hatte das Stadium überwunden, in dem er die Dimensionen eines Tieres besessen hatte und in dem das Begreifen still war wie eine Hand, die nach einem Gegenstand greift.« Ernst und feierlich nimmt er einen Bleistift auf, aber»der Mann [scheint] den Sinn dessen verloren zu haben, was er aufschreiben wollte. [...] Wieder und wieder drehte er den Bleistift um, voller Zweifel, voller unvermuteter Hochachtung vor dem geschriebenen Wort. [...] So verräterisch war die Macht des einfachsten Wortes gegenüber dem umfassenden Gedanken. [...]

Gedemütigt, die Brille auf der Nase, schien sich ihm alles, was er sagen wollte, zu entziehen. Was seine Tage mit Wirklichkeit erfüllt hatte, schrumpfte angesichts des Ultimatums, sich zu äußern, zu nichts zusammen. Offenbar erbrachte dieser Mann keine Leistung, er hatte nur, wie so viele, allerlei gute Absichten, womit die Hölle überfüllt ist. Zum Schreiben aber war er nackt, als hätte er nichts mitnehmen dürfen. Nicht einmal die eigene Erfahrung. Plötzlich kam der bebrillte Mann sich vor seinem weißen Bogen merkwürdig linkisch vor, als sollte er nicht aufzeichnen, was bereits existierte, sondern etwas Neues erschaffen. [...] Was erwartete er mit bereiter Hand? er hatte eine gewisse Erfahrung, er hatte Papier und Bleistift, er hatte die Absicht und den Wunsch – wer hatte je mehr gehabt? Trotzdem war dies die hilfloseste Handlung, die er je ausgeführt hatte.[21]

Nach einem Ringen, das viele Seiten dauert, »bescheiden, fleißig, kurzsichtig, notierte er ›Dinge, die ich tun muss‹«. Darunter kritzelt er: »Dieses.« »[Ich habe] in der Tat schon viel geleistet, ich habe angedeutet! Und Martim war befriedigt wie ein Künstler: Das Wort ›Dieses‹ enthielt alles, was ihm zu sagen verwehrt war.«[22]

Durch das Schreiben baut Martim eine Welt auf: »fragen [...], fragen und fragen – bis nach und nach die Welt in einer Antwort erschaffen wurde.« »Ja, die Wiederherstellung der Welt. Denn er hatte jedes Schamgefühl verloren. Er schämte sich nicht einmal, wieder die Worte seiner Jugend zu gebrauchen; er sah sich gezwungen, sie zu gebrauchen, denn in der Jugend hatte er zum letzten Mal eine eigene Sprache gehabt. Jugend hieß: alles wagen – und nun wagte er alles.«[23] Hier finden sich Anklänge an Clarices Versuche, die Welt als Kind durch Zaubergeschichten zu retten. Sie wusste jedoch, dass sie ihre Mutter nicht gerettet hatte. Sie hatte die soziale Tragödie von Recife nicht beheben können, sie hatte die Haftanstalten nicht reformiert, sie hatte eine vom Krieg verwüstete Nation nicht gerettet. »Ich habe Italien nicht wiederaufgebaut. Ich habe versucht, mein Heim wiederaufzubauen, meine Kinder und mich selbst. Ich habe es nicht geschafft.«[24]

Aber ihr Scheitern galt nur für die äußere Welt. Wie Martim lenkte sie diesen heroischen Impuls nach innen um. Die »Wiederherstellung der Welt« war nun ein persönliches Ziel, das sich genauso wenig von ihrer künstlerischen Mission abtrennen ließ wie damals, als sie Geschichten erzählt hatte, um ihre Mutter zu retten. Allerdings konnte sie nicht mehr erwarten, dass ihre Mutter sich aus ihrem Schaukelstuhl erheben würde. Die Verzweiflung des Kindes hatte sich in ein mystisches Ziel verwandelt, ein phantastisches Vorhaben von überwältigen-

dem Ehrgeiz: die Wiederherstellung der Welt durch Worte. »Ich schreibe, als
gälte es, jemandem das Leben zu retten«, schrieb sie kurz vor ihrem Tod. »Wahrscheinlich mir selbst.«[25]

*

Während Martim seinen Kampf auf Leben und Tod beginnt, erfährt er von Vitória,
dass ihre Tomaten an einen Deutschen verkauft werden sollen. Dies, vermutet er,
ist derselbe Mann, aus dessen Hotel er geflohen ist. Er weiß, dass Vitória ihn ausliefern wird, und überlegt, ob er Zeit zur Flucht hat. Doch dann verzichtet er auf
den Versuch. Martim träumt immer noch vom Schreiben, als die Polizei erscheint: »Vor allem […] schwöre ich, dass ich in meinem Buch den Mut haben
werde, unerklärt zu lassen, was unerklärlich ist.«[26] Die Wendung könnte als
Motto für *Der Apfel im Dunkeln* dienen. Das Buch ist so anspruchsvoll wie
Der Lüster oder *Die belagerte Stadt*. Doch während diese manchmal undurchschaubar sind – »Möge jemand den Schlüssel finden« –, verbindet *Der Apfel im
Dunkeln* deren thematische Komplexität mit den mächtigen emotionalen Strö-
mungen von *Nahe dem wilden Herzen*.

Jetzt eröffnet die bisweilen entmutigende Reichhaltigkeit von Clarice Lispectors Denken eine Vielzahl symbolischer Möglichkeiten, die, zusammen mit ihrer
unglaublichen sprachlichen Erfindungsgabe, den Glanz dieses Romans ausmachen. Selbst ohne die Anspielungen auf Äpfel, Verbrechen und Sündenfälle ist er
ganz offensichtlich eine Allegorie der Schöpfung, der Schöpfung durch das Wort:
»Plötzlich kam der bebrillte Mann sich vor seinem weißen Bogen merkwürdig
linkisch vor, als sollte er nicht aufzeichnen, was bereits existierte, sondern etwas
Neues erschaffen.«[27]

Clarice war diesen Themen von Anfang an nachgegangen (die Beziehung
zwischen Verbrechen und Schöpfung ist ein weiteres Beispiel). Doch obwohl
Der Apfel im Dunkeln die Entfaltung vertrauter Ideen aufzeigt, unterscheidet er
sich trotzdem von ihren früheren Werken. Der Unterschied liegt in ihrer Bereitschaft, ein bestimmtes Wort zum ersten Mal auszusprechen: »›Mein Gott‹, sagte
Martim in stiller Verzweiflung. ›Mein Gott‹, sagte er.«[28]

Es ist ein qualvoller Moment. Clarice nähert sich zusammen mit Martim dem
Gott, der sie in ihrer Kindheit verlassen hatte. Aber welcher Gott ist das? Clarice
deutet an, das Buch sei ein jüdisches Gleichnis. Dies offenbart sich jedoch weder
durch den Schauplatz, eine anonyme Plantage im brasilianischen Landesinnern,
noch durch irgendeine explizite Aussage im Buch. Clarice würde niemals Elisas

Beispiel folgen und schreiben: »Letzte Nachrichten: Gründung des jüdischen Staates! Großer Bericht!« Trotzdem liegen die Anhaltspunkte schon auf der ersten Seite vor, wo Martims schattenhafter Verfolger als Deutscher, dem ein Ford gehört, identifiziert wird. Gefürchtet, doch nie wirklich in Erscheinung tretend, ist er die einzige nichtbrasilianische Figur in dem Buch, die schließlich Martims Verhaftung herbeiführt.

Von der Handlung oder Charakterisierung her gibt es keinen Grund dafür, dass Clarice dieser vagen Figur eine deutsche Nationalität verleiht, schon gar nicht in einem Buch, in dem wenige Personen auch nur einen Namen haben: »die Mulattin«, »der Lehrer«. In Werken jüdischer Schriftsteller in den 1950er Jahren war »deutsch« keine neutrale Beschreibung, zumal wenn es um ein Symbol der Schikanierung und Unterdrückung ging. Und »Ford«, der einzige Markenname in dem gesamten Buch, ruft den berüchtigten Antisemiten Henry Ford in Erinnerung, dessen Hetzschriften in Brasilien weithin verbreitet waren.

Beide Namen lassen vermuten, dass das Opfer des Deutschen Jude war. Der Eindruck vertieft sich durch das Ziel von Martims langer Konfrontation mit der leeren Seite. Er sucht nach einem bestimmten, unmöglichen Wort, »als gäbe es ein Wort, das, wenn man es sagte ... Jenes fehlende Wort, das ihn doch aufrechterhielt. Das doch er war. Das doch das war, was nur starb, weil der Mensch starb. Das doch seine eigene Energie und die Art war, wie er atmete.«[29]

Dieses unaussprechliche Wort bedeutete Erlösung. »Und wenn das das Wort war – geschah es dann auf diese Weise? Hatte er all das Erlebte erleben müssen, um zu erfahren, was mit einem einzigen Wort gesagt werden konnte? wenn dieses Wort gesagt werden könnte und er es noch nicht gesagt hatte? War er durch die ganze Welt gewandert, weil es schwerer gewesen wäre, nur einen einzigen Schritt zu tun? wenn dieser Schritt gar nicht getan werden konnte!«[30]

Der Schritt, der nicht gemacht werden kann, das fehlende Wort, das ihn aufrechterhält, ist der verborgene Name, das »einzelne Wort«, das Clarice endlich – elliptisch – ausspricht. Der Name ist ein Sinnbild Gottes, und er *ist* Gott, »das Symbol des Dings im Ding an sich«. Wie Gershom Scholem schrieb: »Denn das ist ja der eigentliche, wenn ich so sagen darf, der jüdische Sinn solcher Versenkung: der Name Gottes, der etwas Absolutes ist, indem er das verborgene Wesen und die Fülle des höchsten Sinns ausdrückt, der Name, der allem Bedeutung gibt und dennoch selber, an menschlichen Anschauungen gemessen, nichts bedeutet, keinen konkreten Inhalt oder Sinn hat.«[31] Clarices zögerliche Wiederentdeckung dieses Gottes mit dem verborgenen Namen deutet anscheinend darauf hin, dass sie ihre Erklärung in dem frühen, Schuld und Sühne gewidmeten Essay – nämlich die Aussage, dass »über der Menschheit [...] nichts Weiteres mehr [steht]«[32] – zurücknimmt.

Doch im Licht ihres sich entwickelnden Denkens erhält die Wendung einen faszinierenden Beiklang. In der jüdischen Tradition ist Veränderung nur möglich durch Berührung mit dem Bereich des absoluten Seins, das die Mystiker Nichts nennen. Erst wenn die Seele »alles Begrenztsein ganz von sich abstreift« und, mit den Worten der Mystiker, in die »Tiefen des Nichts« hinabsteigt, begegnet sie Gott.[33] Martim wird wiedergeboren, als er in die leere Wüste hinabsteigt, in der menschliche Sinngebung aufhört.

*

Die jüdischen Motive – umgearbeitet, verhüllt, doch unleugbar vorhanden – in Clarice Lispectors Werken lassen die Frage aufkommen, bis zu welchem Grad ihre Einbeziehung beabsichtigt war. Sie hielt sich nicht an die Glaubenstradition und ging nach dem Tod ihres Vaters, also seit ihrem zwanzigsten Lebensjahr, nicht mehr in die Synagoge. Im Gegensatz zu den klassischen jüdischen Mystikern schien sie die heiligen Texte der Religion weder zu verehren noch auch nur wahrzunehmen.

Dafür spiegelten ihre persönlichen Erlebnisse wie in einem Mikrokosmos die allgemeinere jüdische Geschichtserfahrung. Verfolgung und Exil – sowie die damit einhergehende Verzweiflung und die Sehnsucht nach Erlösung – hatten sie geprägt, so dass ihre psychische Verfassung derjenigen der Juden aller Zeiten glich. Insofern sie diese Erfahrungen mit ihrer Ausdrucksgabe zum Sprechen brachte, ergaben sich daraus manche Gemeinsamkeiten mit dem Werk ihrer Vorgänger.[34]

Obwohl sie sich häufig als nicht intellektuell beschrieb, war Clarices Beschäftigung mit dem jüdischen mystischen Denken wahrscheinlich mehr als ein simples Zusammentreffen biographischer Umstände. Ihre Schwester Tania bestätigte, dass zu Clarices Lektüre zahlreiche kabbalistische Werke gehörten. Aber diese Lektüre spielte für Clarice nie eine entscheidende Rolle, und sie nahm davon wieder Abstand. »Nicht nur, dass es mir an Bildung und Belesenheit fehlt«, sagte sie Anfang der 60er Jahre in einem Interview, »das Thema interessiert mich schlichtweg nicht, früher machte ich mir deswegen Vorwürfe, aber heute stürze ich mich nicht in Recherchen; ich denke nämlich, dass Literatur nicht Literatur ist, sondern das Leben, das lebt.«[35]

Diese Selbstdarstellung als nur mangelhaft gebildet und belesen war offenbar erstaunlich überzeugend. Keine Geringere als Elizabeth Bishop, ihre Nachbarin in Rio, fiel darauf herein. Sie schrieb Robert Lowell, Clarice sei »die am wenigsten an Literatur interessierte Schriftstellerin, die ich kenne, und ›schlägt nie ein Buch auf‹, wie wir zu sagen pflegten. Sie hat, soweit ich feststellen kann, nie etwas gelesen. Ich glaube, sie ist eine autodidaktische Schriftstellerin, wie eine primitive Malerin.«[36]

Mit dieser Einschätzung lag Bishop einerseits unglaublich weit daneben: Clarices Hochschulbildung, ihre journalistische Arbeit, ihre Erfahrung im auswärtigen Dienst, ihre Sprachkenntnisse und ihr Leben auf drei Kontinenten machten sie, ganz abgesehen von ihren künstlerischen Errungenschaften, zu einer der kultiviertesten Frauen ihrer Generation – und nicht nur in Brasilien. Sie war tatsächlich äußerst belesen, wie die zahlreichen Anspielungen in ihrem Werk und ihrer Korrespondenz beweisen. Autran Dourado, einer der führenden brasilianischen Romanschriftsteller und Intellektuellen, erinnert sich an lange Sonntage, an denen er sich mit Clarice in komplizierten philosophischen Diskussionen über Spinoza bis hin zu Nietzsche erging.

Andererseits war es jedoch wirklich Clarices Ziel, eine »primitive Malerin« und »die am wenigsten an Literatur interessierte Schriftstellerin, die ich kenne«, zu sein. Sie legte keinen Wert auf Gelehrtheit oder Kultiviertheit. Aus Neapel hatte sie Natércia Freire ihre Ungeduld über das Diplomatenleben geschildert: »Am Ende bleibt ein ›kultivierter‹ Mensch. Aber das ist nicht mein Stil. Unwissenheit hat mich noch nie gestört.«[37] Sie interessierte sich für eine andere Art Wissen, das nichts mit ausgiebiger Lektüre oder Philosophie zu tun hatte. Da sie vermutete, dass die Antworten auf die »stumme und drängende Frage«, die sie in ihrer Jugend umgetrieben hatte – »Wie ist die Welt? Und warum diese Welt?« –, nicht mit dem Verstand zu finden waren, strebte sie nach einer höheren Form des Verstehens. »Ihr solltet wissen«, murmelte ein spanischer Kabbalist am Ende des dreizehnten Jahrhunderts, »dass die Philosophen, deren Wissenschaft Ihr rühmt, da aufhören, wo wir anfangen.«[38]

※

Wenn *Der Apfel im Dunkeln* eine Schöpfungsallegorie ist, so unterscheidet er sich doch in einem wichtigen Punkt von den traditionellen Erzählungen. Es ist die Geschichte der Schöpfung eines Mannes, aber auch eine Geschichte darüber, wie jener Mann Gott erschafft. »Dann erfand er in seinem von Koliken geplagten Fleisch Gott. [...] Ein Mensch im Dunkeln war ein Schöpfer. Im Dunkeln werden die großen Geschäfte gemacht. Indem er ›Mein Gott‹ sagte, fühlte Martim die erste Last der Erleichterung in der Brust.«[39] Dies ist Martims entscheidende, heroische Erfindung, und sie geht aus dem Wort hervor. Martims Geschichte stellt die biblische Schöpfungsgeschichte auf den Kopf. Der Mensch wird selbst durch die Sünde geschaffen, und der sündige Mensch erschafft Gott; durch diese Erfindung, ein weiteres Paradox, wird der Mensch erlöst. Endlich hat Clarice das Wort »Gott« ausgesprochen, doch sie akzeptiert Ihn nur zu ihren eigenen Bedingungen. »Er wusste, dass er schrumpfen musste vor dem, was er erschaffen hatte, bis er in die Welt passte, und schrumpfen musste, bis er ein Sohn Gottes wurde, den er erschaffen hatte – denn nur so würde er die Zärtlichkeit empfangen. ›Ich bin nichts‹, und schon passte man in das Geheimnis.«[40]

Auch ein erfundener Gott schenkt Martim einen Platz in der Welt, und dazu das menschlichste aller Gefühle: Mitleid. Eigentlich gehört es zu der falschen Moral, von der Martims Verbrechen ihn befreit hat. Aber ein Mensch kann nicht ständig in einem Zustand der unvergebenen Sünde leben, ebenso wenig wie er zu lange im Stand der Gnade zu existieren vermag. Als Martim Gott erfindet, kann er endlich mit seinem Verbrechen ins Reine kommen: »Ich habe getötet, ich habe getötet, gestand er schließlich.«[41] Ohne Gott, selbst wenn er ein künstlicher Gott ist, kann es keine Sünde geben.

In diesen Punkten und besonders durch die Art, wie Clarice die Schöpfungsgeschichte umkehrt, ist Martim mit der berühmtesten Figur der jüdischen Folklore verwandt, die Clarice aus ihrer Kindheit gekannt haben muss: dem Frankensteins Monster gleichenden Golem. Die Schöpfung des Golem, dessen Name von einem hebräischen Wort mit der Bedeutung »umgeformt« oder »amorph« herrührt, war die mystische Umkehrung der Schöpfung Adams. Jacob Grimm beschreibt den Golem in der *Zeitung für Einsiedler* 1808 folgendermaßen:

Die polnischen juden machten nach gewissen gesprochenen gebeten und gehaltenen fasttägen, die gestalt eines Menschen aus thon oder leimen, und wenn sie das wunderkräftige schemhamphoras darüber sprechen, so musz er lebendig werden. reden kann er zwar nicht, versteht aber ziemlich was man spricht und befiehlt. sie heiszen ihn Golem, und brauchen ihn zu einem aufwärter, allerlei hausarbeit zu verrichten, allein er darf nimmer aus dem hause gehen. an seiner stirn steht geschrieben aemaeth (wahrheit, gott), er nimmt aber täglich zu, und wird leicht gröszer und stärker denn alle hausgenossen, so klein er anfangs gewesen ist. daher sie aus furcht vor ihm den ersten buchstaben auslöschen, so dasz nichts bleibt als maeth (er ist tot), worauf er zusammenfällt und wiederum in thon aufgelöst wird.[42]

Die Ähnlichkeiten zwischen Martim und dem Golem sind frappierend. Wie die Tonfigürchen, die Virgínia im *Lüster* herstellt, werden Golems aus Lehm, besonders Flusslehm, geformt, während Clarice in der glühenden Wüste Martims Identität mit dem steinernen Boden hervorhebt. Wie der Golem kann Martim ursprünglich nicht sprechen und wird von Vitória als Hausdiener benutzt. Er kann die Plantage nicht verlassen. Nachdem er die menschliche Sprache gemeistert hat, wächst er in eine Position der Macht über die Hausbewohner hinein. Da Vitória ihn nun fürchtet, lässt sie ihn fortbringen.

Die *Schem ha'meforasch*, die gesprochene Form von Gottes unaussprechlichem Namen, »jenes fehlende Wort, das ihn aufrechterhielt«, spendet dem Golem Leben. In der Geschichte des Golem wie in der Geschichte Martims ruft der Mensch Gott in die Welt, indem er Seinen Namen benutzt. Durch die Entdeckung des geheimen Namen Gottes erwirbt der Mensch die göttliche Macht über Leben und Tod.

25
DIE SCHLIMMSTE VERSUCHUNG

Clarice schloss den *Apfel im Dunkeln* im März 1956 ab. »Dieses Buch zu schreiben war eine faszinierende Erfahrung«, erzählte sie im September Fernando Sabino. »Ich habe sehr viel dabei gelernt, ich war erstaunt über die Überraschungen, die es mir beschert hat – aber es war auch ein großes Leiden.«[1] Aber wenn sie erwartet hatte, nicht mehr leiden zu müssen, als sie letzte Hand an den elften Entwurf des Buches legte, so irrte sie sich. *Der Apfel im Dunkeln* wurde vom gleichen Schicksal heimgesucht wie viele Bücher, die man später als Meisterwerke feierte: Es wäre beinahe gar nicht erschienen.

Nach der Fertigstellung des Manuskriptes schickte sie Kopien davon an Erico Verissimo und Fernando Sabino, der erneut als ihr Literaturagent auftrat. Sie wollte »einen Verleger, der es ohne Verzögerung herausgeben kann, so schnell wie nur möglich – und nicht einen, der zusagt, es zu publizieren, wenn dann mal Zeit dazu ist«. »Warten tut mir nicht gut«, fügte sie hinzu, »es bringt mich durcheinander, macht mich zu einem ungeduldigen Menschen.«[2] Zuerst hatte es den Anschein, dass sich ihr Wunsch erfüllen würde. Im Juni ließ Fernando sie zu ihrer Freude wissen, dass Ênio Silveira von Civilização Brasileira das Buch im Oktober oder November herausbringen wolle.[3]

Im selben Jahr hatte Silveira bereits einen durchschlagenden Erfolg mit Fernando Sabinos Roman *Schwarzer Mittag* erzielt. Dies war eine Art brasilianischer *Fänger im Roggen* und beruhte auf Fernandos Erfahrungen als Jugendlicher in Minas Gerais. Das Buch wurde zu einem Bestseller, brachte Film- und Fernsehfassungen hervor und wurde in viele Sprachen übersetzt. Ênio selbst, ein Linker und später ein prominenter Gegner der Militärdiktatur, hatte an der Columbia University studiert und eine Zeit lang für den berühmten Verleger Alfred A. Knopf gearbeitet. Vor allem jedoch war er vollig »überwältigt von Clarice Lispectors Wirkung«, »absolut geblendet«: »Kein Buch in Brasilien und nur wenige im Ausland sind auf ihrem Niveau, es ist etwas ganz und gar Neues, es hat eine enorme Stoßkraft usw.«[4] Doch im Januar 1957, als Fernando diese Nachricht an Clarice weitergab, machte der geblendete und überwältigte Silveira leider bereits einen Rückzieher. Oktober und November, die ursprünglichen Veröffentlichungstermine, waren verstrichen. Die Gründe für die Verzögerung schienen undurchsichtig zu sein, denn Fernando schrieb:»Heutzutage blüht das Verlagsgeschäft in Brasilien.«[5]

Das traf zu, denn der elegante neue Präsident Juscelino Kubitschek hatte gewisse Steuern, zum Beispiel für Papier, abgeschafft, die sich negativ auf die Branche ausgewirkt hatten, und das Verlagsgeschäft boomte. Bis 1945 hatte man in Brasilien durchschnittlich zwanzig Millionen Bücher pro Jahr veröffentlicht; diese Zahl sollte sich bis 1962 mehr als verdreifachen: auf sechsundsechzig Millionen.[6] Trotzdem griff Silveira zu den altehrwürdigen Vorwänden. Er sei noch interessiert, hörte Clarice von Fernando, »obwohl es nicht leicht zu verkaufen sein wird«, aber er werde den Titel »für das Prestige des Hauses« spätestens bis Juni 1957 herausbringen.[7]

Clarice wurde nervös. Durch Rubem Braga, der im November nach Washington kam, gelangte das Buch zu José Olympio, dem vielleicht renommiertesten Verlag von Rio, bei dem man versprach, es »sofort« zu veröffentlichen.[8] Doch ohne eine konkrete Zusage verdüsterte sich Clarices Stimmung, und sie verlor das Vertrauen zu ihrem Buch. Wie sie Fernando mitteilte, war sie sicher, dass der Enthusiasmus von José Olympio einer Lektüre des Buches nicht standhalten werde. Und selbst wenn sie sich irre, könne das Buch erst 1958 erscheinen, was sie nicht interessiere. »Wenn ich etwas schreibe, gefällt es mir schon bald nicht mehr [...]. Mir geht es wie einer jungen Frau, die ihre Brautausstattung bestellt und sie dann in eine Truhe packt. Lieber eine schlechte Ehe als gar keine, es ist doch furchtbar, dabei zusehen zu müssen, wie die Brautausstattung vergilbt.«[9]

Zu diesem Zeitpunkt erwog sie sogar, die Veröffentlichung selbst zu finanzieren, und bat Fernando, den Kontakt zu Druckereien herzustellen. Sie fühlte sich besonders entmutigt, weil, wie es der Zufall wollte, *Der Apfel im Dunkeln* nicht das einzige Buch war, dessen Publikation auf Hindernisse stieß. Bei ihrem Besuch in Rio im Jahr 1954 hatte Fernandos Freund José Simeão Leal, der *Einige Geschichten* publiziert hatte, einen vollständigen Erzählband bei ihr in Auftrag gegeben und sogar, zum ersten Mal in Clarices Karriere, einen Vorschuss gezahlt. Während sie den *Apfel im Dunkeln* schrieb, arbeitete sie gleichzeitig an der Sammlung, die zu *Familienbande* werden sollte. Die Erzählungen lagen im März 1955 vor. Sie würden letztendlich als ein Höhepunkt der brasilianischen Literatur anerkannt werden, wie zwei der berühmtesten Autoren sofort begriffen. Fernando Sabino schrieb: »Du hast acht Erzählungen geschrieben, wie sie nieman-

1. Die Pogrome stehen noch bevor. Die Familie Lispector hat sich zu einer Hochzeit in der Ukraine versammelt, um 1917. Clarices ältere Schwestern sind die beiden kleinen Mädchen in der vorderen Reihe, links; hinter ihnen sieht man ihre Eltern Pinchas und Mania. In der Mitte der vorderen Reihe sitzen Dora und Israel Wainstok, die sich den Lispectors in Recife anschließen sollten.

2. Clarices Mutter Mania Krimgold, die während der ukrainischen Pogrome vergewaltigt wurde. Der schaurige Anblick ihrer sterbenden Mutter sollte Clarice für immer verfolgen.

3. Pinchas Lispector, der »begabte Mathematiker«, dessen Ambitionen durch Verfolgung und Exil vereitelt wurden. Seine jüngste Tochter sollte sie mit ihrem großartigen Erfolg erfüllen.

4. Das Dokument, das die Familie rettete: ein 1922 in Bukarest ausgestellter russischer Pass, der die Einreise nach Brasilien ermöglichte. Clarice, die damals noch ein Baby war, sollte sich an die ukrainischen Gräuel später nicht erinnern.

5. Die Familie in Brasilien; Clarice klammert sich an ihre gelähmte Mutter.

6. Die Schwestern in Recife: Tania, Elisa und Clarice.

7. Die Praça Maciel Pinheiro,
Recife, von den dort ansässigen
Juden *pletzele* genannt. Zur
Rechten das Haus, in dem die
Lispectors wohnten. Es war so
baufällig, dass sie fürchteten,
es könne jederzeit einstürzen.
Aber es steht noch heute.

8. Clarice in Recife.

9. In Rio de Janeiro. Die heranwachsende Clarice war bereits bildschön.

10. Clarices erste Liebe, am Strand von Ipanema. Der Schriftsteller Lúcio Cardoso war homosexuell und daher für sie unerreichbar.

11. Kurz vor seinem Tod reiste Clarice mit ihrem geliebten Vater nach Minas Gerais, wo er sich einen seltenen Urlaub gönnte.

12. »Wir waren mehr als Schwestern.«
Clarice und Tania in Rio.

13. »Wirbelsturm Clarice«: *Nahe dem wilden Herzen,* das Werk einer unbekannten jungen Frau von dreiundzwanzig Jahren, setzte bei seinem Erscheinen Ende 1943 die intellektuelle und künstlerische Welt Brasiliens in Erstaunen.

14. Clarice mit dem Mann, den sie kurz nach der Veröffentlichung ihres Romans heiratete: der junge Diplomat Maury Gurgel Valente.

15. Die als Kleinkind Entrechtete und Vertriebene kehrt als Diplomatenfrau auf ihren Heimatkontinent zurück; hier steht sie auf dem Balkon ihrer Wohnung in Bern. Trotz des Friedens und der Ruhe der Schweiz litt sie während ihrer Zeit dort an schrecklichen Depressionen und Heimweh.

16. Während Giorgio de Chirico in seinem Atelier an der Piazza di Spagna Clarices Porträt malte, hörten sie einen Zeitungsjungen rufen, dass der Krieg vorbei sei.

17. Clarice mit ihrem Diplomatenzirkel in Rom. Sitzend, von links nach rechts: Clarices Schwägerin Eliane Gurgel Valente; Vasco Leitão da Cunha, Konsul in Rom; Clarice; Açucena Borges da Fonseca. Stehend, von links nach rechts: Mário Soares Brandão; Clarices Ehemann Maury; Landulpho Borges da Fonseca sowie Maurys Bruder – und Elianes Mann – Mozart Gurgel Valente.

18. Clarice und Maury (links) auf dem Vesuv, der kurz vor ihrer Ankunft in Italien ausgebrochen war.

19. Bluma Wainer und Clarice im April 1946 in Bern. Die beeindrucken-de Bluma, die mit dem einflussreichen, aus Paris korrespondierenden Journalisten Samuel Wainer verheiratet war, sollte nicht lange nach ihrer Rückkehr aus Europa jung sterben.

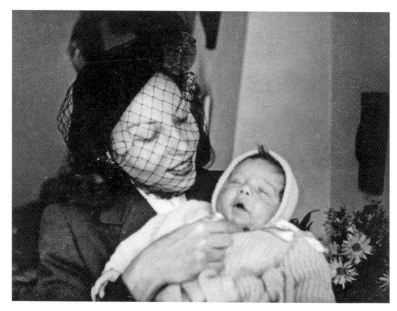

20. Clarice in Bern mit dem neugeborenen Pedro, der nach ihrem tapferen verstorbenen Vater benannt war.

21. Elisa Lispector, ebenfalls eine angesehene Romanschriftstellerin, wählte die Einsamkeit als ihr großes Thema.

22. Clarice, hochschwanger mit Paulo, in ihrer Diplomatenrolle auf einem Empfang in Washington.

23. Clarice daheim in Chevy Chase mit Alzira Vargas. In ihrem Kummer schloss die Tochter des Diktators nach dessen Selbstmord enge Freundschaft mit der Schriftstellerin.

24. Mit Paulo. Clarice, seit ihrer Rückkehr in die Heimat plötzlich berühmt, wurde zu einer Legende, die alle nur bei ihrem Vornamen nannten.

25. Clarice, ihre beiden Söhne und eine Freundin am Strand von Leme, im Hintergrund das damals glanzvolle Copacabana-Viertel. 1959 war Clarice endlich in ihre Heimat zurückgekehrt, nach der sie sich während der Jahre im Ausland so sehr gesehnt hatte.

26. Clarice in ihrer Wohnung in Leme.

27. Clarice Lispector, umringt von anderen führenden Intellektuellen, demonstriert am 22. Juni 1968 gegen die Diktatur. Von links nach rechts: der Maler Carlos Scliar, Clarice Lispector, Oscar Niemeyer, der Erbauer von Brasília, die Schaupielerin Glauce Rocha, der Karikaturist Ziraldo und der Musiker Milton Nascimento.

28. Mit einem ihrer ältesten Freunde, Fernando Sabino.

29. Der Mischlingshund Ulisses, benannt nach dem mysteriösen Maler oder Psychiater in der Schweiz, der sich in Clarice verliebt hatte. Der rauchende und Alkohol trinkende Hund war in Rio de Janeiro ebenfalls legendär.

30. Clarice in den 1970er Jahren in ihrer Wohnung, umgeben von Büchern und verstreuten Manuskripten.

31. Bei ihrem letzten Besuch in ihrer Heimatstadt Recife signiert Clarice Bücher, während ihre treue Freundin Olga Borelli ihr über die Schulter schaut.

32. Die Schriftstellerin gegen Ende ihres Lebens.

33. In ihrem einzigen Fernsehinterview, wenige Monate vor ihrem Tod, verkündete Clarice mysteriös, dass sie ein Buch mit »dreizehn Namen, dreizehn Titeln« herausbringen werde. Es handelte sich um *Die Sternstunde,* die auf losen Blättern, Schecks, Zetteln und sogar Zigaretten-schachteln geschrieben wurde.

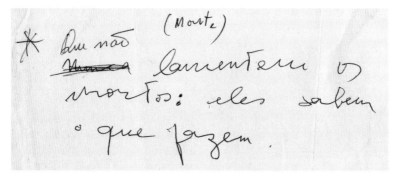

34. + 35. In *Die Sternstunde* kündigt sie ihren Tod an. Wenige Tage nach der Veröffent-lichung wurde sie ins Krankenhaus eingeliefert. In diesem Fragment schreibt sie: »Trauert nicht um die Toten, denn sie wissen, was sie tun.«

dem in Brasilien auch nur annähernd gelungen sind«; damit sei ihr »exakt, aufrichtig, unbestreitbar, ja noch bescheiden ausgedrückt, der beste je in Brasilien veröffentlichte Erzählband« gelungen.[10] Erico Verissimo betonte: »Ich habe Dir aus reiner Verlegenheit darüber, wie ich Dir meine Einschätzung mitteilen soll, noch nicht zu Deinen Erzählungen geschrieben. Also dann: die wichtigste Geschichtensammlung, die seit Machado de Assis [dem klassischen Romanschriftsteller Brasiliens] in diesem Land erschienen ist.«[11]

Breitere Anerkennung ließ jedoch auf sich warten. Im Juni 1956 informierte Simeão Leal Clarices Agenten darüber, dass das Buch bereits gesetzt sei.[12] »Mein Wunsch, Dinge loszuwerden, ist fast schon pathologisch; so habe ich das Gefühl, dass die Kurzgeschichtensammlung für Simeão Leal mich auf ewig an die Kette legt.«[13] Fast ein Jahr später, im März 1957, bemühte sich Rubem Braga, die Rechte zurückzuholen, um die Geschichten in der Zeitung O Estado de S. Paulo unterzubringen.[14] Sabino bot sie Agir, dem Verlag des Lüsters, an.

Weitere demütigende anderthalb Jahre vergingen, bis Erico Verissimo einen Verleger für beide Bücher fand: Henrique Bertaso vom Verlag Globo in Verissimos Heimatstadt Porto Alegre. Allerdings, fügte Erico hinzu, werde Simeão Leal die Originale der Geschichten, die »bereits beim Drucker« seien, »unter gar keinen Umständen« zurückgeben. Und gerade als sich Globo bereit erklärt hatte, den Apfel im Dunkeln zu veröffentlichen, tauchte das Buch im Katalog von Ênio Silveiras Civilização Brasileira auf.[15] Selbstverständlich kam es nicht zu dem angekündigten Termin auf den Markt. Der Grund ist schwer zu begreifen. Civilização Brasileira war einer der produktivsten Verlage des Landes; zwischen 1961 und 1964 publizierte er an jedem Arbeitstag des Jahres einen neuen Titel.[16] Warum also ließ sich kein Platz für Clarice finden?

Das erschöpfende Hin und Her der Erwartungen und der enttäuschten Hoffnungen und die niederdrückende Tatsache, in mittlerem Alter und in der Mitte ihrer Karriere gezwungen zu sein, um einen Verlag zu betteln, taten Clarices Gemütsverfassung nicht gut. »Seitdem Ihr abgereist seid, habe ich zu nichts mehr Lust, nichts hat für mich noch Reiz«, schrieb sie Erico und Mafalda.[17] Ihre Freunde versuchten, sie aufzumuntern. »Ich weiß so gut, wie Du Dich fühlen musst«, schrieb Fernando, »ohne Neuigkeiten, ohne alles, aber Du kannst Dich immer auf mich verlassen, ich werde Dein Buch keine einzige Minute im Stich lassen. Ich bedaure nur, dass die Bedingungen, es auf gebührende Weise herauszubringen, in Brasilien nicht existieren.«[18]

»Du weißt genau, dass Du als Einzige in Brasilien Prosa schreibst, wie ich selbst gern schreiben würde«, ließ sich João Cabral vernehmen. Später fügte er aus

Marseille hinzu, wo er sich wegen Depressionen behandeln ließ: »Wie mühsam es ist, in Brasilien Literatur zu verfassen. Am besten lässt man es ganz bleiben. In Brasilien versteht man höchstens, für Zeitungen zu schreiben. Deshalb haben wir dieses oberflächliche, improvisierte, fragmentarische Gebilde, das als National-literatur ausgegeben wird.«[19]

*

»Ich erlebe gerade etwas sehr Unerfreuliches«, schrieb Clarice 1956 an Fernando. »Je mehr Zeit vergeht, desto mehr bekomme ich das Gefühl, dass ich an keinem Ort lebe und dass kein Ort ›mich will‹.«[20] Die traurige Wahrheit war, dass Clarice teilweise recht hatte. Außerhalb des Kerns von Künstlern und Intellektuellen, die seit dem Erscheinen von *Nahe dem wilden Herzen* mehr als ein Jahrzehnt zuvor von ihr fasziniert waren, hatte man Clarice inzwischen fast völlig vergessen. Ihre späteren Romane hatten den Ruhm, den sie sich mit dem ersten verdient hatte, nicht vermehrt; zudem lebte sie seit vielen Jahren im Ausland. Sie hatte keinen Namen mehr, und wie die Briefe, die sie von Fernando erhielt, immer deutlicher machten, brannte kein Verlag darauf, sich auf eine schwierige, vierhundert Seiten lange kabbalistische Allegorie von einer unbekannten Autorin einzulassen, gleichgültig, welchen Ruf sie bei gewissen Intellektuellen genoss.

Aber dieser Ruf – zusammen mit dem aufrichtigen Einsatz ihrer Freunde – sollte Früchte tragen. Im November 1958 erreichte sie ein Brief von einem jungen Journalisten namens Nahum Sirotzky, einem Cousin Samuel Wainers, der eine neue Zeitschrift mit dem Titel *Senhor* herausbringen wollte. Endlich zeigte ein Publikationsorgan Interesse an ihr, und zwar zu ihren eigenen Bedingungen. Sirotzky schrieb: »Wir möchten gern Ihre Erzählungen lesen, die wir nie für *verständlich* gehalten haben.«[21]

Fernando Sabino und Paulo Mendes Campos hatten eine der neuen Geschich-ten, »Die kleinste Frau der Welt«, empfohlen.[22] Neben Werken von Ray Bradbury, W. H. Auden, Ernest Hemingway und Carlos Lacerda – Samuel Wainers Erz-feind – erschien diese Erzählung im März 1959 in der Erstausgabe von *Senhor*.

»Eine Zeitschrift für den Herrn« war eine Idee der Brüder Simão und Sérgio Waissman. Ihr Vater war ein Verleger, der sich auf den Verkauf von Enzyklopä-dien und erschwinglichen klassischen Werken per Subskription spezialisiert hatte. Seine Söhne wollten eine Zeitschrift veröffentlichen, die ein aufregendes Aushän-geschild ihrer eigenen Verlagsfirma Delta sein sollte. *Senhor* erwies sich als Sen-sation.

Im Lauf seiner Karriere hatte Sirotzky einmal als Korrespondent in New York gearbeitet. Ihm schwebte vor, die Ausstrahlung des *New Yorker*, *Esquire* oder *Partisan Review* nach Brasilien zu importieren. Typisch für den alten Stil war *Dom Casmurro*, die bedeutendste Literaturzeitschrift der vorherigen Generation (dort hatte auch Clarice einige frühe Arbeiten veröffentlicht). Den Stil parodierend, den er unbedingt überwinden wollte, schrieb Sirotzky: »Heute Nachmittag, an einem schönen sonnigen Tag, rief mein Chef mich in sein Büro und beauftragte mich, Soundso zu interviewen. Ich stieg in die Straßenbahn, die Stadt war herrlich, ich lief die Treppe hinauf, klopfte an die Tür, wurde eingelassen, und man bot mir eine Tasse Kaffee an.«[23]

In den Zeitschriften alten Stils, kommentierte Sirotzky, »existierte die Löschtaste nicht«. In seiner Zeitschrift würden Texte redigiert werden. Es war ein bemerkenswerter Wandel, wie sich Paulo Francis, der Literaturredakteur von *Senhor*, erinnerte. Er arbeitete mit Clarice zusammen, die, wie andere Autoren, seine Sorgfalt und Aufmerksamkeit zu schätzen wusste. »Clarice reagierte völlig normal und schrieb manchmal Passagen um, die, wie sie einräumte, unklar waren. In der brasilianischen Literatur ist das tabu ... Man rührt die Texte der großen Namen nicht an.«[24] Außer bei *Senhor*, wo sogar ein Beitrag von Erico Verissimo abgelehnt wurde. (Er erhielt ein Honorar, verzichtete jedoch »sehr würdevoll« darauf.)

Verissimo war nicht der einzige große Name, der Mühe hatte, auf die Seiten von *Senhor* zu gelangen. Jânio Quadros, Gouverneur des Staates São Paulo und bald darauf Präsident von Brasilien, hatte literarische Ambitionen und reichte mehrere Artikel ein. Sirotzky verwarf sie ebenfalls. »Ich lehnte sogar mich selbst ab!«, berichtet er. »Ich war nicht gut genug für *Senhor*.« Die strengen Maßstäbe der Zeitung, was künstlerisch hervorragende Leistungen anging, erstreckten sich auch auf Fragen der Umschlaggestaltung: Berühmte Maler illustrierten das Cover, und man lehnte sogar Werbung ab, die den Anforderungen nicht gerecht wurde.

Clarice Lispector war jedoch eine Favoritin des Blattes. Sie erschien in ungefähr jeder dritten Ausgabe. Ihre Erzählungen wurden an prominenter Stelle auf dem Cover angekündigt, und seit 1961 schrieb sie eine Kolumne für jedes Heft. Zwar erreichte *Senhor* mit einer Auflage von fünfundzwanzigtausend Exemplaren den Zenit, aber »sein Einfluss auf die brasilianische Presse bedarf keines Kommentars«, schrieb Francis. Da die Zeitschrift von Hand zu Hand weitergegeben wurde, fand sie viel mehr Leser, als die Auflagenhöhe verriet. Für Clarice war es die erste Begegnung mit echter Popularität.

Einer, den die Zeitschrift erreichte, war Caetano Veloso, ein Jugendlicher in einer Kleinstadt des Staates Bahia (bald sollte er einer der berühmtesten Musiker Brasiliens werden). Die Erfahrung war eine der wichtigsten seiner Jugendjahre: »Hier sollte ich Sex entdecken, *La Strada* sehen, mich zum ersten (und zum zweiten, noch verblüffenderen) Mal verlieben, Clarice Lispector lesen und, vor allem, João Gilberto [den Erfinder des Bossa nova] hören.«[25]

Es war die Geschichte »Die Nachahmung der Rose« ... Zuerst war mir etwas bang, aber ich war so froh, einen neuen, modernen Stil zu finden – ich suchte nach oder wartete auf etwas, das ich *modern* nennen konnte, das ich längst *modern* nannte –, doch das ästhetische Vergnügen (sie brachte mich sogar zum Lachen) rührte von der wachsenden Vertrautheit mit der Welt der Gefühle, die die Worte heraufbeschworen, andeuteten, erreichen ließen ... Dadurch wollte der Leser der Geschichte zusammen mit ihrer Heldin jede Nuance der Normalität erfassen und sich gleichzeitig, mit ihr, dem unsagbaren Glanz des Wahnsinns ausliefern.[26]

*

»Die Nachahmung der Rose« fängt das Rätsel ein, das Clarice seit ihrer Kindheit fasziniert und gequält hatte. Es bringt das Steppenwolf-Dilemma, den Konflikt zwischen Joana und Lídia, zwischen, mit Caetano Velosos Worten, dem »unsagbaren Glanz des Wahnsinns« und der »Normalität« des Alltagslebens, poetisch auf den Punkt.

Der Titel bezieht sich natürlich auf ein anderes mystisches Werk. »Was meine Lektüre betrifft«, schrieb sie 1953 an Fernando, »die vielfältig ist und wahrscheinlich oft falsch, so erscheint mir die *Nachfolge Christi* als die passendste, nur ist es sehr schwierig, Ihm nachzufolgen, und das ist weniger banal, als es klingt.«[27] Es ist nicht so banal, weiß die Hausfrau Laura, die darauf wartet, dass ihr Mann Armando von der Arbeit zurückkehrt und sich erinnert: »Als man ihr die *Nachfolge Christi* gab, las sie das Buch mit törichtem Eifer, ohne es freilich zu verstehen, doch sie fühlte – Gott möge ihr verzeihen – dass, wer Christus nachahmte, verloren war – verloren im Licht, aber gefährlich verloren. Christus« – der vermenschlichte Gott – »war die schlimmste Versuchung.«[28]

Während Laura auf Armando wartet – »Im Gegensatz zu Carlota, die aus ihrem Heim etwas gemacht hatte, das ihr selbst sehr ähnlich war, fand Laura ein gewisses Vergnügen darin, aus ihrem Zuhause etwas Unpersönliches zu machen, in gewisser Hinsicht etwas Vollkommenes, weil es unpersönlich war« –, wird dem Leser klar, dass sie keine normale Hausfrau ist. »Endlich war sie von der Vollkommenheit des Planeten Mars zurückgekehrt«, das heißt von einem Aufenthalt in einer psychiatrischen Anstalt, und sie ist geheilt. Nun kann sie die Hemden ihres Mannes bügeln und nachts ruhig schlafen. »Wie reich das gewöhnliche Leben doch war, zumal für sie, die aus der Extravaganz zurückgekehrt war. Selbst eine Vase mit Blumen. Sie blickte sie an.«[29]

Der Anblick der vollkommenen Rosen stört jedoch ihr Gleichgewicht. »Oh! Nichts weiter. Nur dass die große Schönheit Unbehagen auslöste.« Sie denkt daran, die Rosen durch ihr Dienstmädchen zum Haus ihrer Freundin Carlota bringen zu lassen, wohin sie und Armando zum Abendessen gehen werden. Trotz der möglichen Komplikationen muss sie sich der Blumen entledigen. »›Könnten Sie bei Dona Carlota vorbeigehen und diese Rosen für sie abgeben? Sie sagen: Dona Carlota, Dona Laura schickt sie Ihnen. Sie sagen: Dona Carlota ...‹ ›Ich weiß, ich weiß‹, sagte das Mädchen geduldig.«[30]

Wie Clarice, die als kleines Mädchen in Recife Rosen gestohlen hat, träumt Laura davon, eine zu behalten. »Sie könnte wenigstens eine Rose für sich behalten, nur dies: eine Rose für sich. Und nur sie würde es wissen, und danach nie wieder, oh, sie gelobte es sich, sich nie wieder von der Vollkommenheit versuchen zu lassen, nie wieder.«[31]

Das Dienstmädchen nimmt den Strauß in Empfang, und Laura setzt sich erneut aufs Sofa, um sich ihren Träumereien hinzugeben. Als sie hört, wie sich der Schlüssel ihres Mannes im Schloss dreht, ist es zu spät. Zu spät, ihn mit einer Gelassenheit zu begrüßen, die ihn beruhigen würde. Zu spät für sie, »bescheidene Freude und nicht die Nachfolge Christi«. Zu spät.

»Sie saß in ihrem Hauskleidchen vor ihm. Er wusste, dass sie alles getan hatte, um nicht leuchtend und unerreichbar zu sein. Schüchtern und respektvoll blickte er sie an. Gealtert, müde, neugierig. Aber es gab nichts zu sagen. Von der offenen Tür aus sah er seine Frau auf dem Sofa sitzen, ohne sich anzulehnen, von Neuem wachsam und ruhig, wie in einem Zug. Der schon abgefahren war.«[32]

*

»Christus war die schlimmste Versuchung«, schreibt sie. »Das Genie war die schlimmste Versuchung«, fügt sie wenige Seiten später hinzu.[33] Clarice hatte immer zwischen den Imperativen der Mystikerin und Künstlerin und dem aufrichtigen Wunsch, eine gute Ehefrau und Mutter zu sein, geschwankt.

Aber wie der Zug in »Die Nachahmung der Rose« bereits abgefahren ist, war zumindest im Rückblick klar, dass Clarice die Rolle der Diplomatengattin nicht für immer spielen konnte. Auch sie hatte »alles getan […], um nicht leuchtend und unerreichbar zu sein«, aber die Anstrengung war zu groß. Deshalb traf sie ungefähr zu der Zeit, als ihre ersten Erzählungen in *Senhor* erschienen, Vorbereitungen, ihren Mann zu verlassen und, diesmal endgültig, nach Rio de Janeiro zurückzukehren.

Im Nachhinein erscheint es angesichts ihrer Skepsis gegenüber der Ehe, die sie schon zu Beginn ihrer Laufbahn äußerte, weniger bemerkenswert, dass ihre Ehe endete, als dass sie so lange andauerte. In der Erzählung »Obsession« hat Cristina für den Wunsch, »zu heiraten, Kinder zu bekommen und dann eben glücklich zu sein«, nur Spott.[34] Joana ist davon überzeugt, dass man nach der Heirat nur auf den Tod warten könne; Virgínias Beziehungen gehen ins Leere; Lucrécia heiratet um des Geldes willen; und Martim tötet seine Frau (oder er nimmt an, es getan zu haben). Einsamkeit, der schwierige Umgang mit anderen Menschen sind genauso sehr Themen für Clarice wie für ihre Schwester Elisa.

Damit erübrigt es sich, nach konkreten Gründen für Clarices Trennung von Maury zu suchen. Seit mehreren Jahren hatten sich die Dinge negativ entwickelt. Mafalda Verissimo, die Washington 1956 verließ, sagte: »Es ging mit der Ehe bergab. Wir taten, was wir konnten, damit sie zusammen blieben, aber es klappte nicht.«[35]

In erster Linie litt sie unter dem Schmerz des Exils, der nach fünfzehn Jahren unerträglich geworden war. »Im Ausland, sagte Clarice, »lebte ich geistig in Brasilien, ich lebte ›wie ausgeliehen‹. Einfach weil ich so gerne in Brasilien lebe, Brasilien ist der einzige Ort auf der Welt, an dem ich mich nicht voller Verwunderung fragte: Was habe ich hier eigentlich verloren, warum bin ich hier, mein Gott. Weil ich genau hierhin gehöre, weil ich hier meine Wurzeln habe.«[36]

Die frustrierende Schwierigkeit, ihre Bücher zu veröffentlichen, muss ihr Gefühl, auf dem falschen Weg zu sein, verstärkt haben. Aus einer solchen Entfernung konnte sie sich, trotz Fernandos Hilfe, nicht persönlich um ihre Angelegenheiten kümmern, und die Indizien dafür, dass man sie in ihrer Heimat vergessen hatte, dürften, auch wenn er sein Bestes tat, dies in seinen Briefen taktvoll zu verschleiern, ihr den Aufenthalt im Ausland nicht erleichtert haben.

Die Entfernung von ihren Schwestern schmerzte sie ebenfalls zunehmend. »In den Jahren der Abwesenheit haben sich so viele Geschehnisse und Gedanken angesammelt, die nicht übermittelt wurden, dass man, ohne es zu wollen, geheimnisvoll wirkt«, schrieb sie an Tania. »Wären wir am selben Ort, selbst wenn ich nichts erzählte – etwas vermittelt sich immer über das Gesicht, über die Gesten, über die Präsenz.«[37] Ihre Schwestern empfanden die Situation ähnlich wie Clarice. In *Körper an Körper*, der quälenden Abrechnung, die die einsame und unsichere Elisa nach Clarices Tod schrieb, wendet sich eine Frau (Elisa) auf ergreifende Art an einen Mann (Clarice), den sie geliebt und verloren hat:

In Deinen Briefen, an die ich mich nun so lebhaft erinnere, liebtest Du mich so sehr, verehrtest mich, erhöhtest mich. Du sahst in mir Gefühle, von denen ich nie ahnte, dass ich sie hatte. Mehr noch: Du hast mich bewogen, geradezu angefleht, glücklich zu sein, trotz Deiner Abwesenheit. Über jene Entfernung hinweg hast Du mich verherrlicht. In Briefen war unsere Liebe eine so große Liebe!

»... vielleicht wusste ich wegen meines düsteren Charakters schon damals nicht, wie ich die Liebe, die in Deinen Briefen überfloss, mit uneingeschränkter Liebe erwidern sollte, und auch das bereue ich.«

Aber ich liebte Dich, und wie!

Und immer batest Du mich, öfter zu schreiben. Du wolltest über die kleinsten Einzelheiten meines täglichen Lebens Bescheid wissen.

»... es ist ein weiterer Grund, warum ich zuerst nicht verstand oder akzeptierte, dass wir uns allmählich auseinanderlebten, als Du von Deiner Reise heimkehrtest, und zur Vergeltung zog ich mich zurück.«[38]

✳

Clarice hatte sich ihrerseits von Maury zurückgezogen. Anscheinend liebte er sie weiterhin, und ihre Beziehung sollte für den Rest ihres Lebens stark bleiben. Aber Clarice war der diplomatischen Routine überdrüssig und sehnte sich immer mehr nach Brasilien. Das Paar versuchte, die Probleme zu überwinden, doch am Ende beschloss Clarice, ihn zu verlassen. In einer Zeit, da internationale Telefonkontakte selten, teuer und schwierig waren, muss die Entscheidung, mit den Jungen nach Rio zurückzureisen, schwergefallen sein.

Was den sechsjährigen Paulo anging, so verließ er nicht nur seinen Vater, sondern auch sein Land, seine Sprache, sein Haus und sein geliebtes Kindermädchen Avani, das er als zweite Mutter betrachtete. Maury war nun völlig allein, ohne seine Söhne und ohne seine Frau, die er, soweit wir wissen, immer lieben sollte. Nach ihrer Ankunft in Rio schickte er Clarice einen beredten Brief, in dem er um eine neue Chance bat.

Ich wende mich an Dich, um Dich um Vergebung zu bitten. Vergebung ohne Demütigung, aber in Demut. Ich spreche mit dem Anrecht eines Menschen, der leidet, der ganz allein und sehr unglücklich ist, der Dich und die Jungen mit Leib und Seele vermisst. Viele der Dinge, die Du lesen wirst, werden Ärger und Spott bei Dir auslösen. Das weiß ich, aber ich kann es nicht ändern. Meine Freunde haben mir geraten, ich solle versuchen, mich indirekt mit Dir zu versöhnen. Erstens ist das nicht meine Art, und zweitens wäre es nutzlos, denn Du bist zu scharfsinnig, um eine solche »Taktik« hinzunehmen, selbst wenn die Absichten gut sind. Vielleicht sollte ich mit Joana und nicht mit Clarice sprechen. Verzeih mir, Joana, dass ich Dir nicht die Unterstützung und das Verständnis gezeigt habe, die Du mit Recht von mir erwartet hast. Du sagtest mir, Du seist nicht für die Ehe geeignet, noch bevor wir heirateten. Statt dies für einen Schlag ins Gesicht zu halten, hätte ich es als Hilferuf verstehen müssen. Ich habe Dich in diesem Punkt und in vielen anderen enttäuscht. Aber intuitiv hörte ich nie auf zu glauben, dass Clarice, Joana und Lídia nebeneinander in Deinem Innern existieren. Ich wies Joana ab, weil ihre Welt mich erschreckte, statt ihr die Hand zu reichen. Ich fand mich zu sehr mit der Rolle Otávios ab und redete mir schließlich ein, dass »sie beide unfähig waren, sich durch die Liebe zu befreien«. Es gelang mir nicht, Joana die Furcht davor zu nehmen, sich »an einen Mann [zu] binden, ohne dass er sie gefangen nahm«. Ich wusste nicht, wie ich sie befreien sollte von »diese[r] erstickende[n] Gewissheit, dass, wenn ein Mann sie umarmte, sie nicht diese sanfte Wonne in allen Fasern ihres Körpers spüren würde, sondern eher den brennenden Saft einer Zitrone«, und dass er »wie Holz nahe am Feuer [sein würde], verzogen, knackend, trocken« (ich übersetze zurück aus dem Französischen). Ich war blind, und mir entging die tiefere Bedeutung von »wer den Mönch spielt, in jeglichem Sinne, besitzt eigentlich eine ungeheure Fähigkeit zur Lust, eine gefährliche Fähigkeit – daher ist seine Furcht noch größer«. [Joana hatte] »Liebe, die so stark war, dass ihre Leidenschaft nur mit der Kraft des Hasses gezügelt wurde«. Ich war nicht reif genug zu begreifen, dass, für Joana oder Clarice, »Hass sich in Liebe verwandeln kann«, da er nicht mehr ist als »eine Suche nach Liebe«. Ich wusste nicht, wie ich Dich von der »Furcht, nicht zu lieben«, befreien sollte. Vielleicht mochte ich es ebenso wenig wie Otávio, wenn eine Frau »sich hingab«, und wollte sie lieber »kalt und überlegen« haben. Ich sagte schließlich, wie in der Kindheit «fast siegessicher [...]: Es ist nicht meine Schuld ...« Ich konnte die Intensität der von Joana und Clarice geleugneten und heftig verdrängten Eifersucht stets nicht verstehen, die sie Otávio und

Maury verabscheuen ließ ... Lídia dagegen, die auch einen Aspekt von Clarice darstellt, hat »keine Angst vor der Lust und nimmt sie ohne Reue an«. Verzeih mir, mein Liebling, dass ich nicht fähig war, obwohl ich die Verbindung der beiden vage spürte, dass ich in sechzehnjähriger Ehe nicht fähig war, sie miteinander in Einklang zu bringen. Dass ich nicht wusste, wie ich Joana überzeugen sollte, dass sie und Lídia dieselbe Person in Gestalt von *Clarice* waren und sind. Joana brauchte Lídia nicht zu beneiden, und Du brauchtest die berühmten »süßen Frauen« nicht zu beneiden, die uns in diesen sechzehn Jahren entzweiten und denen gegenüber Du eine uneingestandene und verdrängte, sich in Wut entladende Eifersucht empfandst ... Unter diesen Umständen ist es kein Wunder, dass Joana die Ehe »als ein Ende, wie der Tod« betrachtete. Es ist kein Wunder, dass Joana ein Kind mit Otávio haben und ihren Mann danach verlassen und ihn Lídia zurückgeben wollte. Es ist ganz logisch, dass Clarice, die Joanas Schicksal mehr oder weniger verwirklichte, Maurys »Schönheit« der Welt, den »zarten und süßen Frauen«, zurückgeben würde. Ich könnte die Zitate fortsetzen, aber dann musste ich jenes großartige Buch, jenes profunde Dokument und Zeugnis der Seele einer heranwachsenden Frau, einer großen Künstlerin, vollständig abschreiben ... Allerdings kann ich nicht akzeptieren, ... dass Du in gewisser Hinsicht Joanas Schicksal im wirklichen Leben nachvollziehst. In aller Aufrichtigkeit, ohne unsere Jungen zu erwähnen, die dadurch »ihren Vater verlieren« werden, der sich zu einem bloßen Geldgeber für ihr Leben und ihre Ausbildung reduziert sieht. In aller Aufrichtigkeit geht es mir in diesem Brief darum, Dir mitzuteilen, dass meine Rolle bei diesen Ereignissen – ob ich leide oder nicht, ob Du zu mir zurückkehrst oder nicht –, sehr, sehr groß ist. Lege um Gottes Willen diesen Brief nicht als Anklage aus. Ich weiß, dass meine Unreife, meine Abgelenktheit, mein Mangel an Unterstützung eine Seite der Gleichung waren. Wegen wohlbekannter Umstände aus meiner Kindheit war ich nicht bereit, Dir energisch zur Seite zu stehen, Dir bei der Lösung des Konflikts zu helfen, den Du in Deinem ersten Buch so sprachmächtig geschildert hast.[39]

Nach Maurys Einschätzung hatte Joana endlich triumphiert. Clarice hatte ihm als junge Frau wahrscheinlich zu Recht erklärt, dass sie nicht für die Ehe geeignet sei. Ihr ständiger Kampf mit Depressionen und ihre Verzweiflung über das Exil hatten das Leben mit ihr vermutlich nicht leichtgemacht, und auch Maury war wegen seiner Unfähigkeit, ihr zu helfen, Opfer von Depressionen geworden. Seine eigenen Affären reflektierten eher Bedrückung als einen Mangel an Zuneigung. Sogar seine zweite Frau sagte, bis zu seiner Wiederverheiratung habe »er *sie* sexuell, physisch immer gemocht. Aber sie hatte kein Interesse«.[40]

Er schickte Clarice ein Buch über Ehetherapie und kommentierte: »Damit will ich nicht mit dem Finger auf Dich oder sonst wen zeigen. Wenn ich jemanden anklage, dann mich selbst, denn ich war dumm und blind. Ich versuche nicht, Dich mit irgendeinem der extremen Fälle, die in dem Buch erwähnt werden, gleichzusetzen. Wie es im Fado heißt, ist es mein Wunsch, Dir einen Kuss zu geben, wie jemand, der weiß, dass dieses Lächeln auf unser beider Lippen enden wird ... Ich bin immer überzeugter davon, dass Du die Frau meines Lebens bist und dass meine Suche nach Dir in anderen, in den vielen falschen Lídias, von denen die Welt voll ist, der Irrtum eines Mannes war, der zu früh aufgab.«[41]

26

BRASILIEN GEHÖREN

Aber der Zug war bereits abgefahren. Im Juli 1959 kehrte Clarice, »leuchtend und unerreichbar«, nach Brasilien zurück, wo sie, ein paar Abstecher ausgenommen, den Rest ihres Lebens verbringen würde. Als sie, gerade erst erwachsen, fast zwei Jahrzehnte vorher abgereist war, hatte sich das Land in der Umklammerung des Krieges und des quasifaschistischen Estado Novo befunden. Nun, in mittleren Jahren, stellte sie fest, dass ihr Land in jugendlichem Überschwang blühte und dass ein kultureller Glanz jeden Bereich des nationalen Lebens erhellte.

Für Europäer waren die 1950er Jahre die grimmige Zeit des Wiederaufbaus nach dem Weltkrieg; für Amerikaner sind sie im Rückblick gelähmt von vorstädtischer Konformität. Für Brasilianer dagegen ist das Jahrzehnt nach Vargas' Selbstmord ein goldenes Zeitalter, eine beispiellose – und seither unerreichte – Ära des nationalen Selbstbewusstseins. Das bis dahin deprimierte Brasilien – »Unser Land symbolisiert der Storch«, schrieb ein Historiker. »Dieser Vogel ist von vorteilhafter Statur, hat kräftige Beine und starke Flügel, doch er verbringt Tage mit übereinandergeschlagenen Beinen, traurig, traurig, mit jenem nüchternen, düsteren, unschönen Kummer« –[1] war plötzlich das glücklichste Land, das man sich vorstellen konnte.

In jenen glorreichen Jahren »hörte der Brasilianer auf, ein Köter unter Männern zu sein, und Brasilien war kein Köter mehr unter den Nationen«.[2] Alles war »novo, nova«. Im Jahr 1959 erfand João Gilberto den Bossa nova, und bald wiegten sich Hollywood und die Riviera im selben Rhythmus. Das Cinema novo kam auf, und seine Begründer waren entschlossen, erstmals auch die Ausgegrenzten in den städtischen Slums und im Hinterland zu zeigen. (Diese soziale Gewichtung war nicht nach jedermanns Geschmack und brachte dem ersten Cinema-novo-Film, *Rio – 40 Grad* (1955), ein Verbot durch die Zensur ein. Deren Begründung soll gelautet haben, dass »die Durchschnittstemperatur in Rio 39,6 Grad nie überstieg«.)

Und die »Novacap« Brasília, die ultramoderne neue Hauptstadt, wurde auf dem zentralen Hochlandplateau im Landesinnern errichtet. Sie mochte 300 Milliarden Cruzeiros gekostet haben,[3] aber sie präsentierte der Welt ein kühnes neues Gesicht. Und die Welt merkte auf, genau wie 1958, als brasilianische Fußballspieler – Garrincha, Didi, Vavá und der siebzehnjährige Pelé – die Weltmeisterschaft gewannen. Endlich hatte sich das Blatt gewendet. In seiner kleinen Heimatstadt in Bahia war Caetano Veloso nicht der einzige Brasilianer, der »nach etwas suchte und auf etwas wartete, das ich *modern* nennen konnte, das ich längst *modern* nannte«.

✳

Trotz des Ansehens, das Clarice durch ihre Veröffentlichungen in *Senhor* errang, der modernsten aller brasilianischen Zeitschriften, war ihr Wiedereintritt in die brasilianische Gesellschaft nicht leicht. Paulo, ihr jüngerer Sohn, erinnerte sich: »Nach der Trennung von meinem Vater machte sie sehr schmerzliche Zeiten durch, litt unter ständiger ›materieller‹ (emotionaler?) Not, unter finanziellen Schwierigkeiten, unter der Last der Aufgabe – stelle ich mir vor –, zwei Kinder praktisch allein aufziehen zu müssen … Wie viel von dieser Bedürftigkeit war ›materiell‹?«[4]

Zum ersten Mal in ihrem Erwachsenenleben stand Clarice unter »materiellem« Druck, obwohl er höchstwahrscheinlich geringer war, als sie dachte. Maury schickte jeden Monat aus Washington fünfhundert Dollar, einen stattlichen Betrag, doch Clarice fühlte sich seit dem Beginn ihres Lebens ohne Maury arm, vielleicht aus Furcht vor dem Elend ihrer Kindheit. Jedenfalls ließ die Angst vor dem Geldmangel sie nie ganz los. Immer wieder klagte sie in ihren Gesprächen und in ihrem Briefwechsel über finanzielle Sorgen.

Aber Paulo fragte sich bestimmt zu Recht, »wie viel von dieser Bedürftigkeit ›materiell‹ [war]«. Schließlich führte Clarice ein durchaus bequemes Leben. Nachdem sie einen Monat bei Tania untergeschlüpft war, fand sie eine Wohnung in Leme, einer kleinen Enklave am Ende des Copacabana-Strands, wo sie den Rest ihres Lebens verbringen würde.

Copacabana, heutzutage eine der am dichtesten bebauten Gegenden auf der Erde – 161 000 Menschen drängen sich auf dem schmalen Streifen zwischen dem legendären Strand und den Hügeln dahinter –, ist ein lautes, schwitzendes Opfer der Immobilienspekulation und des seit einem halben Jahrhundert anhaltenden Verfalls von Rio. 1959 jedoch, als Clarice nach Brasilien zurückkehrte, war

Copacabana mondän. Tagsüber kaufte man in eleganten Geschäften ein und hielt sich am Strand auf, abends besuchte man Restaurants und Casinos und Diskotheken. Copacabana war im selben Maße ein Symbol des wiederauflebenden, modernen Brasilien wie Pelé und der Bossa nova.

Nicht weit von dem massiven weißen Copacabana Palace, durch dessen Eröffnung Rio im Jahr 1923 auf die internationale Touristenroute geriet, bildete sich Leme als separate Gemeinschaft heraus – klein, still und exklusiv. Im Gegensatz zum chaotischen Copacabana umfasst Leme nur ein paar von Flammenbäumen gesäumte Straßen zwischen dem Strand und den Bergen. Da das fernere Ende von einem weiteren Berg versperrt wird, gibt es keinen Durchgangsverkehr. Es besitzt ein kleines Kloster, aber in den 1950er und 1960er Jahren war es eher für sein kostspieliges Nachtleben und den gemäßigten Wellengang seines Strandes bekannt.

*

Doch selbst an diesem angenehmen Ort und trotz garantierter Unterhaltszahlungen musste Clarice sich zunächst an die Situation einer alleinerziehenden Mutter gewöhnen. Ihr Hauptanliegen war es, die beiden Bücher – *Der Apfel im Dunkeln* und *Familienbande* – veröffentlichen zu lassen, die seit fast fünf Jahren in Manuskriptform verkümmerten. Ihre Aussichten waren deprimierend, denn Ende 1958 hatte Ênio Silveira von Civilização Brasileira – trotz all der Jahre gegenteiliger Versprechungen – den *Apfel im Dunkeln* abgelehnt.

Zu Clarices großer Überraschung löste die Nachricht überall im Land Empörung aus. Sie erhielt einen Hinweis auf die Geschehnisse von Fernando Sabino, der ihr im Februar 1959 nach New York schrieb: »Es war der Tropfen, der das Fass zum Überlaufen brachte, durch den sich der allgemeine Groll von Schriftstellern über ihre Behandlung durch die Verlage Bahn brach. Es ist eine Krise, die in den Zeitungen diskutiert wird und Befürworter und Gegner auf den Plan gerufen hat. Wie immer wurde die Regierung einbezogen, um die Sache noch komplizierter zu machen.«[5]

Die Entrüstung spiegelte mehr als Ärger über die schäbige Behandlung einer der führenden Schriftstellerinnen des Landes wider. »Es war nicht bloß die Absage, die den Aufruhr entfesselte«, schrieb eine Journalistin. »Schließlich darf ein Verleger jedes beliebige Buch ablehnen. Aber es ging um ein Manuskript, das der Verleger selbst vier Jahre früher erbeten hatte.«[6]

Zuerst hörte Clarice, die noch in Washington weilte, nichts von dem Lärm, doch dann fühlte sie sich ein wenig verlegen.»Wirklich«, sagte sie nach der Rückkehr einem Journalisten.»Es heißt, das Buch habe einiges Aufsehen erregt. Ich fürchte, dass die Leute enttäuscht sein werden. Schließlich möchte ich mich nicht mit fremden Federn schmücken. Ich hätte gerne, dass das Buch Interesse durch das weckt, was es ist, und nicht durch den Wirbel, den es ausgelöst hat.«[7]

Für eine Autorin, deren Bücher man so lange vernachlässigt hatte, war jedoch jegliche Aufmerksamkeit von Nutzen, und die Reaktion auf Silveiras Zaudern rückte Clarice in den Mittelpunkt des Interesses.»Ergebnis: Von einer Schriftstellerin, deren Werk fast ausschließlich einer kleinen Gruppe bekannt war, wurde Clarice Lispector angesichts jener *Welle* zu einer im ganzen Land bekannten Autorin.«[8] Die überraschende Wucht der Reaktion beschämte Silveira so sehr, dass er sich gezwungen sah, irgendetwas zu tun. Im April 1959 schrieb er an Clarice und versprach ihr, den *Apfel im Dunkeln* vor Mai 1960 zu veröffentlichen.[9]

Wie so viele seiner früheren Termine verstrich auch dieser spurlos. Clarice hatte die gleichen Worte vermutlich zu oft gehört. Immerhin hatte sie nun beide Bücher wieder selbst in der Hand, denn im März 1959 war es ihr mithilfe ihrer Schwägerin Eliane gelungen, José Simeão Leal den Erzählband *Familienbande* abzuringen.

»1959 konnte Clarice keinen Verlag in Brasilien finden«, schrieb Paulo Francis, ihr Redakteur bei *Senhor*.»Sie war bekannt, gewiss, aber nur bei Intellektuellen und Schriftstellern. Die Motive scheinen mir auf der Hand zu liegen: Sie war keine Jüngerin des ›sozialistischen Realismus‹ und beschäftigte sich nicht mit den kleinen Dramen der kleinen brasilianischen Bourgeoisie.«[10]

Trotz der Welle der Unterstützung setzte sich Clarices Pech fort. Agir, der katholische Verlag des *Lüsters*, ging so weit, ihr einen Vertragsentwurf für *Familienbande* zu schicken, doch auch dieses Buch kam nie zustande.»Es ist kein Zufall, dass ich diejenigen verstehe, die einen Weg suchen«, schrieb Clarice einige Jahre später.»Unter welchen Mühen habe ich den meinen gesucht!«[11]

✳

Da sich die Veröffentlichung ihrer Bücher in der Schwebe befand und sie über die Runden kommen musste, nahm Clarice fast sofort nach ihrer Rückkehr ein neues Projekt in Angriff. Auf Einladung der Zeitung *Correia da Manhã* machte die radikale mystische Autorin des *Apfels im Dunkeln* einer gesprächigen, munteren Schönheitskolumnistin namens Helen Palmer Platz, die ihren Leserinnen mit einem augenzwinkernden Lächeln Rat erteilte. Helen, eine Nachfahrin von Clarices früherem Alter Ego Teresa Quadros von *Comício*, hatte im Gegensatz zu Teresa eine geheime Mission: Sie war eine bezahlte Agentin von Pond's, dem Hersteller von Gesichtscremes. Laut Vertrag sollte Helen Palmer Pond's nicht ausdrücklich erwähnen. Stattdessen würde sie eine subtilere Taktik anwenden, um Frauen an den Kosmetiktresen ihrer örtlichen Drogerie zu locken – eine Methode, die das Marketingteam von Pond's in Werbeanleitungen erläuterte. Und Clarice setzte die Texte manchmal wörtlich ein. »Wenn Sie an trockener Haut leiden, meine Gute – das sehen wir ja höchst ungern, man wirkt da immer ein paar Jahre älter –, dann besorgen Sie sich zur täglichen Verwendung eine hochwertige Spezialcreme. Tragen Sie die Creme um die Augenpartie auf und überall dort, wo die Falten tiefer zu werden drohen, massieren Sie sie sanft ein. Wählen Sie ein beliebiges Produkt auf der Grundlage von wasserfreiem Lanolin: Dieses dringt schneller und tiefer in die Haut ein und ist daher wirksamer als gewöhnliches. Und nichts wirkt besser gegen die Austrocknung der Haut als Lanolin.«[12] Wie es der Zufall so wollte, enthielt Pond's just den besagten Wirkstoff.

Aber Helen Palmer ließ es nicht bei Kaufempfehlungen bewenden. Wie alles in Brasilien war Helen modern, und sie ermahnte ihre Leserinnen, ebenfalls modern zu sein. »Richten Sie, werte Leserin, Ihr Augenmerk nicht nur auf die Kunst, Ihre Schönheit zur Geltung zu bringen, elegant zu erscheinen, die Blicke der Männer auf sich zu ziehen. Oberflächlichkeit ist eine Schwäche, die die aufgeklärte Frau von heute überwunden hat. Und Sie«, stupste Helen ihre Leserinnen an, »sind doch eine ›aufgeklärte Frau‹, nicht wahr?« Clarice beschrieb diesen Frauentyp wie folgt: »Sie bildet sich weiter, sie liest, sie ist modern und interessant, ohne deshalb ihre Qualitäten als Frau, Gattin und Mutter einzubüßen. Sie muss nicht unbedingt akademisch gebildet sein, kennt aber doch etwas mehr als nur Strickarbeit, kulinarische Köstlichkeiten und den Klatsch mit den Nachbarinnen. Vor allen Dingen pflegt sie die Fähigkeit, verständnisvoll und menschlich zu sein. Sie hat Herz.«[13] Modern zu sein war eines, aber Clarice und Helen hatten wenig für Frauen übrig, die »rauchen wie ein Mann, in aller Öffentlichkeit mit schockierender Nonchalance die Beine übereinanderschlagen, übermäßig laut lachen, zu viel trinken, mit geschmackloser Umgangssprache und Kraftausdrücken um sich werfen oder gar dazu hinabsinken, Schimpfwörter zu verwenden«.[14] Clarices neue Frau war in erster Linie eine Dame.

Während solche Begriffe nun peinlich überholt klingen, waren Helen Palmers Werte Clarice Lispector, die viele Jahre in Diplomatenkreisen verbracht hatte, nicht fremd. Sie war fast schon krankhaft diskret und sogar ziemlich prüde.

Freunde erinnern sich daran, dass sie sich zum Beispiel über die Trennung von ihrem Mann ein wenig schämte (Scheidungen wurden in Brasilien erst ab 1977 gesetzlich erlaubt). Wie Helen Palmer lag es Clarice daran, niemandem Unannehmlichkeiten zu bereiten. Ihre Schwägerin Eliane sagte, Clarice sei übermäßig sensibel für die Gefühle anderer gewesen: »Sie spürte, was andere empfanden, bevor es diesen selbst bewusst wurde.«[15] Ihre Freundin Olga Borelli schrieb, Clarice sei »zutiefst feminin und bestand auf guten Manieren für sich selbst und ihre Umgebung«.[16] Doch obwohl sie eitel war, was ihre weibliche Schönheit betraf, und stolz auf ihre Anziehungskraft auf Männer, ärgerte sie sich trotzdem über die Beschränkungen, die Frauen in einer extrem konservativen Gesellschaft auferlegt wurden.

»Das empfand ich genauso«, kommentiert Tania. »Ich war sehr eifersüchtig auf die Männer. Sie können sich nicht vorstellen, was es damals bedeutete, eine Frau zu sein! Wir durften nur die Rolle von Hausfrauen spielen. Als Clarice sich von Maury trennte und nach Brasilien zurückkehrte, gehörte sie keiner Gruppe an. Ihre Freunde – Fernando, Rubem, Otto [Lara Resende], Hélio [Pellegrino] – waren verheiratet und gingen gemeinsam in Bars. Es war sehr schwierig, dies zu überwinden.«[17]

*

Clarice hatte ohnehin keine Neigung, in Bars herumzusitzen, aber selbst wenn sie Gefallen an den gleichen Freizeitvergnügungen wie ihre männlichen Freunde gehabt hätte, wäre ihre Zeit begrenzt gewesen. Davon abgesehen, dass sie Alleinerziehende von zwei Kindern war, schrieb sie für *Senhor*, gab Ratschläge als Helen Palmer und verfasste seit April 1960 sechs Spalten pro Woche unter dem Namen Ilka Soares. Anders als Helen Palmer und Teresa Quadros war Ilka Soares eine reale Person, und nicht irgendeine: Als wunderschönes Filmsternchen und »It-Girl« von Rio war sie 1958 ausgewählt worden, um den schwulen Rock Hudson zum Karnevalsball im Stadttheater zu begleiten.[18]

Den neuen Posten hatte Clarice Alberto Dines zu verdanken, einem jungen jüdischen Journalisten, der im selben Gebäude – und auf derselben Etage – wie Tania und William Kaufmann wohnte. Er trat mit einigen Bedenken an Clarice heran, weil er sich sorgte, dass eine so kultivierte Schriftstellerin wie sie einen derart banalen Ghostwriter-Auftrag verschmähen werde, doch er wusste von Otto Lara Resende, dass Clarice Arbeit suchte. Dines hatte kurz zuvor die Leitung des *Diário da Noite* übernommen, der angesehenen Zeitung in Rio, für die

Clarice vor ihrer Ehe tätig gewesen war und die *Nahe dem wilden Herzen* sowie *Die belagerte Stadt* veröffentlicht hatte. Die einst erhabene Institution war von ihren luftigen Höhen heruntergestürzt. Dines startete sie erneut nach dem Vorbild des *Daily Mirror* und *Daily Express* als Massenzeitung, und damit die Publikation in Gang kam, benötigte er Starpower.

Ilka selbst wohnte ebenfalls in Leme, ein Haus weiter als Clarice. Der Kontakt zwischen den beiden war minimal, und sie begegnete Clarice nur bei einer einzigen Gelegenheit, bei der die Autorin »sehr reserviert [war] und viel rauchte«. Im gigantischen Rio de Janeiro war Leme eine recht geschlossene Gemeinschaft, doch selbst dort blieb Clarice so gut wie unsichtbar. In all den Jahren, in denen die beiden Tür an Tür wohnten, bekam Ilka sie weder am Strand noch in den Cafés, die so wichtig für das Gemeinschaftsleben waren, ein einziges Mal zu Gesicht.

Clarice schaffte es jedoch, Ilkas Kolumne »Nur für Frauen« eine neue Stimme zu verleihen: vertraulich, leutselig, und im Mittelpunkt stand immer das ›Du‹. »Vielleicht weißt du das nicht, aber auch eine Schauspielerin lässt sich von den Frauen inspirieren, die ihr gefallen«, schrieb »Ilka«. »Du persönlich stehst mir immer noch ganz nahe. Ich versuche zu erraten, welche Musik du wohl gerne hörst, was für Gefühle du hier ausgedrückt finden möchtest, was dir für dein neues Kleid vorschwebt.« Den Dingen nach zu urteilen, die »du« Clarices Ansicht nach zu schätzen wusstest, hatte der Feminismus »dich« eher nicht in seinen Bann gezogen. »Wenn ich also auf meine Leibgerichte zu sprechen komme, werde ich mir ausmalen, was du gerne auf den Tisch gebracht siehst. Wenn es um Kinder geht, werde ich darüber sprechen, wie wir für unsere Lieben sorgen. Über Mode werden wir uns so angeregt unterhalten wie Freundinnen, die sich über ihre Kleider austauschen. Wenn mir etwas in den Sinn kommt, das dich in puncto Schönheitspflege interessieren könnte, werden wir beide auch darauf zu sprechen kommen. Und noch auf so vieles mehr! Eines führt schließlich zum anderen. Man braucht sich nur immer wieder zu verabreden. Bis morgen!«[19]

Und Clarice gab Tipps für stilvolles Make-up: »Die Frauen im alten Ägypten waren der Frau von heute, was die Augen angeht, zweitausend Jahre voraus. Auch bei ihnen war ein verführerischer Blick gefragt, und sie bedienten sich dazu einer schwarzen Substanz namens ›kohl‹, mit der sie die Brauen verlängerten und die Wimpern dunkler färbten. Auch grüner Lidschatten wurde zu der Zeit bereits verwendet: Das haben nicht wir uns ausgedacht, das ist wissenschaftlich erwiesen. Und wie sieht es mit Perücken aus? Ja, man trug auch schwarze Perücken, das war der ›sinnliche Stil vom Nil‹.«[20]

Die Kolumne war, wie sich Dines erinnert, ein Erfolg. Das lag nicht zuletzt an der Hingabe, mit der Clarice sie zusammenstellte, und an ihren internationalen Beziehungen, an ihrem Zugang zu ausländischen Modezeitschriften, die Fotos und Illustrationen lieferten.

*

Familienbande festigte ihren Ruf. Endlich hatte Francisco Alves den Band in São Paulo veröffentlicht. Als Clarice in der Stadt eintraf, rissen sich die Reporter um sie. »Seit ihrem Debüt ist die bewundernswerte Autorin geheimnisumwittert«, schrieb der *Diário de S. Paulo*, denn sie »verbirgt sich hinter einem Pseudonym« und »verbringt den größten Teil ihrer Zeit im Ausland«.[21] Eine Woche später nahmen immerhin 150 Menschen, darunter Alzira Vargas do Amaral Peixoto, an einer ähnlich ereignisreichen Pressekonferenz in Rio teil. Auf Fotos wirkt Clarice erleichtert darüber, dass das Buch nach langem Warten vorlag, und hocherfreut über die Aufmerksamkeit des Publikums.

Vielleicht hatten sich die wissbegierigen Leser versammelt, um herauszufinden, ob Clarice tatsächlich existierte. »Eine große Neugier umgibt die Person von Clarice«, wurde damals in einem Publikationsorgan behauptet. »Sie taucht selten in literarischen Kreisen auf, entzieht sich Fernsehsendungen und Autogrammstunden, und nur ganz wenige Personen haben das Glück gehabt, mit ihr zu sprechen. ›Clarice Lispector existiert nicht‹, sagen manche. ›Es ist das Pseudonym von jemandem, der in Europa lebt.‹ ›Sie ist eine schöne Frau‹, verkünden andere. ›Ich kenne sie nicht‹, sagt ein Dritter. ›Aber ich glaube, sie ist ein Mann. Sie soll Diplomat sein.‹«[22]

Die Anwesenheit der Autorin ließ immerhin die Gerüchte verstummen, sie sei ein Mann, obwohl Clarice sich nicht gerade beeilte, zahlreiche Details beizusteuern. »Vielleicht wissen ihre engsten Freunde und die Freunde dieser Freunde etwas über ihr Leben«, schrieb ein frustrierter Interviewer. »Sie selbst redet nie über solche Dinge, ›weil das etwas sehr Persönliches ist‹.«[23]

Was hatte sich geändert und dieses Interesse geweckt? Die Frage verblüffte Clarice. Ein Kritiker mutmaßte: »Clarice Lispector war es beschieden, vorübergehend unterzutauchen, nicht nur weil sie das Land verlassen hatte, sondern hauptsächlich, weil ihre Bücher keine große Wirkung hinterließen.« Möglicherweise habe die Vorliebe für das »Moderne« ihren Werken den Weg geebnet: »Da unser künstlerisches Klima in den letzten vier Jahren so radikal umgeschlagen ist, sind wir vorbehaltlos bereit, sie willkommen zu heißen und als eine der besten brasilianischen Schriftstellerinnen aller Zeiten anzuerkennen.«[24]

Ein offensichtlicher Grund für den Erfolg von *Familienbande* ist der, dass das Buch sich leichter liest als *Der Lüster* oder *Die belagerte Stadt*. Simeão Leal und Ênio Silveira, die Clarice so viele Jahre lang hingehalten hatten, dürften über eine Schlagzeile im *Jornal do Comércio* nicht begeistert gewesen sein:»Clarice verkauft sich.«»Ihr Verlag beschreibt die Verkaufszahlen des Erzählbandes *Familienbande*, mit dem Clarice Lispector in die Buchhandlungen zurückkehrte, als *spektakulär*. C. L., die als Schriftstellerin für ein kleines Publikum galt, macht ihr Debüt unter den Bestsellern.«[25] *Familienbande* wurde das erste von Clarices Büchern, das eine zweite Auflage erlebte, nachdem die ursprünglichen zweitausend Exemplare vergriffen waren.

Nun endlich war dem *Apfel im Dunkeln* die Bühne bereitet. Francisco Alves brachte das Werk im Juli 1961 heraus, ein Jahr nach *Familienbande*. Das Buch, das schon immer von Problemen heimgesucht worden war, enthielt so viele Fehler, dass Clarice es sich nicht einmal ansehen wollte,[26] und sie war beschämt über den maßlosen Ladenpreis, 980 Cruzeiros. (Damals war es in der Tat der teuerste jemals in Brasilien veröffentlichte Roman.)[27] In einem Exemplar, das sie Erico und Mafalda Verissimo schickte, betonte Clarice, dass es sich um ein äußerst wertvolles Geschenk handele.»Luis Fernando«, fügte sie in einem Postskriptum an den Sohn der beiden hinzu,»nimm bitte auch Du das Buch als Geschenk an. Wenn Du 980 durch drei teilst, erhältst Du Deinen kostbaren Anteil.«[28]

*

Andererseits war das Buch seit fünf Jahren druckfertig gewesen, und, um mit Clarice zu sprechen:»lieber eine schlechte Ehe als gar keine«. Zwölf Jahre waren seit der Veröffentlichung ihres vorherigen Romans, *Die belagerte Stadt* (1949), verstrichen. Zusammen mit *Familienbande* und ihren Auftritten in *Senhor* markierte *Der Apfel im Dunkeln* die definitive Rückkehr einer Frau, die gar nicht lange zuvor in schmerzliche Vergessenheit geraten war. Nie wieder würde man annehmen, dass sie ein Mann sei oder dass sie»sich hinter einem Pseudonym verbirgt«.

Anfang der 1960er Jahre wurde eine obskure Schriftstellerin, die als schwierig verschrien war, zu der brasilianischen Institution»Clarice«, die man sofort an ihrem Vornamen erkannte. 1963 konnte ein Journalist bereits schreiben:»Clarice Lispector ist kein Name mehr, sondern zu einem Phänomen in unserer Literatur geworden. Einem Phänomen mit allen Kennzeichen eines Gemütszustands: Clarices Bewunderer geraten bei der bloßen Erwähnung ihres Namens in Trance …

Und die große Verfasserin von *Nahe dem wilden Herzen* hat sich in ein *monstre sacré* verwandelt.«[29]

Nachdem Clarice sich so lange im Verborgenen abgemüht hatte, wusste sie das Lob für ihre Arbeit zu schätzen. Aber sie hasste es, für ein »*monstre sacré*« gehalten zu werden. »Ich schreibe nun einmal«, sagte sie der jüdischen Journalistin Rosa Cass, die später eine enge Freundin werden sollte. »Und das ganze Aufsehen kommt wegen der Literatur. Aber wenn ich beispielsweise schön wäre oder Geld hätte, dann würde es mir auch nicht gefallen, dass mir die Leute deswegen hinterherliefen. Man wünscht sich doch, als ganzer Mensch angenommen zu werden, angefangen bei den Fehlern, den kleinen Dingen, und dann weiter bis zu den wichtigeren.«[30]

Es waren nicht ausschließlich Opportunisten, die an sie herantraten. Plötzlich erhielt sie Briefe von Menschen aus ganz Brasilien, die ihr das Herz ausschütteten, etwa von einem gelähmten Journalisten in Minas Gerais, dessen Arbeitsleben durch einen Unfall beendet worden war, oder von einem jungen Mädchen, das ihr ein einfaches Gedicht schickte und dann wissen wollte: »Habe ich ausdrücken können, was ich bin?«[31] Diese Briefe sind sehr rührend zu lesen, und die Liebe, die sie für Clarice ausdrücken, muss ihr in schwierigen Zeiten ein Trost gewesen sein.

Im Großen und Ganzen indes – und obwohl literarische Berühmtheit in Brasilien nicht viel zu heißen hatte – machte selbst diese bescheidene Prominenz Clarice zu schaffen. »So viele sehnen sich nach öffentlicher Aufmerksamkeit«, schrieb sie, »ohne sich darüber im Klaren zu sein, wie sehr einen das im Leben einschränkt. Die wenige Aufmerksamkeit, die ich bekomme, verletzt mein Schamgefühl. Ich kann selbst das nicht mehr sagen, was ich gerne sagen würde. Anonymität ist so sanft wie ein Traum.«[32] Natürlich hatte auch die Anonymität ihren Preis, wie Clarice in den fünf Jahren, als ihre Arbeiten ignoriert und für nicht druckreif gehalten worden waren, erfahren hatte. Aber beruflicher Erfolg war nicht das Gleiche wie Berühmtheit, und sie beharrte darauf, dass »ich kein öffentliches Gut bin. Und ich will nicht angestarrt werden.«[33]

Angestarrt zu werden war nicht die einzige Erniedrigung, die ihre Berühmtheit mit sich brachte. Als *Der Apfel im Dunkeln* mit dem Carmen-Dolores-Barbosa-Preis für das beste Buch des Vorjahrs bedacht wurde, reiste Clarice nach São Paulo, um die Auszeichnung entgegenzunehmen. Sie wohnte der Feier am 19. September 1962 zusammen mit ihrer Freundin Maria Bonomi bei, der jungen Künstlerin, die Clarices Kleidung bei ihrem Besuch im Weißen Haus getragen hatte. Der Zeremonie saß kein Geringerer vor als Jânio Quadros, der frühere

Präsident Brasiliens. Nur ein paar Monate nach seinem überwältigenden Wahlsieg im Januar 1961 war er jäh zurückgetreten und hatte in einem wehleidigen
Brief an den Kongress behauptet, dass »schreckliche Kräfte« ihn zur Nieder-
legung seines Amtes gezwungen hätten.

Schon vor dieser dramatischen Wende der Ereignisse war Quadros als Sonder-
ling bekannt gewesen. Seine handschriftlichen Erlasse trugen wenig dazu bei,
etwas an seinem Ruf als Exzentriker zu ändern; vor allem machte er sich einen
Namen dadurch, dass er Bikinis an den Stränden von Rio verbot.[34] Und er selbst
taugte schwerlich für Copacabana. Zu seinem volkstümlichen Image gehörten
ein herabhängender Schnurrbart und sogar, wie es heißt, falsche Haarschuppen,
die er sich auf die Schultern seines Jacketts streute. Damit nicht genug, fehlte ihm
auch noch ein Auge.

Nach einer endlosen Rede in Frau Barbosas elegantem Haus lud Seine Exzellenz Clarice in ein Privatgemach ein, um sie so leidenschaftlich zu begrapschen,
dass ihr Kleid, während sie ihn abwehrte, aufgerissen wurde. Clarice rannte
atemlos aus dem Zimmer und teilte Maria Bonomi mit, dass sie das Haus unverzüglich verlassen müssten. Um den Schlitz in ihrem Kleid zu verdecken, warf sie
sich Marias Schal über die Schultern.[35]

Auf der Rückfahrt zu Marias Haus erwartete die gebeutelte Preisträgerin noch
eine Demütigung: Der Umschlag mit dem Preisgeld enthielt ganze zwanzig Cruzeiros – für ein Buch, das 980 Cruzeiros kostete.

*

Jânio Quadros war nicht der einzige Mann, der sich für Clarice Lispector interessierte. »«Wir alle wollten sie bumsen!«, rief der unverwüstliche Nahum
Sirotzky, ihr Verleger bei *Senhor*. »Sie war sehr, sehr sexy. Aber sie war auch
unerreichbar.«[36] Paulo Francis, der Literaturredakteur von *Senhor*, drückte sich
feinfühliger aus, als er berichtete, es habe viele Kandidaten für ihre Hand gegeben. »Aber bei ihrer Empfindsamkeit wäre der Preis, den sie für männliche
Gesellschaft gezahlt hätte, hoch gewesen, erst recht, wenn noch weitere Kinder
hinzugekommen wären.«[37]

Es gab noch ein anderes Problem. Drei Jahre nach der Trennung von Maury
und ihrer Rückkehr nach Brasilien hatte Clarice sich noch nicht völlig von ihm
gelöst, und Maury liebte sie nach wie vor. Freunde meinen, das Gefühl sei nicht
einseitig gewesen. Obwohl Clarice nicht mit ihm verheiratet sein wollte, war sie
nicht ganz bereit, ihn aufzugeben. Äußerst korrekt, wie sie war, machte es sie

verlegen, nach sechzehnjähriger Ehe von ihrem Mann, dem Vater ihrer Kinder, getrennt zu sein.

Nach einem Jahrzehnt des stetigen Aufstiegs in Washington war Maury zum Botschafter befördert worden. Diese lang erwartete Belohnung dürfte ihn nicht ganz so gefreut haben, als er von seiner nächsten Versetzung erfuhr: in das trübselige kommunistische Warschau, wohin er im März 1962 abreiste. Allein in seiner neuen Botschaft, sehnte er sich nach Clarice und seinen Söhnen, und Mitte Juli akzeptierten die drei seine Einladung und brachen nach Polen auf.

Näher sollte Clarice ihrem Geburtsort nie kommen. Als Kleinkind aus Tschetschelnik geflüchtet, war sie nun die hochgewachsene, blonde brasilianische Botschaftergattin – das einzige Mal in ihrem Leben, dass sie sich mit diesem Titel schmückte. Während ihres Aufenthalts in Warschau bot ein Sowjetvertreter ihr eine Reise zu ihrem Geburtsort an, doch sie lehnte ab, da sie den dortigen Boden nie betreten habe – als Kleinkind sei sie von ihren Eltern getragen worden – und nicht beabsichtige, es je zu tun.

Trotz ihrer kategorischen Antwort dachte sie über das Angebot nach. »Aber ich erinnere mich an einen Abend in Polen, als ich im Haus eines der Botschaftssekretäre alleine auf die Terrasse ging: Ein großer schwarzer Wald wies mir dem Gefühl nach den Weg in die Ukraine. Ich spürte den Ruf. Russland hat mich auch gehabt. Aber ich gehöre Brasilien.«[38]

27

BESSER ALS BORGES

Die Versöhnung, die Maury sich ersehnte, fand nicht statt. Freunde warnten Clarice davor, ihm falsche Hoffnungen zu machen. Als sie nach Rio de Janeiro zurückkehrte, gab der Diplomat Lauro Escorel, den sie seit den Tagen von *Nahe dem wilden Herzen* kannte, ihr energisch zu verstehen, dass sie entweder bei Maury bleiben oder ihn freigeben müsse. Wenn sie entschlossen sei, sich für immer von ihm zu trennen, dürfe sie nicht weiterhin mit ihm in Urlaub fahren und Erwartungen bei ihm wecken. Das sei nicht nur eine Qual für ihn, sondern auch für die Kinder.[1]

Zu seinem eigenen Glück machte Maury ihrem Zögern schließlich ein Ende, denn während eines Besuchs in Rio lernte er eine andere Frau kennen. Die neue Frau Gurgel Valente war Isabel Leitão da Cunha, deren aristokratische Herkunft sich nicht stärker von Clarices Ursprüngen hätte unterscheiden können. Ihre Mutter Nininha war eine prominente Dame der Gesellschaft und ihr Vater kein anderer als Vasco Leitão da Cunha, der während Clarices Aufenthalt in Neapel als Generalkonsul in Rom gedient hatte. Als einer der hervorragenden brasilianischen Diplomaten seiner Generation erlangte er 1964 das höchste Amt im Itamaraty: das des Außenministers.

Maury kannte Isabel schon seit ihrer Jugend. Einmal, als er ihren Vater im Konsulat in Genf besuchte, hatte er ein Bild von ihr auf dem Schreibtisch gesehen und danach oft erwähnt, wie schön sie sei. Das traf zu, und da Isabel im auswärtigen Dienst groß geworden war, eignete sie sich viel besser für das Diplomatenleben als Clarice. Zudem war sie zwölf Jahre jünger als die erste Frau Gurgel Valente, was Clarice allem Anschein nach in Rage brachte. Nach Isabels und Maurys Trauung in Montevideo – damals fungierte Uruguay als Las Vegas für Brasilianer – verkündete Clarice majestätisch, dass ihre Freunde das Paar nicht »empfangen« dürften. Rubem Braga erwiderte lachend:»Du ärgerst dich nur, weil sie so gut aussieht – und so viel jünger ist.«[2]

»Die Frau machte mir das Leben zur Hölle«, sagte Isabel im Hinblick auf ihre

ersten Ehejahre. Möglicherweise waren ihre Eindrücke durch die Rivalität ge-
trübt, die naturgemäß zwischen einer zweiten und einer ersten Ehefrau besteht,
besonders wenn die erste so viel Ruhm und Bewunderung genoss wie Clarice.
Wann immer die Jungen ihren Vater besuchten, hackte sie unablässig auf Isabel
herum. »Hier spricht die Mutter der Kinder des Herrn Botschafters«, schnarrte
sie gebieterisch, sobald Isabel den Hörer abnahm. Im klassischen Stil jüdischer
Mütter bestand sie darauf, über sämtliche Mahlzeiten der Jungen informiert zu
werden, wenn sie sich unter Isabels Aufsicht befanden, und sie lag Maury dauernd
in den Ohren, ihr mehr Geld zu schicken.[3]

Einmal, als Maury und Isabel in Warschau wohnten, beschlossen sie, nachdem
sie eine Weile nicht in Brasilien gewesen waren, nach Rio zu reisen. Clarice war
wütend. Sie marschierte hinüber zum Itamaraty-Palast und verlangte ein unver-
zügliches Gespräch mit dem Minister. Diplomaten benötigten die Genehmigung
des Ministeriums, wenn sie ihren Posten verließen, und das Fazit von Clarices
Besuch bei Dr. Vasco war, dass die Erlaubnis verweigert wurde. »Ich war eine
verheiratete Frau – mein eigener Vater!«, keuchte Isabel, die ihre Empörung vierzig Jahre später immer noch nicht überwunden hatte.[4]

Maurys Wiederverheiratung blieb ein heikles Thema. 1968 beantwortete
Clarice in einer Zeitungskolumne den Brief einer Leserin an sie folgendermaßen:
»F. N. M., Sie sind ein schlauer Fuchs [...]. Sie heucheln Mitgefühl und sagen, Sie
hätten gehört, meine Depression sei von der Heirat meines Ex-Manns verursacht
worden. Behalten Sie Ihr Mitgefühl für sich, Gnädigste, die Sie nichts Besseres zu
tun haben. Und wenn Sie die Wahrheit hören möchten, womit Sie sicher nicht
gerechnet haben, bitte sehr: Nachdem ich mich von meinem Mann getrennt hatte,
hat er über sieben Jahre lang auf meine Rückkehr gewartet.«[5]

*

Die Reaktion, die Maurys Wiederverheiratung auslöste, mag extrem gewesen
sein, doch viele Freunde berichten, dass sie in den 1960er Jahren einen Wandel
durchgemacht habe. In sämtlichen Beschreibungen von Clarice als junger Frau
wird ihre fast übermäßige Höflichkeit erwähnt. Für diejenigen, die sie im auswärtigen Dienst kennengelernt hatten, ging dies weit über die normalen guten
Manieren hinaus, die man von Diplomatengattinnen erwartete. Es war ein tiefes
Einfühlungsvermögen, das Frauen veranlasste, sich ihr anzuvertrauen, und Männer bewog, sich in sie zu verlieben.

»Als sie an der juristischen Fakultät studierte«, erinnerte sich Sara Escorel,

»sagte sie: Ich werde die beste Diplomatenfrau aller Zeiten werden. Und das stimmte. Während ihrer Ehe mit Maury war sie perfekt. »Natürlich hatte diese Perfektion ihren Preis. »Ich fühlte mich nicht besonders wohl in diesem Umfeld. All die Förmlichkeiten ... Aber ich spielte die mir zugewiesene Rolle ... Ich war nachgiebiger als heute.«[6]

Die Spannung zwischen der rebellischen Joana und der sanften Lídia, zwischen der tierischen Welt und der Verstellung der menschlichen »Zivilisation«, war ein Lieblingssymbol für Clarice, und in ihren Briefen erwähnte sie ihre Furcht davor, ihr »inneres Gleichgewicht« zu verlieren. In seinem scharfsinnigen Brief hatte Maury die Sorge ausgedrückt, dass sie »in gewisser Hinsicht Joanas Schicksal im wirklichen Leben« nachvollzog. Bereits in Bern hatte ihr erster Analytiker, Ulysses Girsoler, vor dieser unerträglichen Spannung in ihrer Persönlichkeit gewarnt: »Für einen solchen Charakter wird es sehr schwierig sein, ein Gleichgewicht zu finden, [denn es erfordert] eine bewusste Zähmung dieser elementaren Impulse durch intellektuelle Mitwirkung.«

Clarice wurde herrisch und konnte, wie ihr Umgang mit Maury und Isabel zeigte, regelrecht ruppig werden. Ihre Freunde bemerkten zwei bedeutende Veränderungen. Erstens begann sie, weil sie wegen ihrer unaufhörlichen Angstgefühle nicht schlafen konnte, mitten in der Nacht ihre Bekannten anzurufen. Zweitens wurde ihr Make-up »skandalös« (das Wort wird mehrere Male benutzt). Kurz vor ihrer Scheidung schrieb sie Mafalda, ihr Lippenstift sehe aus, als hätte sie »gerade ohne Serviette Spare Ribs gegessen«.[7]

Darüber zeigten sich viele überrascht, zumal Clarice immer so elegant gewesen war. Sie schlug Helen Palmers eigenen Rat in den Wind: »Natürlich wissen Sie, dass es nicht zum guten Ton gehört, Aufmerksamkeit zu erregen, und dass das auf die Betreffende ein ganz schlechtes Licht wirft. Ob durch auffällige Kleidung, eine exotische Frisur, den Gang, die Umgangsformen, ein ordinäres Lachen oder was auch immer – eine Frau, die Aufmerksamkeit auf sich zieht, verdient allenfalls den Preis für Gewöhnlichkeit.«[8]

Manche machten ihre neue Psychoanalytikerin, Inês Besouchet, für den Wandel verantwortlich. Obwohl Clarice schon vor ihrer Ehe hin und wieder psychiatrisch behandelt worden war und obwohl sie Maury dessen Weigerung, sich einer Analyse zu unterziehen, übelgenommen hatte, schämte sie sich ihrer Therapie. In Brasilien, wie anderswo, war Psychotherapie in jenen Jahren mit einem Stigma behaftet; vielleicht hatte Clarice Angst, als verrückt zu gelten. Aber in Rio fand sie eine Analytikerin, der sie vertrauen konnte.

Wie Clarice war Besouchet Jüdin. Sie hatte Clarices Freund Hélio Pellegrino ausgebildet, der zu Fernando Sabinos Minas-Gerais-Gruppe gehörte. Als Linke war sie während einer von Getúlio Vargas' Regierungsperioden nach Bolivien ausgewiesen worden. Klug und umsichtig, hielt Inês die Analytikern empfohlene Distanz zu ihren Patienten. Trotzdem wurde sie eine enge Freundin von Clarice und war, zusammen mit Tania, eine von nur zwei Personen, denen Clarice ein Buch widmete, nämlich *Die Fremdenlegion* (1964).[9]

Inês mahnte Clarice, sich von der Last des Wunsches zu befreien, stets die Erwartungen anderer zu erfüllen. Vielleicht hätte ihre Umsetzung nicht so heftig gewirkt, wenn sie in einer weniger stark reglementierten Umgebung gelebt hätte. »Clarices Aufrichtigkeit war so verletzend, dass man sie manchmal mit Exzentrizität verwechselte«, erläuterte ihre Freundin Olga Borelli, die sie am Ende des Jahrzehnts kennenlernte. »Sie tat immer – wirklich immer – genau das, was sie wollte und wenn sie es wollte. Ohne irgendjemanden um Erlaubnis zu bitten. Es war ein starkes Merkmal ihres Charakters.«[10]

*

»Clarice war ein unlösbarer Fall. Das wusste sie«, schrieb Paulo Francis.[11] Doch, ob unlösbar oder nicht, Clarice hatte die Dinge trotz ihres Unbehagens und ihrer Depressionen eigentlich seit vielen Jahren im Griff gehabt. Warum verhielt sie sich so viel weniger »nachgiebig«? Tatsache war, dass Clarice vor Herausforderungen stand, die selbst stabileren Persönlichkeiten Kopfschmerzen bereitet hätten.

Sie war froh darüber, wieder in Brasilien zu sein. Und der berufliche Erfolg, nach so vielen Jahren des Ringens darum, bereitete ihr Genugtuung. Aber ihr Leben war mühsam. Sie musste sich ihren Unterhalt verdienen, was ihr durch *Senhor* und ihren Journalismus gelang. Aber diese Arbeit lenkte sie von ihrer »wahren« Schriftstellerei ab. Seit 1956, als *Der Apfel im Dunkeln* in Washington fertiggestellt wurde, hatte sie sich keinem Buch von voller Länge mehr widmen können. Im Rückblick auf diese Zeit erklärte sie einem Interviewer: »Es gibt bei mir Phasen intensiven Schaffens und Übergangsphasen, in denen das Leben unerträglich wird. [...] Der Übergang zwischen einer Arbeit und der nächsten ist ausgesprochen hart, und gleichzeitig ist er notwendig, damit sich der Kopf leert, so dass etwas Neues entstehen kann, wenn es denn entsteht.«[12]

Aber den größten Kummer machte ihr die fortschreitende Krankheit ihres Sohnes Pedro. Der brillante Junge war zu einem gestörten Jugendlichen geworden. »Als er in die Pubertät eintrat, begann er, sich zu verschließen«, sagte Tania.

»Clarice tat, was sie konnte: Sie schickte ihn zur Psychoanalyse, in alle möglichen Behandlungen. Nichts half.«[13] Bereits 1957 in Washington hatte Clarice sich um Beistand bemüht, doch mit der Zeit verhärtete sich die Exzentrik eines überdurchschnittlich begabten Kindes zu regelrechter Schizophrenie.

Pedro war schrecklichen Qualen ausgesetzt. Rosa Cass merkte, dass seine Mutter unter der Situation »brutal« litt. »Sie war leidgeprüft, verzweifelt.« Pedro erwies sich als ganz und gar unberechenbar. Zu Hause schrie er immer wieder hysterisch – so laut, dass sich die Nachbarn beschwerten. Man konnte mit ihm nirgendwohin gehen, nicht einmal ins Kino, da er nicht fähig war, still zu sitzen. Ein anderer Freund erinnert sich an eine Dinnerparty, bei der Pedro, die Hände über dem Gesicht, pausenlos um den Tisch herumlief.

Die Behandlung schlug nicht an. Laut Isabel Gurgel Valente, Maurys zweiter Frau, die sich in den 1970er Jahren um Pedro kümmerte, halfen ihm nur starke Medikamente. Wenn die Dämonen ihn überwältigten, brüllte er: »Eine Spritze! Eine Spritze!« Dann fuhr Isabel mit dem unablässig kreischenden Jungen ins Krankenhaus, wo man ihm seine Injektion verabreichte.

Nach ihrer Trennung von Maury hatte Clarice eine wichtige Stütze verloren, und während sich Pedros Krankheit verschlimmerte, setzte ihr das Gefühl der Einsamkeit unerbittlich zu. Aufgrund ihrer Diskretion vertraute sie ihre Sorgen wenigen Menschen an. Diejenigen Freunde, die Bescheid wussten, reden vornehmlich über ihre eigenen Eindrücke und geben nur selten Äußerungen von Clarice selbst dazu wieder. Bei der Dinnerparty zum Beispiel, als Pedro um den Tisch herumlief, tat Clarice so, als bemerke sie ihn nicht, und setzte die Konversation diplomatisch fort. Aber natürlich bemerkte sie ihn, was die Gäste wussten, denn obwohl sie stundenlang am Tisch saßen, vergaß Clarice, die Speisen servieren zu lassen. »Wenn man ein solches Kind hat, glaubt man immer, man habe irgendwie an der Situation Schuld«, sagte Rosa. »Sie hielt es einfach nicht aus, ihn in diesem Zustand beobachten zu müssen. Es tat ihr zu weh.« Zuerst hatte sie es nicht geschafft, ihre Mutter zu retten, und nun musste sie hilflos mit ansehen, wie ihr Sohn wahnsinnig wurde. Es war ein weiterer Schlag für eine Frau, die sich so sehr gewünscht hatte, Mutter zu sein, vielleicht teils, um die Tragödie ihrer eigenen Familie wettzumachen. Sie war äußerst empfindlich, was jegliche Anspielung auf dieses Scheitern betraf. Ihr Freund Otto Lara Resende begegnete ihr auf der Straße in Leme, wo er mit seinem kleinen Sohn André spazieren ging. »Wer ist die blonde Dame?«, fragte André, nachdem sie sich voneinander verabschiedet hatten. »Sie wirkt so nervös. Hat sie Kinder? Ich möchte nicht ihr Kind sein.« Zwei Jahre später, als Otto ihr den Vorfall schilderte (allerdings ohne den letzten Satz seines Sohnes), wurde er streng getadelt, und zwar in einem »überwältigenden Crescendo«: »Sag deinem Sohn, ich kann sehr wohl Mutter sein. Ich kann seine Mutter sein. Ich kann auch deine Mutter sein, Otto. Ich kann die Mutter der ganzen Menschheit sein. Ich bin die Mutter der ganzen Menschheit.«[14] Sie zog sich noch weiter in sich selbst zurück. »Ihr Gesicht war das eines Menschen, der unter der Wahrung der größtmöglichen Würde unaufhörlich litt … Sie wollte keine überschwängliche, liebevolle, emotionale Vertraulichkeit«, berichtete einer der Redakteure von *Senhor* im Zusammenhang mit der großen Phase der Zeitschrift, als »jeden Monat zwei unheimliche Gestalten in unserer Redaktion auftauchten, um uns die großartigsten Texte der damaligen brasilianischen Literatur zu übergeben: Guimarães Rosa mit all seiner Anmaßung und Clarice Lispector mit ihrem kummervollen Schweigen.«[15]

*

Um 1962 begann Clarice ihre letzte Liebesaffäre: mit dem Dichter und Journalisten Paulo Mendes Campos, genannt Paulinho. Sie kannten einander seit der Zeit von *Nahe dem wilden Herzen*, als sie Fernando Sabino und seinen Freunden aus Minas Gerais begegnet war. Paulinho glich einer heterosexuellen Version von Lúcio Cardoso. Beide stammten aus Minas, und beide waren chronisch Unangepasste, die aus verschiedenen Schulen davonliefen oder ausgeschlossen wurden. Paulinho immatrikulierte sich in den Fächern Zahnmedizin, Veterinärmedizin und dann Jura; er trat in die Luftwaffenakademie in Porto Alegre ein – und brach jeweils alles wieder ab.[16]

Wie Lúcio war er Katholik, sah gut aus und besaß ein erstaunliches, verführerisches Sprachtalent. Er war ein hervorragender Dichter, äußerst belesen und wurde schließlich Direktor der Abteilung für seltene Bücher in der Nationalbibliothek. Zusammen mit Rubem Braga gehörte er zu den berühmtesten brasilianischen Vertretern des als *crônica* bekannten literarischen Journalismus.

Wie Lúcio konnte er nicht mit Geld umgehen, war ein Bohemien und Alkoholiker. »Trinken tröstet; der Mensch trinkt; deshalb muss der Mensch getröstet werden«, schrieb er in einer seiner vielen Abhandlungen zum Thema.[17] Mit zunehmendem Alter wurde er zu einem üblen Trunkenbold, der sich aggressiv und gewalttätig benahm; seine Freunde gingen ihm möglichst aus dem Weg. Und während Lúcios sexuelle Orientierung eine Partnerschaft mit Clarice ausschloss, hatte Paulinho eine Ehefrau, eine Engländerin.

Für eine kurze Zeit lebten Clarice und Paulinho, wie von allen, die sie kannten, bestätigt wird, ihre große Leidenschaft aus. Sie waren ein seltsames Paar: Clarice groß, blond und bezaubernd, und Paulinho, nicht mehr der Byron seiner Jugend, klein, dunkel und trotz seines Charmes äußerlich unattraktiv. Eine Freundin sah, wie die beiden ein Restaurant in der Innenstadt betraten, und fragte ihren Begleiter: »Was macht *Paulinho* denn mit der *Walküre* da?«[18] Aber ein anderer Freund, Ivan Lessa, meinte: »Von ihren Neurosen her waren sie füreinander geschaffen.«[19]

Man bekam die beiden jedoch selten als Paar zu Gesicht, obwohl Rio, wie Lessa sagt, »im besten Sinne ein Dorf« war. Dies galt besonders für literarische Kreise, die Clarice vermied, in denen Paulinho jedoch eine zentrale Rolle spielte. Die Affäre überraschte etliche ihrer gemeinsamen Freunde, obgleich Clarice versuchte, diskret zu sein. Lessa, der in derselben Straße wie Clarice wohnte, sah die beiden häufig verstohlen durch die Nebenstraßen von Leme wandeln. Außerdem kamen sie in einer Garçonnière zusammen, die sich Clarice und Paulinho mit dessen Freund Sérgio Porto teilten. Dem Pförtner gegenüber bezeichnete Clarice sich als »Madame«.[20]

Paulinhos Frau tolerierte die Situation eine Zeit lang. Irgendwann jedoch war das Maß voll, und sie drohte, mit den Kindern nach England zurückzukehren. Paulinho entschied sich für seine Frau und seine Familie und brach die Affäre mit Clarice ab. Dies war gleichzeitig das Ende ihrer Freundschaft. Clarice bat den Romanschriftsteller Autran Dourado wiederholt, die Dinge ins Lot zu bringen, aber er begriff, dass das Verhältnis vorbei war, und wollte sich nicht in die Sache hineinziehen lassen. Durch das Ende der Beziehung wurde Clarice noch stärker vom literarischen Milieu und von der Erwachsenenwelt isoliert, mit der sie ohnehin nur lose verbunden war.

»Sie liebte ihn bis zum Tag ihres Todes«, bezeugte ihre Freundin Rosa Cass. Auch wenn die Affäre nicht lange dauerte und Paulinho sich für seine Frau und seine Familie entschied, fiel es Clarice nicht leicht, das zu akzeptieren. Über ein Jahrzehnt später verfasste sie eine in London spielende Kurzgeschichte mit dem Titel »Miss Algrave«. Diese Miss Algrave weiß genau, dass sie ihren Chef verführen kann. »Sie war sicher, dass er darauf eingehen würde. Er war mit einer blassen und unbedeutenden Frau verheiratet.« In einem lyrischeren Sinn mag Clarice an Paulinho gedacht haben, als sie schrieb: »Manchmal liegt in unrechtmäßiger Liebe die ganze Reinheit von Körper und Seele, gesegnet nicht von einem Priester, sondern von der Liebe selbst.«[21]

*

Um die Mitte des Jahres 1962 schloss Clarice Bekanntschaft mit der amerikanischen Dichterin Elizabeth Bishop. Diese lebte seit 1951 in Brasilien. Damals war sie auf einer Kreuzfahrt um Südamerika zu einem zweiwöchigen Besuch in Santos von Bord gegangen. Letztlich verweilte sie fünfzehn Jahre im Land. Die Ursache war ihre Beziehung zu der Erbin Lota de Macedo Soares, mit der sie recht feudal in einer modernistischen Villa, Samambaia genannt, in den Bergen nördlich von Rio zusammenlebte. Die brillante Lota war eine der bedeutendsten Landschaftsarchitektinnen der brasilianischen Geschichte, und sie hatte einen großen Teil von Rio de Janeiro saniert. Aber sie war auch von stürmischem Temperament und depressiv. Später beging sie Selbstmord in Bishops Wohnung in New York.

Anfang der 1960er Jahre nahm das Verhältnis eine Wendung zum Schlechteren. Bishop trank übermäßig viel, und unter ihrer wachsenden Verzweiflung litt auch ihre Wertschätzung für Lotas Heimat. Das, was sie einst für ein tropisches Paradies voller Wasserfälle und Barockkirchen gehalten hatte, war nun für sie eine Kloake der Ignoranz und des Provinzialismus. In ihren Briefen häuften sich verächtliche Kommentare über Brasilien und die Brasilianer. Immerhin nannte sie widerwillig eine Ausnahme:

Ich habe eine zeitgenössische Autorin gefunden, die ich mag. Sie wohnt in derselben Straße wie wir in Rio. Ich hatte es aufgeschoben, sie zu lesen, weil ich dachte, dass sie mir nicht gefallen würde. Nun habe ich jedoch festgestellt, dass ich nicht nur ihre Geschichten sehr gern mag, sondern sie selbst auch. Sie hat einen wunderbaren Namen: Clarice Lispector (russisch). Ihre 2 oder 3 Romane halte ich nicht für so gut, aber ihre Kurzgeschichten gleichen fast genau denen, die, wie ich schon immer gedacht habe, über Brasilien geschrieben werden sollten – an Tschechow erinnernd, ein wenig unheimlich und phantastisch. Ich werde dem *Encounter* bald ein paar davon schicken. Sie hat einen Verlag in New York, der die Geschichten haben will, und vielleicht werde ich das ganze Buch für sie übernehmen. Ich hatte mir geschworen, nie wieder etwas zu übersetzen, aber sehr kurze Dinge machen mir nichts aus, und ich habe das Gefühl, dass ich es unbedingt tun sollte. Sie ist ziemlich grobknochig, blond und sieht ganz und gar russisch-orientalisch aus – »chergisisch«, heißt die Rasse, glaube ich, oder so ähnlich – wie das Mädchen in *Der Zauberberg*. Sonst aber ist sie sehr brasilianisch und sehr schüchtern. Ich kenne und mag hier so wenige der »Intellektuellen«, dass es schön ist, jemand Neuen zu finden. Und Lota gefällt sie nicht weniger als mir. Sie hat sich sogar die Mühe gemacht, zwei der Geschichten zu lesen, & stimmt mir zu, dass sie gut sind (Lota weigert sich neuerdings, irgendetwas, abgesehen von Zeitungen und Regierungsberichten, auf Portugiesisch zu lesen). Ich finde sogar, dass sie besser ist als J. L. Borges – der gut ist, aber so gut nun auch wieder nicht![22]

Bishop arbeitete an einer Übersetzung von Clarices Erzählungen, doch bis zum Jahresende hatte sich auch diese Romanze abgekühlt. Ihre Hoffnungen auf eine ergiebige literarische Zusammenarbeit zerschlugen sich, als Clarice unerklärlicherweise von der Bildfläche verschwand. Im Januar 1963 schrieb sie Robert Lowell:

Ich habe fünf von Clarices Geschichten übersetzt – all die sehr kurzen & eine längere. Der New Yorker ist interessiert, und ich glaube, sie braucht Geld. Das wäre also günstig, wenn man den Stand des $ bedenkt (schon fast zweimal so hoch wie bei Deinem Besuch hier). Dann, wenn man die Erzählungen dort noch nicht kennt, an den Encounter, PR etc. Auch Alfred Knopf möchte sich das ganze Buch ansehen. Aber ausgerechnet in dem Moment, als ich das Bündel, mit einer Ausnahme, abschicken wollte, ist sie ganz und gar untergetaucht – und das seit ungefähr sechs Wochen! Lota hat sie kennengelernt – sie ist nicht etwa verärgert, und sie schien begeistert von den Übersetzungen, den Empfehlungsschreiben etc. zu sein. Ich bin verwirrt; L. hat es satt ... Vielleicht liegt es am »Temperament« oder, was wahrscheinlicher ist, an der gewohnten »massiven Trägheit«, der man auf Schritt und Tritt begegnet – und die Lota bei ihrer Arbeit in den Wahnsinn treibt. Wirklich, man könnte verzweifeln. Ihre Romane sind NICHT gut; die »Essays« die sie für Senhor schreibt, sind sehr schlecht, aber in den Erzählungen hat sie außerordentlich interessante Dinge zu sagen. Sie klingen ziemlich gut auf Englisch, und ich war sehr zufrieden mit ihnen. Oje.

Trotz ihrer Verärgerung war Bishop nicht ganz bereit – jedenfalls noch nicht –, Clarice als eine weitere träge Brasilianerin abzuschreiben. »Clarice leidet unter derselben Art von Überholtheit, Provinzialismus etc., aber sie hat wirklich Talent, und ich habe Hoffnung (oder hatte sie, bevor sie untertauchte).«[23]

*

Clarices Verschwinden hatte vielleicht etwas mit einer weiteren persönlichen Krise zu tun. Am 7. Dezember 1962 hatten lebenslanger Alkohol- und Drogenmissbrauch ihren Freund, Ratgeber und ihre erste Liebe Lúcio Cardoso ereilt. Im Frühjahr desselben Jahres, im Mai, war er gewarnt worden. Als er bei sich zu Hause in Ipanema eintraf, bemerkte seine Schwester Maria Helena, »wie die Muskeln an seinem Gesicht unaufhörlich zitterten, während er in der größten Not versuchte, sie mit der Hand ruhig zu stellen«. Die Krise verging, aber der Arzt äußerte sich eindeutig: »Hören Sie, Lúcio, das war bloß ein Krampf, durch den sich Ihr Mund ein wenig verkrümmt hat, so dass Sie schleppend sprechen. Gott sei Dank, denn es hätte viel schlimmer sein können. Mit der Zeit wird, wenn Sie weiterhin Ihre Übungen vor dem Spiegel machen, alles wieder normal werden. Aber von nun an dürfen Sie es nicht übertreiben. Trinken Sie nichts, strapazieren Sie sich nicht durch Feiern, versuchen Sie, ein ruhigeres Leben zu führen, denn wenn Sie so weitermachen wie bisher, kann etwas Schlimmeres passieren.«

Trotz der verzweifelten Bemühungen seiner Schwester, ihm zu helfen, schlug Cardoso die Warnung des Arztes in den Wind. »Ich bin kein Kind, um das du dich kümmern musst«, beschied er Maria Helena. »Fass die Flaschen nicht an! Wenn ich trinken will, kann mich niemand, ob du oder sonst wer, daran hindern.«[24]

Lúcio hatte nie den Ruhm erlangt, zu dem seine überbordende Kreativität ihn zu berechtigen schien. Seine Theaterprojekte waren im Sand verlaufen, und seine Veröffentlichungen stießen auf Unverständnis. 1959 brachte er sein Meisterwerk heraus: *Chronik des ermordeten Hauses*, einen langen Faulkner'schen Roman über seine Heimat Minas Gerais, eine Attacke auf »Minas in Fleisch und Geist«,[25] eine Meditation über Gut und Böse und Gott inklusive Inzest, Homosexualität und Sodomie.

Der Roman schockierte die leichter zu schockierenden Kritiker. Sein Verteidiger Octavio de Faria entgegnete ihnen mit Worten, die auf Lúcios Ähnlichkeit mit Clarice Lispector hindeuten: »Sollen wir unsere Versuche, die Welt wiederaufzubauen, fahren lassen – diese ungeheure Verantwortung, von der unsere Erlösung abhängen könnte – und uns stattdessen einem halben Dutzend Vorurteile unterwerfen?«[26]

Nicht einmal diese traurige Berühmtheit brachte Lúcio das ersehnte breitere Publikum ein, und er quälte sich, zunehmend durch den Alkohol geschwächt, noch bis zum 7. Dezember 1962.

Ich werde jenes Datum nie vergessen: 7. Dezember 1962 [schrieb seine Schwester]. Es war ein ruhiger Tag, völlig normal, bis zum Nachmittag. Zwischen sechs Uhr dreißig und sieben klingelte das Telefon.
»Lelena, ich bin bei Lazzarini und helfe ihm bei einem Abendessen für seine Freunde.«
Ich erkannte die Stimme Nonôs, den ich seit über zwei Tagen nicht gesehen hatte. Manchmal verschwand er auf diese Weise für eine Woche, was mich nach seinem Krampf beunruhigte.
»Sei vorsichtig, trink nichts, nimm keine Tabletten.«
»Reg dich ab, ich verhalte mich wie ein Heiliger.«[27]

Am selben Abend ging Helena, da sie nichts von ihm gehört hatte, später zu seiner Wohnung, die direkt hinter ihrer eigenen lag. Die Tür war unverschlossen, was ihr seltsam erschien. Sie trat ein und fand ihren Bruder sterbenskrank vor. Verängstigt ließ sie einen Unfallwagen kommen; in jener Nacht fiel er ins Koma. Er erwachte, doch ein schwerer Schlaganfall hatte ihn gelähmt. Er sollte nie wieder fähig sein, normal zu sprechen, und seine Schriftstellerkarriere war beendet.

Maria Helena pflegte ihn jahrelang und hoffte stets, dass sich ihre Rehabilitationsversuche bezahlt machen und ihm gestatten würden, seine Karriere fortzusetzen. Es war ein schmerzlicher Kampf, Tagen der Hoffnung schlossen sich Wochen und Monate der Verzweiflung an. In einem Moment der Frustration, als Maria Helena ihn bewegen wollte, seine Übungen zu machen, tadelte sie ihn:

»Du bist einfach unverbesserlich, deshalb ist dir so viel zugestoßen. Erinnerst du dich an deine erste Krankheit, den kleinen Krampf? Ich habe dich angefleht, aber du hast weiter getrunken und Tabletten geschluckt. Hat sie dir etwas gebracht, deine Unverbesserlichkeit?«
Er wurde noch gereizter und antwortete zu meiner Überraschung:
»Ja. Ich bin gestorben.«[28]

※

»Clarice hat gestern endlich von sich hören lassen«, schrieb Elizabeth Bishop ungefähr sechs Wochen nach Lúcios Schlaganfall an Robert Lowell. »Entschuldigungen und sogar Tränen, glaube ich! Natürlich schaffte ich es nicht einmal, verärgert zu klingen. Sie war anscheinend krank und muss sich Ende des Monats einer kleineren Operation unterziehen. Tja, ich denke, wir werden den Stapel Erzählungen nächste Woche abschicken können. Knopf kehrt im Februar zurück, und es wäre auch für sie eine gute Chance. Vermutlich kommen bei ihr schwere russische und brasilianische Trägheit zusammen. Außerdem mag ich sie. Aber in letzter Zeit hat mir meine eigene Einsamkeit wohl wieder mehr zu schaffen gemacht. ANDERERSEITS meine ich, dass die liebe Clarice in den sieben Wochen wenigstens einmal persönlich oder durch ihr Dienstmädchen hätte anrufen können!«[29]

Bishops – wenn auch unwirsche – Bemühungen, Clarice auf Englisch veröffentlichen zu lassen, waren letztendlich von Erfolg gekrönt. 1964 publizierte die *Kenyon Review* »Three Stories by Clarice Lispector« in Bishops Übersetzung.[30] Und ihre Versuche, das Interesse von Alfred Knopf zu wecken, führten 1967 zu der ersten englischen Übersetzung eines ihrer Bücher, dem *Apfel im Dunkeln*. Knopf erklärte angeblich, er habe kein Wort davon verstanden. Die Übertragung stammte nicht von Bishop, für die ein Werk von solcher Länge »zu langweilig & zeitaufwändig«[31] war, sondern von Gregory Rabassa, dem Übersetzer-Doyen für lateinamerikanische Literatur.

Er begegnete Clarice ein paar Monate nach Lúcios Schlaganfall, als sie in die Vereinigten Staaten eingeladen wurde. »Clarice ist zu einem weiteren Literaturkongress gebeten worden, an der University of Texas«, teilte Bishop Lowell Anfang Juli mit, »und sie gibt sich sehr verschämt & kompliziert, aber ich glaube, dass sie insgeheim stolz ist. Und natürlich reist sie dorthin. Ich werde ihr bei ihrem Vortrag helfen. Offenbar werden wir langsam ›Freundinnen‹.«[32] Am 26. August, am Tag von Clarices Abreise, informierte Bishop ihn mit ihrem üblichen Missmut: »Sie bricht heute Morgen zu einer Literaturkonferenz nach Texas auf. Samstag kam sie hierher, um mir ihren Vortrag vorzulesen. Aber sie ist wirklich hoffnungslos.«

Es war Clarices erster Besuch in den Vereinigten Staaten, seit sie Washington 1959 verlassen hatte, und es sollte ihr letzter sein. Während ihrer wenigen Tage in Austin hinterließ sie einen erstaunlichen Eindruck. Gregory Rabassa sagte, er sei »verblüfft« gewesen, »jene seltene Person zu treffen, die aussah wie Marlene Dietrich und schrieb wie Virginia Woolf«.[33] Ein Zeitungsreporter meldete: »Mrs. Lispector ist eine bezaubernde Blondine mit dem Charisma eines Filmstars, die jeden Raum erhellt, den sie betritt.«[34]

Allerdings wurde sie keineswegs wie ein Filmstar behandelt von dem brasilianischen Konsul, der »sich in der Pflicht sah«, sie zum Abendessen einzuladen: »Dieser Vertreter unseres Landes führte mich also in ein drittklassiges Restaurant, so eins mit rot-schwarz karierten Tischdecken. In den USA ist Fleisch ein teures Essen, Fisch hingegen billig. Noch ehe ich gewählt hatte, wandte er sich an Kellner: ›Die Dame nimmt den Fisch.‹ Ich wunderte mich sehr: Das Restaurant war kein Fischlokal. Da fügte er hinzu – und ich lüge nicht: ›Und für mich ein ordentliches Steak, *very rare*.‹ Während er sein Steak schnitt, um das ich ihn beneidete, erklärte er mir, wie schwer er es doch habe als geschiedener Mann. Der Fisch war natürlich schauderhaft. Um ihm bei der Sparmaßnahme behilflich zu sein und ihn endlich loszuwerden, verzichtete ich auf den Nachtisch.«[35]

Obwohl sie ihren Vortrag mit der Bemerkung begann, sie sei keine Kritikerin und deshalb nicht qualifiziert, an der Seite der Professoren Kommentare abzugeben, betonte Rabassa, dass »Clarice, die Romanschriftstellerin, eine überzeugendere Rede über Literatur hielt als jeder der vielen professionellen Gelehrten und Kritiker, die mit ihr auf dem Podium saßen«.[36] Der Vortrag liest sich wie eine reifere Version der analytischen journalistischen Stimme vom Anfang ihrer Karriere.

Das Thema war avantgardistische Literatur. In dem Text beschäftigt sie sich mit der Frage der Abgeschiedenheit Brasiliens, der nationalen Selbstbezogenheit, die seine Literatur charakterisiere. »Wir sind hungrig, etwas über uns selbst zu erfahren, und es ist uns sehr dringlich, weil wir uns selbst brauchen, mehr als die anderen.« Wahre Kunst, sagt sie, sei immer Avantgarde, da »wahres Leben immer Experimentieren ist«; jedes Kunstwerk, für das dies nicht gelte, sei nicht mehr als Imitation. »Und es gibt junge Autoren, die es mit der Intellektualität ein wenig übertreiben. Anscheinend stammt ihre Inspiration nicht so sehr, sagen wir mal, vom ›Ding an sich‹ als von der Literatur anderer, vom ›schon literarisierten Ding‹.«[37]

Dem fügte sie noch eine entmutigende Anmerkung hinzu: »Was das Schreiben betrifft, möchte ich – falls das jemanden interessiert – sagen, dass ich enttäuscht bin. Enttäuscht darüber, dass mir das Schreiben nicht das gebracht hat, was ich mir wünschte, nämlich Frieden. Da meine Literatur keineswegs eine Katharsis darstellt, die mir guttun würde, dient sie mir auch nicht als Mittel der Befreiung. Vielleicht werde ich künftig überhaupt nicht mehr schreiben, sondern nur noch das Leben in mir vertiefen. Oder vielleicht wird dieses Vertiefen des Lebens mich wieder zum Schreiben führen. Ich weiß nichts.«[38]

DIE KAKERLAKE

Daheim in Brasilien erlebten Clarices weitgehend vergessene frühere Werke einen zweiten Frühling. 1963 gab Francisco Alves eine preiswerte Taschenbuchausgabe ihres einst berühmten Debütromans heraus. »Vor rund zwanzig Jahren in einer kleinen Auflage veröffentlicht, ist *Nahe dem wilden Herzen*, nach Meinung vieler Clarice Lispectors Meisterwerk, den heutigen Lesern völlig unbekannt«, hieß es im Vorwort.[1] Im selben Jahr ließ ein anderer Verlag, José Álvaro, den *Lüster* wiederaufleben. *Die belagerte Stadt* folgte 1964.

Diese Aufmerksamkeit, die ihrem Frühwerk gewidmet wurde, war schmeichelhaft, doch sie erhöhte auch ihre ohnehin vorhandene Zukunftsangst. Es war lange her, seit sie an einem Roman gearbeitet hatte (sieben Jahre seit der Fertigstellung des *Apfels im Dunkeln*). Wie ihr Vortrag in Texas erkennen lässt, war sie zutiefst besorgt darüber, ob sie überhaupt noch fähig sein würde zu schreiben. In solchen Übergangszeiten werde »das Leben unerträglich«.[2]

Doch sie hatte diese Furcht kaum ausgesprochen, als sie Ende 1963 in raschen Energieschüben einen der großen Romane des zwanzigsten Jahrhunderts zu Papier brachte. »Es ist eigentümlich«, erinnerte sie sich später an diese Zeit, »denn ich befand mich in der schlimmsten Situation, die man sich denken kann, emotional wie familiär, alles war kompliziert, und ich schrieb *Die Passion*…, in der das alles keine Rolle spielt.«[3]

Hinsichtlich seiner exzentrischen Ambitioniertheit, hinsichtlich seiner umfassenden Neudefinition dessen, was ein Roman sein kann, erinnert *Die Passion nach G. H.* an so außergewöhnliche Meisterwerke wie *Moby Dick* und *Tristram Shandy*. Andererseits handelt es sich nicht, jedenfalls nicht in erster Linie, um Literatur. So, sagte Clarice in Texas, »nennen die anderen das, was wir Schriftsteller machen«.[4] Später jedoch sollte sie schreiben: »Ich weiß wohl, was man einen echten Roman nennt. Wenn ich aber einen lese mit all seinen Vorgängen und ausgeklügelten Fakten und Beschreibungen, so langweile ich mich nur. Und wenn ich schreibe, dann wird daraus kein klassischer Roman. Ein Roman allerdings schon.«[5]

Mit seiner raschen, skizzenhaften Handlung erreicht *G. H.* den Kulminationspunkt einer langen ureigenen Suche. Zum ersten Mal schreibt Clarice in der ersten Person. Und zum ersten Mal fängt sie die ganze Gewalt, den physischen Ekel ihrer Begegnung mit Gott ein.

In ihrem kurzen und kryptischen Vorwort »An mögliche Leser« warnt Clarice diese vor dem schockierenden Inhalt des Romans. Das Buch solle nur von denen gelesen werden, »die wissen, dass die Annäherung, gleichgültig an was, graduell und mühselig erfolgt – sogar durch das Gegenteil dessen hindurch, dem die Annäherung gilt«. Der Leser, der diese feierliche Ermahnung hinter sich lässt, wird erfahren, dass Clarice sich »graduell und mühselig« Gott nähert. Auch sie hat »das Gegenteil dessen [...], dem die Annäherung gilt«, durchschritten. Man braucht nur an ihre im Alter von einundzwanzig Jahren vorgebrachte Überzeugung zurückzudenken, dass »über der Menschheit nichts Weiteres mehr [steht]«.

Sie sagt sich nicht von ihrem damaligen Bekenntnis zum Atheismus los, nicht einmal, als sie Gott endlich entdeckt. Stattdessen unternimmt sie – und zwar noch grundlegender als in *Der Apfel im Dunkeln* – eine Neudefinition dessen, was »über der Menschheit« und «nichts Weiteres« bedeutet. Das Ergebnis, das man als mystischen Spinozismus oder religiösen Atheismus bezeichnen könnte, ist ihr bisher reichhaltigstes Paradox.

*

Der erste Teil des *Apfels im Dunkeln* trägt den Titel »Wie ein Mensch wird«. *Die Passion nach G. H.* dagegen erzählt von der Entmenschlichung einer Frau. Ihr Verbrechen ist jedoch viel abscheulicher und unmenschlicher als Martims angebliche Ermordung seiner Frau. Dadurch wird sie, im Gegensatz zu Martim, Gott nicht erfinden, sondern Ihn entdecken.

Am Beginn ihres Monologs versucht G. H., die wohlhabende Bewohnerin eines Penthauses in Rio, das Leben zu beschreiben, das am Vortag so unerwartet geendet hat. Der Tag beginnt recht konventionell: Da ihr Dienstmädchen gekündigt hat, beschließt G. H., deren Zimmer aufzuräumen.

»Bevor ich das Zimmer betrat, was war ich da?«, fragte G. H. »Ich war, was die anderen schon immer in mir gesehen hatten, und so erkannte auch ich mich.« Allerdings hatte sie gelegentlich auch schon eine Ahnung davon bekommen, dass es über diese mittelbare Wahrnehmung hinaus doch noch etwas gab: »Manchmal, wenn ich einen Schnappschuss vom Strand oder von einem Fest sah, nahm ich mit einem Anflug ironischer Sorge wahr, was dieses lächelnde, verdunkelte Gesicht mir offenbarte: eine Stille. Eine Stille und ein Schicksal, die sich mir entzogen, ich, hieroglyphenhafter Überrest eines Reichs, das tot war oder lebendig. Wenn ich die Aufnahme betrachtete, sah ich das Rätsel. Nein. Ich lege jetzt die Angst vor der Geschmacklosigkeit ab und beginne, meinen Mut zu üben, zu leben erfordert keinen Mut, zu wissen, dass man lebt, das erfordert Mut – und ich sage jetzt: Auf meinem Foto sah ich DAS RÄTSEL.«[6]

Diese Ahnungen sind vorübergehend. G. H. ist eine ansehnliche Oberfläche, nicht sie selbst, sondern ein Zitat ihrer selbst. Clarice schreibt: »Alles Andere war, wie ich mich nach und nach in den Menschen verwandelt hatte, der meinen Namen trägt. Und am Ende war ich dann mein Name. Es genügt, auf dem Leder meiner Koffer die Initialen G. H. zu sehen, und da bin ich. […] Um mich herum verbreite ich die Gelassenheit, die mit dem Erreichen einer bestimmten Stufe der Verwirklichung kommt, nämlich dann, wenn man G. H. sogar auf den Koffern ist.« In dieser kurzen Sequenz, die die ganze sprunghafte Perfektion ihres Stils wiedergibt, betont Clarice, dass G. H., sogar in Form der Initialen auf ihrem Koffer, zu existieren aufgehört hat. »Schließlich stand ich vom Frühstückstisch auf, diese Frau.«[7]

Sie erwartet, im Zimmer des Dienstmädchens Chaos vorzufinden, doch zu ihrer Überraschung stößt sie auf eine Wüste, »einen Raum, ganz sauber und schwingungsvoll, wie in einem Irrenhaus, wo man sämtliche gefährlichen Gegenstände entfernt«. »Das Zimmer war das Gegenteil von dem, was ich in meiner Wohnung geschaffen hatte, das Gegenteil der sanften Schönheit, die meinem Sinn für Dekoration entsprungen war, meinem Sinn für Lebensstil, das Gegenteil meiner gefassten Ironie, meiner sanften und ungebundenen Ironie: eine Vergewaltigung meiner Anführungszeichen, der Anführungszeichen, die aus mir ein Zitat meiner selbst machten. Das Zimmer war das Porträt eines leeren Magens.«[8]

Nur eines stört die perfekte Ordnung: eine Kohlezeichnung an der nackten weißen Wand – die Umrisse eines Mannes, einer Frau und eines Hundes. Während sie über die rätselhafte Zeichnung nachdenkt, wird ihr klar, dass das schwarze Dienstmädchen, dessen Namen sie vergessen hat und an dessen Gesicht sie sich kaum noch erinnern kann, sie gehasst haben muss.

Die Zeichnung und diese Erkenntnis verunsichern sie noch mehr, und so wird sie ihrerseits von Hass auf das Zimmer erfüllt. Sie nimmt sich vor, die Wüste erblühen zu lassen: »Und ich würde Wasser und Wasser darauf gießen, das in Strömen über die abgekratzte Wand fließen würde.« Von Wut überwältigt, erklärt sie: »Ich wollte dort etwas töten.«[9]

Als sie die schmale Schranktür öffnet – »und das Dunkel von drinnen entfloh wie ein Hauch« –,[10] erblickt sie eine Kakerlake. Erschrocken schlägt sie die Tür zu und trennt die Kakerlake in der Mitte durch. Eine weißliche Substanz tritt aus dem zertrennten Körper des Tieres aus.

*

In *Nahe dem wilden Herzen* repräsentiert die Kakerlake Joanas Amoralität. Auch in der *Belagerten Stadt* identifiziert Lucrécia sich mit diesem Insekt:

>»Papa beschwert sich über das Haus«, sagte er und warf bedachtsam den Stein, weit weg. »Es ist voller Fliegen ... Heute Nacht hatte ich Mücken, Falter, fliegende Kakerlaken, man weiß schon gar nicht mehr, was da auf einem landet.«
>»Das bin ich«, sagte Lucrécia Neves überaus ironisch.[11]

Schon in ihren journalistischen Arbeiten ließ Clarice ein ungewöhnliches Interesse an der Kakerlakenthematik erkennen. Als Teresa Quadros legte sie 1952 ein schauriges Rezept zu ihrer Vernichtung vor: »Wie tötet man Kakerlaken? Man platziere abends an den Lieblingsorten dieser kleinen Mistviecher eine Mischung aus Zucker, Mehl und Gips, zu gleichen Teilen. Die Leckerei zieht die Kakerlaken an, die sie freudig vertilgen werden. Nach einer Weile härtet der tückische Gips in ihnen aus, und das führt zu ihrem sicheren Tod. Am nächsten Morgen finden Sie Dutzende harter, in Statuen verwandelter kleiner Kakerlaken vor.«[12] 1960 gab sie als Ilka Soares die gleichen Anweisungen; 1962 verarbeitete sie das Rezept in *Senhor* zu »Die fünfte Geschichte«, die sie 1964 in ihrer Sammlung *Die Fremdenlegion* erneut veröffentlichte. Jeder der fünf Teile der Erzählung beginnt mit den Worten: »Ich beklagte mich über Kakerlaken.«

Kakerlaken veranlassten Clarice zu mörderischen Phantasien. In *G. H.* erklärt sie:

Was ich an Kakerlaken schon immer widerlich gefunden hatte, war, dass sie archaisch waren und doch von jetzt. Zu wissen, dass sie die Erde schon bewohnt hatten, bevor die ersten Dinosaurier erschienen, und zwar in derselben Form wie heute, zu wissen, dass schon der erste Mensch, als er hervortrat, sie überall lebend herumkriechen sah, zu wissen, dass sie miterlebt hatten, wie sich die großen Erdöl- und Kohlevorkommen auf der Welt bildeten, und dagewesen waren beim großen Vormarsch und später beim großen Rückzug der

Gletscher – passiver Widerstand. Ich wusste, dass Kakerlaken mehr als einen Monat ohne Nahrung oder Wasser überstehen konnten. Und dass sie selbst aus Holz etwas Nahrhaftes und Nutzbares machten. Und dass sie, selbst wenn sie plattgetreten wurden, sich langsam wieder auffalteten und weiterliefen. Selbst nach dem Erfrieren setzten sie, einmal aufgetaut, ihren Marsch fort…[13]

In »Sofias Verhängnis« ist das Kind verblüfft über die Augen des Lehrers, »die mit den zahllosen Zilien zwei süßen Kakerlaken glichen«. Der Lehrer ist erstaunt über Sofias Geschichte von dem »Schatz, der da versteckt ist, wo man ihn am wenigsten erwartet«.[14] G. H. schickt sich an, die gleiche Entdeckung zu machen.

*

Während die Schranktür die Kakerlake quetscht, macht G. H. eine beispiellose Krise durch. Sie kann weder Widerstand leisten noch fliehen: »Ich war in der Wüste wie nie zuvor. Einer Wüste, die mich rief, wie ein monotoner Gesang von ferne ruft. Ich erlebte eine Verführung. Und ich ging auf diesen vielversprechenden Wahnsinn zu.«[15]

Ausgelöst wird G. H.s Krise von der Erkenntnis, dass der Eiter, der aus der Wunde der Kakerlake sickert, vom gleichen Stoff ist wie ihr eigenes Inneres. Man kann sich kaum einen Brei vorstellen, der weiter entfernt ist von dem, »was ich in meiner Wohnung geschaffen hatte, das Gegenteil der sanften Schönheit, die meinem Sinn für Dekoration entsprungen war, meinem Sinn für Lebensstil«.[16]

Das Leben innerhalb der Kakerlake ist anonym, sinnlos. Diese Einsicht war natürlich bei Clarice nichts Neues. Der Vergleich von G. H. mit einer Kakerlake fügte sich in ihre früheren Vergleiche von Menschen mit Tieren ein: Joana war eine Natter, Lucrécia ein Pferd, Martim eine Kuh, »auch er war rein, harmonisch, auch er ohne Sinn«.

Doch für G. H. ist »im Angesicht der lebendigen Kakerlake« die Entdeckung, »dass die Welt nicht menschlich ist und dass auch wir nicht menschlich sind«, ein Grauen. Sie will schreien, aber sie weiß, dass es bereits zu spät ist. Ein Schrei wäre ein idiotischer Protest dagegen, am Leben zu sein. »Wenn ich den Alarmschrei loslasse, dass ich lebe, dann werden sie mich stumm und hart fortschleppen, denn das machen sie mit denen, die aus der möglichen Welt hinausgehen, der Außergewöhnliche wird fortgeschleppt, der Schreiende.«[17] Schlimmer noch: »Ich hatte einfach nichts mehr zu artikulieren. Ich litt Qualen wie jemand, der reden will, bevor er stirbt. Ich wusste, dass ich dabei war, mich für immer von etwas zu verabschieden, etwas würde sterben, und ich wollte das Wort artikulieren, das zumindest eine Zusammenfassung dessen wäre, was da starb.«[18]

Was stirbt, ist für Clarice die »Zivilisation«. Sie benutzte die Metapher am ausgiebigsten in der *Belagerten Stadt*. Lucrécia und ihre Stadt, São Geraldo, sind zunächst ganz und gar authentisch, bis die Zivilisation – Viadukte, Fabriken, Statuen – die wilden Pferde verdrängt. Die Sprache baut die Stadt, und zwar buchstäblich: Lucrécia »bezeichnete den inneren Namen der Dinge [...]. Die Wirklichkeit bedurfte des Mädchens, um eine Form zu bekommen.«[19] Die Zivilisation zerbröckelt, sobald sie ihre Sprache verliert. Allein im Zimmer des Dienstmädchens, mustert G. H. gewissermaßen die Ruinen von São Geraldo: »Eine ganze Zivilisation, die aufgekommen war unter der Zusicherung, das, was man sieht, unmittelbar mit dem zu vermischen, was man fühlt, eine ganze Zivilisation, deren Fundament darin besteht, sich zu retten – da stand ich zwischen ihren Trümmern.«[20] G. H. muss erst einmal richtig sehen, ohne das Ding, das sie sieht, sogleich in die menschliche Sprache zu übersetzen. Beim ersten Anblick der Kakerlake personifiziert sie diese auf groteske Art und verwandelt sogar Clarices negative Lieblingsmetapher, das Juwel: »Von Nahem betrachtet, ist die Kakerlake ein überaus luxuriöser Gegenstand. Eine Braut mit schwarzem Geschmeide.«[21]

Lucrécias Sichtweise war »zivilisatorisch« und besitzergreifend gewesen: »Diese Stadt gehört mir, schaute die Frau.«[22] G. H. muss diese Sichtweise verlernen: »Und in dieser Welt, die ich gerade kennenlernte, gibt es verschiedene Formen, die Sehen bedeuten: ein den anderen Anschauen, ohne ihn zu sehen, ein den anderen Besitzen, ein den anderen Essen, ein bloßes in einer Ecke Sein, und der andere ist auch da: Das alles bedeutet auch Sehen. Die Kakerlake sah mich nicht direkt, sie war mit mir. Die Kakerlake sah mich nicht mit den Augen, sondern mit dem Körper.«[23]

Ihr letzter Versuch, die Kakerlake zu »zivilisieren«, besteht darin, über ihren Geschmack nachzudenken: »Ob ihre Augen wohl salzig waren? Wenn ich sie anfasste – da ich ja allmählich immer unreiner wurde –, wenn ich sie mit dem Mund berührte, würde ich sie dann als salzig empfinden? [...] Nein, in jenen Augen war kein Salz. Ich war mir sicher, dass die Augen der Kakerlake salzlos waren. Für Salz war ich schon immer empfänglich gewesen, Salz war die Transzendenz, zu der ich griff, um einen Geschmack empfinden und dem entfliehen zu können, was ich ›nichts‹ nannte. Für Salz war ich empfänglich, auf Salz hatte ich mein ganzes Wesen eingerichtet.«[24]

*

Des Salzes, der »Transzendenz« und der »Zivilisation« beraubt und durch diese Erschütterung nicht mehr fähig, in der Welt menschliche Hoffnung und Schönheit zu entdecken, bleibt G. H. nichts als die Flüssigkeit, die aus der Kakerlake hervorquillt, die äußerste Entmenschlichung. »Was aus dem Bauch der Kakerlake quillt, ist nicht transzendierbar – ah, ich will nicht sagen, dass es das Gegenteil von Schönheit ist, ›Gegenteil von Schönheit‹ ergibt gar keinen Sinn – was aus der Kakerlake quillt, ist: ›heute‹, gebenedeit sei die Frucht deines Leibes – ich will das Jetzige, ohne es mit einer Zukunft zu verbrämen, die es womöglich erlöst, oder mit einer Hoffnung.«[25] Die Passage ist schwer zu übersetzen. Das Wort *ventre* bedeutet unter anderem »Schoß«, aber im ersten Teil des Satzes lässt es an einen Bauch oder Magen denken. Erst als Clarice ironisch das »Ave Maria« zitiert, setzt sie die Kakerlake eindeutig mit der Mutter Gottes gleich.

Während sie ihre alte Welt hinter sich lässt, ruft sie verzweifelt nach ihrer Mutter: »Mutter: Ich habe ein Leben getötet, und es gibt keine Arme, die mich nun empfingen, und in der Stunde unserer Wüste, amen. Mutter, alles ist jetzt zu hartem Gold geworden. Ich habe etwas unterbrochen, das organisiert war, Mutter, und das ist schlimmer als töten, es hat mich durch eine Kluft geführt, schlimmer als der Tod, die mir gezeigt hat, wie das dichte, neutrale Leben vergilbt. Die Kakerlake lebt, und ihr Auge befruchtet, ich habe Angst vor meiner Heiserkeit, Mutter.« Im Portugiesischen ist das Wort für Kakerlake, *barata*, unabhängig vom biologischen Geschlecht des Tieres feminin. Hier jedoch benutzt Clarice das Geschlecht nicht mehr in einem rein grammatischen Sinne: »Ich hatte sie nur als Weibchen gedacht, denn was an der Taille zerquetscht wird, ist weiblich.« Und damit nicht genug: »Mutter, ich habe nur töten wollen, aber schau, was ich zerbrochen habe: Ich habe eine harte Schale zerbrochen, und dann bleibt einem das breiige Leben. Aus dem Inneren der Schale quillt ein Herz hervor, dicht und weiß und lebendig wie Eiter, Mutter, gebenedeit bist du unter den Kakerlaken, jetzt und in der Stunde dieses deines meines Todes, Kakerlake und Geschmeide.«[26] Innerhalb der Konfrontation von G. H. mit der sterbenden Kakerlake verbirgt sich eine Erinnerung an Clarice Lispectors eigene sterbende Mutter. Die Gleichsetzung ihrer Mutter mit der Kakerlake ist einer der schockierendsten Aspekte dieses überaus bestürzenden Buches. Doch man kann sich des Eindrucks nicht erwehren, dass Clarice genau das beabsichtigte: »Mutter, gebenedeit bist du unter den Kakerlaken.«

Eine der bedeutendsten Forscherinnen zu Clarice Lispector, die kanadische Literaturwissenschaftlerin Claire Varin, hat darauf hingewiesen, dass »die ekelhafte Kakerlake explizit als einzige Geburtsmethode dargestellt wird. Eine enge

Passage öffnet sich ins Zimmer hinein: ›durch die Kakerlake‹.«[27] Die in der Schranktür eingeklemmte »Kakerlake, gefangen an der Taille«,[28] ist eine Anspielung auf die Verwundung von Clarices Mutter: »[W]as an der Taille zerquetscht wird, ist weiblich«, und wie Mania Lispector ist die Kakerlake gelähmt und wartet auf den Tod: »Unfähig, sich zu bewegen, trug sie auf der verstaubten Seite das Gewicht ihres eigenen Körpers.«[29]

Dass die Kakerlake nur noch eine Körperhälfte hat – »Zu sehen war von ihr nur die Hälfte des Körpers. Der Rest, was man nicht sah, konnte riesig sein, und es verteilte sich auf Tausende von Wohnungen, hinter Dingen und Schränken« –, lässt an einen Abschnitt in Clarices privaten Notizbüchern denken. Den Text schrieb sie auf Englisch, vermutlich in den Vereinigten Staaten, mit portugiesischen Einsprengseln: »I want somebody to hold my hand (Papa, wenn mir etwas wehtat, hast du das immer so gemacht, damit ich es besser aushalten konnte) – I don't want to be a single body. I'm cut out from the rest of me – The rest of me is my mother! It's another body. To have a single body, surrounded by isolation it makes such a limited body! I feel anxiety, I'm afraid to be just one body. Quecksilberkügelchen im zerbrochenen Thermometer – My fear and anxiety is of being one body.«[30]

Der Kakerlake, der Frau und der Mutter gemeinsam ist das organische Leben, das den wesentlichen Anteil eines jeden Geschöpfs ausmacht. Als Wesen aus Fleisch und Blut sind sie nicht voneinander zu unterscheiden.

*

1964, im Jahr der Veröffentlichung von *Die Passion nach G. H.*, schrieb Clarice: »Müsste ich meinem Leben einen Titel geben, er lautete: auf der Suche nach dem Ding selbst.«[31] Ihr Ziel ist auch das von G. H. »Erst dann«, wenn G. H. sich befreite von menschlicher Sprache und Moral, »würde ich nicht mehr transzendieren und im Ding selbst bleiben.«

Auch wenn Clarice wusste, was sie suchte, blieb das »Ding selbst« trotzdem schwer fassbar, außer in abstrakter philosophischer Sprache. In *G. H.* erweitert sie diese Sprache um neue Synonyme für das nicht greifbare »Ding«. Es ist neutral, ausdruckslos, ohne Geschmack, ungesalzen.[32] Aber wie viele Worte sie auch zu seiner Beschreibung aufbieten mag, bleibt es doch unergründlich. »Ich weiß, ich werde erschrecken wie ein Mensch, der blind wäre und endlich die Augen öffnete und schaute – aber schauen auf was? ein Dreieck, stumm und unverständlich. Könnte dieser Mensch sich für nicht mehr blind halten, weil er ein unverständliches Dreieck sieht? Ich frage mich: Wenn ich mit einer Lupe ins Dunkel blicke, sehe ich dann mehr als das Dunkel?« Zu guter Letzt wagt G. H. ihre »ersten Schritte ins Nichts [...]. Meine ersten zögerlichen Schritte zum *Leben* hin, mein Leben verlassend.«[33]

Schon im *Apfel im Dunkeln* verwies Clarice auf einen Abstieg ins Nichts. Dennoch ist die Gleichsetzung vom »Leben« und dem »Nichts« in *G. H.* überraschend, besonders wenn Clarice sie noch weiter ausdehnt und von einem »Nichts, das der Gott ist«,[34] spricht. Andererseits ist die Auffassung, dass Gott dem Nichts gleichkomme, ein kabbalistischer Gemeinplatz: »Und in der Tat meinen viele Mystiker, wenn sie von *Schöpfung aus Nichts* sprechen, dass die *Schöpfung in Gott selbst* entsprungen und geschehen ist.«[35] In diesem Licht gewinnt Clarices Aussage, dass »über der Menschheit überhaupt nichts steht«, eine unerwartete Subtilität: nicht über der Menschheit, sondern in ihr ist »der Gott«, nämlich »überhaupt nichts«. Wenn Gott nichts ist, ist er alles: »das *Leben*«. Auch das ist eine jüdische Definition: Gott ist alles und nichts, er umfasst alles auf der Welt sowie dessen Gegenteil.[36] Wie G. H. sagt: »Gott ist, was existiert, und alle Widersprüchlichkeiten sind in dem Gott, und deshalb widersprechen sie Ihm nicht.«[37]

Gegen die Logik dieser Aussage ist nichts einzuwenden. Aber nach einer derart langen und quälenden Suche mutet die Erklärung, dass Gott das sei, »was existiert«, wie eine kolossale Enttäuschung an.

In vorgeschichtlicher Zeit hatte ich meinen Marsch durch die Wüste begonnen, und ohne einen Stern, der mich geleitet hätte, nur der Untergang leitete mich, nur der Irrweg leitete mich – bis ich, fast tot von der Ekstase der Erschöpfung, erleuchtet von Leidenschaft, endlich das Schmuckkästchen fand. Und in dem Kästchen, schimmernd vor Glanz, das verborgene Geheimnis. Das entlegenste Geheimnis der Welt, undurchsichtig, aber mich blendend durch die Strahlung seines schlichten Daseins, schimmernd dort in seinem Glanz, der mir in den Augen stach. In dem Kästchen das Geheimnis:
Ein Stück Ding.
Ein Stück Eisen, der Fühler einer Kakerlake, etwas Putz von der Wand.[38]

Die Auffindung des Schatzes der Welt in einem »Stück Ding« und die These »das Göttliche *ist* für mich das Wirkliche«,[39] lassen an die berühmte Aussage von Clarices früherem Mentor Spinoza denken, dass Gott gleichwertig mit der Natur sei. Und ihre Erklärung: »Und unsere Existenz ist angenommen als die einzig mögliche, da sie es ist, die gegeben ist, und keine andere«,[40] erinnert an Spinozas

Lehrsatz: »Die Dinge konnten auf keine andere Weise und in keiner andern Ordnung von Gott hervorgebracht werden, als sie hervorgebracht worden sind.« Mit der Hervorhebung dieser Definitionen weist sie erneut »den humanisierten Gott der Religionen« zurück, wie sie es bereits in *Nahe dem wilden Herzen* getan hatte. Diese Zurückweisung ist in intellektueller Hinsicht brillant. Aber für eine Frau, die sich nach der Erkenntnis Gottes sehnt, ist »das Ding an sich« trotzdem fruchtlos und liegt am »entgegengesetzten Pol des christlich humanen Gefühls«, so dass es »in meinen alten menschlichen Begriffen das Schlimmste bedeutet und, in menschlichen Begriffen, das Höllische«.[41] Der neutrale Gott, »ein Stück Eisen, der Fühler einer Kakerlake, etwas Putz von der Wand«, kann niemals einen Menschen zufriedenstellen, der eine emotionale Verbindung mit dem Göttlichen anstrebt.

Obwohl Clarice also »unsere Existenz als die einzig mögliche« akzeptieren muss, begehrt sie doch wütend dagegen auf. Die ausgeklügelten, über Jahrzehnte hinweg verfeinerten Definitionen haben sie schließlich zu einem Gott geführt, der sie rational zufriedenstellen kann, aber sie sind und bleiben trocken. Dagegen erreicht sie am Ende ihrer Suche ihr schockierendstes und unvergesslichstes Symbol, und das ist buchstäblich feucht. G. H. verzichtet auf Hoffnung und Schönheit und Erlösung, sehnt sich jedoch weiterhin nach der Verbindung mit der grundlegenden Materie des Universums, und deshalb nimmt sie den gelblichen Schleim, der aus dem Bauch der Kakerlake quillt, und legt ihn sich in den Mund.

✳

Es ist eine Sache, über den Verzehr einer Kakerlake als mögliches Ergebnis einer abstrakten philosophischen Suche zu spekulieren. »Warum sollte es mich vor dem Brei ekeln, der aus der Kakerlake quoll?«, fragt sich G. H. »Hatte ich nicht die weiße Milch getrunken, die flüssiger Brei der Mutter ist?« Aber natürlich ist es eine ganz andere Sache, tatsächlich eine Kakerlake zu essen. »Gib mir deine Hand, verlass mich nicht, ich schwöre, dass auch ich das nicht wollte: Ich habe auch gut gelebt, ich war eine Frau, von der man hätte sagen können: › Leben und Lieben der G. I I. ‹«[42]

Clarice war, wie sie sich später erinnerte, entsetzt über ihre eigene Schöpfung. »Das Ganze geriet außer Kontrolle, als mir zum Beispiel klar wurde, dass die Frau G. H. das Innere der Kakerlake würde essen müssen. Mir lief es vor Schreck kalt den Rücken herunter.«[43]

Die Frau, die eine Kakerlake isst, stellt ein so extremes Symbol dar, eine so schonungslose Illustration von Clarices Grauen davor, »dem Gott« zu begegnen, dass sich zwangsläufig eine weitere Frage aufdrängt: Wie kann sie, psychologisch und künstlerisch gesehen, das noch überbieten? In *Der Apfel im Dunkeln* hatte Clarice bereits geschrieben: »Niemand kann davon leben, dass er sich erbrochen hat oder andere sich hat erbrechen sehen. Das waren Dinge, an die man keine Gedanken verschwendete: Sie waren Tatsachen eines Lebens.«[44] Über diese Tatsachen des Lebens nachzudenken kann nur in eine einzige Richtung führen, wie Clarice in *G. H.* schreibt: »Warum nicht drinnen bleiben, ohne den Versuch, es bis zum gegenüberliegenden Ufer zu schaffen?« Dann beantwortet sie ihre eigene Frage: »Im Ding bleiben ist Wahnsinn.«[45]

Auf derselben Seite des Buches verweist sie auf eine mögliche Lösung: »Sie ist wie das gemeißelte Auge einer Statue, das leer ist und ohne Ausdruck, denn Kunst ist dann gut, wenn sie das Ausdruckslose berührt hat, die schlechteste Kunst ist die ausdrucksstarke, diejenige, die hinausgeht über das Stück Eisen und das Stück Glas, und das Lächeln, und den Schrei.«[46]

29
UND REVOLUTION!

Aufgrund seiner gespenstischen Anmutung zählt *Die Passion nach G. H.* zu den größten Romanen des Jahrhunderts. Während ihres letzten Besuches in Recife erklärte Clarice kurz vor ihrem Tod einer Reporterin, dieses sei von all ihren Büchern dasjenige, das »ihrem Anspruch als Schriftstellerin am besten«[1] entspreche. Es hat ein gigantisches Ausmaß an Sekundärliteratur hervorgebracht, doch zum Zeitpunkt seines Erscheinens wurde es praktisch ignoriert. Nur eine einzige Rezension – von Lúcio Cardosos Freund Walmir Ayala – wurde 1964 veröffentlicht.[2]

Zumindest brauchte Clarice diesmal nicht nach einem Verlag zu suchen. Durch eine seltsame Verkettung von Ereignissen waren zwei ihrer engsten Freunde, Fernando Sabino und Rubem Braga, zu Besitzern eines Verlagshauses geworden. Am 28. März 1960 waren die beiden mit einer Delegation nach Kuba gereist, an deren Spitze Clarices künftiger Gegner, der einäugige Jânio Quadros, stand, der am 3. Oktober zum Präsidenten von Brasilien gewählt werden würde. Die Gruppe blieb weniger als eine Woche lang in Kuba und kehrte begeistert in die Heimat zurück.

Im Unterschied zu vielen anderen lateinamerikanischen Schriftstellern und Intellektuellen jener Zeit war weder Braga noch Sabino Kommunist. Sabino war Katholik, und Braga befürwortete eine Form der Sozialdemokratie. Folglich sind ihre Berichte aus Havanna wertvolle Gradmesser der Aufregung, die die kubanische Revolution überall auf dem Kontinent auslöste, und zwar selbst bei Leuten, die nicht automatisch dazu neigten, sich von Fidel Castros Romantik mitreißen zu lassen. Der erst dreiunddreißig Jahre alte Castro fand, als er die Insel zusammen mit seiner Truppe »aufrichtiger«, »ehrlicher« Revolutionäre eroberte, bei allen Träumern – aber nicht nur bei Träumern – Anklang in ganz Lateinamerika. Sogar der nüchterne, misstrauische Braga ließ sich von der Begeisterung anstecken. Er analysierte die Handschrift des Máximo Líder und konnte darin keinen »despotischen Charakter« entdecken. Und wenn »guter Kaschmir« derzeit in

Havanna schwer zu finden sei, dann nur deshalb, weil »die Regierung ihre Devisen dazu nutzen möchte, Trecker, Maschinen, Fabriken, Produktivgüter zu kaufen«.[3] Sabino, der romantischer veranlagt war, zeigte ein gewisses Verständnis für die öffentlichen Hinrichtungen des Regimes und freute sich, was im Nachhinein noch peinlicher anmutete, dass der Havanna Country Club nun für das »gemeine Volk« geöffnet worden sei. Die Missstände einer fünfhundert Jahre alten Sklavengesellschaft könne man nun mit Leichtigkeit beheben!

Diese Artikel erschienen in der Lokalpresse; sie waren auch nicht schlimmer als andere, die während des Frühlings der Revolution herauskamen – oder sogar eher skeptischer. Und gar nicht zu vergleichen mit den Texten, die der berühmteste Philosoph der Welt, Jean-Paul Sartre, nach seinem Besuch in Havanna von Anfang Februar bis Mitte März 1960 verfasst hatte. Die Artikel, die er im *France-Soir* veröffentlichte, sind genau das, was man von einem Mann erwarten würde, dem in seinem Leben keine noch so schlechte linksgerichtete Idee missfallen hatte und der jedes Verbrechen der Linken – von den radikalen Gewalttaten in Algerien bis hin zur Ermordung der israelischen Sportler bei den Olympischen Spielen in München – zu entschuldigen wusste.

Auf Einladung von Jorge Amado kamen Sartre und seine Gefährtin Simone de Beauvoir im August 1960 nach Brasilien und reisten im Triumphzug durch das Land. Aus irgendeinem Grund beschloss Sartre, seine *France-Soir*-Artikel Sabino und Braga zu überlassen, die daran dachten, einen eigenen Verlag zu gründen, um sich von den ausbeuterischen Tantiemenzahlungen der bestehenden Häuser unabhängig zu machen. Sartre verzichtete auf ein Honorar, und die Editora do Autor hatte ihren ersten Titel: *Wirbelsturm über Kuba*. Aber um das Buch während Sartres Aufenthalt in Brasilien herauszubringen, mussten Sabino und Braga einen unglaublichen Koordinationsaufwand betreiben. Ohne verlegerische Erfahrung holten sie die seltenen Originale der Artikel ein, übersetzten, redigierten, setzten und druckten den Band – in wenig mehr als einer Woche.[4]

Das Buch lässt eine solche Unkenntnis elementarer wirtschaftlicher, historischer und politischer Prinzipien erkennen, dass man sich schwer vorstellen kann, warum der Autor weltweit als intellektuelle Größe galt oder überhaupt ernst genommen wurde. Doch es war das Buch der Stunde, geschrieben vom Mann der Stunde über das Thema der Stunde, und damit startete die Editora do Autor so profiliert und lukrativ wie nur möglich.

Zu dem Zeitpunkt, als das Verlagshaus gegründet wurde, hatte Clarice für den *Apfel im Dunkeln* und *Familienbande* bereits einen Vertrag mit Francisco Alves. Aber die Editora war eine viel plausiblere Heimstatt für ihr nächstes Buch, und zu wissen, dass alles, was sie schrieb, nun von engen Freunden und langjährigen Bewunderern unverzüglich akzeptiert werden würde, muss eine große Erleichterung für sie gewesen sein. Bis 1964, als Clarice dort zwei Bücher veröffentlichte, war der Verlag in erster Linie für seine eleganten Editionen brasilianischer Schriftsteller, darunter Sabino und Braga, und für seine bahnbrechenden Anthologien moderner Dichter bekannt geworden.

*

1964 hatte die Editora do Autor Kuba hinter sich gelassen, aber für Brasilien – und Lateinamerika als Ganzes – galt das noch lange nicht. Fidel Castro begeisterte die Linken, doch seine Hinwendung zur Sowjetunion nach dem Scheitern der Schweinebuchtinvasion vom April 1961, gefolgt von der kubanischen Raketenkrise im Oktober 1962, versetzte die Konservativen in Angst und Schrecken.

Das war durchaus berechtigt. Bei Jânio Quadros' Besuch in Kuba im Jahr 1960 zählte Castro die Hauptexportgüter Kubas vor der brasilianischen Delegation auf, und sein Bruder Raúl fügte hinzu: »Und Revolution!«[5] Er scherzte nicht. Im Jahr 1959, als die kubanische Revolution triumphierte, besaß Lateinamerika mehr demokratische Regime als je zuvor in seiner Geschichte, mit nur fünf winzigen Ausnahmen: Nicaragua, Haiti, El Salvador, der Dominikanischen Republik und Paraguay. Nach ihrer Machtübernahme begann die kubanische Regierung sofort, subversive Bewegungen auf dem ganzen Kontinent zu fördern. 1959 hatte sie Guerillas in Panama, Haiti und in der Dominikanischen Republik finanziert; um 1963 unterstützte sie auch bewaffnete Bewegungen in Venezuela, Peru, Guatemala und Argentinien.[6]

Kein Land blieb – sei es von Kuba und seinen sowjetischen Sponsoren, sei es von brutalen, panikartigen Reaktionen – verschont. Die Furcht vor einem weiteren Kuba löste bei den lateinamerikanischen Militärführern geradezu Hysterie aus. Darin wurden sie von den Vereinigten Staaten, die sich sorgten, dass der Kontinent durch die Sowjetunion kontrolliert werden könne, noch bestärkt. Die Reaktionen auf die kubanische Revolution, von Seiten der Bewunderer ebenso wie der Gegner, sollten zur blutigsten und traumatischsten Episode der lateinamerikanischen Geschichte seit den Unabhängigkeitskriegen anderthalb Jahrhunderte zuvor führen.

Auch in Brasilien kam es zu verheerenden Auswirkungen. Alles begann am 19. August 1961, als Jânio Quadros Che Guevara mit der höchsten brasilianischen Ehrung, dem Orden vom Südlichen Kreuz, auszeichnete. Für solche exzentrischen Anwandlungen war Quadros, der Verbieter des Bikinis, ja bekannt. Aber diesmal hatte er sich eine unnötige Provokation der Regierung Kennedy geleistet, die Brasilien eigentlich wohlgesinnt war, und seinen inländischen Gegnern wunderbare Munition geliefert.

Carlos Lacerda, der »Schrecken aller Präsidenten« und Samuel Wainers Nemesis, war ein früher Anhänger von Quadros gewesen, doch nun, als Gouverneur des Staates Guanabara, wandte er sich gegen ihn. Wie Wainer am eigenen Leib erfahren hatte, ging der berühmte Polemiker am unsanftesten mit seinen ehemaligen Freunden um. Lacerda nutzte die Situation sehr wirkungsvoll aus, indem er dem führenden Castro-Feind Manuel Verona den »Schlüssel zum Staat« präsentierte und Quadros vorwarf, er wolle Brasilien zum Kommunismus bekehren.

Davon konnte keine Rede sein. Die Auszeichnung für Guevara war der Dank dafür, dass Kuba eine brasilianische Bitte respektiert hatte, zwanzig katholische Priester nicht hinzurichten, sondern sie stattdessen ins spanische Exil zu schicken. Aber Quadros' Außenpolitik hatte ohnehin bereits Stirnrunzeln hervorgerufen. Dafür waren zwei von Clarices ältesten Diplomatenfreunden teilweise verantwortlich. Araújo Castro hatte im New Yorker Konsulat gedient, als Fernando Sabino in der Stadt wohnte, und San Tiago Dantas, der brillante katholische Anwalt, hatte sich bei einem Besuch von Paris in den 1940er Jahren in Clarice verliebt. Beide waren angesehene Vertreter des Establishments. Ihr Plan für eine »unabhängige Außenpolitik« lief im Grunde auf den Versuch hinaus, den diplomatischen Einfluss Brasiliens in einer internationalen Situation zu vergrößern, die infolge der Unabhängigkeit früherer europäischer Kolonien in Asien und Afrika äußerst wechselhaft war. Der Plan sah vor, dass Brasilien Beziehungen zu allen Mächten anknüpfen würde, von denen es sich seit 1947 distanziert hatte. In der Praxis hieß das: zu China und der Sowjetunion. Dies war kontrovers, doch schwerlich ein Anzeichen dafür, dass Brasilien kommunistisch werden sollte.

Alarmierender erschienen die Indizien dafür, dass Quadros einfach aus dem Ruder gelaufen war. Zum Beispiel beabsichtigte er, in das benachbarte Französisch-Guayana einzumarschieren, weil Brasilien einen Zugang zur Karibik benötige, obwohl das Département Hunderte von Kilometern von der Karibik entfernt ist. Die Opposition, die durch seinen überwältigenden Wahlsieg entmutigt worden war, fing an, ihn zu verhöhnen, und sechs Tage nach der Ordensverleihung an Che Guevara trat er unerwartet als Präsident zurück. Er hatte sein Amt erst sieben Monate zuvor übernommen.

Auch dieser Schritt war durch Kuba ausgelöst worden. Ende Mai 1959 befand sich Fidel Castro in einem Machtkampf mit dem kubanischen Präsidenten

Manuel Urrutia, woraufhin er sich einen Schachzug von Juan Perón auslieh und dramatisch »zurücktrat«. Der vorhersehbare Aufschrei sorgte maßgeblich dafür, dass Castro seine absolute Macht festigen konnte; Urrutia beendete seine Tage als Spanischlehrer in Queens. Quadros hoffte anscheinend, dass sein plötzlicher Abgang eine ähnliche Reaktion nach sich ziehen würde. Aber die Brasilianer waren im Großen und Ganzen erleichtert darüber, ihn loszuwerden. (In den 1980er Jahren kehrte er kurzfristig in die Politik zurück. Als Bürgermeister von São Paulo ließ er Erinnerungen an seine Präsidentschaft wiederaufleben, indem er, unter anderem, Homosexuelle aus der Ballettschule des Stadttheaters ausschloss.)

Quadros' Abdankung entfesselte eine Krise. Nach der brasilianischen Verfassung wurden Präsident und Vizepräsident separat gewählt und gehörten deshalb nicht unbedingt derselben Partei an. Quadros' rechtmäßiger Nachfolger war João Goulart, bekannt als Jango. Goulart war alles andere als ein Revolutionär, und nichts in seinem Lebenslauf ließ erwarten, dass er Brasilien den Kommunisten ausliefern würde. Er stammte aus einer Familie reicher Grundbesitzer in Rio Grande do Sul und tat sich hauptsächlich durch seine Leidenschaft für die Schauspielerinnen und Tänzerinnen hervor, die sich in den exklusiven Clubs in Clarices Viertel Leme tummelten.

Doch statt ihn als freundlichen, mittelmäßigen Playboy einzuschätzen, sah die Rechte in Jango eine viel mächtigere Gestalt. Einer der Gründe war, dass der schon sieben Jahre zuvor gestorbene Getúlio Vargas dennoch weiterhin die brasilianische Politik beherrschte. Jango und Getúlio waren in demselben Ort, São Borja, geboren worden, und Goulart hatte bis 1954 als Getúlios Arbeitsminister gedient. Damals hatte das Militär ihn zum Rücktritt gezwungen, weil er angeblich zu sehr mit den Gewerkschaften sympathisierte.

Diejenigen, die sich einbildeten, Jango sei ein heimlicher Kommunist, erhielten unerwarteten publizistischen Auftrieb, als man den Vizepräsidenten nach Quadros' Abdankung auf einer Reise durch Rotchina ausfindig machte. Für kurze Zeit drohte ein Bürgerkrieg, als sich verschiedene Armeedivisionen für oder gegen Goulart aussprachen, doch nach einer zehntägigen Krise durfte Jango die Macht im Rahmen eines neuen »parlamentarischen« Systems übernehmen, das die Exekutive schwächen sollte.

Mithin mühte Goulart sich von Anfang an mit der Regierungsarbeit ab, denn Brasilien war über die Maßen gespalten, und ihm fehlte die Begabung, einerseits die Rechte zu beschwichtigen und andererseits gesellschaftlich notwendige Reformen durchzuführen. Im Zentrum seiner Regierung befanden sich zwei von Clarices alten Freunden: Samuel Wainer, der Goulart seit Jahren kannte und dessen *Última Hora* die mächtigste – und später einzige – dem Präsidenten gewogene Stimme in der nationalen Presse darstellte, sowie San Tiago Dantas.

Wainer hatte eine schlechte Meinung von Dantas – er hielt ihn für machthungrig, »krankhaft ehrgeizig« und gefährlich wohlwollend gegenüber den Kommunisten –,[7] der Außenminister und, nach 1963, Finanzminister wurde. Da die brasilianische Staatsschuld einen historischen Höchststand erreicht hatte und die Inflation außer Kontrolle geriet, war dies eine wenig beneidenswerte Position, zumal die Amerikaner Goularts Unfähigkeit, einen Wirtschaftsplan durchzusetzen, mit zunehmendem Misstrauen beobachteten. Davon abgesehen litt San Tiago Dantas unter einer tödlichen Krebskrankheit, was die Chancen der Regierung, ein Wirtschaftsabkommen auszuhandeln, nicht verbesserte. Clarice begegnete ihm zum letzten Mal kurz vor seinem Tod bei der Hochzeit einer ihrer Nichten. »Er sprach fast nicht mehr. Er fragte mich, ob ich zur Zeit an etwas schriebe. Ich antwortete, ich hätte gerade ein Buch mit dem Titel *Die Passion nach G. H.* fertiggestellt. Und er sagte, der Titel gefalle ihm sehr. Das Buch hätte ihm auch gefallen, da bin ich sicher.«[8]

Er entschlief am 6. September 1964, bevor *G. H.* herauskam. Am 31. März hatte ein Militärputsch Goularts Sturz herbeigeführt. Tausende wurden verhaftet oder gingen ins Exil, die meisten unter weniger luxuriösen Umständen als Samuel Wainer. Nachdem er in der chilenischen Botschaft Zuflucht gefunden hatte, gelang es ihm, nach Paris auszureisen, wo er vier Jahre damit verbrachte, sich in Gesellschaft von Anita Ekberg, verschiedenen Rothschilds und Prinzessin Soraya, der Exfrau des Schahs, fotografieren zu lassen.

Das Land, aus dem er hatte fliehen müssen, sah grimmigeren Zeiten entgegen. Die Ära des Wohlbefindens, des Bossa nova, Brasílias und der Mädchen aus Ipanema, der Energie, des Optimismus und des Glaubens an die Zukunft der Nation war endgültig vorbei. Viele, darunter Elizabeth Bishop, begrüßten den Putsch als zeitweiliges Mittel, Brasilien vor dem Kommunismus zu retten. Stattdessen war er der Beginn einer beispiellosen einundzwanzigjährigen Militärdiktatur.

DAS EI IST EBEN WEISS

*D*ie *Passion nach G. H.* war eines der beiden Bücher, die Clarice Lispector in dem Wendejahr 1964 veröffentlichte. Ende September, bevor der Roman erschien, publizierte die Editora do Autor eine Sammlung kürzerer Texte mit dem Titel *Die Fremdenlegion*. Obwohl man sich nur schwer ausmalen kann, welche Richtung Clarice – in künstlerischer, intellektueller und spiritueller Hinsicht – nach der Begegnung mit der Kakerlake einschlagen mochte, bietet *Die Fremdenlegion* gleich mehrere denkbare Möglichkeiten.

Das Buch besteht aus Erzählungen und Gemischtem. Es enthält ältere Arbeiten, etwa die schöne und ergreifende »Reise nach Petrópolis«, die zuerst 1949 in einer Zeitung erschien, und »Die verbrannte Sünderin und die harmonischen Engel«, das Theaterstück, das sie in Bern schrieb. Daneben findet man viele Texte, die zuerst in *Senhor* abgedruckt worden waren, sowohl lange Essays als auch kurze Betrachtungen: »Wenn ich von jemandem, den ich nicht mag, ein liebevoll ausgesuchtes Geschenk bekomme – wie heißt das, was ich da empfinde? Jemand, den man nicht mehr mag und der einen ebenfalls nicht mehr leiden kann – wie heißen dieser Kummer und dieses Ressentiment?«[1] Oder, bezeichnenderweise: »Als ich zur Welt kam, war es mit meiner Gesundheit vorbei.«[2]

Der Titel der Sammlung ist einer Erzählung, »Die Fremdenlegion«, über ein aufgewecktes und neugieriges kleines Mädchen namens Ofélia entlehnt. Das Mädchen beginnt, ihre Nachbarin zu besuchen, der ein winziges, verängstigtes Küken gehört, »das Küken voller Anmut, ein kurzes gelbes Ding«. Worte können das Vögelchen nicht beruhigen: »Es war unmöglich, ihm das versichernde Wort zu geben, das ihm die Angst nehmen konnte, ein Ding zu trösten, das, weil es geboren wurde, erschrickt. Wie ihm die Gewohnheit versprechen?«[3]

Die Erzählung, die von Kindern und Tieren handelt, kündigt einen neuen Aspekt von Clarices Werk an. Allerdings sind einige der Aphorismen, die sich nicht immer auf Kinder oder Tiere beziehen, einer Rubrik in *Senhor* mit dem englischen Titel »Children's Corner« entnommen. Sie benutzte diese Überschrift seit 1947, als sie Samuel Wainers *O Jornal* einige Arbeiten vorlegte.[4] Seit Oktober 1961 steuerte sie eine monatliche Kolumne mit demselben Titel der Zeitschrift *Senhor* bei, was mindestens einem der Redakteure missfiel:»Meine Abneigung gegenüber dem Namen, den sie für ihre Seite gewählt hatte, reichte nicht aus, um sie zu einer Änderung zu bewegen.«[5]

Tatsächlich ist es eine seltsame Bezeichnung: erstens, weil sie aus einer fremden Sprache stammte, und zweitens, weil die Thematik ihrer Artikel in *Senhor* nichts mit Kindern – oder höchstens gelegentlich und am Rande – zu tun hatte. Aber es ist eine aufschlussreiche Anspielung auf den Geisteszustand der Verfasserin. »Children's Corner«, ebenfalls auf Englisch, ist der Titel einer Reihe von Klavierstücken, die der französische Komponist Claude Debussy seiner Tochter widmete. Die Stücke sind sehr schwierig und sollen nicht von Kindern gespielt werden, sondern Nostalgie nach der Kindheit heraufbeschwören.

Clarices Benutzung des Titels zeigt an, dass ihre Sehnsucht nach der Kindheit sich umso mehr verstärkte, je älter sie wurde. »Ich habe keine Sehnsucht danach, verstehst du?«, sagt Joana in *Nahe dem wilden Herzen*. »Es ist keine Sehnsucht, weil ich meine Kindheit jetzt mehr besitze als damals, als sie sich zutrug.«[6] Clarice vermisste ihre eigene Kindheit immer mehr und träumte von der glücklichen Zeit, bevor das Leben sie »gezähmt« hatte. In »Entwurf eines Jungen« schreibt sie: »Eines Tages werden wir ihn zu einem Menschen zähmen, und dann werden wir ihn zeichnen können. So haben wir es auch mit uns selbst gemacht und mit Gott.«[7]

Der Verweis auf die abwesende Mutter ist nicht fern:»Er wird alle Möglichkeiten der Welt eintauschen für: Mutter. Mutter bedeutet: nicht sterben.«[8] In der Titelgeschichte identifiziert sich Clarice offenkundig sowohl mit der gescheiten, spitzbübischen Ofélia als auch mit dem hilflosen Küken, das seine Mutter verloren hat.

In einer besonders rührenden Anekdote beschreibt Clarice einen Coati, einen langschwänzigen Angehörigen der Nasenbärenfamilie, dem sie unvermutet an einer Bushaltestelle in Copacabana begegnet, wo das Tier wie ein Hund angeleint ist:»Ich stelle mir vor: Wenn der Mann es zum Spielen auf den Platz hinausführt, kommt ein Moment, in dem der Coati ganz starr wird: ›Lieber Himmel, warum glotzen mich die Hunde bloß so an?‹ Ich stelle mir auch vor, dass der Coati nach einem perfekten Hundetag zu den Sternen hochblickt und melancholisch denkt: ›Was bleibt mir am Ende? Was fehlt mir? Ich bin so glücklich wie der nächstbeste Hund, warum dann diese Leere, diese Wehmut? Was ist das für eine Unrast, so als würde ich nur das lieben, was ich nicht kenne?‹«[9] Hier geht es nicht um G. H.s monströse mystische Identifizierung mit den Eingeweiden der Kakerlake, sondern um das zärtliche Mitleid mit dem Außenseiter, das für jemanden, dessen »erster Wunsch der war, dazuzugehören«, etwas ganz Natürliches hatte.

*

Die Identifizierung mit Außenseitern, womit in Brasilien traditionsgemäß die ländlichen Armen des Nordostens gemeint waren, stand seit Langem thematisch im Mittelpunkt der brasilianischen Kultur, von den »nordöstlichen« Romanen der 1930er bis hin zum Cinema novo der 1950er Jahre. Durch den Putsch von 1964 rückte die Frage nach der gesellschaftlichen Relevanz von Kunst erneut in den Vordergrund. Wie stark man sich engagierte und an wessen Seite, wurde zum wichtigsten Unterscheidungsmerkmal der brasilianischen Kultur.

Clarice war nicht taub gegenüber den Problemen ihres Landes, obwohl es ihr schwerfiel, diese Solidarität in ihrem Werk zu übermitteln. In einem kurzen Beitrag in *Die Fremdenlegion* erklärt sie, dass ihr gesellschaftliches Engagement einfach zu offensichtlich und natürlich gewesen sei:

[A]ls Schreibende [verzeihe ich mir], dass ich nicht weiß, wie ich mich der »gesellschaftlichen Sache« auf »literarische« Weise annähern soll (das heißt, durch Verwandlung in die Vehemenz der Kunst). Seit ich denken kann, beschäftigte mich die gesellschaftliche Wirklichkeit mehr als irgendetwas sonst: In Recife waren die Slums für mich die erste Wahrheit. Lange bevor ich »Kunst« spürte, spürte ich die tiefe Schönheit des Kampfes. Doch ich habe eine einfältige Art, mich dem Gesellschaftlichen anzunähern: Ich wollte vor allem etwas »tun«, als wäre Schreiben kein Tun. Jedenfalls gelingt es mir nicht, das Schreiben dafür zu verwenden, sosehr mich diese Unfähigkeit schmerzt und kränkt. Das Problem der Gerechtigkeit ist für mich eine so naheliegende und grundlegende Empfindung, dass es mir nicht gelingt, davon überrascht zu sein – und ohne Überraschung kann ich nicht schreiben. Auch, weil Schreiben für mich Suchen heißt. Das Gerechtigkeitsempfinden war für mich nie eine Suche, es erreichte nie den Status einer Entdeckung; mich wundert nur, dass nicht alle anderen es ebenso naheliegend finden.[10]

Sie war allerdings durchaus in der Lage, ihrer Wut über die Ungerechtigkeit in Brasilien Ausdruck zu verleihen, wie ein in *Senhor* veröffentlichter und in *Die Fremdenlegion* nachgedruckter Essay illustriert. Der Artikel handelte von Mineirinho, einem Mörder, der eine Freundin hatte und den heiligen Georg verehrte. Die Polizei tötet ihn mit »dreizehn Kugeln, wo eine gereicht hätte«. Sein so gewaltsamer Tod empörte Clarice. »Ich wurde selbst zu Mineirinho, von der Polizei massakriert. Was sein Verbrechen auch gewesen sein mag, eine Kugel wäre genug gewesen, der Rest war Mordlust.«[11]

> Das ist das Gesetz. Aber es gibt da etwas, wenn ich den ersten und den zweiten Schuss noch mit Erleichterung höre, so werde ich beim dritten wachsam, beim vierten unruhig, der fünfte und sechste lassen mich in Scham versinken, den siebten und achten höre ich mit vor Entsetzen pochendem Herzen, beim neunten und zehnten beginnt mein Mund zu zittern, beim elften spreche ich schockiert den Namen Gottes, beim zwölften rufe ich meinen Bruder. Der dreizehnte Schuss tötet mich – weil ich der andere bin.[12]

Die drei Sätze aus »Die größte Erfahrung« sind die stringenteste Aussage zu dem Thema, die Clarice jemals machen sollte: »Früher wollte ich die anderen sein, um das kennenzulernen, was nicht ich war. Dann begriff ich, dass ich bereits die anderen gewesen bin, und das war einfach. Als größte Erfahrung erwies sich, der andere der anderen zu sein: Und der andere der anderen war ich.«[13]

✻

Die Fremdenlegion weist auch in eine andere Richtung: hin zur Abstraktion. Clarices Texte hatten mit ihrer Fokussierung auf die Innenwelt ihrer Figuren schon immer ein wichtiges abstraktes Element enthalten. »Denn Kunst ist dann gut, wenn sie das Ausdruckslose berührt hat«, schreibt sie in *Die Passion nach G. H.* »Die schlechteste Kunst ist die ausdrucksstarke, diejenige, die hinausgeht über das Stück Eisen und das Stück Glas, und das Lächeln, und den Schrei.«[14]

In *Die Fremdenlegion* denkt Clarice ausführlich über den Sinn und den Prozess des Schreibens nach – ein Thema, auf das sie bis dahin noch nie so detailliert eingegangen war. In einem kurzen Text mit dem Titel »Roman« schreibt sie: »Er würde attraktiver, wenn ich ihn attraktiver gestaltete. Zum Beispiel durch Verwendung einiger Elemente, die einem Leben oder einer Sache oder einem Roman oder einer Figur einen Rahmen geben. Etwas attraktiv zu gestalten ist völlig legitim, nur besteht die Gefahr, dass ein Gemälde dann deshalb zum Gemälde wird, weil der Rahmen es dazu macht. Zum Lesen bevorzuge ich natürlich das Attraktive, es ermüdet mich weniger, es reißt mich mehr mit, es grenzt mich ab und gibt mir Kontur. Beim Schreiben jedoch muss ich auf dergleichen verzichten. Die Erfahrung ist es wert, selbst wenn das nur für den Schreibenden gelten sollte.«[15] Um eine solche »Attraktivität« ging es ihr als Autorin nie, ihr Schreiben entsprach der »Art desjenigen, der das Wort als Köder einsetzt: das Wort, mit dem nach etwas geangelt wird, was nicht Wort ist. Wenn dieses Nicht-Wort anbeißt, hat man geschrieben.«[16]

Abstraktion könne das wirksamste Mittel sein, den Sinn zu ›ködern‹. »In der Malerei wie auch in der Musik und der Literatur erscheint mir das, was abstrakt genannt wird, sehr häufig als lediglich die figurative Darstellung einer Wirklichkeit, die brüchiger und schwieriger ist und mit bloßem Auge weniger leicht zu erkennen.«[17]

Eine von Clarices besten Erzählungen, »Die Henne und das Ei«, ist ebenfalls in *Die Fremdenlegion* enthalten. Seit ihrer Kindheit, als sie mit Hühnern auf dem Hof hinter ihrem Haus in Recife aufwuchs, interessierte Clarice sich für die Tiere. »Ich verstehe eine Henne vollkommen. Ich meine das Seelenleben einer Henne, ich weiß, wie das ist.« Aber damit hat die Geschichte nichts zu tun. Am Ende ihres Lebens befragte ein Interviewer sie nach dem Vorwurf, sie sei »hermetisch«, und sie erwiderte: »Ich verstehe mich. Das heißt, für mich bin ich nicht hermetisch. Na ja, es gibt da eine Kurzgeschichte von mir, die ich nicht sehr gut verstehe ... ›Die Henne und das Ei‹, die [bleibt] mir ein Rätsel.«[18]

Der Beginn der Geschichte ist noch halbwegs konventionell: »Am Morgen in der Küche sehe ich auf dem Tisch das Ei.« Doch bald wird sie zu einer Meditation, die an Gertrude Steins kubistische Wortporträts denken lässt.

Ein Ei ist etwas, das sich in Acht nehmen muss. Deshalb ist die Henne die Verkleidung des Eis. Damit das Ei die Zeiten durchqueren kann, existiert die Henne. Dazu ist eine Mutter da. –

Das Ei lebt wie auf der Flucht, um seiner Epoche immer weit voraus zu sein. – Vorläufig wird das Ei immer revolutionär sein. – Es lebt in der Henne, um nicht weiß genannt zu werden. Das Ei ist eben weiß. Es darf aber nicht weiß genannt werden. Nicht, weil ihm das wehtäte, aber die Leute, die ein Ei weiß nennen, diese Leute sterben am Leben. Weiß nennen, was weiß ist, kann die Menschheit vernichten. Einmal wurde ein Mann angeklagt, das zu sein, was er war, und wurde Jener Mann genannt. Sie hatten nicht gelogen: Er war es. Doch bis heute haben wir uns nicht erholt, einer nach dem anderen. Das allgemeine Gesetz zum Weiterleben: Man kann sagen »ein hübsches Gesicht«, aber wer sagt »Das Gesicht«, stirbt; weil er das Thema erschöpft hat.[19]

Obwohl dies keine traditionelle Erzählung ist, obwohl sie an vielen Stellen dunkel wirkt und obwohl Clarice behauptete, sie nicht zu verstehen, ist sie trotzdem nicht ganz und gar undurchsichtig. Sie hat ein klares Thema, und ein Leser, der mit Clarices Werk vertraut ist, wird darin etliche Bezüge wiedererkennen. Da sind das Mysterium der Mutterschaft und der Geburt, die Kluft zwischen Sprache und Bedeutung und sogar, in der Andeutung einer Revolution, eine augenzwinkernde Anspielung auf die zeitgenössische Politik. Im selben Buch beschreibt Clarice die neue modernistische Hauptstadt Brasília mit ähnlich abstrakten Begriffen.

Als ich starb, schlug ich eines Tages die Augen auf, und es war Brasília. Ich war allein auf der Welt. Ein Taxi stand auf der Straße. Ohne Fahrer. – Lúcio Costa und Oscar Niemeyer, zwei einsame Männer. – Ich sehe Brasília an, wie ich Rom ansehe: Am Anfang von Brasília wurden Ruinen aufs Wesentliche reduziert. Der Efeu ist noch nicht gewachsen. – Neben dem Wind ist da noch etwas anderes, das weht. Man erkennt es nur an der übernatürlichen Kräuselung des Sees. – Wo immer man sich befindet, können Kinder fallen, auch aus der Welt hinaus. Brasília liegt am Rand. Würde ich hier leben, ich ließe mein Haar bis zum Boden wachsen. – Brasília hat eine glanzvolle Vergangenheit, die es schon nicht mehr gibt. [...] Von meiner Schlaflosigkeit aus gucke ich um drei Uhr morgens aus dem Hotelfenster. Brasília ist die Landschaft der Schlaflosigkeit. Es schläft nie ein. – Organisches zerfällt hier nicht. Es versteinert. – Gerne sähe ich über Brasília verteilt fünfhunderttausend Adler aus dem schwärzesten Onyx. – Brasília ist geschlechtslos. – Der erste Moment des Sehens ist wie ein gewisser Moment der Trunkenheit: Füße, die den Boden nicht berühren.[20]

Die zehn Seiten dieser Meditation lassen im Leser genau das trunkene oder andächtige Gefühl aufkommen, das Brasília in Clarice auslöste. »Brasília: fünf Tage« ist natürlich kein traditioneller Essay, aber keine andere Beschreibung der Stadt hat ihre bedrückende, rätselhafte Atmosphäre auch nur annähernd so gut eingefangen. »Wie in allem«, schreibt sie in *Die Fremdenlegion*, »habe ich auch beim Schreiben eine Art Scheu, zu weit zu gehen. Was war das? Warum? Ich halte mich zurück, als zügelte ich ein Pferd, das sonst losgaloppieren und mich weiß Gott wohin bringen könnte.«[21]

EIN RAUER KAKTUS

1961, als *Der Apfel im Dunkeln* herauskam, interviewte Rosa Cass, die mit Alberto Dines befreundete Journalistin, Clarice für das *Jornal do Comércio*. »Sie hasste Interviews«, berichtete Rosa, »und sie beantwortete *keine* meiner Fragen.«[1] Aber die beiden Frauen waren einander sympathisch, und nach dem Erscheinen des mühsam improvisierten Interviews schickte die Journalistin Clarice zum Dank Blumen.

Clarice reagierte nicht. Die beleidigte Rosa brach den Kontakt zu ihr ab, bis sie auf *Die Passion nach G. H.* stieß. Schockiert und beeindruckt, vergaß sie ihren früheren Ärger und rief Clarice an. Sie unterhielten sich über Beethoven. »Wie komponierte er, nachdem er taub geworden war?«, fragte Clarice. »Er konnte die Musik nur in sich hören«, antwortete Rosa. »Und genau das habe ich gespürt, während ich dein Buch las, diese Einsamkeit.« Und Clarice sagte: »Stell dir vor, wie einsam die Person ist, die es geschrieben hat.«[2]

Die beiden kamen sich näher, und Rosa hatte reichlich Gelegenheit, sich von Clarices Einsamkeit zu überzeugen. Ihr zuliebe nahm Rosa sich die Nachmittage frei, um mit ihr ins Theater oder Kino zu gehen. Da Rosa berufstätig war, hatte sie seit ihrer Kindheit keine Nachmittagsvorstellung mehr gesehen, aber sie änderte ihren Arbeitsablauf, um mehr Zeit mit Clarice verbringen zu können, die um 21 Uhr ins Bett ging und deshalb abends unerreichbar war. Derartige Loyalität war unter Clarices Freunden, jedenfalls eine Zeit lang und besonders unter denen, die ihre Verletzlichkeit spürten und ihr helfen wollten, sehr verbreitet. Allerdings stellte sie die Geduld selbst der hingebungsvollsten Personen unter ihnen häufig auf die Probe.

Immerhin lebte sie dadurch nicht ganz abgeschieden. Zwar war *Die Passion nach G. H.* nach dem ersten Erscheinen nur spärlich rezensiert worden, aber nachdem es einmal den Weg zu den Lesern gefunden hatte, erwies sich die Wirkung des Buches als durchschlagend und brachte Clarice eine gewisse Bekanntheit ein. 1965 wurde die erste von vielen Dutzend Bühnenfassungen ihrer Werke in Rio aufgeführt; 1966 kam das erste Buch über sie heraus: *Die Welt von Clarice Lispector* von dem Philosophen Benedito Nunes.

Außerdem fand sie einen neuen Freundeskreis um Pedro Bloch; er war der Cousin von Adolpho Bloch, dem einflussreichen Besitzer der Zeitschrift *Manchete*. Dr. Bloch, wie Clarice in der Ukraine geboren, war ein bekannter Dramatiker und Arzt, der sich auf Sprachstörungen spezialisiert hatte. Er versuchte, Clarices Lispeln und ihr kehliges R zu beseitigen, das, wie er meinte, daher rühren könne, dass sie als Kind die Aussprache ihrer Eltern imitiert habe.

Die Maßnahmen hatten Erfolg, doch dann verfiel Clarice wieder in ihre alten Gewohnheiten. »Sie teilte ihm mit, sie sei nicht willens, ihre Besonderheiten abzulegen.«[3]

Bloch und seine aus Uruguay stammende Frau Miriam bewirteten gern prominente Künstler und Intellektuelle in ihrem Strandhaus in dem Urlaubsort Cabo Frio. Einer der Gäste war João Guimarães Rosa, der Schriftsteller und Diplomat, der auf seinem Posten in Hamburg vielen Juden geholfen hatte, nach Brasilien zu entkommen. Drei Monate vor seinem Schlaganfall hatte Lúcio Cardoso geschrieben: »Die brasilianische Literatur gehört zwei Edlen, Guimarães Rosa und Clarice Lispector.«[4] Nun kamen die beiden Edlen, von denen einer dem Ende seines Lebens entgegenging, einander näher.

Clarice bewunderte Guimarães Rosa seit Langem. Als sein Meisterwerk *Grande sertão* 1956 erschien, ließ sie Fernando Sabino wissen: »So etwas habe ich noch nie gesehen! Das ist das Schönste, was es in jüngster Zeit gegeben hat. Ich weiß nicht, wohin seine Erfindungskraft reicht, sie überschreitet die Grenzen des Vorstellbaren. Ich werde davon ganz benommen. […] Es macht mich richtig fertig, so sehr gefällt es mir.«[5] Sie äußerte sich sonst nie mit einer solchen Begeisterung über einen Zeitgenossen, und im Gegenzug machte der ältere Meister ihr ein paar Monate vor seinem Tod ein großes Kompliment. Nachdem er auswendig lange Passagen aus ihren Büchern zitiert hatte, »[sagte er] etwas, das ich nie vergessen werde, so glücklich war ich in diesem Augenblick: Er sagte, er lese mich ›nicht um der Literatur, sondern um des Lebens willen‹.«[6]

*

1965 zog Clarice endlich in die große Dreizimmerwohnung, die sie zwei Jahre vorher in einem damals noch nicht fertigen Neubau angekauft hatte. Das Apartment war nicht weit von ihrer ebenfalls in Leme liegenden Mietwohnung entfernt. Nach einem Leben mit vielen Auslandsstationen sollte die Rua Gustavo

Sampaio 88, einen Häuserblock vom Strand und neben dem Tennisclub von Leme, ihr letztes Zuhause sein. Ungefähr ein Jahr nach ihrem Einzug wäre sie dort schon einmal fast gestorben.

Am 12. September 1966 besuchte Rosa Cass in Copacabana die Wohnung der Schwestern Gilka und Gilda, die die afrobrasilianische Religion *umbanda* praktizierten. Rosa machte eine schwierige Phase in ihrem Leben durch, und eine Freundin hatte ihr empfohlen, sich von Gilda rituell »reinigen« zu lassen. Während dieser Prozedur ergriff zu Rosas Schrecken und Erstaunen plötzlich ein Geist von Gilda Besitz und veranlasste die kleine Frau, Rosa zu packen, sie hochzustemmen und herumzuwirbeln. Nachdem Rosa wieder festen Boden unter den Füßen hatte, verkündete das Medium, dass das Leben einer engen Freundin in Gefahr sei. Zu jener Zeit waren Rosas beste Freundinnen Clarice und die Schriftstellerin Nélida Piñon. Angsterfüllt fragte sie sich, wer von den beiden in Gefahr sein mochte, und bald erhielt sie eine Antwort.

Am folgenden Abend stellte Nélida ihren ersten Erzählband, *Zeit der Früchte*, vor – ein Ereignis, zu dem sie auch Clarice eingeladen hatte. Ein paar Stunden vor der Präsentation rief Clarice an und sagte, sie könne nicht daran teilnehmen. Nélida bemerkte, dass ihre Stimme schwach war und sie ihre Sätze nicht beendete. Mehrere Stunden später, um 3.35 Uhr morgens, fiel einer Nachbarin auf, dass Rauch aus dem Gebäude an der anderen Straßenseite aufstieg. Sie informierte ihren Pförtner, und beide eilten über die Straße, wo sie Clarices Wohnung in Flammen vorfanden.[7]

Die beiden Dinge, nach denen Clarice süchtig war, Zigaretten und Schlaftabletten, hatten schließlich ihren Tribut gefordert. Ihr Einzelbett stand unter einem Fenster mit Vorhängen, und sie schlief schon immer schlecht. Um 21 Uhr legte sie sich gewöhnlich hin, um in den frühen Morgenstunden aufzuwachen. An jenem Abend blieb sie, nachdem sie ihre Tabletten genommen hatte, rauchend im Bett sitzen. Als sie aufwachte, breiteten sich Flammen im Zimmer aus. Bei dem panischen Versuch, ihre Papiere zu retten, wollte sie das Feuer mit den Händen ersticken. Ihr Sohn Paulo holte sie aus dem brennenden Zimmer und klingelte beharrlich an der Nachbarwohnung. Die verängstigten Bewohner, Saul und Rosa Azevedo, sprangen aus dem Bett und entdeckten die am ganzen Körper verbrannte Clarice an ihrer Tür. Sie sagte kein einziges Wort. Saul und Paulo rannten davon, um das Feuer zu löschen, während sich Clarice von Rosa in die Wohnung führen ließ. Ihr teils geschmolzenes Nachthemd klebte an ihrem Körper, und als sie über Rosas Teppich ging, hinterließ sie blutige Fußabdrücke.

Drei Tage lang wachten Tania, Elisa und Rosa im Krankenhaus an ihrer Seite, während Clarice zwischen Leben und Tod schwebte. Ihre rechte Schreibhand war so schwer verletzt, dass von Amputation die Rede war. Tania flehte die Ärzte an, noch einen Tag zu warten, und die Gefahr konnte abgewendet werden. In diesen drei Tagen verbot der Chirurg sämtliche Besuche. »Aber ich will Besuche, sagte ich, sie lenken mich ab von dem schrecklichen Schmerz. Und alle, die gegen das ›Ruhe‹-Schild verstießen, alle empfing ich, während ich vor Schmerz stöhnte, wie zu einem Fest: Ich war redselig geworden, und meine Stimme war klar: Meine Seele erblühte wie ein rauer Kaktus. [...] Mir scheint, dass ich vage spürte: Solange ich auf so unerträgliche Weise körperlich leiden musste, stellte dies den Beweis dafür dar, dass ich mit höchster Intensität lebte.«[8]

Der Schmerz war unerträglich. Neben den Verbrennungen dritten Grades an ihrer Hand waren auch ihre Beine schrecklich in Mitleidenschaft gezogen worden, aber zum Glück hatte das Feuer ihr Gesicht verschont. Fast vierzig Jahre später konnte Rosa nur mit einem Schaudern beschreiben, wie die Schwestern die Wunden ohne Betäubungsmittel mit einer Bürste und Seife säuberten. »Als die Fäden aus meiner operierten Hand gezogen wurden, zwischen den Fingern, da schrie ich«, erzählte Clarice. »Es waren Schmerzensschreie, aber auch Schreie der Wut, denn Schmerz erscheint als Verletzung unserer körperlichen Integrität. Aber ich war nicht betäubt. Ich nutzte den Schmerz und schrie für die Vergangenheit und für die Gegenwart. Sogar für die Zukunft habe ich geschrien, mein Gott.«[9]

Clarice musste drei volle Monate im Krankenhaus bleiben. Dabei ließ sie Operationen, Hautverpflanzungen und Physiotherapie über sich ergehen, die ihr schließlich ermöglichten, ihre Hand wieder zu benutzen, zumindest zum Tippen. Für den Rest ihres Lebens ähnelte die rechte Hand einer schwarzen Klaue. »Die linke war ein Wunder der Eleganz«, schrieb ihre Freundin Olga Borelli. »So wie sie sich behende und entschlossen bewegte, schien sie die Mängel der anderen ausgleichen zu wollen, die steif war und ihre Bewegungen kaum kontrollieren konnte; die verbrannten, von tiefen Narben bedeckten Finger waren ganz verkrümmt.«[10]

Ihr Schlafzimmer war völlig ausgebrannt, mit einer einzigen Ausnahme: einem Messbuch, das eine Freundin ihr geschenkt hatte und das die Inschrift »Bete für mich« trug. »Der Putz kam von den Wänden und von der Decke herunter, die Möbel zerfielen zu Staub, und die Bücher ebenso. Ich versuche gar nicht erst zu erklären, was geschah: Alles verbrannte, aber das Messbuch blieb unversehrt, nur der Deckel war ein wenig angesengt.«[11]

In Rosas Augen verließ Clarice das Krankenhaus sogar noch schöner als vorher, denn sie war sehr schlank geworden und ihre edlen Züge wirkten durch ihr

Leid noch vergeistigter. Aber kurz danach, während ihrer schwierigen Rekonvaleszenz, nahm sie zu und musste eine Diätetikerin hinzuziehen.[12] Sie sollte immer eine markante Erscheinung bleiben, doch mit sechsundvierzig Jahren war ihr klar, dass ihre berühmte Schönheit, die sie trotz vieler Prüfungen nie verloren hatte, nun der Vergangenheit angehörte. Laut ihrem Sohn Paulo wurde sie von einer »uneingestandenen Desillusionierung über den Verlust der Schönheit ihrer Jugend« geplagt.[13]

»Ich glaube, dass sie es hässlich fand, auszugehen, wenn man nicht mehr jung war«, schrieb Clarice. »Die so saubere Luft, der Körper schmutzig von Fett und Falten. Vor allem die Klarheit des Meeres, so nackt. Nicht für die anderen war es hässlich, wenn sie ausging, alle kommen damit zurecht, dass die anderen alt sind. Sondern für sie selbst.«[14]

MÖGLICHE DIALOGE

Wie so oft in Clarices Leben folgte der Katastrophe bald ein Triumph, und 1967 erwies sich, jedenfalls beruflich betrachtet, als gutes Jahr. Es erlebte die Veröffentlichung der Kindergeschichte *Das Geheimnis des denkenden Hasen*, die sie auf Paulos Bitte in englischer Sprache in Washington geschrieben hatte. Der Text war ihr nicht mehr gegenwärtig gewesen – »Er war so wenig Literatur für mich« –,[1] bis ein Verleger anfragte, ob sie etwas für Kinder habe. Clarice holte die Erzählung aus einer Schublade, übersetzte sie und ließ sie veröffentlichen.

Der Band wurde mit dem Calunga-Preis für das beste Kinderbuch des Jahres ausgezeichnet, was Clarice große Freude bereitete. »Aber ich war noch glücklicher, als mir in den Sinn kam, dass ich als hermetische Autorin gelte. Wie das? Wenn ich für Kinder schreibe, werde ich verstanden, aber wenn ich für Erwachsene schreibe, bin ich auf einmal schwierig? Soll ich vielleicht für Erwachsene mit den Worten und Gefühlen schreiben, die für ein Kind angemessen sind? Kann ich nicht von Gleich zu Gleich sprechen?«[2]

Im darauffolgenden Jahr versuchte sie sich mit *Die Fischmörderin* zum zweiten Mal auf dem Gebiet der Kinderliteratur. Das Buch beginnt mit einem Geständnis: »*Die Fischmörderin* bin leider ich. Aber ich schwöre euch, es war keine Absicht. Ausgerechnet ich!, die ich doch keiner Fliege etwas zuleide tun kann! Ich lasse ja sogar die eine oder andere Kakerlake am Leben.«[3]

In dem Buch erwähnt Clarice all ihre Haustiere: von Dilermando, den sie in Neapel hatte zurücklassen müssen, bis hin zu Jack, ihrem Hund in Washington. Wie »Das Verbrechen des Mathematikprofessors« entstand *Die Fischmörderin* wegen eines »Schuldgefühls, das ich loswerden wollte«.[4] In diesem Fall sind die Opfer zwei rote Fischchen, die ihr Sohn Pedro ihr anvertraute, als er für einen Monat von zu Hause weg war. Geistesabwesend und von ihrer Arbeit in Anspruch genommen, vergaß sie zwei Tage lang schlicht, die Tiere zu füttern, und als es ihr schließlich einfiel, waren sie tot. Wieder einmal, genau wie nach dem

Tod ihrer Mutter, erzählt Clarice eine Geschichte, um ihr Schuldgefühl zu beschwichtigen, und betont dabei noch einmal den Zusammenhang von Verbrechen und Schöpfung.

Die Möglichkeit, mit Erwachsenen »von Gleich zu Gleich zu sprechen« ergab sich, als ihr alter Freund Alberto Dines, der sie nach ihrer Rückkehr nach Brasilien beim *Diário da Noite* beschäftigt hatte, von einem anderen Freund, Otto Lara Resende, angerufen wurde. Wie bereits 1960 erklärte Otto: »Clarice hat Probleme.« Und wie 1960 war Dines, mittlerweile Chefredakteur des *Jornal do Brasil*, der angesehensten Zeitung des Landes, in der Lage, ihr zu helfen. Dines stellte eine neue Kulturbeilage für die Samstagsausgabe zusammen und wollte dafür unbedingt eine gebildetere Leserschaft gewinnen. Deshalb bot er Clarice sofort eine wöchentliche Kolumne an.

Am 19. August 1967 präsentierte sie sich zum ersten Mal als *cronista*. Die *crônica*, eine brasilianische Besonderheit, ist eine lockere, literarische Zeitungsspalte. Die *cronistas* waren populär und wurden geradezu verehrt. Der Grund mag gewesen sein, dass »man in Brasilien höchstens versteht, für Zeitungen zu schreiben«, wie João Cabral kommentierte, oder dass Zeitungen immer noch das Leitmedium des Landes waren. Jedenfalls fand das Genre großen Anklang. Zu seinen Vertretern gehörten viele von Clarices Freunden, darunter Paulo Mendes Campos, Rubem Braga und Fernando Sabino.

Clarice fürchtete, der Aufgabe nicht gewachsen zu sein, und gab in den sechseinhalb Jahren, in denen sie für das *Jornal do Brasil* arbeitete, häufig zu, dass das Genre sie ein wenig einschüchtere.

Und nicht nur in diesem Genre bin ich gänzlich unerfahren, sondern auch was das Schreiben für Geld betrifft. Ich war schon früher als Journalistin tätig, aber damals veröffentlichte ich nicht unter meinem Namen. Wenn man mit dem eigenen Namen zeichnet, wird die Sache automatisch persönlicher. Und da fühle ich mich fast so, als würde ich meine Seele verkaufen. Ein Freund, mit dem ich darüber sprach, antwortete: Na ja, Schreiben ist doch auch ein wenig die Seele verkaufen. Das stimmt. Selbst wenn es nicht um Geld geht, exponieren wir Schriftsteller uns sehr. Eine befreundete Ärztin war allerdings anderer Meinung: Sie argumentierte, in ihrem Beruf gebe sie die ganze Seele, und doch nehme sie Geld dafür, weil sie ja auch von etwas leben müsse. Somit verkaufe ich Ihnen mit größtem Vergnügen einen gewissen Teil meiner Seele – den Teil, der die Samstagsgespräche führt.[5]

Ihr Gefühl der Unzulänglichkeit mag teilweise daher gerührt haben, dass sie eine von wenigen Frauen in einer Männerdomäne war. Es gab nur drei oder vier literarische Kolumnistinnen.[6] Die Männer, besonders Rubem Braga, verfügten über ein belletristisches Pathos und eine durchdachte Raffinesse des Tonfalls, die Clarices Texten völlig fehlten. Ihre Kolumnen waren unerschrocken persönlich und unerschrocken feminin.

Darin verabschiedete sich Clarice zwar nicht von ihren ureigenen metaphysischen Themen, doch sie erstattete auch auf unmittelbar persönlicher Ebene Bericht über ihr Leben als Mutter und Hausfrau. »Ich glaube, ich würde noch über das Problem der brasilianischen Kaffee-Überproduktion etwas Persönliches schreiben«, heißt es in einer ihrer Kolumnen.[7] Sie schrieb über ihre Kinder, ihre Freunde, ihre Dienstmädchen, ihre Kindheit, ihre Reisen – und zwar so ausgiebig, dass *Die Entdeckung der Welt*, die posthum veröffentlichte Sammlung ihrer Artikel, in ihrer gesamten Hinterlassenschaft einer Autobiographie am nächsten kommt.

Ihr intimer »samstäglicher Plauderstil« verärgerte einige Größen des Genres, die die Zeitungskolumne für eine sekundäre Kunstform hielten. Sogar Rubem Braga, der seit Neapel mit ihr befreundet war, machte sie angeblich schlecht, was ihm eine öffentliche Erwiderung einbrachte: »Jemand hat mir erzählt, Rubem Braga meine, dass ich nur in Büchern gut sei, Kolumnen dagegen beherrsche ich nicht«, schrieb Clarice. »Ist das so, Rubem? Rubem, ich tue mein Bestes. Du bist besser, aber du darfst nicht von anderen verlangen, dass sie dasselbe leisten. Ich schreibe bescheidene Kolumnen, Rubem. Ich bilde mir darauf nichts ein. Aber ich bekomme Leserbriefe, und sie klingen zufrieden. Und diese Briefe zu bekommen freut mich.«[8]

Den Lesern gefielen ihre Artikel tatsächlich. Während *Senhor* die *literati* mit Clarice bekannt gemacht hatte, brachte das *Jornal do Brasil* sie Woche um Woche der Mittelschicht näher. Ihre Arbeit als Kolumnistin verschaffte ihr einen nie gekannten Ruhm – und sogar einen Tintenfisch. »Ich bin ein schüchterner Mensch, aber ich habe auch ein Recht auf Spontaneität«, rief eine Frau, die eines Tages an ihrer Wohnungstür erschien. »Was Sie heute in der Zeitung geschrieben haben, das geht mir ganz genauso; und ich, also ich wohne hier gegenüber und habe Ihren Brand miterlebt und ich kann am Licht sehen, wann Sie nicht schlafen können, und da habe ich Ihnen einen Tintenfisch mitgebracht.«[9] Zu Clarices Verblüffung machte sich die Frau an Ort und Stelle daran, den Tintenfisch zuzubereiten, nach eigenem Spezialrezept.

»Ich habe neun Bücher geschrieben, die viele Menschen dazu gebracht haben,

mich von ferne zu lieben«, schrieb Clarice über ihre unverhoffte Popularität.
»Aber wenn man Kolumnen schreibt, gibt es etwas Geheimnisvolles, das ich
nicht verstehe: Und zwar werden die Verfasser von Kolumnen, zumindest in Rio,
sehr geschätzt. Und dass ich diese Samstagskolumnen schreibe, hat mir noch
mehr Liebe eingetragen. Ich fühle mich denen, die mich lesen, so nahe.«[10] Die
Liebe, die sie empfing, gab sie ihren Leserinnen wieder zurück. Ein Mädchen
bedankte sich bei Clarice, weil sie ihr geholfen habe, jemanden zu lieben, und
Clarice bedankte sich ihrerseits: »Danke auch im Namen des jungen Mädchens,
das ich einst war, das etwas für die Leute, für Brasilien, für die ganze Menschheit
tun wollte und dem es nicht einmal peinlich war, für sich selbst so hochtrabende
Worte zu benutzen.«[11]

*

Die Clarice dieser Zeit tritt einem besonders lebendig in den Erinnerungen von
Maria Teresa Walcacer vor Augen. Die zweiundzwanzigjährige Philosophie-
studentin hatte sich auf eine Stellenanzeige gemeldet, in der die »Sekretärin eines
Schriftstellers« gesucht wurde. Zu der Zeit hatte Clarice gerade beim *Jornal do
Brasil* zu arbeiten begonnen. Walcacer stellte bei ihrem Eintreffen überrascht
fest, dass »der Schriftsteller« niemand anderes als Clarice Lispector war, die am
Fenster Platz genommen hatte und ungefähr vierzig Kandidatinnen befragte.
Clarice erklärte, dass sie seit dem Brand nur mühsam tippen könne und jeman-
den brauche, der jeden Punkt und jedes Komma in ihren Texten respektiere. Am
Ende wollte sie wissen, ob Maria Teresa irgendeines ihrer Bücher gelesen habe.
Die junge Frau antwortete: »Fast alle.« Eine halbe Stunde später war sie einge-
stellt.

Warum wählte ich Maria Teresa, mit Spitznamen Teté? Erstens, weil sie genauso gut geeignet war wie die anderen. Zweitens, weil sie schon etliche
Romane von mir gelesen hatte und dadurch meine Art zu schreiben kannte,
und da würde sie sicherlich tun, was ich verlangte: beim Tippen nichts hinzufügen und nichts weglassen. [...] Drittens habe ich Teté ausgewählt, weil sie im
Minirock kam. Eine gute Vertreterin der modernen Jugend. Sie war die Einzige
im Minirock. Viertens wählte ich sie wegen ihrer Stimme, die mir angenehm
ist. Es gibt Stimmen, die mich buchstäblich ermüden. Meine Teté hat eine
angenehme Stimme.

Clarice versicherte der jungen Frau, es gehe um einen idealen Studentenjob: »Die Sekretärin ist nur wenige Stunden bei mir, in der übrigen Zeit kann sie lernen, Vorlesungen besuchen, ihren Freund treffen.«Walcacer gab die Umstände etwas anders wieder: »Ich glaube im Grunde nicht, dass sie eine Sekretärin haben wollte, sondern vielmehr jemanden, der ihr Gesellschaft leistete oder so ähnlich. Sie bat mich, alles Mögliche zu tun: mich mit ihr zu unterhalten, sie zum Haus einer Freundin zu begleiten, den Jungen Geschichten vorzulesen, mit Pedro am Strand spazieren zu gehen. Außerdem forderte sie mich häufig auf, zum Mittagessen oder zum Abendessen dazubleiben. Sie verlangte zu viel von mir.«

In der Wohnung herrschte Chaos. Maria Teresa, die sich vorgestellt hatte, eine Schriftstellerin arbeite in klösterlicher Abgeschiedenheit, fiel aus allen Wolken. Paulo und Pedro unterbrachen ihre Mutter ständig, das Telefon klingelte unaufhörlich, das Dienstmädchen lief herum, und Clarices Papiere waren überall in der Wohnung verstreut. »Wenn mir das heute passieren würde, könnte ich natürlich ganz anders damit umgehen. Aber damals – was für eine Überforderung, was für eine fremde Welt! Ich war so jung, ich hatte einen Freund, ich war verliebt, und ich fand es wirklich nicht gerade spannend, dauernd mit der Dame und ihren ziemlich problematischen Söhnen zu Abend zu essen … Außerdem erinnere ich mich daran, dass Pedro mit ganz abwesendem Blick herumwanderte. Das Alltagsleben in der Wohnung ist mir ziemlich bedrückend in Erinnerung.«

In demselben Interview schilderte Walcacer ihr Erstaunen darüber, dass Clarice sie als munter und entspannt beschrieb, obwohl sie damals in Wirklichkeit eine schlimme Depression durchmachte. »Ich fühlte mich so unsicher gegenüber dieser Frau, gegenüber dieser Legende. Auch glaube ich nicht, dass ich bei unserer ersten Begegnung einen Minirock trug. Das Ganze scheint mir ein bisschen aus der Luft gegriffen zu sein.«[12]

Nach vier Monaten suchte Maria Teresa das Weite.

*

Im Mai 1968, fünfzehn Jahre nachdem Fernando Sabino das Thema zum ersten Mal aufgebracht hatte, begann Clarice, Interviews für *Manchete*, das brasilianische Gegenstück zu *Paris-Match*, zu führen. Es war eine zusätzliche Möglichkeit, ihre Bekanntheit landesweit zu erhöhen. Viele der Personen, die sie für »Mögliche Dialoge mit Clarice Lispector« interviewte, waren alte Freunde wie Erico Verissimo und Alzira Vargas oder ihr »erster männlicher Beschützer«, der Mathematiker Leopoldo Nachbin, sowie Hélio Pellegrino, der Psychoanalytiker, der gestand, er wolle in einem anderen Leben gern der »Ehemann von Clarice Lispector sein, der ich mich mit samtener und schlafloser Hingabe widmen würde«.[13]

»Ich exponierte mich bei diesen Interviews, und so gelang es mir, das Vertrauen der Interviewpartner so weit zu gewinnen, dass sie sich ebenfalls exponierten. Die Gespräche sind interessant, weil sie Unerwartetes über die interviewten Personen offenbaren. Vor allem unterhält man sich, es ist nicht das klassische Frage- und Antwortspiel.«[14] Einige der Interviews sind Wunder an Aufrichtigkeit – von Seiten der Interviewerin. Aber ihre journalistische Arbeit beanspruchte zu viel Zeit und wurde durch ihre angeborene Schüchternheit erschwert. Hélio Pellegrino bemerkte ihr Unbehagen und schlug vor: »Clarice, lass uns einfach ein Steak essen und ein Bier trinken. Vergiss die Fragen. Ich werde das Interview selbst schreiben.«[15]

Während *Manchete* ihr Respekt und eine gewisse Berühmtheit einbrachte, erlebte sie dort auch manche Erniedrigung. Beim *Jornal do Brasil* war sich ihr großer Bewunderer Alberto Dines vollauf bewusst, wie heikel sie war, und veröffentlichte alle Beiträge genau so, wie Clarice sie einreichte. »Einmal schickte sie eine Kolumne, die aus einem einzigen Absatz bestand. Genauso wurde der Text gedruckt.«[16] Bei *Manchete* dagegen wurde Lêdo Ivo, der Dichter, der Clarice seit 1944 kannte, bei einer Gelegenheit Zeuge eines schrecklichen Vorfalls: Justino Martins, der Chefredakteur der Zeitschrift, lehnte einen ihrer Artikel ab und empfahl ihr, wenn sie produktiver und kompetenter sein wolle, solle sie sich mal wieder »flachlegen lassen«. Die empfindliche, prüde Clarice entgegnete zaghaft: »Ich kann mit niemandem schlafen, Justino. Mein ganzer Körper ist verbrannt.«[17]

Einer Frau, die nur zwei Jahre zuvor noch schön und begehrenswert gewesen war, fiel es sicherlich nicht leicht, sich mit dem Verlust ihrer Attraktivität abzufinden. Lygia Marina de Moraes, die 1974 Fernando Sabinos dritte Frau wurde, erinnerte sich an ihre erste Begegnung mit Clarice. In einer Bar in Ipanema knüpften Lygia und eine Freundin ein Gespräch mit dem legendären Tom Jobim an, einem der Schöpfer des Bossa nova, der sie in Clarices Wohnung einlud. Die Mädchen waren überwältigt von der Chance, an einem einzigen Tag Tom Jobim und Clarice Lispector kennenzulernen.

»Damals war sie bereits CLARICE«, erzählte Lygia, die schon allein der Gedanke, dem literarischen Idol zu begegnen, einschüchterte. Das Idol freute sich jedoch keineswegs, als Tom mit zwei attraktiven Mädchen erschien. Mit ihrer »metallischen Stimme« teilte sie Jobim mit, dass Vinicius de Moraes, der berühmte Poet und Komponist, ein Gedicht für sie geschrieben habe, und sie forderte Jobim auf, das Gleiche zu tun. Er bot an, stattdessen eine Melodie für sie zu komponieren, doch dann kritzelte er ein paar Minuten später ein Gedicht für Lygia. Clarice war zutiefst verärgert und verletzt.

Sie versuchte jetzt nicht länger, ihre Wunden zu verbergen. Otto Lara Resende erinnerte sich an ein Mittagessen mit ihr und dem Schriftsteller Antônio Callado. »Plötzlich brauste sie auf: »Was schaust du mich so an? Willst du meine Narben sehen?« Und sie stellte die Beine zur Schau, die sie und wir verzweifelt zu ignorieren versucht hatten.«[18]

33
KULTURTERROR

Bei *Manchete* hatte Clarice zwar die Freiheit, viele ihrer prominenten Freunde zu porträtieren, aber sie musste auch Leute interviewen, die sie bestimmt nicht sehr anregend fand. Anfang 1969 war darunter Yolanda Costa e Silva, die Frau von General Arthur Costa e Silva, dessen Ruf als katastrophalster Präsident Brasiliens der Geschichte nie ernsthaft in Frage gestellt worden ist. Die First Lady war bekannt für ihre Vorliebe für Schönheitsoperationen und ihre Angewohnheit, sich mit gut aussehenden jüngeren Männern herumzutreiben.

Obwohl Clarice ihrem Sohn Paulo schrieb, Yolanda habe »nicht das Zeug zur First Lady«, konnte sie ihre Interviewpartnerin schwerlich bloßstellen, und das Gespräch verlief freundlich.[1] Clarice begann mit der bezeichnenden Aussage: »Ich habe mir sagen lassen, dass Sie gegen das Analphabetentum in Brasilien vorgehen wollen.« Sie fragte danach, wie man sich als Großmutter fühle, und erkundigte sich, vielleicht ein wenig böswillig, was die Präsidentengattin unter »Eleganz« verstehe.[2] Auf einem großen Bild der beiden strahlt Yolanda, offensichtlich erfreut darüber, in der Zeitschrift zu erscheinen, übers ganze Gesicht. Die misstrauische Clarice dagegen, die ihre verbrannte Hand hinter einem Stück Papier verbirgt, kann sich kaum ein Lächeln abringen.

Vielleicht wäre Yolanda weniger vergnügt gewesen, wenn sie sich an Clarices Teilnahme am Marsch der Hunderttausend erinnert hätte, also an eines der Ereignisse, das für die stürmischen 1960er Jahre gegen Ende in Brasilien typisch war. Es handelte sich dabei um eine gigantische Demonstration, die am 26. Juni 1968 in der Innenstadt von Rio de Janeiro abgehalten wurde. Der Protest richtete sich gegen Yolandas Mann, dessen Regierung immer üblere Aktionen einleitete.

Der erste Präsident nach dem Militärputsch von 1964, Humberto de Alencar Castello Branco, war in vieler Hinsicht anmaßend, nicht zuletzt durch die Art seiner Machtübernahme. Er duldete die Folter und schloss illegalerweise vorübergehend den Kongress, als dessen Vorsitzender Lúcio Cardosos Bruder, Adauto Lúcio Cardoso, fungierte. In seine Amtszeit fielen auch Absurditäten wie die

Verhaftung von Clarices potenziellem Verleger Ênio Silveira, der das Verbrechen begangen hatte, zur *feijoada*, einem Gastmahl mit dem brasilianischen National-gericht, für den abgesetzten Gouverneur von Pernambuco einzuladen.[3]

Aber zumindest war Castello Branco kein Banause – er ging gern ins Theater – und privat ein ehrbarer Mann. Er protestierte gegen Silveiras Verhaftung und bezichtigte die Verantwortlichen des »Kulturterrors«. Anscheinend schwebte Castello Branco für Brasilien keine eindeutige Diktatur vor, sondern ein am mexikanischen Vorbild orientiertes oligarchisches System, in dem die herrschende Partei in regelmäßigen Abständen neue Präsidenten ernannte. Eine Gruppe – die Partei im Fall Mexikos, das Militär im Fall Brasiliens – würde die Macht behalten, aber kein einzelner Diktator könnte sich durchsetzen.

Als Castello Branco im März 1967 die Macht an Costa e Silva übergab, traten sämtliche Widersprüche dieses Modells offen zutage. Costa e Silva gefiel es, für einen Intellektuellen gehalten zu werden, obwohl er stolz – und zweifellos zutreffend – behauptete, seine einzige Lektüre seien Kreuzworträtselheftchen.[4] Mit seinem Schnurrbart, seiner ordensgespickten Uniform und seiner verspiegel-ten Sonnenbrille erinnerte er stärker als jeder frühere Präsident Brasiliens an die Karikatur eines lateinamerikanischen Diktators.

Seit dem Beginn seiner Amtszeit versuchte er, die diktatorische Macht zu kon-solidieren, die in den politischen Strukturen nach 1964 bereits angelegt war. Die überall von Paris bis Prag aufbegehrenden und protestierenden Studenten waren der Regierung ein Dorn im Auge. Die Maßnahmen zu ihrer Unterdrückung ent-setzten Clarice, die so weit ging, an den Bildungsminister einen offenen Brief zu richten, der am 25. Februar veröffentlicht wurde. »Die Studienzeit ist etwas sehr Wichtiges«, schrieb sie. »Das ist die Zeit, in der sich Ideale herausbilden, die Zeit, in der man am intensivsten darüber nachdenkt, was man für Brasilien tun kann. Herr Minister oder Herr Staatspräsident, den jungen Leuten den Zugang zur Universität zu verwehren, ist ein Verbrechen. Entschuldigen Sie den heftigen Ausdruck. Aber es ist nun mal der treffende.«[5]

Ein scheinbar harmloser Vorfall löste die abschließende Konfrontation aus. Bedürftige Studenten, die auf eine subventionierte Cafeteria, bekannt als Cala-bouço (Kerker), angewiesen waren, forderten eine bessere Versorgung. Ihre Pro-teste führten am 29. März 1968 zu einem Zusammenstoß mit der Polizei. Ein unpolitischer siebzehnjähriger Student namens Edson Luís de Lima Souto wurde dabei erschossen.

Der Mord schockierte die Nation und rief zwangsläufig weitere Proteste und brutale Polizeiangriffe hervor. Zu den Letzteren gehörte eine Attacke auf Trauergäste, die sich zu einer Gedenkmesse für Edson Luís in der prunkvollen Candelária-Kirche zusammengefunden hatten, wo die Millionäre von Rio getraut oder beigesetzt wurden. Clarice Lispector fügte ihrer Kolumne vom 6. April einen einzigen Satz hinzu: »Ich erkläre mich mit Leib und Seele solidarisch mit der Tragödie der brasilianischen Studenten.«[6]

Am 21. Juni schloss sich Clarice einer Delegation prominenter Persönlichkeiten an, die beim Gouverneur im Guanabara-Palast vorsprachen – in demselben Gebäude, das Alzira Vargas dreißig Jahre zuvor gegen die integralistischen Putschisten verteidigt hatte. Sämtliche führenden Namen der brasilianischen Kultur waren vertreten: der Architekt von Brasília, Oscar Niemeyer, die Musiker Caetano Veloso, Gilberto Gil, Milton Nascimento und Nara Leão, die Schauspieler Paulo Autran und Tônia Carrero. Hélio Pellegrino war zum Sprecher der Gruppe ernannt worden. Er wandte sich »energisch und respektvoll« an Gouverneur Negrão de Lima und »forderte ihn auf, für die Studenten einzutreten ...« Die Spannung wuchs, als Hélio Pellegrino an die neuesten Brutalitäten der Polizei gegen die Studenten erinnerte, die im Gegensatz zu den Versprechen des Gouverneurs standen. Der Gouverneur versuchte, die Reaktion der Soldaten damit zu rechtfertigen, dass die Studenten vielleicht einen von ihnen angegriffen hätten.

An dieser Stelle meldete sich der Kongressabgeordnete Márcio Moreira Alves lautstark zu Wort. Er unterbrach den Gouverneur und erklärte, einen Soldaten zu verteidigen, der Studenten attackiert habe, laufe auf »einen Freibrief für die Polizei« hinaus, »weiterhin wahllos Menschen niederzuschießen«. »Clarice Lispector wurde beinahe ohnmächtig«, berichtete einer der anwesenden Journalisten. »Sie war die ganze Zeit nervös und starr vor Angst, dass ihr Freund Hélio zu weit gehen könnte. Jedes Mal, wenn der Redner die Kontrolle zu verlieren schien, hörte Teresa Aragão, die neben Clarice stand, sie wie im Gebet flüstern: ›Um Gottes willen, Hélio, beruhige dich.‹ Nach Alves' taktisch unklugem Zwischenruf glaubte Teresa, dass unsere brillante Schriftstellerin gleich der Schlag treffen würde.«[7]

Fünf Tage später vereinigte sich das ganze Spektrum der Gesellschaft von Rio zum Protest gegen die zunehmende Gewalttätigkeit des Regimes. Der Marsch der Hunderttausend wurde von demselben konservativen Kardinal-Erzbischof von Rio de Janeiro gesegnet, der vier Jahre zuvor den Marsch zur Feier des Putsches geweiht hatte. Zu den Teilnehmern zählten 150 Priester, verschiedene Kongressabgeordnete, wütende Eltern und eine ganze Reihe von Künstlern.

An der Spitze marschierte Clarice Lispector, Arm in Arm mit führenden Architekten, Musikern, Schriftstellern und Intellektuellen Brasiliens. Am nächsten Tag prangten riesige Fotos von Chico Buarque und Clarice Lispector, getrennt durch eine Reihe von Nonnen, unter der Schlagzeile »FREIHEITSMARSCH ERGREIFT VON DER STADT BESITZ« auf der Titelseite von *Última Hora*.[8]

Eine Frau, die sich nie mit Politik beschäftigt hatte, war plötzlich zu einer Art Schutzheiligen der Studentenproteste geworden. Carlos Scliar, ein Maler, der Clarice in Neapel kennengelernt hatte, beschrieb sie bei diesen Demonstrationen als eine »Beschützerin ... eine gluckenhafte, warmherzige, besorgte jüdische Mutter«.[9]

✳

In ihrem letzten Interview wurde Clarice gefragt, ob ihre Arbeit irgendeine Auswirkung auf die äußere, politische Welt habe. »Sie ändert nichts«, erklärte sie ein ums andere Mal. »Sie ändert nichts. Ich schreibe ohne Hoffnung, dass etwas, das ich schreibe, irgendetwas verändern könnte. Es ändert nichts.«[10]

Sie hatte die Lektion als Kind gelernt, und sie sollte 1968 brutal daran erinnert werden. Kurz nach dem Marsch der Hunderttausend nahm der »Kulturterror«, vor dem der erste Militärpräsident gewarnt hatte, seinen Anfang. Mit Costa e Silvas Regierung verbündete Gruppierungen griffen als Erstes die Theater an. In Rio wurde Chico Buarques Show *Roda Viva* gewaltsam abgebrochen; in São Paulo zwangen Schläger mehrere berühmte Schauspieler dazu, nackt aus ihren Garderoben auf die Straße zu laufen.[11]

Costa e Silva suchte nur nach einem Vorwand, wie fadenscheinig auch immer, um die absolute Macht an sich zu reißen. Er fand ihn am 2. September. Márcio Moreira Alves, der Kongressabgeordnete, dessen feurige Worte vor dem Gouverneur von Guanabara Clarice so aufgeregt hatten, kehrte aus São Paulo nach Brasília zurück. Dort hatte er sich in einem der noch nicht geschlossenen Theater *Lysistrata* von Aristophanes angesehen.

In einer Rede vor dem Kongress regte Alves an, die Frauen und Freundinnen der Soldaten sollten, um die Demokratie wiederherzustellen, dem Beispiel der griechischen Frauen folgen, die ihren Männern den Sex verweigert und dadurch den Peloponnesischen Krieg beendet hätten. Der Rede wurde nicht die geringste Beachtung geschenkt, und man hätte sie sofort vergessen, wäre die Regierung nicht entschlossen gewesen, an dem Kongressabgeordneten ein Exempel zu statuieren.[12]

Da nun die Ehre der Streitkräfte auf dem Spiel stand, gab Costa e Silva am 13. September 1968 Organgesetz Nummer Fünf heraus. Dadurch wurde die

unbegrenzte Vertagung des Nationalkongresses angeordnet. Weiterhin diente
der Erlass dazu, einen Belagerungszustand auszurufen, den Präsidenten durch
Dekrete regieren zu lassen, das Habeas-Corpus- und das Versammlungsrecht
aufzuheben, eine »Vorzensur« für Presse, Musik, Theater und Film einzuführen
sowie Dutzende von Politikern, Diplomaten und Richtern aus dem öffentlichen
Leben zu verbannen.

Der AI-5 (nach Ato Institucional Número Cinco), wie man ihn bald nannte,
war ein Angriff auf die Rechtsstaatlichkeit, wie er in den anderthalb Jahrhunderten seit der Erringung der brasilianischen Unabhängigkeit nie – nicht einmal in
Getúlio Vargas' Estado Novo – ins Auge gefasst worden war. Folter wurde insti-
tutionalisiert. Man nahm viele der führenden kulturellen und politischen Gestalten der Nation aufs Korn. Clarices Freunde Paulo Francis und Ferreiro Gullar
wurden sofort verhaftet.[13] Das Gleiche sollte Chico Buarque bald darauf widerfahren, und Caetano Veloso und Gilberto Gil sahen sich gezwungen, ins Exil zu
flüchten. (Zum Protest setzte man die Premierenfeier für *Die Fischmörderin* ab,
die für den 17. Dezember geplant war.)[14]

Am Tag nach der Verabschiedung des AI-5 ließ sich Alberto Dines beim *Jornal
do Brasil* eine der Titelseiten einfallen, für die er berühmt werden sollte. »Gestern
war der Tag der Blinden«, hieß es oben rechts in der Zeitung. Zwei zensierte
Artikel wurden demonstrativ durch Annoncen ersetzt. Der Wetterbericht, oben
links, lautete: »Schwarzes Wetter. Erstickende Temperatur. Die Luft sollte nicht
eingeatmet werden. Das Land ist starken Winden ausgesetzt.«[15]

*

Am 15. Juni, als noch eine gewisse Hoffnung bestand, dass die Proteste und
Gesuche wenigstens das eine oder andere erreichen würden, schrieb Clarice in
ihrer Kolumne: »Mit der Zeit, vor allem in den letzten Jahren, ist mir die Kunst
abhandengekommen, Mensch zu sein. Ich weiß nicht mehr, wie das geht. Und
eine ganz neue Form der ›Einsamkeit dessen, der nicht dazugehört‹, ist über mich
hereingebrochen wie Efeu, der eine Mauer überwuchert.«[16]

Um ihrer Einsamkeit zu entgehen, wandte sich Clarice an ihre Freunde. Immer noch unfähig zu schlafen, rief sie etliche mitten in der Nacht an, manchmal
um über schreckliche Schmerzen zu klagen, manchmal nur, um sich zu unterhalten. In ihrem herzzerreißenden, schönen Nachruf auf ihre Schwester erwähnte
Elisa Lispector diese Telefonate: »Heute, um mich zu strafen, denke ich an die
Ungeduld, mit der ich den Hörer abnahm, wenn Du mich vor dem Morgen-

grauen wecktest, nur um mit mir zu plaudern. Ich wusste nicht, dass Du sterben würdest – das ist meine einzige Entschuldigung, denn bevor Du starbst, existierte der Tod im Grunde nicht.«[17]

Der Schriftsteller Affonso Romano de Sant'Anna und seine Frau Marina Colasanti, Clarices Redakteurin beim *Jornal do Brasil*, mussten sich ebenfalls verzweifelte Klagen von Clarice am Telefon anhören. »Ich weiß noch«, schrieb Sant'Anna, »dass sie eines Tages anrief, weil sie wissen wollte, was sie tun solle. Sie könne nicht mehr schreiben ... Verblüfft und unsicher versuchte ich, mich herauszureden: ›Wer bin ich denn, Clarice, um dir Ratschläge zu geben?‹« Später erfuhr er, dass sie Renaud, dem mondänsten Friseur von Rio, dessen Salon sich im Copacabana Palace befand, die gleiche Frage gestellt hatte.[18]

Clarices sonstige Bemühungen, ihr Leben in den Griff zu bekommen, waren genauso ungeschickt wie ihre nächtlichen Anrufe. Bis heute erzählt man sich in Rio de Janeiro Anekdoten über ihre gesellschaftliche Exzentrizität. Einmal veranstalteten Affonso und Marina eine Dinnerparty und erfuhren, dass sie eingeladen werden wolle. Marina war begeistert, da Clarice selten ausging. Zur vereinbarten Stunde holte Affonso die berühmte Schriftstellerin ab. Sie wirkte »erhaben«, betrat das Wohnzimmer und plauderte unbeholfen ein paar Minuten lang mit den anderen Gästen. In der Küche ließ sie Marina wissen, sie habe Kopfschmerzen und müsse sofort aufbrechen. Affonso fuhr sie direkt wieder nach Hause.

Es war nicht leichter, wenn sie länger dablieb. Der Gastgeber einer Dinnerparty kochte Borschtsch, um ihre »slawischen Ursprünge« zu ehren. Clarice probierte einen Löffel voll und rief, die Suppe sei köstlich. Mehr aß sie nicht, und alle taten so, als hätten sie nichts bemerkt. Danach lehnte sie alkoholische Getränke ab (sie nehme Schlaftabletten), ebenso wie das Dessert (sie halte Diät) und den Kaffee (sie leide an chronischer Schlaflosigkeit). Als sie das Haus um 22.30 Uhr verließ, war ihr Gastgeber erleichtert: »Ich hatte das Gefühl, wieder einmal überlebt zu haben.«[19]

Sogar diejenigen, die sie aufrichtig liebten, fanden sie anstrengend. Sie weckte bei anderen den Drang, sie zu beschützen, ihr großes Leid zu lindern, obwohl ihre Freunde betonten, dass sie nie ausdrücklich um etwas bat. »Es war eher ein Gefühl, das sie auslöste«, sagte Rosa Cass. Und Clarices Bedürftigkeit kostete Kraft. Tati de Moraes, die erste von Vinicius de Moraes' neun Frauen, fragte Rosa einmal: »Wie lange sind Sie schon mit Clarice befreundet? Denn niemand hält es lange aus.«[20]

Künstlerisch und intellektuell von radikaler Unabhängigkeit, war sie in emotionaler Hinsicht so abhängig wie ein Kind. In ihren privaten Notizen ging sie auf ihre Probleme ein, sich mit anderen zu verständigen: »Ich habe mich gefragt, ob ich nicht etwa um jeden Preis vermeide, den Menschen nahezukommen, weil ich fürchte, sie am Ende zu hassen. Ich habe mit allen meine Schwierigkeiten. Meine Toleranzschwelle ist sehr niedrig. Sie sagte mir […], ich sei ein Mensch, dem man nur schwer herzlich begegnen könne. Ich antwortete: Nun ja, ich bin nicht der Typ, der Herzlichkeit auslöst. Und sie: Du stößt die Hand, die man dir reicht, schon fast weg. Manchmal brauchst du Hilfe, aber du bittest nicht darum.«[21] Clarice nennt den Namen der Frau nicht, mit der sie dieses Gespräch führte, aber der Tonfall deutet auf eine Therapeutin hin: entweder auf Inês Besouchet oder die Psychiaterin Anna Kattrin Kemper, genannt Catarina, die sie seit Anfang 1968 konsultierte. Kemper, eine deutsche Freundin sowohl von Inês Besouchet als auch von Hélio Pellegrino, war nach dem Krieg nach Rio de Janeiro ausgewandert.

Clarice schämte sich nach wie vor ihrer Therapie (oder empfand sie als peinlich) und wollte nicht, dass die Tatsache an die Öffentlichkeit drang. Im Juni 1968 hat sie Marly de Oliveira – ebenfalls eine Diplomatengattin, die Clarice nahegekommen war, als sie Anfang der 1960er Jahre in einer langen Artikelserie manche kritischen Interpretationen von Clarices Werk akribisch untersuchte und zurückwies; außerdem hatte sie 1968 ein langes, Clarice gewidmetes Gedicht mit dem Titel *Der sanfte Panther*[22] veröffentlicht – in einem Brief, niemandem gegenüber zu erwähnen, dass sie von Kemper behandelt wurde. Gleichzeitig lässt sich dem Brief entnehmen, dass sie Marly gegenüber offenbar nie von den Jahren unter Inês Besouchets Obhut gesprochen hatte:

Ich tue mich mit meinem Roman sehr schwer: Es ist der erste, von dem ich anderen etwas erzählt habe, und es ist der erste, bei dem ich bereits weiß, wie er endet. Das Gespenst von *Die Passion nach G. H.* schwebt immer noch im Raum: Nach diesem Buch hatte ich den unangenehmen Eindruck, man erwarte von mir etwas Besseres. Aber ich bekämpfe diese einsetzende Depression, indem ich mich um eine bessere Arbeitsweise bemühe und bei Dona Catarina Rat suche (erzähl nie jemandem von meiner Analyse: Ich habe alle meine Bücher vor der Zeit mit Dona Catarina geschrieben, bis auf *Das Geheimnis des denkenden Hasen*, das allerdings seit meinem sechsten Lebensjahr so gut wie geschrieben war; es wäre also ein Leichtes, mich dadurch zu erklären, dass man sagt, ich schriebe wegen der Analyse so. Eliane Zagury hat mich tatsächlich einmal gefragt, ob ich mich einer Analyse unterziehen würde oder das schon getan hätte, ich stritt es ab, und da sagte sie, sie frage danach, weil meine Bücher eine Tiefe hätten, die man allein durch eine Analyse erreicht.)[23]

Während Clarice, wenn auch mühsam und unzureichend, versuchte, in Verbindung mit ihrer Umwelt zu bleiben, lag ihre erste Liebe, der Held ihrer Jugend Lúcio Cardoso, sechs Jahre nach seinem lähmenden Schlaganfall im Sterben. Nach ihrem Unfall war Clarice ihrem Freund im Krankenhaus begegnet, wo beide behandelt wurden. »Wir fielen einander in die Arme.«[24]

Gepflegt von seiner Schwester Maria Helena, war Lúcio zu einem vorzüglichen Maler geworden. Dabei benutzte er nur die linke Hand, und er erlangte die Fähigkeit zu schreiben nie mehr zurück. In ihren ausdrucksvollen Erinnerungen, die Maria Helena auf Clarices Empfehlung veröffentlichte, beschreibt sie seine mühevollen, sporadischen, erschöpfenden Fortschritte, bis er es, kurz vor dem Ende, schließlich schaffte, das eine oder andere Wort zu Papier zu bringen. Doch schon seine kürzesten Notizen ließen sie wieder Hoffnung schöpfen.

»Kann 100 Jahre werden. Habe – im Geist jung – Leben, Glück, alles!«, kritzelte er. »Ich, Schriftsteller aus Berufung.« Maria Helena fuhr fort: »Ich betrachtete ihn voller Zuneigung und Bewunderung. Gott hatte ihn auf die grausamste Art geprüft, doch in seinem Herzen waren mehr Glück und Liebe als Kummer und Bitterkeit. Die finsteren Tage verstrichen rasch, und es folgte Licht, viel Licht.« Nachdem sie es jahrelang behauptet hatte, damit er nicht den Mut verlor, konnte Maria Helena schließlich aus tiefster Überzeugung erklären: »Liebling, der Tag ist nicht fern, an dem du wieder Romane schreiben kannst.«[25]

Bald darauf, am 22. September 1968, kam das Ende. Als Lúcio bereits im Koma lag, besuchte Clarice ihn. »Ich ging weder zur Totenwache noch zum Begräbnis oder in die Kirche, dazu war in mir zu viel Stille. In den Tagen blieb ich allein, ich konnte niemanden sehen. Ich habe den Tod gesehen.«[26]

34
»ICH BIN MENSCH GEWORDEN«

Trotz ihrer physischen Beschwerden, ihrer politischen Enttäuschungen und persönlichen Trauerfälle verstärkte Clarice das ganze Jahr 1968 hindurch ihre Bemühungen, in Kontakt mit der Welt zu bleiben und »die Kunst, Mensch zu sein«, wiederzuentdecken. Ein Teil dieses Prozesses war *Eine Lehre oder Das Buch der Lüste*, geschrieben 1968 und Mitte des folgenden Jahres veröffentlicht. Manchmal behauptete sie, mit dem Ergebnis unzufrieden zu sein. »Ob das Buch gut ist?«, schrieb sie an ihren Sohn Paulo. »Ich finde es scheußlich und schlecht gemacht, aber die Leute, die es gelesen haben, finden es gut.«[1]

Obwohl *Eine Lehre* nach der Erstveröffentlichung ein Bestseller war, wird das Buch heutzutage ziemlich stiefmütterlich behandelt. Auch einige von Clarices sonst so verständnisvollen Kritikern gingen so weit, dem Buch Oberflächlichkeit und Frivolität vorzuwerfen – Begriffe, die im Zusammenhang mit Clarice Lispector stutzig machen sollten.[2] Vielleicht hat diese Abneigung mit der Chronologie zu tun, denn das Buch erschien zwischen den Gipfeln der *Passion nach G. H.* und dem sich anschließenden *Aqua viva*.

Es steht außer Frage, dass *Eine Lehre* eine andere Lektüre erfordert als Clarices metaphysische Werke. Sie wusste, dass *Die Passion nach G. H.* schwer zu überbieten sein würde, wie sie in ihrem Brief an Marly de Oliveira anmerkte. Tatsächlich würde es jedem Schriftsteller schwerfallen, dieses gewaltige Werk zu übertreffen. Aber Clarices Anliegen war nie in erster Linie nur ästhetisch begründet. Vielmehr ging es ihr, wie Martim in *Der Apfel im Dunkeln* sagte, um »die Wiederherstellung der Welt«.

Auch wenn *Eine Lehre* also nicht die Monumentalität besitzt, die Leser von *Der Apfel im Dunkeln* und *Die Passion nach G. H.* mittlerweile mit Clarice Lispector verknüpften, so verbirgt sich hinter der zugänglichen Sprache und der scheinbar banalen Liebesgeschichte doch eine ungestümere Schlacht als alle, die Clarice je ausgefochten hatte. Hier wird buchstäblich ein Kampf zwischen Leben und Tod, zwischen Klarheit und Wahnsinn, beschrieben und eine umfassende, wenn auch zweideutige Antwort auf die in *G. H.* aufgeworfene Frage geliefert.

*

Clarices Streben, sich mit der unmenschlichen Welt »des Gottes« zu identifizieren, erreichte einen Zenit, als G. H. die Kakerlake in den Mund nahm. Der Moment markierte jedoch nicht nur den Höhepunkt dieses großen Romans, sondern auch den einer spirituellen und künstlerischen Suche, auf der sich Clarice seit mindestens zwei Jahrzehnten, seit *Nahe dem wilden Herzen*, befand. Als die Kakerlake G. H.s Zunge berührt, ist Clarices ursprüngliches künstlerisches Projekt endlich abgeschlossen.

Das Buch ist so schockierend und extrem, dass der Leser fast um die Autorin fürchtet. Wohin konnte sie nun noch fortschreiten? Es gab nur zwei Möglichkeiten. Sie konnte auf jenem radikalen, mystischen Weg weitergehen, der zum Wahnsinn führen würde, der, »in menschlichen Begriffen, das Höllische« war und sie »womöglich endgültig auf die *andere* Seite des Lebens« führen würde. In ihrer Zeitungsspalte schrieb Clarice über »das große Opfer, nicht wahnsinnig zu sein«, eine Versuchung, die sie verspürte, aber doch ablehnte. »Wenn ich nicht wahnsinnig bin, dann aus Solidarität mit den Tausenden von uns, die ebenfalls, um das Mögliche zu errichten, die Wahrheit geopfert haben, denn die wäre ein Wahnsinn.«[3]

Die andere Möglichkeit war die Rückkehr in die menschliche Welt. Nachdem sie die Kakerlake gegessen hat, weiß auch G. H., dass sie die darin enthaltene Wahrheit ablehnen muss. Am Ende des Buches spricht sie von ihrem Plan, Freunde anzurufen, ein hübsches Kleid anzuziehen und tanzen zu gehen. Es ist eine explizite Entscheidung für das Menschliche statt für das Göttliche, und es ist die gleiche Entscheidung, die Clarice traf, als sie *Eine Lehre oder Das Buch der Lüste* schrieb. Nach dessen Erscheinen sagte eine Interviewerin: »Ich fand *Das Buch der Lüste* viel leichter zu lesen als jedes Ihrer anderen sieben Bücher. Glauben Sie, dass es einen Grund dafür gibt?« Clarice antwortete: »Durchaus. Ich bin Mensch geworden, das Buch spiegelt dies wider.«[4]

Aus dem Mund jedes anderen hätte diese Aussage vielleicht rätselhaft oder sogar unverständlich geklungen. Doch für Clarice Lispector stellte der Wunsch, menschlich zu werden, einen radikalen Wandel auf philosophischer und spiritueller Ebene dar. »Das dringlichste Bedürfnis eines menschlichen Wesens bestand darin, ein menschliches Wesen zu werden«, schrieb sie am Anfang von *Eine Lehre oder Das Buch der Lüste*.[5]

Dies ist eine so ausdrückliche Leugnung großer Teile ihres früheren Werks, dass man davon nur überrascht sein kann. Darin liegt eine Moral, »die Anstrengung, das menschliche Leben zu erhöhen, ihm einen menschlichen Wert zu geben«, wie sie Clarice zuvor stets wortgewaltig abgelehnt hatte.[6] Nach so vielen Jahren der Suche nach dem unpersönlichen, unmenschlichen, göttlichen Leben musste das Bemühen, »ein menschliches Wesen zu werden«, qualvoll sein. In einem wichtigen Sinne bedeutete es die Verneinung des Hauptteils ihres Œuvre.

Mithin ist es kein Wunder, dass Clarice nach der Veröffentlichung von *Eine Lehre* bekannt gab, nicht mehr schreiben zu wollen. »Warum?«, fragte die Interviewerin. »Also wirklich!«, rief Clarice. »Weil es so wehtut.«[7]

*

»sie war der Anstrengung müde, die das befreite Tier unternommen hatte«, schrieb Clarice in *Eine Lehre* mit ihrer charakteristischen Kleinschreibung nach einem Absatz.[8] Bei einem Tier – oder im Fall von Joana – mochte es angehen, dass man sich paarte und dann weiterzog, aber es war etwas ganz anderes, wenn ein Mensch die Freiheit über alles stellte. Ein Mensch kann einfach nicht überleben, wenn er nicht auf ein wenig Freiheit verzichtet und die notwendigen Bindungen akzeptiert, die ihn an andere fesseln. Dies war für Clarice die Bedeutung der menschlichen Liebe.

Liebe – ihre Kindesliebe zu ihren Eltern; ihre Mutterliebe zu ihrem kranken Sohn Pedro; ihre erotische Liebe zu Lúcio und Maury und Paulinho – hatte ihr so oft Kummer bereitet, dass sie gegenüber neuen Bindungen misstrauisch war. Als ihr Freund Sérgio Porto innerhalb weniger Tage nach Lúcio Cardoso starb, schrieb sie: »Nein, ich will niemanden mehr lieben, das tut nämlich weh. Ich halte es nicht aus, wenn noch jemand stirbt, der mir nahe ist. Meine Welt besteht aus Menschen, die zu mir gehören – und ich kann sie nicht verlieren, ohne mich selbst zu verlieren.«[9]

Maury hatte Verständnis für ihre Furcht, wenn auch zu spät. In dem Brief, in dem er um Versöhnung bat, bekannte er: »Ich war nicht reif genug zu begreifen, dass, für Joana oder Clarice, ›Hass sich in Liebe verwandeln kann‹, da er nicht mehr ist als ›eine Suche nach Liebe‹. Ich wusste nicht, wie ich Dich von der ›Furcht, nicht zu lieben‹, befreien sollte.«

Eine Lehre ist der Versuch, eine andere Art von Freiheit zu erlangen. Clarice musste die Furcht, nicht zu lieben, ebenso loswerden wie die Furcht, dass Liebe vergeblich sei. »Es ist offensichtlich, dass meine Liebe zur Welt keinen Krieg verhindern konnte und keinen Todesfall«, schrieb sie am 9. März 1968, vielleicht dachte sie dabei an ihre Mutter. »Die Liebe hat nie verhindern können, dass ich innerlich Tränen aus Blut weinte. Und auch tödliche Trennungen hat sie nicht verhindert.«[10] Aber wenn sie Angst vor neuen Wunden hatte, so wusste sie auch, dass der Verzehr von Kakerlaken im Zimmer eines Dienstmädchens einem wirklichen Menschen in der wirklichen Welt nicht helfen würde, seine verzweifelte, drängende Einsamkeit zu überwinden.

Dafür taugte nur menschliche Liebe, wie unvollkommen und potenziell enttäuschend sie auch sein mochte. Deshalb ist *Eine Lehre* eine Liebesgeschichte. Sie erzählt von einer Frau, Lóri, die Schritt für Schritt ihre Isolation ablegt, um sich auf die Liebe zu einem Mann einzulassen. Clarice verknüpft Lóris Kampf ausdrücklich mit den politischen Kämpfen von 1968. »Alle kämpften um die Freiheit – das entnahm sie den Zeitungen, und sie freute sich, dass die Ungerechtigkeiten endlich nicht mehr geduldet wurden«, schreibt sie und zitiert anschließend ein langes Freiheitslied aus der Tschechoslowakei.[11] Dort, wie in Brasilien, sollten die Hoffnungen des Volkes auf Befreiung bald erstickt werden.

Lóris Vorstellung von Freiheit ist eine ganz andere als die Joanas. In *Nahe dem wilden Herzen*, das Clarice kurz vor dem Beginn ihrer eigenen scheiternden Ehe schrieb, und in Erzählungen wie »Obsession«, in der sie Cristinas Wunsch verspottet, »zu heiraten, Kinder zu bekommen und dann eben glücklich zu sein«, zeigt die Autorin sich zutiefst skeptisch gegenüber der Möglichkeit der Vereinigung von zwei Menschen. Nur allzu häufig ist in ihrem Werk die Isolation des Individuums absolut, die Kluft zwischen Menschen unüberbrückbar.

In *Eine Lehre* möchte Clarice herausfinden, wie zwei Menschen vereint werden können. Lóris Weg dorthin ist nicht leicht, und folglich ist das Buch grob skizziert und sprunghaft geschrieben und macht manchmal den Eindruck, es sei ein unvollständiger erster Entwurf. Die formale Geschliffenheit von *G. H.* ist wie weggefegt, allerdings nicht die emotionale Intensität. *Eine Lehre* enthält einige der bewegendsten und schönsten Passagen, die Clarice je verfasste.

Dies ist das einzige von Clarices Büchern, in dem sie sich im Bereich der Interpunktion avantgardistischer Mittel bedient. Es beginnt bezeichnenderweise mit einem Komma und endet mit einem Doppelpunkt. Manchmal wird auf Großschreibung verzichtet, und auf einer Seite steht lediglich: »Luminiszenz« und sonst nichts. Das Buch legt seine eigene Unvollständigkeit offen; auf den Seiten spiegeln sich das Zögern und die Zweifel wider, die es beschreibt. Wie früher in *Nahe dem wilden Herzen* gelingt Clarice in *Eine Lehre* »die kostbare und präzise Harmonie zwischen Ausdruck und Substanz«.

Wie alle Werke von Clarice enthält *Eine Lehre* ein starkes autobiographisches Element, obwohl der Text im Gegensatz zu *G. H.* nicht in der ersten Person geschrieben ist. Aber das »Ich« lauert dicht unter der Oberfläche. Clarice übernahm lange Passagen aus dem *Jornal do Brasil* für diesen Roman, wobei sie häufig nur »ich« und »sie« gegeneinander austauschte. Am 18. Mai 1968 schrieb sie beispielsweise in der Zeitung: »Morgen werde ich wohl die eine oder andere Freude erleben, wenn auch ohne große ekstatische Momente, und das ist auch nicht schlecht. Ja, aber wirklich gefallen will mir dieser Pakt mit der Mittelmäßigkeit nicht.« In *Eine Lehre* wurde dies zu: »Am nächsten Tag würde sie wohl die eine oder andere Freude erleben, wenn auch ohne große ekstatische Momente, nur ein bisschen Freude, und das war auch nicht schlecht. Auf diese Weise versuchte sie sich eben mit der Mittelmäßigkeit des Lebens zu arrangieren.«[12]

Das Wort »Clarice« verbarg sich in »Lucrécia« aus *Die belagerte Stadt*, die beiden ersten und letzten Buchstaben von »Lispector« ergeben den seltsamen und unwahrscheinlichen Namen der Protagonistin Lóri, eine Kurzform von Loreley. Auch sie deutet auf einen verborgenen Namen hin: »sich ausmalen, dass sie auf der durchsichtigen Handfläche Gottes lag, nicht Lóri, sondern ihr geheimer Name, den sie einstweilen noch nicht nutzen konnte.«[13]

Lóri ist eine kinderlose Lehrerin, die allein lebt, doch sonst hat sie vieles mit Clarice gemeinsam. Beide haben sich lange im Ausland aufgehalten, besonders in Paris und Bern. Lóris Gesicht wird mit dem der Sphinx verglichen: »Entziffere mich, oder ich fresse dich.« Ihr Make-up ist ein bisschen übertrieben. Sie leidet unter lähmenden Angstgefühlen im Umgang mit Menschen: »Ihr kam der Gedanke, dass die Qualen der Schüchternen nie vollständig beschrieben worden waren – in dem Taxi, das dahinrollte, starb sie ein wenig.«[14] Sie nimmt Tabletten, um schlafen zu können, sie fragt Wahrsagerinnen um Rat, ihre Mutter ist tot.

Lóris potenzieller Liebhaber ist Ulisses, ein Philosophieprofessor. Einige Kritiker meinten, der Name beziehe sich auf Homer oder Joyce, doch Clarice erklärte, Ulisses sei «ein Philosophielehrer, den ich in der Schweiz kennengelernt habe«.[15] Dies ist der Wiederauftritt des mysteriösen Ulysses Girsoler, der sich so sehr in die junge Clarice verliebte, dass er in eine andere Stadt ziehen musste. Sollte *Eine Lehre* etwa in verschlüsselter Form Clarices Bedauern darüber enthalten, dass sie die damalige Chance, Liebe zu finden, nicht ergriffen hatte? Fragte sie sich, ob eine solche Episode glücklicher ausgegangen wäre als ihre Liebe zu Lúcio Cardoso, Maury Gurgel Valente oder Paulo Mendes Campos? In der Schweiz war sie freilich verheiratet gewesen, doch Ulysses beschäftigte sie noch Jahrzehnte, nachdem sie Bern verlassen hatte. Sie gab, wie schon erwähnt, dieser Figur seinen Namen, und ein paar Jahre später nannte sie auch ihren Hund Ulisses.

Manche Leser hadern mit diesem Charakter. Sogar Fernando Sabino, der zugab, er sei von dem Buch »überwältigt« – »Ich habe es nicht mehr verdient, Dein Leser zu sein. Du bist mir zu weit entrückt« –, war davon verwirrt. »Wer ist der Mann? Was sagt er? Warum ist er so pedantisch und professorenhaft? Was für ein Problem hat er?«[16] Ulisses hat es übernommen, Lóri zur Liebe zu erziehen. Er hört sich tatsächlich sehr penibel an, genau wie Girsoler in dem Ergebnis des Rorschach-Tests, das er für Clarice niederschrieb. Die gedrechselte Art, wie er sich in Parabeln und Abhandlungen ausdrückt, und die Aura der Allwissenheit und Überlegenheit, die ihn umgibt, haben zusammen mit Lóris oft unterwürfiger Mädchenhaftigkeit Clarices feministische Leserinnen aus der Fassung gebracht: »Diesen Sinn für Didaktik, der dem Wunsch entspringt, etwas zu vermitteln, habe ich auch dir gegenüber, Lóri, selbst wenn du die Schlechteste von all meinen Schülern sein magst.«[17]

Gleichwohl muss Clarice sich von Girsoler verstanden gefühlt haben, dessen Beschreibung ihres Charakters trotz der hölzernen Sprache sehr zutreffend, wenn nicht gar prophetisch ist. Auch Lóri glaubt, dass Ulisses, ungeachtet seines »pedantischen und professorenhaften« Tonfalls, sie versteht. Sie begegnen einander an einer Straßenecke, wo sie auf ein Taxi wartet, und er ist offensichtlich körperlich von ihr angezogen. Aber ihre Vorstellung von Liebe ist, anders als seine menschlichere, rein und absolut. »Durch ihre gravierenden Schwächen – die sie eines Tages vielleicht würde benennen können, ohne damit zu prahlen – war sie nun dazu gelangt, lieben zu können. Sogar diesen göttlichen Glanz: Sie liebte das Nichts. Das Bewusstsein ihres ständigen Fallens als Mensch förderte in ihr die Liebe zum Nichts.«[18]

✳

Im Lauf des Buches wird diese philosophische, reine Liebe allmählich von einer menschlicheren – emotionalen und schließlich sexuellen – Beziehung verdrängt. Ulisses bereitet Lóri geduldig auf ihre spätere geschlechtliche Begegnung durch ein Liebeswerben vor, das, wie bei Therapiesitzungen, die Form von Terminen annimmt, die Lóri einhalten oder absagen kann. Wie ein Therapeut ist Ulisses weder beleidigt noch überrascht über ihre Launen, sondern versucht nur geduldig, ihr Interesse an den Wundern der Welt zu wecken.

»Aber es kann doch unmöglich sein, dass du auf deinen Reisen nie zwischen Orangenbäumen, Sonne, Blüten und Bienen warst. Nicht nur in der dunklen Kälte, sondern auch überall sonst?«

»Nein«, sagte sie düster. »Das ist nichts für mich. Ich bin ein Großstadtmensch.«

»Also, erstens ist Campos nicht gerade das, was man eine Großstadt nennt. Und außerdem sind diese Dinge als Symbole für jeden etwas. Du hast nur nicht gelernt, sie zu haben.«

»Das kann man lernen? Orangenbäume, Sonne und Bienen auf den Blüten?«

»Das kann man lernen, wenn man aufgehört hat, sich primär von der eigenen Natur leiten zu lassen. Lóri, Lóri, hör zu: Man kann alles lernen, auch zu lieben! Und das Seltsamste, Lóri, man kann sogar lernen, sich zu freuen!«[19]

Lóris Skepsis gegenüber diesen Worten ist begreiflich. Aber obwohl sie manchmal ihre Termine platzen lässt und Ulisses kleine Streiche spielt, verschmäht oder verspottet sie seine Ratschläge nie, da sie sich unbedingt von ihrer Einsamkeit befreien und wieder der menschlichen Welt anschließen möchte. Dass sie sich von ihrer eigenen Natur so stark hat leiten lassen, führte zum Scheitern und noch größerer Isolation. »Deine Ratschläge. Aber es gibt ein großes Hindernis, das größte, das mich vom Vorwärtsgehen abhält: mich selbst. Ich bin schon immer die größte Behinderung auf meinem Weg. Ich muss mich so anstrengen, mich gegen mich selbst durchzusetzen. […] Ich bin ein unüberwindbarer Berg auf meinem eigenen Weg. Aber manchmal wird durch ein Wort von dir oder durch ein Wort, das ich gelesen habe, auf einmal alles klar.«[20]

Es wäre falsch, Lóris Wunsch, sich diesem Mann zu unterwerfen, vorwiegend im Rahmen der Geschlechterdynamik zu betrachten, obwohl sich das Thema im Buch aufdrängt. (»Das war eine Freiheit, was er ihr da anbot. Dabei wäre ihr lieber gewesen, wenn er Anweisungen erteilt, wenn er Tag und Stunde festgelegt hätte.«) Dies ist keine kokette Pose. Sie braucht Hilfe und glaubt, in Ulisses einen Verbündeten zu haben: »Lóri ertrug den Kampf, weil Ulisses im Kampf mit ihr nicht ihr Gegner war: Er kämpfte um sie.«[21]

Seit dem Tod ihrer Mutter fühlte sich Clarice unzulänglich und gescheitert. Das war einer ihrer auffälligsten Wesenszüge. »Wenn ich von *Demut* spreche«, schrieb sie im Oktober 1969, »meine ich damit nicht Demut im christlichen Sinn (als Ideal, das man erreichen kann oder auch nicht); ich meine damit die Demut, die aus dem vollen Bewusstsein hervorgeht, dass man wirklich unfähig ist.«[22]

Quasi als ironisches Echo auf *Die Passion nach G. H.* hört Lóri von Ulisses: »Ich habe es dir schon einmal gesagt, dein Mund kündet von Leidenschaft. Und der Mund wird dich dazu führen, die Welt zu essen.« In *Eine Lehre* stellt die Heldin den Kontakt zur Welt nicht weniger als in *G. H.* mit dem Mund her. Dies war ein Lieblingsmotiv von Clarice. Lóri bringt ihren Schülern etwas bei, das an Virgínias Entdeckungen erinnert. »Sie wollte, dass sie erfuhren [...], dass der Geschmack der Frucht in der Berührung der Frucht mit dem Gaumen liegt und nicht in der Frucht selbst.«[23]

Das portugiesische Verb *comer* bedeutet »essen«, und in Brasilien ist es auch geläufiger Slang für »ficken« – eine Bedeutung, auf die Clarice in diesen letzten Kapiteln anspielt. Essen führt zu Sex, *comer* zu *comer*. Lóris Erlösung beginnt, als sie in einen Apfel beißt – im Gegensatz zu einer Kakerlake ist dies eine für Menschen zulässige Speise –, und findet ihre Vollendung, als sie schließlich mit Ulisses ins Bett geht.

Der Sündenfall, den Lóris Apfel auslöst, ist nicht mit dem blanken Horror zu vergleichen, der G. H. im Zimmer des Dienstmädchens erwartet, wo sämtliche menschlichen Eigenschaften in ihrer extremen Isolierung zunichtegemacht werden. Lóri verlässt die göttliche Vollkommenheit dieses Zustands und fällt hinein in ihre Menschlichkeit, einen Stand der Gnade, »leicht, so leicht«, der für Lóri höchste Freude über sich selbst und die Welt nach sich zieht.

»Wer intensiv zu leiden vermag, der vermag auch intensive Freude zu empfinden«, hatte Ulisses ihr erklärt, und in diesem Zustand entdeckt sie »eine körperliche Glückseligkeit, die mit nichts zu vergleichen war. Der Körper wurde zum Geschenk. Und sie spürte, dass er ein Geschenk war, weil sie aus direkter Quelle etwas erfuhr, die unbezweifelbare Gabe, materiell dazusein.« G. H. wurde durch ihren Stand der Gnade weniger menschlich, während bei Lóri das Gegenteil der Fall ist. »Sie hatte etwas erfahren, das die menschliche Existenz zu erlösen schien, auch wenn zur selben Zeit die engen Grenzen dieser Existenz stärker hervortraten. Und eben weil sich nach der Gnade die menschliche Existenz in ihrer flehentlichen Armut offenbarte, lernte man mehr zu lieben, mehr zu hoffen. Man ging dazu über, eine Art Vertrauen ins Leiden zu haben und in seine oft unerträglichen Wege.«[24]

*

Indem Lóri menschlicher wird, wächst auch ihre Versuchung, Gott menschlich zu machen. Zum ersten Mal lässt Clarice zu, dass eine ihrer Figuren einen Gott mit menschlichen Attributen ausstattet, etwa als Lóri betet: »Mach meine Seele leicht, mach, dass ich spüre, dass Deine Hand die meine hält.«[25] Die Hand erinnert an diejenige, die G. H. zu ihrer Begleitung erfand, um erzählen zu können, was im Zimmer des Dienstmädchens geschah. Außerdem lässt sie an die Geste denken, die Clarice in ihren unveröffentlichten Notizen erwähnte: »Ich will, dass mir jemand die Hand hält (Papa, wenn mir etwas wehtat, hast du das immer so gemacht, damit ich es besser aushalten konnte).«

Hat Clarice begonnen, sich Gott als tröstende Vaterfigur vorzustellen? Gewiss nicht. Aber der Wunsch, sich einer überlegenen lenkenden Kraft zu unterwerfen, durchzieht *Eine Lehre*. Ulisses ist im selben Maße Vater wie Therapeut und Liebhaber. Lóri braucht jemanden über sich, einen Vermittler zwischen ihr selbst und »einem Gott, so gewaltig, dass er die Welt war mitsamt ihren Galaxien«.[26] Nachdem sie die Religion ihrer Kindheit aufgegeben hat, entschlossen, Kraft und Anleitung nur in sich selbst zu suchen, ist sie erschöpft von ihrer schwer errungenen Unabhängigkeit: »[S]ie war der Anstrengung müde, die das befreite Tier unternommen hatte«.

In ihrer totalen Verlassenheit setzt Lóri sich sogar mit dem berühmtesten der Mensch gewordenen Götter gleich: »Christus war für andere Christus, aber wer? Wer war ein Christus für den Christus?« Gottes »unpersönliche, gewaltige Größe« zu lieben und nicht mehr wollen, als »dass es Ihn gab«, ist nicht genug für jemanden, der dringende, sofortige Hilfe benötigt. Aber die tröstliche Lüge eines christusähnlichen Gottes ist unerträglich für Lóri: »Sie wies den Gedanken eines Gottes, den man nicht anrufen konnte, heftig von sich. Aber sie wollte Ihn auch nicht anrufen: Sie war verloren und verstört.«[27]

Es ist bemerkenswert, wie selten Sex in Clarices Werk einen emotionalen Gehalt, eine Bedeutung neben der rein animalischen, besitzt: Joana und Martim, unter anderen, finden in ihm nur körperliche Befriedigung, nie ein Heilmittel für ihre emotionale Isolation. Durch Sex lernt Lóri, einem anderen Menschen emotional nahezukommen, ohne ihre animalische Körperlichkeit aufzugeben. Sie erhält ihre Antwort, als sie schließlich mit Ulisses ins Bett geht – eines der seltenen Happy Ends bei Clarice.

Die körperliche Vereinigung von zwei Menschen ist die perfekte Lösung für Lóris zuvor scheinbar unabänderliche Einsamkeit. »Nachdem ihr Ulisses gehört hatte, schien ihr das Menschsein nun die gelungenste Form für ein lebendes Tier.« In den beiden letzten Absätzen des Buches, das mit einem Doppelpunkt endet, hat Lóri die Suche nach einem vermenschlichten Gott aufgegeben. Stattdessen findet sie einen vergöttlichten Menschen.[28]

»Liebster, du glaubst nicht an Gott, weil wir Ihn irrtümlicherweise vermenschlicht haben. Wir haben Ihn vermenschlicht, weil wir Ihn nicht verstehen, und
das konnte nicht funktionieren. Ich bin sicher, dass Er nicht menschlich ist.
Aber auch wenn das so ist, macht Er uns doch manchmal göttlich. Denkst
du –«

»Ich denke«, unterbrach sie der Mann, und seine Stimme kam langsam und
gedämpft, denn er litt an Leben und Liebe, »ich denke Folgendes:«

35
MONSTRE SACRÉ

Leider fiel es Clarice noch schwerer, in der realen Welt für reale Probleme Lösungen zu finden, als in ihren Büchern. Was Lóri gegen ihre Isolierung unternahm, erwies sich als ebenso theoretisch wie das, was sich in *G. H.* ereignete. Mit ihrem verbrannten Körper und ihrer Mühe, Beziehungen zu Menschen außerhalb ihrer Bücher herzustellen, rang Clarice immer noch um »die Kunst, Mensch zu sein«.

Ihre Probleme mit ihrem kranken Sohn Pedro waren akuter geworden. Er war fast einundzwanzig Jahre alt, als *Eine Lehre* erschien, und je älter er wurde, desto stärker verfestigte sich seine Schizophrenie. 1969 hielt Paulo sich in der ersten Jahreshälfte als Austauschstudent in Warsaw, Indiana, auf, und Clarices Briefe an ihn gewähren seltene Einblicke in Pedros Zustand. Plötzlich entwickelte er eine Furcht vor dem Kino. Im Juni musste sie ihn in eine Klinik einweisen lassen: »Er ist immer noch dort, aber ich glaube, dass er am 30. dieses Monats herauskommt. Es geht ihm deutlich besser. Ich besuche ihn oft. Heute, am Sonntag, bin ich mit ihm essen gegangen. […] Mach Dir keine Sorgen: Es ist eine komfortable Einrichtung, es gibt eine Cafeteria, da bekommt man belegte Brote und kühle Getränke.«[1]

All das war nicht gerade ermutigend. »Pedro geht es überhaupt nicht gut, und das nimmt mir jegliche Freude am Leben«, schrieb sie Paulo. Ihre eigene Gesundheit, die seit dem Unfall angegriffen war, verschlechterte sich. »Heute hatte ich eine richtige hysterische Krise, und als Pedro das sah, sagte er: Ich rufe Papa an. Dein Vater hat nicht die leiseste Ahnung, was hier los ist.«[2]

Maury wusste natürlich, was sich abspielte. Pedro und er wohnten seit einem Jahrzehnt nicht mehr unter einem Dach, aber die Jungen besuchten ihren Vater häufig, und Pedros Befinden war auch für flüchtige Beobachter unverkennbar. Trotzdem kam Clarice im Allgemeinen nicht auf das schmerzliche Thema zu sprechen.

Selbst jemand, der in besserer Verfassung war als Clarice, hätte Schwierigkeiten gehabt, mit einem so stark gestörten Sohn fertig zu werden. »Heute war Pedro mit Deinem Vater mittagessen, zum Glück. In den letzten Tagen hat mich die Situation mit ihm buchstäblich krank gemacht – er steht neuerdings herum oder geht mir hinterher und wiederholt buchstäblich ohne Pause: Mama, Mama, Mama.«[3]

Trotz alledem hatte Clarice Pedro nicht aufgegeben. Wie sie an Paulo schrieb: »Die Hoffnung stirbt zuletzt.«[4] Eine etwa ein Jahr später verfasste handschriftliche Notiz lässt erkennen, dass ihre Hoffnung für Pedro weiterhin lebendig war: »Der Wahnsinn derer, die etwas schaffen, ist anders als der von Geisteskranken. Diese haben sich – neben anderen, mir unbekannten Gründen – auf ihrer Suche verirrt. Sie sind Fälle für den verständnisvollen und strengen, intelligenten Arzt – diejenigen, die etwas schaffen hingegen verwirklichen sich just durch den Akt des Wahnsinns. Ich kenne da einen, der bald geheilt sein wird.«[5]

*

Etwa zu dem Zeitpunkt, als sie *Eine Lehre* schrieb, fand Clarice ihre eigene Vaterfigur, doch ihrer Beziehung fehlte das sexuelle Element, das Lóri Harmonie mit der Welt beschert hatte. Aus irgendeinem Grund dauerte ihre Psychoanalyse durch die deutsche Therapeutin Catarina Kemper nicht an, und sie wurde Patientin eines jüdischen Psychiaters namens Jacob David Azulay. Clarice suchte ihn an fünf Tagen der Woche für jeweils eine Stunde auf, »ohne sich je zu verspäten oder eine einzige Sitzung zu verpassen«. Das tat sie insgesamt sechs Jahre lang.[6]

Azulay berichtete, dass sich Clarice während der Sitzungen mit ihrer eigenen Arbeit beschäftigte, »indem sie Passagen zitierte und ihre Bücher zusammenstellte«. Er notierte sich einige ihrer Sätze, die tatsächlich wie Wendungen aus ihren Büchern klingen. »Ich bin nichts«, sagte sie beispielsweise. »Ich fühle mich wie eine von diesen Raupen mit Ringen, mit einem Panzer. Ich habe jetzt den Panzer verloren. Der Name dieses Panzers ist Clarice Lispector.«

Wie Azulay nicht entgehen konnte, hatte sie »ein enormes mütterliches und väterliches Defizit«.

> Sie war ein ungeschliffener Diamant, wild. Sie hatte keine Methode. Clarice geschah wie ein Vulkanausbruch. Das kleine Mädchen, das von dort unten kam ... Als wäre ein Vulkan ausgebrochen und hätte sie mit sich gerissen! Ein Teil von ihr war so kindlich. Sie hatte Furcht, den Respekt der jüngsten Tochter vor ihren Schwestern ... Ich glaube, dass sie sich in ihren Schriften nicht er-

laubte weiterzugehen, beispielsweise in erotischen Fragen, weil sie ein sehr großes Über-Ich besaß. Ich glaube, ihre Schwestern fungierten in erster Linie als sehr offenkundiges Über-Ich.

Clarice hatte ihren Schwestern immer sehr nahegestanden, besonders Tania, zu der der Altersunterschied geringer war. Andererseits wäre Elisa überrascht gewesen, wenn sie gewusst hätte, wie viel Respekt – und anscheinend sogar Ehrfurcht – Clarice ihr entgegenbrachte. Am Ende der 1960er Jahre war Elisa bereits eine etablierte Schriftstellerin. 1962 hatte sie, ermutigt von Clarice, an einem Preisausschreiben des Verlags José Olympio teilgenommen; mit ihrem Roman *Die steinerne Mauer* setzte sie sich gegen 119 Konkurrenten durch. Später wurde er auch durch die Brasilianische Akademie der Literatur ausgezeichnet.[7] 1965 erschien *Therezas längster Tag.*[8]

Elisa besaß einen beachtlichen Ruf, doch ihr fehlte das Genie ihrer jüngeren Schwester, weshalb sie sich über ihre Berühmtheit nie recht freute. Sie war sich ihrer Unterlegenheit schmerzlich bewusst, und das bestärkte sie noch in ihrem Minderwertigkeitsgefühl, das in all ihren Texten so brutal deutlich wird: in dem Bild einer einsamen, unbedeutenden, ungeliebten Frau, die sich mutterseelenallein fühlt. »Ich habe gehört«, schrieb sie in ihren romanhaften Erinnerungen an Clarice, »dass ein Mensch, den niemand liebt, nicht einmal ein Tier, beispielsweise eine Katze oder ein Hund, trocken und zäh wird. Nun, ich verwandelte mich langsam in eine Frau aus Stroh.«[9]

Ihre Einsamkeit war in gewissem Maße selbstverschuldet. Viele schätzten Elisa sehr. Eine Freundin, die Romanautorin Maria Alice Barroso, erinnerte sich, dass Elisa es vermied, über persönliche Dinge zu sprechen, und lieber über Literatur diskutierte. Sie rief Maria Alice häufig an, doch wenn von wirklichen Begegnungen die Rede war, wurde sie zurückhaltend. »Sie *kultivierte* ihre Einsamkeit«, sagte Barroso. »Man musste sie zwingen, Einladungen anzunehmen. Sie behauptete immer, sich nicht gut zu fühlen. Elisa war pessimistisch.« Immerhin wusste Barroso, dass Elisa ihre Freundschaft würdigte und dass sie nicht aus Ungeselligkeit, sondern aus Schüchternheit und Unsicherheit Distanz wahrte.

In diesem Zusammenhang ist es aufschlussreich, dass Azulay von Clarices »enormem mütterlichen und väterlichen Defizit« und von ihrem tiefen Respekt – und sogar ihrer Ehrfurcht – vor ihren älteren Schwestern sprach. Trotz ihrer fast religiösen Verehrung für Tania und Elisa kann sich ein Leser von Elisas Buch über Clarice nicht dem Eindruck entziehen, dass ein Teil der Autorin sich offensichtlich von ihrer jüngsten Schwester entfremdet, ungeliebt und ihr unterlegen fühlte. Und Elisa hob das gleiche Verhalten an Clarice – die Unerreichbarkeit, die Menschenscheu – hervor, das andere an ihr selbst bedauerten.

Die Gräuel ihrer Kindheit hatten sie der Welt anderer entfremdet, und die Pogrome von Podolien warfen noch ein halbes Jahrhundert später lange Schatten. Die wichtigste Folge war eine übermäßige Hemmung, Beziehungen zu anderen zu knüpfen. »Zu überleben bedeutet, nicht zu wissen, was man mit sich anfangen soll«, hatte Elisa einst geschrieben, und man denkt an Clarices bittere Aussage in einem Brief aus der Schweiz an ihre Schwestern, als sie schrieb: »Es gibt keinen *echten* Ort zum Leben. Alles ist Land, das den anderen gehört, wo es den anderen gutgeht.«

*

Aus ihrem Briefwechsel während Clarices Auslandsjahren geht hervor, dass Elisa (die von ihrer Schwester mit Leinha angeredet wurde, einer portugiesischen Koseform ihres hebräischen Namens Leah) diejenige war, die sich zurückgezogen hatte. Natürlich waren Depressionen Clarice nicht fremd, aber in den Briefen an ihre Schwestern zeigte sie sich ebenso oft von ihrer überschäumend liebevollen und enthusiastischen Seite. Elisas enorme Unsicherheit lässt sich aus Clarices Antworten an sie ermessen. »Aber warum siehst du das denn so pessimistisch, Herz?«, fragte sie bereits 1945 aus Rom. »Meine liebe Elisa, es schmerzt mich, Dich so zu sehen, es schmerzt mich, zu hören, wie Du schlecht über Dich selbst redest, wie Du Dir Vorwürfe machst, Du demütigst mich damit, Du tust mir weh. Selbst um zu sagen, dass Dir Ledas Artikel nicht gefällt, entschuldigst Du Dich geradezu. Ein ganz schlechter Artikel, leer und prätentiös. Und dann schreibst Du wegen des Lavasteins [den Clarice ihr vom Vesuv geschickt hatte]: ›umso mehr tut es mir leid, dass ich nicht in der Lage bin, auf all diese freundlichen Gesten zu reagieren‹. Also wirklich, meine Gute, es ist ja gerade so, als würdest Du unter der Liebe leiden, die man Dir gibt.«[10]

Im Februar beklagte sich Clarice bei Tania: »Elisas Briefe an mich werden immer kürzer und nichtssagender. Und wenn sie einmal etwas sagt, fügt sie pauschal hinzu, wie in ihrem Brief von neulich: ›Aber Du wirst sowieso nur sagen, dass Dich das nichts angeht.‹ Als wäre das überhaupt möglich, dass Eure Angelegenheiten mich nichts angingen.«[11]

Später im selben Jahr, noch in Bern, gab Clarice Tania Ratschläge zu der Erschöpfung, unter der diese litt, wobei sie die Verbindung zwischen den Problemen der Schwestern und deren früher Kindheit hervorhob. Tania schienen Sorgen um ihre kleine Tochter Márcia aufzureiben. »Weißt Du, Liebes, vielleicht versuchst Du ja auszugleichen, dass wir unter dem Eindruck stehen, wegen Mama nicht alles getan zu haben, was wir hätten tun können. Ich wollte damit sagen, dass Du Dich gewissermaßen *opfern* wolltest – dasselbe gilt auf anderem Gebiet für Elisa. Mach Dir klar, meine Liebe, dass Du jetzt tausend Aufgaben zu übernehmen und Dich schrecklich dem Haus und der kleinen Márcia zu widmen suchst, zum *Ausgleich* nicht nur für die Vorstellung, dass Du früher Deine Pflichten vernachlässigt hättest, sondern auch für die Tatsache, dass wir als Kinder aufgrund der Umstände nicht all die Aufmerksamkeit erhalten haben, die wir brauchten.«[12]

Als Clarice in den USA lebte, kam Tania sie besuchen, und im Jahr 1956 stand ein Besuch von Elisa so nahe bevor, dass Clarice schreiben konnte: »Elisa, meine Liebe, wir warten alle schon sehnsüchtig auf Dich, ja, ich versuche, gar nicht daran zu denken, um nicht allzu *excited* zu sein. Der kleine Paulo wird schon eifersüchtig. Als ich ihm sagte, dass Du kommst, war er erst ganz glücklich. Aber dann fügte ich hinzu: Sie ist meine Schwester. Da sagte er nach einer Pause: Das darfst du nicht sagen, sonst weine ich. Ich glaube, eine Tante möchte er schon, aber sie soll nichts mit mir zu tun haben.«[13] Aus irgendeinem Grund wurde die Reise immer wieder hinausgeschoben und fand schließlich gar nicht statt.

*

Ganz anders als bei Elisa, die allein lebte, nie heiratete oder Kinder hatte, war Clarices Einsamkeit jedoch nicht auf einen Mangel an Gesellschaft zurückzuführen. Wie Maria Teresa Walcacer während ihrer viermonatigen Beschäftigung bemerkte, war Clarice von Menschen umgeben. An erster Stelle standen ihre beiden Söhne; zudem hatte sie wie alle Brasilianer des Bürgertums im Haushalt lebende Angestellte, und zwar, trotz ihrer häufigen Klagen über Mittellosigkeit, eine erhebliche Zahl. Vielen kam Clarice näher, und sie spielten eine bedeutende Rolle in ihren Arbeiten, von dem schwarzen Dienstmädchen in *G. H.* bis hin zu den Frauen, die sie in ihren Briefen und journalistischen Anekdoten beschrieb:

Die Köchin heißt Jandira. Eine Kraft hat die, unglaublich. So eine Kraft, dass sie hellsehen kann. Eine meiner Schwestern war bei mir zu Besuch. Jandira kam ins Wohnzimmer, sah sie ernst an und sagte völlig unvermittelt: »Die Reise, die Sie unternehmen wollen, wird stattfinden, und Sie befinden sich gerade in einer sehr glücklichen Lebensphase.« Damit verließ sie den Raum.

Meine Schwester sah mich entsetzt an. Ich machte eine etwas verlegene Handbewegung, die besagen sollte, dass ich da nichts tun könne, und sagte nur:
»Weißt du, sie kann hellsehen.« Meine Schwester antwortete ganz ruhig: »Ach
so. Jedem das Hausmädchen, das er verdient.«[14]

Eine weitere Mitbewohnerin war Siléa Marchi, die wegen ihrer Erfahrung als
Pflegerin eingestellt worden war, um Clarice nach ihrem Unfall zu helfen, und
die bis zu ihrem Tod bei ihr bleiben sollte. Siléa war die »Allzweckgefährtin«, die
Clarice benötigte und die Maria Teresa Walcacer nicht sein konnte. Sie schlief
von Montag bis Freitag in der Wohnung, begleitete Clarice zum Arzt, half ihr mit
Pedro, übernahm ihre Einkäufe und alles andere, was getan werden musste.

Ende 1970 erschien ein neues Mitglied im Haushalt: Olga Borelli, die in
Clarices letzten Lebensjahren zu einer Schlüsselfigur werden sollte und deren
unermüdliche Hingabe und intellektuelle Geistesverwandtschaft mit Clarice die
Entstehung ihrer großen abschließenden Werke erleichterten. Die Schriftstellerin
mit ihrem »enormen mütterlichen und väterlichen Defizit« fand in Olga die
letzte ihrer Mutterfiguren, und die kinderlose Olga, die einen großen Teil ihres
Lebens mit der Suche nach einer wohltätigen Aufgabe verbracht zu haben schien,
fand in Gestalt von Clarice ein Projekt, das ihrer außerordentlichen Hingabe
würdig war.

Olga war eine der vielen, die, angeregt durch Clarices Werke, in jenen Jahren
zu ihr hinstrebten. In einer ihrer Zeitungskolumnen erwähnte Clarice, wie verblüfft sie über die Zuneigung sei, mit der man sie überschütte. »Ich werde Elsie
[Lessa] anrufen, die länger Zeitungskolumnen schreibt als ich, und sie fragen, was
ich mit den wundervollen Anrufen tun soll, mit den fast unerträglich schönen
Rosen, die ich geschenkt bekomme, und den so schlichten wie tiefsinnigen Briefen, die mir die Leute schicken.«[15]

Während Olga dabei war, *Die Passion nach G. H.* zu lesen, sah sie die Autorin
zufällig im Fernsehen. Sie hatte das seltsame Gefühl, Clarice seit Jahren zu kennen, und beschloss, mit ihr Verbindung aufzunehmen. Daraufhin rief sie Clarice
an und bat sie, sich an einer Sammelaktion für die Fundação Romão Duarte zu
beteiligen, für die sich Olga ehrenamtlich einsetzte. Zufällig war dies dasselbe
Waisenhaus, das Clarice 1941, ganz am Anfang ihrer journalistischen Karriere,
besucht hatte, um einen langen Artikel über die Zweihundertjahrfeier der Einrichtung zu schreiben.[16] Drei Jahrzehnte später sollte sie zurückkehren, um ihre
beiden Kinderbücher für die Bewohner des Waisenhauses zu signieren.

Die beiden Frauen nahmen sich Zeit, miteinander zu sprechen. »Ihre Haltung«, schilderte Olga dieses erste Gespräch, »strahlte die Bescheidenheit einer Bäuerin und den Hochmut einer Königin aus.« Zwei Tage später wurde sie in Clarices Wohnung geladen, wo die Schriftstellerin ihr einen Brief übergab.

11.12.70. Olga, ich schreibe diesen Brief mit der Schreibmaschine, weil meine Handschrift nicht mehr ist, was sie einmal war.

Ich habe eine neue Freundin gefunden, das stimmt. Aber Du ziehst dabei den Kürzeren. Ich bin ein unsicherer Mensch, unentschlossen, ohne Ziel im Leben, ohne Orientierung: Offen gestanden, weiß ich nicht, was ich mit mir anfangen soll. Ich bin ein überaus ängstlicher Mensch. Ich habe sehr schwerwiegende, echte Probleme, von denen ich dir später noch erzählen werde. Dazu Probleme, die meine Persönlichkeit betreffen. Willst Du trotzdem meine Freundin sein? Wenn ja, sag nachher nicht, ich hätte Dich nicht gewarnt. Ich habe keine guten Eigenschaften, ich habe nur Schwächen. Aber manchmal [...] habe ich Hoffnung. Der Übergang vom Leben zum Tod schreckt mich: Das ist genauso, wie wenn man vom Hass, der ein Ziel hat und begrenzt ist, zur Liebe übergeht, die keine Grenzen hat. Wenn ich einmal sterbe (wie man so sagt), dann hoffe ich, dass Du in meiner Nähe bist. Du hast auf mich wie ein sehr sensibler, aber starker Mensch gewirkt.

Du warst mein schönstes Geburtstagsgeschenk. Am Donnerstag, dem 10., war nämlich mein Geburtstag, und ich habe von Dir dieses Jesuskind bekommen, das wie ein fröhliches Kind aussieht, wie es da in seiner grobgeschnitzten Krippe spielt. Obwohl Du mir, ohne es zu wissen, ein Geburtstagsgeschenk gemacht hast, denke ich weiterhin, dass mein Geburtstagsgeschenk Du selbst warst, erschienen in einer schweren, von großer Einsamkeit geprägten Stunde.

Wir müssen reden. Mir kam es schon so vor, als ließe sich nichts mehr in Ordnung bringen. Da sah ich eine Werbung für ein Parfüm der Marke Coty mit dem Namen *Imprevisto* – Unverhofft. Ein billiger Duft. Aber es hat mir geholfen, mich zu erinnern, dass auch das Unerwartete vorkommt. Und immer wenn ich mutlos bin, trage ich Unverhofft auf. Das bringt mir Glück. Dich zum Beispiel hatte ich mir nicht erhofft. Und auf unverhoffte Weise war ich darauf eingegangen, die Autogrammstunde zu geben.

Deine
Clarice[17]

Olga, die durch ein erstaunliches Zusammentreffen der Umstände tatsächlich in der Nähe sein sollte, als Clarice starb, war die Tochter italienischer Einwanderer und eine ehemalige Nonne. Jahrelang widmete sie sich mit ungeheurer Energie und Begeisterung verschiedenen gemeinnützigen Unternehmungen. So arbeitete sie mit Freiwilligen des Peace Corps zusammen, gab Nähunterricht in Slums, war unentgeltlich im Waisenhaus tätig, hielt Kommunikationsseminare ab und gründete mehrere Organisationen, die Theater und Tanz förderten. Doch ihr größtes Projekt, gewissermaßen ihr Vermächtnis, war Clarice Lispector, für die sie sich mit Leib und Seele einsetzte.

Ihr besitzergreifendes Wesen stieß viele von Clarices ältesten Freunden ab, aber auch sie mussten einräumen, dass Olgas uneingeschränktes Engagement ein Gottesgeschenk für die immer schwächer werdende Clarice war. Olga agierte als eine Art Botschafterin zwischen Clarice und der Außenwelt. »Als ich sie kennenlernte«, erklärte Olga nach dem Tod ihrer Freundin, »fiel mir die große Einsamkeit auf, in der sie lebte – als Mensch und als Vertreterin der brasilianischen Literatur. Es war, als wolle sie ihrer Umgebung mitteilen: Seht euch diese wunderbare Frau an, über die ihr nichts wisst. Denn damals war sie sozial ganz und gar isoliert. Niemand kümmerte sich um Clarice, über ihr Werk wurde kaum diskutiert.«[18]

Solche Aussagen verärgerten Clarices viele Freunde und Bewunderer, die nicht von Olga an Clarice Lispector »als Mensch und als Vertreterin der brasilianischen Literatur« erinnert zu werden brauchten. Die Öffentlichkeit hatte sie keineswegs vergessen, und sie war von Menschen umgeben, denen ihr Wohl am Herzen lag. Aber in einem weiteren Sinne hatte Borelli natürlich recht. Dieselben Freunde bestätigen, dass es Clarice immer schwerer fiel, normal zu handeln, und dass sie dringend Hilfe benötigte.

In diesem Zeitraum kam es immer häufiger vor, dass Clarice Lispector als *monstre sacré* bezeichnet wurde: als ein Wesen, das sich durch eine Kombination aus Genie und Verschrobenheit irgendwie außerhalb der normalen menschlichen Gesellschaft befand. Diese Einstufung schmerzte sie zutiefst. »Auf einmal merke ich, dass ich für sie [die Leser] allmählich zum *monstre sacré* werde«, sagte sie in einem Interview.[19] In einem anderen sprach sie von ihrem »Horror vor dem *monstre sacré*«.[20] »Eines der Dinge, die mich unglücklich machen, ist diese Sache mit dem *monstre sacré*: Die anderen fürchten mich ohne Grund, da fängt man an, sich vor sich selbst zu fürchten. Tatsache ist, dass einige Leute einen Mythos um meine Person erschaffen haben, und das ist mir überaus hinderlich: Es verschreckt die Menschen, und so werde ich einsam. Aber du weißt ja, dass ich im Umgang ganz einfach bin, auch wenn die Seele komplex sein mag.«[21]

Andererseits steht außer Frage, dass viele sie so einschätzten: als bizarr, mysteriös und schwierig, als undurchschaubares mystisches Genie weit ober- und außerhalb der gewöhnlichen Menschheit. Durch diesen Ruf wurde sie, gerade als sie ganz besonders auf Hilfe angewiesen war, noch stärker isoliert. »Christus war Christus für die anderen, aber wer? Wer war ein Christus für Christus gewesen?«, hatte sie sich in *Eine Lehre* gefragt. Die ehemalige Nonne erschien zu dem Zeitpunkt, als Clarice unbedingt einen Erlöser brauchte.

36

DIE GESCHICHTE DER
FLÜCHTIGEN MOMENTE

Im Unterschied zu Lóri sollte Clarice kein weiteres sexuelles Verhältnis mehr haben. In ihren letzten Lebensjahren waren ihre engen Beziehungen entweder kindlicher Art, wie mit Jacob David Azulay und Olga Borelli, oder mütterlich geprägt. Wie ein wahres jüngstes Kind machte Clarice sich Olgas unglaubliche Geduld vollauf zunutze. »Es ist nicht leicht, mit sehr egozentrischen Menschen befreundet zu sein«, erinnerte sich Olga.

Clarice gehörte zu diesem Typ, und sie war anspruchsvoll und zermürbend gegenüber den Menschen, die sie mochte. Sie hatte schwere Schlafstörungen und rief mich unzählige Male mitten in der Nacht an, um mir zu sagen, sie fühle sich unwohl und angespannt. Wahrscheinlich werde ich die Zeit nie vergessen, in der ich nach Salvador reiste, um ein Seminar zu geben. Eines Abends kehrte ich ins Hotel zurück und fand eine Nachricht vor, dass ich sie dringend anrufen solle. Am Telefon hörte sich ihre Stimme seltsam an. »Olga, ich bin so niedergeschlagen. Mir ist ganz bang. Ich weiß nicht, was noch werden soll. Komm so bald zurück, wie du kannst.« Ich sagte alles ab, machte mich auf die Rückreise und fand sie am folgenden Tag zur Mittagszeit lachend und bei guter Laune vor. Wissen Sie, womit sie sich rechtfertigte? Ich hätte sie zu ernst genommen und durch meine Rückreise voreilig gehandelt. Natürlich war ich sehr verärgert, aber ich lernte eine Menge aus dem Vorfall.[1]

In dem Geschichtenband *Heimliches Glück*, den Clarice 1971 veröffentlichte, wird deutlich, dass sie sich zunehmend in die Kindheit vertiefte. Fast alle der fünfundzwanzig Erzählungen waren schon anderswo erschienen, hauptsächlich in *Die Fremdenlegion*, aber drei Ausnahmen sind aufschlussreich. Die Titelgeschichte handelt von dem Nachbarmädchen in Recife, deren Vater eine Buchhandlung in Recife besaß und die die junge Clarice mit dem Versprechen eines Buches hingehalten und absichtlich gequält hatte. »Reste des Karnevals« ist die Geschichte des als Rose verkleideten kleinen Mädchens, dessen Karneval durch eine Gesundheitskrise ihrer Mutter ruiniert wurde; in »Hundert Jahre Ablass« erinnert sich Clarice daran, wie sie Rosen aus den Gärten der vermögenden Bürger von Recife stahl.

Viele ihrer Werke waren ebenfalls autobiographisch gewesen, doch selten in dem Maße wie diese Erinnerungen an ihre Kindheit in Recife. Sie hatte fast nie so direkt über sich selbst geschrieben, sondern es vorgezogen, sich hinter ihren Figuren oder im Innern ihrer Allegorien zu verbergen. Wenn sie selbst auftauchte, dann höchstens in Zeitungskolumnen oder in kleinen Geschichten wie denen in der zweiten Hälfte von *Die Fremdenlegion*.

Für den Leser spielt es keine große Rolle, ob die Geschichten »wahr« sind. Aber Clarice haderte mit dem autobiographischen Ansatz. Vielleicht hatte die Unzufriedenheit mit ihrem Roman *Eine Lehre* auch damit zu tun, dass sie darin persönliche Anekdoten und viele direkte Zitate aus ihren Kolumnen eingebunden hatte. Das Schreiben, besonders über ihre eigene Person, war für sie immer ein Mittel gewesen, etwas über die Welt jenseits des Selbst zu erfahren, und diente keinem rein beschreibenden – oder memoirenhaften – Zweck.

»Ich werde hier nicht autobiographisch. ›Bio‹ will ich sein«, schrieb Clarice in *Aqua viva*, dem Buch, an dem sie zur Zeit ihrer Begegnung mit Olga Borelli arbeitete. In einer Notiz erklärte sie, was sie damit meinte: »Ich muss, Olga, zu einer anderen Schreibweise finden. Ganz nahe an der Wahrheit (an welcher?), aber nicht persönlich.«[2] Mit diesem Problem rang sie, seit sie *Eine Lehre* begonnen hatte und als sie ihren Freunden und sogar ihrem Friseur gestand, dass «ich nicht mehr schreiben konnte«.

In *Aqua viva* sollte sie einen Weg finden, so über sich zu schreiben, dass sich ihre individuelle Erfahrung in universale Dichtung verwandelte. In einem Werk, das so emotional kraftvoll, formal bahnbrechend und philosophisch radikal ist wie das Clarice Lispectors, fällt *Aqua viva* als besonders glänzender Erfolg auf. Die Rezensionen spiegeln das gleiche Erstaunen wider, das Clarice dreißig Jahre vorher ausgelöst hatte, als sie *Nahe dem wilden Herzen* veröffentlichte. »Mit diesem Roman«, schrieb ein Kritiker, der *Eine Lehre* verrissen hatte, »erweckt Clarice Lispector die gegenwärtig in Brasilien produzierte Literatur aus ihrer deprimierenden und entwürdigenden Lethargie und erhebt sie auf ein Niveau universaler Beständigkeit und Perfektion«.[3] Das Buch hat vielen den Kopf verdreht. Zum Beispiel las der berühmte brasilianische Sänger Cazuza es hundertelfmal.[4]

*

In der Form, in der *Aqua viva* schließlich erschien, umfasst es nur neunzig groß gedruckte Seiten. Seine Kürze und scheinbare Einfachheit verdecken mehrere Jahre großer Anstrengungen. Eine erste Version mit dem Titel *Hinter dem Denken: Monolog mit dem Leben* war bereits am 12. Juli 1971 abgeschlossen, als Clarice Alexandrino Severino kennenlernte, einen portugiesischen Professor an der Vanderbilt University. Sie gab ihm ein Exemplar des Manuskripts zur Übersetzung ins Englische, zusammen mit spezifischen verfahrenstechnischen Anweisungen. Er dürfe kein einziges Komma verschieben.[5]

Sie sei noch dabei, »das Buch zu trocknen«, ließ sie Severino wissen, bevor sie es beim Verlag abliefern könne. Dies war nun die Editora Sabiá, die Rubem Braga und Fernando Sabino nach einem Zerwürfnis mit ihrem Partner bei der Editora do Autor gegründet hatten und wo bereits *Eine Lehre* und *Heimliches Glück* erschienen waren. Doch ein Jahr später, im Juni 1972, ließ das Buch weiterhin auf sich warten, und Severino erkundigte sich, ob Clarice immer noch wolle, dass er sich an die Arbeit mache.

Als sie antwortete, trug das Manuskript bereits einen anderen Namen. »Was das Buch betrifft – ich habe die Arbeit daran unterbrochen –, weil ich fand, dass es sich nicht in die Richtung entwickelte, in die ich wollte«, schrieb sie. »Ich kann es in diesem Zustand nicht veröffentlichen. Entweder veröffentliche ich es gar nicht, oder ich arbeite weiter daran. Vielleicht arbeite ich in wenigen Monaten an *Schreiender Gegenstand*.«[6]

Der Prozess des »Trocknens« bestand – wie Severino feststellte, als er die spätere Version schließlich zu Gesicht bekam – hauptsächlich darin, dass viele explizite biographische Hinweise entfernt worden waren. Trotzdem war *Schreiender Gegenstand* mit 185 Seiten länger als *Hinter dem Denken*, das 151 Seiten umfasste. In dem Manuskript scheint sie mit einer alltäglichen Stimme zu sprechen, die nicht im Geringsten durch literarische oder fiktionale Kunstgriffe verfeinert ist.

Clarice schwelgt in Erinnerungen an ihre Haustiere – der in Neapel zurückgelassene Dilermando hat einen Auftritt – und verzeichnet fast jedes Tier, das sie je besessen oder über das sie je geschrieben hat. Als falle ihr nichts anderes mehr ein, lässt sie sich detailliert über ihre Lieblingsblumen aus. Eine erinnert Clarice an ihre Ursprünge – ein überraschender, weil so seltener Bezug: »Die Sonnenblume ist das große Kind der Sonne. So sehr, dass sie ihre riesige Blütenkrone dem zuwenden kann, der sie geschaffen hat. Es spielt keine Rolle, ob das ein Vater oder eine Mutter ist. Ich weiß nicht. Ist die Sonnenblume nun eine weibliche oder eine männliche Blume? Ich glaube, sie ist männlich. Aber eins ist sicher: Die Sonnenblume ist ukrainisch.«[7]

Während das Manuskript stellenweise so brillant und inspiriert wirkt wie die reife Arbeit einer großen Künstlerin, ist es an anderen Stellen so langweilig und einfallslos wie das gutnachbarliche Geplauder einer Hausfrau. Clarice behauptete häufig, eine schlichte Hausfrau zu sein, und in dieser formlosen, handlungslosen Konversation, einem ungefilterten »Brainstorm« – sie benutzt das englische Wort –, in dem sie alles tippt, was ihr gerade durch den Kopf geht, hört sie sich häufig genauso an.

Beispielsweise klagt sie über Geldmangel, ein weiteres ständig wiederholtes Thema: »Da bin ich wieder. Draußen ist es immer noch sehr schön. Aber die Lebenshaltungskosten sind wahnsinnig hoch – ich sage das wegen der Summe, die der Mann für die Reparatur [des Plattenspielers] verlangt hat. Ich muss hart für die Dinge arbeiten, die ich will oder die ich brauche.« Sie wehrt sich gegen die um ihre Person errichteten Mythen: »Ich will damit sagen, dass es in meinem Haushalt nicht metaphysisch zugeht. Schlechtes Essen wird missbilligend zur Kenntnis genommen. Unablässig greife ich zum Portemonnaie, nehme Geld für die Einkäufe heraus [...] Von den Mahlzeiten abgesehen, unterhalten wir uns ausgiebig über das, was in Brasilien und in der Welt vorgeht. Wir sprechen auch über die Kleidung, die für gewisse Anlässe angemessen ist.« Und: »Übrigens schlafe ich auch, und wie. Meine Leser glauben, ich läge ständig wach. Aber das stimmt nicht. Ich schlafe auch.«[8]

✳

Der direkte, bekenntnishafte Tonfall von *Schreiender Gegenstand*, das Gefühl, dass es Clarices ungefilterte Gesprächsstimme enthält – sie unterbricht sich häufig, um ans Telefon zu gehen, eine Zigarette anzuzünden oder sich ein Glas Wasser einzugießen –, kann den Leser von der Tatsache ablenken, dass auch dies eine Fiktion ist. In *Hinter dem Denken* wendet sie sich unumwunden an ihr Publikum: »Die Sache ist die. Ich hatte schon jahrelang an diesem Buch geschrieben, verstreut über Zeitungskolumnen, ohne in meiner Naivität zu merken, dass ich dabei war, mein Buch zu schreiben. Das ist die Erklärung für den, der beim Lesen etwas wiedererkennt: Er hat es eben schon in der Zeitung gelesen. Ich schätze die Wahrheit.«[9]

Offenbar schätzte sie die Wahrheit dann aber doch nicht so hoch, dass sie darauf verzichtet hätte, sie in der zweiten Fassung zu retuschieren. Die Kritikerin Lícia Manzo weist darauf hin, dass *Schreiender Gegenstand* eine neue, völlig widersprüchliche Erklärung anbiete: »Ursprünglich sollte dieses Buch aus naheliegenden Gründen *Hinter dem Denken* heißen. Viele Seiten davon sind bereits veröffentlicht. Nur erwähnte ich dabei nicht, dass die bewussten Passagen aus *Schreiender Gegenstand* oder *Hinter dem Denken* stammten.«[10]

Es ist nebensächlich, ob Clarice ihre Zeitungsartikel zu einem Manuskript zusammenflickte oder ob sie ein Manuskript plünderte, um Stoff für ihre journalistische Arbeit zu erhalten. Doch durch die beiden einander widersprechenden Erklärungen wird klar, dass sie in *Schreiender Gegenstand* immer noch – und recht schuldbewusst – mit der Fiktionalisierung ringt.

Möglicherweise bestand die größte Schwäche von *Eine Lehre* darin, dass Clarice lange Passagen aus ihren Zeitungskolumnen entnahm und sie, oft unverändert, in den Text einbrachte. Das Verfahren konnte reibungslos funktionieren, aber manchmal wirkten die Bruchstücke unverdaut. In *Schreiender Gegenstand* erscheint zum Beispiel ein Artikel über ihren Kindheitsfreund Leopoldo Nachbin, in dem sie lediglich seinen Namen durch die Wörter »ein Er« ersetzt. Die absichtliche Anonymität ist Teil ihres Plans, ihre persönliche Erfahrung zu depersonalisieren, indem sie anstelle von Eigennamen weniger spezifische Pronomen verwendet. Es ist jedoch ein halbherziges Bemühen, denn sie nennt weiterhin ihre Schule und ihre Stadt, Recife, beim Namen. Clarice muss gewusst haben, dass diese Reminiszenzen fehl am Platz waren, denn fast nichts davon blieb in der Endfassung stehen. In den Entwürfen äußerte sie nicht nur Zweifel, ob sie ihre persönlichen Erfahrungen verwenden sollte, und denkt wiederholt über den schöpferischen Prozess selbst nach.

Überall in *Schreiender Gegenstand* ahnt sie, dass sie etwas völlig Neues in Angriff genommen hat, aber sie weiß noch nicht, was es ist und wie es zustande kommt: »Wohin wird meine Freiheit mich führen? Was ist das, was ich hier schreibe? Soweit ich weiß, habe ich nie jemanden so schreiben sehen.« Solche Bemerkungen tauchen im Manuskript häufig auf. Das Wissen um die Neuheit ihrer Erfindung ist manchmal faszinierend, manchmal erschreckend, und in einem Fall zieht es einen überraschenden Einwurf nach sich: »Wer mag den Stuhl erfunden haben? Jemand, der das aus Eigenliebe tat. Er erfand also größere Bequemlichkeit für den Körper. Dann vergingen die Jahrhunderte, und niemand schenkte dem Stuhl je wieder Beachtung, man verwendet den Gegenstand nur noch automatisch. Man braucht Mut, um sich auf einen ›brainstorm‹ einzulassen: Man kann nie wissen, was kommt und uns vielleicht erschreckt. Das *monstre sacré* ist tot. An seiner statt wurde ein Mädchen geboren, das die Mutter verloren hatte.«[11]

Von allen Werken Clarice Lispectors erweckt *Aqua viva* am ehesten den Eindruck, es sei spontan zu Papier gebracht worden. Dabei hatte Clarice vielleicht kein anderes so akribisch ausgearbeitet. Sogar der scheinbar arglose Ausruf über ihre Mutter ist in mindestens zwei anderen Büchern zu finden, etwa in einem Essay, den sie später über Brasília veröffentlichte. Wie sie in *Schreiender Gegenstand* schreibt: »Kunst ist nicht Reinheit: Sie ist Reinigung. Kunst ist nicht Freiheit: Sie ist Befreiung.«[12]

*

Zum ersten Mal in ihrer Karriere hatte Clarice jemanden, der sie bei der Arbeit an der »Reinigung« unterstützte. Dafür war sie bis dahin immer allein verantwortlich gewesen: Sie hatte kaum fassbare elf Versionen des recht langen *Apfels im Dunkeln* getippt und verbrachte drei Jahre damit, *Die belagerte Stadt* zu überarbeiten. Ihre journalistischen Texte waren gelegentlich redigiert worden, aber niemand – nicht einmal Lúcio Cardoso und Fernando Sabino – hatte ihre literarischen Werke je angerührt. Olga Borelli war die Erste, die diese Aufgabe übernahm.

Als sensible, gebildete Leserin mit einem ausgeprägten Sprachgefühl war Olga ideal für die Tätigkeit geeignet. Ihre posthumen Erinnerungen über ihre Freundin, *Clarice Lispector. Skizze für ein mögliches Porträt*, sind ein prägnantes und elegantes Zeugnis für ihre schriftstellerische Begabung.[13] Das Buch zeichnet sich unter den zahlreichen Erinnerungsbänden von Clarices Freunden als das bei Weitem beste aus, obwohl Olga, anders als viele von ihnen, keine professionelle Autorin war.

Sie sollte Hand an alle von Clarices späten Werken anlegen, aber die erste Herausforderung bestand darin, den unförmigen und chaotischen *Schreienden Gegenstand* in das klassische *Aqua viva* umzuwandeln. Ein Buch »zu gliedern« sei die schwierigste Aufgabe der Schriftstellerei, klagte Clarice. Je älter sie wurde, desto anstrengender war es für sie geworden, sich selbst zu redigieren, und sie benötigte eine mitfühlende Lektorin.

»Sie hatte einfach nicht die Kraft, die Manuskripte, all die Fragmente, zu gliedern«, erzählte Olga. »Eines Tages, als ich das gesamte Material sah, fragte ich Clarice: ›Warum schreibst du nicht? Das Buch ist fertig.‹ Sie erwiderte: ›Nein, ich habe keine Lust dazu, mach dir keine Gedanken.‹ Also sagte ich: ›Ich werde dir helfen.‹ Dann begann ich, das Buch zu gliedern. Damals fand ich Gefallen daran und fasste den Mut, die anderen später ebenfalls in Angriff zu nehmen.«[14]

Ohne diese Hilfe wäre *Aqua viva* vielleicht nie abgeschlossen worden. Clarice hatte schwere Bedenken, was den Roman anging. »Sie war unsicher und fragte

Dritte nach ihrer Meinung«, berichtete Olga. »Bei anderen Büchern litt Clarice nicht unter solcher Unsicherheit. Nur bei *Aqua viva*. Es war das einzige Mal, dass ich Clarice zögern sah, bevor sie ein Buch beim Verlag ablieferte. Das hat sie selbst bestätigt.«[15]

»Ich weiß nicht, warum Dir mein Buch *Schreiender Gegenstand* gefallen hat«, schrieb Clarice an Marly de Oliveira. »Denn nachdem der erste Schwung vorüber war, habe ich es wiedergelesen und war schockiert. Es ist so entsetzlich schlecht, dass ich beschlossen habe, es nicht zu veröffentlichen, beim Verlag habe ich es bereits zurückgezogen.«[16] Olgas behutsame Eingriffe könnten das Buch gerettet haben, und damit auch die neue Art Literatur, der Clarice den Weg bereitete. Olgas editorische Methode fußte darauf, »zusammen zu atmen, unbedingt zusammen zu atmen«.

Denn es gibt eine Logik im Leben, in den Ereignissen, ebenso wie in einem Buch. Sie folgen einander unvermeidlich. Wenn ich ein Fragment nahm und es weiter nach vorn schieben wollte, gab es oftmals keinen Platz dafür. Es war wie ein Puzzle. Ich sammelte all die Fragmente und verwahrte sie in einem Umschlag. Auf der Rückseite eines Schecks, auf einem Stück Papier, einer Serviette … Einige dieser Dinge habe ich noch zu Hause, und manche riechen sogar noch nach ihrem Lippenstift. Sie wischte sich die Lippen ab und steckte das Stück Papier dann in ihre Handtasche … Plötzlich schrieb sie etwas nieder. Nachdem ich all die Fragmente gesammelt hatte, fing ich an, Notizen zu machen und sie zu nummerieren. Es ist also nicht schwierig, Clarices Texte zu gliedern – oder es ist unendlich schwierig, es sei denn, man geht mit ihr um und ist es bereits gewohnt, sie zu lesen.[17]

*

In der letzten Endes veröffentlichten Form vom August 1973 hieß das portugiesische Original *Água viva*. Dies ist der einzige von Clarices Titeln, den man nicht problemlos übersetzen kann. Wörtlich »lebendiges Wasser«, kann er sich auf eine Quelle oder einen Brunnen beziehen (eine Bedeutung, die im Buch selbst oft erwähnt wird), aber für einen Brasilianer bietet sich in erster Linie der Begriff »Qualle« an. Zwar war das nicht die von Clarice beabsichtigte Bedeutung – »*Agua viva* ist mir lieber, etwas, das blubbert. An der Quelle« –,[18] aber für ein Werk ohne Handlung ist der Hinweis auf ein dahintreibendes wirbelloses Tier äußerst passend. Vielleicht schwebte Olga Borelli genau das vor, als sie das Buch mit einem früheren Roman von Clarice verglich: »*Die Passion nach G. H.* hat ein Rückgrat, nicht wahr?«[19]

Aqua viva hatte keines, was Clarice zunächst nervös machte. »Bei diesem Buch, *Aqua viva*, fand ich drei Jahre lang nicht den Mut, es zu veröffentlichen, ich dachte, es sei schlecht, weil es keine Geschichte hatte, keinen Plot.«[20] Die Frage, was sie eigentlich schrieb, beschäftigte Clarice sehr, und aus gutem Grund: »Das hier ist kein Buch, so schreibt man nämlich nicht«, verkündete sie gleich zu Beginn.[21]

In der Tat hat es mit nichts Ähnlichkeit, was damals, in Brasilien oder anderswo, geschrieben wurde. Am meisten hat es mit visuellen oder musikalischen Werken gemein, was Clarice dadurch unterstreicht, dass sie die Erzählerin, die in früheren Versionen eine Schriftstellerin war, letztlich zu einer Malerin macht. Das Motto stammt von dem belgischen Künstler Michel Seuphor: »Es muss eine Malerei geben, die völlig unabhängig von der Figur ist – dem Gegenstand – und die, wie die Musik, nichts illustriert, keine Geschichte erzählt und keinen Mythos in die Welt setzt. Eine solche Malerei begnügt sich damit, die nicht mitteilbaren Reiche des Geistes zu evozieren, wo der Traum zum Gedanken wird, der Strich zur Existenz.« Der Titel *Hinter dem Denken* bezog sich auf diese »nicht mitteilbaren Reiche des Geistes«, auf das unbewusste Reich, das sie hatte nachahmen und herbeiführen wollen. »Kann es sein, dass das, was ich hier schreibe, hinter dem Denken liegt? Klares Denken ist es jedenfalls nicht. Wer tatsächlich imstande ist, das klare Denken sein zu lassen – was furchtbar schwierig ist –, der komme mit.«[22]

Sie schreibt nicht für den Geist, sondern für die Ohren und Nerven und Augen: »Ich sehe Wörter. Was ich sage, ist reine Gegenwart, und dieses Buch ist eine gerade Linie im Raum.«[23]

Dieser Text, den ich dir gebe, ist nicht dafür gemacht, aus der Nähe betrachtet zu werden: Er gewinnt seine geheime Rundheit, die vorher unsichtbar war, wenn er aus einem Flugzeug in großer Höhe betrachtet wird.[24]

Das hier ist keine Geschichte, ich kenne nämlich keine solche Geschichte, aber ich kann nur immer weiter sagen und tun: Es ist die Geschichte von Momenten, die fliehen wie die fluchtigen Gleise vor einem Zugfenster.[25]

Clarice vergleicht das Buch mit Düften (»Was tue ich, indem ich dir schreibe? Ich versuche, einen Duft zu fotografieren.«), mit Geschmacksempfindungen

(»Wie in Wörtern Geschmack wiedergeben? Der Geschmack ist einer, und die Wörter sind viele.«) und Berührungen, doch ihre nachdrücklichste Metapher ist die des Klangs: »Ich weiß, was ich hier tue: Ich improvisiere. Aber was ist daran auszusetzen? Ich improvisiere, wie im Jazz Musik improvisiert wird, ekstatischer Jazz, ich improvisiere vor dem Publikum.« Das ist abstrakte Musik, »eine Melodie ohne Worte«: »Dissonanz ist für mich harmonisch. Melodien ermüden mich manchmal. Und auch das sogenannte ›Leitmotiv‹. Ich will in der Musik und in dem, was ich dir schreibe und was ich male, ich will geometrische Striche, die sich in der Luft kreuzen, und eine Disharmonie, die ich verstehe. Das ist reines ›It‹.«[26]

*

Die Handlung in ihrem Roman *Der Lüster*, der fast drei Jahrzehnte früher erschien, bewegte sich mit quälender Langsamkeit voran. Spannung baute sich, Seite um gemächliche Seite, zu unerwarteten Höhepunkten auf, die dann mächtigen Wellenkämmen glichen. Die langen Intervalle, obwohl wesentlich für seine Durchschlagskraft, konnten das Buch auch unerträglich werden lassen. *Aqua viva* dagegen, von allen Zwängen der Handlung und des Erzählens befreit, besteht ausschließlich aus Wellenkämmen. »Was ich schreibe, ist ein einziger Höhepunkt? Meine Tage sind ein einziger Höhepunkt: Ich lebe am Rand.«[27]

»Ich glaube, *Aqua viva* ist die Fragmentierung ihres Denkens, die sich in einem Buch konkretisiert«, sagte Olga Borelli. »Es gibt mehrere Momente in *Aqua viva*, in denen ich genau das spüre: Tage des Lichts, Tage der Dunkelheit, Tage der Entdeckungen, Tage großen Glücks, Tage der Höhepunkte ... Sie liebte es, auf einem Höhepunkt, auf dem Höhepunkt der Dinge, zu leben.«[28]

Dadurch, dass Clarice die Fragmente, die *Aqua viva* ausmachen und teils bis zu der neun Jahre älteren Sammlung *Die Fremdenlegion* zurückgehen, unerbittlich überarbeitet, sie kürzt und zusammenfügt, die »Höhepunkte« in ihnen findet und »das *ist* des Dings«[29] sucht, entfaltet das Buch eine eigenartig hypnotische Wirkung. Das Forschen nach dem »*Ist*« und dem »*It*« ist im Grunde nicht neu für ihr Werk, aber indem ihr Text auf die Zwischenschaltung von Handlung und Figuren verzichtet, gewinnt er eine packende Unmittelbarkeit.

Nach Borellis Verständnis ist diese »rückgratlose« Schriftstellerei nicht beliebig und schon gar nicht abstrakt. Vielmehr gehöre sie durch ihre Einheitlichkeit eher ins Reich des Denkens oder der Träume, in dem sich Ideen und Bilder mit einer Logik verknüpften, die nicht unmittelbar einsichtig sein möge, doch gleichwohl real sei. Das war die Schriftstellerei, die Clarice meinte, als sie in *Die Frem-*

denlegion schrieb: »In der Malerei wie auch in der Musik und der Literatur erscheint mir das, was abstrakt genannt wird, sehr häufig nur als die figurative Darstellung einer Wirklichkeit, die brüchiger und schwieriger ist und mit bloßem Auge weniger leicht zu erkennen.«[30]

Als *Die belagerte Stadt* erschien, schrieb ein Kritiker: »Seine Hermetik hat die Beschaffenheit der Hermetik von Träumen. Möge jemand den Schlüssel finden.« Im Gegensatz zu jenem früheren Roman ist das traumähnliche *Aqua viva* jedoch keineswegs hermetisch. Es kann auf jeder Seite aufgeschlagen werden, so wie man ein Gemälde aus jedem beliebigen Winkel betrachten kann, und es pulsiert mit einer Sinnlichkeit, die ihm eine beispiellose, unmittelbare emotionale Anziehungskraft verleiht: »Ich habe dir wohl nie gesagt, wie ich Musik höre – ich lege die Hand leicht an den Plattenspieler, und die Hand vibriert und schickt Wellen über den ganzen Körper: So höre ich die Elektrizität der Schwingung, letztes Substrat im Reich der Wirklichkeit, und die Welt bebt in meinen Händen.«[31]

Die »brüchigere und schwierigere Wirklichkeit«, die Clarice einfängt, ist nicht verlorene Zeit, sondern gegenwärtige Zeit, »der Augenblick-schon«. Ihre Fähigkeit, die Zeit anzuhalten, die ihrerseits weder Anfang noch Ende hat, ist der frappierendste Aspekt des Buches.

Jetzt ist ein Augenblick.
Schon ist ein anderes Jetzt.[32]

Die pulsierende, fragmentarische Form gibt die tatsächliche Erfahrung, am Leben zu sein, sich durch die Zeit zu bewegen, besser wieder, als jede künstlich konstruierte Perspektive es könnte. Die Erzählerin – und mit ihr der Leser – achtet auf jeden verstreichenden Moment und ist elektrisiert von der traurigen Schönheit ihrer unausweichlichen Bestimmung: des Todes, der mit jedem Ticken der Uhr näher rückt.

Während die Zeit vergeht, nimmt die Bewusstwerdung der flüchtigen Momente die Feierlichkeit eines religiösen Rituals an. Die Zeit gehört zu der okkulten Kraft, der Clarice das neutrale Pronomen »Es«, den unaussprechlichen und unerkennbaren Namen »des Gottes« oder auch »X« zuweist. »Die Transzendenz in mir ist das lebendige, weiche ›It‹ und hat das Denken einer Auster. Ob die Auster, wenn sie ausgerissen wird, in Angst gerät? Sie wird unruhig in ihrem Leben ohne Augen. Früher tröpfelte ich häufig Zitronensaft auf die lebende Auster und sah dann entsetzt und fasziniert, wie sie sich hin und her wand. Und ich aß das lebendige It. Das lebendige It ist der Gott.«[33]

Neben dem »Leben ohne Augen«, das ein Mensch mit einer Auster (und einer Kakerlake) teilt, findet sich hier ein zutiefst menschlicher religiöser Impuls. Während die Autorin ihrer eigenen Auflösung nahekommt, wird sie, »eine Ungläubige, in der ein tiefer Wunsch nach Hingabe ist«,[34] von einer Sehnsucht nach dem Gott überwältigt, der sie verlassen und den sie ihrerseits verlassen hatte.

Selbst für die Ungläubigen gibt es einen Moment der Verzweiflung, der göttlich ist: Die Abwesenheit des Gottes ist ein religiöser Akt. In ebendiesem Augenblick bete ich zum Gott, dass er mir beistehen möge. […] Der Gott muss zu mir kommen, da ich nicht zu Ihm gegangen bin. Möge der Gott kommen: bitte. […] Ich bin unruhig und rau und entmutigt. Auch wenn durchaus Liebe in mir ist. Nur dass ich nicht weiß, wie ich mit Liebe umgehen soll. Manchmal kratzt sie mich, als hätte sie Krallen. Wenn ich so viel Liebe empfangen habe und doch unruhig bleibe, dann weil ich darauf angewiesen bin, dass der Gott kommt. Möge er kommen, bevor es zu spät ist.[35]

Am Ende von *Eine Lehre* hatte Clarice geschrieben: »Aber auch wenn [Er nicht menschlich] ist, macht Er uns doch manchmal göttlich.« Was von *Aqua viva* bleibt, ist nicht das Bild des göttlichen »It«, sondern das einer Frau mit der Hand auf dem Plattenspieler, die die letzten Substrate des Universums spürt und ihr eigenes »It« ausstrahlt, den Gott, der in ihr ist, den Gott, der sie *ist*: »Ich mache keine Witze, ich bin nämlich kein Synonym«, schreibt sie. »Ich bin der Name selbst.«[36]

37
GEREINIGT

Als Clarice *Aqua viva* endlich abschloss, waren Fernando Sabino und Rubem Braga nicht mehr im Verlagswesen tätig. Ihre verlegerischen Projekte hatten sie allzu sehr an ihrer eigenen Schriftstellerei gehindert, und sie verkauften Sabiá an das angesehene Haus José Olympio. Aus irgendeinem Grund – vielleicht weil sie sich immer noch unsicher fühlte, was die künftige Rezeption von *Aqua viva* anging – entschied Clarice sich nicht wie im Fall ihrer vorherigen Titel für José Olympio, sondern für Artenova. Dieser Verlag wurde von Álvaro Pacheco geleitet, der auch für das *Jornal do Brasil* arbeitete. Clarice kannte ihn, seit sie ihn angerufen hatte, um ihre Bewunderung für einen seiner Gedichtbände auszudrücken. Anfang 1973 veröffentlichte er eine Anthologie ihrer älteren Arbeiten unter dem Titel *Die Nachahmung der Rose*, der *Aqua viva* bald darauf – im August – folgte.

Im September beschloss Clarice, Urlaub zu machen. Mit Ausnahme von Konferenzbesuchen, einschließlich ihrer kurzen Reise nach Texas, hatte sie seit 1959 auf einen ausgiebigen Urlaub verzichtet. Das lag nicht daran, dass sie ihre Wanderlust verloren hätte. Olga Borelli erinnerte sich, dass Clarice »Zeiten großer Dynamik« durchlebte; »sie begann zu trainieren, ein Standfahrrad zu benutzen, ihr Gesicht mit Cremes einzureiben und viel Parfüm zu tragen; sie trank Orangen-, Melonen- oder Erdbeersaft und keine Erfrischungsgetränke mehr.« Außerdem dachte sie ans Reisen.

Dauernd rief sie Reisebüros an, ließ sich Termine geben, träumte von interessanten Routen und schwärmte Tag um Tag von den Orten, die sie besuchen würde: An einem italienischen Sommernachmittag würde sie die Landschaft betrachten und dem Summen der Insekten lauschen; oder sie würde verzückt zusehen, wie der Schnee fiel und das glänzende Goldgelb des europäischen Herbstes lila färbte. Sie würde den Rauch beobachten, der aus den Schornsteinen aufstieg, und den Regen auf die Dächer prasseln und über die Pflastersteine strömen hören. Sie würde langsam durch den blühenden Rosengarten in der Schweiz spazieren, bevor sie das Museum mit Werken von Paul Klee erreichte ...

Alles war so greifbar, dass es plötzlich nichts mehr zu sehen oder zu erleben gab. Eine unvermeidliche Trägheit überkam sie, wenn sie sich vorstellte, wie ihre Träume Wirklichkeit wurden. Erschöpft trat sie dann von der Reise zurück.[1]

Diesmal gelang es Clarice jedoch, ins Flugzeug zu steigen. Seit vierzehn Jahren, nachdem sie 1959 mit Alzira Vargas die Niederlande besucht hatte, war sie nicht mehr in Europa gewesen. Zusammen mit Olga unternahm sie eine einmonatige sentimentale Reise kreuz und quer über den Kontinent, auf der sie ihrer neuen Freundin die Orte zeigte, an denen sie als junge Frau gelebt hatte: London, Paris, Rom, Zürich, Lausanne und Bern.

Der 11. September 1973, an dem sie am Londoner Flughafen Gatwick eintrafen, markierte einen Wendepunkt der lateinamerikanischen Geschichte; er sollte sich auf das Leben von Millionen Menschen, darunter Clarices eigenes, auswirken. Während sie den Atlantik überquerte, wurde in Santiago de Chile ein brutaler Militärputsch eingeleitet. In einer der ehrwürdigsten Demokratien des Kontinents bombardierte man den Präsidentenpalast, und der linke Präsident Salvador Allende beging in seinem Amtszimmer Selbstmord. Fünfundvierzigtausend Menschen wurden verhaftet, und ein kaum bekannter Gangster namens Augusto Pinochet übernahm mit aktiver Förderung durch die Regierung Nixon die Macht als Militärdiktator.

Auch Brasilien litt noch unter einer straffen Militärdiktatur. Arthur Costa e Silva war nach einem Schlaganfall im August 1969 aus dem Amt entfernt worden, und nach einiger Zeit folgte ihm General Emílio Garrastazú Medici, ein Hardliner, der die weitere Institutionalisierung von Folter und Zensur durchsetzte. Die Folter in Brasilien wurde zu einem internationalen Skandal und brachte der Regierung im März 1970 sogar eine nie dagewesene päpstliche Verurteilung ein.[2]

Dass die Zensur absurde Ausmaße erreicht hatte, verdeutlichte sich im September 1972, als Filinto Müller, ein regierungsnaher Politiker (ehemals Getúlio Vargas' antisemitischer Polizeichef), feststellen musste, dass seine Behauptung, es gebe keine Zensur in Brasilien, zensiert worden war.[3] Diese Situation führte zu einigen kreativen Formen des journalistischen Protests, beginnend mit Alberto Dines' Titelseite des *Jornal do Brasil* im Jahr 1968, auf der die Auferlegung des AI-5 bekanntgegeben wurde. Um die Zensoren zu verspotten, brachten die Redakteure anstelle der verbotenen Artikel Kleinanzeigen, beliebte Rezepte und lange Auszüge aus den Gedichten von Camões.

Als die Nachricht vom chilenischen Putsch Rio erreichte, teilten die zum *Jornal do Brasil* abgeordneten Zensoren Dines mit, er dürfe den Tod Allendes auf der Titelseite melden, allerdings nicht in der Schlagzeile. Er kam der Forderung nach, indem er eine Titelseite ohne Schlagzeilen und Fotos setzen ließ und Brasilien mit langen, durchgehenden schwarzen Druckspalten von dem Putsch unterrichtete.[4]

*

Mit solchen Aktionen machte sich die Zeitung, damals die immer noch einflussreichste Brasiliens, bei den Militärbehörden nicht gerade beliebt. Zur Zeit des Sturzes von Allende bereitete sich das Land nervös auf die kommenden »Wahlen« vor. Unter dem gegenwärtigen Regime wurden Präsidenten vom Kongress gewählt, den das Militär kontrollierte. Der Eigentümer des *Jornal do Brasil*, Manuel Francisco do Nascimento Brito, lehnte einen der Bewerber ab, nämlich General Ernesto Geisel, und seine Meinung war in höchsten Kreisen bekannt. Nachdem die politischen Hinterzimmeraktivitäten zu Geisels Ernennung geführt hatten, war klar, dass Nascimento Brito auf das falsche Pferd gesetzt hatte.

Der aus Rio Grande do Sul stammende Geisel war der Sohn eines deutschen Einwanderers, und Deutsch war die Sprache im Haus seiner Kindheit. Er schien weder eindeutig antisemitisch noch integralistisch zu sein, aber einige Punkte seiner Biographie riefen bei Juden Stirnrunzeln hervor, etwa eine in seiner Jugend geknüpfte Verbindung zu dem aktiven Nazisympathisanten General Álcio Souto.[5] Außerdem bezeichnete er Professor Eugênio Gudin (der kein Jude war), nachweislich als »den Gauner Gudin, der ein Schurke ist, ein schamloser Jude«.[6] Im Unterschied zu vielen Vertretern des brasilianischen Militärs, die von der Kampfkraft Israels beeindruckt waren, ließ er durch nichts erkennen, dass er den Juden gewogen war.

Der Jom-Kippur-Krieg beeinflusste Geisels Denken wie das vieler anderer. Der Krieg brach über einen Monat nach der Veröffentlichung von *Aqua viva* und drei Monate vor Geisels »Wahl« aus. Als Direktor von Petrobras, der riesigen staatlichen Ölgesellschaft, pflegte Geisel bereits enge Kontakte zu den Arabern, denn Brasilien war (noch) nicht energieautark.[7] Der Krieg und die neue Regierung bewirkten eine Umwälzung in der brasilianischen Außenpolitik: Das Land, dessen Botschafter den UN-Vorsitz bei der Abstimmung über die Schaffung des

Staates Israel geführt hatte, machte sich nun auf diplomatischem Gebiet für die arabischen Nationen stark.

Das *Jornal do Brasil* war, im Einklang mit der traditionellen außenpolitischen Orientierung Brasiliens, immer projüdisch und zionistisch gewesen. Nascimento Brito, sein vermögender und einflussreicher Besitzer, bewunderte Israel; er hatte sogar seinen Sohn auf dessen erster Auslandsreise in einen Kibbuz geschickt. Aber Geschäft war Geschäft, und seine unüberlegte Opposition gegen Geisel machte es notwendig, die neue herrschende Clique durch eine Geste zu beschwichtigen. Wie unter anderen Samuel Wainer erfahren hatte, konnte das Militärregime einem nicht zur Kooperation bereiten Medienmagnaten das Leben sehr schwermachen.

Die Lösung, die Nascimento Brito sich einfallen ließ, lag auf der Hand: die Entlassung der Juden. Dass dies Geisel gefallen haben könnte, geht aus dem Rest seines Kommentars über den »Gauner« Eugênio Gudin hervor: »*O Globo* öffnet seine Spalten für Gudin, damit er jeden Tag sein Gefasel schreiben kann.« *O Globo* war der Hauptkonkurrent des *Jornal do Brasil* in Rio, und Nascimento Brito könnte von Geisels Widerwillen gegen den »schamlosen Juden« gehört und eine Gelegenheit gewittert haben.

Im Dezember kam Clarice Lispector ein Gerücht zu Ohren, dass man sie am Jahresende entlassen werde. Sie geriet in Panik und rief Alberto Dines und Álvaro Pacheco an, die sie bis zum späten Abend aufsuchten und ihr versicherten, sie habe nichts zu befürchten; alles sei ein Missverständnis. Am folgenden Morgen wachte Alberto Dines auf und erblickte die Nachricht, dass man ihm gekündigt hatte, auf der Titelseite seiner eigenen Zeitung.[8]

Als offizieller Grund wurde »ein Mangel an Disziplin« angegeben, obwohl Dines die Zeitung seit Jahren geleitet und nie eine derartige Beschwerde gehört hatte. Es geschah nicht auf einen Schlag, sondern »seine Leute« wurden einer nach dem anderen entlassen. »Ich achtete sorgfältig darauf, nicht zu viele Juden einzustellen, damit sie mir keine Vetternwirtschaft vorwerfen konnten. Und diejenigen, die ich anheuerte, waren von höchstem Kaliber. Niemand konnte behaupten, dass Clarice Lispector ihren Posten nicht verdient gehabt hätte«, erläuterte Dines. »Am Ende war die Zeitung ›judenrein‹. Allerdings gingen die so umsichtig vor, dass es nicht sofort ins Auge fiel. Kein Wort wurde darüber verloren, aber das Ergebnis sprach für sich. Ein brasilianisches Manöver.«[9] Kein einziger der Nichtjuden, die er angestellt hatte, erhielt die Kündigung.

Am 2. Januar 1974 schickte man Clarice einen Umschlag mit ihren noch unveröffentlichten Kolumnen und einem nüchternen Brief, »in dem [ihr] nicht einmal für [ihre] Dienste in den vergangenen sieben Jahren gedankt wurde«.[10] Empört wandte sie sich an einen Anwalt, aber Dines erinnerte sich später, sie sei, ungeachtet der Beleidigung und des erheblichen Einkommensverlustes, insgeheim stolz auf den Rauswurf gewesen. Trotz ihrer bedeutenden Rolle bei den Demonstrationen von 1968 war es das erste Mal in ihrem Leben, dass sie Ärger wegen ihrer »politischen Position« bekommen hatte, obwohl sich in ihren Kolumnen natürlich kein direkter Hinweis auf die angespannte politische Lage des Landes findet. Sie hatte sich immer danach gesehnt »dazuzugehören«, und nun gehörte sie, wie nie zuvor, zur wachsenden Opposition gegen eine von ihr verachtete Diktatur dazu.

Ihre Entlassung war auch eine Ohrfeige für den Karikaturisten Henfil. In der satirischen Zeitschrift O Pasquim, die trotz ihres relativ (und zwangsläufig) harmlosen Inhalts zu einem Symbol des Widerstands gegen die Diktatur wurde, hatte Henfil bekannte Brasilianer, die er für unzureichend »engagiert« hielt, auf seinen »Friedhof der lebenden Toten« verbannt. Anfang 1972 trug er auch Clarice Lispector zu Grabe. Die Attacke löste Proteste aus, auch von der Schriftstellerin selbst. In der folgenden Ausgabe zeichnete Henfil eine aufgeregte, hysterische Clarice, »eine einfache Autorin, die über Blumen, Vögel, Menschen, die Schönheit des Lebens schreibt ...«

Sie sei auf den Friedhof geraten, gab Henfil zu verstehen, weil sie die Wiedergeburt von Pontius Pilatus darstelle. Er zeichnete sie im Innern einer Glaskuppel, wo sie sich, umringt von Vögeln und Blumen, die Hände wusch, während Jesus gekreuzigt wurde.[11] Clarice war aufgebracht über den hässlichen und grundlosen Angriff, der noch dazu von der klassischen antisemitischen Verunglimpfung, dem Vorwurf der Mitwirkung an der Kreuzigung Christi, begleitet wurde. In der Öffentlichkeit erklärte sie jedoch nur: »Zunächst war ich etwas verärgert, aber das hat nicht lange angehalten. Wenn ich diesem Henfil begegne, werde ich ihm nur sagen: Übrigens, falls Sie mal wieder über mich schreiben sollten – Clarice schreibt man mit c, nicht mit zwei s, ja?«[12]

Nun war auch sie ein eindeutiges Opfer der Diktatur, und Alberto Dines glaubte, es habe ihr zudem geschmeichelt, einer jüdischen Identität »anzugehören«, über die sie selten mit Nichtjuden sprach. Diese Identität brachte allerdings finanzielle und persönliche Ängste mit sich. Während des Jom-Kippur-Kriegs rief sie eine Freundin libanesischer Herkunft an und fragte ohne Umschweife, ob sie ihr weniger sympathisch wäre, wenn die andere erführe, dass Clarice Jüdin sei. Die Freundin und ihre Mutter versicherten Clarice, dass dies keine Rolle spiele und dass sie weiterhin stets willkommen sein werde, wenn sie die arabi-

schen Speisen essen wolle, zu denen sie häufig in der Wohnung der beiden eingeladen war.[13]

»Clarice hatte etwas gegen Schubladen«, sagt Dines. »Aber ungefähr zu dem
Zeitpunkt sprachen wir über die jüdischen Motive in ihrem Werk, und Clarice
wollte wissen, ob sie augenfällig seien. Ich erwiderte, sie habe Ähnlichkeit mit
Kafka, dessen Schriften sehr jüdisch seien, obwohl er sich nie mit dem Judaismus
als solchem beschäftigt habe. Und der Vergleich gefiel ihr.«[14]

38

BATUBA JANTIRAM LECOLI?

Eine weitere Phase in Clarices Leben, die ungefähr zur selben Zeit begann wie ihre Arbeit für das *Jornal do Brasil*, endete 1973, als ihr Psychoanalytiker Jacob David Azulay vorschlug, die Therapie abzubrechen. Sie hatte Dr. Azulay in den vergangenen sechs Jahren vier- oder fünfmal pro Woche aufgesucht. »Ich war erschöpft«, erklärte er einer Interviewerin. »Clarice kostete mich mehr Energie als all meine anderen Patienten zusammen. Die Ergebnisse waren minimal. Ich hatte sie satt und sie mich. Die Mühe, die ich für sie und sie für mich aufwandte, war sehr hoch, gemessen an den geringfügigen Resultaten.«[1]

Clarice bat ihn, sie nicht im Stich zu lassen, weshalb er ihr schließlich eine Gruppenanalyse empfahl. Auch diese Sitzungen schlugen bald fehl, denn sämtliche Patienten Azulays wollten in derselben Gruppe sein wie die berühmte Schriftstellerin, und sie konnte sich nicht auf die anderen einstellen.[2] Azulay erläuterte:

> Sie war eine phantastische Gestalt, eine extrem großzügige Frau, aber trotzdem konnte man nicht leicht mit ihr auskommen. Sie litt unter so vielen Angstgefühlen, wie ich sie selten in meinem Leben beobachtet habe. Es ist sehr schwierig, mit einem solchen Menschen zusammen zu sein. Sie war hundertprozentig ichbezogen, nicht weil sie es wollte, aus Eitelkeit, sondern weil es sie wirklich quälte, Kontakte zu knüpfen. Sie konnte sich nicht zurücknehmen, und wenn ihre Angstgefühle sich steigerten, erreichten sie ein überwältigendes Niveau, und Clarice fand keine Ruhe, war nicht in der Lage, sich abzuregen. In solchen Zeiten empfand sie das Leben als Folter. Clarice konnte sich selbst nicht ausstehen. Und andere konnten sie nicht ausstehen. Auch ich, als ihr Analytiker, konnte sie nicht ausstehen.[3]

Der Arzt konnte kaum fassen, wie viele Beruhigungsmittel und Antidepressiva sie einnahm. Er selbst verschrieb keines dieser Mittel, denn er wusste, was sich

Jahre vorher abgespielt hatte, als sie mit einer Zigarette in der Hand eingeschlafen war. Ein anderer Arzt – und wahrscheinlich mehr als einer – gab ihr, was immer sie haben wollte.»Als sie mir erzählte, welche Mengen sie einnahm, konnte ich es nicht glauben. Ich sagte: ›Clarice, das ist nicht akzeptabel, bringen Sie die Sachen mit und zeigen Sie sie mir.‹ Sie brachte ihre Vorräte mit, und es stimmte. Also schluckte sie enorme Mengen an Medikamenten und konnte trotzdem oftmals nicht schlafen.«[4]

Nachdem die Analyse gescheitert war und die Gruppentherapie nur Neugierige angezogen hatte, bot Dr. Azulay Clarice, die fürchtete, im Stich gelassen zu werden, noch eine Alternative an. Sie könne ihn – nicht als Patientin, sondern als gute Freundin – einmal in der Woche aufsuchen, und er werde sein Möglichstes für sie tun.»Ich glaube, damals war ich am nützlichsten für sie. Damals dachte ich: Ich werde nicht ihr Analytiker sein, sondern ihr Berater, Vertrauter, Lehrer. Clarice war sehr naiv und wurde häufig übervorteilt. Bei ihren Tantiemen zum Beispiel geschah das andauernd. Und sie hatte keinen Vater, keine Mutter oder sonst jemanden, der ihr helfen konnte. Ich mochte sie sehr gern und beschloss, diese Rolle zu übernehmen.«[5]

*

1973 zog der fünfundzwanzigjährige Pedro nach Montevideo, wo Maury als Botschafter bei der Lateinamerikanischen Freihandelszone diente. Er hatte sich auch deshalb um den Posten bemüht, weil Montevideo die Rio am nächsten gelegene Auslandsstelle war und weil er von dort, wie er sich immer gewünscht hatte, aktiver am Leben seiner erwachsenen Söhne teilhaben konnte. Dies war besonders wichtig für Pedro, dessen Krankheitslast Clarice nicht mehr allein tragen konnte. Isabel Gurgel Valente, Maurys schöne, aristokratische zweite Frau, die in ihren ersten Ehejahren so sehr von Clarice gepiesackt worden war, erwies sich als unerwartete Verbündete bei den Anstrengungen, Pedro zu betreuen.

Isabel war an Psychologie interessiert – später ließ sie sich zur Psychoanalytikerin ausbilden –, und sie kümmerte sich so vorbildlich um Pedro, dass Clarices Einstellung ihr gegenüber ganz und gar umschlug: von mürrischem Groll zu Dankbarkeit. Clarice hatte schreckliche Schuldgefühle wegen ihres Unvermögens, mit Pedro fertig zu werden, doch nach all den langen Jahren vergeblicher Mühe war sie seiner unheilbaren Schizophrenie nicht mehr gewachsen. Einer Frau, die sich so sehr danach gesehnt hatte, Mutter zu werden, und die voller

Stolz sagte: »Zweifellos bin ich als Mutter wichtiger denn als Schriftstellerin«, erschien dies als besonders bitteres Versagen.[6]

Vielleicht war es dieses Versagen, das Clarice veranlasste, Kinder ausfindig zu machen, die sie erfolgreicher bemuttern konnte, und ihrerseits eine Kindesrolle anzunehmen. In den vergangenen Jahren hatte sie sich weitgehend aus der Erwachsenenwelt zurückgezogen, während Olga Borelli als Mutter und Jacob David Azulay als Vater für sie fungierten. Gegen Ende ihres Lebens drangen die Erinnerungen an ihre glücklichste Zeit, ihre frühe Kindheit, immer beharrlicher in ihr Bewusstsein vor. In einem Entwurf von *Aqua viva* schrieb sie:

Ich bewege mich zur Zeit auf einem schmalen Grat, weil ich nicht so schreibe, wie es sein sollte. Und weil ich etwas verberge. Ich werde es verraten: Ich habe mir eine Puppe gekauft. Als Bettgenossin. Ich schäme mich dafür nur ein kleines bisschen. Als Kind hätte ich ja so gern eine schöne Puppe gehabt. Ich hatte nur diese kleinen aus Stoffresten. Gefüllt mit getrockneten Blumen oder Stroh. Ich hatte so viel Liebe zu geben. Und jetzt war meine Liebe so groß geworden, dass sie zwanghafte Züge annahm. Sie ist wirklich schön. Ich habe sie gleich abgeküsst und in den Arm genommen. Beim Schlafen kuschle ich mich an sie. Ich erwecke die Dinge zum Leben. Wenn sie in eine liegende Position kommt, schließt sie ihre blauen Augen. Nur meine Haare, die so weich sind, dass es schon fast wehtut, hat sie nicht geerbt: Die ihren sind glänzend und rau. Sie heißt Laura. Und damit habe ich nun ein Mädchen – ich hatte ja bisher nur Söhne. Sie ist so süß. Jetzt habe ich Laura allerdings einem armen Mädchen gegeben, weil ich ein glückliches Mädchen sehen wollte.[7]

Mithilfe der Puppe klammerte sie sich fast buchstäblich an ihre Kindheit. Ihr Wunsch, die Aufsässigkeit wiederzuentdecken, die sie in *Nahe dem wilden Herzen* unvergesslich beschrieben hatte, taucht in einer weiteren Szene in *Schreiender Gegenstand* auf, die, wie die oben zitierte Passage, nicht in die Endfassung gelangte:

Ich kaufe meine Kleidung von der Stange, aber neulich wollte ich mir ein schwarzes Strickkleid machen lassen. Ich ließ es mir nach Hause schicken und erwartete ein Meisterwerk. Es erwies sich als scheußlich. Vor Wut riss ich das Kleid kurzerhand entzwei. Jemand sah das und sagte: Aber das hätte man doch richten können! Ich mit meiner impulsiven Art. Aber danach fühlte ich mich so gut. Endlich einmal so zufrieden, dass ich begriff: Ich muss manchmal zur

Wildheit zurückkehren. Ich suche nach dem Tierischen. Und sooft ich darin verfalle, bin ich ich selbst. Und wie gut es tut, zu machen, was man will, ohne vorher nachzudenken.[8]

Die Szene lässt an die tierische Wildheit von Joana denken. Aber das wilde junge Mädchen, dem Sterben nahe, siechte unter Schmerzen dahin. In *Aqua viva* schrieb Clarice:

An diesem Sonnen- und Jupitersonntag bin ich allein zu Hause. Plötzlich klappte ich zusammen und krümmte mich wie unter einer heftigen Wehe – und ich sah, dass das Kind in mir starb. Nie werde ich diesen blutigen Sonntag vergessen. Damit er vernarbt, wird Zeit vergehen müssen. Und da bin ich also, hart und schweigsam und heldenhaft. Ohne Kind in mir.[9]

*

Um diesen Verlust auszugleichen, suchte Clarice die Gesellschaft von Kindern,[10] und ihr Mutterinstinkt richtete sich nun auf Dr. Azulays frühreife neunjährige Tochter Andréa. Azulay hatte Clarice einige Texte des Mädchens gezeigt, und diese war sofort begeistert von einer Intelligenz und Unschuld, die sie an ihre eigene erinnert haben dürften. Daraufhin schickte sie Andréa einen Brief:

An die schöne Prinzessin Andréa de Azulay,

[...] Du musst wissen, Du bist schon jetzt Schriftstellerin. Aber achte nicht groß darauf, tu so, als wäre das nicht der Fall. Ich wünsche Dir, dass Du bekannt und bewundert wirst, und zwar nur von einer auserlesenen, aber großen Gruppe von Anhängern überall auf der Welt. Ich wünsche Dir, dass Du niemals in die grausame Position einer populären Autorin kommst, denn das ist ungut und stört die heilige Intimität unseres Herzens. Schreib über Eier, das funktioniert. Auch über Sterne lässt sich gut schreiben. Und über die Wärme, die uns die Tiere geben. Umgib Dich mit göttlichem und menschlichem Schutz, hab immer Vater und Mutter – schreib, was Du willst, ohne Dich um irgendwen zu kümmern. Hast Du mich verstanden?
      Deine Prinzessinnenhand küssend,
      Clarice.[11]

Wie so viele der Künstler, die sie schätzte, Paul Klee beispielsweise, bewunderte oder beneidete Clarice das spontan Treffende und Leichte der kindlichen Ausdrucksweise. Wie die Entstehung von *Aqua viva* bewiesen hatte, war diese Art des Schreibens ungeheuer schwierig, sogar – oder besonders – für eine reife Künstlerin, die ihre Sprache jahrelang vervollkommnet hatte. Zuletzt schrieb sie: »Dass sich niemand täusche: Die Einfachheit gelingt mir nur mit großer Mühe.«[12]

Einem Kind, das noch nichts von der befangenen Raffinesse des erwachsenen Künstlers besaß, war diese Einfachheit in die Wiege gelegt. Für die im »Schiffbruch der Introspektion« gestrandete Clarice deutete Andréas sprachliche Unbefangenheit auf eine in ihrem eigenen Fall verlorene Unschuld hin, auf eine letzte Chance, die glücklichen und arglosen Jahre nachzuvollziehen, in denen auch sie noch einen Vater und eine Mutter hatte. 1975 veröffentlichte Clarice, bezaubert von ihrer »geistigen Tochter«, eine kleine Ausgabe von Andréas Erzählungen, darunter folgende:

In einer Vollmondnacht geschah am Meer etwas, das nicht leicht zu beschreiben ist. Ich saß auf einer Bank am Strand. Es war nicht sehr kalt, doch die Wellen forderten den Wind wie Bewunderer auf, einen unbekannten Tanz zu tanzen. Das Meer war grau wie der Himmel.

Es wurde blaugrün und hörte nicht auf, die Farbe zu wechseln. Dann kam die Flut, kam die Flut … Und dann zog sie sich zurück, zog sie sich zurück … Und alles hielt inne. Der Mond erlosch und wurde dunkel.

Ich schlief ein und träumte von allem, was am Meer geschehen war.[13]

In ihren Briefen schickte Clarice dem kleinen Mädchen vorgefertigte Wendungen für ihre Geschichten. Sie vertraute ihr auch viele ihrer Ängste an; zum Beispiel erzählte sie ihr von einem Albtraum: dass sie Brasilien verlassen und bei ihrer Rückkehr festgestellt habe, ihr Name sei gestohlen worden. Aus dem Briefwechsel geht hervor, dass Clarice sich Andréas künftige literarische Karriere so vollständig ausmalte, wie sie sich das Summen der Insekten an dem italienischen Sommernachmittag auf einer ihrer vielen imaginären Reisen vorgestellt hatte. Deshalb gab sie der wahrscheinlich verblüfften Andréa alle möglichen praktischen Ratschläge für ihre Laufbahn. Die Neunjährige solle »es mit den Kommas nicht übertreiben«, »stets im Leben wie in der Literatur Schlichtheit und Bescheidenheit an den Tag legen« und »möglichst Prosa schreiben, allenfalls poetische Prosa, denn mit der Herausgabe von Lyrikbänden kommt niemand zu Geld«.[14]

Andréa, die später Anwältin wurde, hing sehr an Clarice und war verletzt, als ihre ältere Freundin, die anscheinend eine schwierige Phase durchmachte, zeitweilig von der Bildfläche verschwand. »Warum schreibst Du nicht«, fragte das Mädchen. »Warum verstellst Du Deine Stimme, wenn Du anrufst, um mit Papa zu sprechen?«[15] Clarice war weiterhin auf Andréas Vater angewiesen, doch ihre Beziehung zu dem Mädchen wurde eine der engsten ihres Lebens. Die beiden aßen oft gemeinsam, und einmal ging Clarice mit Andréa los, um ihr ein Hündchen zu kaufen.[16]

*

Ein Hündchen war ein überaus angemessenes Geschenk für Andréa. Clarice wurde auf ähnliche Weise von Tieren wie von Kindern angezogen, und in ihren Werken sind beide oft nicht voneinander zu trennen. Wo immer sie über ein Kind – oder für Kinder – schreibt, bezieht sie auch ein Tier ein. Ihre eigenen Kindheitserinnerungen waren eng mit den Tieren – Hunden, Katzen, Hühnern – verknüpft, die sie in Recife umgeben hatten. Es war eine so automatische Verbindung, dass gleich das erste Kapitel ihres ersten Buches, *Nahe dem wilden Herzen*, sich um die Erinnerung an Joana als Mädchen, das mit den Hühnern im Hof spielt, dreht. Jedes der Kinderbücher, die sie später vorlegte, hat mit Tieren zu tun. Je älter sie wurde und je nostalgischer sie an ihre Kindheit zurückdachte, desto mehr verstärkte sich ihre Beziehung zu Tieren, und sie spielten eine immer wichtigere Rolle in ihren Büchern.

Insbesondere ein Tier kam Clarice nun so nahe wie Andréa Azulay: ihr Hund Ulisses. Die Exzentrizität dieses Mischlings brachte ihm weithin den Ruf ein, er sei so außergewöhnlich wie seine Besitzerin, die ihn in mehreren Büchern erwähnte und sogar eine Kindergeschichte mit dem Titel *Fast echt* ausschließlich aus seiner Sicht verfasste.[17] Darin stellt Ulisses sich mit den Worten vor: »Ich habe nicht die beste Kinderstube, folge nicht immer aufs Wort, ich mache gern, was ich will, ich pinkle in Clarices Wohnzimmer.«

Ende der 1960er Jahre arbeitete der Regisseur Luiz Carlos Lacerda, dessen erste Liebe, wie die von Clarice, Lúcio Cardoso gewesen war, zusammen mit ihr an einem Drehbuch, das auf der Erzählung »Die Henne und das Ei« basierte. Er kam zu ihr in die Wohnung, um das Projekt (das nie realisiert wurde) zu besprechen, und nahm auf einem Sofa unter einer Wand voller Porträts der Hausherrin Platz, so dass er sich von einer einschüchternden Reihe mandelförmiger Augen beobachtet fühlte.

Clarice ging in die Küche, und Lacerda zündete sich eine Zigarette an, die er bei ihrer Rückkehr auf einem Aschenbecher ablegte. Als er die Hand später nach der Zigarette ausstreckte, war sie verschwunden. Verdutzt dachte er: Es stimmt, was man sagt – die Frau ist wirklich eine Hexe. Ratlos steckte er sich eine neue Zigarette an, die sich jedoch nach zwei Minuten ebenfalls in Luft auflöste. Mittlerweile völlig entgeistert, blickte er zu Ulisses hinüber und sah, wie der Hund die Kippe ausspuckte.

Eine Frau, die 1970 vorbeikam, um Clarice zu interviewen (für dieselbe Zeitschrift, *O Pasquim*, in der Henfil sie angegriffen hatte), war erstaunt über den Hund, »der wie rasend sämtliche Zigarettenstummel, manchmal noch glimmend, hinunterschluckte, die die Interviewer in den Aschenbecher legten ... Sie ließ ihn seelenruhig tun, was er wollte.«[18] Ulisses war ein Teil von Clarices Rückkehr in ihre Kindheit und zur Mutterschaft. Einer anderen Interviewerin vertraute sie an: »Ulisses legte ich mir zu, als meine Söhne erwachsen wurden und ihrer eigenen Wege gingen. Ich brauchte ein lebendiges Wesen, das ich lieben konnte und das mir Gesellschaft leistete. Ulisses ist ein Mischling, was ihm ein längeres Leben und höhere Intelligenz garantiert. Er ist ein ganz besonderer Hund. Er raucht Zigaretten, trinkt Whisky und Coca-Cola. Er ist ein bisschen neurotisch.«[19]

*

Natürlich sah Clarice den Hund als ihren Freund an; ihre Liebe zu Tieren und Kindern galt deren Unschuld und Herzlichkeit. Sie nahmen begierig die Liebe auf, die ihr, wenn sie Erwachsenen galt, so viele Enttäuschungen bereitet hatte. Im Gegensatz zu Clarice, die zunehmend im »Schiffbruch der Introspektion« unterging, waren Tiere beneidenswert einfach. »Ich beneide dich so sehr, Ulisses, du bist einfach nur.«[20]

In Clarices sämtlichen Werken war das Tier, besonders das Pferd, ein metaphysisches Ideal, eine Verbindung von »Eindruck und Ausdruck«. Die Eier legenden Hennen waren für sie besonders mit dem Mysterium der Geburt verknüpft. Und kaum anders als Kinder wie Andréa Azulay hatten Tiere eine spezielle Beziehung zur Sprache. Tiere und Kinder, vornehmlich Babys, benutzten eine Sprache, die nicht aus Wörtern mit einer Bedeutung bestand, der Clarice stets misstraute, sondern aus reinen Klängen.

Clarice hatte viele Namen für ihren Hund Ulisses: etwa »Vicissitude«, »Pitulcha« und »Pornósio«. Der Name ihres Sohnes – Pedro – mag recht alltäglich gewesen sein, aber schon nach ein paar Monaten hatte seine Mutter ihn üppig ausgeschmückt, wie sie Elisa und Tania schrieb: »Euríalo (so heißt Juquinha neuerdings) bekommt schon seine Streicheleinheiten in Eurem Namen. Ich möchte Euch flugs über seine Namen in Kenntnis setzen: Juquinha, Euríalo, Júbilo, Pinacoteca, Vivaldi, Evandro etc. Er hört auf jeden dieser Namen. Er hört auch auf jeden anderen Namen, der süße kleine Dummkopf.«[21]

Dies erinnert an eine von Clarices alten Gewohnheiten: In ihrer Kindheit in Recife hatte sie sämtlichen Kacheln in ihrer Dusche Namen gegeben, und als Joana zuerst, noch als kleines Mädchen, auftritt, hat sie bereits eine unbewusste Verbindung zwischen einer okkulten Sprache und der Welt der Tiere hergestellt, wie ein Dialog aus *Nahe dem wilden Herzen* zeigt:

»Papa, ich habe mir ein Gedicht ausgedacht.«

»Wie heißt es?«

»Ich und die Sonne.« Nach einer kurzen Pause begann sie:

»Die Hühner im Hof haben schon zwei Regenwürmer gegessen, aber ich habe es nicht gesehen.«

Es ist kein Zufall, dass auch »Die Henne und das Ei« eine Tierthematik hat und in einer fast, wenn auch nicht ganz unsinnigen Sprache geschrieben ist. Eine andere großartige Geschichte, »Trockene Studie über Pferde«, ist ebenfalls abstrakt und handelt auf ähnliche Art von Tieren. In Clarices letztem Buch, dem unvollständigen *Ein Hauch von Leben*, schreibt sie:

Wenn ich das Innenleben eines Hundes beschreiben könnte, hätte ich einen Gipfelpunkt erreicht. Auch Ângela [die Hauptfigur des Buches] möchte in das Lebendig-Sein ihres Ulisses eintreten. Diese Liebe zu Tieren hat sie von mir.

Ângela – mein Gott, und ich, die ich mir selbst Konkurrenz mache. Ich verabscheue mich. Zum Glück mögen mich die anderen. Mein Hund Ulisses und ich sind Straßenköter. [...]

Ich beherrsche eine Sprache, die nur mein Hund, der werte Ulisses, mein lieber Herr, versteht. Sie geht so: dacoleba, tutiban, ziticoba, letuban. Joju leba, leba jan? Tutiban leba, lebajan. Atotoquina, zefiram. Jetobabe? Jetoban. Das bedeutet etwas, das nicht einmal der Kaiser von China verstehen würde.[22]

Während ihres ganzen Lebens als Schriftstellerin war Clarice an die Grenzen der Sprache gestoßen. Hier jedoch durchbricht sie, indem sie die Verständlichkeit aufgibt, die Grenzen und erreicht das Ideal, auf das sie in *Aqua viva* mit der Aussage angespielt hatte, sie ziele nicht auf den Geist, sondern auf die Sinne ab. In einem anderen, nicht in *Ein Hauch von Leben* veröffentlichten Fragment stellt sie ausdrücklich die Verbindung zwischen der Nonsenssprache und genau jenen Lebensbereichen her, die sich nicht definieren und beschreiben lassen: »Ângela – Batuba jantiram lecoli? Adapiu quereba sulutria kalusia. Es bereitet mir Lust, so zu reden: Es ist eine Sprache, die einem Orgasmus gleicht. Wenn ich schon nicht verstehe, gebe ich mich hin: tilibica samvico esfolerico mazuba! Ich bin Wasser aus schönem Quell.«[23]

Die »Sprache, die einem Orgasmus gleicht«, ist ebenso wie ein Orgasmus selbst so unbegreiflich wie die Wörter »tilibica samvico esfolerico mazuba«. In dieser Sprache sind »Eindruck und Ausdruck« vereint. Ohne moralische oder menschliche Bedeutung sind die Worte das sprachliche Äquivalent des Innern der Kakerlake oder des Hundebellens; wie Musik sind sie nichts als Klang.

Wie kann Sprache, die definitionsgemäß Bedeutung vermittelt, eine inhaltslose Reinheit erlangen? Die Frage hatte Clarice Lispector stets fasziniert. Mit *Água viva* hatte sie eine Art Musik der Worte oder ein Buch erschaffen wollen, das, wie eine abstrakte Skulptur, von einem Flugzeug aus gesehen (und nicht gelesen) werden konnte. In *Ein Hauch von Leben* erklärt sie, ein Buch schreiben zu wollen, das, wie ein Tanz, »reine Bewegung« sein werde.[24]

Die Freude an bedeutungslosen, aber klangvollen Worten ist überall in Clarice Lispectors Werk zu finden. Perseu, in *Die belagerte Stadt*, teilt dieses Vergnügen:

»Sie ernähren sich von Mikroorganismen, Infusorien usw.«

»Usw.!«, wiederholte er brillant, unbezähmbar.[25]

Den sprachlosen Zustand hat der Hund Ulisses mit Martim gemeinsam: »Auch er war rein, harmonisch, auch er ohne Sinn.«[26]

Dennoch haben Clarices Texte selbst in ihrer abstraktesten Form stets eine verständliche Bedeutung, eine menschliche Grammatik. Nichts in ihrem Werk ähnelt »Tibilica samvico esfolerico mazuba«. Dies erinnert eher an die sinnlosen Worte, die die Kabbalisten als Ansporn zur Meditation schufen. Für den jüdischen Mystiker war die Herstellung und Betrachtung beliebiger Buchstabenkombinationen ein Weg zum geheimen Wissen, ja ein Mittel zur Entdeckung des heiligen Namens selbst: jenes Worts, das per Definition kein Teil einer menschlichen Sprache sein kann.

Aber eine bedeutungslose Sprache ist, wie die Mystiker ebenfalls wussten, eine tödliche Gefahr. Das sah auch Clarice ein. Zum Beispiel erwähnte sie in

Die Fremdenlegion häufig ihre Furcht, sie könne in ihren Büchern »zu weit gehen«: »Ich halte mich zurück, als zügelte ich ein Pferd, das sonst losgaloppieren und mich weiß Gott wohin bringen könnte.«[27]

*

Weiß Gott wohin: Es ist kein Zufall, dass das Manuskript, das diesen Nonsens enthielt, unvollständig war und nicht zu ihren Lebzeiten veröffentlicht werden sollte. In noch höherem Grade als die Kakerlake von *G. H.* ist »Tibilica samvico esfolerico mazuba« das Ende jener künstlerischen und spirituellen Suche, die Clarice Lispector Jahrzehnte zuvor in *Nahe dem wilden Herzen* begonnen hatte, als sie nach dem »Symbol des Dings im Ding selbst« Ausschau hielt.

Klänge, Formen und Bewegungen können unabhängig von jeglicher Bedeutung sein, die Sprache jedoch nicht. Ein Name jenseits menschlicher Bedeutung kann nicht ausgesprochen werden. »Ich schreibe vermittels Wörtern, die andere verbergen – die wahren Wörter. Denn die wahren Wörter können nicht genannt werden«, schrieb sie.[28] Wenn Clarice Lispector also ihr ganzes Leben lang eine göttliche Bedeutungslosigkeit angestrebt hatte, so wusste sie gegen Ende jenes Lebens, dass nichts sie den »wahren Wörtern« näher bringen würde als sinnloses Geplapper.

Die vielleicht beste Lösung wäre es gewesen, überhaupt nichts mehr zu schreiben. Sie verzweifelte zunehmend an ihrem »vermaledeite[n] Beruf, der einem keine Ruhe lässt«.[29] Doch weil sie schreiben musste, konnte sie nicht sagen: »Atotoquina zefiram«, denn schließlich hatte sie selbst den Wahnsinn als »Verlust der gemeinsamen Sprache« definiert. Sie meinte es ernst, als sie in *Ein Hauch von Leben* verkündete: »Und ich – mir bleibt nur, Gott anzubellen.«[30]

HÜHNCHEN IN DUNKLER SOSSE

Wenn ich das Innenleben eines Hundes beschreiben könnte, hätte ich einen Gipfelpunkt erreicht«, glaubte Clarice, und obwohl sie nicht versuchte, die bedeutungsfreie Sprache von Tieren zu beschreiben, verfasste sie immer mehr Texte, die von Tieren handelten, für Kinder. Ihr Hund Ulisses war der Held von *Fast echt*, das Mitte der 1970er Jahre geschrieben und nach ihrem Tod veröffentlicht wurde. Das Buch ist eine Art Satire auf die damalige Gesellschaftsliteratur, deren Autoren sich an der Zensur und der Diktatur Brasiliens rieben.

Ulisses, der Erzähler, wagt sich in einen Nachbarhof vor und entdeckt Hühner, die von einem betrügerischen Feigenbaum unterdrückt werden. Der Baum hat ein Bündnis mit einer Hexe geschlossen, die die Hühner glauben macht, dass die Sonne nie untergeht. Diese Umkehrung der Verhältnisse hat zur Folge, dass die Hähne sich heiser krähen und dass die Hennen, die pausenlos Eier legen, ermatten. Der Feigenbaum plant, die Eier zu verkaufen und Millionär zu werden – bis die Geflügelrebellion ausbricht. Die Hühner sind siegreich und erringen das Recht zurück, zu schlafen, zu krähen und Eier zu legen, wann immer es ihnen beliebt.

Der Text hat ein zauberhaftes Happy End wie all ihre Kinderbücher. Aber die beste Kinderliteratur ist gruselig, und in einem 1974 veröffentlichten Band, *Lauras Privatleben* – unter anderen Andréa Azulay gewidmet –, lässt Clarice ordentlich Blut fließen. »Ich verstehe eine Henne vollkommen. Ich meine das Seelenleben einer Henne, ich weiß, wie das ist.«[1] Sie war mit Hühnern aufgewachsen, und Henne und Ei bildeten eines ihrer Zentralthemen.

Die Heldin des Büchleins ist eine Henne namens Laura. Dies war auch Clarices Name für die Puppe, die sie sich gekauft hatte, wie sie in *Schreiender Gegenstand* beschämt gestand. *Lauras Privatleben* (»Ich erkläre gleich, was ›Privatleben‹ heißt. Und zwar: Privatleben heißt, dass wir nicht allen auf die Nase binden sollen, was zu Hause passiert.«) ist nicht besonders vielschichtig.[2] Sie ist mit einem eitlen Hahn namens Luís verheiratet, der seinen Einfluss auf die Sonne erheblich überschätzt. Und sie hat große Angst, geschlachtet zu werden.

Als produktive Eilegerin ist sie nicht in unmittelbarer Gefahr – oder jedenfalls hat man sie dies glauben gemacht. Clarice erzählt ein paar niedliche Geschichten über Laura, bevor sie ihrer jungen Leserschaft jäh mitteilt: »Es gibt ein Rezept, das heißt ›Hühnchen in dunkler Soße‹. Hast du das schon mal probiert? Die Soße wird aus dem Blut des Hühnchens zubereitet. Aber mit einem toten Huhn ist es nicht getan: Es muss ein lebendes Huhn sein, das man dann zu Hause umbringt, um sein Blut verwenden zu können. Und das mache ich nicht. Ein Huhn umbringen, das kommt nicht in Frage. Aber lecker ist es schon. Man isst es mit schön lockerem weißem Reis.«[3]

Dieses erschreckende Rezept fesselte Clarice. Sie erwähnt es in *Schreiender Gegenstand*, und es ist das Thema einer Unterhaltung in *Eine Lehre*:

»Ich weiß nicht, ob sie in dem Restaurant in der Floresta da Tijuca noch dieses Hühnchen in dunkler Soße machen, die Soße ist wirklich dunkel, das Blut richtig eingedickt. Wenn ich an die gefräßige Lust denke, mit der wir fremdes Blut verspeisen, wird mir erst bewusst, wie grausam wir sind«, sagte Ulisses. »Ich mag das auch«, sagte Lóri halblaut. »Ausgerechnet ich, ich wäre ja völlig unfähig, eine Henne umzubringen, sie gefallen mir doch so gut lebend, wenn sie ihren hässlichen Hals recken und nach Würmern picken. Wollen wir, wenn wir dort hinfahren, nicht lieber was anderes essen?«, fragte sie ein wenig verängstigt.

»Nein, natürlich müssen wir Huhn essen, man muss im Gedächtnis behalten und respektieren, welche Gewalttätigkeit in uns steckt. Die kleinen Gewalttätigkeiten bewahren uns vor den großen. Wenn wir keine Tiere verzehrten, würden wir am Ende noch Menschen fressen mitsamt dem Blut. Unser Leben ist grausam, Loreley: Bei der Geburt fließt Blut und auch, wenn die Möglichkeit einer vollkommenen Verbundenheit für immer durchtrennt wird: beim Abschneiden der Nabelschnur. Und viele sterben durch Blut, das innerlich und äußerlich vergossen wird. Man muss an das Blut glauben: Es ist ein wichtiger Teil des Lebens. Grausamkeit ist auch Liebe.«[4]

Die Henne Laura ist eine stolze Mutter, und die Hinweise auf die Grausamkeit der Welt und auf die Nabelschnur in dem Ausschnitt aus *Eine Lehre* lassen vermuten, dass Clarice, hier und häufig auch anderswo, an das Schicksal ihrer Mutter und verstärkt an ihr eigenes dachte. Früheren Beteuerungen zum Trotz droht der alternden und weniger produktiven Laura das gleiche düstere Schicksal.

Die Köchin zeigte mit dem Finger auf Laura und sagte zu Dona Luísa:

»Die Henne legt nicht mehr viele Eier, die wird langsam alt. Bevor sie uns krank wird oder an Altersschwäche stirbt, kochen wir sie doch besser in dunkler Soße.«

»Die Henne bringe ich nie im Leben um«, sagte Dona Luísa.

Laura hörte das alles und bekam es mit der Angst. Wenn sie gedacht hätte, wäre es Folgendes gewesen: Ist doch am besten, so zu sterben, dass Leute, die mich immer gut behandelt haben, mich noch genießen können. Diese Leute haben mich zum Beispiel kein einziges Mal umgebracht. (Die Henne ist so dumm, dass sie nicht einmal weiß, dass man nur einmal stirbt, sie glaubt, der Tod komme einmal täglich.)

Die Wahl fällt auf ihre Cousine vierten Grades, Zeferina, die am Abend auf einem Silbertablett serviert wird, »fertig zerlegt, einige Stücke schön gebräunt«. Während der Tod unvermeidlich näher zu rücken scheint, rettet Clarice die Henne durch einen dramatischen Deus ex machina, einen einäugigen, hühnergroßen Bewohner des Planeten Jupiter namens Xext, »das spricht man Equzequte«. Dieses Wesen teilt ihr mit, sie habe einen Wunsch frei. »Ach, sagte Laura, wenn es mein Schicksal ist, verspeist zu werden, dann hätte ich gerne, dass Pelé mich isst«. Xext verspricht ihr, dass niemand sie essen wird, und so kommt es dann auch. »Laura lebt noch immer munter vor sich hin«, endet die Erzählung.

Man kann diese Erzählung kaum lesen, ohne an Clarices eigene Kindheitsgeschichten zu denken – an den Grund, warum sie Schriftstellerin wurde: um eine andere Frau zu retten, der ein unverständlicher Tod drohte. Aber der Galgenhumor der Erzählung und ihre ironische extraterrestrische Lösung sind typisch für einen Erwachsenen. Clarice, so gern sie Laura mochte, war kein gefühlsseliges Kind. Sie hatte ihre Mutter nicht gerettet, und obwohl sie Laura auf den Buchseiten vor dem Tod bewahrte, sollte eine reale Laura der erfundenen zuliebe geopfert werden.

»An dem Tag, als *Lauras Privatleben* herauskam«, erinnerte sich Olga Borelli, »feierten wir, indem wir ausgingen und genau das aßen: ein Hühnchen in dunkler Soße. Dann gab sie mir ein Exemplar des Buches mit einer Widmung: ›Für Olga und die kleine Laura, die wir gegessen haben.‹«[5]

❖

Lauras Privatleben war eines von drei Büchern, die Clarice 1974 herausbrachte. Ihre neu entdeckte Produktivität könnte etwas mit ihren finanziellen Umständen zu tun gehabt haben, die sich seit dem Verlust ihrer Kolumne beim *Jornal do Brasil* erheblich verschlechtert hatten. Geld war immer ein Problem für sie gewesen. Wie sie einem Journalisten 1971 erklärte: »Ich brauche Geld. Als Mythos ist man in einer wenig komfortablen Position.«[6] Ihr großer Traum war es, laut ihrem Sohn Paulo, reich zu werden und sich ganz und gar der Literatur zu widmen.[7]

Seit 1967 hatte ihr die Zeitung als Haupteinkommensquelle gedient, und obwohl sie weiterhin Alimente von Maury bezog, konnte sie den Betrag nicht ohne Weiteres wettmachen. Nachdem sie dreißig Jahre lang angesehene Bücher, darunter einige Bestseller, veröffentlicht hatte, die weltweit von der Tschechoslowakei bis hin zu Venezuela übersetzt worden waren, brachten ihre Publikationen Clarice fast nichts ein. Dies war keine Ausnahmesituation, denn selbst die bedeutendsten Schriftsteller Brasiliens führten einen Existenzkampf. Im zwanzigsten Jahrhundert konnten nur drei von ihren Büchern leben: Erico Verissimo, Jorge Amado und Fernando Sabino.

In einem Gruppeninterview mit Clarice Ende 1976 bemerkte ihr Freund Affonso Romano de Sant'Anna: »In einem besser organisierten, höher entwickelten Land würde ein Autor wie du ... über einen angemessenen Lebensstandard verfügen. Ich glaube, Clarices Lage spiegelt das Problem des brasilianischen Schriftstellers wider.« Sie zeigte sich verwundert darüber, dass es andere Möglichkeiten geben sollte: »In den USA macht ein Buch, das bei den Kritikern Erfolg hat, den Autor reich. Ein einziges Buch!«[8]

Damals trat sie an mehrere ihrer vermögenderen Freunde heran, darunter Marina Colasanti und Maria Bonomi, und schlug vor, ihnen einige Gemälde zu verkaufen. Clarice war von vielen führenden Künstlern Brasiliens porträtiert worden, und sie besaß immer noch das wertvolle Bild von de Chirico. Maria Bonomi wollte die Not ihrer Freundin nicht ausnutzen, aber sie konnte sich das, was sie für einen fairen Preis hielt, nicht leisten. Marina Colasanti sagte, das Thema sei hin und wieder zur Sprache gekommen: »Ich erinnere mich, dass ich sie später ein weiteres Mal besuchte und die Bilder immer noch in der Wohnung hingen. Ich glaube nicht, dass Clarice sie je wirklich hätte verkaufen müssen.«[9]

Um über die Runden zu kommen, übersetzte Clarice englische und französische Bücher, häufig für Álvaro Pachecos Artenova. Ein anderer Verlag beauftragte sie, klassische Werke für Kinder zu adaptieren, darunter die Erzählungen von Edgar Allan Poe und Oscar Wildes *Bildnis des Dorian Gray*. Außerdem übersetzte sie *Brennende Lichter*, die jiddischen Memoiren von Bella Chagall,

Marc Chagalls erster Frau. Vermutlich übertrug Clarice dieses Buch aus dem Englischen oder Französischen, doch die Beschreibung von Frau Chagalls Kindheit in Witebsk, das heute zu Weißrussland gehört, muss Erinnerungen an die Geschichten geweckt haben, die ihre Familienangehörigen ihr über die eigene Vergangenheit erzählt hatten.

Clarice konnte sich vermutlich nicht alle Titel aussuchen, die sie übersetzte, aber wenigstens bei einem Verlag durfte sie die Wahl treffen.[10] Jedenfalls ist es bemerkenswert, wie viele die Themen Verbrechen, Sünde und Gewalt behandelten, die so oft in ihren eigenen Werken auftauchen: Poes Erzählungen und *Das Bildnis des Dorian Gray*, zwei Romane von Agatha Christie sowie Anne Rice' *Interview mit einem Vampir*.[11] (Sie hatte einmal gesagt, sie würde gern »etwas schreiben, das wenigstens vom Titel her an Agatha Christie erinnert«.)[12]

Vielleicht kam diese Bücherauswahl zufällig zustande, aber Clarices Interesse an Verbrechen war nicht nur metaphysischer Art. »Obwohl sie selbst unfähig zu jeglichem Gewaltakt war«, schrieb Olga Borelli, »schaute sie sich nur handlungsreiche Filme an. Kriminalfilme fand sie besonders attraktiv ... Ihr gefielen auch Kriminalromane. Hauptsächlich die von Georges Simenon.«[13] Bereits 1946 hatte sie Elisa aus Rom mitgeteilt, dass sie sich nach Brasilien zurücksehne, wo sie sich gemeinsam Krimis ansehen könnten.[14] In einer 1974 erschienenen Geschichte wandelt sie Goethe ab: »Es gibt keine Sünde, die wir nicht in Gedanken begangen hätten.«[15]

Ihre Arbeit als Übersetzerin war nicht überragend, und sie scheint ihre Aufträge innerhalb von Stunden erledigt zu haben. »Ich arbeite schnell, intuitiv«, sagte sie. »Manchmal schlage ich etwas in einem Wörterbuch nach, manchmal nicht.«[16] Diese Nachlässigkeit hing teilweise auch mit dem Hungerlohn zusammen, der ihr gezahlt wurde. Álvaro Pacheco, der Übersetzer nach Seitenhonorar entlohnte, erinnerte sich an das klägliche Schauspiel, wenn die größte Schriftstellerin Brasiliens jeweils mit ein paar Blättern in seinem Büro auftauchte.

Dies ermutigte sie nicht, ihr Bestes zu geben. 1976 kritisierte eine von Pachecos Assistentinnen Clarices Übersetzung eines französischen Buches. Zu ihren Fehlern gehörte es, »ganze Sätze ausgelassen«, »Wörter anhand von Mutmaßungen oder aufgrund der klanglichen Ähnlichkeit mit einem brasilianischen Wort übersetzt«, »die Bedeutung von Wörtern modifiziert oder sogar den Sinn von Sätzen umgekehrt« zu haben. Die Assistentin schloss verachtungsvoll: »Ich glaube, Ihnen hat bei dieser Übersetzung jemand geholfen, der die Arbeit nicht sehr ernst nahm.«[17]

Clarices Sehnsucht nach der Kindheit könnte sich zu jener Zeit intensiviert haben, da sie selbst älter wurde. Ein Brand hatte sie ihre berühmte majestätische Schönheit gekostet und sie zerbrechlich werden lassen. Auch ihre Sucht nach Zigaretten und rezeptpflichtigen Arzneimitteln hatte sie geschwächt. Sie war erst vierundfünfzig Jahre alt, als sie 1974 die Geschichtensammlung *Wo warst du in der Nacht* veröffentlichte. Doch ihr Kummer über das Altern warf einen Schatten über das Buch, in dem sie zum ersten Mal auf die Melancholie und die Hilflosigkeit dieses Prozesses einging.

In den kurzen Erzählungen ist die inbrünstig suchende Clarice Lispector – die Frau, die in ihrem überwältigenden Ehrgeiz noch fünf Jahre zuvor, in *Eine Lehre*, nicht vor dem direkten Konflikt mit Gott und dem Universum zurückgescheut hatte – keineswegs mehr begierig darauf, »Mensch zu werden«. Das Leben selbst hat sie gedemütigt und gezähmt, weshalb *Wo warst du in der Nacht* nichts mehr mit der Aufsässigkeit von *Nahe dem wilden Herzen*, der barocken Künstlichkeit ihres Buches *Die belagerte Stadt*, den heldenhaften Allegorien von *Der Apfel im Dunkeln* oder dem mystischen Glanz von *G. H.* zu tun hat.

Die Autorin von *Wo warst du in der Nacht* hat sich von ihren erhabenen Höhen zurückgezogen, und ihre Sprache lässt eine neue Bescheidenheit erkennen. Das Buch umfasst nur ungefähr hundert Seiten mit siebzehn Erzählungen. Seine starke, unmittelbare emotionale Ansprache sollte typisch für ihre letzten Werke sein. Durch ihre Charaktere – Doppelgänger ihrer selbst, so flüchtig fiktionalisiert wie immer – stellt Clarice eine andere Frage, die so grundlegend ist, dass man sie nicht beantworten kann: Was soll ein Mensch mit sich anfangen?

Die Hausfrauen von *Familienbande*, die sich mühten, den Anforderungen der Familie und der Ehe gerecht zu werden, sind Frauen gewichen, die danach streben, einen Platz für sich selbst zu finden, nun da ihre Männer und Kinder sich entfernt haben. Der Titel der ersten Geschichte, »Auf der Suche nach einer Würde«, handelt von diesem Versuch, ein neues Leben für sich zu finden, nachdem sie sich nicht mehr als Ehefrauen und Mütter nützlich machen können.

In dem Text ist Senhora Jorge B. Xavier – sie hat nicht einmal einen eigenen Namen – unterwegs zu einem Vortrag: »Der Vortrag mochte sogar schon begonnen haben. Sie würde ihn verpassen, sie, die stets bemüht war, nichts *kulturell Wertvolles* zu versäumen, weil sie dadurch innerlich jung blieb, von außen erriet nämlich niemand, dass sie fast siebzig war, alle schätzten sie auf ungefähr siebenundfünfzig.«[18] Sie verirrt sich im höhlenartigen Innern des riesigen Maracanã-Stadions von Rio.

Es ist ein unerwartet heißer Tag, heiß wie im Sommer, obwohl die Geschichte mitten im Winter spielt. Wiederholt denkt sie, dass es doch einen Ausweg geben muss, während ihre Panik wächst. Schließlich taucht ein Mann auf, der ihr hilft, und ihr wird klar, dass der Vortrag nicht *im* Stadion, sondern in dessen Nähe stattfindet. Sie will dem Mann gegenüber, der ihr einen Weg hinaus aus dem Stadion zeigt, nicht verrückt erscheinen, aber als sie die Straße erreicht und in ein Taxi steigt, kann sie sich nur noch an einen Teil der von ihr gesuchten Adresse erinnern. Nachdem sie mit dem geduldigen Taxifahrer endlich die Adresse aufgespürt hat, ist sie erschöpft, fühlt sich närrisch und alt und muss sich ausruhen.

Wie vorher der Mann im Stadion und der Taxifahrer kümmert sich nun ein mit ihr bekannter Konferenzteilnehmer um sie und hält ein anderes Taxi an, das sie nach Hause bringen soll. Sie ist eine alte Frau, unfähig, für sich selbst zu sorgen, und muss von einem Betreuer an den anderen übergeben werden. Aber der neue Taxifahrer kennt den Weg in ihr Viertel nicht, und sie kann ihm keine Erklärung geben. Die Straßen, wie die Gänge des Stadions, gleichen einem Labyrinth ohne Ausgang. Der Fahrer hält einen Kollegen an, der mit der Route vertraut ist, und lässt sie in dessen Taxi umsteigen.

Zu Hause angekommen, wirft sie sich auf ihr Bett – ihr Körper war »anonym wie eine Henne« – und wird von einer sexuellen Phantasie über den Schnulzensänger Roberto Carlos geweckt. »Da dachte sie Folgendes: In meinem Leben gab es nie einen Höhepunkt wie in den Geschichten, die man liest. Der Höhepunkt war Roberto Carlos. [...] Da war sie, gefangen in einem Begehren außerhalb der Zeit, genau wie der Sommertag mitten im Winter. Gefangen im Gewirr der Korridore des Maracanã-Stadions. Gefangen im tödlichen Geheimnis alter Frauen. Nur dass sie nicht daran gewöhnt war, fast siebzig zu sein, ihr fehlte die Übung, sie hatte nicht die geringste Erfahrung darin.« Aber sie sieht ihren schwachen alten Körper: »Ob ihre dezent geschminkten Lippen noch küssbar waren? Oder war es vielleicht ekelhaft, den Mund einer Alten zu küssen?« »In diesem Augenblick beugte sich Frau Jorge B. Xavier unvermittelt über das Waschbecken, als wollte sie sich die Eingeweide aus dem Leib kotzen, und unterbrach ihr Leben mit einer Stummheit, die alles zerriss: Wo! ist! hier! der! Ausgaaaang!«[19]

»Die Abfahrt des Zuges«, die nächste Erzählung, handelt ebenfalls von einer alten Frau, die vergeblich gegen die Irrelevanz rebelliert, die das Alter ihr aufgezwungen hat. Wie die lange Reihe ihrer Namen, Senhora Maria Rita Alvarenga Chagas Souza Melo, vermuten lässt, ist sie eine wohlhabende Dame, aber: »Irgendwann erreicht man einen Punkt – da spielt das, was war, keine Rolle mehr.« Wie

Senhora Jorge B. Xavier ist Maria Rita auf der Suche nach Würde: »›Ich bin alt, aber ich bin reich, reicher als alle in diesem Waggon zusammen. Ich bin reich, reich.‹ Sie blickte auf die Uhr, mehr, um das dicke goldene Gehäuse zu sehen, als wegen der Uhrzeit. ›Ich bin steinreich, ich bin keine x-beliebige Alte.‹ Aber sie wusste, ach, sie wusste wohl, dass sie eine x-beliebige alte Frau war, eine alte Frau, die wegen jeder Kleinigkeit erschrak.«[20]

Sie sitzt gegenüber einer jüngeren Frau, Ângela Pralini, die gerade ihren Liebhaber verlassen hat. Ângela beobachtet Maria Rita, während sie über ihren Liebhaber Eduardo nachdenkt, und »hatte, während sie die alte Dona Maria Rita ansah, auf einmal Angst, selbst alt zu werden und zu sterben«.[21]

Clarice war nie weit von der Oberfläche ihrer Texte entfernt – beispielsweise hat Ângela Pralini ihre Mutter mit neun Jahren verloren und besitzt einen Hund namens Ulisses –, und in dieser Erzählung schiebt sich die unbändige Autorin plötzlich in den Vordergrund:

> Die Alte war anonym wie eine Henne, wie eine gewisse Clarice einmal gesagt hatte, über eine schamlose Alte, die in Roberto Carlos verliebt war. Diese Clarice war ganz schön lästig. Sie brachte die Alte dazu zu schreien: »Wo! ist! hier! der! Ausgaaaang!« Und da war tatsächlich einer. Der Ausgang dieser Alten zum Beispiel war ihr Mann, der am nächsten Tag wiederkommen sollte, waren ihre Bekannten, das Dienstmädchen, war das inbrünstige und fruchtbare Gebet im Angesicht der Verzweiflung. Ângela sagte, als bisse sie sich wütend: «Wo ist hier der Ausgang? Es muss doch einen geben. Für mich wie auch für Dona Maria Rita.»[22]

In ein Exemplar des Buches, das sie Autran und Lucia Dourado schenkte, kritzelte Clarice mit der fast unleserlichen Schrift, die eine Folge ihrer Brandverletzungen war: »Das Buch hier taugt nichts. Gelten lasse ich nur ›Auf der Suche nach einer Würde‹, ›Trockene Studie über Pferde‹ und ›Die Abfahrt des Zuges‹.« »Trockene Studie über Pferde« ist eine halluzinatorische, abstrakte Sammlung kurzer Prosagedichte über Pferde, die auch eine knappe, stilisierte Zusammenfassung des Romans *Die belagerte Stadt* enthält. Viele der übrigen Texte waren meist schon anderswo erschienen, doch zu den drei Beiträgen, mit denen Clarice zufrieden war, hätte sie auch die Titelgeschichte, »Wo warst du in der Nacht«, hinzufügen können. Ähnlich wie »Die Abfahrt des Zuges«, worin sich die Stimmen Ângelas und Maria Ritas abwechseln und Kommentare übereinander abgeben, umfasst »Wo warst du in der Nacht« eine Reihe von beliebig in einer einzigen Nacht gesammelten Stimmen. In diesem Kaleidoskop von Charakteren ist die Autorin selbst nicht fern: »›Mein Leben ist ein wahrer Roman!‹, rief die gescheiterte Schriftstellerin.« Zudem erscheint hier die einzige jüdische Figur, die in Clarices Werk als solche gekennzeichnet wird. Vielleicht handelt es sich um eine fiktionalisierte Erinnerung an ihren Vater: »›Ich bin Jesus! Ich bin ein Jude!‹, schrie lautlos der Jude ohne Geld.« Zu Gott betend, sagte er: »Befrei mich vom Stolz, Jude zu sein!« Doch während in der Geschichte dieser arme Mann bedauert wird und es an anderer Stelle heißt: »so ein Mensch erlebte ohne Narkose den Schrecken, lebendig zu sein«, lässt sie auch jene Leichthändigkeit und den subtilen Witz erkennen, den Leser selten in Clarices Büchern erwarten, dem sie aber dennoch häufig begegnen: »Als Kind wurde Max Ernst bei einer Prozession mit dem Jesuskind verwechselt. Später sorgte er für Kunstskandale.«[23]

Clarice verbindet diese Verspieltheit mit der Abstraktion von »Die Henne und das Ei« in dem außergewöhnlichen »Bericht vom Ding«. Bei dem Ding handelt es sich um einen Wecker namens Sveglia:

»Ich habe mich fünf Jahre lang nicht erkältet. Das ist Sveglia. Und als ich mich dann erkältete, dauerte das Ganze drei Tage. Danach wurde daraus ein trockener Husten. Aber der Arzt verschrieb mir ein Antibiotikum, und ich wurde wieder gesund. Antibiotika sind Sveglia.

Dies ist ein Bericht. Sveglia duldet keine Geschichten oder Romane oder dergleichen. Er gestattet bestenfalls Übermittlung. Das hier darf ich mit Mühe und Not einen Bericht nennen. Ich nenne ihn Bericht vom Rätsel. Und ich tue mein Möglichstes, um einen Bericht daraus zu machen, der so trocken ist wie extratrockener Champagner. Aber manchmal – ich bitte das zu entschuldigen – wird er nass. Könnte ich, was Sveglia angeht, von einem Diamanten sprechen? Nein, er ist und basta. Und in Wahrheit hat Sveglia keinen inneren Namen: Er bleibt anonym. Im Übrigen hat Gott keinen Namen: Er bleibt vollkommen anonym. Es gibt keine Sprache, die seinen wahren Namen ausspricht.«[24]

40

PORNOGRAPHIE

Wie Senhora Jorge B. Xavier und Senhora Maria Rita Alvarenga Chagas Souza Melo fürchtete auch Clarice Lispector, »die gescheiterte Schriftstellerin«, sie sei aus der Mode gekommen, überflüssig geworden. Laut Olga Borelli wusste sie wirklich nicht, was sie mit sich anfangen sollte. »Sie fragte immer: ›Und nun?‹ Können Sie sich vorstellen, mit jemandem befreundet zu sein, der dauernd fragt: ›Und nun?‹ Nun ... lass uns etwas essen oder in dem und dem Restaurant Tee trinken – wir gingen immer ins Méridien. Wir tranken unseren Tee, zahlten, und sie fragte wieder: ›Und nun?‹ Nun fahren wir nach Hause, um fernzusehen. ›Und nun? Und nun? Und dann? Und dann?‹ So war Clarice.«[1]

Um die Mitte der 1970er Jahre hatte Clarices Ruf als exzentrisches, nicht gesellschaftsfähiges Genie legendäre Ausmaße angenommen. Autran und Lucia Dourado luden sie fast jeden Sonntag zum Mittagessen ein. Am späten Nachmittag schluckte Clarice gewöhnlich noch bei ihnen eine Schlaftablette und entfernte ihren Schmuck, damit sie beim Einschlafen nicht ihre Armbänder und Ohrringe trug. Die beiden setzten sie in ein Taxi und schickten sie heim, wo sie manchmal im Tiefschlaf eintraf.

Wenn sie in dieser »mystischen Phase« jemanden in ihrer Wohnung empfing, waren die Lichter meistens ausgeschaltet und die Vorhänge zugezogen; eine einzige Kerze flackerte auf dem Couchtisch und warf ein schwaches Licht auf die Porträtgalerie, die der entschwundenen Schönheit ihrer Jugend gewidmet war. »Wer betet, betet zu sich selbst unter einem anderen Namen. Die Flamme der Kerze. Das Feuer macht mich beten. Insgeheim hege ich eine heidnische Verehrung für die rote und die gelbe Flamme.« Sie war zunehmend unfähig zu Smalltalk. »Gott, Tod, Materie, Geist« waren die Themen ihrer Alltagskonversation.[2] Hin und wieder jedoch beschloss sie, aus ihren Gewohnheiten auszubrechen, und das mit charakteristischem Elan. Olga Borelli erzählte:

Es gab Zeiten, in denen sie den Entschluss fasste, ihre Einsamkeit zu überwinden und mit der Außenwelt in Kontakt zu treten. Sie ließ die Wände weiß streichen, schmückte das Wohnzimmer mit Laubwerk, befahl dem Dienstmädchen, ihre paar Silbersachen und den Lüster zu polieren und die Gemälde umzuhängen. Dann stellte sie eine Gästeliste zusammen. Sie holte das Kristall und Porzellan, das sie für besondere Anlässe aufbewahrte, aus der Anrichte, breitete ihre beste Leinentischdecke aus und bestellte das beste Vatapá Rios (sie hatte nie eine gute Köchin). Schließlich zündete sie ihr langes Jasmin-Räuchergefäß an, füllte den Eiskübel, stellte eine Flasche Whisky sowie Zitronen-Cocktails auf den Tisch und wurde beim Warten auf die Gäste ganz zappelig.[3]

Diese Ausflüge in die Gesellschaft gelangen nicht immer, wie sich Olgas Freundin Gilda Murray erinnert. Einmal hatten Clarice und Olga zwei Monate im Voraus eine Geburtstagsparty für Clarice geplant. Zum verabredeten Zeitpunkt erschienen die Gäste, darunter die berühmten Sänger Chico Buarque und Maria Bethânia. Clarice, sehr freundlich und höflich, öffnete die Tür und führte einen Gast nach dem anderen ins Wohnzimmer. Als immer mehr Gäste auftauchten, wandte sie sich erstaunt an Olga und flüsterte: »Was ist denn hier los? Das ist ja fast, als hätten sie sich abgesprochen!«[4] Sie hatte völlig vergessen, dass die Besucher von ihr selbst eingeladen worden waren.

Bei einer anderen Gelegenheit lud Clarices alter Freund Walther Moreira Salles, der in den 1950er Jahren als Botschafter in Washington gedient hatte, sie zu einem, wie er sich ausdrückte, »intimen Dinner« ein. Bei ihrer Ankunft in seiner Villa in Gávea – es war eines der schönsten Häuser in Rio de Janeiro – wartete er mit zwei ihr unbekannten Paaren auf sie. Als der Salat serviert wurde, hatte sie bereits beschlossen, sich zu empfehlen. Sie erhob sich aus ihrem Stuhl, deutete mit einem Finger auf den Botschafter und rief: »Walther, du hast mich betrogen!«, bevor sie hinausstürmte.[5]

Welches Verbrechen hatte Moreira Salles begangen? Clarice erzählte Luiz Carlos Lacerda die Geschichte, und sie schien nicht zu ahnen, dass man ihre Empörung so auslegen könnte, dass sie und Walther eine sexuelle Beziehung unterhielten. »Glaubst du, ich habe eine Dummheit begangen?«, fragte sie ganz verdattert. Ja, sagte er. Was sollten die übrigen Gäste denken? »Aber ich kannte diese Leute doch gar nicht! *Intim* war da überhaupt nichts!«[6]

Moreira Salles hatte sie betrogen, indem er ein Wort falsch gebrauchte.

*

Obwohl sie gesellschaftlich aneckte, lud man Clarice häufig zu Literaturkonferenzen ein. Affonso Romano de Sant'Anna und Marina Colasanti erinnern sich an ihre Anwesenheit bei einem Seminar über Literaturtheorie, wo zwei Wissenschaftler über Epistemologie diskutierten. Clarice suchte das Weite. Später rief Affonso sie an, um sich zu erkundigen, ob alles in Ordnung sei, und sie antwortete: »Ich hatte von der ganzen Debatte einen solchen Hunger, dass ich nach Hause fuhr und ein ganzes Huhn verspeiste.«[7]

Alberto Dines entsinnt sich, wie ihr Werk im Rahmen einer Strukturalismusdebatte erörtert wurde. Sie neigte sich zu ihm und knurrte: »Ich habe nicht die leiseste Ahnung, was Strukturalismus sein soll.« Für Dines war dies eine typisch jüdische konträre Haltung – eine Methode, sich über die Großspurigkeit der Würdenträger lustig zu machen.[8]

Hinter ihrer Respektlosigkeit verbarg sich aufrichtige Frustration darüber, dass man sie im Nebel der Terminologie und Theorie nicht verstand. Nélida Piñon äußerte sich über eine weitere Konferenz, wo sie »empört aufstand und mir befahl, ihr zu folgen«. Sie schnaubte: »Sag denen, wenn ich auch nur ein Wort von dem verstanden hätte, was da geredet wurde, hätte ich keine Zeile von all meinen Büchern geschrieben.«[9]

Als junge Schriftstellerin hatte sie die kritischen Besprechungen aufmerksam verfolgt und sich selbst die strengsten Urteile zu Herzen genommen. »Alles, was er sagt, ist wahr«, schrieb Clarice an Lúcio Cardoso nach einem Verriss von *Der Lüster*. Und fügte sogleich hinzu, Álvaro Lins führe sich auf »wie der Mann, der jeden Tag seine Frau verprügelt, irgendwas wird sie schon verbrochen haben«.

Nun, nachdem ein großer Teil ihres Lebenswerks hinter ihr lag, war sie nicht mehr an der Meinung der Kritiker interessiert. Dies bewies sie durch das Bravourstück *Der Kreuzweg des Körpers*, das letzte ihrer drei 1974 veröffentlichten Bücher. Die Frau, die Jahre darauf verwendet hatte, ihre Texte zu überarbeiten, brachte nun innerhalb eines einzigen Wochenendes ein ganzes Buch zustande.

In *Schreiender Gegenstand* hatte sie erklärt: »Ich schreibe hier nur deshalb keine Geschichte nieder, weil das sonst Prostitution wäre. Ich schreibe nicht, um irgendwem zu gefallen. Aber es ist schön, wenn jemand Gefallen daran findet. Ich muss der reinen Linie folgen und dabei nicht mein ›It‹ kontaminieren.«[10] In *Kreuzweg* setzt sie das Geschichtenerzählen explizit mit der Prostitution gleich.

Weder davor noch danach schrieb Clarice je wieder ein Buch, das so trotzig und drastisch um Sex kreiste. Auf den etwas über achtzig Seiten begegnen wir einem Transvestiten, einer Stripperin, einer lüsternen Nonne, einer Sechzigjährigen mit einem halbwüchsigen Liebhaber, zwei mörderischen Lesbierinnen, einer masturbierenden alten Frau und einer englischen Sekretärin, die ekstatischen Geschlechtsverkehr mit einem Geschöpf vom Planeten Saturn pflegt.

Als Provokation ihrer Kritiker ist der Text nicht gerade subtil. (»Sie war Urteilen ausgesetzt«, lautet die erste Zeile der ersten Geschichte. »Deshalb erzählte sie niemandem davon.«)[11] In einem Vorwort, das Clarice als »Erläuterung« bezeichnet, geht sie auf die Entstehungsgeschichte des Buches ein. Ihr Verleger bei Artenova, Álvaro Pacheco, hatte drei auf wahren Ereignissen basierende Erzählungen in Auftrag gegeben. Clarice hatte zunächst gezögert, doch dann, als sie eine aufkeimende Inspiration verspürte, beschlossen, sich der Aufgabe zu stellen.

Allerdings distanziert sie sich – genau wie zu Beginn ihrer Arbeit für das *Jornal do Brasil* – von dem Ruch der Prostitution, die für sie mit dem Schreiben für Geld verbunden war. »Ich möchte nur klarstellen, dass ich nicht des Geldes wegen schreibe, sondern aus einem inneren Antrieb«, betont sie auf der ersten Seite. Die empörten Reaktionen vorwegnehmend, stellt sie sich metaphorisch auf die Bestrafung ein, die für die Prostituierten in der Bibel vorgesehen ist: »Man wird Steine nach mir werfen. Halb so schlimm. Ich treibe keine Scherze, ich bin eine ernsthafte Frau.«[12]

Sie hatte Zweifel, was die Veröffentlichung der Geschichten anging, und fragte Pacheco, ob sie ein Pseudonym verwenden könne. Er erwiderte, sie müsse die Freiheit haben zu schreiben, was sie wolle, und Clarice stimmte ihm zu. »Jemand« – möglicherweise Olga Borelli – »hat meine Geschichten gelesen und gesagt, das sei keine Literatur, das sei Schund. Ich sehe das genauso. Aber alles hat seine Zeit. Es gibt auch eine Zeit für Schund.«[13]

Wesentlich war nicht, dass sie die Provokation genoss, sondern dass es sie immer weniger interessierte, was man von ihrer Arbeit hielt. In der Erzählung »Tag um Tag« schreibt sie: »Wer weiß, ob dieses Buch meinem Werk etwas Nennenswertes hinzufügt. Zum Teufel mit meinem Werk. Ich weiß nicht, warum die Leute die Literatur so wichtig nehmen. Und was ist mit meinem Namen?, zum Teufel damit, ich habe andere Sorgen.«[14]

✻

Der Kreuzweg des Körpers verstärkte Clarices Ruf, seltsam und unberechenbar – und sogar, zum ersten Mal, »pornographisch« – zu sein. Soweit man das sagen kann, gründet ihr Interesse an abnormer Sexualität nicht auf persönliche Erfahrung. Wie sie in ihrem Vorwort erläutert: »Wenn in diesen Geschichten etwas Unziemliches vorkommt, so ist das nicht meine Schuld. Es bedarf wohl kaum der

Erwähnung, dass all das nicht mir, meiner Familie oder meinen Freunden passiert ist. Woher weiß ich dann davon? Ich weiß es halt. Wir Künstler wissen in vielem Bescheid.«[15]

Manche Freundinnen fanden Clarice rührend naiv, was das Thema Sex betraf. Maria Bonomi, die ungefähr zu jener Zeit ihren Mann verlassen hatte, um eine Beziehung mit einer Frau aufzunehmen, wurde von der faszinierten Clarice mit »technischen Fragen« überhäuft. Dass sie sich theoretisch informierte, belegt ein beiläufiger, möglicherweise erfundener Hinweis darauf, dass Clarice mit dem berühmten Dichter Carlos Drummond de Andrade »importierte Pornomagazine ausgetauscht« habe.[16]

»Ich bin richtig erschrocken […] wie viel ich über das Thema wusste«, sagte sie in einem Interview zum Erscheinen des Buchs. »Álvaro gab mir drei Ideen, nannte drei Vorfälle, die sich wirklich zugetragen haben: von einer Engländerin, die angeblich mit einem außerirdischen Wesen geschlafen hatte; einer Frau aus Minas Gerais, die glaubte, vom Heiligen Geist schwanger zu sein; und dem Argentinier, der mit zwei Frauen zusammenlebte. Den Rest habe ich mir ausgedacht.«[17]

Trotz der Exotik einiger seiner Schauplätze und Figuren konnte das Buch nur jemandem mit den starrsten und archaischsten moralischen Grundsätzen skandalös erscheinen. Clarices Repertoire erstreckt sich vom Ernsten bis zum Absurden wie in »Die Leiche«. Darin teilen sich zwei Frauen einen Liebhaber, den sie ermorden und im Garten begraben, wo er prächtigen Kompost für ihre Rosen liefert. Die Geschichten sind mit einer Freiheit und Spontaneität geschrieben, die Clarice Spaß gemacht haben muss. *Der Kreuzweg des Körpers* ist außerdem bemerkenswert als Schilderung von Clarices schöpferischer Tätigkeit, eingefangen in Realzeit. Es zeigt, wie ihre Literatur in ihrem Alltagsleben und ihrer Existenz als Mutter und Hausfrau verwurzelt ist, die ihre Literatur ständig durchbricht und untergräbt. Die phantasievollen »erfundenen« Geschichten wechseln sich ab mit tagebuchähnlichen Notizen über ihre gewöhnlichen Aktivitäten: Das Telefon klingelt, sie begegnet einem Mann, den sie von früher kannte, ihr Sohn Paulo kommt zum Mittagessen. Diese wechselnden Tableaus fügen sich zu einem Bild der Zeit vom 11. bis zum 13. Mai 1974 zusammen, in der Clarice das Buch schrieb. Jenes Wochenende fiel bedeutsamerweise auf den Muttertag – Sonntag, den 12. Mai. Und das alles durchziehende Motiv ist in Wirklichkeit nicht Sex, sondern Mutterschaft. Ein Transsexueller hat eine Adoptivtochter, für die er eine »wahre Mutter« ist. Die Frau, die ein unbefleckt empfangenes Kind zur Welt bringt, weiß, dass es den Kreuzweg gehen wird: »Das ist bei allen so.«[18]

In den Teilen des Buches, die ihre laufenden Notizen enthalten, schreibt Clarice: »Mein Hund kratzt sich am Ohr, und zwar mit solcher Wonne, dass er sogar stöhnt. Ich bin seine Mutter.« Nach der Begegnung mit einem heruntergekommenen Mann – früher ein vielversprechender Dichter, den sie vom Studium her kannte – stellt sie fest: »Heute ist Sonntag, der 12. Mai, Muttertag. Wie kann ich diesem Mann eine Mutter sein?«[19] Am selben Tag, erinnerte sich Clarices Sohn Paulo, gingen sie aus zum Mittagessen, um zu feiern. »Als sie zahlte, schrieb sie, statt den Scheck auf den 10. Mai (*maio*) zu datieren, den 10. Mutter (*mãe*) 1974.«[20]

*

Der schockierendste Aspekt des Buches liegt jedoch in seiner Verbindung von Mutterschaft mit erzwungenem Sex, obwohl die Autorin nichts Aufreizendes oder Pornographisches im Sinn hatte, als sie am Montag, dem 13. Mai 1947, unmittelbar nach dem Muttertag, ihre einzige explizite Beschreibung einer Vergewaltigung zu Papier brachte.[21]

»Die B-Sprache« handelt von Cidinha, einer spröden Englischlehrerin aus Minas Gerais, die mit einem Zug nach Rio de Janeiro fährt. Zwei Männer betreten ihr Abteil: Der eine »war groß, hager, mit einem dünnen Schnauzbart und einem kalten Blick, der andere klein, dickleibig und kahlköpfig.«

»In dem Waggon war ein Unbehagen. Als wäre es zu heiß. Die junge Frau unruhig. Die Männer wachsam. Mein Gott, dachte das Mädchen, was wollen sie nur von mir? Sie hatte darauf keine Antwort. Und zu allem Überfluss war sie auch noch Jungfrau. Warum, warum nur hatte sie an ihre Jungfräulichkeit gedacht?«[22]

Die Männer unterhalten sich in einer zunächst unverständlichen Sprache, die Cidinha bald als »B-Sprache« erkennt. Aber sie muss sich unwissend stellen, da die Männer davon reden, sie vergewaltigen zu wollen, sobald der Zug in einen Tunnel einfährt. »Steh mir bei, Jungfrau Maria! Steh mir bei! Steh mir bei!«, fleht sie innerlich, während die beiden in ihrer kindlichen Sprache weiterplappern. Sollte sie sich widersetzen, sagen die Männer, könnten sie sie einfach umbringen. Cidinha zündet sich eine Zigarette an, um Zeit zu gewinnen, und hat einen Einfall:

Wenn ich so tue, als ob ich eine Prostituierte wäre, dann lassen sie mich in Ruhe, mit einem Flittchen wollen sie nichts zu tun haben.

Da hob sie den Rock, bewegte sich lasziv – sie hatte gar nicht gewusst, dass sie das konnte, so wenig wusste sie von sich –, und knöpfte die Bluse auf, so dass die Brüste zum Vorschein kamen. Die Männer plötzlich erschrocken: »Diebie habat siebie nibicht aballebe.«

Dic hat sie nicht alle, sollte das heißen.

Und sie schwang die Hüften wie eine Sambatänzerin aus einem Armenviertel.[23]

Die Männer lachen über sie, und der Schaffner wird auf ihre Possen aufmerksam. Er beschließt, sie an der nächsten Station der Polizei zu übergeben. Als sie auf den Bahnsteig begleitet wird, steigt eine junge Frau mit einem Koffer ein und wirft dem Flittchen Cidinha einen abfälligen Blick zu. Verflucht und verachtet, verbringt die Lehrerin drei Tage im Gefängnis. »Eine dicke Kakerlake kroch über den Boden.«[24]

Nachdem sie endlich freigelassen worden ist, nimmt sie den nächsten Zug nach Rio. »So wenig wusste sie von sich.« Zu ihrem Entsetzen merkt sie: »Als die beiden davon gesprochen hatten, sie rannehmen zu wollen, da hatte sie Lust verspürt, rangenommen zu werden. Sie war eine schamlose Person. Ibich bibin eibeinebe Nubuttebe. Das war es, was sie herausgefunden hatte. Mit gesenktem Haupt.« Während sie durch die Straßen von Rio geht, fällt ihr Blick auf eine Zeitungsschlagzeile: Ein Mädchen ist in einem Zug vergewaltigt und ermordet worden. »Es war also passiert. Und zwar der jungen Frau, die ihr den geringschätzigen Blick zugeworfen hatte.«[25]

Ohne Cidinhas unerwartete Erkenntnis, dass sie die Männer begehrt hatte, würde »Die B-Sprache« viel von seiner Wirkung verlieren. Für Clarice, die Gott in einer Kakerlake gefunden hatte, war die herkömmliche Moral nie von Interesse. Trotzdem haben wir es paradoxerweise mit einem Happy End zu tun. Die Art, wie sie die Vergewaltigung ihrer Protagonistin abwendet, erinnert an die Geschichten, die sie als Kind erzählte, also ihre vergeblichen Versuche, ihre Mutter zu heilen. Der Horror wird – wie durch Zauberei – von einer Frau mit einem Namen und einer Geschichte auf eine anonyme Person übertragen.

41
DIE HEXE

In der Tat Schund«, bestätigte das führende Nachrichtenmagazin *Veja* verärgert. Es hatte den Köder von *Der Kreuzweg des Körpers* mit vorhersehbarer Dümmlichkeit geschluckt.[1] »Ein Kritiker hat gesagt, das Buch sei Schund, schmutzig, meiner unwürdig«, sagte eine gar nicht überraschte Clarice.[2] Sogar das *Jornal do Brasil*, für das sie so viele Jahre gearbeitet hatte, schloss sich an. Sein Rezensent meinte: »Es wäre besser gewesen, das Buch nicht zu veröffentlichen, statt sich mit dieser geheuchelten Verachtung ihrer selbst als Schriftstellerin rechtfertigen zu müssen.«[3]

»Meinen Söhnen hat es gefallen, und deren Urteil ist mir am wichtigsten«, sagte Clarice. »Im Allgemeinen höre ich, wenn ich Rezensionen meiner Bücher gelesen habe, ob positive oder negative, für zwei oder drei Tage zu schreiben auf und versuche zu vergessen, dass ich Schriftstellerin bin.«[4] Ob etwas gute oder schlechte Literatur und ob sie selbst »eine Schriftstellerin war«, interessierte sie ohnehin längst nicht mehr. »Jede Katze, jeder Hund ist mehr wert als die Literatur«, schrieb sie in *Der Kreuzweg des Körpers*.[5]

Clarice Lispectors Literatur wurde jedoch immer interessanter für andere im In- und Ausland. Der pornographische Kitzel, der durch *Via crucis* mit ihrem Namen verbunden werden sollte, erhöhte ihre Bekanntheit in Brasilien, und als das Buch Mitte 1974 erschien, eilte ihr bereits in ganz Lateinamerika ein entsprechender Ruf voraus.

Im August 1974 nahm sie mit ihrer Freundin und Schriftstellerkollegin Lygia Fagundes Telles in Cali, Kolumbien, an einer weiteren Konferenz teil. Sie waren im selben Flugzeug gereist, das plötzlich wild durchgeschüttelt wurde. Clarice bemerkte, wie verängstigt Lygia war, nahm ihren Arm und lachte. »Keine Sorge«, sagte sie, »meine Kartenlegerin hat mir versichert, dass ich nicht bei einem Unglück ums Leben kommen werde!«[6]

Nachdem sie unversehrt eingetroffen waren, ging Clarice den hohen Tieren wie gewöhnlich aus dem Weg und schlenderte lieber durch die Stadt. Im August des folgenden Jahres kehrte sie nach Kolumbien zurück. Dieser Auftritt, obwohl kurz und allem Anschein nach kaum der Rede wert, ist zu einem Kernstück der Legende um Clarice Lispector geworden. Vielleicht beeindruckt von ihrem Vortrag in Cali im Jahr 1974, lud ein kolumbianischer Aristokrat namens Simón González sie zur Teilnahme am Ersten Weltkongress der Hexerei ein:

> Dies wird unserer Ansicht nach eine wichtige Erfahrung für Sie sein: überaus aufschlussreich, voll von neuen Einblicken, sei Ihr Forschungsgebiet Hexerei oder Parapsychologie, Astrologie oder Alchemie, alte Magie oder moderne Hexerei, übersinnliche Wahrnehmung oder eines der unzähligen anderen Verfahren, mit denen sich Männer und Frauen nicht nur ihrer gemeinhin ungenutzten inneren Fähigkeiten bewusst werden, sondern auch der lebendigen Wirklichkeit jenseits ihrer Sinne sowie der mystischen Bereiche der Liebe, Freude und Macht, die den Skeptikern für immer verschlossen bleiben.[7]

»Alle halten heutzutage eine Konferenz ab. Warum also nicht auch Satan?«, fragte das *Evangelical Missions Quarterly*.[8] Und Satan zeigte Stil, denn er lockte Prominente wie den Löffel verbiegenden Uri Geller nach Bogotá, wo zweitausend Menschen 275 $ zahlten, um an den vierzig Seminaren der Versammlung teilzunehmen, und wo ungefähr 150 000 nicht ganz so engagierte Interessenten unterschiedlichste Okkultisten aufsuchten, die ihre Dienste und Waren in einem der Allgemeinheit offenstehenden Saal anboten. Wie die *New York Times* berichtete, fand die Eröffnung »auf einer mondhellen Freilichtbühne unter der riesigen weißen Nachbildung eines präkolumbianischen Götzen« statt, wobei »150 junge Frauen in schwarzen und bunten Gewändern einen rasenden Voodoo-Tanz vollführten«.[9]

Es dürfte nicht verwundern, dass die Presse auf Clarices Teilnahme an dem Kongress, noch bevor sie aus Rio angereist war, mit herablassender Neugier reagierte. Sie selbst nahm die Sache jedoch sehr ernst. »Ich beabsichtige auf dem Kongress mehr zuzuhören als zu sprechen«, sagte sie gegenüber der Zeitschrift *Veja*. »Ich werde nur reden, wenn es sich nicht vermeiden lässt, aber ich werde über die Magie natürlicher Phänomene reden, ich finde es nämlich ausgesprochen magisch, dass ein dunkler, trockener Samen eine grün glänzende Pflanze in sich trägt.« Mit einer der paradoxen Formulierungen, die ihr Markenzeichen waren, fügte sie hinzu: »Magisch ist auch, dass wir Gott erfunden haben und es Ihn auf wundersame Weise gibt.«[10]

Clarice bereitete mehrere Fassungen einer Rede vor, aber sie verlas keine von ihnen.[11] Vielmehr beschränkte sie sich auf eine kurze Einführung, in der sie ihr Herangehen an das Schreiben und seine Beziehung zu der Welt zusammenfasste, die sie damit widerspiegelte und hervorbrachte:

Ich habe über Magie nicht viel zu sagen.

Offen gestanden, finde ich, dass unser Kontakt zum Übernatürlichen im Stillen zu erfolgen hat und in tiefer, einsamer Meditation. In allen Kunstformen hat Inspiration etwas Magisches an sich, denn das Schöpferische ist etwas absolut Unerklärliches. Niemand weiß etwas darüber. Ich glaube nicht, dass Inspiration von außen nach innen kommt, durch übernatürliche Kräfte. Vielmehr vermute ich, dass sie aus dem tiefsten »Ich« der Menschen aufsteigt, aus dem tiefsten Unbewussten, sei es individuell, kollektiv oder kosmisch. Ebenso wahr ist allerdings, dass alles, was wir im Leben als »natürlich« bezeichnen, so unerklärlich ist, als ob es übernatürlich wäre. Wie dem auch sei, ich kann Ihnen allen nur eines geben, und das ist meine Literatur. Und so wird nun etwas, das ich geschrieben habe, auf Spanisch vorgelesen, eine Art Erzählung mit dem Titel »Die Henne und das Ei«, die auch für mich selbst mysteriös ist und über eine geheime Symbolik verfügt. Ich bitte Sie darum, nicht nur mit dem Verstand zuzuhören, denn wenn Sie versuchen, die Geschichte rein verstandesmäßig zu begreifen, wird sich alles, was gesagt wird, Ihrem Verständnis entziehen. Sollte ein Dutzend der Anwesenden meinen Text gefühlsmäßig erfassen, wäre mir das schon eine Genugtuung.[12]

Clarice sei ziemlich dick gewesen, erinnerte sich der mexikanische Journalist Horácio Oliveira, und das Rot ihres Lippenstifts sei zu grell gewesen. Sie saß schweigend da, während jemand zur Belustigung des Publikums ihre Erzählung vorlas und zwei Stunden lang über ein Ei schwafelte. »Niemand verstand ein Wort«, sagte Oliveira. Nachdem der Text übersetzt und gedruckt worden sei, hätten jedoch alle begriffen, dass dies der brillanteste Kongressbeitrag gewesen sei.[13] Aber Clarice machte sich keine Illusionen über den Eindruck, den sie hinterlassen hatte. »Der Vortrag meiner Geschichte, die auf Spanisch vorgelesen wurde, war nicht gerade ein durchschlagender Erfolg«, erzählte sie. »›Die Henne und das Ei‹ ist mysteriös und tatsächlich in gewissem Maß okkultistisch. Ich glaube daher, dass dieses sehr heterogene Publikum zufriedener gewesen wäre, wenn ich ein Kaninchen aus dem Hut gezaubert hätte. Oder in Trance gefallen wäre. Das habe ich allerdings mein Lebtag nicht getan. Meine Inspiration kommt nicht aus dem Übernatürlichen, sondern aus der Ausarbeitung im Unbewussten, die als eine Art Offenbarung an die Oberfläche tritt. Davon abgesehen, schreibe ich nicht, um irgendwem zu gefallen.«[14]

Nach ihrer Rückkehr in die Heimat wurde sie von der Presse bedrängt, bis sie, »mürbe gemacht durch deren Hartnäckigkeit und vielleicht aus Erschöpfung«, demselben Journalisten, mit dem sie vor der Reise gesprochen hatte, ein Interview gewährte. Sie betonte, dass die Berichte, sie sei schwarz gewandet durch Bogotá spaziert, nicht zuträfen. »Ihrer Meinung nach war der Reporter, der sie in seltsamer Kleidung und übersät mit Amuletten gesehen haben wollte, das Opfer schlechter Augen, einer ausschweifenden Phantasie oder böser Absicht gewesen.«[15]

Wie üblich waren die Gerüchte resistent gegen Tatsachen. Ihre wenigen Tage in Kolumbien genügten, um ihr einen dauerhaften Spitznamen einzubringen: »große Hexe der brasilianischen Literatur«, wie Affonso Romano de Sant'Anna sich ausdrückte.[16] »Gehen Sie vorsichtig mit Clarice um«, riet ihr alter Freund Otto Lara Resende der kanadischen Schriftstellerin Claire Varin, die nach Brasilien gekommen war, um Recherchen über Clarice anzustellen: »Es handelt sich nicht um Literatur, sondern um Hexerei.«[17]

Ironischerweise – oder vielleicht auf übersinnliche Art – schien Clarice mit dieser neuen Ergänzung ihrer Legende gerechnet zu haben, noch bevor sie von der Konferenz in Bogotá gehört hatte. Bereits 1974 hatte sie sich in *Wo warst du in der Nacht* ausgemalt, wie eine alberne Journalistin eine Freundin anrief: »Claudia, entschuldige bitte, dass ich dich sonntags um diese Zeit anrufe! Aber ich bin mit einer fabelhaften Idee aufgewacht: Ich schreibe ein Buch über Schwarze Magie! Nein, ich habe dieses Buch über den Exorzisten nicht gelesen, ich habe mir nämlich sagen lassen, das sei schlechte Literatur, und die Leute sollen nicht denken, dass ich auf diesen Zug aufspringen will. Hast du dir das schon mal überlegt? Der Mensch versucht doch seit jeher, mit dem Übernatürlichen in Kontakt zu treten, vom alten Ägypten mit seinen geheimnisvollen Pyramiden über das antike Griechenland mit seinen Göttern bis hin zu Shakespeares Hamlet. Das mache ich jetzt auch.«[18]

∗

Wieder in Rio, gab Clarice bekannt (wie sie es in periodischen Abständen tat), dass sie der Literatur überdrüssig, »ja, sogar von ihr angewidert« sei. Dies war keine Pose, denn das Schreiben erschöpfte sie wirklich immer mehr, und sie fürchtete, dass es zu einem obsessiven Spleen geworden sei. »Zur Zeit schreibe ich, weil ich nicht weiß, was ich mit mir anfangen soll«, schrieb sie in einem der Fragmente, aus denen *Ein Hauch von Leben* werden sollte. »Das heißt: Ich weiß nicht, was ich mit meinem Geist anfangen soll.«[19]

Sie war des Schreibens müde, aber sie war gleichermaßen unfähig, dem rastlosen schöpferischen Drang Einhalt zu gebieten, der sie ihr ganzes Leben lang von einem Experiment zum anderen getrieben hatte. Genau wie Lúcio Cardoso sich der Malerei zugewandt hatte, nachdem er sich nach seinem Schlaganfall nicht mehr der Sprache bedienen konnte, fing auch Clarice an zu malen. Seit der Entstehung von *Aqua viva* dilettierte sie auf diesem Gebiet. In der ersten Version des Manuskripts ist die Erzählerin noch von Beruf Schriftstellerin; in der veröffentlichten Fassung hat sie sich in eine Malerin verwandelt.

Aqua viva begann mit Michel Seuphors Motto, es müsse »eine Malerei geben, die völlig unabhängig von der Figur ist – dem Gegenstand – und die, wie die Musik, nichts illustriert, keine Geschichte erzählt und keinen Mythos in die Welt setzt.« Das Buch war voll von Anspielungen auf die Malerei und deren Beziehung zur Schöpfung: »Und jetzt sage ich wie beim Malen nur: Ei, mehr nicht!«[20] In *Vision des Glanzes*, einer Anthologie hauptsächlich älterer Werke, die 1975 herauskam, schrieb Clarice: »Wenn ich malen könnte, würde ich darum kämpfen, die ganze Form eines Eis zu malen.«[21]

Um Mitte 1975 befasste sie sich bereits ernsthaft mit Malerei. Olga Borelli veröffentlichte einen Essay, in dem sie den Prozess beschrieb, der zu ihren absonderlichen Bildern führte. »Was mich ›entspannt‹, so unglaublich das klingen mag, ist die Malerei«, sagte sie. »Ohne dass ich auch nur im Geringsten Malerin wäre und ohne irgendwelche technischen Kenntnisse. Ich male so schlecht, dass es schon wieder Spaß macht, und zeige niemandem meine, in Anführungszeichen, ›Gemälde‹. Ohne jegliche Verpflichtung mit Farben und Formen herumzuspielen ist beruhigend und aufregend zugleich. Das ist das Reinste, was ich tue.«[22]

Viele ihrer Bilder üben die gleiche Faszination aus wie manche ihrer abstrakten Texte. Wie *Aqua viva* scheinen sie ohne jegliche Korrektur oder Bearbeitung – im Zuge eines »Brainstorms« – geschaffen worden zu sein. Aber anders als im Fall des sorgfältig verfeinerten *Aqua viva* waren die Farben und Figuren *tatsächlich* direkt, ohne spätere Bearbeitung, auf die Tafel der Holzstaffelei übertragen worden. Clarice konnte ihre Gemälde nicht wie ihre Worte polieren, und diese Unmittelbarkeit verhilft ihnen zu einer ursprünglichen, durchschlagenden Wirkung.

»Ich habe ein Bild gemalt, und eine Freundin hat mir geraten, es nicht anzusehen, es würde mir nicht guttun«, sagte Clarice. »Ich war ganz ihrer Meinung.

Denn auf diesem Bild, das den Titel ›Angst‹ trägt, ist es mir gelungen, die ganze panische Angst eines Lebewesens in der Welt, vielleicht auf magische Weise, nach außen zu bringen.«[23] *Angst*, auf den 16. Mai 1975 datiert, zeigt einen hellen Klecks, auf den Augen und ein Mund getupft sind, wie er durch das schwarze Weltall saust. Bei seinem Anblick könnte einem das einfallen, was ein Mann in Washington nach der Lektüre von »Der Büffel«, einer der Geschichten aus *Familienbande*, meinte: »Er sagte, die Geschichte scheine ganz aus Eingeweiden gemacht.«[24]

Clarice besaß keine Ausbildung in Malerei, aber es stimmt nicht, dass sie über keine Technik verfügte. »Ich lebe unter solcher Anspannung, dass ich nicht weiter vervollkommnen konnte, was ich in puncto Malerei erfunden habe«, schrieb sie in *Ein Hauch von Leben*. »Oder wenigstens habe ich von einer solchen Maltechnik noch nie gehört: Man nimmt eine Holztafel – am besten Kiefer – und richtet seine Aufmerksamkeit auf die Maserung. Plötzlich kommt aus dem Unterbewusstsein eine Welle der Kreativität, und man legt los und folgt dabei ein wenig der Maserung – behält dabei aber seine Freiheit.«[25]

Mithilfe dieser Methode schuf sie an Rorschach-Tests erinnernde Bilder, die direkt aus ihrem Unterbewusstsein zu stammen scheinen. Sie haben nichts von der Schönheit der Sprache an sich, die Clarice berühmt machte. Aber es schien ihr vielleicht leichter zu fallen, Farbe und Form einzusetzen, um den Zustand »hinter dem Denken« zu erreichen, den sie in mystischen Werken wie *Die Passion nach G. H.* oder *Aqua viva* angestrebt hatte. Nach lebenslangem literarischen Schaffen war ihre Beherrschung der Sprache so vollkommen, dass sie nun bewusst nach etwas Unbearbeitetem und Neuem suchen musste.

Sie fürchtete, in der Sprache nicht »das Symbol des Dings im Ding an sich« erreichen zu können, ohne sich auf Kauderwelsch beschränken zu müssen: »Gott anzubellen«. Vielleicht war es, in der Malerei, ohne die Unvollkommenheit von Worten, möglich, das Ziel direkter zu erreichen. Dieses Ziel selbst blieb jedoch unverändert. »Meine Idealvorstellung«, schrieb sie, »wäre, ein Bild von einem Bild zu malen.«[26]

42

DAS DING AN SICH

E in Bild von einem Bild«, die Darstellung einer Darstellung, das Symbol des Dings im Ding an sich – all diese Ideale, die Clarice in ihrer Malerei suchte, leiteten sich unweigerlich von ihrer schriftstellerischen Arbeit her und führten zu ihr zurück. Die oben zitierte Wendung stammt, wie viele ihrer anderen Gedanken über die Malerei, aus *Ein Hauch von Leben*, dem Buch, das sie um 1974 zu entwerfen begann.[1]

Sie sollte dessen Veröffentlichung nicht mehr erleben. Nach ihrem Tod musste Olga Borelli einen Berg von Fragmenten »gliedern«. Aber obwohl ein unvollendetes, posthum veröffentlichtes Werk zwangsläufig lückenhaft wirkt und obwohl die Leser sich natürlich fragen, ob das, was sie vor sich haben, den Intentionen der Autorin entspricht, wird in *Ein Hauch von Leben*, wie in vielen anderen von Clarice Lispectors Werken, »die kostbare und präzise Harmonie zwischen Ausdruck und Substanz« in einem fast gespenstischen Maße verwirklicht.

Nicht nur nach Clarices Tod publiziert, sondern auch teils danach erst *geschrieben*, wird *Ein Hauch von Leben* eben durch seine Unvollständigkeit und Unvollkommenheit vervollständigt und vervollkommnet. Dies ist ein verblüffendes Paradox von der Art, die Clarice stets erfreute, und genau das erwartete und beabsichtigte sie, während sie den Text verfasste: »Dieses Buch wird, vermute ich, so aussehen, als wäre es aus Buchfetzen zusammengeflickt. Aber in Wahrheit geht es darum, schnelle Eindrücke von mir und schnelle Eindrücke meiner Figur Ângela wiederzugeben. Ich könnte jeden dieser Eindrücke nehmen und mich seitenlang darüber auslassen. Aber manchmal ist es nun einmal so, dass im Eindruck die Essenz der Sache liegt. […] Mein Leben besteht aus Fragmenten, und so verhält es sich auch bei Ângela.«[2]

Diese Fragmente ergeben einen Dialog zwischen einem Autor und einer handelnden Figur, Ângela Pralini. Es ist der Name, den Clarice bereits in *Wo warst du in der Nacht* für die Frau im Zug benutzt hatte. Ein später gestrichener Untertitel für *Aqua viva* lautete »Monolog mit dem Leben«, und *Ein Hauch von Leben* könnte als Dialog mit dem Leben bezeichnet werden: zwischen einem gottähnlichen Künstler, der seiner Schöpfung den Lebensatem einhaucht, und jener sprechenden, atmenden, sterbenden Schöpfung selbst: Ângela Pralini.

Das Wunder der Schöpfung durch Worte hatte Clarice immer fasziniert, aber in ihren anderen Meditationen über das Thema, zum Beispiel in *Der Apfel im Dunkeln*, ist das fiktionale Gebäude weniger sichtbar, und die Autorin versteckt sich im Gewirr ihrer dichten und verhüllten Allegorien. Die Autorin und ihre Schöpfung waren oft identisch: »Ich bin Martim«, sagte Clarice in einem Interview in Bezug auf den Protagonisten von *Der Apfel im Dunkeln*.[3] Genau das hatte Álvaro Lins an *Nahe dem wilden Herzen* kritisiert, als er von der »weiblichen« Unfähigkeit sprach, die Autorin aus ihrem Werk herauszuhalten: »Es gibt allerdings im Charakter männlicher Autoren eine stärkere Neigung, sich hinter dem Werk selbst zu verbergen, sich von der fertigen und vollständigen Arbeit abzukoppeln. Das bedeutet, dass ein Schriftsteller seine ganze Persönlichkeit in ein Werk einbringen, sie jedoch im Text dergestalt zurücknehmen kann, dass der Zuschauer nur das Objekt und nicht den Menschen sieht.«

Dies war keine Kritik, die Clarice Lispector sich, milde ausgedrückt, besonders zu Herzen nahm. In ihren letzten Büchern erreicht die Identifizierung der göttlichen Autorin mit ihren Schöpfungen einen poetischen Höhepunkt. In *Ein Hauch von Leben* sind sowohl Ângela als auch der männliche Erzähler, den Clarice zwischen sich selbst und Ângela einschaltet, Clarice Lispector – in viel höherem Maße als in jeder ihrer früheren Schöpfungen. Nicht einmal in einem so durch und durch autobiographischen Lebenswerk wie dem von Clarice hatte je eine Figur – weder Martim noch Joana, noch G. H. – auf so kühne und eindeutige Art Clarice verkörpert. Ângela sagt:

> Der Gegenstand – das Ding – hat mich schon immer fasziniert und mich in gewisser Weise zerstört. In meinem Buch *Die belagerte Stadt* spreche ich indirekt vom Geheimnis des Dings. Ein Ding ist ein spezialisiertes Tier, das sich nicht mehr bewegen kann. Vor Jahren habe ich auch mal eine Garderobe beschrieben. Danach kam die Beschreibung einer unvordenklichen Uhr namens Sveglia: ein elektronischer Wecker, der mich in Erstaunen versetzte und jeden Menschen auf der Welt in Erstaunen versetzen würde. Danach war das Telefon an der Reihe. In »Die Henne und das Ei« spreche ich über Kräne. Das ist eine schüchterne Annäherung meinerseits an die Subversion der lebendigen Welt und an die bedrohliche Welt der Toten.[4]

Der Erzähler, ein Autor und Ângelas angeblicher Schöpfer, hat ebenfalls gewisse Ähnlichkeiten mit Clarice Lispector, obwohl sie eine ironische Distanz zu ihm herstellt. »Ich habe mich nie zum Schreiben berufen gefühlt«, sagt er, »von klein auf faszinierten mich Zahlen. Wenn ich heute täglich und ohne viel Geschick Aufzeichnungen mache, so liegt das daran, dass meine Frau keine gute Gesprächspartnerin ist.«[5]

Diese Distanzierung ist jedoch nicht nur durch Ironie gekennzeichnet. Clarice hebt immer wieder die fiktionalen Eigenschaften dieser und jeglicher anderen schriftstellerischen Arbeit hervor. Ângela und »der Autor« sind ihre Schöpfungen, genau wie das »Ich«. »Das Ich, das in diesem Buch erscheint, bin nicht ich. Es ist nicht autobiographisch, ihr wisst nichts von mir. Ich habe dir nie gesagt und werde dir nie sagen, wer ich bin. Ich bin ihr alle.«[6]

＊

Die Malerei hatte Clarice auf ihre neue schriftstellerische Erfahrung vorbereitet. Nach der Rückkehr aus Bogotá beschrieb sie ihre beiden vorausgegangenen Bücher, *Wo warst du in der Nacht* und *Der Kreuzweg des Körpers*, als »leicht« und »direkt« und verkündete, dass sie nicht in dieser Richtung weitermachen würde: »Ich fürchte, eine abscheuliche Geschicklichkeit zu entwickeln. Ich will nicht aus Gewohnheit schreiben, sondern aus Notwendigkeit, so wie es bisher gewesen ist. Vor einiger Zeit spielte ich mit dem Gedanken, aufzuhören, aber ich bekam so große Lust, dass ich alles wiederaufnahm. Heute denke ich erneut darüber nach, die Literatur aufzugeben. Wenn ich weitermache, wird das in der Art der alten Clarice Lispector sein, denn meine Ader für ›leichte‹ Literatur ist aufgebraucht. Aber die Erfahrung war wichtig. Schließlich gibt es nicht nur Tiefe. Auch die Oberfläche ist real.«[7]

Wir sehen in Clarices Bildern, was sie unter Oberflächen als »real« verstand. Ihre Technik ist das Gegenteil des Trompe-l'œil. Indem sie sich erlaubt, der Maserung des Holzes beim Übermalen zu folgen, überdeckt sie gleichzeitig die Oberfläche und macht auf ihre Realität sowie auf die Künstlichkeit ihrer eigenen Schöpfung aufmerksam. Sie versucht nicht, ein Stück Leinwand wie Holz oder Marmor aussehen zu lassen, und sie schafft keine unechte Oberfläche, sondern enthüllt, indem sie den von einer natürlichen Oberfläche vorgegebenen Konturen folgt, die Tiefen jener natürlichen Oberfläche. Die Spannung zwischen »natürlich« und »erfunden«, zwischen dem »real« von Oberflächen und der Tiefgründigkeit der menschlichen Kunstfertigkeit erzeugt die beunruhigende Intensität ihrer Gemälde.

In *Ein Hauch von Leben* hat Ângela Pralini den Beruf einer Malerin. Bedeutungsvoller erscheint, dass Ângela ein Gemälde ist, »das Bild von einem Bild«, das Clarice anstrebte, und *Ein Hauch von Leben* ist auch ein Bild der sie erschaffenden Clarice. Bei der Erschaffung der Figur bemüht sie sich nicht, den Untergrund, in diesem Fall die Autorin selbst, zu übermalen; die Leinwand wird nie ganz von der sie überlagernden Schöpfung verdeckt. Wenige Figuren in der Literatur sind so halbherzig fiktionalisiert, so eindeutig Alter Ego ihrer Schöpferin wie Ângela Pralini.

»Ich nenne die Grotte bei ihrem Namen, und sie beginnt zu leben mit ihrem fauligen Dunst«, hatte Clarice in *Aqua viva* über eines ihrer Gemälde geschrieben. Der Prozess, toten Objekten »Leben einzuhauchen«, war eines der ältesten Themen der Mystik; die Verbindung zwischen Sprache und Schöpfung war die gleiche, die sie so poetisch in ihren vielen Büchern, etwa in *Der Apfel im Dunkeln,* oder in Virgínias Grübelei über den Anislikör behandelt hatte. »[D]ieses Nachdenken darüber ... war der Geschmack des Anis«, hatte sie dreißig Jahre zuvor geschrieben. Das Nachdenken von Clarice über Ângela Pralini *ist* jetzt Ângela Pralini. »Ob Ângela wohl spürt, dass sie eine Romanfigur ist?«, fragt sich der Autor. »Denn was mich betrifft, ich habe manchmal das Gefühl, die Figur von irgendjemandem zu sein. Es ist unangenehm, zwei zu sein: ich für mich und ich für die anderen.«[8]

Zugleich sehnt sich Clarice danach, zwei zu sein. Sie möchte unbedingt jemand anders sein als sie selbst. Durch Ângela und ihren »Autor« will sie ihrem eigenen Selbst entkommen. »Ângela ist mein Versuch, zwei zu sein.« Und: »Ângela und ich, wir sind mein innerer Dialog – ich unterhalte mich mit mir selbst. Ich bin es müde, immer dieselben Sachen zu denken.«[9]

Von diesen Zweifeln im Hinblick auf die Brüchigkeit und Realität seiner Schöpfung geplagt, ergötzt sich der göttliche Autor [in *Ein Hauch von Leben*] doch daran: »Wie ich gerade sagte: Gott war es, der mich erfunden hat. So behelfe auch ich mir – wie die Wettläufer, die bei den Olympischen Spielen der Griechen ihre brennende Fackel weiterreichen –, so behelfe auch ich mir mit meinem Hauch und erfinde Ângela Pralini und mache sie zur Frau.«[10]

*

Die beiden Charaktere beginnen einen faszinierenden Dialog, der das ganze Buch durchzieht. Sie werfen ihre Namen ab, tauschen Rollen und ergehen sich in mystischen Spekulationen, die von einer wilden Intensität erfüllt sind, während die Autorin, in diesem Fall die »wirkliche« Autorin Clarice Lispector, ihren Tod näher kommen spürt.

AUTOR: Ich bin in eine Figur verliebt, die ich erfunden habe: Ângela Pralini.
Hier spricht sie:
ÂNGELA: Ach, wie gerne hätte ich ein gemächliches Leben.
Ich bin eine von Gottes Deuterinnen.
AUTOR: Wenn Ângela an Gott denkt, meint sie dann wohl Gott oder mich?
ÂNGELA: Wer macht mein Leben? Ich spüre, dass jemand über mich bestimmt und mein Schicksal lenkt. Als würde mich jemand erschaffen. Aber ich bin auch frei und gehorche keinen Befehlen.[11]

Ângela plant seit einiger Zeit einen »Roman der Dinge«,[12] aber der Autor weiß, dass sie ihn nicht beenden wird. Wie bei der jungen Clarice, die die juristische Fakultät nur abschloss, weil sie sich Spott darüber hatte anhören müssen, dass sie nie etwas beende, merkt der Autor an: »Ângela bringt nie zu Ende, was sie angefangen hat. Außerdem sind ihre verstreuten Notizen allesamt fragmentarisch, und ihr fehlt die Fähigkeit zum Zusammenfügen und Strukturieren. Aus ihr wird nie eine Schriftstellerin werden.«[13]

Aber wie an der juristischen Fakultät ist es Clarice selbst, die das, was sie begonnen hat, nicht zu Ende führen kann. Seite um Seite überlegt die Autorin, was mit Ângela zu tun sei. Damit meint sie, wie später deutlich wird, ob sie Ângela – und damit sich selbst – gestatten solle zu sterben. Die Autorin hat ihr Leben gespendet, und die Autorin muss nun entscheiden, ob – und wie – sie ihm ein Ende setzen soll. »Und plötzlich – plötzlich! entspringt in mir eine dämonische, aufrührerische Lawine: Und zwar frage ich mich, ob es sich lohnt, dass Ângela stirbt. Bringe ich sie um? Bringt sie sich um?«, schreibt »der Autor«. »Ich will eine Rechtfertigung für den Tod.«[14]

Doch den von Ângela kann Clarice noch nicht rechtfertigen. Immer wieder sucht sie nach Wegen, ihre Figur zu entlassen. »In der Stunde meines Todes – was mache ich dann? Zeige mir doch jemand, wie man stirbt. Ich kann das nicht.«[15] Clarice Lispector, am Ende ihres eigenen Lebens, ist weiterhin süchtig nach den Zaubersprüchen ihrer Kindheit, immer noch bemüht, die Worte zu finden, die die Erlösung mit sich bringen könnten. Ganz am Ende des Buches wird in einem unheimlichen und verblüffenden Absatz auf Clarices allererste Zaubergeschichten hingewiesen:

Heute Nacht hatte ich einen Traum in einem Traum. Mir träumte, ich würde ruhig einer Gruppe von Künstlern zusehen, die auf einer Bühne standen. Und durch eine nicht richtig geschlossene Tür kämen Männer mit Maschinenpistolen und würden alle Künstler töten. Ich fing an zu weinen: Ich wollte nicht, dass sie tot wären. Da erhoben sich die Künstler und sagten zu mir: Wir sind nicht im wirklichen Leben tot, nur als Künstler, dieses Massaker war Teil des Stücks. Da träumte ich einen ganz schönen Traum, der ging so: Im Leben sind wir Darsteller in einem absurden Theaterstück, verfasst von einem absurden Gott. Wir alle sind Teilnehmer an diesem Theater: In Wahrheit sterben wir nie, wenn der Tod kommt. Wir sterben nur als Künstler. Ob das wohl die Ewigkeit ist?[16]

Sie hatte ihre Mutter nicht retten können, aber sie hoffte weiterhin, irgendjemanden zu retten, selbst eine so unverhohlen künstliche Figur wie Ângela Pralini, und Clarices Herzenswunsch – »Ich suche jemanden, dem ich das Leben retten kann. Die einzige Person, die mir das ermöglicht, ist Ângela. Und indem ich ihr Leben rette, rette ich auch meines.«[17] – verleiht dem Buch seinen tragischen Glanz. Hier spricht kein fiktionaler Autor mehr, sondern Clarice Lispector.

Sie wusste nur allzu gut, dass sie, wenn sie Ângela sterben ließ, dieser würde folgen müssen. Auf der letzten Seite verschont sie ihre Schöpfung und lässt sie wie von einer Bühne abtreten: »Ich weiche zurück mit dem Blick, mit meiner Kamera, und Ângela wird klein, immer kleiner und noch kleiner – bis ich sie aus den Augen verliere.« Ângela mag das Bild von einem Bild sein – »Das Ich, das in diesem Buch erscheint, bin nicht ich«[18] Ângela mochte das Bild von einem Bild gewesen sein, aber sie war buchstäblich auch Clarice. Olga Borelli begriff, dass dies keine theoretische Verbindung war: »Sie bittet, sterben zu dürfen … Ich ließ einen Satz aus, um die Gefühle der Familie zu schonen. Schließlich bestand das Buch aus Fragmenten, und eines berührte mich zutiefst, nämlich ihre Erklärung: ›Ich betete zu Gott, er möge Ângela eine Krebskrankheit schicken und sie möge sie nicht mehr loswerden.‹ Weil Ângela nicht den Mut hat, sich umzubringen. Aber das muss sein, denn sie sagt: ›Gott bringt niemanden um. Der Mensch ist es, der stirbt.‹ Auch Clarice meinte, dass jeder die Art seines Todes wählt.«[19]

43
LISPECTOR'SCHES SCHWEIGEN

Am 28. November 1975, nach einem Erntedank-Essen mit seiner Tochter Clarissa und ihrer amerikanischen Familie, starb Erico Verissimo in Porto Alegre. Clarice war bestürzt. »[D]er Schock war so groß, dass mein Blutdruck fast auf null sank und ich das Bett hüten musste, so entkräftet, dass ich nicht einmal mehr die Hände bewegen konnte«, schrieb sie an Mafalda: »Entschuldige, dass ich Dich in einem solchen Augenblick im Stich gelassen habe. Außerdem hätte ich Dich gerne besucht – so unglaublich und unlogisch das auch klingen mag –, um mich von Dir trösten zu lassen.«[1]

Für Clarice war es das traurige Ende eines aufreibenden Jahres, in dem sie wie so oft Schwierigkeiten mit Verlegern gehabt hatte. Ein paar Monate zuvor hatte Álvaro Pacheco von Artenova unter dem Titel *Ganzkörperbild* eine Sammlung der Interviews herausgebracht, die sie im Lauf der Zeit mit berühmten Brasilianern geführt hatte. Damit war die Zahl ihrer von Pacheco veröffentlichten Bücher auf fünf gestiegen. Hinzu kamen: *Aqua viva*, *Der Kreuzweg des Körpers*, *Wo warst du in der Nacht* und die Anthologie *Die Nachahmung der Rose*.

»Artenova war kein Verlag, sondern eine Druckerei«, sagte Alberto Dines, dessen Texte dort ebenfalls eine Zeit lang erschienen.[2] Clarice mochte Pacheco zunächst, als er für *Aqua viva* bereit war, ein Wagnis einzugehen. Aber als perfektionistische Schriftstellerin konnte sie die Schlampigkeit nicht leiden, mit der ihre Bücher publiziert wurden. Besonders im Vergleich mit den eleganten Ausgaben, die die Editora do Autor und Sabiá für sie produziert hatten, wirken die Artenova-Erzeugnisse tatsächlich besonders hässlich. Zum Beispiel ist die Erstausgabe von *Der Kreuzweg des Körpers* mit einer unerklärlich grotesken, bräunlich-gelblichen afrikanischen Maske verziert.

Aber Clarice drückte ein Auge zu, bis sie das Gefühl hatte, um ihre Tantiemen betrogen zu werden. »Es widerstrebte ihm, Autoren für ihre Arbeit zu bezahlen«, sagte Dines über Pacheco. »Er glaubte, Schriftstellern dadurch, dass er sie veröffentlichte, einen Gefallen zu tun.« Trotz ihrer juristischen Ausbildung war Clarice nie in der Lage gewesen, ihre eigenen Verträge zu überprüfen. Diese geschäftliche Inkompetenz war ein Teil der kindlichen Hilflosigkeit, die Dr. Azulay ihr bescheinigt hatte. Aber nun, als ihre Honorarabrechnungen beleidigend niedrig wurden, roch sogar sie Lunte. »Selbst nachdem meine Bücher in Portugal erschienen waren und Übersetzungen in Frankreich, den USA und anderen Ländern und selbst nachdem meine Arbeiten in einer Unmenge von Anthologien brasilianischer Autoren gedruckt worden waren, habe ich niemals nur von der Literatur gelebt. Das lag jedoch nicht an einem Desinteresse des Publikums an meinem Werk, sondern an dem Missbrauch, den die Verleger zu ihrem eigenen Nutzen damit treiben.«³

Sie rief bei Artenova an, um die Angelegenheit zu besprechen. Nach mehreren Versuchen gelang es ihr, ein Treffen mit Pacheco zu vereinbaren, und sie stieg sofort in ein Taxi. Als sie dreißig Minuten später eintraf, beschied man sie zu warten: Der Chef sei mit einer Gruppe von Ausländern zum Mittagessen gegangen. Nachdem er schließlich, geruhsame zwei Stunden später, zurückgekehrt war, händigte er ihr insgesamt 140 Cruzeiros aus, ihre Tantiemen für ein halbes Jahr und für alle fünf Bücher. Olga hatte Clarice noch nie so wütend gesehen. Sie stürmte hinaus und schenkte das Geld einem Bettler.⁴

Clarices Freundin Nélida Piñon, eine Romanschriftstellerin spanischer Herkunft, die gute Beziehungen im Land ihrer Vorfahren hatte, machte sie bekannt mit Carmen Balcells, der Literaturagentin in Barcelona, die viele erstklassige lateinamerikanische Autoren – von Gabriel García Márquez bis hin zu Julio Cortázar und Mario Vargas Llosa – vertrat. (»Als Cervantes erschien«, schwärmte der mexikanische Schriftsteller Carlos Fuentes, »war Carmen Balcells schon da.«)⁵ Endlich, wenn auch Jahre nachdem es für ihre Karriere eine entscheidende Rolle gespielt hätte, wurde Clarice professionell vertreten.

*

Da diese unangenehmen Kapitel hinter Clarice lagen, schien 1976 zu einem besseren Jahr zu werden. Gleich zu Beginn konsultierte Clarice das *I Ging*. »Mit welcher Einstellung soll ich das Jahr 1976 angehen?«, fragte sie den altchinesischen Text. »Was erwartet mich in diesem Jahr?«

Antwort: 42. »Wachstum.«
»Wie soll ich mein Buch gestalten?«
Antwort: 8. »Einheit.«
»Werde ich *sublimity* haben, Wagemut, Durchhaltevermögen?«
Antwort: 55. »Überfluss«.⁶

Das Orakel hatte in gewissem Sinne recht. Sie sollte endlich die »Fülle« einer anhaltenden breiten Anerkennung genießen, die man ihr vorher zumeist nur widerwillig und unter Vorbehalt hatte zukommen lassen. Ein wenig erstaunt über die große Aufmerksamkeit, notierte sie sich alles, was geschah, als könne sie ihr Glück nicht fassen.

Dieses Jahr ist um mich herum einiges los. 1) *Colóquio Letras* [eine portugiesische Literaturzeitschrift] hat mich um eine Kurzgeschichte gebeten; 2) die argentinische Literaturzeitschrift *Crisis*, die als möglicherweise beste in ganz Lateinamerika gilt, hat mich um ein Interview gebeten; 3) *Manchete* hat mich interviewt; 4) eine Zeitung aus São Paulo hat mich interviewt; 5) ich wurde nach Bogotá eingeladen; 6) Studenten der Fakultät für Kommunikationswissenschaften in São Paulo drehen zur Zeit einen nichtkommerziellen Film auf Grundlage meines Romans *Eine Lehre*; 7) Globo TV plant für Januar ein »Special« mit der Adaption einer Kurzgeschichte von mir; von einer Zeitschrift kam die Anfrage, ob ich den Rezensionsteil übernehmen würde (ich habe abgelehnt, weil ich keine Kritikerin bin und weil ich die »Umtriebe« vermeiden wollte, die es mit sich bringen würde, wenn mein Name regelmäßig im Rampenlicht wäre); 8) ich wurde nach Marília im Staat São Paulo eingeladen, um mit Studenten zu diskutieren; 9) zahlreiche Unbekannte, noch häufiger als früher, rufen an, um mit mir zu sprechen, manchmal auch, um sich etwas von der Seele zu reden; 10) mich erwartet eine Einladung seitens des Schriftstellers und Kritikers Affonso Romano de Sant'Anna, um mit Studenten der Katholischen Universität über meine Erfahrung im Schaffensprozess zu sprechen; 11) ich wurde als Vertreterin Brasiliens in eine Anthologie mit Kurzgeschichten verschiedener lateinamerikanischer Autoren aufgenommen; meiner Meinung nach sollte man die jungen Schriftsteller interviewen, es sind viele gute dabei, und sie haben eine Menge zu sagen; 12) von Julio Cortázar kam Nachricht, er würde mich gerne kennenlernen; 13) mehrere Übersetzungen meiner Bücher sind erschienen (allerdings verdiene ich daran nicht viel); 14) Marília Pêra verwendet in ihrer Solo-Show Sätze aus meinem Buch *Aqua viva*; 15) zwei brasilianische Zeitschriften haben Erzählungen von mir abgedruckt, und dazu hat Benedito Nunes im vergangenen Jahr ein Buch geschrieben, in dem er mein Werk interpretiert.

Das alles wundert mich ein wenig. Bin ich jetzt etwa in Mode? Und warum beklagen die Leute sich erst, sie würden mich nicht verstehen, und jetzt sieht es so aus, als verstünden sie mich doch?

Eines der Dinge, die mich unglücklich machen, ist diese Sache mit dem *monstre sacré*: Die anderen fürchten mich ohne Grund, da fängt man an, sich vor sich selbst zu fürchten. Tatsache ist, dass einige Leute einen Mythos um meine Person erschaffen haben, und das ist mir überaus hinderlich: Es verschreckt die Menschen, und so werde ich einsam. Aber du weißt ja, das ich im Umgang ganz einfach bin, auch wenn die Seele komplex sein mag. Der Erfolg tut mir geradezu weh: Ich habe ihn als eine Art Invasion erlebt. Selbst wenn es sich nur um einen geringen Erfolg handelt, wie das bei mir manchmal der Fall ist, bringt er meinen Gleichgewichtssinn durcheinander.[7]

Ein Journalist bat sie, zu beschreiben, was für sie einen Freund ausmache.

»Das ist ein Mensch, der mich so sieht, wie ich bin. Der mich nicht zum Mythos erhebt. Der mir erlaubt, bescheiden zu sein.«

»Dir ist es unangenehm, als herausragende Persönlichkeit behandelt zu werden, nicht wahr?«

»Zu viel Lob ist, wie wenn man eine Pflanze zu stark gießt. Dann fault sie.«

»Erschreckt sie das?«

»Sie stirbt.«[8]

Zur selben Zeit, gegen Ende ihres Lebens habe Clarice gewusst, sagte ihre Schwester Tania, wie unnachahmlich ihr Werk gewesen sei, und dieses Wissen sei ein persönlicher Ausgleich für die Tiefen gewesen, die sie in ihrem Leben durchgemacht habe. Um 1976 wurde ihre Leistung endlich weithin anerkannt und gefeiert. Obwohl sie darüber zwiespältig dachte, bedeutete dies für sie durchaus eine gewisse Ermutigung.

*

Am 7. April 1976 heiratete Clarices Sohn Paulo, der dreiundzwanzig Jahre alt war. Er hatte bereits seit mehr als einem Jahr eine eigene Wohnung gehabt. Rosa Cass erinnerte sich, dass »Clarice fast auf der Stelle umfiel«, als er auf das Thema zu sprechen kam und um seinen Anteil an Maurys Unterhalt bat, damit er sich eine Existenz aufbauen könne. Rosa riet Clarice, ihn ziehen zu lassen: »Dann wirst du mehr von ihm haben, als wenn du versuchst, dich an ihn zu klammern.«[9]

Und sie klammerte sich wirklich an ihn. Paulo wohnte nicht weit entfernt in Leme und traf sich fast jeden Tag mit ihr zum Mittagessen. Bald verlobte er sich mit einer Frau namens Ilana Kaufman. »Clarice war überglücklich, weil Ilana Jüdin war«, sagte Rosa. Sie versicherte Clarice, dass Paulo, wenn sie eine aufdringliche jiddische *Mame* gewesen wäre, niemals ein jüdisches Mädchen geheiratet hätte. Clarice stimmte ihr aus ganzer Seele zu und teilte Elisa angeblich mit, Paulos Ehe biete eine Möglichkeit, sie für ihre eigene zu entschädigen.[10]

Clarice war nervös wegen der Hochzeit. Einer der Gründe mochte gewesen sein, dass Maury und Isabel aus Montevideo anreisen würden – das erste und letzte Mal, dass Clarice der zweiten Frau ihres Exmannes begegnen sollte. Sie war Isabel jedoch sehr dankbar dafür, dass sie sich um Pedro kümmerte, und die frühere Frostigkeit ihrer Beziehung schmolz bald dahin.

Sie bat Maria Bonomi, aus São Paulo zu ihr zu kommen, da sie sich davor fürchte, allein zu bleiben. Weil Clarice nicht locker ließ, kam Maria tatsächlich, obwohl sie nicht begriff, wie es der Mutter des Bräutigams an Gesellschaft fehlen konnte. Aber zu ihrer Überraschung erwiesen sich Clarices Vorahnungen als begründet. Die anderen Gäste gingen dem »*monstre sacré*« mit all seinen sozialen Hemmungen aus dem Weg, und Maria war froh, ihr zur Seite stehen zu können.

Natürlich ignorierte man Clarice nicht völlig. Eine Tante trat auf sie zu und erwähnte zu Clarices ungeheurer Verblüffung, dass Mania Lispector ebenfalls allerlei geschrieben habe, nämlich ein Tagebuch und Gedichte. Dies war Clarice völlig neu. Vielleicht hatte ihre Mutter nach all den Katastrophen, von denen sie und ihre Familie in der Heimat heimgesucht worden waren, aufgehört zu schreiben, oder vielleicht hatte sie auch in Brasilien an der Gewohnheit festgehalten, bis sie infolge ihrer fortschreitenden Krankheit nicht mehr die nötige Energie aufbrachte. Jedenfalls hatte Clarice nichts von dieser Gemeinsamkeit mit Mania geahnt. Ihre eigenen Texte waren immer so eng mit ihrer Mutter verknüpft gewesen, dass sie die Neuigkeit kaum fassen konnte. »Es war ein Geschenk, das zu erfahren.«[11]

*

Etwas später wurde sie im April zu einer Buchmesse in Buenos Aires eingeladen. Sie reiste mit Olga Borelli und fand ihre Bücher überraschend in unautorisierten – und folglich nicht honorierten – spanischen Übersetzungen vor. Auch der Grad des Interesses, mit dem man ihrem Werk in Argentinien begegnete, erstaunte sie. »Ich war verblüfft, als ich ankam, ich wusste nicht, dass man mich dort überhaupt kennt«, sagte sie nach ihrer Rückkehr. »Es gab einen Cocktail-empfang, dreißig Journalisten. Ich habe im Radio gesprochen. Alles ein bisschen wie ferngesteuert, denn (*lacht*) das alles war so seltsam, es kam so überraschend, dass ich einfach mitmachte, ohne zu wissen, was los war. Ich war mir nicht ein-mal darüber im Klaren, dass ich im Radio sprach. Keine Ahnung. (*Pause*) Eine Frau dort hat mir die Hand geküsst.«[12]

Im nächsten Monat hatte sie eine weitere Gelegenheit, ihrer Mutter zu geden-ken. Am 30. Mai 1976 trafen Clarice und Olga in Recife ein. Im Flugzeug begeg-nete sie Alberto Dines und ließ ihn wissen, sie werde »sich mit dem jüdischen Essen vollstopfen«, das ihre Tante, Mina Lispector, ihr versprochen habe. Minas Sohn Samuel hatte die Reise ermöglicht. Er war im Billigsektor des Juwelier-markts erfolgreich gewesen und sollte später ein Wohnhaus an der Avenida Boa Viagem, der exklusivsten Straße von Recife, bauen und nach seiner geliebten Cousine benennen.

Sie wohnte im Hotel São Domingos, auf derselben Praça Maciel Pinheiro, dem *pletzele*, wo sie ihre Kindheit verbracht hatte. Das alte Haus, von dessen Balkon die gelähmte Mania in ihren letzten Tagen hinuntergestarrt hatte und das die Familie hatte verlassen müssen, weil sie fürchtete, es könne einstürzen, trotzte im-mer noch der Schwerkraft. »Das Haus hat lediglich die Farbe gewechselt«, meinte Clarice.[13] Ab und zu setzte sie sich auf eine Bank auf dem Platz, um hingerissen dem markanten pernambucischen Dialekt der Obstverkäufer zu lauschen.

Clarice war keine gute Rednerin, wie Samuels Frau, Rosa Lispector, nach der Vorstellung im Kulturzentrum bemerkte. Auch hatte sie Angst davor, fotogra-fiert zu werden. Nach ihrem Auftritt stürmten die Presseleute nach vorn, und Clarice rief: »Keine Bilder, keine Bilder!« Rosa fiel auf, dass Olga mit Clarice sprach, als wäre sie ein Kind. »Willst du nicht zur Toilette gehen?«, fragte sie sanft, und Clarice ließ sich dorthin führen.[14] In Rosa weckte sie den gleichen Beschützerinstinkt. Als sie herausfand, dass Clarices Schuhe drückten und sie die gleiche Größe hatten, zog Rosa einfach ihre Schuhe aus und gab sie Clarice, wäh-rend sie selbst barfuß ging. Auf die Frage einer Reporterin, was den größten Ein-fluss auf ihr Leben gehabt hatte, antwortete Clarice: »Ich denke, meine Geburt und ihr Geheimnis.«[15]

Sie sollte die Stadt ihrer Kindheit nie wiedersehen. Doch nach Jahren, in denen Clarice keine Reisen unternommen hatte, war sie nun allerorts gefragt. Im Juli 1976 erfuhr sie von einer großen Ehre: Ihr Lebenswerk sollte von der Kulturstiftung des Bundesbezirks in Brasília gewürdigt werden. Mit dem Preis wurden der Siegerin stattliche 70 000 Cruzeiros verliehen.

Bevor sie nach Brasília aufbrach, gab sie einem Journalisten namens Edilberto Coutinho ein Interview. Im Gegensatz zu den vielen Reportern, die sich mit ein paar widerwillig hervorgebrachten Sätzen hatten begnügen müssen, fand Coutinho sie in einer so gesprächigen Stimmung vor, dass sie, wenn er nicht die Initiative ergriffen und sich verabschiedet hätte, vielleicht die ganze Nacht hindurch nicht zum Ende gekommen wäre.[16]

»Ich war überglücklich«, sagte sie. »Ich hatte das nicht erwartet. Eine ganz große Überraschung. Aber dann war ich bald sehr deprimiert. Dass ich all dieses Geld bekomme, während so viele Kinder dort draußen es brauchen würden ...«

»Warum spendest du den Kindern kein Geld?«, fragte Coutinho.

»Weil es sich die Erwachsenen unter den Nagel reißen würden. Weißt du, ich habe schon mal versucht, die Welt zu ändern. Deshalb habe ich ja Jura studiert. Mich beschäftigte das Problem des Strafvollzugs. Aber seit ich erfahren habe, dass ich den Preis bekomme, kann ich nur noch an eines denken: an Kinder, die furchtbaren Hunger leiden, an verhungerte Kinder. Aber mein Gott, wer bin ich, um die Dinge zu ändern?«

In mitteilsamer Stimmung sagte sie ein paar Worte über die Juden als das erwählte Volk – »Aber ich glaube nicht an diesen Unfug, dass die Juden das auserwählte Volk Gottes seien. Von wegen. Wohl eher wären das die Deutschen, die haben schließlich getan, was sie getan haben. Die Juden und auserwählt? Ich bitte Sie.« – sowie über ihre Eitelkeit, die nichts mit ihrem Schreiben zu tun hatte: »Ich mag es, wenn man mich schön findet«, gestand sie. »Das schon. Es tut mir sehr, sehr gut. Ich hatte schon viele Bewunderer. [...] Es gibt Männer, die mich auch in zehn Jahren nicht vergessen konnten. Da war dieser amerikanische Dichter, der damit drohte, sich umzubringen, weil ich seine Liebe nicht erwiderte. Über solche Sachen denke ich oft nach.«[17]

In Brasília sagte sie erleichtert und froh: »Dieses Geld habe ich wirklich gebraucht. Ich fühle mich beschämt, denn ich verdiene den Preis nicht. Jemand sagte mir, einen Preis zu erhalten bedeute, dass man meint, wir hätten uns zur Ruhe gesetzt. Aber ich werde mich nie zur Ruhe setzen. Ich hoffe zu schreiben, bis ich tot bin.«[18]

Am 20. Oktober gab sie ein langes Interview für das Bild-und-Ton-Museum in Rio de Janeiro, das Aufzeichnungen namhafter Persönlichkeiten sammelte. Das Interview wurde von engen Freunden geführt, darunter Marina Colasanti und Affonso Romano de Sant'Anna. Die familiäre Atmosphäre gestattete Clarice, sich zu entspannen und sich unbesorgt zu äußern. Doch trotz ihres Entgegenkommens wurde zunehmend deutlich, dass sie nicht gesund war.

Im selben Monat besuchte sie Porto Alegre, den Wohnsitz von Mafalda Verissimo, um an einer Schriftstellerkonferenz teilzunehmen. »Als ich sie wiedersah«, sagte der Autor Luiz Carlos Lisboa, »war ich schockiert. Sie war bereits sehr krank, hatte verquollene Augen und erkannte mich kaum. Zum ersten Mal bemerkte ich, dass sie ihren Arm versteckte. Trotzdem konnte ich noch die bezaubernde Frau wahrnehmen, die sie in ihrer Jugend gewesen war.«[19]

Caio Fernando Abreu, ein junger Schriftsteller aus Porto Alegre, der von ihr besessen war – »Ich musste mir schließlich verbieten, Clarice Lispector zu lesen. Ihre Bücher vermittelten mir den Eindruck, dass alles bereits geschrieben sei, dass es nichts mehr zu sagen gebe« –, erinnerte sich an diese Reise: »Sie – die fast kein Wort sagte, ausgiebig rauchte und es kaum ertragen konnte, mit anderen zusammen zu sein – lud mich in ein Café an der Rua da Praia ein. Wir gingen los. Dichtes, Lispector'sches Schweigen. An der Bar fragte sie mich, durch den Zigarettenrauch hindurch und mit diesem extrem seltsamen Akzent urplötzlich: ›Wie heißt diese Stadt noch?‹ Dabei war sie schon seit drei Tagen in Porto Alegre.«[20]

Nach Rio zurückgekehrt, wurde sie kurze Zeit im Krankenhaus behandelt. Sie schrieb Mafalda und versprach ihr, sich selbst von Schlaftabletten und Beruhigungsmitteln zu entwöhnen.[21] Aber nach so vielen Jahren war dies leichter gesagt als getan. Eine makabre Anekdote aus jener Zeit lässt erahnen, wie sehr sie von ihrer Schlaflosigkeit geplagt wurde und wie hilflos sie gegenüber der schrecklichen, daraus resultierenden Sucht war. Clarice, der es wichtiger war, attraktiv zu sein als eine große Schriftstellerin, heuerte einen Visagisten namens Gilles an, der einmal monatlich bei ihr vorsprach und ihr ein »permanentes« Make-up auftrug.

Monat für Monat nahm Clarice, umgeben von Zeitschriften und Zeitungen und mit griffbereiter Schreibmaschine, Gilles' Termine wahr. Er hob die Blondtöne an ihren Augenbrauen hervor, brachte künstliche Wimpern an und trug fleischfarbenen Lippenstift auf. Clarice sprach ein wenig über sich selbst und erzählte ihm beispielsweise, dass sie ihren Mann verlassen habe, weil sie Schriftstellerin habe werden wollen; daneben erwähnte sie, dass sie keinen Sinn darin sehe, noch länger zu leben. Aber diese Geständnisse hatten Gilles nicht darauf vorbereitet, um ein Uhr morgens von der berühmten Schriftstellerin geweckt zu werden oder mitten in der Nacht zu den Make-up-Sitzungen erscheinen zu müssen.

Wie so viele andere, die ihre Verletzlichkeit spürten und unerhörte Ausnahmen für sie machten, ging Gilles auf ihre Wünsche ein. Gelegentlich saß sie, wenn er in ihrer Wohnung eintraf, in tiefem Schlaf da, weil sie ihre Tabletten genommen hatte. Clarice hatte Siléa, ihre bei ihr wohnende Assistentin, und Gilles vor dieser Möglichkeit gewarnt und sie angewiesen, sich trotzdem ans Werk zu machen. Der geduldige Kosmetiker tat, was er konnte. Die falschen Wimpern waren, wie er sich erinnerte, die größte Herausforderung.[22]

44

STIMME AUS DEM GRAB

Das dauerhafteste Bild von Clarice Lispector am Ende ihres Lebens, vielleicht das dauerhafteste Bild von Clarice Lispector überhaupt, stammt aus einem Interview, das sie im Februar 1977 gab.[1] Dies war das einzige Mal, dass Clarice sich vor einer Kamera äußerte, und da das Interview so einzigartig ist, hat es sich viel stärker auf ihr öffentliches Image ausgewirkt als frühere Befragungen, bei denen sie jünger, gesünder und dynamischer war.

Das Material ist nicht leicht anzuschauen. Mit ihrem berühmten durchdringenden Blick starrt Clarice, deren Gesicht eine fast unbewegliche Maske ist, den Interviewer an. Sie sitzt auf einem tristen Ledersessel, umklammert eine große weiße Handtasche mit der linken und hält eine Hollywood-Zigarette in der rechten, verbrannten Hand. In der Mitte eines riesigen grauen Studios unaufhörlich rauchend, immer wieder lange und bedeutungsträchtig schweigend, beantwortet sie die Fragen mit ihrer seltsamen, unmissverständlichen Stimme.

Alle im Raum hatten das Gefühl, etwas Bedeutsames mitzuerleben, sagte der Interviewer, ein jüdischer Journalist namens Julio Lerner. Er war sich der hohen Signifikanz des Augenblicks bewusst und verspürte eine Verantwortung vor der Geschichte: »Weder Kafka noch Dostojewski, noch Fernando Pessoa, noch Peretz« würden je auf einem Film festgehalten werden. Seine Aufgabe war es, Clarice Lispector festzuhalten. Dafür standen ihm dreißig Minuten zur Verfügung.[2]

Sie war mit Olga Borelli in den Studios von TV Cultura in São Paulo eingetroffen, um an einer Sendung über Filme teilzunehmen. Der Programmdirektor des Senders nutzte die Chance, sie um ein persönliches Interview zu bitten, und zum allgemeinen Erstaunen akzeptierte sie. Lerner wurde aus seinem Büro herbeigeholt und hatte keine Zeit, sich auf das Gespräch vorzubereiten. »Innerhalb von nur fünf Minuten werden mir, außerhalb der normalen Arbeitszeit, ein Studio und ein Team für das Interview mit ihr zugewiesen. Es ist 16.15 Uhr, und ich habe nur eine halbe Stunde Zeit ... Um 17 Uhr beginnt das Kinderprogramm, und ich muss Studio B fünfzehn Minuten vorher verlassen.«

Bei der Begegnung mit ihr wurde er »von dem schutzlosesten Blick durchbohrt, den ein Mensch auf einen anderen richten kann«. In einem extrem heißen Studio – Februar ist der Höhepunkt des südlichen Sommers – und unter starker Beleuchtung stellte er die erstbeste Frage, die ihm einfiel.

»Ist es schwieriger für Sie, mit einem Erwachsenen zu kommunizieren oder mit einem Kind?«

»Wenn ich mit einem Kind spreche, ist das einfach, ich bin ja sehr mütterlich. Wenn ich mit einem Erwachsenen spreche, dann spreche ich eigentlich mit dem geheimsten Teil in mir selbst. Da ist es dann schwierig.«

»Sind Erwachsene immer einsam?«

»Erwachsene sind traurig und einsam.«

»Und Kinder?«

»Kinder … haben Phantasie und sind darin ungehemmt.«

»An welchem Punkt, glauben Sie, verwandelt sich der Mensch in ein trauriges und einsames Wesen?«

»Ah, das ist geheim.« (Hält inne.) »Entschuldigen Sie, darauf werde ich nicht antworten.« (Hält abermals inne.) »An gleich welchem Punkt im Leben, da reicht schon ein kleiner, unerwarteter Schock, und es passiert. Aber ich bin keineswegs einsam. Ich habe viele Freunde. Und traurig bin ich heute nur, weil ich müde bin. Im Allgemeinen bin ich fröhlicher Natur.«

Sie spricht über die widersprüchliche Auswirkung ihrer Bekanntheit:

»Halten Sie sich für eine populäre Autorin?«

»Nein.«

»Warum nicht?«

»Nun, man bezeichnet mich doch als hermetisch. Wie soll ich populär sein, wenn ich hermetisch bin?«

»Und was halten Sie von dieser Aussage, die wir in Anführungszeichen setzen wollen – dass Sie ›hermetisch‹ seien?«

»Ich verstehe mich. Das heißt, für mich bin ich nicht hermetisch. Na ja, es gibt da eine Kurzgeschichte von mir, die ich nicht sehr gut verstehe.«

»Welche ist das?«

»›Die Henne und das Ei‹.«

»Unter all Ihren Arbeiten gibt es sicherlich eine, die Ihnen am liebsten ist. Welche liegt Ihnen bis heute am meisten am Herzen?«

»›Die Henne und das Ei‹, die mir ein Rätsel bleibt … Ein Text von mir über einen Banditen, einen Verbrecher namens Mineirinho, der von dreizehn Kugeln durchlöchert starb, wo eine gereicht hätte. Und der den heiligen Georg verehrte und eine Geliebte hatte. Das hat mich wahnsinnig aufgebracht …«

[…]

»Was ist heutzutage in Ihren Augen die Rolle des brasilianischen Schriftstellers?«

»So wenig wie möglich zu reden …«

[…]

»Sie haben, glaube ich, häufig Kontakt mit Studenten …«

»Manchmal kommen sie zu mir, aber häufig haben sie Angst, mich zu stören, sie haben große Bedenken, dass ich sie nicht empfangen könnte …«

»Wieso?«

»Ich weiß nicht. Ich weiß nicht, warum.«

»Aber diejenigen, denen es gelingt, ihre Schüchternheit zu überwinden …«

»Die fühlen sich wohl bei mir, sie trinken Kaffee mit mir, kommen zu mir ins Haus, und ich empfange sie wie … wie Freunde.«

»Was beschäftigt die jungen Leute, was geht aus diesen Begegnungen hervor?«

»Etwas Merkwürdiges geht daraus hervor: Sie sind auf meiner Wellenlänge.«

»Was bedeutet das, auf Ihrer Wellenlänge?«

»Wissen Sie, manchmal fühle ich mich isoliert, und dann sehe ich auf einmal, dass Studenten, sehr junge Menschen, voll und ganz auf meiner Seite stehen. Dann verblüfft mich das, und es ist eine Genugtuung, nicht wahr?«

[…]

»Welches Ihrer Bücher erreicht das junge Publikum Ihrer Meinung nach am besten?«

»Kommt darauf an. Das kommt wirklich darauf an. Mein Buch *Die Passion nach G. H.* zum Beispiel – einmal besuchte mich ein Portugiesischlehrer vom Colégio Pedro II [einem Elite-Gymnasium in Rio de Janeiro] und sagte, er habe das Buch viermal gelesen und könne nicht sagen, worum es darin geht. Am nächsten Tag kommt eine junge Frau von siebzehn Jahren, eine Studentin, und sagt, das sei ihr Lieblingsbuch. Man wird einfach nicht schlau daraus.«

»Und das ist Ihnen auch bei anderen Ihrer Arbeiten passiert?«

»Ja. Entweder berühren sie die Leute oder eben nicht. Also, mir scheint, dass Verstehen keine Frage der Intelligenz ist, sondern davon, dass man etwas fühlt, dass man in Verbindung tritt. So sehr, dass der Lehrer, der Portugiesisch, Literatur, unterrichtet und bestens geeignet sein müsste, mich zu verstehen, mich eben nicht verstand, die Siebzehnjährige hingegen las das Buch ein ums andere Mal. Anscheinend gewinne ich durchs mehrmalige Lesen, was für mich eine Erleichterung ist.«

»Glauben Sie, dass diese Verständnisschwierigkeiten nur bestimmte zeitgenössische Kreise betreffen und von neuen Generationen auf Anhieb überwunden werden könnten ...?«

»Ich habe keine Ahnung. Ich habe nicht die leiseste Ahnung. Ich weiß nur, dass mich früher niemand verstanden hat. Und jetzt versteht man mich.«

»Wie erklären Sie sich das?«

»Ich glaube, dass sich alles verändert hat, denn ich habe mich nicht verändert. Ich ... soweit mir bewusst ist, mache ich keine Zugeständnisse.«

Dies ist der letzte Rest des trotzigen Stolzes, den die junge Joana auf ihre Einzigartigkeit empfindet, doch nun wird er mit der resignierten Stimme einer Frau vorgebracht, die weiß, dass ihr Leben zu Ende geht. Dann folgt der unheimlichste Moment des Interviews: Clarice scheint ihren bevorstehenden Tod anzukündigen.

»Kommt das heute noch vor, dass Sie etwas, das Sie geschrieben haben, in Stücke reißen?«

»Ich lege es weg oder ich ... Nein, ich reiße es in Stücke«, sagt sie in plötzlichem Unwillen.

»Ist das eine durchdachte Handlung oder eine Gefühlsaufwallung?«

»Wut, ein Stück weit ist es Wut.« (Ihr Ton wird hart: Sie sieht zu Boden, und ihre Hände spielen unruhig mit der Zigarettenschachtel.)

»Auf wen?«

»Auf mich selbst.«

»Warum, Clarice?«

»Ich weiß nicht, ich bin etwas müde.«

»Wovon?«

»Von mir selbst.«

»Aber wenn Sie an etwas Neuem schreiben, werden Sie dann nicht wiedergeboren und erneuern sich?«

»Also« (sie atmet tief durch und hebt dann den Blick), »jetzt bin ich gestorben. Wir werden sehen, ob ich wiedergeboren werde. Einstweilen bin ich tot. Ich spreche aus meinem Grab.«

Die Kamera schwenkt und zeigt einen Raum, der so kahl, heiß und still ist wie das Zimmer, in dem G. H. die Kakerlake vorfand. Der Kameramann und Olga Borelli schweigen, während eine Praktikantin dasteht und leise weint. Clarice bittet Lerner flüsternd, das Material erst nach ihrem Tod auszustrahlen. Der Wunsch würde respektiert werden.

45
UNSERE LIEBE FRAU VOM GUTEN TOD

Es war nicht das erste Mal, dass Clarice erklärte, sie werde bald sterben. In vielen ihrer Werke hatte sie sich ihren Tod vorgestellt. »Ah, wie sie sterben wollte«, schrieb sie in *Eine Lehre*. »Noch nie hatte sie erlebt, wie man starb – was für ein Weg ihr da noch offenstand.«[1] »Ich weiß fast schon, wie es nach meinem Tod sein wird«, sagte sie 1975 einer portugiesischen Journalistin. »Das leere Wohnzimmer, der Hund, der vor Einsamkeit dahinsiecht. Die Fenster meiner Wohnung. Alles leer und ruhig.«[2]

Da war der Satz, den Olga aus *Ein Hauch von Leben* entfernen sollte – »Ich betete zu Gott, er möge Ângela eine Krebserkrankung schicken und sie möge sie nicht mehr loswerden« –, und da war ihre unvermittelte Erklärung gegenüber Olga zwei Jahre zuvor: »Ich werde an einem hässlichen Krebs sterben.« Da war ihr Anruf bei Jacob David Azulay: »Sie hatte vom Tod meiner Mutter gehört und wollte mir ein paar tröstende Worte sagen. Meine Mutter war ein paar Tage vorher gestorben, an einer Komplikation im Magen-und-Darm-Bereich. Als ich Clarice dies mitteilte, erwiderte sie: ›Sehen Sie, Dr. Azulay, ich werde gerade so sterben wie Ihre Mutter.‹ Und das war 1972! Ich erinnere mich, dass sie mir häufig sagte: ›Herr Doktor, dieses Jahr überstehe ich nicht.‹ Das Leben war eine Qual für sie. Sie wollte nicht mehr leben.«[3]

Laut Olga besaß Clarice »ein für sie selbst und andere unerträgliches Genie«.[4] Im Juni 1977 spürte sie bereits die ersten Anzeichen einer Krankheit. Vielleicht wurde sie durch eine Vorahnung ihres Endes veranlasst, praktisch von einem Moment zum anderen nach Paris zu reisen, wo sie plante, einen Monat mit Olga zu verbringen. Sie traf am 19. Juni dort ein, wollte jedoch fast sofort wieder abreisen. Die Stadt war voll von schmerzlichen Erinnerungen – an ihre verlorenen Freunde Bluma Wainer und San Tiago Dantas, an ihre Jahre mit Maury, an ihre verblichene Schönheit und Jugend –, und fünf Tage später landete sie wieder in Rio de Janeiro.

Nach ihrer Rückkehr führte die Journalistin Norma Couri, Alberto Dines' Frau, ein Gespräch mit ihr. Während der Unterhaltung erwähnte Clarice, dass sie auf der Straße stets gegen die nahende Menschenmenge anging.[5] »Sie war ein brutales Beispiel für die Einzigartigkeit der menschlichen Persönlichkeit«, schrieb eine Freundin nach Clarices Tod.[6] Ihre unbeugsame Individualität sollte den letzten und größten Ausdruck in dem Buch finden, das sie im Oktober veröffentlichte: *Die Sternstunde*.

*

Ein Großteil von Clarice Lispectors späterem Ruhm und ihre anhaltende Beliebtheit bei einem breiten Publikum beruhen auf diesem schmalen Buch, in dem sie sämtliche Facetten ihres Werkes und ihres Lebens zusammenführte. Explizit jüdisch und explizit brasilianisch, vereinigt *Die Sternstunde* den Nordosten ihrer Kindheit mit dem Rio de Janeiro ihres Erwachsenseins, das »Soziale« mit dem Abstrakten, das Tragische mit dem Komischen, ihre religiösen und linguistischen Fragen mit der narrativen Energie ihrer besten Erzählungen. Damit ist der Band ein angemessenes Denkmal für das »unerträgliche Genie« seiner Autorin. In ihrem legendären Interview mit Julio Lerner erwähnte Clarice einen Roman, den sie gerade fertig gestellt hatte. »Es sind dreizehn«, lächelte Clarice, wenn man sie fragte, wie er heißen sollte, »dreizehn Titel.« »Er erzählt die Geschichte eines Mädchens, das so arm war, dass es nichts als Hot Dogs aß. Aber das ist noch nicht alles. Die Geschichte handelt von einer Unschuld, die mit Füßen getreten wird, einem anonymen Elend …« Aber sie weigerte sich, Lerner den Namen der Protagonistin zu nennen: »Das ist geheim.«[7]

Gemeint ist Macabéa, die, weit mehr noch als die alten Frauen in *Wo warst du in der Nacht*, überflüssig und nutzlos ist, mehr noch sogar als Laura die Henne. »Übrigens habe ich nie ein tölpelhafteres Wesen gesehen als diese Henne. Was sie auch tut, sie liegt immer ein bisschen daneben. Außer beim Fressen. Und natürlich, sie legt Eier, wie es sich gehört.«[8] Macabéa ist so arm, dass sie kaum etwas isst, und ihre Eierstöcke sind, wie Clarice schreibt, vertrocknet.

Sie ist ein bedürftiges Mädchen aus Alagoas, dem brasilianischen Bundesstaat, in dem die Lispectors aus Europa eintrafen; wie die Lispectors und viele Millionen anderer ist sie in die Metropole Rio de Janeiro übergesiedelt. Ihr seltsamer Name, Macabéa, rührt von einem Versprechen her, das ihre Mutter einer im nordöstlichen Brasilien weithin verehrten Heiligen, Unserer lieben Frau vom guten Tod, gab.[9] Damit wird auf die biblische Geschichte der Makkabäer angespielt, der Aufständischen unter der Führung von Judas Makkabäus, einem der größten Helden der jüdischen Geschichte.

Die Makkabäer stehen im Mittelpunkt der Chanukka-Feier, und Clarice dürfte ihre Geschichte schon als Kind gehört haben. Judas Makkabäus und seine Brüder widersetzten sich einem ausländischen König, der den Tempel in Jerusalem entweiht hatte, der die Juden zwang, falsche Götter anzubeten, und der versuchte, alle Rebellen zu vernichten. Widerstand war nicht der leichteste Weg, wie ein Offizier Mattatias, den Vater des Judas, warnte.

»Mattatias aber antwortete mit lauter Stimme: Auch wenn alle Völker im Reich des Königs ihm gehorchen und jedes von der Religion seiner Väter abfällt und sich für seine Anordnungen entscheidet – ich, meine Söhne und meine Verwandten bleiben beim Bund unserer Väter. Der Himmel bewahre uns davor, das Gesetz und seine Vorschriften zu verlassen.«[10]

Judas Makkabäus' Geschichte des Opfers und des hoffnungslosen Kampfes, genau wie der Höhepunkt seines glorreichen »guten Todes«, muss Clarice Lispector gefallen haben, die ihr Leben damit verbracht hatte, sich durch die ihr entgegenkommende Menge durchzukämpfen.

Die »gescheiterte Schriftstellerin« war natürlich die Letzte, die sich für eine Heldin hielt. Aber der Hinweis auf den männlichen und kriegerischen Heldenmut der Makkabäer ist noch ironischer, wenn man ihre Namensvetterin Macabéa betrachtet, eine stinkende, schmutzige, hungernde Stenotypistin, die mit vier anderen Mädchen in einer billigen Pension an der Rua do Acre, in einem verdreckten Teil der Innenstadt von Rio, haust.

*

Ähnlich wie bei ihrem letzten Besuch in Recife, als Clarice an der Praça Maciel Pinheiro gesessen und gebannt dem Dialekt der Obstverkäufer gelauscht hatte, ging sie in ihren letzten Jahren häufig mit Olga auf den nordöstlichen Markt in São Cristóvão. Er wurde unweit der Gegend im Norden abgehalten, wo sie, ihr Vater und ihre Schwestern unmittelbar nach dem Umzug aus Recife nach Rio gewohnt hatten. Dies glich einer doppelten Rückkehr: in den Nordosten ihrer Kindheit und in das Rio de Janeiro ihrer frühen Jugend vor dem Tod ihres Vaters.

Auf dem Markt kamen arme nordöstliche Migranten zusammen, und dort erschien eines Tages auch Macabéas zwielichtiger Freund Olímpico, wie sich Olga Borelli erinnerte.

Nehmen wir Macabéas Olímpico. Er wurde auf einem Ausflug zum nordöstlichen Markt in São Cristóvão geboren. Wir waren bei diesem Besuch damals ausgiebig herumspaziert, und sie aß *beiju* und *rapadura* und hörte sich die nordöstlichen Lieder an. Plötzlich sagte sie: »Setzen wir uns auf die Bank.« Sie ließ sich darauf nieder und schrieb, glaube ich, vier oder fünf Seiten über Olímpico, charakterisierte ihn gründlich, und später sagt sie selbst in dem Buch: »Mir fiel der Blick eines Mannes aus dem Nordosten auf.« Sie fasste seine ganze Geschichte zusammen. Zerstreut nahm sie trotzdem alles um sich herum auf dem Markt zur Kenntnis. Und sie verschlang ihren *beiju* und sprach über dies und das und lachte über den Sänger. Man hätte nie gedacht, dass Clarice bereits an dieser Figur arbeitete.[11]

Macabéas Ursprung war ähnlich, wie Clarice am Anfang des Buches schreibt: »Ich habe nämlich auf einer Straße in Rio de Janeiro im Gesicht eines Mädchens aus dem Nordosten das jähe Gefühl von Verlorenheit aufgefangen. Abgesehen davon, dass ich als kleiner Junge im Nordosten aufgewachsen bin.«[12]

Wie *Ein Hauch von Leben* wird diese »wahre, aber dennoch erfundene« Geschichte von einem Mann, Rodrigo S. M., erzählt, doch hinter ihm ist Clarice Lispector noch sichtbarer als sonst.[13] Das Buch beginnt mit einer »Widmung des Autors (in Wahrheit Clarice Lispector)«, der zwei Seiten später sagt:

Ich weiß, dass es Mädchen gibt, die ihren Körper verkaufen, ihren einzigen wirklichen Besitz, für ein gutes Abendessen statt eines Wurstbrots. Aber die Person, von der ich sprechen werde, hat kaum einen Körper zu verkaufen, niemand will sie, sie ist Jungfrau und harmlos, sie fehlt niemandem. Übrigens – das entdecke ich jetzt – fehle ich auch niemandem im Geringsten, und selbst das, was ich schreibe, würde auch ein anderer schreiben. Ein anderer Schriftsteller, ja, aber es müsste ein Mann sein, denn eine schriftstellernde Frau wird leicht weinerlich und sentimental.[14]

Die sinfonische Widmung – »Ich widme also dieses Ding da dem alten Schumann und seiner sanften Clara, die heute schon länger Staub und Asche sind« –, in der Clarice sämtliche Musiker und Geister aufführt, »die mein Leben bevölkern«, und an »meine alte Armut [erinnern], als alles schlichter und würdiger war und ich noch nie Langusten gegessen hatte«, stellt eine der schönsten Seiten ihres Œuvre dar. Danach folgen die dreizehn Titel, die sie in ihrem Interview mit Julio Lerner erwähnte.

Die Sternstunde
Die Schuld ist mein
oder
Die Sternstunde
oder
Sie soll sich zurechtfinden
oder
Das Recht auf den Schrei

Clarice Lispector

.Was die Zukunft betrifft.
oder
Klage eines Blues
oder
Sie kann nicht schreien
oder
Ein Gefühl von Verlust
oder
Pfeifen im dunklen Wind
oder
Ich kann nichts tun
oder
Aufzeichnung der vorausgegangenen Ereignisse
oder
Tränentreibende Jahrmarktsgeschichte
oder
Unauffälliger Abgang durch die Hintertür

Zwischen den vierten und fünften Titel setzte Clarice Lispector ihren Namen, nicht mit der krakeligen Handschrift, die ein Vermächtnis des Feuers ein Jahrzehnt zuvor war, sondern deutlich, kühn – eine abschließende Bekräftigung der Identität der Schöpferin. Die Zahl dreizehn war ebenfalls nicht zufällig gewählt, wie Olga Borelli ja im Zusammenhang mit Clarices abergläubischer Zahlenobsession und der Entstehung von *Aqua Viva* ausführlich geschildert hatte: »Es ist fast kabbalistisch, nicht wahr?«[15]

Das Buch eröffnet mit Rodrigo S. M.s langwieriger Suche nach der Geschichte, die er erzählen wird. »Daher weiß ich nicht, ob meine Geschichte sein wird – was sein wird? Ich weiß nichts, ich habe mich noch nicht dazu aufgerafft, sie zu schreiben. Wird in ihr etwas passieren? Gewiss. Doch was? Auch das weiß ich nicht.«[16]

Schließlich geht er zur Geschichte Macabéas über, eines Mädchens, das »ungeeignet [war] für das Leben«, eines Mädchens, das weniger als den Mindestlohn verdient. »Es ist sehr einfach: das Mädchen hatte es nicht. Was hatte sie nicht? Einfach nur das: sie hatte es nicht.«[17] Bei der Arbeit macht sie zu viele Fehler – sie hat eine drittklassige Ausbildung – und beschmutzt unweigerlich das Papier.

Macabéa stinkt, aber ihre Mitbewohnerinnen haben Angst, sie zu beleidigen, und bringen es nicht über sich, sie darauf aufmerksam zu machen: »Sie besaß nichts von jenem zarten Ding, genannt Anmut. Nur ich finde sie anmutig. Nur ich, ihr Urheber, liebe sie.« Sie ist eine Waise: »Sie wusste nicht mehr, dass sie Vater und Mutter gehabt hatte, dieser Geschmack war ihr abhandengekommen«, doch sie ist nicht unglücklich, denn ihre Selbsterkenntnis ist so rudimentär wie ihre Ausbildung. »Sie dachte, dass ein Mensch verpflichtet ist, glücklich zu sein. Und daher war sie es.«[18]

Clarice identifiziert sich so vollständig mit dem Mädchen, das es nicht hatte, dass sie hofft, nie eine Aussätzige beschreiben zu müssen, weil sie sofort an Lepra erkranken würde. »(Wenn ich daran denke, dass ich als sie hätte geboren werden können – und warum nicht? – schaudert es mich. Und die Tatsache, sie nicht zu sein, kommt mir feige vor, ich fühle mich schuldig, wie ich es in einer Überschrift sage.)«[19]

Aber Macabéa hat auch ihre Freuden. »Ich bin Stenotypistin und Jungfrau, und ich mag Coca-Cola«, denkt sie voller Genugtuung. Wie Clarice Lispector hört sie sich gern Rádio Relógio an, das »›die genaue Uhrzeit und Kulturnachrichten‹ und keinerlei Musik sendete, nur Tontropfen – jeden verstreichenden Minutentropfen. Vor allem nutzte dieser Kanal die Pausen zwischen den Minutentropfen für Werbung – sie liebte Werbespots. Das war vollendetes Radio, denn die Sendung brachte auch zwischen den Zeittropfen kurze Lektionen, die sie vielleicht eines Tages brauchen konnte. Auf diese Weise lernte sie, dass Kaiser Karl der Große in seinem Land Carolus genannt wurde.«[20]

Sie träumt davon, sich eine Dose Creme zu kaufen, denn sie hat die Anzeige für »Hautcreme, für Frauen, zu denen sie natürlich nicht gehörte«, in einer alten Zeitung gesehen. Das Erzeugnis ist so köstlich, dass sie sich ausmalt, es zu essen.[21] Und nur ein Mal in ihrem Leben belügt sie ihren Chef, um den ganzen Tag in ihrer schäbigen Pension sitzen zu können.

Außerdem hat sie einen Freund, der auf einer verregneten Straße in ihr Leben tritt.

»Und wenn Sie mir verzeihen wollen, wie ist wohl Ihr Name?«
»Macabéa.«
»Maca – wie?«
»-béa«, musste sie vervollständigen.
»Verzeihen Sie mir, das klingt wie eine Krankheit, eine Hautkrankheit.«[22]

Olímpico de Jesus zeigt sich nie viel charmanter, doch Macabéa, die niemanden sonst hat, ist natürlich von ihm bezaubert. Sein Nachname ist »der Nachname der Vaterlosen«, und sein Vorname dient als weitere Anspielung auf die Geschichte der Makkabäer und auf die falschen Götter, die die Juden nicht anbeten wollten, als der Tempel verunreinigt war und »der Tempel des Jupiter Olympius« (auf Portugiesisch: Zeus Olímpico) genannt wurde. In Anlehnung an die heidnischen Götzen, die mit Edelmetallen überzogen waren, hat Olímpico seit Monaten gespart, um einen völlig gesunden Zahn entfernen und durch einen aus Gold ersetzen zu lassen.[23]

Sie wussten nicht, wie man spazieren geht. Sie wanderten durch den strömenden Regen und blieben vor dem Schaufenster einer Eisenwarenhandlung stehen, in dem Röhrchen, Blechbüchsen, lange Schrauben und Nägel auslagen. Und Macabéa sagte aus Angst, das Schweigen könnte schon einen Bruch bedeuten, zu dem Frischverliebten:
»Ich mag Schrauben und Nägel so gerne, und Sie?«[24]

Diese komische Szene erinnert an eine andere, makaberere, die der Autor José Castello beschrieb und die sich ereignete, als Clarice an *Die Sternstunde* arbeitete:

Clarice ist in der Avenida Copacabana stehen geblieben und scheint sich ein Kleid anzuschauen. Verlegen schreite ich auf sie zu. »Wie geht es dir?«, frage ich. Sie braucht eine Weile, bis sie sich umdreht. Zuerst bewegt sie sich nicht, doch dann, bevor ich es wage, meine Begrüßung zu wiederholen, wendet sie sich langsam zu mir, als wolle sie sich überzeugen, woher etwas Beängstigendes gekommen war, und sagt: »Du bist's also.« In jenem Moment bemerke ich entsetzt, dass in der Auslage außer unbekleideten Schaufensterpuppen nichts

zu sehen ist. Aber dann wird mein albernes Entsetzen zu einer Schlussfolgerung: Clarice hat eine Leidenschaft für die Leere.[25]

Macabéa teilt diese Leidenschaft: »Die meiste Zeit war in ihr unbewusst die
Leere, die die Seele der Heiligen füllt. War sie eine Heilige? Anscheinend. Sie
wusste nicht, dass sie meditierte, denn sie wusste nicht, was das Wort bedeutete. Doch mir scheint, dass ihr Leben eine lange Meditation über das Nichts
war.«[26]

Macabéas Beziehung zu dem abscheulichen Olímpico, der unter anderem den
Ehrgeiz hat, als Fleischer zu arbeiten und Kongressabgeordneter zu werden,
endet, als Olímpico sich bessere Aussichten durch ihre Kollegin Glória erhofft,
deren Vater in einer Fleischerei arbeitet und die drei anständige Mahlzeiten am
Tag isst. Zudem hat sie sich, im Gegensatz zu Macabéa mit ihren vertrockneten
Eierstöcken, die Haare »eidottergelb« gefärbt.[27]

Glória ist eine Besserwisserin, die Macabéa dauernd Ratschläge erteilt. Zum
Beispiel empfiehlt sie ihr, einen billigen Arzt aufzusuchen, der dem Mädchen
noch mehr Ratschläge gibt, ihr mitteilt, sie habe Symptome von Tuberkulose,
und ihr dann vorschlägt, mehr »echt italienische Spaghetti« zu essen – ein Gericht, von dem die halb verhungerte Macabéa noch nie gehört hat.

Als Glória Macabéa nahelegt, ihre Hellseherin aufzusuchen, mischt Clarice
sich plötzlich rüde ein.

Ich bin die Literatur restlos leid; nur die Stummheit leistet mir Gesellschaft.
Wenn ich noch schreibe, so weil ich auf der Welt nichts mehr zu tun habe,
während ich auf den Tod warte. Die Suche nach dem Wort im Dunkeln. Der
kleine Erfolg überfällt mich und setzt mich auf die Straße. Ich möchte im
Schlamm wühlen, ich kann mein Bedürfnis nach Verworfenheit kaum beherrschen, ein Bedürfnis nach Orgie und dem absolut schlechtesten Genuss.
Die Sünde zieht mich an, das Verbotene fasziniert mich. Ich möchte Schwein
und Huhn sein und sie nachher töten und ihr Blut trinken. Ich denke an
Macabéas Geschlecht, klein, aber unverhofft bedeckt von dickem, üppigem
schwarzem Haar – ihr Geschlecht war die einzige heftige Kennzeichnung
ihres Daseins.[28]

Im weiteren Verlauf der Erzählung borgt Macabéa sich Geld von Glória und geht
zu der Hellseherin, Madame Carlota, einer früheren Nutte, die in einem für
Macabéa unvorstellbaren Luxus lebt – »Gelber Kunststoff auf Sesseln und Sofas.

Sogar Kunststoffblumen. Kunststoff war der Höhepunkt.« – und die das Mädchen mit ihren liebevollen Worten überwältigt. Sie ist ein »Fan von Jesus. Ich bin verrückt nach ihm«, lässt sie ihre geblendete Besucherin wissen, bevor sie ihre mitreißende Lebensgeschichte erzählt: Begehrt von Freiern im Rotlichtviertel, bekam sie »nur einmal [...] Syphilis, aber das Penicillin hat mich kuriert«.[29] Als ihre weiblichen Reize dahingeschwunden seien, habe Jesus keine Zeit verloren und für sie und eine Kollegin ein eigenes Bordell eingerichtet.

Schließlich ist Madame Carlota es leid, über sich selbst zu sprechen. Sie breitet Macabéas Karten aus und sieht ihr schreckliches Schicksal vor sich. Doch »plötzlich (Explosion) geschah Folgendes: Madames Gesicht leuchtete flammend auf«. Sie versichert Macabéa, dass sich ihr Leben radikal ändern werde, sobald sie das Haus verlassen habe. »Madame hatte recht: Endlich schenkte Jesus ihr Aufmerksamkeit.« Macabéa erfährt, sie werde einen reichen Ausländer namens Hans, »blond und hat blaue oder grüne oder braune oder schwarze Augen«, kennenlernen, der sich in sie verlieben und ihr einen Pelzmantel kaufen werde. Das Mädchen stammelt:

»Einen Pelzmantel braucht man bei der Hitze in Rio nicht ...«
»Du kriegst ihn ja auch nur, um dich schick zu machen. Seit Langem lege ich keine so guten Karten mehr. Ich bin immer aufrichtig: Zum Beispiel habe ich zu dem Mädchen, das gerade raus ist, in aller Offenheit gesagt, dass sie überfahren werden wird. Sie hat herzzerreißend geweint, hast du nicht ihre roten Augen gesehen?«[30]

Macabéa ist überwältigt, verblüfft und bereits von Leidenschaft für Hans verzehrt, womit sich ihr Leben tatsächlich geändert hat. »Und zwar durch Wörter verändert – seit Moses weiß man, dass das Wort göttlich ist.« Kaum ist sie, »zukunftsschwangerer«, aus Madame Carlotas Haus getreten, wird sie von einem riesigen gelben Mercedes überfahren.[31]

*

Auf Vorschlag von Marina Colasanti und Affonso Romano de Sant'Anna hatte Clarice in ihren letzten Jahren häufig eine Wahrsagerin in der Arbeitergegend Méier aufgesucht. Diese Frau mit dem Dickens'schen Namen Dona Nadir lieferte Clarice oftmals rosige Prognosen. »Gesundheit neigt dazu, sich zu verbessern, keine ernsten Probleme. Exmann wird Posten mit Sohn verlassen, dem es

gutgeht und der erhebliche Fortschritte macht. Glück wird Schwierigkeiten ver-
jagen! Romanze bestätigt und in Ihrem Haus. Keine Familienliebe«, schrieb
Dona Nadir beispielsweise am 7. Oktober 1976.[32]

»[Ich war] bei einer Kartenlegerin, und da kam mir ein Gedanke«, erzählte sie
Julio Lerner in dem Interview mit TV Cultura. »Sie sagte mir allerlei Gutes voraus, und als ich später im Taxi zurückfuhr, kam mir der Gedanke, dass es sehr
komisch wäre, wenn mich ein Taxi über den Haufen fahren würde, und ich würde
sterben, nachdem ich all dieses Gute gehört hätte.«[33] Die Kombination war
typisch für Clarice: Sie wollte glauben, und deshalb befragte sie Wahrsager und
Astrologen, aber dann tat sie deren Äußerungen mit einem finsteren und ironi-
schen Scherz ab.

Aber auf die gleiche finstere und ironische Art werden Madame Carlotas Vo-
raussagen wahr. Tatsächlich »begegnet« Macabéa dem Ausländer, der ihr versprochen worden ist. Und mittlerweile glaubte auch Clarice in gewisser Hinsicht an
die Prophezeiungen. In der Widmung des Buches für die Musiker erklärte sie:
»Und – nicht zu vergessen, dass die Struktur des Atoms nicht zu sehen ist, aber
man weiß von ihr. Ich weiß von vielen Dingen, die ich nicht gesehen habe. Und
ihr auch. Vom Vorhandensein dessen, was am wahrsten ist, lässt sich kein Beweis
erbringen, man muss eben glauben.«[34]

»Gott ist die Welt«, schrieb sie auf der ersten Seite von *Die Sternstunde* – ein
letztes fernes Echo des Spinoza, den sie als Studentin gelesen hatte. »Die Wahrheit ist immer eine innere und unerklärliche Berührung. Mein wahrstes Leben ist
unerkennbar, tief innerlich, kein einziges Wort könnte es erfassen.«[35]

Macabéa, die wie Clarice gern über das Nichts meditiert und »im Nein bade[t]«,
ist eine Art Heilige: »Weil ich in der Armut von Körper und Geist an die Heiligkeit rühre, ich, die ich den Hauch meines Jenseits spüren möchte. Um mehr zu
sein als ich selbst, die ich so wenig bin.« »So wie die Kleine aus dem Nordosten
gibt es Tausende von Mädchen, verstreut in Wohnbaracken, Bettstellen von Un-
termieterzimmern, hinter dem Ladentisch schuftend bis zum Umfallen. Sie merken nicht einmal, dass sie leicht zu ersetzen sind und dass sie ebenso gut nicht auf
der Welt sein könnten. Wenige von ihnen beklagen sich, und soviel ich weiß,
beschwert sich keine, weil sie nicht weiß, bei wem. Ob es einen Wem überhaupt
gibt?«[36]

Die quälende Frage bleibt bestehen. »Sie betete, aber ohne Gott, sie wusste
nicht, wer Er war, folglich existierte er nicht«, schrieb Clarice über Macabéa.[37]
Aber nun wusste sie selbst endlich, wer Er war. Als das Buch im Oktober 1977
herauskam, schickte sie Alceu Amoroso Lima ein Exemplar. Dies war der katho-

lische Schriftsteller, der einen einführenden Essay zur Erstausgabe von *Der Lüster* beigesteuert hatte. Jenes Buch, hatte er einunddreißig Jahre zuvor festgestellt, »kündet von der vollständigen Abwesenheit Gottes«. Nun hatte Clarice mit ihrer zittrigen Handschrift in seinen Beleg von *Die Sternstunde* eingetragen: »Ich *weiß*, dass es Gott gibt.«[38]

*

»Noch bevor ich lesen und schreiben lernte, erfand ich schon Geschichten«, sagte Clarice einmal. »Zusammen mit einer eher zurückhaltenden Freundin dachte ich mir sogar eine Geschichte aus, die kein Ende hatte […] Ich fing an, alles war ganz kompliziert; die beiden tot … Dann kam sie herein und sagte, ganz so tot seien sie doch nicht. Und da ging das Ganze von vorne los …«[39]

In *Der Lüster* wird Virgínia von einem entgegenkommenden Auto getötet, doch in *Nahe dem wilden Herzen* vollführt das Kind Joana den gleichen Zaubertrick, den Clarice als Kind ausprobiert hatte: »Sie hatte die Puppe schon angezogen und wieder ausgezogen, hatte sie sich auf einem Fest vorgestellt, wo sie glänzte zwischen all den Töchtern. Ein blaues Auto fuhr durch Arletes Körper, tötete sie. Dann kam die Fee, und die Tochter war wieder lebendig.«[40]

Clarice konnte Ângela nicht sterben lassen; nun, am Ende von *Die Sternstunde*, wollte sie die arme Macabéa immer noch retten. Sobald der Mercedes Macabéa überfährt, eilt sie zurück, um ihr zu helfen, hält jedoch inne: »ich könnte jetzt noch umkehren zu den vergangenen Minuten und fröhlich an der Stelle neu beginnen, da Macabéa auf dem Gehsteig stand – doch es hängt nicht von mir ab, zu sagen, dass der blonde Ausländer sie anblickte. Ich bin schon zu weit gegangen und kann nicht mehr zurück.«[41]

»Ich will auch alles tun, damit sie nicht stirbt«, schreibt Clarice auf der nächsten Seite. »Doch zu groß ist der Wunsch, sie einzuschläfern und mich selber schlafen zu legen.« Der Rest des Buches ist Clarices verzweifelten Versuchen gewidmet, sie zu retten. »Wird Macabéa womöglich sterben? Wie kann ich das wissen? Nicht einmal die dort versammelten Leute wussten es. Obgleich ein Nachbar für alle Fälle eine entzündete Kerze neben den Körper gestellt hatte. Der Luxus der üppigen Flamme schien ein Gloria zu singen.«[42]

Viele Seiten lang hält Clarice das Schicksal des Mädchens in den Händen. »Vorläufig war Macabéa nichts als ein unbestimmtes Gefühl auf den schmutzigen Pflastersteinen. Ich könnte sie auf der Straße liegen lassen und die Geschichte einfach nicht beenden«, schreibt sie, genau wie in Ângelas Fall. Aber Zweifel haben sich eingeschlichen. »Doch wer weiß, ob Sterben ihr nicht nottat? Denn es gibt Augenblicke, da ein kleiner Tod nottut, ohne dass man es merkt.«[43] Macabéa krümmt sich zur Embryonalhaltung.

Dann, dort liegend, spürte sie ein feuchtes höchstes Glücksgefühl, denn sie war für die Umarmung des Todes geboren worden. Der Tod, der in dieser Geschichte meine Lieblingsfigur ist. Würde sie sich selber Lebewohl sagen? Ich glaube, sie wird nicht sterben, weil sie einen so starken Lebenswillen hat. Auch lag eine gewisse Sinnlichkeit in der Art, wie sie sich zusammengerollt hatte. Oder kommt es daher, weil der Vortod heftigem sexuellem Verlangen ähnelt? Denn ihr Gesicht erinnerte an die Fratze der Begierde. Die Dinge sind immer vorabendlich, und wenn sie nicht jetzt stirbt, steht sie wie wir am Vorabend des Sterbens, verzeiht, wenn ich euch daran erinnere, denn ich selber verzeihe mir meine Hellsicht nicht.[44]

Diesmal steht die Figur nicht wieder auf. Clarice lässt ihre geliebte Macabéa sterben.

»Doch man darf die Toten nicht betrauern: sie wissen, was sie tun.«[45]

✳

Im Oktober, nur ein paar Tage nach der Veröffentlichung von *Die Sternstunde*, musste Clarice Lispector plötzlich ins Krankenhaus eingeliefert werden. Im Taxi, das sie dorthin brachte, sagte sie: »Tu so, als wenn wir nicht unterwegs ins Krankenhaus wären, und ich bin auch nicht krank und wir fahren nach Paris«, erinnerte sich Olga Borelli:

Also begannen wir, Pläne zu machen und über alles zu sprechen, was wir in Paris unternehmen würden. Der Taxifahrer, der arme Kerl, schon müde, weil er die ganze Nacht gearbeitet hatte, fragte furchtsam: »Darf ich mit Ihnen reisen?«, und Clarice antwortete: »Na sicher können Sie, und bringen Sie ruhig auch Ihre Freundin mit.« Und er: »Meine Freundin ist eine siebzigjährige alte Frau, und ich habe kein Geld.« Clarice antwortete: »Sie kommt auch mit. Tun Sie so, als hätten Sie beim Fußballtoto gewonnen.« Als wir das Krankenhaus erreichten, fragte Clarice nach dem Fahrpreis. Nur zwanzig Cruzeiros, und sie gab ihm zweihundert.[46]

Clarice hatte gesagt, dass »jeder die Art seines Todes wählt«, und die von ihr gewählte Art war beängstigend angemessen. Nach einem Leben des Schreibens
über Eier und das Mysterium der Geburt – in *Die Sternstunde* sprach sie beharrlich von Macabéas vertrockneten Eierstöcken – litt sie nun selbst an einem unheilbaren Ovarialkrebs.

Nach einem diagnostischen Eingriff am 28. Oktober wurde sie in ein öffentliches Krankenhaus, das Hospital da Lagoa, verlegt. Aus ihrem Zimmer hatte
sie eine Aussicht auf die gewaltigen Berge Rios und auf den Botanischen Garten,
den sie so sehr liebte. Sie empfing kaum Besucher: Tania und Elisa, Paulo und
seine Frau Ilana, Rosa Cass, Olga Borelli, Nélida Piñon, Autran Dourado, Siléa
Marchi.

Die Diagnose lautete »Krebs im Endstadium«, aber das Ergebnis wurde ihr
nicht mitgeteilt. »Clarice redete sehr viel«, sagte Siléa. »Sie war hellwach …
Außerdem wusste sie nichts über ihre Krankheit und gab allen, mit denen sie
sprach, zu verstehen, wie optimistisch sie sei und dass sie so rasch wie möglich
heimkehren wolle.«[47]

Die Frau, die ihren eigenen Tod so oft angekündigt hatte, ließ durch nichts erkennen, dass sie wusste, was ihr zugestoßen war. Sie schuf weiterhin ihre magischen Geschichten. Mit ihrer fast unleserlichen Handschrift setzte sie Gästelisten
für die Zusammenkünfte auf, die sie in ihrer Wohnung veranstalten würde. »Sie
wurde sehr aufgeregt, wenn sie an diese Essen und die Verwandten und Freunde
dachte, die sie einladen würde. Es waren Partys, die nie zustande kamen«, erzählte Olga.[48]

Aber es ist wahrscheinlicher – wie viele meinten, die sie in ihren letzten Wochen begleiteten –, dass sie genau wusste, was los war. Den anderen zuliebe
machte sie gute Miene zum bösen Spiel. »Ein Mensch weiß Bescheid, wenn er
stirbt«, sagte Rosa Cass, die auf Clarices Bitten eine Flasche Schwarzbier der
Marke Caracu ins Krankenhaus schmuggelte. (Dazu hatte sie um koschere Gurke
gebeten.) Sie lachte über die Situation. »Was für ein Unsinn«, beschied sie Rosa,
als diese sich nach dem Ernst der Situation erkundigte. Aber Rosa erinnerte sich,
dass Clarice ihre wahren Gefühle häufig verbarg. »Clarice ließ sich nie anmerken,
was sie dachte.«[49]

Sie war weniger taktvoll gegenüber einem der Ärzte, der über die hartnäckigen
Fragen der Patientin danach, was man mit ihr anstellen werde, irritiert war.[50]
Und die Worte, die sie selbst zu Papier brachte oder Olga diktierte, deuten darauf
hin, dass es Clarice ernst war, als sie sagte, sie hoffe, beim Schreiben zu sterben:
»Im Innersten meiner Behausung sterbe ich am Ende dieses Jahres erschöpft.«

Auf dem Totenbett kam sie auf den Mythos zurück, den sie aus ihrem Namen gemacht hatte, der Lilie auf der Brust (*lis no peito*):

Ich bin ein von Gott geliebter Gegenstand. Und deshalb wachsen mir Blumen auf der Brust. Er hat mich genau so geschaffen, wie ich gerade schrieb: »Ich bin ein von Gott geliebter Gegenstand«, und er hat mich gern erschaffen, genauso gern, wie ich den Satz erschaffen habe. Und je mehr Geist der menschliche Gegenstand hat, desto größere Befriedigung empfindet Gott.

Weiße Lilien auf der Nacktheit der Brust. Lilien, die ich darbiete für das, was in dir schmerzt. Denn wir sind Lebewesen und bedürftig. Gerade weil diese Dinge – wenn sie nicht gegeben werden – vergehen. Zum Beispiel – neben der Wärme meines Körpers würden die Blütenblätter der Lilie verdorren. Ich rufe die leichte Brise für meinen künftigen Tod. Ich werde sterben müssen, sonst würden meine Blütenblätter verdorren. Deshalb gebe ich mich dem Tod jeden Tag. Ich sterbe und werde wiedergeboren.

Sogar den Tod der anderen bin ich schon gestorben. Aber jetzt sterbe ich aus Lebenstrunkenheit. Und ich segne die Wärme des lebenden Körpers, der weiße Lilien welken lässt.

Das Wollen, das nicht mehr von Hoffnung bewegt wird, kommt zur Ruhe und begehrt nichts.

[...]

Ich werde ungreifbare Substanz sein, nicht einmal Vorjahreserinnerungen haben ja Substanz.[51]

Unter starken Beruhigungsmitteln diktierte sie Olga am Morgen des 9. Dezember 1977 noch:

Plötzlicher Luftmangel. Schon lange vor der Metamorphose und meinem Unwohl-Sein war mir in einem in meiner Wohnung gemalten Bild ein Anfang aufgefallen.

Ich, ich, wenn die Erinnerung mich nicht trügt, werde ich sterben.

Du weißt ja nicht, wie viel ein Mensch wiegt, der keine Kraft hat. Gib mir die Hand, ich muss sie drücken, damit nichts so schmerzt.[52]

Am Tag vor ihrem Tod erlitt Clarice Lispector, wie Olga Borelli berichtete, einen heftigen Blutsturz.

Sie wurde sehr blass und verlor eine Menge Blut. In ihrer Verzweiflung stand sie aus dem Bett auf und ging in Richtung Tür, um das Zimmer zu verlassen. Die Krankenschwester hielt sie dort an. Clarice betrachtete sie wütend und sagte bekümmert: »Sie haben meine Figur umgebracht!«[53]

*

Nach ihrer ersten Begegnung sieben Jahre zuvor hatte Clarice Olga Borelli geschrieben, dass sie hoffe, Olga in der Stunde ihres Todes bei sich zu haben. Nun, um 10.30 Uhr am 9. Dezember 1977, starb sie mit Olgas Hand in der ihren.

»Sie wurde zu ihrer eigenen Fiktion«, schrieb Paulo Francis. »Das ist die bestmögliche Grabinschrift für Clarice.«[54]

EPILOG

Clarice Lispector konnte am folgenden Tag, ihrem siebenundfünfzigsten Geburtstag, nicht beerdigt werden, da er auf einen Sabbat fiel. Am 11. Dezember 1977 wurde sie auf dem jüdischen Friedhof in Cajú, unweit des Hafens, wo Macabéa ihre knappe Freizeit verbrachte, nach dem orthodoxen Ritual zur Ruhe gebettet. Vier Frauen von der Beerdigungsgesellschaft, der Chewra Kadischa, wuschen ihre Leiche innen wie außen, wickelten sie in ein weißes Leinenlaken und legten ihren Kopf auf ein mit Erde gefülltes Kissen, bevor sie den schlichten Holzsarg zunagelten. Der einundneunzigste Psalm, das Gebet für die Verstorbenen, das El male rachamim, und der Kaddisch zur Beerdigung wurden verlesen. Keiner der Trauernden hielt eine Rede. Drei Spaten voll Erde wurden auf den Sarg geworfen, während die Worte aus dem Buch Genesis ertönten: »Staub bist du, und zum Staub wirst du zurückkehren.«

Auf dem Grabstein war mit hebräischen Buchstaben der geheime Name eingraviert: Chaja bat Pinchas. Chaja, Tochter von Pinchas.

»Nicht das, was ich schreibe, so lesen wie ein Leser. Es sei denn, dieser Leser kultivierte ebenfalls die Selbstgespräche des dunklen Irrationalen.

Wenn dieses Buch jemals erscheint, so mögen sich die Profanen von ihm fernhalten. Denn Schreiben ist etwas Heiliges, wozu Heiden der Zugang verwehrt ist. Absichtlich ein richtig schlechtes Buch machen, um die Profanen fernzuhalten, die das wollen, was ›gefällt‹. Doch eine kleine Gruppe wird sehen, dass dieses ›Gefallen‹ oberflächlich ist, und in das eintreten, was ich in Wahrheit schreibe und das weder ›schlecht‹ ist noch ›gut‹.

Inspiration gleicht einem geheimnisvollen Ambraduft. Ich habe ein kleines Stück Ambra bei mir. Der Geruch macht mich zur Schwester der heiligen Orgien von König Salomo und der Königin von Saba. Gesegnet seien deine Lieben. Ob ich wohl Angst habe, den Schritt zum Sterben zu tun, jetzt gleich? Aufpassen, um nicht zu sterben. Indes bin ich schon in der Zukunft. Dieser meiner Zukunft, die für euch die Vergangenheit eines Toten sein wird. Wenn du dieses Buch zu Ende gelesen haben wirst, weine für mich ein Halleluja. Wenn du die letzten Seiten dieses verunglückten und kühnen und verspielten Buchs des Lebens geschlossen haben wirst, so vergiss mich. Gott segne euch also und dieses Buch endet gut. Damit ich endlich Ruhe finde. Der Friede sei mit uns, mit euch und mit mir. Falle ich jetzt ins Reden? Mögen die Gläubigen des Tempels mir vergeben: Ich schreibe und so befreie ich mich von mir, und dann kann ich ruhen.«

*

Clarice Lispector
(1920–1977)

DANKSAGUNG

Diesem Buch hätte viel gefehlt, wären nicht Menschen überall auf der Welt bereit gewesen, mir mit ihrer Zeit, ihren Archiven, ihren Erinnerungen, ihrem Wissen und ihrer Freundschaft zu helfen.

Besonderen Dank schulde ich Clarice Lispectors Verwandten. Im Lauf der Jahre hat Paulo Gurgel Valente unendlich viel unternommen – von der Gründung des Archivs mit ihrem Nachlass bis hin zur Sicherstellung, dass Materialien mit Bezug zu ihrem Leben weiterhin veröffentlicht werden –, um das große Vermächtnis seiner Mutter zu bewahren und fortzuführen. Er war von Beginn an hilfsbereit, ermutigte mich, machte viele wertvolle Vorschläge zum Manuskript und stellte mir großzügig zahlreiche Illustrationen zur Verfügung. Und meiner unermüdlichen Ehren-*vovó*, Botschaftergattin Eliane Weil Gurgel Valente. Die herzliche, unterhaltsame, mich stets vorbehaltlos unterstützende Eliane kennenzulernen war für sich allein Belohnung genug für das Schreiben dieses Buches. Ich verbrachte viele frohe Stunden mit Clarices Cousine, der Primaballerina Cecília Wainstok Lipka, die mir schwer auffindbare Dokumente sowie ihre Güte und Freundschaft anbot. Clarices Großnichte, die Filmemacherin Nicole Algranti, war äußerst freigebig, was ihr Privatarchiv und ihre Erinnerungen an ihre Großtante Elisa Lispector betraf. Dankbar bin ich auch Bertha Lispector Cohen in Rio, ihrem Bruder Samuel Lispector und ihrer Schwester Vera Lispector Choze in Recife, die ihre Erinnerungen an Clarices frühe Jahre mit mir teilten. Außerdem gilt mein Dank Botschaftergattin Marilu de Seixas Corrêa, den Gesandten Mitzi Gurgel Valente da Costa und Isaac Chut.

Ebenso gilt er: Alberto Dines, dem großen Biographen und Journalisten, dem Kenner des jüdischen Brasilien und Freund Clarice Lispectors, der trotz seiner vielen Verpflichtungen immer Zeit fand, selbst meine trivialsten Fragen zu beantworten; und Humberto Werneck, einer Ein-Mann-Enzyklopädie des brasilianischen Lebens, dessen unerschöpfliche Gelehrsamkeit und nie versagender Quell an Anekdoten mir gestatteten, ein reichhaltigeres Bild der literarischen Kultur um Clarice Lispector zu malen.

Der Journalistin Rosa Cass, die, in ihrer Wohnung in Flamengo, Stunden damit verbrachte, ihre lange Freundschaft mit Clarice Lispector zu schildern; und dem angesehenen Schriftsteller Renard Perez, der mich so entgegenkommend behandelte wie früher Clarice und Elisa Lispector.

Den Bibliothekaren und Archivaren, die mir den Weg ebneten: Eliane Vasconcellos, Deborah Roditi und Leonardo Pereira da Cunha vom Arquivo-Museu de Literatura Brasileira in der Fundação Casa de Rui Barbosa, Rio de Janeiro; Cristina Zappa und Manoela Purcell Daudt d'Oliveira vom Instituto Moreira Salles in Rio; Cristina Antunes und José Mindlin, die mir Einsicht in das Manuskript von *Nahe dem wilden Herzen* gewährten, das in Senhor Mindlins legendärer Bibliothek in São Paulo aufbewahrt wird; Maria Manuela Vasconcellos, die mir half, Clarice Lispectors Dokumente in der Biblioteca Nacional in Lissabon zu sichten, und ihre eigenen Erinnerungen mit mir teilte; und Dr. Tânia Neumann Kaufman vom Arquivo Histórico Judaico de Pernambuco, deren Artikel über das jüdische Recife eine wichtige historische Quelle für mich darstellten. In der Kahal Zur Israel, der ältesten Synagoge der Neuen Welt, machte Dr. Kaufman mich mit Beatriz Schnaider Schvartz bekannt, deren Führung durch Boa Vista, wo sie und Clarice Lispector aufgewachsen waren, einen der denkwürdigsten Tage während der gesamten Recherchen und der Niederschrift dieses Buchs ausmachte.

Meinen Mit-*claricianos*, deren Begeisterung für unser gemeinsames Thema die einsame Arbeit des Biographen viel geselliger werden ließ: Claire Varin, der bahnbrechenden kanadischen Forscherin, deren Bücher und Zuspruch eine so üppige Quelle der Inspiration waren; Nádia Battella Gotlib, der größten Expertin Brasiliens über Clarice Lispector, deren biographische Forschung zahlreiche wesentliche Fakten über Clarice aufdeckte und deren Hilfe bei den Fotos mir manche Kopfschmerzen ersparte; Teresa Cristina Montero Ferreira, deren eigene Biographie die üppigen Ergebnisse ihrer umfassenden Recherchen enthält; Sonia Roncador, die mir Einblick in ihr seltenes Exemplar der zweiten Fassung von *Aqua viva* gewährte; und Earl E. Fitz, der mir den Kontakt zu Sonia Roncador vermittelte und mich an seinen Gedanken und Arbeiten zu Clarice Lispector teilhaben ließ. Eine besondere Erwähnung gebührt Nelson Vieira, einem großartigen Lehrer und Wissenschaftler, der meine Begeisterung für Clarice während des Studiums entfachte und der zu den Ersten gehörte, die Clarice als jüdische Schriftstellerin würdigten.

Juan Sager von der University of Manchester, der meiner Forschung unerwarteten Auftrieb gab, indem er mir das von seinem verstorbenen Partner Giovanni Pontiero, ihrem Übersetzer ins Englische (der zur Zeit seines Todes an einer eigenen Biographie arbeitete), gesammelte Material über Clarice zukommen ließ; und Ann Mackenzie von der University of Glasgow, die mich zu Professor Sager führte.

Dem Gesandten Carlos Alberto Asfora von der brasilianischen Botschaft in Den Haag, der mich mit den Gepflogenheiten des Itamaraty vertraut machte. Sein unermüdlicher Einsatz für die Förderung der brasilianischen Kultur im Ausland ist eine Inspiration für mich wie für viele andere, und dadurch, dass er mich Botschafter Gilberto Saboia vorstellte, verschaffte er mir Zugang zu Clarices Diplomatenkreisen.

Nachman und Shulamit Falbel, die mir ein zweites Zuhause in São Paulo zur Verfügung stellen, seit sie während meines ersten Hochschulsemesters unerwartet in mein Leben getreten sind.

Denise Milfont, deren schönes Haus auf die Bucht von Guanabara hinausblickt und, wie Denise selbst, während meiner oft hektischen Aufenthalte in Rio de Janeiro eine Insel der Gelassenheit darstellt.

Der »Gruppe« aus Paraty – Paul Finlay, Ravi Mirchandani, Amy Tabor, Jocasta Hamilton, João Crespo, Fiona Smith, Raffaella de Angelis, Fiona McMorrough und Diane Gray-Smith –, die auf meinen Forschungsreisen nach Brasilien beständig für Erheiterung sorgte. Unter ihnen bin ich besonders Alison Entrekin verpflichtet, die mich an ihrer immensen Kenntnis der portugiesischen Sprache freudig teilhaben ließ; sowie Matthew Hamilton, einem Agenten, Lektor und Mitverschwörer; und natürlich der stets bezaubernden Sheila O'Shea, die, Gruppe hin oder her, seit über einem Jahrzehnt zu den besten Dingen in meinem Leben zählt.

Den Biographen, die einen Neuling mit Anleitung und Ermutigung unterstützten: Judith Thurmans Biographie von Colette trug zur Entstehung des vorliegenden Buchs bei, und ihre einleitende Mahnung, dass Ordnung der Schlüssel zur Biographie sei, hat mich vor vielen Problemen bewahrt. Frederick Browns *Flaubert* und *Zola* dienten als Vorbild für die Verbindung von Literaturkritik und Lebensbeschreibung, und sein Rat, mich vorwiegend auf meine eigenen Interpretationen von Clarices Werk zu stützen, war hilfreich bei der Fokussierung dieses Buches. Edmund White warnte mich – persönlich und in dem Kapitel von *My Lives* über seine eigenen Abenteuer beim Schreiben von *Gene* – vor dem, was auf mich zukam.

Mein Aufenthalt in der Ukraine wäre viel weniger ergiebig gewesen, hätte Santiago Eder mir nicht vorgeschlagen, Kontakt mit Kate Brown aufzunehmen, deren *Biography of No Place* in erheblichem Maße dazu beitrug, die mysteriöse

Welt zu erhellen, aus der Clarice Lispector stammte. Kate machte mich ihrerseits mit Mary Mycio bekannt. Einige meiner Lieblingserinnerungen im Zusammenhang mit der Arbeit an diesem Buch haben damit zu tun, dass wir in Kiew Pizza aßen, während Mary ihren Geigerzähler griffbereit hielt, und bis in die frühen Morgenstunden aufblieben, um uns in ihrer Wohnung Dressurvideos anzuschauen. Mary führte mich zu Viktoria Butenko, die für mich aus dem Ukrainischen übersetzte. Daniel Mendelsohn empfahl mir Alexander Dunai als Führer durch die Wildnis von Podolien. Alex' enormes Wissen über die jüdische und die ukrainische Kultur bereicherte meine faszinierende Expedition zu Clarice Lispectors Geburtsort unermesslich und machte sie überhaupt erst möglich. Dankbar bin ich auch Botschafter Renato L. R. Marques und seinen Mitarbeitern in der brasilianischen Botschaft in Kiew.

All jenen, die dieses Projekt durch große und kleine Freundlichkeiten unterstützten: Jeferson Masson, der seine umfangreiche Forschung zum Leben und Werk von Elisa Lispector mit mir teilte; Ana Luisa Chafir, die mir an einem unvergesslichen Abend von ihrer Großtante Bluma Chafir Wainer erzählte; Muniz Sodré Cabral, der sich an Clarices Psychoanalytikerin Inês Besouchet erinnerte; Joel Silveira, dem Journalisten, der Clarice Lispector im Italien der Kriegszeit kannte; Botschaftergattin Isabel Gurgel Valente, die wertvolle Informationen über ihren verstorbenen Ehemann, Botschafter Maury Gurgel Valente, beisteuerte; Sábato Magaldi und Edla van Steen, die mir an einem Abend in São Paulo von Lúcio Cardoso und dem brasilianischen Theater erzählten; Botschaftergattin Sara Escorel de Moraes, die von ihren Erinnerungen an Clarice in Rio und Washington berichtete; Major Elza Cansanção Medeiros, Veteranin des Brasilianischen Expeditionskorps, für ihre Schilderung der Rolle Brasiliens im Zweiten Weltkrieg, und ihrer Kameradin, Lazarettkrankenschwester Virgínia Portocarrero; Regisseur Luiz Carlos Lacerda, der den glänzenden Eindruck beschrieb, den Lúcio Cardoso und Clarice Lispector auf ihn als jungen Mann machten; dem hervorragenden Romanschriftsteller Autran Dourado und seiner Frau Lucia, die sich an Clarice innerhalb und außerhalb des literarischen Milieus von Rio de Janeiro erinnerten; Marina Colasanti, die mir schilderte, wie sie Clarices crônicas in dem Schloss las, wo sie als Flüchtling aus Italienisch-Afrika wohnte; Gilda Murray, die ihre Erfahrungen als junge Frau mit Clarice und ihrer engen Freundin Olga Borelli beschrieb; Antonio Olinto, der mich in einer Copacabana-Wohnung empfing, die mit einer erstaunlichen Sammlung afrikanischer Kunstgegenstände gefüllt war; Álvaro Pacheco, der mir erzählte, wie er einige von Clarices letzten Werken veröffentlichte; Ilka Soares, die mir von ihrer journalistischen

Zusammenarbeit mit Clarice erzählte; Helena Valladares, Fernando Sabinos erster Gattin, die den Eindruck wiedergab, den Clarice als junge Frau in Rio hinterließ; Lygia Marina de Moraes, Fernando Sabinos dritter Frau, die mir den denkwürdigen Tag schilderte, an dem sie Tom Jobim und Clarice Lispector begegnete; Maria Alice Barroso, der Schriftstellerin, die sich so liebevoll an ihre Freundin Elisa Lispector erinnerte; Moacir Werneck de Castro, der mir half, Bluma Wainer und die brasilianischen Journalisten der 1940er Jahre zu verstehen; Marlos Nobre, einem der Musiker, denen *Die Sternstunde* gewidmet ist; Ivan Lessa, dessen lebhafte und urkomische Erinnerungen an die Zeitschrift *Senhor* und an das Rio de Janeiro der frühen 1960er Jahre beim Zuhörer den Wunsch weckten, damals gelebt zu haben; der hinreißenden Maria Bonomi, die (zusammen mit Lena Peres) mir an einem Morgen in Amsterdam erzählte, wie sie »als Clarice gekleidet« das Weiße Haus aufgesucht habe; dem Essayisten José Castello, der mir seine eigenen Texte über Clarice schickte; Clarissa Verissimo Jaffe, die über Clarice in deren Washingtoner Jahren sprach; Caetano Veloso, der dieses Projekt förderte; Ana Paula Hisayama, die mir die brasilianischen Bücher, die in meiner näheren Umgebung nicht zu finden waren, zukommen ließ; Magdalena Edwards, die mich auf Elizabeth Bishops Briefe über Clarice in den Bibliotheken von Harvard und Princeton hinwies; dem großen Übersetzer Gregory Rabassa, der sich die Begegnung mit Clarice in Austin ins Gedächtnis rief; Richard Zenith, dem führenden Experten über Fernando Pessoa, der mir half, mich in den Archiven von Portugal zurechtzufinden; Danuza Leão, die mit mir über ihren verstorbenen Mann Samuel Wainer sprach; George Andreou, der einen willkommenen Anstoß lieferte, als dieses Projekt ihn am dringendsten benötigte; Dorothea Severino, die mir ihr seltenes Typoskript von *Aqua viva* anbot; Paulo Rocco, der mich über die Veröffentlichung von Clarices Werken unterrichtete; Eva Lieblich Fernandes, die ihre eigene belastende Erfahrung mit der Einwanderung nach Brasilien während des Krieges beschrieb; Joëlle Rouchou, die mir ihr bemerkenswertes Buch über Samuel Wainer und die ihn umgebende jüdische Welt schenkte; der Schauspielerin Marilena Ansaldi, die mich an ihren herzlichen Erinnerungen an Olga Borelli teilhaben ließ; Klara Główczewska, die mir bei den Feinheiten der polnischen Schreibweise half; dem ausgezeichneten Schriftsteller Bernardo Carvalho, der ein seltenes Manuskript aus dem Archiv der *Folha de S. Paulo* hervorholte; Jonathan Milder vom Food Network, der so verblüfft wie ich über Rezepte war, bei denen man Blutsoßen verwendet; meinem alten Freund Jeremy Wright, der Unterlagen von Clarice in Austin auftrieb; der wunderbaren Norma Couri, die mich an ihren Erinnerungen an Clarice teilhaben ließ und Einblick in ihr eigenes eindrucksvolles Archiv gewährte; Paulo de Medeiros, dessen Lektüre zu Beginn viele wertvolle Vorschläge aufbrachte; Želimir Galjanić, der das Manuskript in einem frühen Stadium las; Amber Qureshi, einer Freundin, auf die ich mich immer verlassen kann; Yuko Miki, meiner *cúmplice* in der Brasilianistik seit vielen Jahren; Jerome Charyn, einem Clarice-Enthusiasten, der mich mit Michel Martens bekannt machte, der ihr in Rio begegnet war, und Luciane Moritz Sommer, einer Portugiesischlehrerin, die mir zur Freundin wurde.

Meinem Literaturagenten Jim Rutman, einem entfernten Landsmann von Clarice Lispector, der ein komplexes Projekt übernahm und es trotz zahlreicher heikler Momente mit seinem trockenen Witz und unnachahmlichen Takt zum Abschluss führte.

Meiner Lektorin Cybele Tom von der Oxford University Press, deren Bereitschaft, sich mit schwierigen intellektuellen Problemen abzumühen, mir half, diese Fragen zu durchdenken und zu klären. Ebenfalls in Oxford danke ich Christine Dahlin, die ein vielschichtiges Manuskript durch die Herstellung begleitete; Sarah Russo, einer Pressemitarbeiterin, die sich sehr für das Buch einsetzte; und Samara Stob, die das Marketing koordinierte.

Ich danke allen, die dieses Buch und somit die Entdeckung der großartigen Clarice Lispector im deutschsprachigen Raum ermöglicht haben. Mit seiner ebenso genauen wie sprachlich eleganten Übersetzung hat Bernd Rullkötter eine große Herausforderung gemeistert. Clarices Originaltexte wurden sowohl für die deutsche Biographie als auch im Rahmen der zukunftsweisenden Herausgabe ihres Gesamtwerks bei Schöffling & Co. von Luis Ruby übersetzt und von Corinna Santa Cruz bearbeitet, Monika Christof leistete dabei wertvolle Hilfe. Anna Schmitz, Linda Weidenbach, Anne Siebeck und Katrin Segerer sowie Annika Saß haben die Korrektur der Biographie durch Viktoria Kaiser unterstützt, Bettina Kampf hat die Register erstellt. Ich danke Schöffling & Co.: Carolin Callies, die die Lesungen und Veranstaltungen organisiert, Fabian Reinecke, der Werbematerialien gestaltet hat, die beweisen, dass Gedrucktes auch im digitalen Zeitalter fortbesteht, und Dieter Muscholl für seine Pressearbeit. Jessica Zeltner dafür, dass sie sich um den Bildteil gekümmert hat. Mein besonderer Dank geht an Klaus Schöffling, durch dessen Initiative Clarice Lispector im deutschsprachigen Raum wieder lebendig werden wird, und an meine unermüdliche Lektorin Sabine Baumann, die mit Geduld und Energie dafür gesorgt hat, dass Sie dieses Buch in den Händen halten.

Dank gebührt außerdem meiner lieben Freundin Carol Devine Carson, die den Umschlag für die Originalausgabe entworfen hat, und Reginald Piggott, der den Familienstammbaum und die Karten anfertigte.

Meinen Eltern Jane und Bertrand C. Moser, die mich stets in meinen noch so undurchschaubaren Schwärmereien bestärkten.

Schließlich jenen Freunden und Mitstreitern, die die Veröffentlichung dieses Buches nicht mehr erlebten: dem früheren Außenminister Gibson Barbosa, Marly de Oliveira, der angesehenen brasilianischen Dichterin, und Rosa Lispector, der Frau von Clarices Cousin Samuel.

Als ich Marco Antonio de Carvalho begegnete, war er dabei, seine Biographie von Rubem Braga, eine langjährige Herzensangelegenheit, abzuschließen. Sein vorzeitiger Tod am 25. Juni 2007 brachte ihn um das Vergnügen, die Veröffentlichung seines bewundernswerten Buches zu erleben.

Dem letzten der brillanten Lispector-Mädchen, Tania Lispector Kaufmann, die am 15. November 2007 entschlief. Vom ersten Moment an, als sie die Tür ihrer Wohnung in Copacabana öffnete, erlag ich Tanias Charme. Sie war neunzig Jahre alt, kaum noch fähig zu gehen, doch immer picobello gekleidet, ihre Frisur und ihr Make-up makellos, ihr Verstand scharf wie eh und je und ihr Geist so herzlich und großzügig wie an dem Tag vor all den Jahren, als sie ihre kleine Schwester, die um ihre Mutter trauerte, »adoptierte«.

Marie-Claude de Brunhoff *in memoriam*.

Aan Arthur Japin en Lex Jansen is dit boek, met liefde en vriendschap, opgedragen.

ANMERKUNGEN

Einleitung

1 Fernando Sabino und Clarice Lispector: *Cartas perto do coração*. Rio de Janeiro: Record 2011, 67, 59–62.

2 Clarice Lispector: »Já andei de camelo, a esfinge, a dança do ventre (Conclusão).« In: *A descoberta do mundo*, 1984. Rio de Janeiro: Livraria Francisco Alves Editora S. A.1994, 379.

3 Instituto Moreira Salles: *Cadernos de literatura brasileira: Clarice Lispector*, Band 17 und 18. São Paulo: Instituto Moreira Salles 2004, 53.

4 Ebd., 92; Edilberto Coutinho. *Criaturas de papel: Temas de literatura & sexo & folclore & carnaval & futebol & televisão & outros temas da vida*. Rio de Janeiro: Civilização Brasileira 1980, 168.

5 Gregory Rabassa: *If This Be Treason: Translation and Its Dyscontents: A Memoir*. New York: New Directions 2005, 70.

6 Laura Freixas: *Clarice Lispector: Vidas literarias*. Barcelona: Ediciones Omega 2001, 16.

7 Hélène Cixous und Debora Jenson: »*Coming to Writing*« and *Other Essays*. Cambridge, MA: Harvard University Press 1991.

8 Zit. in: Nádia Battella Gotlib: *Clarice: Uma vida que se conta*. São Paulo: Ática 1995, 485.

9 Ebd., 52

10 »Meus livros têm ›recadinhos‹: Quais? Os críticos é que dizem ...«, *O Globo* 15. Mai 1961.

11 »Clarice Lispector diz que Escreve sem ter Esquemas«, [Curitiba], 25. Juli 1970.

12 María Esther Gilio: »Tristes trópicos: Con Clarice Lispector en Río«. *Triunfo*, 5. Juni 1976.

13 Zit. in: Federico Mengozzi: *Mistérios de Clarice*. *Época*, 12. Dezember 2004, Edition Nr. 342.

14 Clarice Lispector: *De corpo inteiro*. São Paulo: Editora Siciliano, 1992, 199.

15 Antônio Hohlfeldt: »Uma tarde com Clarice Lispector«. *Correio do povo*, 3. Januar 1971.

16 Isa Cambará: *Clarice Lispector: Não escrevo para agradar a ninguém*, Folha de S. Paulo, 10. September 1975.

17 Teresa Cristina Montero Ferreira: *Eu sou uma pergunta: Uma biografia de Clarice Lispector*. Rio de Janeiro: Rocco 1999, 258.

18 Clarice Lispector: »Amor«. In: *Laços de família*. São Paulo: Francisco Alves 1960.

19 Clarice Lispector: »Perfil de um ser eleito«. In: *Descoberta*, 416.

20 Zit. in Sérgio Fonta: »*O papo: Clarice Lispector«. Jornal de Letras* 259 (1972).

21 Clarice Lispector: »Brain Storm«. In: *Descoberta*, 262.

22 Ebd., 75.

23 *Le Monde*, 19. September 1970.

24 Clarice Lispector: *Um sopro de vida: Pulsações*. Rio de Janeiro: Editora Nova Fronteira 1978, 25.

25 Clarice Lispector: *Água viva* (1973). Rio de Janeiro: Editoria Artenova 1993, 40.

26 Clarice Lispector: »Minha próxima e excitante viagem pelo mundo«. 1. April 1972 in: *Descoberta*.

1. Kapitel

1 Amylton De Almeida: *Gazeta*, 1986, zit. in: Nelson Vieira: *Jewish Voices in Brazilian Literature: A Prophetic Discourse of Alterity*. Gainesville: University Press of Florida 1995, 120.

2 Olga Borelli: *Clarice Lispector, esboço para um possível retrato*. Rio de Janeiro: Editora Nova Fronteira 1981, 43.

3 Gotlib: *Clarice*, 66.

4 Clarice Lispector: »Esclarecimentos – Explicação de uma vez por todas«. In: *Descoberta*, 345, Hervorhebung im Original.

5 Clarice Lispector, Teresa Montero und Lícia Manzo: *Outros escritos*. Rio de Janeiro: Rocco 2005, 95. Ankyloglossie (Verkürzung des Zungenbändchens) ist ein relativ verbreiteter Geburtsfehler, der jedoch selten bis ins Erwachsenenalter erhalten bleibt.

6 Alberto Dines zit. in: Vieira: *Jewish Voices*, 120.

7 Instituto Moreira Salles und Carlos Mendes de Sousa: »A revelação do nome«. In: *Cadernos de literatura brasileira: Clarice Lispector*. São Paulo: Instituto Moreira Salles 2004, 144.

8 Interview von Renard Perez; Renard Perez: *Escritores brasileiros contemporâneos*. 2. Aufl. Rio de Janeiro: Civilização Brasileira 1970, 69.

9 Zit. in: Claire Varin: *Langues de feu: Essai sur Clarice Lispector*. Laval, Québec: Trois 1990, 54f.

10 Clarice Lispector: *O lustre*. Rio de Janeiro: Livraria Agir Editora 1946, 185.

11 Carlos Mendes de Sousa: *Clarice Lispector, figuras da escrita*. Minho: Universidade de Minho Centro de Estudos Humanísticos 2000, 164.

12 Sérgio Milliet zit. in: ebd., 21.

13 Lêdo Ivo: zit. in: Instituto Moreira Salles: *Cadernos*, 50.

14 Sousa: *Figuras*, 22.

15 Clarice Lispector: »Crônica social«. In: Descoberta, 199. Zit. in: Varin: *Langues*, 97.

16 Zit. in Emanuel Brasil: *Nossos clássicos, Nr. 120: Clarice Lispector*. Rio de Janeiro: Agir 1994, 138f.

17 Ferreira: *Eu sou*.

18 Sousa: *Figuras*, 22.

19 Lêdo Ivo, zit. in: Instituto Moreira Salles: *Cadernos*, 48.

20 »Clarice, um mistério sem muito mistério«, *Correio da Manhã*, 2. November 1971; Instituto Moreira Salles: *Cadernos*, 59.

21 Julio Lerner: »A última entrevista de Clarice Lispector«. *Shalom*: Juni–August 1992.

22 »Sie versuchte mit allen Mitteln, ihre jüdische Herkunft zu verbergen«, lautete eine typische Kritikerbehauptung. Edgar Cézar Nolasco; »Restos de Ficção: A criação biográfico-literária de Clarice Lispector«, Universidade Federal de Minas Gerais 2003, 9. Zu anderen Beispielen für eine solche Fehleinschätzung siehe Sousa: *Figuras*, 27.

23 Clarice Lispector: »Pertencer«. In: *Descoberta*, 110, Hervorhebung hinzugefügt.

24 Anna Reid: *Borderland: A Journey through the History of Ukraine*. Boulder, CO: Westview Press 1999, 132.

25 Ebd., 147.

26 Marcus Eli Ravage: *The Jew Pays: A Narrative of the Consequences of the War to the Jews of Eastern Europe*. New York: Knopf 1919, 27.

2. Kapitel

1 Nathan [oder Norman] Hofferman: *The 20th Century and I,* Records of the Chechelnicker Benevolent Association of New York. New York: YIVO Institute of Jewish Research.

2 Die Existenz eines jüdischen Friedhofs beweist, dass sich das jüdische Leben in Tschetschelnik noch lange nach dem Holocaust dort hielt. Allerdings sind die verbliebenen Juden seither entweder in die Städte gezogen oder ausgewandert.

3 K. T. Wowk, S. W. Taranez und W. A. Kossakiwski: *Narissi s istoryi Tschetschelnika: S naidawnischich tschassiw do naschich dniw.* Winniza, Ukraine: »Kompjuternaja werstka ta chudoschne oformlennija redakzii gaseti ›Tschetschelnizki wisnik‹« 2000, 41. Das benachbarte Sawran, wo Elisa geboren wurde, und das damit verwandte Sawranka tragen ebenfalls turksprachige Namen.

4 Ebd., 42.

5 Clarice Lispector: *Onde estivestes de noite*. Rio de Janeiro: Editora Artenova 1974, 45.

6 Zit. in: Wowk et al.: *Narissi*, 62f.

7 Gershom Scholem: *Die jüdische Mystik in ihren Hauptströmungen*. Frankfurt am Main: Suhrkamp 1980, 370.

8 Kate Brown: *A Biography of No Place: From Ethnic Borderland to Soviet Heartland*. Cambridge, MA: Harvard University Press 2004, 67, 59–62.

9 Borelli: *Esboço*, 11.

10 Coutinho: *Criaturas*, 170.

11 Scholem: *Die jüdische Mystik*.

12 Tania Lispector Kaufmann, Elisas und Clarices Schwester, bestätigte, dass das Buch »zu ungefähr achtzig Prozent wahr« sei. Seine Chronologie und die Orte, durch die

die Familie zog, sind sämtlich auch in anderen Quellen aufzufinden, nicht zuletzt in dem rein dokumentarischen *Retratos antigos*. Die allgemeinen Umrisse der Geschichte hat das Buch mit vielen anderen Erinnerungen und Berichten aus jener Zeit gemeinsam. Meist lässt sich leicht nachvollziehen, wo Elisa romanhafte Schnörkel eingeflochten hat. Jedenfalls scheint ihr wichtigstes Anliegen darin zu bestehen, das Leiden ihrer Familie festzuhalten.

13 Elisa Lispector: *Retratos antigos*, 8. Private Sammlung von Nicole Algranti, Teresópolis, Rio de Janeiro.

14 Er könnte auch, zumindest eine Zeit lang, als *Schochet* (Schächter) gearbeitet haben. Laut *Im Exil* gab er seinen Beruf auf, eröffnete eine von seiner Frau betriebene Teestube und widmete sich dem Talmudstudium. (Diese Einzelheiten könnten erfunden sein, denn in *Retratos* schreibt Elisa, er sei Ladenbesitzer gewesen.)

15 E. Lispector: *Retratos*. Andere Quellen erwähnen acht Kinder: Ferreira: *Eu sou*, 20; von »acht Kindern« spricht Elisa Lispector auch in *Exílio*, 51.

16 E. Lispector: *Retratos*, 9.

17 Ferreira: *Eu sou*, 19; der Autor besuchte den Jüdischen Friedhof von Barro, Recife.

18 Ferreira: *Eu sou*, 17.

19 E. Lispector: *Retratos*, 10.

20 E. Lispector: *Exílio*, 21, 24.

21 E. Lispector: *Retratos*, 14.

22 E. Lispector: *Exílio*, 21.

23 E. Lispector: *Retratos*, 16f.

24 Ebd.

25 Ebd., 20.

26 E. Lispector: *Exílio*, 51, 29.

27 E. Lispector: *Retratos*, 21.

28 Ebd.

29 Lerner: »Última entrevista«.

30 E. Lispector: *Retratos*, 21.

31 Ebd., 23.

32 Ferreira: *Eu sou*, 21.

33 Isidore Singer und Cyrus Adler (Hg.): »Agricultural Colonies in the Argentine Republic«. In: *The Jewish Encyclopedia: A Descriptive Record of the History to the Present Day*, 12 Bde. New York: Funk & Wagnalls 1906.

34 Er kam ebenfalls später nach Recife.

35 Ferreira: *Eu sou*, 21f.

36 Israel Wainstok: *Zichrones fun a fater*. Rio de Janeiro: Impresso nos Estabelecimentos Gráficos »Monte Scopus« 1955.

37 Salomon An-Ski: *The Enemy at His Pleasure: A Journey through the Jewish Pale of Settlement during World War I*, Übers. Joachim Neugroschel. New York: Metropolitan Books 2002, 3f.

38 Ebd., 15.

39 David Engel: »World War I«. In: Gershon David Hundert (Hg.): *The YIVO Encyclo-*

pedia of Jews in Eastern Europe, Bd. 2. New Haven, CT: Yale University Press 2008, 2:2034.

40 Ebd., 2:2033.

41 Joachim Neugroschel: Einleitung zu An-Ski: *Enemy*, ixf.

42 Die ukrainische nationalistische Bewegung war von Anfang an ungewöhnlich aufgeschlossen gegenüber Juden. Dafür gab es mehrere Gründe. Michailo Chruschewski, der Präsident der ukrainischen unabhängigen Regierung, der Zentralen Rada, war ein leidenschaftlicher Befürworter der Rechte nationaler Minderheiten. Ihm war klar, dass die Ukrainer und die Juden aufeinander angewiesen waren. Die Volksukrainer arbeiteten vor allem in der Landwirtschaft, während in den Städten Russen, Juden und Polen überwogen. Die ukrainische Nationalbewegung brauchte ein Bürgertum, und da bot sich ein Bündnis mit den Juden an. Doch ein »ukrainisches Judentum« als solches gab es eigentlich nicht. Die Juden des Russischen Reiches betrachteten sich als Russen, und sie fürchteten, beim Auseinanderbrechen des übergeordneten Staatsgebildes durch die neuen Nationalismen gefährdet zu sein. Wenn sich die Juden mit der neuen Regierung verbündeten, würden sie sich statt mit Russland mit der Ukraine identifizieren müssen. Deshalb betonte die Rada, lange bevor sie ihre Unabhängigkeit erklärte, ihr Wohlwollen gegenüber Minoritäten. Das Parlament reservierte zahlreiche Sitze für Russen, Polen und Juden. Im Unterhaus waren die Juden sogar überrepräsentiert, und die Regierung richtete das erste Ministerium für Jüdische Angelegenheiten der Welt ein. Diese Maßnahmen sollten das Prinzip der Selbstbestimmung für Minderheiten, einschließlich der Ukrainer, innerhalb des übergeordneten russischen Staates begründen. »Dadurch, dass die Ukrainer ihren Minderheiten extraterritoriale Autonomie gewährten«, schrieb Henry Abramson, »konnten sie in ihren Verhandlungen mit der [Allrussischen] Provisorischen Regierung über größere territoriale Unabhängigkeit für die Ukraine als Ganzes moralische Überlegenheit beanspruchen.« Henry Abramson: *A Prayer for the Government: Ukrainians and Jews in Revolutionary Times, 1917–1920.* Cambridge, MA: Harvard University Press for the Harvard Ukrainian Research Institute and Center for Jewish Studies 1999.

43 Ebd., 61.

44 Ebd., 80.

45 Wie so vieles andere in dieser kritischen Zeit wurde dieser Vorschlag durch die endlosen internen Machtkämpfe zwischen den Zionisten und den Sozialisten verschleppt. Die Zionisten, die unbedingt das Hebräische, das fast niemand sprach, benutzen wollten, standen den ebenso sturen sozialistischen Parteien gegenüber, die das Jiddische, die Sprache der großen jüdischen Mehrheit, verwendeten. Das Ministerium für Jüdische Angelegenheiten, das zwischen den beiden Extremen wählen musste, blieb nicht nur Ende 1917, sondern auch noch Anfang 1918 schwankend.

46 Die jüdischen Parteien, ebenso wie die Russen, lehnten die Erklärung allgemein ab. Die Ukrainer meinten, dass die Juden im Gegenzug für die ungewöhnliche Großzügigkeit der Rada zumindest die ukrainischen nationalen Bestrebungen unterstützen sollten, und waren verärgert, als dies nicht geschah.

47 Abramson: *Prayer*, 88.

48 Ebd., 100f.

49 E. Lispector: *Retratos*, 17.

50 Ferreira: *Eu sou*, 23f.

51 E. Lispector: *Exílio*, 59. In *Retratos antigos* schreibt sie: »Während eines der ersten Pogrome nach der Roten Revolution, als die Bolschewiki noch kaum etabliert waren, wurde Großvater von mehreren Kugeln durchbohrt, während er die Treppe seines eigenen Hauses, das später als Soldatenquartier benutzt wurde, hinaufließ.«

3. Kapitel

1 American-Jewish Congress, Israel Goldberg and Committee on Protest against the Massacres of Jews in Ukrainia and other Lands: *The Massacres and Other Atrocities Committed against the Jews in Southern Russia.* New York 1920, 5, 13f.

2 Ebd., 12.

3 Dies ist der Ort, den Elisa in ihrem Buch nennt.

4 E. Lispector: *Retratos*, 23.

5 E. Lispector: *Exílio*, 32f, Hervorhebung hinzugefügt.

6 E. Lispector: *Retratos*, 15.

7 Interview mit Claire Varin, Laval, Québec, 7. Januar 2006.

8 Clarice Lispector: *Objeto gritante (II)*, 1971, 155. Dorothea Severino Sammlung, Nashville, TN.

9 Siehe Orlando Figes: *Die Tragödie eines Volkes: Die Epoche der russischen Revolution 1891 bis 1924.* Übers. Barbara Conrad u. a. Berlin: Berlin Verlag 1998.

10 American Jewish Congress et al.: *Massacres*, 15f.

11 Zu einer Beschreibung dieses Pogroms siehe Bernard Lecache: *Quand Israël meurt.* Paris: Éditions du »Progrès civique« 1927, 181. Auf S. 182–189 findet man eine Schilderung des Pogroms in Pinchas Lispectors Heimatort Teplyk, wo Tania vier Jahre zuvor geboren wurde. Die Familie könnte in Teplyk gewesen sein, obwohl Elisa von Gaissin spricht.

12 American Jewish Congress et al.: *Massacres*, 8–15.

13 Lispector: *Descoberta*, 110f; »Pertencer«. In: *Descoberta*, 15. Juni 1968.

14 http://www.schoolscience.co.uk/content/4/biology/abpi/diseases/disease10.html; Brown: *Biography*, 255, Anm. 61.

15 Brown: *Biography*, 72f.

16 Sowohl in der Ukraine als auch in Israel und den Vereinigten Staaten befragte der Autor mehrere Experten für jüdische und ukrainische Volksmedizin. Niemand wusste, worauf Clarice anspielte, als sie sich auf »einen allgemeinen Aberglauben« bezog, der Schwangerschaften mit der Heilung von Krankheiten in Verbindung brachte. Frauen in Tschetschelnik dagegen wussten sofort, was Clarice damit meinte.

17 Lispector: »Esclarecimentos – Explicação de uma vez por todas«. In: *Descoberta*, 345.

18 E. Lispector: *Exílio*, 53.

19 Ebd., 40.

20 Lispector: »As crianças chatas«, 19. August 1967. In: *Descoberta*, 15.

21 E. Lispector: *Exílio*, 53.

22 I. Wainstok: *Zichrones*, 12.

23 E. Lispector: *Exílio*, 63.

24 Einer von Manias Cousins seitens der Familie Rabin, Abraham, hatte in Buenos Aires eine Frau namens Rebecca Chichilnitsky geheiratet. Ihr Name deutet auf die Herkunft aus dem Ort hin.

25 E. Lispector: *Exílio*, 70.

26 Wowk et al.: *Narissi*, 80.

4. Kapitel

1 Sousa: *Figuras*, 177.

2 Instituto Moreira Salles und Sousa: *A revelação do nome*, 165.

3 Lispector: *Sopro*, 127. Zit. in: Sousa: *Figuras*, 178.

4 Clarice Lispector: *Visão do esplendor: Impressões leves*. Rio de Janeiro: Livraria Francisco Alves Editora S. A. 1975, 21.

5 Lispector: *Sopro*, 32f.

6 Ebd., 15.

7 Clarice Lispector und Teresa Montero: *Correspondências*. Rio de Janeiro: Rocco 2002, 291, 28. [Juni 1974?].

8 Sousa: *Figuras*, 181; Borelli, *Esboço*, 61. In einer späten Erzählung, »Dona Frozinas Finessen«, sagt eine Figur: »›Schauen Sie, Dona Frozina, es gibt schlimmere Namen als den Ihren. Ich kenne eine, die heißt Flor de Lis. Aber das fanden die Leute nicht schön, und da haben sie ihr einen noch schlimmeren Spitznamen gegeben: Minhora.‹« (»Minhora« klingt wie *minhoca*, Wurm.) In: Lispector: *Onde estivestes de noite*, 88.

9 Clarice Lispector: *A paixão segundo G. H.*, 1964. Rio de Janeiro: Editôra do Autor 1991, 24; Sousa: *Figuras*, 186.

10 E. Lispector: *Exílio*, 73.

11 David W. Tschanz: »Typhus Fever on the Eastern Front in World War I«, http://entomology.montana.edu/historybug/wwi/TEF.htm.

12 Vidkun Quisling und Fund of the Relief of the Jewish Victims of the War in Eastern Europe: *The Truth about the Ukrainian Horror: Official Report*. London: Fund of the Relief of the Jewish Victims of the War in Eastern Europe 1922, 18.

13 Ebd.

14 E. Lispector: *Exílio*, 75.

15 Ebd., 80.

16 Lispector: »Falando em viagens.« In: *Descoberta*, 380.

5. Kapitel

1 Clarice wurde im Dezember 1920 geboren, und im Januar 1922 war die Familie ohne Zweifel in Bukarest. Die Lispectors verließen Tschetschelnik einige Zeit nach der Ausstellung einer Geburtsurkunde für Clarice am 14. November 1921. Zu dieser Geburts-

urkunde siehe Nádia Battella Gotlib: *Clarice Fotobiografia*. São Paulo: Edusp/ Imprensa Oficial, 2007, 37. Elisa erwähnt, dass sie aus Soroka aufbrachen und aus irgendeinem Grund in dem winzigen Dörfchen Vertiujeni, bei Soroka am Dnestr, Halt machten. Daraus ist zu schließen, dass sie mit dem Schiff reisten, denn sonst hätte es keinen Grund gegeben, auf ihrem Weg nach Kischinjow in einem so unbedeutenden Ort zu verweilen.

2 Martin Gilbert: *Atlas of Russian History*. New York: Dorset Press 1972, 107.

3 I. Wainstok: *Zichrones*, 10.

4 E. Lispector: *Retratos*, 24f.

5 E. Lispector: *Exílio*, 82.

6 E. Lispector: *Retratos*, 25.

7 Ferreira: *Eu sou*, 32.

8 E. Lispector: *Retratos*, 24.

9 Ferreira: *Eu sou*, 29.

10 Howe: *World of Our Fathers*, 42.

11 E. Lispector: *Exílio*, 89f.

12 Jeff Lesser: *Welcoming the Undesirables: Brazil and the Jewish Question*. Berkeley: University of California Press 1995, 7.

13 Moreno Brandão: »Alagoas em 1925«. In: *Livro do Nordeste, comemorativo do 1. centenário do Diário de Pernambuco*, 1925. Recife Secretaria da Justiça, Arquivo Público Estadual, Neuauflage 1979, 162f.

14 Francisco Ignacio Marcondes Homem de Mello und Francisco Homem de Mello, *Geographia-atlas do Brazil e das cinco partes do mundo*. Rio de Janeiro: F. Briguiet 1912. Ausgeschlossen ist der Bundesbezirk, der Stadtstaat Rio de Janeiro.

15 Brandão: »Alagoas em 1925«.

16 E. Lispector: *Retratos*, 24.

17 I. Wainstok: *Zichrones*, 17.

18 Julio Lerner: *Clarice Lispector, essa desconhecida*. São Paulo: Via Lettera 2007, 44f; »Compaaaa rôpáaaaaa«, Interview mit Olga Borelli.

19 E. Lispector: *Exílio*, 96.

20 Ebd., 97.

21 Ebd., 100.

22 Ebd., 102.

23 Ebd., 104.

6. Kapitel

1 Undatierter Brief von Tania Kaufmann, via Zélia Oliveira, an Giovanni Pontiero, Sammlung des Autors.

2 *Folha*, 10. Dezember 1977: »Pernambuco marca tanto a gente que basta dizer que nada, mas nada mesmo das viagens que fiz por este mundo contribuiu para o que escrevo. Mas Recife continua firme.«

3 Lispector: »Esclarecimentos – Explicação de uma vez por todas.« In: *Descoberta*, 345.

4 C. R. Boxer: *The Dutch in Brazil, 1624–1654*. Oxford: Clarendon Press 1957; Eleazar Córdova-Bello: *Compañías holandesas de navegación, agentes de la colonización neerlandesa*. Sevilla: Escuela de esudios hispano-americanos 1964.

5 Calado, Manoel: *O valeroso Lucideno. E triumpho da liberdade: Primeira parte*. Lissabon: Por Paulo Craesbeeck impressor & liureiro das Ordões Militares 1648.

6 Erico Verissimo: *Brazilian Literature: An Outline*. New York: Macmillan 1945, 17; Arquivo Histórico Judaico de Pernambuco, Kahal Zur Israel.

7 Arquivo Histórico Judaico de Pernambuco, Kahal Zur Israel.

8 Der Jesuit António Vieira schrieb: »Die Hauptmotive für die Rebellion bestanden darin, dass sie eine Menge Geld von den Holländern erhalten hatten und es nicht zurückzahlen konnten oder wollten.« Zit. in: Pedro Calmon, *História do Brasil*, Bd. 2: Rio de Janeiro: José Olympio, 1971.

9 In: E. van den Booggaart, Hendrik Richard Hoettink und Peter James Palmer Whitehead: *Johan Maurits van Nassau-Siegen 1604–1679: A Humanist Prince in Europe and Brazil: Essays on the Occasion of the Tercentenary of His Death*. Den Haag: Johan Maurits van Nassau Stichting 1979.

10 José Honório Rodrigues: *Historiografia e bibliografia do domínio holandês no Brasil*. Rio de Janeiro: Departamento de Imprensa Nacional 1949.

11 Interview mit Tânia Neumann Kaufman, Recife, 15. August 2006.

12 Ângela Maria De Castro Gomes: *Em família: A correspondência de Oliveira Lima e Gilberto Freyre, Coleção Letras em série*. Campinas: CECULT Mercado de Letras 2005, 123–26.

13 Malamud, 1908 in Mogiljow-Podolski (Podolien) geboren, war ein alter Freund. Als die Familie Lispector nach Rio zog, wohnte sie in der Pension seiner Eltern in Flamengo, und später, als Anwalt, half er Clarice bei ihrem Versuch, die brasilianische Staatsbürgerschaft zu erwerben. Samuel Malamud, *Escalas no tempo*. Rio de Janeiro: Editora Record 1986, 112.

14 Avrum Ishie, zit. in: Tânia Neumann Kaufman: *Passos perdidos, história recuperada: A presença judaica em Pernambuco*. Recife: Editoria Bagaço 2000, 197.

15 Hinsichtlich der Beschreibung der Wirtschaft, der Gesellschaftsstruktur und der Geographie des jüdischen Recife dankt der Autor Tânia Neumann Kaufman, Direktorin des Arquivo Histórico Judaico de Pernambuco, sowie der ebenfalls dort tätigen Beatriz Schnaider Schvartz.

16 Interview mit Nachman Falbel, São Paulo, 21. Juli 2006.

17 Tania Lispector Kaufmann, zit. in: Gotlib: *Clarice*, 67f.

18 »Não houve muitas amizades com os pernambucanos«. Undatierter Brief von Tania Lispector Kaufmann an Giovanni Pontiero, in der Sammlung des Autors.

19 Tânia Kaufman et al.: *Passos Perdidos, História Desenhada: A Presença Judaica em Pernambuco no Século XX*. Recife: Arquivo Histórico Judaico de Pernambuco 2005, 1: 47f.

20 »Tentativa de explicação«. Interview mit Leo Gilson Ribeiro: *Correio da manhã*, 21. März 1965.

21 Zit. in: Gotlib: *Clarice*, 22.

22 Ebd., 480f.

23 Lispector et al.: *Outros escritos*, 137f.

24 Brief von Tania Lispector Kaufmann an Giovanni Pontiero, 20. August 1992, in der Sammlung des Autors.

25 Brief von Tania an Giovanni Pontiero, 20. August 1992, in der Sammlung des Autors.

26 Lispector et al.: *Outros escritos*, 138f.

27 Lerner: »Última entrevista.«

28 Lispector et al.: *Outros escritos*, 139. Siehe auch Instituto Moreira Salles: *Cadernos*, 58.

29 Zit. in: Gilio: »Tristes trópicos: Con Clarice Lispector en Río.«

30 Brief von Tania Lispector Kaufmann an Giovanni Pontiero, 20. August 1992, in der Sammlung des Autors.

31 Lispector: »As grandes punições«. In: *Descoberta*, 36.

32 Allerdings war er auch ein Dieb und ein Lügner. Um 1927 reiste er in die Vereinigten Staaten, wo er die Großmutter des Autors heiratete: Elizabeth Lurie, damals Doktorandin in Philosophie an der University of Chicago. Gemeinsam stellten sie in Mexiko Recherchen über die dortigen jüdischen Gemeinden an. Jacob Nachbin wurde beim Diebstahl seltener Manuskripte aus dem mexikanischen Nationalarchiv erwischt und des Landes verwiesen. Die jüdische Presse in Mexiko veröffentlichte eine Notiz zu dem Vorfall, die von einer jüdischen Zeitung in New York und dann in Buenos Aires aufgegriffen wurde. So erfuhr die erste Frau Nachbins in Recife, dass ihr Mann illegal eine andere geheiratet hatte. Die zweite Ehe wurde für ungültig erklärt, und Jacob Nachbin musste die Vereinigten Staaten verlassen. 1935 hielt er sich in Spanien und 1938 in Paris auf, wo er spurlos verschwand. Siehe Nachman Falbel, *Jacob Nachbin*. São Paulo: Nobel, 1985; Nachman Falbel, *Estudos sobre a comunidade judaica no Brasil*. São Paulo: Federação Israelita do Estado de São Paulo, 1984.

33 Lispector: »As grandes punições«. In: *Descoberta*, 36.

34 Ebd., 320.

35 Claire Varin und Clarice Lispector, *Clarice Lispector: Rencontres brésiliennes*. Laval, Québec: Trois, 1987, 69. Dieses Zitat stammte ursprünglich aus dem Interview mit Edgar Proença, »Um minuto de palestra …«, *Estado do Pará*, 20. Februar, 1944. Clarice wiederholte die Erklärung viele Jahre später in einem Interview mit *O Pasquim*, Rio de Janeiro, 9. Juni 1974: »Clarice, inwieweit identifizieren Sie sich mit ihren handelnden Personen? In welchem Maße sind sie die Joana von *Nahe dem wilden Herzen*, eine klar denkende Person, der man in der Realität nicht begegnet?« »Nun, Flaubert sagte einmal: Ich bin Madame Bovary.« Zit. in: Lícia Manzo, *Era uma vez-eu: A não-ficção na obra de Clarice Lispector: Ensaio*. Curitiba: Governo do Estado do Paraná, Secretaria de Estado da Cultura; The Document Company, Xerox do Brasil, 1998, 3.

36 Lispector: »Bichos (Conclusão)«. In: *Descoberta*, 363.

37 Zit. in: Coutinho: *Criaturas*, 167.

38 Interview mit Luiz Carlos Lacerda. Rio de Janeiro, 1. August 2006.

39 In: Instituto Moreira Salles: *Cadernos*.

40 Varin und Lispector: *Rencontres*, 138–41. Dieses Interview wurde auch veröffentlicht in Lispector et al.: *Outros escritos*.

41 Clarice Lispector: *Perto do coração selvagem*. Rio de Janeiro: A Noite 1943, 86.

42 Clarice Lispector: *A mulher que matou os peixes*. Rio de Janeiro: Sabiá 1968.

43 Zit. in: Gotlib: *Clarice*, 73.

44 Lispector: »Um encontro perfeito«. In: *Descoberta*, 42.

45 Lispector und Montero: Brief an Lúcio Cardoso, 13. Juli 1941: *Correspondências*, 15.

46 Interview mit Olga Borelli.

47 Lispector: *Perto*, 54, 155 in der Ausgabe von 1943.

48 Fernando Pessoa: *Heróstrato e a busca da imortalidade*, Übers. Manuela Rocha, ed. Richard Zenith, Bd. 14 von *Obras de Fernando Pessoa*. Lissabon: Assírio & Alvim 2000, 174.

49 Lispector: *Perto*, 97 in der Ausgabe von 1943.

50 Lispector: »O vestido branco«. In: *Descoberta*, 80.

51 Lispector: *Perto*, 181 in der Ausgabe von 1943.

52 Fragment gefunden unter Clarice Lispectors letzten Aufzeichnungen. Siehe auch Varin: *Langues*, 162.

53 Lispector: *Perto*, 12 in der Ausgabe von 1943.

54 Ebd., 181.

55 Clarice Lispector: »A Report on a Thing«. In: *Soulstorm: Stories*, Übers. Alexis Levitin. New York: New Directions, 1989, 136.

56 »Até que, finalmente envoltas, elas aspiravam o seu brilhante e sufocante ar.« Lispector: *Perto*, 155 in der Ausgabe von 1943.

7. Kapitel

1 Zit. in: Ferreira: *Eu sou*, 37.

2 E. Lispector: *Exílio*, 109.

3 Lispector et al.: *Outros escritos*, 137f.

4 Lispector: »Restos de Carnaval«. In: *Descoberta*, 82.

5 E. Lispector: *Exílio*, 123.

6 Ebd., 110f.

7 Ebd., 115f.

8 Zit. in: Ferreira: *Eu sou*, 37.

9 E. Lispector: *Exílio*, 132.

10 E. Lispector: *Retratos*, 19.

11 E. Lispector: *Exílio*, 133.

12 »Sepultamento de Clarice será simples e discreto«, *O Globo*, 11. Dezember 1977. Siehe auch Olga Borelli, interviewt in *Manchete* 1981, zit. in: Gotlib: *Clarice*, 481.

13 Lispector: »San Tiago«. In: *Descoberta*, 62.

14 Lispector: *Visão*, 19.

15 Varin und Lispector: *Rencontres*, 191; Interview mit Marisa Raja Gabaglia 1973.

16 Zit. in: Gotlib: *Clarice*, 94.

17 Lispector: »O que eu queria ter sido«. In: *Descoberta*, 153.

18 Rachel Donadio: »The Irascible Prophet: V. S. Naipaul at Home.«, *New York Times*, 7. August 2005.

19 Interview mit Julio Lerner, zit. in: Varin und Lispector: *Rencontres*, 213.

20 Lispector: *Sopro*, 11.

21 Clarice Lispector: *A maçã no escuro*, 1961; Rio de Janeiro: Livraria Francisco Alves 1992, 300.

22 Lispector: »As grandes punições«, 4. November 1967. In: *Descoberta*, 36.

23 Undatierter Brief von Tania Lispector Kaufmann an Giovanni Pontiero, Sammlung des Autors.

24 Lispector: »Lição de piano«. In: *Descoberta*, 48.

25 Undatierter Brief von Tania Lispector Kaufmann an Giovanni Pontiero, Sammlung des Autors.

26 Fragment zit. in: Varin: *Langues*, 65.

27 Lispector: »Medo da eternidade«. In: *Descoberta*, 309.

28 Zit. in: Gotlib: *Clarice*, 71.

29 Bertha hielt die jiddische Rede. Wie viel Hebräisch Clarice als Kind auch gelernt haben mochte, dürfte sie als Erwachsene höchstwahrscheinlich vieles oder das meiste davon vergessen haben. Als Bertha Jahre später nach Israel zog, glaubte sie ebenfalls, alles vergessen zu haben, aber sie stellte fest, dass sie mit der gleichen Hebräischausbildung wie Clarice gut auf das neue Land vorbereitet war. Interview mit Bertha Lispector Cohen, Rio de Janeiro, 3. August 2006. In Clarice Lispectors Werken gibt es nur zwei explizite Hinweise auf das Jiddische. In einem späten Text schrieb sie: »Captou, understood? Farstein? D'accord?«; und in einer Zeitungskolumne bezeichnete sie »Er ist eine Person« als die von ihrem Vater benutzte Lobesformel, bei der es sich um eine Übersetzung des jiddischen »Er is a mensch« (Er ist ein guter oder ein rechtschaffener Mann) handelte. Lispector, *Visão*, 49. Elisa erinnerte sich in dem oben zitierten *Retratos antigos* an die gleichen Worte.

30 Zit. in: Ferreira: *Eu sou*, 44.

31 Ebd., 43.

32 Clarice Lispector: *Objeto gritante*, 1971, 7, Clarice Lispector-Archiv, Arquivo-Museu de Literatura Brasileira, Fundação Casa de Rui Barbosa, Rio de Janeiro (im Folgenden abgekürzt als CLA).

33 Zit. in: Gotlib: *Clarice*, 94.

34 Zit. in: Manzo: *Era uma vez*, 128; Interview mit Lícia Manzo, Rio: 23. Oktober 1996.

35 Clarice Lispector: *A legião estrangeira*. Rio de Janeiro: Editôra do Autor 1964, 15.

36 Ebd., 21.

37 Ebd., 23f.

8. Kapitel

1 Ferreira: *Eu sou*, 48.

2 David Wainstok: *Caminhada: Reminiscências e reflexões*. Rio de Janeiro: Editora Lidador Ltda. 2000, 278.

3 Thomas E. Skidmore: *Politics in Brazil*, 1930–1964: *An Experiment in Democracy*. New York: Oxford University Press 1967, 4.

4 Siehe http://www.getulio50.org.br/textos/gv3.htm.

5 Boris Fausto: *Getúlio Vargas*. São Paulo: Companhia das Letras 2006, 128.

6 Skidmore: *Politics*, 23.

7 Lesser: *Welcoming*, 59. Gerüchten zufolge stützte sich Barrosos Antisemitismus auf seine eigene jüdische Herkunft. Angeblich war Barroso eine brasilianische Version von »Baruch«. Es gibt keinen Beleg dafür, dass dies zutrifft.

8 Gustavo Barroso: *Os Protócolos dos sábios de Sião: O Imperialismo de Israel. O Plano dos Judeus para a Conquista do Mundo. O Código do Anti-Cristo. Provas de autenticidade, documentos, notas, e comentários. Texto completo e apostilado por Gustavo Barroso*. São Paulo: Agência Minerva Editora 1936.

9 Alzira Alves de Abreu et al. (Hg.): »Gustavo Barroso«. In: *Dicionário histórico-biográfico brasileiro*. Rio de Janeiro: FGV Editora/FGV CPDOC 2001.

10 Lesser: *Welcoming*, 61.

11 Interview mit Bertha Lispector Cohen, Rio de Janeiro, 3. August 2006.

12 Interview mit Samuel Lispector, Recife, 15. August 2006.

13 D. Wainstok: *Caminhada*, 280.

14 »I. S.«, zit. in: Kaufman: *Passos*, 134f.

15 D. Wainstok: *Caminhada*, 280.

16 Ebd.

9. Kapitel

1 Samuel Lispector, zit. in: Gotlib: *Clarice*, 71.

2 Interview mit Tania Lispector Kaufmann, Rio de Janeiro, 1. August 2006; Interview mit Cecília Wainstok Lipka, Rio de Janeiro, 29. Juli 2006.

3 Interview mit Tania Lispector Kaufmann, Rio de Janeiro, 1. August 2006.

4 Zit. in: Gotlib: *Clarice*, 84.

5 Interview mit Tania Lispector Kaufmann.

6 Ferreira: *Eu sou*, 54.

7 Undatierter Brief von Tania Lispector Kaufmann an Giovanni Pontiero, Sammlung des Autors.

8 Interview mit Tania Lispector Kaufmann.

9 Gotlib: *Clarice*, 83.

10 »Amo a matemática desde os dez anos de idade«, Interview mit Leopoldo Nachbin: *Manchete* (ca. 1969).

11 Interview für Museu da Imagem e do Som. In: Lispector et al.: *Outros escritos*, 160.

12 Interview mit Cecília Wainstok Lipka.

13 Arnaldo Franco Júnior: »Clarice, segundo Olga Borelli«, *Minas Gerais Suplemento Literário*, 19. Dezember 1987.

14 Darauf verweist Varin in: *Langues*, 126.

15 Lispector: *Onde*, 73, zit. in: Varin: *Langues*, 126.

16 Unveröffentlichte Notiz, nachproduziert in Varin: *Langues*, 124.

17 Lispector: *Água viva*, 37.

18 Ebd., 13. »Continuo com capacidade de raciocíno-já estudei matemática que é a loucura do raciocínio-mas agora quero o plasma-quero me alimentar diretamente da placenta.«

19 Lispector: »A Descoberta do mundo«. In: *Descoberta*, 114.

20 Gotlib: *Clarice*, 39.

21 Suzana Bernstein Horovitz, zit. in: ebd., 99.

22 Clarice Lispector: »Felicidade clandestina«. In: *Felicidade clandestina*. Rio de Janeiro: Sabiá 1971, 15–18.

23 Lispector: »Escrever«. In: *Descoberta*, 304.

24 Zit. in: Lerner: »Última entrevista«; »Tentativa de explicação«, Interview mit Leo Gilson Ribeiro.

25 Hermann Hesse: *Der Steppenwolf*. Berlin: S. Fischer Verlag 1927, Frankfurt am Main: Suhrkamp 1961, 42.

26 »Tractat vom Steppenwolf«, 4. In: ebd.

27 »Tractat«, 6, 7. In: ebd.

28 Lispector: *Sopro*, 45.

29 Lispector: »Ainda impossível«. In: *Descoberta*, 437.

10. Kapitel

1 Ruy Castro: *Carmen: Uma biografia*. São Paulo: Companhia das Letras 2005, 13.

2 Renato Pinto Venâncio: »Presença portuguesa: De colonizadores a imigrantes«. In: *Brasil, 500 anos de povoamento*. Rio de Janeiro: IBGE, Centro de Documentação e Disseminação de Informações 2000.

3 Lispector: »Viajando por mar, 1 parte«. In: *Descoberta*, 377.

4 *Folha*, 10. Dezember 1977: »Pernambuco ist so prägend, dass ich dazu nur eines zu sagen habe: Nichts, aber auch überhaupt nichts von dem, was ich auf meinen Reisen durch diese Welt erlebt habe, spielt für das, was ich schreibe, eine Rolle. Recife hingegen ist weiterhin sehr präsent.«

5 Lispector: »O manifesto da cidade«. In: *Visão*, 53.

6 Interview mit Alberto Dines, São Paulo, 22. Juli 2006.

7 Interview mit Tania Lispector Kaufmann, Rio de Janeiro, 1. August 2006.

8 Interview mit Cecília Wainstok Lipka, Rio de Janeiro, 29. Juli 2006.

9 D. Wainstok: *Caminhada*, 78.

10 Siehe Beatriz Kushnir: *Baile de máscaras: Mulheres judias e prostituição: As polacas e suas associações de ajuda mútua*. Rio de Janeiro: Imago Editoria 1996; Isabel Vincent: *Bodies and Souls: The Tragic Plight of Three Jewish Women Forced into Prostitution in the Americas*. New York: William Morrow 2005.

11 Lesser: *Welcoming*, 83.

12 Ebd., 74.

13 Ebd., 8.

14 Zit. in: Kaufman: *Passos*, 159.

15 I. Wainstok: *Zichrones*, 16.

16 Gotlib: *Clarice*, 101.

17 Interview mit Tania Lispector Kaufmann, Rio de Janeiro, 1. August 2006.

18 Gotlib: *Clarice*, 136.

19 Lesser: *Welcoming*, 105.

20 Ebd., 108.

21 Lispector: »O que eu queria ter sido«. In: *Descoberta*, 153.

22 Interview für das Museu da Imagem e do Som. In: Lispector et al.: *Outros escritos*, 140.

23 Brief an Fernando Sabino, 14. August 1946. In: Sabino und Lispector: *Cartas*.

24 Zit. in: Gotlib: *Clarice*, 147.

25 Stefan Zweig: *Begegnungen mit Menschen, Büchern, Städten*. Wien: H. Reichner, 1937.

26 Lispector: »A Descoberta do mundo«. In: *Descoberta*, 114.

27 Gotlib: *Clarice*, 143f.

28 Lispector: »Persona«. In: *Descoberta*, 77.

29 Ferreira: *Eu sou*, 67.

30 Lispector: »Escândalo inútil«. In: *Descoberta*, 95.

31 Lesser: *Welcoming*, 58.

32 Ebd., 49, 54. Vianna: »Wenn die brasilianische Bevölkerung, statt sich untereinander fortzupflanzen, in der Lage wäre, die schädlichen Elemente ihrer derzeitigen ethnischen Konstitution noch stärker aufzuteilen und sich zu stärken, indem sie wertvollere Verbindungen mit den europäischen Rassen einginge, so käme der zerstörerische Trend, der sich in unseren Reihen beobachten lässt, zum Abschluss, und eine Gegenbewegung setzte ein.«

33 *Pan*. Rio de Janeiro, Bd. 1, 1935.

34 »Triunfo«. In: Lispector et al.: *Outros escritos*, 12f.

35 E. Lispector: *Retratos*, 26f.

36 Ebd.

37 Ebd.

38 Interview mit Tania Lispector Kaufmann, Rio de Janeiro, 1. August 2006.

39 Sabino und Lispector: *Cartas*, 14. August 1946, 54.

40 Varin: *Langues*, 214.

41 Paulo Gurgel Valente, zit. in: Sílvia Fernández: »Um ano sem Clarice«, *Desfile*, Dezember 1978, 176–83; ebenso zit. in: Aparecida Maria Nunes: *Clarice Lispector Jornalista: Paginas femininas & outras paginas*. São Paulo: Editora Senac 2006, 64.

42 Die beiden anderen waren der Chilene Lugoni und der Argentinier Gálvez. Alberto Dines: *Tod im Paradies: Die Tragödie des Stefan Zweig*. Übers. Marlen Eckl. Frankfurt am Main: Büchergilde 2006. 3. Aufl. Rio de Janeiro: Rocco, 2004, 327.

43 Marco Antonio de Carvalho: *Rubem Braga: Um cigano fazendeiro do ar*. Rio de Janeiro: Editoria Globo 2007, 282.

44 Dines: *Morte*, 328.

45 »Convite à leitura« Vamos Lêr! Rio de Janeiro, 6. August 1936, zit. in: A. M. Nunes: *Journalista*, 42.

46 Lerner: »Última entrevista«.

47 »Eu e Jimmy«. In: Lispector et al., *Outros escritos*, 17ff. Später veröffentlichte sie in

Vamos Lêr! ein Interview mit Tasso da Silveira (19. Dezember 1940), die Erzählung »Trecho«, 9. Januar 1941, eine Übersetzung von Claude Farrères »Der Missionar«, 6. Februar 1941, sowie ihre erste Reportage, »Uma visita à casa dos expostos«, 8. Juli 1941.

48 Interview mit Tania Lispector Kaufmann, Rio de Janeiro, 1. August 2006.

49 Ferreira: *Eu sou*, 75.

50 Zit. in: Gotlib: *Clarice*, 165.

11. Kapitel

1 Mario Carelli: *Corcel de fogo: Vida e obra de Lúcio Cardoso* (1912–1968). Rio de Janeiro: Editoria Guanabara 1988.

2 Interview mit Humberto Werneck, São Paulo, 23. Juli 2006.

3 Maria Helena Cardoso: *Por onde andou meu coração: Memórias.* Rio de Janeiro: José Olympio 1967, 272.

4 Ebd., 265f.

5 Carelli: *Corcel*, 27.

6 Ebd., 34.

7 Ferdinand Denis: *Résumé de l'histoire littéraire du Portugal, suivi du résumé de l'histoire littéraire du Brésil.* Paris: Lecointe et Durey 1826, 516.

8 Joaquim Maria Machado de Assis: »Instinto de nacionalidade« 1873, http://www.geocities.com/athens/olympus/3583/instinto.htm.

9 Zit. in: Manuel Bandeira und Ralph Edward Ingalls Dimmick: *Brief History of Brazilian Literature, Pensamiento de América.* Washington, D. C.: Pan American Union 1958, 144.

10 »Literatura da vanguarda no Brasil«. In: Lispector et al.: *Outros escritos*, 105–7.

11 Perez: *Escritores brasileiros contemporâneos*, 86.

12 Schmidt publizierte auch andere bedeutende Schriftsteller, die stärker mit Regionalismus und Modernismus identifiziert wurden, beispielsweise Jorge Amado, Graciliano Ramos und Rachel de Queiroz.

13 Lispector: »As grandes punições«, 4. November 1967. In: *Descoberta*, 36.

14 Irving Howe: *World of Our Fathers.* New York: Harcourt Brace Jovanovich 1976, 11.

15 Interview mit Rosa Cass, Rio de Janeiro, 29. Juli 2006.

16 Interview mit Edla Van Steen, São Paulo, 23. Juli 2006.

17 Tristão de Athayde et al.: *10 romancistas falam de seus personagens.* Rio de Janeiro: Edições Condé 1946, 56.

18 João Etienne Filho, zit in: Carelli: *Corcel*, 32.

19 Interview mit Luiz Carlos Lacerda, Rio de Janeiro, 1. August 2006.

20 Lispector: »Lúcio Cardoso«. In: *Descoberta*, 171.

21 Interview mit Rosa Cass.

22 Zit. in: Ferreira: *Eu sou*, 88.

23 Maria Helena Cardoso: *Vida-vida: Memória.* Rio de Janeiro: José Olympio 1973, 194.

24 Interview mit Rosa Cass.

25 Interview mit Luiz Carlos Lacerda.

26 Carelli: *Corcel*, 59.

27 Die Erzählung »Obsessão« wurde posthum in *A bela e a fera* veröffentlicht. Dies sind die Beiträge, die Clarice in einem Wettbewerb des Verlags José Olympio vorlegte. Nach der Bekanntgabe der Ergebnisse bat sie um Rückgabe ihrer Originale und musste erfahren, dass die Sendung nie eingetroffen war. A. M. Nunes, *Jornalista*, 65f.

28 Clarice Lispector: »Obsessão«. In: *A bela e a fera*. Rio de Janeiro: Nova Fronteira 1979, 43.

29 Ebd., 44f.

30 Ebd., 47.

31 Ebd., 48, 52.

32 Ebd., 45, 52f.

33 Ebd., 58.

34 Ebd., 65.

35 Ebd., 69.

36 Ferreira: *Eu sou*, 77.

37 »Onde se ensinará a ser feliz«, *Diário do Povo* (Campinas), 19. Januar 1941. In: Lispector et al.: *Outros escritos*, 34.

38 In: Lispector et al.: *Outros escritos*, 45. Ein ähnlicher, späterer Artikel über ihre obsessive Thematik der Schuld und Sühne sollte in einem von ihr als Ghostwriter verfassten Text über den kalifornischen Mörder Caryl Chessman erscheinen. A. M. Nunes, *Jornalista*, 78.

39 Clarice Lispector: *Objeto gritante*, ca. 1971, 143, Sammlung von Dorothea Severino, Nashville, TN.

40 Gershom Scholem: *Zur Kabbala und ihrer Symbolik*. Frankfurt am Main: Suhrkamp 1973.

41 In: Coutinho: *Críaturas*, 168.

42 In einem anderen Zeitalter, nach dem Exodus aus Spanien, schuf der große Kabbalist Isaak Luria in Safed ein mächtiges Symbol für die Abwendung Gottes von seinem Volk. Dies ist der Begriff des *Zimzum*, der buchstäblich »Konzentration« oder »Kontraktion« bedeutet, aber im kabbalistischen Sprachgebrauch am besten als »Rückzug« zu übersetzen ist. Er ist die Hauptvoraussetzung für die Schöpfung.

43 Scholem: *Die jüdische Mystik*, 384f.

44 Lispector und Montero: Brief an Lúcio Cardoso, 13. Juli 1941, *Correspondências*, 15.

45 Stefan Zweig: *Die Welt von Gestern: Erinnerungen eines Europäers*, 1942. Stockholm: Bermann Fischer 1946, 482.

12. Kapitel

1 Benedictus de Spinoza und Arnold Zweig: *Les pages immortelles de Spinoza*. Paris: Éditions Corrêa 1940 [für die deutsche Ausgabe wird benutzt Arnold Zweig: *Baruch Spinoza* (o. O.: Insel-Verlag 1961)]. Ihr Exemplar, mit Anmerkungen und auf den 14. Februar 1941 datiert, befindet sich im Instituto Moreira Salles, Rio de Janeiro. Ihre Anmerkungen lauteten: »Als Zufall bezeichnen wir jene Verbindung von Ursache und

Wirkung, welche die Vernunft weder wahrnimmt noch erklärt. Doch alles existiert aus Notwendigkeit.« »Unser Unglück rührt daher, dass wir unvollständige Funken des göttlichen Feuers sind, wie die Inder [oder möglicherweise ›Hindus‹] es wollten, und das Gefühl für das Ganze verloren haben.« »Alles, was ist, ist deshalb, weil vorher etwas anderes war. Die Tatsachen sind mit der Vergangenheit verbunden und nicht mit der Zukunft (intime Kontrolle).« (Die beiden letzten Wörter sind schwer zu entziffern.) »Innerhalb der Welt ist kein Platz für andere Schöpfungen. Es gibt nur Gelegenheit zu Wiedereingliederung und Fortführung. Alles, was existieren könnte, existiert schon.«

2 Lispector: *Perto*, 130.

3 Ebd., 131.

4 Ebd.

5 Ebd., 132f in der Ausgabe von 1943. Das letzte Zitat ist von *Ethik*, Teil 2: »Über die Natur und den Ursprung des Geistes«, Lehrsatz 13.

6 Lispector: *Lustre*, 50.

7 Clarice Lispector: *A cidade sitiada*. Rio de Janeiro: A Noite 1948, 89.

8 Clarice Lispector: *Uma aprendizagem ou o livro dos prazeres*, 1969. Rio de Janeiro: Sabiá 1993, 25.

9 Arnold Zweig: *Baruch Spinoza*, 41.

10 Ebd., 48.

11 Dies ist ein zufälliges Echo auf die frühesten jüdischen Mystiker. Für sie war die Heiligkeit Gottes völlig unabhängig von jeder moralischen Bedeutung, sie stand nur für ihren eigenen Ruhm. Scholem, *Die jüdische Mystik*, 64f.

12 Lispector und Montero: Brief an Lúcio Cardoso, 13. Juli 1941: *Correspondências*, 15.

13 Clarice veröffentlichte den ersten Teil von »Cartas a Hermengardo« am 26. Juli 1941 in *Dom Casmurro*. Dies ist die Erzählung gleichen Namens, die in Lispector et al., *Outros escritos*, 20–22, erscheint. Der zweite Teil, der nicht in diese – oder irgendeine andere – Sammlung aufgenommen wurde, kam am 30. August 1941 in derselben Zeitschrift heraus. Clarice bestritt, je Dichtung geschrieben zu haben, und ihre Schwester Tania wusste nichts von solch einer Tätigkeit, wie sie in einem undatierten Brief an Giovanni Pontiero bekundete (in der Sammlung des Autors): »Clarice schrieb keine Gedichte. Es ist möglich, dass sie in ihrer Jugend das eine oder andere angefertigt hat, aber sie hat sie nicht veröffentlicht.« In Wirklichkeit veröffentlichte sie wenigstens zwei Gedichte: »Descobrí o meu país« am 25. Oktober 1941 in *Dom Casmurro* und »A mágoa« am 5. Januar 1947 in *Diário de São Paulo*. Das Letztere wird reproduziert in Varin, *Langues*,103f. Zu Clarices beiden bekannten Gedichten siehe Benjamin Moser: «A Newly Discovered Poem by Clarice Lispector«, *Brasil/Brazil: A Journal of Brazilian Literature*, Nr. 36, Jahrgang 20 (2007). Am 23. November 1945 schrieb Manuel Bandeira ihr: »Du bist Dichterin, liebe Clarice. Bis auf den heutigen Tag bereue ich, was ich über die Verse gesagt habe, die du mir geschickt hattest. Du hast meine Worte missverstanden. Du hast Fischchen in den Augen; du bist in einem Schaltjahr geboren: Schmiede Verse, Clarice, und denk an mich.« Siehe auch das Interview in *O Pasquim*,

3.-9. Juni 1974: »Olga Savary: Haben Sie je Dichtung geschrieben, Clarice? – Nein. – Sie haben es nicht einmal versucht? – Nie. – Nicht einmal als Jugendliche? Sérgio Augusto: – Weil Ihre Texte sehr poetisch sind. – Aber ich bin nicht poetisch.« Sousa: *Figuras*, 68f. Zu Lúcio Cardoso über ihre Dichtung siehe Ferreira: *Eu sou*, 104.

14 Zit. in: Gotlib: *Clarice*, 154.

15 Interview mit Tania Lispector Kaufmann, Rio de Janeiro, 1. August 2006.

16 Lispector und Montero: Brief von Maury Gurgel Valente, 5. Januar 1942: *Correspondências*, 18f.

17 Dies.: Brief von Maury Gurgel Valente, 9. Januar 1942: *Correspondências*, 24–26.

18 Ebd., 25.

19 Dies.: Brief an Maury Gurgel Valente, 2. Januar 1942: *Correspondências*, 17.

20 Dies.: Brief an Maury Gurgel Valente, 6. Januar 1942: *Correspondências*, 20.

21 Dies.: undatierter Brief an Maury Gurgel Valente: *Correspondências*, 23.

22 Dies.: Brief von Maury Gurgel Valente, 9. Januar 1942: *Correspondências*, 24.

23 Dies.: Brief an Maury Gurgel Valente, 11. Januar 1942: *Correspondências*, 27.

24 Clarice Lispector: Brief an Tania Lispector Kaufmann, Januar 1942. In: *Minhas queridas*. Rio de Janeiro: Editora Rocco 2007, 23.

25 Lispector und Montero: Brief von Maury Gurgel Valente, 12. Januar 1942: *Correspondências*, 28.

26 Dies.: Brief an Getúlio Vargas, 23. Oktober 1942: *Correspondências*, 35.

27 Dies.: Brief an Getúlio Vargas, 3. Juni 1942: *Correspondências*, 33.

28 Ferreira: *Eu sou*, 92f.

29 Lispector und Montero: Brief an Getúlio Vargas, 3. Juni 1942: *Correspondências*, 33.

30 André Carrazzoni an Andrade Queiroz, Justizministerium, 10. Juni 1942, CLA.

31 »Conversas com P«. In: Lispector et al.: *Outros escritos*, 87.

32 Interview mit Tania Lispector Kaufmann, 1. August 2006; Interview mit Bertha Lispector Cohen, Rio de Janeiro, 3. August 2006.

33 Lispector: *A bela e a fera*, 44; »Eu e Jimmy«. In: Lispector et al.: *Outros escritos*, 17.

34 »A fuga« (Rio 1940). In: Lispector: *A bela e a fera*, 101f.

35 »Gertrudes pede um conselho«, September 1941. In: Lispector: *A bela e a fera*, 31.

13. Kapitel

1 Lispector: *Perto*, 113f in der Ausgabe von 1943.

2 Ebd., 119.

3 Ebd., 102, 97, 100.

4 Ebd., 159f.

5 Ebd., 161.

6 Ebd., 198.

7 Ebd., 56.

8 Benedictus de Spinoza: *Korte verhandeling van God, de mensch en deszelvs welstand*, ca. 1660, 1/10, 4, Koninklijke Bibliotheek, Den Haag. »Nu goet en kwaad en zijn noch zaaken nog werkingen. ERGO en zijn goet en kwaad niet in de Natuur. Want indien

goet [of] en kwaad zaaken of werkingen zijn, zo moeten zij dan hare beschrijvinge hebben.«

9 Benedictus de Spinoza: *The Collected Works*, Edwin Curley (Hg.). Princeton: Princeton University Press 1985, 1:441.

10 Lispector: *Perto*, 90 in der Ausgabe von 1943.

11 Ebd., 216f.

12 Lispector und Montero: Brief an Getúlio Vargas, 3. Juni 1942: *Correspondências*, 33.

13 Ausschnitt ohne Titel, 24. April 1944, Album CL/j 23–26, 9, CLA.

14 Gotlib: *Clarice*, 167.

15 Ferreira: *Eu sou*, 93.

16 Ausschnitt ohne Titel, 24. April 1944, Album CL/j 23–26, 9, CLA.

17 Zit. in: Gotlib: *Clarice*, 167.

18 Zit. in: ebd., 173.

19 Interview mit Joel Silveira, Rio de Janeiro, 25. August 2006.

20 Jurema Finamour: »Clarice Lispector«, *Jornal de Letras*, September 1960.

21 Dinah Silveira de Queiroz in *O Jornal*, Januar 1944. Dieses Zitat und die folgenden sind der ausführlichsten Übersicht über die Kritik an Clarice Lispector entnommen, insbesondere an *Nahe dem wilden Herzen*: »Ovação«: In: Sousa: *Figuras*, 59–71; Oscar Mendes: »Um romance diferente«: *O Diário* (Belo Horizonte), 6. August 1944; Guilherme Figueiredo: »O sentimento das palavras«, *Diário de Notícias* (Rio de Janeiro), 23. Januar 1944; Lêdo Ivo: *Jornal de Alagoas*, 25. Februar 1944; Otávio de Freitas Júnior. In: *A Manhã* (Rio de Janeiro), 13. Mai 1944.

22 *A Manhã*, 13. Oktober 1944. In: Sousa: *Figuras*, 61.

23 Lêdo Ivo in: *Jornal de Alagoas / A Manhã*, 25. Februar 1944. In: Instituto Moreira Salles: *Cadernos*, 49.

24 Ivo Lêdo: »Viva Clarice Viva«. In: *Melhores crônicas de Lêdo Ivo*, Gilberto Mendonça Teles (Hg.): *Coleção Melhores Crônicas*. São Paulo: Global Editoria 2004, 161.

25 Jorge de Lima: »Romances de Mulher«, *Gazeta de Notícias*, 1. November 1944.

26 Lêdo Ivo: »Viva Clarice Viva«. In: *Melhores crônicas de Lêdo Ivo*, ed. Gilberto Mendonça Teles: *Coleção Melhores Crônicas*. São Paulo: Global Editoria 2004.

27 Antonio Candido: »Perto do coração selvagem«, *Folha da manhã*, 16. Juli 1944. Siehe auch: Antonio Candido »No raiar de Clarice Lispector«. In: *Vários escritos*. São Paulo: Livraria Duas Cidades 1977, 124–131.

28 Sérgio Milliet: *Diário crítico de Sérgio Milliet*, 1944. São Paulo: Editora Brasiliense, 1981, 15. Januar 1944, 3:27–32.

29 Lispector: *Perto*, 47, 150 in der Ausgabe von 1943.

30 In: União Brasileira de Escritores: *Boletim Bibliográfico Brasileiro*, Bd. 9. Rio de Janeiro: Estante Publicações 1961, 210, zit. in: Varin: *Langues*, 97f.

31 Milliet: *Diário crítico de Sérgio Milliet*, 15. Januar 1944, 3:27–32. Der Artikel wurde am 10. März 1944 in *A Manhã*, Rio, und am 31. März im *Diário da Bahia* nachgedruckt.

32 »Eu tinha me preparado, não sei porque especialmente, para um começo acido e um fim solitário. Suas palavras me desarmaram. De repente me senti até mal em ser tão bem recebida. Eu que não esperava ser recebida at all. Além do mais, a repulsa dos

outros – eu pensava – haverá de me tornar mais dura, mais presa no caminho do trabalho que eu escolhera. PS. O nome é meu mesmo.

Remetente: Clarice Gurgel Valente

Central Hotel

Belém – Pará«

Getippter und unterzeichneter Luftpostbrief aus Belém do Pará über eine Rezension von *Nahe dem wilden Herzen* im *Estado de São Paulo* vom 26. Januar 1944. Privatsammlung, zur Verfügung gestellt von Livraria Dantes, Rio de Janeiro.

14. Kapitel

1 Samuel Wainer: *Minha razão de viver: Memórias de um repórter*, (Hg.) Augusto Nunes. São Paulo: Planeta 2005, 69.

2 Elio Gaspari: *O sacerdote e o feiticeiro: A ditadura derrotata*. São Paulo: Companhia das Letras 2003, 41.

3 Frank D. McCann: »Brazil and World War II: The Forgotten Ally. What did you do in the war, Zé Carioca?«, *Estudios Interdisciplinarios de América Latina y el Caribe 6*, Nr. 2, 1995.

4 Ebd.

5 Zur Verfolgung der japanischen Brasilianer während des Krieges siehe Fernando Morais: *Corações sujos: A história da Shindo Renmei*. São Paulo: Companhia das Letras, 2000.

6 Kaufmann: *Passos*, 203.

7 Ebd.

8 Brief an Manuel Pimenta da Cunha von Manaus, 30. Dezember 1904 in Francisco Venâncio Filho: *Euclides da Cunha e seus amigos*. São Paulo: Cia. Editora Nacional 1938.

9 Brief an Tania Lispector Kaufmann und Elisa Lispector, 18. März 1944. In: Borelli: *Esboço*, 106.

10 Lispector: Brief an Tania Lispector Kaufmann, 23. Februar 1944. In: *Minhas queridas*, 27.

11 Lispector und Montero: Brief an Lúcio Cardoso, 6. Februar 1944, *Correspondências*, 36f.

12 Interview mit Eliane Gurgel Valente. Paris, 3. Dezember 2007.

13 Sara Escorel Rodrigues de Moraes, geboren in São Paulo, deren Mann Lauro Escorel im Oktober 1944 zwei Rezensionen über *Nahe dem wilden Herzen* schrieb: Lauro Escorel: »Crítica Literária«, *A Manhã*, 20. Oktober 1944, und Lauro Escorel: »Prêmio da Fundação Graça Aranha de 1943«, *A Manhã*, 29. Oktober 1944.

14 Lesser: *Welcoming*, 58.

15 Fábio Koifman: *Quixote nas trevas: O embaixador Souza Dantas e os refugiados do nazismo*. Rio de Janeiro: Editora Record 2002.

16 Interview mit Eva Lieblich Fernandes, Mainz, 2. September 2007.

17 René Decol: »Uma certa Aracy, um chamado João«, *Folha de S. Paulo*, 18. Dezember

2006. Andere brasilianische Diplomaten, die ihre Karrieren gefährdeten, um Juden zu helfen, waren Almeida Rodrigues und seine Frau sowie Nogueira Porto.

18 Lispector und Montero: Brief an Tania Lispector Kaufmann, 16. Februar 1944, *Correspondências*, 38–40.

19 Álvaro Lins, »A Experiência Incompleta: Clarice Lispector«. In: *Os mortos de sobrecasaca: Obras, autores e problemas da literatura brasileira: Ensaios e estudos, 1940–1960*. Rio de Janeiro: Editora Civilização Brasileira 1963, 187, zit. in: Manzo: *Era uma vez*, 22f. Der Begriff »magischer Realismus« wurde in den 1920er Jahren zum ersten Mal von dem deutschen Kunstkritiker Franz Roh benutzt, um eine Untergruppe des Malstils der Neuen Sachlichkeit zu beschreiben. Er wurde in Lateinamerika bis in die 1960er Jahre selten verwendet, als der venezolanische Schriftsteller Arturo Uslar Pietri ihn im Hinblick auf die (hauptsächlich spanisch-amerikanische) Literatur popularisierte.

20 Lispector und Montero: Brief an Tania Lispector Kaufmann, 16. Februar 1944, *Correspondências*, 38.

21 Lispector: »Ao correr da máquina«. In: *Descoberta*, 367.

22 Affonso Romano de Sant'Anna: *Jornal do Brasil*, 25. Oktober 1986, unbenannter Ausschnitt, CLA. Vgl. *Água viva*.

23 Lispector und Montero: undatierter Brief an Lúcio Cardoso, Ende März, Anfang April 1944, *Correspondências*, 42.

24 Ebd., 58.

25 Ebd., 60.

26 Lispector und Montero: undatierter Brief an Tania Lispector Kaufmann, 16. Februar 1944, *Correspondências*, 38.

27 Ebd.

28 Proença: »Um minuto de palestra…«

29 Lispector und Montero: undatierter Brief an Lúcio Cardoso, Ende März, Anfang April 1944, *Correspondências*, 42.

15. Kapitel

1 Dort nahm Clarice Kontakt mit Lauro Escorel auf, einem Diplomaten, der eine begeisterte Rezension von *Nahe dem wilden Herzen* veröffentlicht hatte und dessen Frau Sara die einzige andere jüdische Gattin im Itamaraty war. Sie trafen sich zum Mittagessen, und Clarice begegnete einem jungen Mann, der kurz vorher in den auswärtigen Dienst eingetreten war und der zu dem großen pernambucanischen Dichter João Cabral de Melo Neto werden sollte. Ferreira: *Eu sou*, 107.

2 Ebd., 109f.

3 Lispector und Montero: Brief an Lúcio Cardoso, 25. Juli 1944. Brief an Lúcio Cardoso, Mitte September 1944, *Correspondências*, 48,54.

4 Interview mit Eliane Gurgel Valente, Paris, 3. Dezember 2007.

5 Lispector und Montero: Brief an Lúcio Cardoso, Mitte September 1944, *Correspondências*, 54.

6 Lispector: »Estive em Bolama, África«. In: *Descoberta*, 381. Es gibt einen weiteren Hinweis zu dieser Erfahrung in »Objeto gritante«, CLA.

7 Lispector und Montero: undatierter Brief an Lúcio Cardoso, *Correspondências*, 54.

8 Interview mit Tania Lispector Kaufmann, Rio de Janeiro, 1. August 2006.

9 Kaufman: *Passos*, 159.

10 Lispector und Montero: *Correspondências*, 55.

11 Lispector und Montero: Brief an Tania Lispector Kaufmann und Elisa Lispector, Algerien, 19. August 1944, *Correspondências*, 51.

12 Brief an Natércia Freire, Neapel, 29. Februar 1945, Biblioteca Nacional, Lissabon.

13 Brief an Natércia Freire, Neapel, 13. März 1972, Biblioteca Nacional, Lissabon.

14 Lispector und Montero: Brief an Lúcio Cardoso, Mitte September 1944, *Correspondências*, 55.

15 Lispector: Brief an Tania Lispector Kaufmann, 7. August 1944. In: *Minhas queridas*, 40.

16 Ausgegeben in Lissabon, 7. August 1944, CLA.

17 Lispector und Montero: *Correspondências*, 49.

18 Ebd., undatierter Brief an Lúcio Cardoso, *Correspondências*, 55.

19 Lispector und Montero: Brief an Tania Lispector Kaufmann und Elisa Lispector, Algerien, 19. August 1944, *Correspondências*, 51.

20 Ebd., 49–52.

21 Siehe http://www.anvfeb.com.br/majorelza.htm.

22 Lispector und Montero: *Correspondências*, 50, 55.

23 Interview mit Cecília Wainstok Lipka, Rio de Janeiro, 29. Juli 2006.

24 Der italienischen Botschaft in Brasilien zufolge. Siehe http://www.ambbrasilia.esteri. it/Ambasciata_Brasilia/Menu/I_rapporti_bilaterali/Cooperazione_politica/Storia/.

25 Ferreira: *Eu sou*, 112f.

26 Norman Lewis: *Naples '44*, 1978. New York: Pantheon Books 2002, 29.

27 Ebd., 79.

28 Ebd., 99.

29 Sabino und Lispector: *Cartas*, 7.

30 Rubem Braga: *Com a F. E. B. na Itália: Crônicas*. Rio de Janeiro: Livraria Editora Zelio Valverde 1945.

31 Lispector und Montero: *Correspondências*, 56.

32 Lispector: Brief an Elisa Lispector, 18. Dezember 1944. In: *Minhas queridas*, 65.

33 Lispector: Brief an Elisa Lispector, 12. Januar 1945. In: *Minhas queridas*, 69.

34 Lispector und Montero: *Lettere* (Mondadori), »Quaderni della Medusa«. In: *Correspondências*.

35 Lispector und Montero: undatierter Brief an Lúcio Cardoso (um 1944), *Correspondências*, 54.

36 Braga: *Com a F. E. B.*, 74.

37 Elza Cansanção Medeiros: *E foi assim que a cobra fumou*. Rio de Janeiro: Marques-Saraiva 1987, 56.

38 Braga: *Com a F. E. B.*, 75.

39 Ebd., 80.

40 Medeiros: *E foi assim*, 86.

41 Interview mit Nádia Battella Gotlib, Ribeirão Preto, 23. Juli 2006.

42 *Pan*, Bd. 1, Rio de Janeiro 1935.

43 Medeiros: *E foi assim*, 71.

44 Elza Cansanção Medeiros: »Saldando uma dívida de gratidão«, »sieben Jahre später« geschrieben, das ist circa 1952. CLA.

45 Interview mit Major Elza Cansanção Medeiros, Rio de Janeiro, 12. September 2006.

46 Braga: *Com a F. E. B.*, 32.

47 Lispector und Montero: Brief an Lúcio Cardoso, 26. März 1945, *Correspondências*, 70.

48 Elza Cansanção Medeiros: »Saldando uma dívida de gratidão.«

49 Interview mit Joel Silveira, Rio de Janeiro, 25. August 2006.

50 Lispector: »O maior elogio que recebi«. In: *Descoberta*, 79.

16. Kapitel

1   Interview mit Eliane Gurgel Valente, Paris, 3. Dezember 2007.

2   Lispector: Brief an Elisa Lispector, 13. November 1944. In: *Minhas queridas*, 58.

3   Lispector und Montero: undatierter Brief an Lúcio Cardoso, September, *Correspondências*, 56.

4   Lispector: Brief an Elisa Lispector, 20. April 1945. In: *Minhas queridas*, 85.

5   Lispector: Brief an Elisa Lispector, 1. September 1945. In: *Minhas queridas*, 94.

6   Lispector und Montero: Brief an Lúcio Cardoso, 26. März 1945, *Correspondências*, 70.

7   Lispector und Montero: Brief von Lúcio Cardoso, undatiert (Dezember 1944), *Correspondências*, 60.

8   Lispector und Montero: Brief an Lúcio Cardoso, 26. März 1945, *Correspondências*, 70.

9   Borelli: *Esboço*, 11.

10 Lispector: *Perto*, 13 in der Ausgabe von 1943.

11 Lispector: *Lustre*, 130.

12 Ebd., 53f.

13 Ebd., 67f, 87, 273.

14 Ebd., 84, 80.

15 Ebd., 103.

16 Ebd., 125–27.

17 Ebd., 60.

18 Lispector: »Carta atrasada«. In: *Descoberta*, 288f. Das Buch, von dem sie spricht, ist *Die belagerte Stadt*.

19 Candido: »Perto do coracão selvagem«. Siehe auch Candido: »No raiar de Clarice Lispector«. In: *Vários escritos*, 124–31.

20 Lispector: *Lustre*, 137.

21 Ebd., 64.

17. Kapitel

1 Gotlib: *Clarice*, 194.

2 Interview mit Eliane Gurgel Valente, Paris, 16. April 2006.

3 Zit. in: ebd., 32. Nach Aussage von Eliane Gurgel Valente schien der ›Freund‹ Borges da Fonseca sehr ähnlich.

4 Lispector und Montero: Brief an Tania Lispector Kaufmann und Elisa Lispector, 9. Mai 1945, *Correspondências*, 72.

5 José Augusto Guerra: »Talvez da Europa venha a renovação« 1949; keine andere Information, CLA.

6 Lispector und Montero: Brief an Tania Lispector Kaufmann und Elisa Lispector, 9. Mai 1945, *Correspondências*, 72–74.

7 Zit. in: Gotlib: *Clarice*, 201.

8 Claire Varin berichtet, dass Ungaretti dies gegenüber Rubem Braga äußerte, Interview, Laval, Québec, 7. Januar 2006.

9 Das Kapitel »Die Tante«, erschienen im Magazin *Prosa* (Rom), CLA.

10 Lispector: »*A mulher que matou os peixes*«, 21–23.

11 Lispector und Montero: Brief an Tania Lispector Kaufmann, 1. September 1945, *Correspondências*, 76.

12 Lispector: »Bichos-I«. In: *Descoberta*, 359.

13 Lispector und Montero: *Correspondências*, 59; Brief an Lúcio Cardoso (Neapel 1944).

14 Lispector und Montero: Brief an Tania Lispector Kaufmann und Elisa Lispector, 9. Mai 1945, *Correspondências*, 72–74.

15 Brief an Natércia Freire, 27. August 1945, Biblioteca Nacional, Lissabon.

16 Lispector: Brief an Elisa Lispector, 1. September 1945. In: *Minhas queridas*, 94.

17 Lispector und Montero: Brief an Tania Lispector Kaufmann, 1. September 1945, *Correspondências*, 75.

18 Lispector und Montero: undatierter Brief an Lúcio Cardoso von Neapel, *Correspondências*, 63.

19 Interview mit Eliane Gurgel Valente, Paris, 3. Dezember 2007.

20 Lispector und Montero: Brief von Rubem Braga, 4. März 1957, *Correspondências*, 219.

21 Lispector: »Ao correr da máquina«. In: *Descoberta*, 367.

22 Gilda de Mello e Souza: »O lustre« In: *Estado de S. Paulo*, 14. Juli 1946.

23 Brief an Tania Lispector und Elisa Lispector, 26. November 1945, zit. in: Borelli: Esboço, 109. Ganzer Brief in: Lispector: *Minhas queridas*, 97.

24 Wiedergegeben in Varin und Lispector: *Rencontres*, 142f.

25 Lispector: »Trechos«. In: *Descoberta*, 405.

26 Lispector: Brief an Tania, William und Márcia Kaufmann, 2. Februar 1941. In: *Minhas queridas*, 22.

27 Zit. in: Ribeiro: »Tentativa de explicação«.

28 Lispector und Montero: Brief an Tania Lispector Kaufmann, 1. September 1945, *Correspondências*, 75.

29 Lispector: Brief an Tania Lispector Kaufmann und Elisa Lispector, 3. Dezember 1945. In: *Minhas queridas*, 51.

30 Skidmore: *Politics*, 48.

31 Interview mit Joel Silveira, Rio de Janeiro, 25. August 2006.

32 Interview mit Ana Luisa Chafir, Rio de Janeiro, 1. August 2006.

33 Laut Moacir Werneck de Castro war dies auch für Fernando Sabino, der aus dem provinziellen Minas Gerais in die Hauptstadt gekommen war, ein überraschendes Phänomen. »Und die Frauen – ihre oder die eines anderen oder aller anderen oder niemandes –, die mit den Männern am Tisch saßen, diskutierten mit ihnen über Politik und Literatur und hörten und benutzten unflätige Worte. Das war etwas Neues für mich.« Fernando Sabino: *O tabuleiro de damas*. Rio de Janeiro: Record, 1988, 107.

34 Carvalho: *Braga*, 328.

35 Interview mit Alberto Dines, São Paulo, 22. Juli 2006.

36 Interview mit Humberto Werneck, São Paulo, 23. Juli 2006; Sabino: *Tabuleiro*.

37 Sabino und Lispector: *Cartas*, 7.

38 Ebd.

39 Humberto Werneck: *O desatino da rapaziada: Jornalistas e escritores em Minas Gerais*. São Paulo: Companhia das Letras 1992, 99.

40 Nach Aussage von Nelson Rodrigues. In: Ruy Castro: *Ela é carioca: Uma enciclopédia de Ipanema*, 2. Aufl. São Paulo: Companhia das Letras 1999, 289.

41 Sabino und Lispector: Brief an Fernando und Helena Sabino, Otto Lara Resende und Paulo Mendes Campos, 21. April 1946: *Cartas*, 9.

42 Brief von Bern, 5. Mai 1946, zit. in: Borelli: Esboço, 112f.

43 »Letras e artes: O crime, Conto de Clarisse [sic] Lispector«, CLA. Die Zitate stammen aus dieser Version, nicht aus dem 1961 veröffentlichten »Crime do profesor de matemática«.

18. Kapitel

1 Brief an Tania Lispector Kaufmann, 8. Mai 1946. In: Borelli: *Esboço*, 114.

2 Joëlle Rouchou: *Samuel, duas vozes de Wainer*, 2. Aufl. Rio de Janeiro: UniverCidade 2004, 191.

3 Brief an Elisa Lispector und Tania Lispector Kaufmann, 29. April 1946. In: Borelli: *Esboço*, 110f.

4 Sabino und Lispector: Brief an Helena Valladares Sabino, Fernando Sabino, Paulo Mendes Campos, Otto Lara Resende, 21. April, *Cartas*, 9f.

5 Brief an Elisa Lispector und Tania Lispector Kaufmann, 29. April 1946. In: Borelli: *Esboço*, 110f.

6 Lispector: »O medo de errar«. In: *Descoberta*, 245.

7 Lispector und Montero: Brief an Elisa Lispector und Tania Lispector Kaufmann, 5. Mai 1946, *Correspondências*, 80.

8 Lispector: Brief an Elisa Lispector und Tania Lispector Kaufmann, 11. Dezember 1946. In: *Minhas queridas*, 141.

9 Lispector und Montero: Brief an Lúcio Cardoso, 13. August 1947, *Correspondências*, 146.

10 Ribeiro: »Tentativa de explicação«.

11 Sabino und Lispector: Brief von Fernando Sabino, 6. Mai 1946, *Cartas*, 15.

12 Oswald de Andrade: »[O Lustre]«, *Correio da Manhã*, 26. Februar 1946; Souza: »O lustre«. Souzas Essay ist womöglich der beste Aufsatz über das Buch.

13 In: Ferreira: *Eu sou*, 133.

14 Ein anderer Grund für ihr Schweigen war ein sensationelles Debüt, das die Aufmerksamkeit des literarischen Brasilien auf sich zog. João Guimarães Rosa, ein Diplomat von bescheidener provinzieller Herkunft, der sich, zusammen mit seiner Frau Aracy, im Krieg während des Dienstes in Hamburg ausgezeichnet hatte, brachte den Erzählungszyklus *Sagarana* heraus. Der Titel war charakteristisch für das äußerst gelehrte und von Anspielungen durchsetzte Werk (denn hier verknüpfte er das germanische Wort »Saga« mit dem indigenen brasilianischen *rana,* einem Tupí-Guaraní-Wort, das »nach Art von« bedeutet). Das Ergebnis, »Eine Art Saga«, war das wichtigste literarische Werk des Landes seit *Nahe dem wilden Herzen.*

15 Lispector und Montero: Brief von Lúcio Cardoso, Mai 1947, *Correspondências*, 133.

16 Brief an [Lúcio Cardoso], [8. Mai 1946?], zit. in: Olga Borelli: *Clarice Lispector: Esboço para um possível retrato*. Rio de Janeiro: Editora Nova Fronteira 1981, 115.

17 Sabino und Lispector: Brief an Fernando Sabino, 19. Juni 1946, *Cartas*, 21.

18 Brief an Tania Lispector Kaufmann, 8. Mai 1946. In: Borelli: *Esboço*, 114.

19 Lispector: *Perto*, 32 in der Ausgabe von 1943, zit. in: Manzo: *Era uma vez*, 15.

20 Brief von Maury Gurgel Valente, 8. Juli 1959. In: Manzo: *Era uma vez*, 20.

21 Sabino und Lispector: Brief von Fernando Sabino, 6. Juli 1946. In: Borelli: *Cartas,* 28.

22 Brief an Tania Lispector Kaufmann und Elisa Lispector, 12. Mai 1946. In: Borelli: *Esboço*, 119.

23 Dieser Brief erscheint in Borelli: *Esboço*, 122. Die Satzfolge ist in den anderen Ausgaben nicht klar, und er ist nicht in ihrer Korrespondenzsammlung enthalten. Außerdem wird er, wiederum mit einer abweichenden Satzfolge, zit. in: Manzo: *Era uma vez*, 29 f.

24 Brief an Tania Lispector Kaufmann, 8. Mai 1946. In: Borelli: *Esboço*, 114.

25 Gotlib: *Clarice*, 226.

26 Sabino und Lispector: Brief an Fernando Sabino, 27. Juli 1946, *Cartas*, 35.

27 Lispector: *Perto*, 32 in der Ausgabe von 1943.

28 Lispector: *Sopro*, 52.

29 Lispector: »Lembrança de uma fonte, de uma cidade«. In: *Descoberta*, 286.

30 Joseph A. Page: *Perón, a Biography*. New York: Random House 1983, 196.

31 Zit. in: Ferreira: *Eu sou*, 147.

32 Ebd.

33 Brief an Tania Lispector Kaufmann, 8. Mai 1946. In: Borelli: *Esboço*, 114.

34 Sabino und Lispector: Brief an Fernando Sabino, 19. Juni 1946, *Cartas*, 20–23.

35 Sabino und Lispector: Brief an Fernando Sabino, 27. Juli 1946, *Cartas*, 35.

36 Lispector und Montero: Brief von Bluma Wainer, 22. Juli 1946, *Correspondências*, 92.

37 Die Schreibweise des Namens lässt sich nicht bestätigen. Es handelt sich um das

Dokument Nr. CL/dp 17–300 in CLA. Siehe Eliane Vasconcellos: *Inventário do arquivo Clarice Lispector* (Rio de Janeiro: Ministério da Cultura, Fundação Casa de Rui Barbosa, Centro de Memória e Difusão Cultural, Arquivo-Museu de Literatura Brasileira 1994), 87.

38 Franco Júnior:»Clarice, segundo Olga Borelli«.

39 Lispector: Brief an Tania Lispector Kaufmann, 22. Oktober 1947. In: *Minhas queridas*, 176.

40 Ulysses Girsoler:»Psychodiagnostique de Rorschach« (1947–48), CLA.

41 Brief von Ulysses Girsoler, 9. Juli 1947, CLA.

42 Zit. in: Borelli: *Esboço*, 44.

43 Sabino und Lispector: Brief an Fernando Sabino, 27. Juli 1946, *Cartas*, 114.

44 Brief an Tania Lispector Kaufmann, 8. Mai 1946. In: Borelli: *Esboço*, 114.

45 Derselbe Brief erscheint, in einer etwas anderen Form, in Lispector und Montero: *Correspondências*, 165–67, datiert auf den 6. Januar 1948. Er wird auch wiedergegeben in Borelli: *Esboço*, 126.

19. Kapitel

1 Lispector:»Lembrança de uma fonte, de uma cidade«. In: *Descoberta*, 286.

2 Lispector: *Cidade sitiada*, 18, 86.

3 Benedito Nunes:»Clarice Lispector ou o naufrágio da introspecção«, *Colóquio / Letras*, Nr. 70 (1982).

4 Brief von Bluma Wainer, 19. März 1947, CLA.

5 Lispector: *Cidade sitiada*, 69, 130.

6 Ebd., 96, 106.

7 Brief möglicherweise adressiert an Elisa Lispector und Tania Lispector Kaufmann, 1947. In: Borelli, *Esboço*, 130; Lispector, *Cidade sitiada*, 106.

8 Lispector: *Cidade sitiada*, 110.

9 Ebd., 111.

10 Ebd., 112, 123.

11 Lispector und Montero: Brief an Elisa Lispector und Tania Lispector Kaufmann, aus Paris, Januar 1947, *Correspondências*, 116.

12 Lispector: *Cidade sitiada*, 174.

13 Ebd., 16.

14 Ebd., 23–26.

15 Ebd., 129, 168.

16 Ebd., 121.

17 Ebd., 18, 62, 76, 18.

18 Ebd., 172, 22.

19 Lispector: *Objeto gritante (II)*, 143.

20 Lispector: *Cidade sitiada*, 32.

21 Eine Antwort an ihre Schwester, die das 11. Kapitel, »Die Ersten Deserteure«, für überflüssig hielt. Es zeige, so Clarice, dass «die Verbindung von Perseu zum Rest die-

jenige ist, dass er keinen Bedarf hat, so wie Lucrécia nach der Wirklichkeit zu suchen – denn er ist die Wirklichkeit, er hat Anteil an der Wahrheit. Die Frau in Schwarz spürt, dass er so ist und dass ihn das unerreichbar macht, wie ein Kind. Perseu ist, was Lucrécia nicht zu sein vermag.« Brief an Tania Lispector Kaufmann, 5. November 1948. Lispector und Montero: *Correspondências*, 177.

22 Lispector: *Cidade sitiada*, 20.

23 Ebd., 91.

24 Ebd., 18.

25 Lispector: »Perfil de um ser eleito«. In: Descoberta, 416, zit. in: Regina Lucia Pontieri: *Clarice Lispector: Uma poética do olhar*. São Paulo: Ateliê Editorial 1999, 17.

20. Kapitel

1 Lispector et al.: »Conversas com P.«. In: *Outros escritos*, 87.

2 Lispector: »Lembrança de uma fonte, de uma cidade«. In: *Descoberta*, 286.

3 Lispector: »A entrevista alegre«. In: *Descoberta*, 56.

4 Lispector: »As três experiências«. In: *Descoberta*.

5 Ebd.

6 Lispector: Brief an Elisa Lispector und Tania Lispector Kaufmann, 11. September 1948. In: *Minhas queridas*, 198.

7 Lispector: Brief an Elisa Lispector und Tania Lispector Kaufmann, 21. September 1948. In: *Minhas queridas*, 201.

8 Brief an Zuza und Mozart Gurgel Valente Sr., 25. September 1948. In: Gotlib: *Clarice*, 260.

9 Zit. in: Ferreira: *Eu sou*, 154.

10 Lispector und Montero: Brief an Tania Lispector Kaufmann, 5. November 1948, *Correspondências*, 177.

11 Lispector: »Virgem em todas as mulheres«. In: *Descoberta*, 163.

12 Lispector: »Hoje nasce um menino«. In: *Descoberta*, 424.

13 Lesser: *Welcoming*, 2.

14 Wainer: *Minha razão*, 133f.

15 E. Lispector: *Exílio*, 7f.

16 Die Geburt des Staates Israel war jedoch nicht das unmittelbare Motiv für die Niederschrift des Buches, das Mitte 1947 vorlag und im folgenden Jahr veröffentlicht wurde, als Elisa das Vorwort hinzufügte.

17 Renard Perez: »Lembrança de Elisa Lispector« (1996), 2. unveröffentlichtes Typoskript, Sammlung des Autors.

18 »Os novos: Elisa Lispector«, *Revista Panorama*, August 1947.

19 Entsprechend der Druckfehlerliste in der ersten Ausgabe.

20 Elisa Lispector: *Além da fronteira*, 1945. Rio de Janeiro: Leitura 1988, 4.

21 Ebd., 7.

22 Antonio Carlos Villaça, im Klappentext der Ausgabe von 1988.

23 E. Lispector: *Além da fronteira*, 42.

24 Via Ivan Lessa. Maria Alice Barroso erinnerte sich an einen anderen Liebhaber, mit dem Elisa gelegentlich auf Reisen ging. (Interview, Rio de Janeiro, 10. Mai 2007).

25 Perez: »Lembrança de Elisa Lispector«, 4.

26 Clarice Lispector: *A hora da estrela*. Rio de Janeiro: Livraria José Olympio Editora 1977, 51.

27 Elisa Lispector: *Corpo a corpo*. Rio de Janeiro: Edições Antares 1983, 43.

28 E. Lispector: *Além da fronteira*, 20, 13, 43.

29 Zit. in: Ferreira: *Eu sou*, 150.

30 Brief an Tania Lispector Kaufmann, 7. Juli 1948. In: Gotlib: *Clarice*, 258.

31 Lispector und Montero: Brief an Tania Lispector Kaufmann, 5. November 1948, *Correspondências*, 177.

32 Lispector: Brief an Tania Lispector Kaufmann und Elisa Lispector, 19. Februar 1949. In: *Minhas queridas*, 214f.

33 Gotlib: *Clarice*, 262.

34 Lispector und Montero: Brief an Tania Lispector Kaufmann, 5. November 1948, *Correspondências*, 177.

35 Interviews mit Cecília Lipka und Eliane Gurgel Valente, Rio de Janeiro, 29. Juli 2006 und Paris, 3. Dezember 2007.

36 Zit. in: Gotlib: *Clarice*, 257f.

37 Brief an Tania Lispector Kaufmann und Elisa Lispector, 25. März 1949. In: ebd., 262.

38 Lispector: »Viajando por mar (1ª parte)«, *Descoberta*, 377.

39 Zit. in: Gotlib: *Clarice*, 480.

40 Ribeiro: »Tentativa de explicação«; Ferreira: *Eu sou*, 159.

41 Lispector und Montero: Brief von Bluma Wainer, 3. April 1947, *Correspondências*, 123.

42 Brief von Bluma Wainer, 24. März 1948, CLA.

43 Lispector und Montero: Brief von Bluma Wainer, 2. Oktober 1947, *Correspondências*, 155.

44 Lispector und Montero: Brief von Bluma Wainer, 15. Juli 1947, *Correspondências*, 137.

45 Lispector und Montero: Brief von Bluma Wainer, 3. März 1947, *Correspondências*, 168.

21. Kapitel

1 Lispector und Montero: Brief von Lúcio Cardoso, 26. Juli 1947, *Correspondências*, 144.

2 Octavio de Faria, zit. in: Carelli: *Corcel*, 54.

3 Siehe Thomas E. Skidmore: *Black into White: Race and Nationality in Brazilian Thought*, 1974. New York: Oxford University Press 1993.

4 M. H. Cardoso: *Vida-vida*, 231.

5 Lispector und Montero: Brief an Lúcio Cardoso, 13. August 1947, *Correspondências*, 147.

6 Brief, 20. Oktober 1947. In: Carelli: *Corcel*, 55.

7 Ferreira: *Eu sou*, 42.

8 Octavio de Faria, zit. in: Carelli: *Corcel*, 55.

9 M. H. Cardoso: *Vida-vida*, 42.

10 Lispector und Montero: Brief von João Cabral de Melo Neto, 15. Februar 1949, *Correspondências*, 186.

11 Lispector: »A pecadora queimada e os anjos harmoniosos«. In: *Legião*, 179–92.

12 Die erste Rezension erschien am 1. September. Am 4. September 1949 wurde das Buch in *O Jornal* besprochen.

13 Marly de Oliveira zit. in: Pontieri: *Poética*, 37.

14 Sérgio Milliet: *Diário crítico de Sérgio Milliet* 1953. São Paulo: Martins 1982, 7:33f., zit. in: Pontieri: *Poética*, 38f.

15 Varin und Lispector: *Rencontres*, 99.

16 João Gaspar Simões: »Clarice Lispector ›Existencialista‹ ou ›Supra-realista‹«, *Diário Carioca*, 28.Mai 1950. In: Vilma Arêas und Berta Waldman (Hg.): *Clarice Lispector. Remate de Males*, Bd. 9, *Revista do Departamento de Teoria Literária* (Campinas: Universidade Estadual de Campinas, 1989), 178, zit. in: Pontieri: *Poética*, 41–46. Simões war einer der Vertreter der portugiesischen Kultur, die Clarice 1944 in Lissabon kennengelernt und beeindruckt hatte.

17 Für dieses Interview (1976) für das Fundação Museu da Imagem e do Som, siehe Lispector et al.: *Outros escritos*, 135–71. Siehe auch: Lispector, »Carta atrasada«. In: *Descoberta*, 288f; *Jornal de Letras*, Interview, September 1960, zit. in: Sousa: *Figuras*, 72.

18 Interview: Fundação Museu da Imagem e do Som, 1976. In: Lispector et al.: *Outros escritos*. Siehe auch Lispector: »Carta atrasada«. In: *Descoberta*, 288f.

19 Zit. in: Gotlib: *Clarice*, 269.

20 Lispector: »O caso da caneta de ouro«. In: *Descoberta*, 53.

21 Lispector und Montero: Brief an Tania Lispector Kaufmann, 23. Oktober 1950, *Correspondências*, 191.

22 Brief an Tania Lispector Kaufmann und Elisa Lispector, November 1950, zit. in: Gotlib: *Clarice*, 276.

23 Lispector und Montero: Brief an Tania Lispector Kaufmann, 23. Oktober 1950, *Correspondências*, 191.

24 Brief an Tania Lispector Kaufmann und Elisa Lispector, November 1950, zit. in: Gotlib: *Clarice*, 276.

25 Ebd., 192.

26 Lispector und Montero: Brief an Tania Lispector Kaufmann und Elisa Lispector, 28. November 1950, *Correspondências*, 233f.

27 Lispector: »As pontes de Londres«. In: *Descoberta*, 418.

28 Coutinho: *Criaturas*, 170. Aus diesem Interview und anderen Hinweisen scheint hervorzugehen, dass sie plante, das Kind João zu nennen.

29 Lispector: *G. H.*, 150.

30 Interview mit Marco Antonio de Carvalho und Ana Luisa Chafir, Rio de Janeiro, 1. August 2006.

31 Carvalho: *Braga*, 286.

32 Rubem Braga: »O gêsso«. In: *A cidade e a roça*. Rio de Janeiro: Livraria José Olympio Editora 1957, 178.

33 Skidmore: *Politics*, 79–81.

34 Zit. in: ebd., 79.

35 Wainer: *Minha razão*, 190.

36 A. M. Nunes: *Jornalista*, 132f.

37 Ebd., 133.

38 Kolumne vom 17. Juli 1952, und 19. September 1952, zit. in: ebd., 169, 172.

39 Kolumne vom 15. Mai 1952 und 22. Mai 1952, zit. in: Clarice Lispector und Aparecida Maria Nunes: *Correio feminino*. Rio de Janeiro: Rocco 2006, 56, 59.

40 Von *Jornal do Brasil*, jedoch nicht in *Descoberta*, zit. in: A. M. Nunes, *Jornalista*, 137.

41 Kolumne vom 5. September 1952, zit. in: Lispector und Nunes: *Correio*, 120f.

42 Kolumne vom 22. Mai 1952, zit. in: Lispector und Nunes: *Correio*, 125. Das Virginia-Woolf-Zitat stammt aus: *Ein eigenes Zimmer*. Hg. und kommentiert von Klaus Reichert. Deutsch von Heidi Zerning. Frankfurt am Main: S. Fischer, 2001, 49.

22. Kapitel

1 Clarice Lispector: »Amor«. In: *Alguns contos*. Os Cadernos de Cultura. Rio de Janeiro: Ministério da Educação e Saúde, Serviço de Documentação 152, 34.

2 Ebd., 32f.

3 »Amor«. In: *Laços de família*, 26.

4 Lispector: »Brain Storm«. In: *Descoberta*, 261.

5 »Amor«. In: *Laços de família*, 27, 30, 31.

6 Bezüglich dieser Lektüre bin ich zu Dank verpflichtet: Manzo: *Era uma vez*, 46.

7 »Amor«. In: *Laços de família*, 29.

8 Sabino und Lispector: *Cartas*, 124f.

9 Manzo: *Era uma vez*, 44. Als *Familienbande* 1960 erschien, schrieb eine Zeitung, Clarice sei endlich zur brasilianischen Literatur zurückgekehrt, nachdem sie über zehn Jahre lang kein Buch herausgebracht habe (d. h. seit *Die belagerte Stadt* im Jahr 1949).

10 Diese Erzählung wurde im Oktober 1946 in *A Manhã* veröffentlicht.

11 Lispector: *Alguns contos*, 42.

12 »Uma galinha«. In: *Laços de família*, 34ff.

13 »Uma galinha«. In: *Laços de família*, 36.

14 Lispector: »Viajando por mar (1ªparte). In: *Descoberta*, 377. Der Name dieser Frau war Avani Cardoso Ferreira dos Santos, vgl. Ferreira: *Eu sou*, 185.

15 Sabino und Lispector: Brief an Helena Valladares Sabino und Fernando Sabino, 2. Februar 1953: *Cartas*, 91.

16 Wainer: *Minha razão*, 221f.

17 Zit. in: Gotlib: *Clarice*, 285.

18 Lispector: Brief an Elisa Lispector, 21. Februar 1953. In: *Minhas queridas*, 241.

19 Perez: *Escritores brasileiros contemporâneos*, 152.

20 Verissimo: *Brazilian Literature*, 1.

21 *Manchete*, Interview, 4. Januar 1969. In: Instituto Moreira Salles: *Cadernos de literatura brasileira: Erico Verissimo*. São Paulo: Instituto Moreira Salles 2003, 16:28f.

22 Lispector: *Onde*, 115. Dieser Kommentar erscheint nur in der ersten Ausgabe des Buches, das den inkorrekten Titel *Onde estivestes de noite?* trägt.

23 Erico Verissimo: *Solo de clarineta; Memórias*, 1973. Porto Alegre: Editora Globo 2005, 1:290.

24 Ebd., 1:299.

25 Interview mit Clarissa Verissmo Jaffe, Washington, 12. Juni 2007.

26 Luis Fernando Verissimo: »Clarice«, *O Globo*, undatierter Ausschnitt aus der Sammlung des Autors.

27 Ferreira: *Eu sou*, 187.

28 Mafalda Verissimo, interviewt von Vera Regina Morganti, in Vera Regina Morganti et al.: *Confissões do amor e da arte*. Porto Alegre: Mercado Aberto 1994, 142f, zit. in: Manzo: *Era uma vez*, 62f.

29 Ebd. Für das passende Zitat aus *Der Apfel im Dunkeln* bin ich ebenfalls Manzo, *Era uma vez*, 63, verpflichtet.

30 Lispector und Montero: Brief von Rubem Braga, 23. Mai 1953, *Correspondências*, 196.

31 E. Lispector: *Exílio*.

32 Siehe http://www.fortunecity.com/lavender/tomatoes/792/bloch4.htm.

33 Sabino und Lispector: Brief an Fernando Sabino, 28. Juli 1953, *Cartas*, 99.

34 Sabino und Lispector: Brief an Fernando Sabino, 28. Juli 1953, und von Fernando Sabino, 30. August 1953, 10. September 1953, 5. Oktober, 21. Oktober, 27. Oktober 1953, *Cartas*.

35 Lispector: Brief an Tania Lispector Kaufmann und Elisa Lispector, 10. Mai 1954. In: *Minhas queridas*, 253.

36 Brief an Pierre de Lescure, 6. Mai 1954, CLA.

37 Ebd.

38 Varin: *Langues*, 32.

39 Brief an Pierre de Lescure, 20. Juni 1954, CLA. Sie bedauerte ihre unfreundlichen Worte über die Übersetzung (von Denise-Teresa Moutonnier), in die ihre Verbesserungen letztlich doch aufgenommen wurden. Das Buch hatte ein helles, von Henri Matisse entworfenes Cover und enthielt ein Vorwort von Paulo Mendes Campos. Drei Jahre später (am 14. Mai 1957) entschuldigte sie sich immer noch für ihr Benehmen: »Je ne saurai m'excuser de mon mauvais temperament«, schrieb sie an Lescure.

23. Kapitel

1 Wainer: *Minha razão*, 231.

2 Ebd., 254.

3 Ebd., 261.

4 Skidmore: *Politics*, 142.

5 Lispector und Montero: Brief an Mafalda Verissimo, 14. August 1954, *Correspondências*, 204.

6 Die Adresse war Rua Marquês de Abrantes, 126/1004, Flamengo.

7 Sabino und Lispector: Brief an Fernando Sabino, 25. September 1954, *Cartas*, 118.

8 Sabino und Lispector: Brief an Fernando Sabino, 30. August 1953, *Cartas*, 104.

9 Paulo Gurgel Valente: »Entrevista comigo mesmo: Clarice«. In: Clarice Lispector: *Dez contos selecionados de Clarice Lispector*. Brasília: Confraria dos Bibliófilos do Brasil, 2004, i.

10 Zit. in: Gotlib: *Clarice*, 312.

11 Interview in Lispector et al.: *Outros escritos*, 161.

12 Lispector: »Crônica social«. In: *Descoberta*, 199.

13 Interview mit Eliane Gurgel Valente, Paris, 3. Dezember 2007.

14 Lispector: »Trechos«. In: *Descoberta*, 405.

15 1937 besuchte Amaral Peixoto als Bundesrechnungsprüfer von Rio eine jüdische Agrarkolonie, und »was ihm sehr sympathisch zu sein schien, war die Tatsache, dass nur wenige Juden dort wohnten«. Lesser, *Welcoming*, 87. Mit welcher Überzeugung er diese Ansichten vertrat, ist ungewiss; zumindest leistete er, wie so viele andere hochgestellte Personen, dem damals vorherrschenden Antisemitismus keinen Widerstand. Die Folge war, dass den Juden Europas die Fluchtwege versperrt wurden. Da weder Alzira Vargas noch Hélène Moreira Salles zu dem Zeitpunkt, als Clarice diese Erinnerung festhielt, verwitwet waren, handelte es sich bei der betreffenden Frau wahrscheinlich um Yvonne Muniz, deren Mann, der Esperantist und Atomenergiebefürworter João Carlos Muniz, von 1953 bis 1956 in Washington diente.

16 Ferreira: *Eu sou*, 188.

17 Undatierter Brief von Alzira Vargas do Amaral Peixoto an Clarice Lispector, CLA. Das Buch wurde 1960 veröffentlicht.

18 Ferreira: *Eu sou*, 197.

19 Valmiki Villela Guimarães: »Clarice Lispector em duas histórias«, *Minas Gerais Suplemento Literário*, 19. Dezember 1987.

20 Ferreira: *Eu sou*, 198.

21 Ebd., 198f; Interview mit Maria Bonomi, Amsterdam, 18. Oktober 2006.

22 João Cabral de Melo Neto, *Agrestes: Poesia (1981–1985)*. Rio de Janeiro: Editora Nova Fronteira 1985. Laut Teresa Cristina Montero Ferreira wird in dem Gedicht ein wahres Ereignis in Washington beschrieben.

23 Zit. in: Coutinho: *Criaturas*, 170.

24 Lispector et al.: »Conversas com P.«. In: *Outros escritos*, 83.

25 Zit. in: Gotlib: *Clarice*, 287.

26 Zit. in: Ferreira: *Eu sou*, 183, 86.

27 Interview mit Sara Escorel de Moraes, Rio de Janeiro, 5. Oktober 2007.

28 Lispector et al.: *Outros escritos*, 84.

29 Lispector und Montero: Brief an Elisa Lispector und Tania Lispector Kaufmann, 23. April 1957, *Correspondências*, 230.

30 Lispector: Brief an Elisa Lispector und Tania Lispector Kaufmann, 27. November 1953. In: *Minhas queridas*, 248.

24. Kapitel

1 Lispector: »Estado de graça-Trecho«. In: *Descoberta*, 91. Dieser Ausdruck wird ebenso verwendet in der langen Passage in *Eine Lehre*, wenn Lóri den Stand der Gnade erlangt.

2 Lispector: *Maçã*, 32.

3 Lispector: »As grandes punições«, 4. November 1967. In: *Descoberta*, 36.

4 Lispector: *Maçã*, 264.

5 Spinoza: *Die Ethik*. Übersetzt von Jakob Stern. Stuttgart: Reclam 2007.

6 Lispector: *Maçã*, 200.

7 Spinoza: *Ethik*.

8 Lispector: *Lustre*, S.103.

9 Lispector: Maçã, 11.

10 Ebd., 20f.

11 Ebd., 24.

12 Ebd., 28f, 30f.

13 Ebd., 29.

14 Ebd., 39, 44.

15 Ebd., 52, 61.

16 Ebd., 62, 76.

17 Ebd., 89, 83.

18 Ebd., 88f, 100f.

19 Ebd., 102, 104.

20 Ebd., 121. »Ursprünglich war alles als eine große Einheit konzipiert, und das Leben des Schöpfers wogte ungehemmt und ohne Verkleidungen in das Leben der Geschöpfe hinüber. Alles stand in einem unmittelbaren mystischen Rapport miteinander und hätte ohne Symbole unmittelbar in seiner Einheit erkannt werden können. Erst der Fall Adams hat Gott ›transzendent‹ gemacht.« Scholem: *Die jüdische Mystik*, 244.

21 Lispector: *Maçã*, 143, 163f.

22 Ebd., 168f.

23 Ebd., 129.

24 Lispector: »O maior elogio que recebi«. In: *Descoberta*, 79.

25 Lispector: *Sopro*, 11.

26 Lispector: *Maçã*, 305.

27 Ebd., 163f.

28 Ebd., 213.

29 Ebd., 164.

30 Ebd., 211.

31 Scholem: *Die jüdische Mystik*, 144.

32 Lispector et al.: *Outros escritos*, 45.

33 Scholem: *Die jüdische Mystik*, 27, 217.

34 Das Buch enthält andere Ideen, die denen früherer jüdischer mystischer Schriften ähneln. Dazu gehören die Vorstellung, dass Sexualität dem ursprünglichen Leben Got-

tes nahe sei; die mystische Gleichsetzung von Gott und Nichts; der im *Sohar* so herausragende Gedanke, dass die Entwicklung der Sprache mit dem Prozess des Lebens in Gott verwandt sei. Die meisten dieser Ideen klingen bereits in Clarices früheren Werken an und scheinen aus ihren eigenen Einsichten hervorzugehen, nicht aus einer längeren Beschäftigung mit anderen Autoren.

35 Ribeiro: »Tentativa de explicação«.

36 Elizabeth Bishop und Robert Lowell: Brief von Elizabeth Bishop an Robert Lowell, 2. Juli 1963. In: *Words in Air: The Complete Correspondence between Elizabeth Bishop and Robert Lowell*. (Hg.) Thomas Travisano mit Saskia Hamilton. New York: Farrar, Straus und Giroux 2008, 479.

37 Brief an Natércia Freire, 27. August 1945. Biblioteca Nacional, Lissabon.

38 Scholem: *Hauptströmungen*, 24.

39 Lispector: *Maçã*, 214.

40 Ebd.

41 Ebd.

42 Zit. in: Chayim Bloch: *The Golem: Legends of the Ghetto of Prague*. Wien: The Golem 1925, 26f.

25. Kapitel

1 Sabino und Lispector: Brief an Fernando Sabino, 21. September 1956, *Cartas*, 140.

2 Sabino und Lispector: Brief an Fernando Sabino, 7. Mai 1956, *Cartas*, 128.

3 Sabino und Lispector: Brief von Fernando Sabino, 8. Juni 1956, *Cartas*, 130–32.

4 Sabino und Lispector: Brief von Fernando Sabino, Januar 1957, *Cartas*, 189–91.

5 Sabino und Lispector: Brief von Fernando Sabino, 26. September 1956, *Cartas*, 144.

6 Fernando Paixão und Maria Celeste Mira: *Momentos do livro no Brasil*. São Paulo: Editor Atica, 1995, 108f.

7 Sabino und Lispector: Brief an Fernando Sabino, 19. Dezember 1956, *Cartas*, 183.

8 Lispector und Montero: Brief von Rubem Braga, 7. Dezember 1956, *Correspondências*, 210.

9 Sabino und Lispector: Brief an Fernando Sabino, 14. Dezember 1956, *Cartas*, 180.

10 Sabino und Lispector: Brief von Fernando Sabino, 30. März 1955, *Cartas*, 124.

11 Brief von Erico Verissimo, 3. September 1961, CLA.

12 Sabino und Lispector: Brief von Fernando Sabino, 8. Juni 1956, *Cartas*, 130–32.

13 Sabino und Lispector: Brief an Fernando Sabino, 12. Juli 1956, *Cartas*, 133.

14 Lispector und Montero: Brief von Rubem Braga, 4. März 1957, *Correspondências*, 219. Die Geschichte war »O Gêsso«, veröffentlicht in *A cidade e a roça*.

15 Lispector und Montero: Brief von Erico Verissimo, 9. Dezember 1958, *Correspondências*, 239.

16 Elio Gaspari: *As ilusões armadas: A ditadura envergonhada*. São Paulo: Companhia das Letras 2002, 382.

17 Lispector und Montero: Brief an Mafalda und Erico Verissimo, 17. Januar 1957, *Correspondências*, 212.

18 Ferreira: *Eu sou*, 193.

19 Lispector und Montero: Briefe von João Cabral de Melo Neto, 6. Februar 1957, und undatiert (um 1958), *Correspondências*, 216, 248.

20 Sabino und Lispector: Brief an Fernando Sabino, 12. Juli 1956, *Cartas*, 134.

21 Brief von Nahum Sirotzky, 12. November 1958, CLA.

22 Francis, Paulo: »Clarice: Impressões de uma mulher que lutou sozinha«, *Folha de S. Paulo*, 15. Dezember 1977.

23 Interview mit Nahum Sirotzky, Tel Aviv, 30. August 2007.

24 Francis: »Clarice: Impressões de uma mulher que lutou sozinha«.

25 Caetano Veloso: *Verdade Tropical*. São Paulo: Companhia das Letras 1997.

26 Caetano Veloso: »Clarice segundo suas paixões«, *Jornal do Brasil*, 24. November 1992.

27 Lispector und Montero: Brief von Fernando Sabino, 5. Oktober 1953, *Correspondências*, 202.

28 Lispector: *Laços*, 39.

29 Ebd., 40.

30 »Imitação da rosa«. In: *Laços*, 50.

31 Ebd., 54.

32 Ebd., 59.

33 Ebd., 39, 42.

34 Lispector: *A bela e a fera*, 44.

35 Mafalda Verissimo, interviewt von Vera Regina Morganti. In: Morganti et al.: *Confissões do amor e da arte*, 142f, zit. in: Manzo: *Era uma vez*, 63.

36 Ribeiro: »Tentativa de explicação«.

37 Zit. in: Gotlib: *Clarice*, 305.

38 E. Lispector: *Corpo a corpo*, 60f.

39 Maury Gurgel Valente an Clarice Lispector: 28. Juli 1959, zit. in: Gotlib: *Clarice*, 317–21.

40 Interview mit Isabel Gurgel Valente.

41 Ebd.

26. Kapitel

1 Zit. in: Paulo Prado: *Retrato do Brasil: Ensaio sobre a tristeza brasileira*, 1928; São Paulo: Duprat-Mayença 1997, 50.

2 Joaquim Ferreira dos Santos: *Feliz 1958: O ano que não devia terminar*. Rio de Janeiro: Editoria Record, 1997, 15.

3 Ebd., 14. Im Jahr 1960 waren dies ungefähr 352 Millionen US-Dollar (1 Dollar = 85 Cruzeiros).

4 Paulo Gurgel Valente: »Entrevista comigo mesmo: Clarice«. In: Lispector: *Dez contos*, ii.

5 Sabino und Lispector: Brief von Fernando Sabino, 16. Februar 1959, *Cartas*, 198f.

6 Mauritônio Meira: »Clarice Lispector volta às editoras: ›Laços de família‹«, *O Globo*, 27. März 1960.

7 Mauritônio Meira: »Clarice Lispector não quer se enfeitar com penas que não sejam suas«, *O Globo*, 10. Januar 1960.

8 Mauritônio Meira: »Clarice Lispector volta às editoras: ›Laços de família‹«, *O Globo*, 27. März 1960.

9 Brief von Civilização Brasileira, 24. April 1959, CLA.

10 Francis: »Clarice: Impressões de uma mulher que lutou sozinha.«

11 Lispector: »Em busca do outro«. In: *Descoberta*, 119.

12 21. August 1959, zit. in: A. M. Nunes: *Jornalista*, 197.

13 Ebd., 219. *Correio da Manhã*. Rio de Janeiro: 21. August 1959, 5.

14 *Correio da Manhã*, 19. Dezember 1960, zit. in: ebd., 220.

15 Interview mit Eliane Gurgel Valente, Paris, 3. Dezember 2007.

16 Borelli: *Esboço*, 13.

17 Zit. in: Manzo: *Era uma vez*, 68.

18 Santos: *Feliz*, 1958, 41.

19 Zit. in: A. M. Nunes: *Jornalista*, 254.

20 *Diário da Noite*, 19. September 1960, zit. in: ebd., 266f.

21 *Diário de S. Paulo*, 31. Juli 1960.

22 União Brasileira de Escritores: *Boletim Bibliográfico Brasileiro*, 9:210; Varin: *Langues*, 97f.

23 »Meus livros têm ›recadinhos‹«.

24 Assis Brasil: »Laços de família«, *Jornal do Brasil*, 2. September 1960.

25 *Jornal do Comércio*, 13. August 1960, CLA.

26 Gotlib: *Clarice*, 335.

27 Temístocles Linhares: »Romances femininos«, *Estado de São Paulo Suplemento Literário*. 18. November 1961, zit. in: Diane Marting: *Clarice Lispector: A Bio-Bibliography*. Westport, Conn.: Greenwood Press 1993, 100.

28 Luis Fernando Verissimo: »Clarice«, *O Globo*, undatierter Ausschnitt, Sammlung des Autors.

29 »Na Berlinda«, unbekannte Publikation, 17. März 1963, CLA.

30 »Clarice e A Maçã no Escuro«, *Diário de Notícias*, 30. Juli 1961, zit. in: Manzo: *Era uma vez*, 70.

31 CLA.

32 Lispector: »Anonimato«. In: *Descoberta*, 72.

33 Ebd., 49.

34 Skidmore: *Politics*, 197.

35 Lispector et al.: *Outros escritos*, 166.

36 Interview mit Nahum Sirotzky, Tel Aviv, 30. August 2007.

37 Francis: »Clarice: Impressões de uma mulher que lutou sozinha«.

38 Lispector: »Falando em viagens«. In: *Descoberta*, 380.

27. Kapitel

1 Interview mit Sara Escorel de Moraes, Rio de Janeiro, 5. Oktober 2007.

2 Interview mit Isabel Gurgel Valente, Rio de Janeiro, 3. August 2006.

3 Ebd.

4 Interview mit Isabel Gurgel Valente, Rio de Janeiro, 3. August 2006.

5 *Jornal do Brasil*, 29. Juni 1968, zit. in: Varin: *Langues*, 166.

6 Zit. in: Gotlib: *Clarice*, 312.

7 Brief an Mafalda Verissimo, 17. November 1957, Lispector und Montero: *Correspondências*, 235.

8 *Correio da manhã*, 4. Mai 1960, zit. in: A. M. Nunes: *Jornalista*, 229.

9 Jedoch hatten viele ihrer Kinderbücher eine Vielzahl von Widmungsträgern.

10 Olga Borelli, Interview mit Lícia Manzo. In Manzo: *Era uma vez*, 96.

11 Francis: »Clarice: Impressões de uma mulher que lutou sozinha«.

12 Lerner: »Última entrevista«.

13 Zit. in: Manzo: *Era uma vez*, 90.

14 Otto Lara Resende: »Mãe, filha, amiga«, *O Globo*, 10. Dezember 1977.

15 Reynaldo Jardim Silveira: In einem undatierten Zeitungsausschnitt, CLA.

16 Castro: »Paulo (Paulinho) Mendes Campos«. In: *Ela é carioca*, 286–90.

17 Ebd., 289.

18 Interview mit Marina Colasanti, Rio de Janeiro: 2. August 2006 (Marina Colasanti an Millôr Fernandes).

19 Interview mit Ivan Lessa, London, 15. Dezember 2006.

20 Interview mit Isabel Gurgel Valente, Rio de Janeiro, 3. August 2006.

21 Clarice Lispector: *A via crucis do corpo*, Rio de Janeiro: Editora Artenova 1974, 25. Lispector: »A perigosa aventura de escrever«. In: *Descoberta*, 191.

22 Elizabeth Bishop an Ilse und Kit Barker, 29. Oktober 1962, Originalbrief in der Kit and Ilse Barker Collection of Elizabeth Bishop, Manuscripts Division, Department of Rare Books and Special Collections, Princeton University Library. Benutzt mit Genehmigung.

23 Bishop und Lowell: Brief von Elizabeth Bishop an Robert Lowell, 8. Januar 1963, *Words in Air*, 438f.

24 M. H. Cardoso: *Vida-vida*, 67f.

25 Lúcio Cardoso und Mario Carelli: *Crônica da casa assassinada*, kritische Ausgabe. France Nanterre: ALLCA XX, Université Paris X, Centre de recherches latino-américaines 1991, 641.

26 Ebd., 642.

27 M. H. Cardoso: *Vida-vida*, 81.

28 Ebd., 159.

29 Bishop und Lowell: Brief von Elizabeth Bishop an Robert Lowell, 18. Januar 1963, *Words in Air*, 439.

30 Elizabeth Bishop und Clarice Lispector: »Three Stories by Clarice Lispector«, Kenyon Review, Nr. 26 (1964), wiederveröffentlicht in: Elizabeth Bishop: *Poems, Prose, and*

Letters, Robert Giroux und Lloyd Schwartz (Hg.). New York: Library of America 2008.

31 Bishop und Lowell, Brief von Elizabeth Bishop an Robert Lowell, 26. Mai 1963, *Words in Air*, 457.

32 Bishop und Lowell, Brief von Elizabeth Bishop an Robert Lowell, 12. Juli 1963, *Words in Air*, 479.

33 Brief von Gregory Rabassa an Giovanni Pontiero, 13. November 1992, Sammlung des Autors.

34 Zit. in: Lispector et al.: *Outros escritos*, 94.

35 Lispector: »Falando em viagens«. In: *Descoberta*, 379.

36 Brief von Gregory Rabassa an Giovanni Pontiero, 13. November 1992, Sammlung des Autors.

37 Lispector et al.: *Outros escritos*, 107, 109.

38 Ebd., 110.

28. Kapitel

1 Clarice Lispector: »Nota da editora: Clarice em edição popular«. In: *Perto do coração selvagem*, 2. Aufl. São Paulo: Francisco Alves Editora 1963.

2 Julio Lerner: »A última entrevista de Clarice Lispector«, *Shalom*, Juni-August 1992.

3 Zit. in: Gotlib: *Clarice*, 357.

4 Lispector et al.: *Outros escritos*, 96.

5 Lispector: »O verdadeiro romance«. In: *Descoberta*, 328.

6 Lispector: *G. H.*, 27f.

7 Ebd., 29f, 37. *A paixão segundo* G. H., 19, 20, 27.

8 Ebd., 41, 46.

9 Ebd., 48, 47.

10 Ebd., 49.

11 Lispector: *Cidade sitiada*, 41.

12 8. August 1952, zit. in: A. M. Nunes: *Jornalista*, 173.

13 Lispector: *G. H.*, 51.

14 Lispector: *Legião*, 21.

15 Lispector: *G. H.*, 64.

16 Ebd., 46.

17 Ebd., 73, 67.

18 Ebd., 78.

19 Lispector: *Cidade sitiada*, 18.

20 Ebd., 67.

21 Ebd., 75.

22 Ebd., 121.

23 Lispector: *G. H.*, 80.

24 Ebd., 81, 89.

25 Ebd., 87.

26 Ebd., 98, 97, 98.

27 Varin: *Langues*, 74.

28 Lispector: *G. H.*, 96.

29 Varin: *Langues*, 44.

30 Lispector: *G. H.*, 75, zit. in: Varin: *Langues*, 58.

31 Lispector: *Legião*, 221.

32 Lispector: *G. H.*, 104.

33 Ebd., 25, 85.

34 Ebd., 106.

35 Scholem: *Hauptströmungen*, 25.

36 Joseph Dan: *The Early Kabbalah*, Übers. Ronald C. Kiener. New York: Paulist Press 1986, 94.

37 Lispector: *G. H.*, 179.

38 Ebd., 139.

39 Clarice Lispector: *A paixão segundo G. H.: Edição crítica*, Benedito Nunes (Hg.), Coleção Arquivos. Paris: ALLCA XX, 1988, 107.

40 Oder auch später: »Gott ist, was existiert, und alle Widersprüchlichkeiten sind in dem Gott, und deshalb widersprechen sie Ihm nicht.« Lispector, *G. H.*, 179; Spinoza, *Ethik*, Erster Teil, Lehrsatz 33.

41 Lispector: *G. H.*, 106, 87.

42 Ebd., 167, 163.

43 Interview für Museu da Imagem e do Som, 20. Oktober 1976. In: Lispector et al.: *Outros escritos*.

44 Lispector: *Maçã*, 259.

45 Lispector: *C. H.*, 146.

46 Ebd.

29. Kapitel

1 Zit. in: Gotlib: *Clarice*, 480.

2 Walmir Ayala: »›A Paixão segundo G. H.‹ Um romance de doação«, *Jornal do Comércio*, 1. Dezember 1964.

3 Rubem Braga: »Trata-se de uma revolução«. In: Jean-Paul Sartre: *Furacão sôbre Cuba*. Rio de Janeiro: Editôra do Autor 1961, 202.

4 Ebd., 5.

5 John W. F. Dulles: *Carlos Lacerda, Brazilian Crusader*, 2 Bde. Austin: University of Texas Press 1991, 1:314.

6 Gaspari: *Ditadura envergonhada*, 177, 80.

7 Wainer: *Minha razão*, 326.

8 Lispector: »San Tiago«, 6. Januar 1968. In: *Descoberta*, 62.

30. Kapitel

1 Lispector: »Como se chama«. In: *Legião*, 139.
2 Ebd., 198.
3 Lispector: »A legião estrangeira«. In: *Legião*, 108.
4 Sabino und Lispector: Brief an Fernando Sabino, 8. Februar 1947, *Cartas*, 84. In dem Brief erwähnt sie, dass sie Texte, darunter Gedichte, an *A Manhã* und *O Jornal* geschickt hat: »Alles verbunden durch den übergreifenden Titel ›Children's Corner‹.«
5 Reynaldo Jardim Silveira: Traueranzeige, cla.
6 Lispector: *Perto*, 49 in der Ausgabe von 1980.
7 Lispector: »Desenhando um menino«. In: *Legião*, 206.
8 Ebd., 209.
9 Ebd., 200.
10 Lispector: »Literatura e justiça«. In: *Legião*, 149.
11 Lerner: »Última entrevista«.
12 Lispector: »Mineirinho«. In: *Legião*, 253.
13 Lispector: »A experiência maior«. In: *Legião*, 142.
14 Lispector: *G. H.*, 146.
15 Lispector: »Romance«. In: *Legião*, 139.
16 Lispector: »A pesca milagrosa«. In: *Legião*, 143.
17 Lispector: »Abstrato e figurativo«. In: *Legião*, 151.
18 Lerner: »Última entrevista«.
19 Lispector: »O ovo e a galinha«. In: *Legião*, 57f.
20 Lispector: »Brasília: Cinco dias«. In: *Legião*, 163.
21 Lispector: »Não soltar os cavalos«. In: *Legião*, 197.

31. Kapitel

1 Interview mit Rosa Cass, Rio de Janeiro, 29. Juli 2006.
2 Ebd.
3 Instituto Moreira Salles und Sousa: »A revelação do nome«, 144.
4 Carelli: *Corcel*, 64.
5 Sabino und Lispector: Brief an Fernando Sabino, 11. Dezember 1956, *Cartas*, 179.
6 Lispector: »Conversas«. In: *Descoberta*, 137.
7 Hier und folgend: Ferreira: *Eu sou*, 223–326.
8 Lispector: »Morte de uma baléia«. In: *Descoberta*.
9 Lispector: »A revolta«. In: *Descoberta*, 203.
10 Borelli: *Esboço*, 12.
11 Lispector: »Meu Natal«. In: *Descoberta*, 164.
12 Ebd., 65.
13 Lispector: *Dez contos*.
14 Lispector: »A não-aceitação«. In: *Descoberta*, 204.

32. Kapitel

1 Lerner: »Última entrevista«.

2 Lispector: »Hermética?« In: *Descoberta*, 76.

3 Lispector: »*A mulher que matou os peixes*«, 7.

4 Interview mit Leo Gilson Ribeiro, zit. in: Gotlib: *Clarice*, 383.

5 Lispector: »Amor imorredouro«. In: *Descoberta*, 22.

6 Dinah Silveira de Queiroz, Elsie Lessa und Rachel de Queiroz, zum Beispiel.

7 Lispector: »Fernando Pessoa me ajudando«. In: *Descoberta*, 139.

8 Lispector: »Trechos«. In: *Descoberta*, 406.

9 Lispector: »Ana Luisa, Luciana e um polvo«. In: *Descoberta*, 84f.

10 Lispector: »Adeus, vou-me embora!« In: *Descoberta*, 93.

11 Lispector: »Sentir-se útil«. In: *Descoberta*, 75.

12 Manzo: *Era uma vez*, 97f. Die Zitate von Clarice Lispector wurden einem undatierten Ausschnitt mit dem Titel »Minha Secretária« entnommen.

13 Interview mit Hélio Pelegrino [sic], *Manchete* [undatierter Ausschnitt], CLA.

14 Isa Cambará: »Escritora mágica«, *Veja*, 30. Juli 1975. In: A. M. Nunes: *Jornalista*, 85.

15 A. M. Nunes: *Jornalista*, 88. Später bat sie andere Freunde, das Gleiche zu tun, obwohl sich nicht alle so verständnisvoll zeigten wie Pellegrino. Manzo: *Era uma vez*, 191. Clarice erwähnt Affonso Romano de Sant'Anna und seine Frau Marina Colasanti, aber sie waren nicht die Einzigen.

16 Instituto Moreira Salles: *Cadernos*, 52.

17 Ebd., 50.

18 Resende: »Mãe, filha, amiga.«

33. Kapitel

1 Lispector und Montero: Brief an Paulo Gurgel Valente, 22. April 1969, *Correspondências*, 267.

2 Interview mit Yolanda Costa e Silva, »Já viajei por todo o mundo, mas não vi nada como a Amazônia«. In: *Manchete*: »Diálogos possíveis com Clarice Lispector« [undatierter Ausschnitt], CLA.

3 Gaspari: *Ditadura envergonhada*, 231.

4 Ebd., 274.

5 »Frases que ficaram«, *O Jornal*, 25. Februar 1968.

6 Lispector: »Estado de graça-Trecho«. In: *Descoberta*, 91.

7 Ventura Zuenir und Carlos Scliar, zit. in: Gotlib: *Clarice*, 380f.

8 »Marcha da liberdade toma conta da cidade«, *Última Hora*. Rio de Janeiro: 26. Juni 1968, CLA.

9 Ventura und Scliar, zit. in: Gotlib: *Clarice*, 380f.

10 Interview mit Julio Lerner, zit. in: Varin und Lispector: *Rencontres*, 213.

11 Gaspari: *Ditadura envergonhada*, 299.

12 Ebd., 316ff.

13 Elio Gaspari: *As ilusões armadas: A ditadura enscancarada*. São Paulo: Companhia das Letras 2002, 362.

14 Ferreira: *Eu sou*, 247.

15 Alberto Dines: *100 páginas que fizeram história: Grandes momentos do jornalismo brasileiro nos últimos 80 anos*. São Paulo: LF&N 1997.

16 Lispector: »Pertencer«. In: *Descoberta*, 110.

17 E. Lispector: *Corpo a corpo*, 44.

18 Im Nachruf. Gleiche Geschichte erzählt in Manzo: *Era uma vez*, 144f.

19 Eudinyr Fraga: »Clarice«, undatiertes Typoskript, Sammlung des Autors.

20 Interview mit Rosa Cass, Rio de Janeiro, 29. Juli 2006.

21 Zit. in: Varin: *Langues*, 32.

22 Marly de Oliveira: *A suave pantera*. Rio de Janeiro: Orfeu 1968.

23 Brief an Marly de Oliveira, 11. Juli 1968, private Sammlung, zur Verfügung gestellt von Livraria Dantes, Rio de Janeiro. Der vollständige Brief lautet im Original:
Marly queridinha, realmente não recebi carta sua antes desta que voce enviou por intermédio de Rosa. Meu endereço é…Estou sentindo falta de você muito maior do que eu sabia que ia sentir. Parece que se criou um pequeno vácuo na minha vida, e ninguém consegue preencher nem de longe a sua vaga. Estou sentindo muita dificuldade com minha novela: é a primeira de que eu falei para os outros, e é a primeira cujo final eu já sei como é. Há ainda o espectro de »A Paixão Segundo G. H.«: depois desse livro tenho a impressão desagradável de que esperam de mim coisa melhor. Mas estou lutando contra esse limiar de depressão procurando um jeito melhor de trabalhar e também me valendo de d. Catarina (nunca conte a ninguém da minha análise: escrevi todos os meus livros antes de d. Catarina, exceto o »Mistério do Coelho Pensante«, que estava aliás escrito desde o tempo em que tinha seis anos; de modo que é uma pista fácil de me explicar dizendo que escrevo assim por causa da análise. Eliane Zagury foi uma que me perguntou se eu faço ou fiz análise, eu neguei, e ela disse que era porque meus livros tinham a profundeza que só se atinge na análise)….Quanto a mim mesma, estou apaixonada e a pessoa em questão simplesmente me disse, com outras palavras é claro, que ele não me quer. Mas a dor não está sendo grande.«

24 M. H. Cardoso: *Vida-vida*, x.

25 Ebd., 232, 335, 340f.

26 Zit. in: ebd., x.

34. Kapitel

1 Lispector und Montero: Brief an Paulo Gurgel Valente, 26. Januar 1969, *Correspondências*, 261.

2 Zum Beispiel: Leo Gilson Ribeiro, Claire Varin und Vilma Arêas.

3 Lispector: »Menino a bico-de-pena«, 18. Oktober 1969. In: *Descoberta*, 256.

4 Norma Pereira Rêgo: »Lispector: Sempre em tom maior«, 1969, undatierter Ausschnitt, CLA.

5 Lispector: *Aprendizagem*, 39.

6 Pessoa: *Heróstrato*, 174.

7 Rêgo: »Lispector: Sempre em tom maior«.

8 Lispector: *Aprendizagem*, 22.

9 Lispector: »As dores da sobrevicência: Sérgio Porto«. 28. September 1968. In: *Descoberta*, 142.

10 Ebd., *79*.

11 Lispector: *Aprendizagem*, 138f.

12 Es gibt zahlreiche Beispiele dieses Prozesses in Manzo: *Era uma vez*, 105.

13 Lispector: *Aprendizagem*, 20f.

14 Ebd., 105, 98.

15 Zit. in: Sant'Anna, Ausschnitt ohne Titel, *Jornal do Brasil*, 25. Oktober 1986, Sammlung des Autors.

16 Sabino und Lispector: Brief von Fernando Sabino, 29. Januar 1969, *Cartas*, 203.

17 Lispector: *Aprendizagem*, 70.

18 Ebd., 35.

19 Ebd., 61f.

20 Ebd., 63f.

21 Ebd., 161, 125.

22 Lispector: »Humilade e técnica«. In: *Descoberta*, 251.

23 Lispector: *Aprendizagem*, 118f.

24 Ebd., 114f, 154f, 158.

25 Ebd., 133.

26 Ebd., 95.

27 Ebd., 78, 128.

28 Ebd., 174, 181f.

35. Kapitel

1 Zit. in: Manzo: *Era uma vez*, 102f.

2 Ebd., 103.

3 Zit. in: Ferreira: *Eu sou*, 249.

4 Lispector und Montero: *Correspondências*, 276.

5 Lispector: *Objeto gritante (II)*, 46.

6 Hier und folgende: einschließlich Lícia Manzos faszinierendes Interview mit Azulay: Manzo: *Era uma vez*, 93f.

7 Elisa Lispector: *O muro de pedras*. Rio de Janeiro: Livraria José Olympio Editora 1963.

8 Elisa Lispector: *O dia mais longo de Thereza*. Rio de Janeiro: Gráfica Record Editora S. A. 1965.

9 E. Lispector: *Corpo a corpo*, 13.

10 Lispector: Brief an Elisa Lispector, 1. Mai 1945. In: *Minhas queridas*, 48.

11 Lispector: Brief an Tania Lispector Kaufmann, 22. Februar 1947. In: *Minhas queridas*, 48.

12 Lispector: Brief an Tania Lispector Kaufmann, 13. August 1947. In: *Minhas queridas*, 171.

13 Lispector: Brief an Tania Lispector Kaufmann und Elisa Lispector, 25. Juli 1956. In: *Minhas queridas*, 273.

14 Lispector: »A vidente«. In: *Descoberta*, 43.

15 Ebd., 93.

16 »Uma vista à casa dos expostos«, *Vamos Lêr!* 8. Juli 1941, in Lispector et al.: *Outros escritos*, 35–42.

17 Olga Borelli: »Liminar: A difícil definição«. In: Lispector: *A paixão segundo G. H.: edição crítica*, xx-xxiii.

18 Franco Júnior: »Clarice, segundo Olga Borelli«, 8.

19 Remy Gorga Filho: »Clarice Lispector: Eu não sou um monstro sagrado«, *Revista do livro*, Mai – Juni 1970.

20 Ribeiro: »Tentativa de explicação«.

21 Borelli: *Esboço*, 26.

36. Kapitel

1 Zit. in: Gotlib: *Clarice*, 399f.

2 Ebd., 398.

3 Leo Gilson Ribeiro: »Auto-inspeção«, *Veja*, 19. September 1973.

4 José Castello: *Inventário das sombras*, 1999. Rio de Janeiro: Editora Record 2006, 30.

5 Alexandrino Severino: »As duas versões de Água viva«. *Remate de Males*, Nr. 9, 1989.

6 Brief an Alexandrino Severino, 23. Juni 1972, CLA.

7 Lispector: *Objeto gritante*, 32. In *Aqua viva* ist der Verweis auf die Ukraine gestrichen.

8 Ebd., 29f, 72, 74.

9 Zit. in: Severino: »As duas versões de Água viva«.

10 »Objeto Gritante«, zit. in: Manzo: *Era uma vez*, 142.

11 Lispector: *Objeto gritante*, 44, 63. Die Bemerkung über ihre Mutter erscheint erneut in dem Essay über Brasília in *Visão do esplendor* und auch, leicht abgewandelt, in der Erzählung »Seelensturm« des Sammelbandes *Onde estivestes de noite*: »Das *monstre sacré* ist tot. An seiner statt wurde ein Mädchen geboren, das allein war.«

12 Ebd., 66f.

13 Zu viel Prägnanz, klagte sie später. Das Buch wurde um etwa die Hälfte gekürzt, entweder durch den Verlag oder durch Clarices Erben. Siehe Franco Júnior: «Clarice, segundo Olga Borelli.«

14 Franco Júnior: »Clarice, segundo Olga Borelli.«

15 Ebd.

16 Brief an Marly de Oliveira, undatiert, Privatsammlung. Zur Verfügung gestellt von Livraria Dantes, Rio de Janeiro. »Você sabe como sou quanto a cartas. Mas hoje a saudade apertou mais e eis-me aqui escrevendo para você…. Não sei porque você gostou do meu livro ›Objeto Gritante‹. Pois, passado o primeiro ímpeto, fui reler e fiquei horrorizada. É tão ruim, que não vou publica-lo, já o retirei da editora.«

17 Franco Júnior: »Clarice, segundo Olga Borelli.«
18 Zit. in: Gotlib: *Clarice*, 410.
19 Franco Júnior: »Clarice, segundo Olga Borelli.«
20 Interview zit. in: Lispector et al.: *Outros escritos*.
21 Lispector: *Água viva*, 16.
22 Ebd., 37.
23 Ebd., 22.
24 Ebd., 31.
25 Ebd., 78.
26 Ebd., 59, 51, 27, 88, 71.
27 Ebd., 16.
28 Franco Júnior: »Clarice, segundo Olga Borelli.«
29 Lispector: *Água viva*, 13.
30 Lispector: »Abstrato e figurativo«. In: *Legião*, 151.
31 Lispector: *Água viva*, 15.
32 Ebd., 34.
33 Ebd., 35.
34 Lispector: *Objeto gritante*, 7.
35 Lispector: *Água viva*, 60f.
36 Ebd., 43.

37. Kapitel

1 Borelli: *Esboço*, 42.
2 Die Spannungen im Land forderten auch das Opfer eines Menschen, der Clarice nahe stand. Am 4. September 1969 begingen die linken Guerillas ihre aufsehenerregendste Tat, indem sie den amerikanischen Botschafter Charles Elbrick entführten. Obwohl er nach achtundsiebzig Stunden im Austausch für gefangene Guerillas unversehrt freigelassen wurde, musste Clarices Schwager Mozart Gurgel Valente, der Stabschef des Itamaraty sowie ein Freund von Elbrick, einen hohen Tribut zollen. Kurz darauf erlangte er eine der höchsten Positionen im Ministerium, als man ihn zum Botschafter in Washington ernannte. Aber er war durch sein schwieriges früheres Amt ausgelaugt und starb am 21. Dezember 1970 in Washington, wodurch Eliane zur Witwe wurde.
3 Gaspari: *Ditadura derrotada*, 504.
4 Siehe http://jbonline.terra.com.br/destaques/110anosjb/110anosjb_impr_C2_13.html.
5 Gaspari: *Ditadura derrotada*, 49f.
6 Ebd., 293.
7 Ein anderer Aspekt, durch den die Beziehung Brasiliens zu den Arabern verkompliziert wurde, war seine langjährige Unterstützung der brutalen Kolonialkriege Portugals in Afrika, die sich damals, ebenso wie die altersschwache portugiesische Tyrannei, ihrem Ende näherten.
8 Interview mit Alberto Dines, São Paulo 22. Juli 2006.

9 Ebd.

10 Interview in *Pasquim*, 3. Juni 1974, zit. in: A. M. Nunes: *Jornalista*, 94.

11 Dênis de Moraes: »Humor de combate: Henfil e os 30 anos do Pasquim«, *Ciberlegenda* 1999. Der Angriff erschien in: *O Pasquim*, Nr. 138, 22–28 Februar 1972.

12 Fonta: »O papo: Clarice Lispector.«

13 Ferreira: *Eu sou*, 263.

14 Interview mit Alberto Dines. Gershom Scholem hat Kafkas tiefe Verwurzelung in der jüdischen mystischen Tradition aufgezeigt.

38. Kapitel

1 Zit. in: Manzo: *Era uma vez*, 163.

2 Ferreira: *Eu sou*, 264.

3 Zit. in: Manzo: *Era uma vez*, 163f.

4 Ebd.

5 Ebd.

6 Lispector: »A entrevista alegre«. In: *Descoberta*, 56.

7 Lispector: *Objeto gritante*, 47f.

8 Ebd., 109f.

9 Lispector: *Água viva*, 71. Dieser Kommentar erscheint auch in Lispector: *Objeto gritante*, 45.

10 Lóri, eine Grundschullehrerin, fühlte sich ebenfalls am wohlsten in der Gesellschaft von Kindern: »Was mich immer gerettet hat, das waren meine Schüler, die Kinder«, erzählte sie Ulisses, die Kinder, »die sie nun mütterlich liebte«.

11 Lispector und Montero: Brief an Andréa Azulay, 27. Juni 1974, *Correspondências*, 290.

12 Lispector: *Hora*.

13 Andréa Azulay: *Meus primeiros contos*. Rio de Janeiro: Edição limitada confeccionada por encomenda de Clarice Lispector e prefaciada por ela, 1975, zit. in: Manzo: *Era uma vez*, 168.

14 Lispector und Montero: Brief an Andréa Azulay, 7. Juli 1974 und undatiert »Uma história de tanto amor: *Correspondências*, 292f, 307.

15 Brief an Andréa Azulay, 4. Januar 1974, CLA.

16 Manzo: *Era uma vez*, 169.

17 Clarice Lispector: *Quase de verdade*. Rio de Janeiro: Rocco, 1978.

18 Varin und Lispector: *Rencontres*, 31.

19 Elizabeth Lowe: »The Passion According to C. L.«, *Review*, Nr. 24 (1979), zit. in: Varin und Lispector: *Rencontres*, 62. Luiz Carlos Lacerda glaubte, Ulisses habe nach dem Brand, durch den Clarice fast getötet worden wäre, angefangen, Zigaretten zu verschlingen, um sie zu beschützen, aber anscheinend kaufte sie den Hund erst später.

20 Olga Borelli, zit. in: Manzo: *Era uma vez*, 171.

21 Lispector: Brief an Elisa Lispector und Tania Lispector Kaufmann, 25. März 1949. In: *Minhas queridas*, 219.

22 Lispector: *Sopro*, 64.

23 In Varin: *Langues*, 70.

24 Lispector: *Sopro*, 15.

25 Lipector: *Legião*, 23, 26.

26 Lispector: *Maçã*, 45.

27 Lispector: »Não soltar os cavalos«. In: *Legião*, 197.

28 Lispector: *Sopro*, 78.

29 Ebd., 79.

30 Ebd., 48.

39. Kapitel

1 Zit. in: Gotlib: *Clarice*, 73.

2 Clarice Lispector: *A vida íntima de Laura*. Rio de Janeiro: José Olympio 1974, 1.

3 Ebd.

4 Lispector: *Objeto gritante*, 56f; Lispector: *Aprendizagem*, 115.

5 Zit. in: Gotlib: *Clarice*, 415.

6 Hohlfeldt: »Uma tarde com Clarice Lispector.«

7 Jorge de Aquino Filho: »Minha Mãe Clarice Lispector«, *Manchete*, 13. Februar 1982.

8 In: Lispector et al.: *Outros escritos*, 167.

9 Zit. in: Manzo: *Era uma vez*, 191f.

10 Siehe Pedro Paulo de Sena Madureira (vom Verlag Nova Fronteira) in Ferreira: *Eu sou*, 270.

11 Zu einer unvollständigen Liste von Clarice Lispectors Übersetzungen siehe Martin: *Clarice Lispector: A Bio-Bibliography*, 176.

12 Lispector: *Descoberta*, 53.

13 Borelli: *Esboço*, 31.

14 Lispector: Brief an Elisa Lispector, 2. Januar 1946. In: *Minhas queridas*, 53.

15 Lispector: *Onde*, 57.

16 Lispector et al.: *Outros escritos*, 167.

17 Brief von Anna Maria da Silva Telles Watson, Editora Artenova, 26. April 1976, CLA. Watson könnte recht gehabt haben. Berichten zufolge übernahm Olga Borellis Schwester Helena viele von Clarices Übersetzungen, um der Freundin zu helfen.

18 Lispector: *Onde*, 8.

19 Ebd., 19f.

20 Ebd., 25.

21 Ebd., 32.

22 Ebd., 38f.

23 Ebd., 63, 68, 61, 65.

24 Ebd., 78.

40. Kapitel

1 Júnior Franco: »Clarice, segundo Olga Borelli«.

2 Borelli: *Esboço*, 34f.

3 Ebd., 40.

4 Interview mit Gilda Murray, São Paulo, 19. September 2006.

5 Interview mit Luiz Carlos Lacerda, Rio de Janeiro, 1. August 2006.

6 Ebd.

7 Interview mit Marina Colasanti, Rio de Janeiro, 2. August 2006.

8 Interview mit Alberto Dines, São Paulo, 22. Juli 2006.

9 Manzo: *Era uma vez*, 162.

10 Lispector: *Objeto gritante*, 55.

11 Lispector: *Via crucis*, 15.

12 Ebd., 9f.

13 Ebd., 10.

14 Ebd., 65.

15 Ebd., 9.

16 José Maria Cançado: »O ›víco impune‹ da leitura«, *Folha de S. Paulo*, 25. Oktober 1992.

17 Celso Arnaldo Araújo: »Uma escritora no escuro – Clarice Lispector«, *Manchete*, 3. Mai 1975, in A. M. Nunes: *Jornalista*, 96.

18 Lispector: *Via crucis*, 81f, 44.

19 Ebd., 68, 57.

20 Aquino Filho: »Minha Mãe Clarice Lispector«, zit. in: Claire Williams: *The Encounter between Opposites in the Works of Clarice Lispector*. Bristol, England: Hispanic, Portuguese, and Latin American Monographs 2006, 177f. Das Datum ist leicht verfälscht.

21 Marta Peixoto verweist auf zwei andere Erzählungen, die sich symbolisch auf eine Vergewaltigung beziehen, beide aus *Familienbande*: »Kostbarkeit« und »Mysterium in São Cristóvão«. Keine der beiden ist so explizit oder so offensichtlich mit der Erinnerung an Clarices Mutter verknüpft. Siehe Marta Peixoto, »Rape and Textual Violence«, in *Passionate Fictions: Gender, Narrative, and Violence in Clarice Lispector*. Minneapolis: University of Minnesota Press 1994.

22 Lispector: *Via crucis*, 86.

23 Ebd., 87.

24 Ebd., 89.

25 Ebd.

41. Kapitel

1 Bruna Becherucci: »Lixo, sim: Lançamento inútil«, *Veja*, 31. Juli 1974.

2 Araújo: »Uma escritora no esuro – Clarice Lispector«, in A. M. Nunes: *Jornalista*, 96.

3 Emmanuel de Moraes: »A via-crucis de Clarice« *Jornal do Brasil*, 17. August 1974.

4 Araújo: »Uma escritora no esuro – Clarice Lispector«, in A. M. Nunes: *Jornalista*, 96.

5 Lispector: *Via crucis*, 53.

6 Carlos Graieb: »A ciranda de Lygia«, *Veja São Paulo*, 6. August 2008.

7 Brief an Simón González, 1975, CLA.

8 Robert L. Nicklaus: »Occult Conventioneers«, *Evangelical Missions Quarterly*, 1. Januar 1976.

9 »Moonlight Dance Opens a Congress of Sorcery«, *New York Times*, 26. August 1975.

10 Lispector et al.: Montero und Manzo: *Outros escritos*, 120, 122.

11 Eine Version begann: »Ich suche nicht nach der Magie des Übernatürlichen. Aber ich bekomme eine Gänsehaut am ganzen Körper, wenn etwas passiert wie neulich, als ich in Sorge und allein und ohne Zukunft war – und da fiel plötzlich ohne Vorankündigung bei Anbruch der Nacht ein Regen, mit dem sich meine gesamte elektrische Energie entlud und der mich beruhigte und zutiefst erleichtert schlafen ließ. Der Regen und ich erlebten eine magische Beziehung. Tags darauf las ich in der Zeitung mit großem Erstaunen, dass dieser Regen, der auf mich als weiße Magie gewirkt hatte, für andere Leute schwarze Magie gewesen war: in der Zeitung hieß es, es sei ein Hagelsturm gewesen, er habe Häuser abgedeckt und Flugzeuge daran gehindert abzuheben.« Borelli: *Esboço*, 56f.

12 Zit. in: Marilene Felinto: »Lispector foi a congresso de bruxaria«, *Folha de S. Paulo*, 2. August 1992.

13 Horácio Oliveira: unbenannter Zeitungsausschnitt, 23. Dezember 1977, CLA.

14 Isa Cambará: »Clarice Lispector: Não escrevo para agradar a ninguém«, *Folha de S. Paulo*, 10. September 1975.

15 Ebd.

16 Sant'Anna, unbenannter Ausschnitt, *Jornal do Brasil*, 25. Oktober 1986, CLA.

17 Castello: *Inventário das sombras*, 28.

18 Lispector: *Onde*, 68.

19 Lispector: *Sopro*, 22.

20 Zit. in: Varin: *Langues*, 184.

21 Lispector: *Visão*, 64.

22 Borelli: *Esboço*, 70.

23 »Esboço de uma possível pintora«, *Jornal do Brasil*, 4. November 1992.

24 Lispector: Brief an Elisa Lispector und Tania Lispector Kaufmann, 8. Mai 1956. In: *Minhas queridas*, 269.

25 Lispector: *Sopro*, 55.

26 Ebd.

42. Kapitel

1 Claire Williams hebt hervor, dass auch Lucrécia das »Bild eines Bildes« war: z. B. »Jedes Buch von ihr war realer als sie selbst«. Williams: *Encounter*, 59; Lispector: *Cidade sitiada*, 71.

2 Lispector: *Sopro*.

3 Lispector et al.: *Outros escritos*.

4 Lispector: *Sopro*, 108.

5 Ebd., 82.

6 Ebd., 25.

7 Cambará: »Clarice Lispector: Não escrevo para agradar a ninguém.«

8 Lispector: *Sopro*, 32.

9 Ebd., 38, 65.

10 Ebd., 77.

11 Ebd., 131.

12 Ebd., 105.

13 Ebd.

14 Ebd., 152.

15 Ebd., 165.

16 Ebd., 162f.

17 Ebd., 166.

18 Ebd., 167.

19 Olga Borelli: »Não dá para analisar Clarice«, *Brasil / Brazil: Revista de Literatura Brasileira* 2001: 96, zit. in: Manzo: *Era uma vez*, 207.

43. Kapitel

1 Lispector und Montero: Brief an Mafalda Verissimo, 28. November 1975, *Correspondências*, 310.

2 Interview mit Alberto Dines, São Paulo, 22. Juli 2006.

3 Zit. in: Gotlib: *Clarice*, 436f.

4 Borelli: *Esboço*, 47f.; Manzo: *Era uma vez*, 190.

5 Juan Cruz: »Carmen Balcells: Autorretrato de una dama«, *El País*, 11. März 2007.

6 Borelli: *Esboço*, 58.

7 Ebd., 25f.

8 Gotlib: *Clarice*, 443f.

9 Interview mit Rosa Cass, Rio de Janeiro, 29. Juli 2006.

10 Diese Darstellung ist etwas zweifelhaft, denn schließlich hatte Elisa nicht viel davon gehalten, dass Clarice einen Nichtjuden heiratete.

11 Coutinho: *Criaturas*, 170.

12 Gotlib: *Clarice*, 438f.

13 Ebd., 479f.

14 Interview, Rosa Lispector, Recife, 18. August 2005.

15 Gotlib: *Clarice*, 480.

16 Ferreira: *Eu sou*, 283.

17 Countinho: *Criaturas*, 155f.

18 Unbenannter Ausschnitt [Brasília?], CLA.

19 Unbenannter Ausschnitt [Porto Alegre?], CLA.

20 »Entrevista com Caio Fernando Abreu«, Estado de São Paulo, 9. Dezember 1995.

21 Gotlib: *Clarice*, 293.

22 Ferreira: *Eu sou*, 275. Gilles lieferte wahrscheinlich die Inspiration für einen Visagisten in *A via crucis do corpo*, »Ele me bebeu«.

44. Kapitel

1 Dieses Interview ist weithin im Internet verfügbar.
2 Lerner: »Última entrevista.«

45. Kapitel

1 Lispector: *Aprendizagem*, 136.
2 Jacinto Rego de Almeida: »Um encontro com Clarice Lispector«, *Jornal de Letras* (Lissabon), 14. April 1992.
3 Zit. in: Manzo: *Era uma vez*, 206–7.
4 Zit. in: ebd., 209.
5 Interview mit Norma Couri, São Paulo, 22. Juli 2006. Es gibt noch einen anderen Bezug zu dieser Gewohnheit in Varin: *Langues*, 95.
6 Resende: »Mãe, filha, amiga.«
7 Lerner: »Última entrevista«.
8 Lispector: *A vida íntima de Laura*.
9 Vgl. Lispector: *Hora*, 59f.
10 1 Makkabäer 1:18–21.
11 Franco Júnior: »Clarice, segundo Olga Borelli.«
12 Lispector: *Hora*, 26.
13 Ebd.
14 Ebd., 27f.
15 Franco Júnior: »Clarice, segundo Olga Borelli.«
16 Lispector: *Hora*, 36.
17 Ebd., 39f.
18 Ebd., 42ff.
19 Ebd., 55, 54.
20 Ebd., 52f.
21 Ebd., 54.
22 Ebd., 59.
23 2 Makkabäer, 6:2. Zu diesem Bezug siehe Nelson Vieira: »A expressão judaica na obra de Clarice Lispector«. In: *Clarice Lispector: Remate de Males: Revista do Departamento de Teoria Literária*, Vilma Arêas und Berta Waldman (Hg.). Campinas: Universidade Estadual de Campinas 1989, 209.
24 Lispector: *Hora*, 60.
25 Castello: *Inventário das sombras*, 26.
26 Lispector: *Hora*, 54.
27 Ebd., 76.
28 Ebd., 88.

29 Ebd., 90, 92.

30 Ebd., 95f.

31 Ebd., 98.

32 Zit. in: Ferreira: *Eu sou*, 286.

33 Lerner: »Última entrevista«.

34 Lispector: *Hora*, 22.

35 Ebd., 25.

36 Ebd., 34, 35, 32, 28.

37 Ebd., 50.

38 Veröffentlicht unter seinem Pseudonym Tristão de Athayde, »Requiem para Clarice«, *Jornal do Brasil*, 12. Januar 1978.

39 Lispector et al.: *Outros escritos*, 139.

40 Lispector: *Perto*, 13 in der Ausgabe von 1980.

41 Lispector: *Hora*, 99.

42 Ebd., 100, 101.

43 Ebd., 102.

44 Ebd., 103.

45 Ebd., 104.

46 »Sepultamento de Clarice será simples e discreto«. Siehe auch Olga Borelli, interviewt in *Manchete*, 1981, zit. in: Gotlib: *Clarice*, 481.

47 »Sepultamento de Clarice será simples e discreto«.

48 Zit. in: Gotlib: *Clarice*, 481f.

49 Interview mit Rosa Cass, Rio de Janeiro, 29. Juli 2006.

50 Ferreira: *Eu sou*, 291.

51 Zit. in: Gotlib: *Clarice*, 483.

52 Borelli: *Esboço*, 60–62.

53 Zit. in: Gotlib: *Clarice*, 484.

54 Francis: »Clarice: Impressões de uma mulher que lutou sozinha.«

BILDNACHWEISE

Frontispiz: Siehe Abb. 9.

1. Mit freundlicher Genehmigung von Cecília Wainstok Lipka
2. Mit freundlicher Genehmigung von Nicole Algranti, Elisa-Lispector-Archiv
3. Mit freundlicher Genehmigung von Nicole Algranti, Elisa-Lispector-Archiv
4. Nationalarchiv, Rio de Janeiro
5. Mit freundlicher Genehmigung des Instituto Moreira Salles, Rio de Janeiro, und Paulo Gurgel Valentes
6. Mit freundlicher Genehmigung des Instituto Moreira Salles, Rio de Janeiro, und Paulo Gurgel Valentes
7. Mit freundlicher Genehmigung des Acervo Fundação Joaquim Nabuco, Recife. Sammlung Benício Dias
8. Museu-Arquivo de Literatura Brasileira, Fundação Casa de Rui Barbosa, Rio de Janeiro. Mit freundlicher Genehmigung von Paulo Gurgel Valente
9. Mit freundlicher Genehmigung des Instituto Moreira Salles, Rio de Janeiro, und Paulo Gurgel Valentes
10. Mit freundlicher Genehmigung von Rafael Cardoso, Cardoso-Familienarchiv
11. Museu-Arquivo de Literatura Brasileira, Fundação Casa de Rui Barbosa, Rio de Janeiro. Mit freundlicher Genehmigung von Paulo Gurgel Valente
12. Mit freundlicher Genehmigung von Cecília Wainstok Lipka
13. Sammlung des Autors
14. Museu-Arquivo de Literatura Brasileira, Fundação Casa de Rui Barbosa, Rio de Janeiro. Mit freundlicher Genehmigung von Paulo Gurgel Valente
15. Museu-Arquivo de Literatura Brasileira, Fundação Casa de Rui Barbosa, Rio de Janeiro. Mit freundlicher Genehmigung von Paulo Gurgel Valente
16. Museu-Arquivo de Literatura Brasileira, Fundação Casa de Rui Barbosa, Rio de Janeiro. Mit freundlicher Genehmigung von Paulo Gurgel Valente
17. Museu-Arquivo de Literatura Brasileira, Fundação Casa de Rui Barbosa, Rio de Janeiro. Mit freundlicher Genehmigung von Paulo Gurgel Valente
18. Museu-Arquivo de Literatura Brasileira, Fundação Casa de Rui Barbosa, Rio de Janeiro. Mit freundlicher Genehmigung von Paulo Gurgel Valente
19. Museu-Arquivo de Literatura Brasileira, Fundação Casa de Rui Barbosa, Rio de Janeiro. Mit freundlicher Genehmigung von Paulo Gurgel Valente
20. Museu-Arquivo de Literatura Brasileira, Fundação Casa de Rui Barbosa, Rio de Janeiro. Mit freundlicher Genehmigung von Paulo Gurgel Valente

21. Mit freundlicher Genehmigung von Nicole Algranti, Elisa-Lispector-Archiv

22. Museu-Arquivo de Literatura Brasileira, Fundação Casa de Rui Barbosa, Rio de Janeiro. Mit freundlicher Genehmigung von Paulo Gurgel Valente

23. Museu-Arquivo de Literatura Brasileira, Fundação Casa de Rui Barbosa, Rio de Janeiro. Mit freundlicher Genehmigung von Paulo Gurgel Valente

24. Museu-Arquivo de Literatura Brasileira, Fundação Casa de Rui Barbosa, Rio de Janeiro. Mit freundlicher Genehmigung von Paulo Gurgel Valente

25. Privatarchiv von Mafalda Volpe Verissimo. Mit freundlicher Genehmigung des Acervo Literário de Erico Verissimo, Porto Alegre

26. Museu-Arquivo de Literatura Brasileira, Fundação Casa de Rui Barbosa, Rio de Janeiro. Mit freundlicher Genehmigung von Paulo Gurgel Valente

27. Museu-Arquivo de Literatura Brasileira, Fundação Casa de Rui Barbosa, Rio de Janeiro. Mit freundlicher Genehmigung von Paulo Gurgel Valente

28. Museu-Arquivo de Literatura Brasileira, Fundação Casa de Rui Barbosa, Rio de Janeiro. Mit freundlicher Genehmigung von Paulo Gurgel Valente

29. Mit freundlicher Genehmigung von Nádia Battella Gotlib

30. Museu-Arquivo de Literatura Brasileira, Fundação Casa de Rui Barbosa, Rio de Janeiro. Mit freundlicher Genehmigung von Paulo Gurgel Valente

31. Mit freundlicher Genehmigung von José Mario Rodrigues, Recife

32. Museu-Arquivo de Literatura Brasileira, Fundação Casa de Rui Barbosa, Rio de Janeiro. Mit freundlicher Genehmigung von Paulo Gurgel Valente

33. Reproduktion aus dem Originalvideo von Ibraim Leão, Ribeirão Preto. Mit freundlicher Genehmigung von Nádia Battella Gotlib. Originalbild: Fundação Padre Anchieta – TV Cultura

34. Museu-Arquivo de Literatura Brasileira, Fundação Casa de Rui Barbosa, Rio de Janeiro. Mit freundlicher Genehmigung von Paulo Gurgel Valente

35. Mit freundlicher Genehmigung von Paulo Gurgel Valente

EDITORISCHE NOTIZ

Die Übersetzungen sämtlicher Zitate aus den Werken (außer dem von Ray-Güde Mertin übersetzten Roman *Nahe dem wilden Herzen*), aus den Briefen, Interviews oder sonstigen Beiträgen von Clarice Lispector stammen von Luis Ruby. Da die Neuausgabe der Werke von Clarice Lispector bei Schöffling & Co. in Vorbereitung ist, können der Wortlaut der Übersetzungen und die Buchtitel sich in späteren Ausgaben noch ändern; in den Anmerkungen wird daher stets auf die Originalausgaben verwiesen.

Die Zitate aus den von Curt Meyer-Clason übersetzten Werken *Die Nachahmung der Rose* (dt. 1993), *Der Apfel im Dunkeln* (dt. 1998) und *Die Sternstunde* (dt. 1985) erscheinen hier in revidierter Form mit freundlicher Genehmigung des Suhrkamp Verlags, Berlin.

Sämtliche Zitate wurden von Corinna Santa Cruz lektoriert.

Um eine bessere Lesbarkeit des Textes zu ermöglichen, wurden die Titel der noch nicht auf Deutsch erschienenen Werke übersetzt.

LITERATURVERZEICHNIS

Werke von Clarice Lispector

Água viva. 1973. Rio de Janeiro: Editora Artenova 1993. [*Aqua viva*]

Alguns contos. In: *Os Cadernos de Cultura.* Rio de Janeiro: Ministério da Educação e Saúde, Serviço de Documentação 1952. [*Einige Geschichten*]

A bela e a fera. Rio de Janeiro: Nova Fronteira 1979. [*Die Dame und das Ungeheuer*]

A cidade sitiada. Rio de Janeiro: A Noite 1948. [*Die belagerte Stadt*]

De corpo inteiro. São Paulo: Editora Siciliano 1992. [*Ganzkörperbild*]

A descoberta do mundo. Crônicas. 1984. Rio de Janeiro: Livraria Francisco Alves Editora S. A. 1994. [*Die Entdeckung der Welt*]

Dez contos selecionados de Clarice Lispector. Brasília: Confraria dos Bibliófilos do Brasil 2004.

A imitação da rosa. Rio de Janeiro: Artenova 1973. [*Die Nachahmung der Rose*]

Felicidade clandestina. Rio de Janeiro: Sabiá 1971. [*Heimliches Glück. Erzählungen*]

A hora da estrela. Rio de Janeiro: Livraria José Olympio Editora 1977. [*Die Sternstunde*]

Laços de família. São Paulo: Francisco Alves 1960. [*Familienbande. Erzählungen*]

A legião estrangeira. Rio de Janeiro: Editôra do Autor 1964. [*Die Fremdenlegion*]

A maçã no escuro. 1961. Rio de Janeiro: Livraria Francisco Alves 1992. [*Der Apfel im Dunkeln*]

Minhas queridas. Rio de Janeiro: Editora Rocco 2007. [*Meine Lieben* (Briefwechsel mit den beiden Schwestern)]

A mulher que matou os peixes. Rio de Janeiro: Sabiá 1968. [*Die Fischmörderin. Kinderbuch*]

O lustre. Rio de Janeiro: Livraria Agir Editora 1946.
Der Lüster. Roman. Aus dem Portugiesischen übersetzt von Luis Ruby. Frankfurt am Main: Schöffling & Co. 2013.

Objeto gritante (II). Dorothea Severino Collection, Nashville, TN 1971. [*Schreiender Gegenstand*]

Onde estivestes de noite. Rio de Janeiro: Editora Artenova 1974. [*Wo warst du in der Nacht*]

A paixão segundo G. H. 1964. Rio de Janeiro: Editra do Autor 1991.
(Edição crítica. Hg. von Benedito Nunes, Coleção Arquivos. Paris: ALLCA XX 1988.)
[*Die Passion nach G. H.*]

Perto do coração selvagem. Rio de Janeiro: A Noite 1943. 2. Aufl. São Paulo: Francisco Alves Editora 1963.
Nahe dem wilden Herzen. Roman. Aus dem Portugiesischen übersetzt von Ray-Güde Mertin. Überarbeitet von Corinna Santa Cruz. Frankfurt am Main: Schöffling & Co. 2013.

Quase de verdade. Rio de Janeiro: Rocco 1978. [*Fast echt. Kinderbuch*]

Um sopro de vida. Pulsações. Rio de Janeiro: Editora Nova Fronteira 1978. [*Ein Hauch von Leben*]

Uma aprendizagem ou O livro dos prazeres. 1969. Rio de Janeiro: Sabiá 1993. [*Eine Lehre oder Das Buch der Lüste*]

A via crucis do corpo. Rio de Janeiro: Editora Artenova 1974. [*Der Kreuzweg des Körpers*]

A vida íntima de Laura. Rio de Janeiro: José Olympio 1974. [*Lauras Privatleben*]

Visão do esplendor. Impressões leves. Rio de Janeiro: Livraria Francisco Alves Editora D. A. 1975. [*Vision des Glanzes. Crônicas*]

- und Teresa Montero: *Correspondências*. Rio de Janeiro: Rocco 2002.

- Teresa Montero und Lícia Manzo: *Outros escritos*. Rio de Janeiro: Rocco 2005.

- und Aparecida Maria Nunes: *Correio feminino*. Rio de Janeiro: Rocco 2006.

- und Fernando Sabino: *Cartas perto do coração*. Rio de Janeiro: Editora Record 2001.

Zitierte Werke anderer Autoren

Abrahamson, Henry: *A Prayer for the Government. Ukrainians and Jews in Revolutionary Times, 1917–1920*. Cambridge, MA: Harvard University Press for the Harvard Ukrainian Research Institute and Center for Jewish Studies 1999.

American Jewish Congress, Israel Goldberg and Committee on Protest against the Massacres of Jews in Ukrainia and Other Lands: *The Massacres and Other Atrocities Committed against the Jews in Southern Russia*. New York 1920.

An-Ski, Salomon: *The Enemy at His Pleasure. A Journey through the Jewish Pale of Settlement during World War I*. Übersetzt von Joachim Neugroschel. New York: Metropolitan Books 2002.

Andrade, Oswald de: »[O lustre].« In: *Correio da Manhã*, 26. Februar 1946.

Aquino Filho, Jorge de: »Minha Mãe Clarice Lispector.« In: *Manchete*, 13 Februar 1982.

Araújo, Celso Arnaldo: »Uma escritora no escuro – Clarice Lispector.« In: *Manchete*, 3. Mai 1975.

Arêas, Vilma und Berta Waldman (Hg.): *Clarice Lispector. Remate de Males*. Campinas: Universidade Estadual de Campinas 1989 (=Revista do Departamento de Teoria Literária, 9).

Assis Brasil: »Laços de família.« In: *Jornal do Brasil*, 12. Januar 1978.

Athayde, Tristão de: »Requiem para Clarice.« In: *Jornal do Brasil*, 12. Januar 1978.

Athayde, Tristão de u. a.: *10 romancistas falam de seus personagens*. Rio de Janeiro: Edições Condé, 1946.

Ayala, Walmir: »›A Paixão segundo G. H.‹: Um romance de doação.« In: *Jornal do Comércio*, 1. Dezember 1964.

Azulay, Andréa: *Meus primeiros contos*. Rio de Janeiro: Edição limitada confeccionada por encomenda de Clarice Lispector e prefaciada por ela. 1975. Arquivo Pessoal de Andréa Azulay.

Bandeira, Manuel und Ralph Edward Ingalls Dimmick: *Brief History of Brazilian Literature, Pensamiento de América*. Washington, D. C.: Pan American Union 1958.

Barroso, Gustavo: *Os Prótocolos dos sábios de Sião. O Imperialismo de Israel. O Plano dos Judeus para a Conquista do Mundo. O Código do Anti-Cristo. Provas de autenticidade, documentos, notas, e comentários. Texto completo e apostilado por Gustavo Barroso.* São Paulo: Agência Minerva Editora 1936.

Becherucci, Bruna: »Lixo, sim: Lançamento inútil.« In: *Veja*, 31. Juli 1974.

Bishop, Elizabeth: *Poems, Prose, and Letters.* Edited by Robert Giroux and Lloyd Schwartz. New York: Library of America 2008.

Bishop, Elizabeth und Clarice Lispector: »Three Stories by Clarice Lispector.« In: *Kenyon Review* 26 (1964), 501–511.

Bishop, Elizabeth und Robert Lowell: *Words in Air. The Complete Correspondence between Elizabeth Bishop and Robert Lowell.* Hg. von Thomas Travisano und Saskia Hamilton. New York: Farrar, Straus and Giroux 2008.

Bloch, Chayim: *Der Prager Golem, von seiner »Geburt« bis zu seinem »Tod«. Nach einer alten Handschrift.* Wien: Verlag von »Dr. Blochs Wochenschrift« 1919.

Boogaart, Ernst van den, Henrik Richard Hoetink und Peter James Palmer Whitehead: *Johan Maurits van Nassau-Siegen 1604–1679. A Humanist Prince in Europe and Brazil. Essays on the Occasion of the Tercentenary of His Death.* Den Haag: Johan Maurits van Nassau Stichting 1979.

Borelli, Olga: *Clarice Lispector, esboço para um possível retrato.* Rio de Janeiro: Nova Fronteira 1981. [*Skizze für ein mögliches Porträt*]

Borelli, Olga: »Não dá para analisar Clarice.« In: *Brasil/Brazil. Revista de Literatura Brasileira* (2001).

Boxer, C. R.: *The Dutch in Brazil, 1624–1654.* Oxford: Clarendon Press 1957.

Braga, Rubem: *A cidade e a roça.* Rio de Janeiro: José Olympio 1957.

Braga, Rubem: *Com a F. E. B. na Itália. Crônicas.* Rio de Janeiro: Livraria Editora Zelio Valverde 1945.

Brandão, Moreno: »Alagoas em 1925.« In: *Livro do Nordeste (comemorativo do 1. centenário do Diário de Pernambuco).* 1925. Recife: Secretaria da Justiça, Arquivo Público Estadual 1979.

Brasil, Emanuel: *Nossos clássicos. Nr. 120: Clarice Lispector.* Rio de Janeiro: Agir 1994.

Brown, Kate: *A Biography of No Place. From Ethnic Borderland to Soviet Heartland.* Cambridge, MA; London: Harvard University Press 2004.

Cabral de Melo Neto, João: *Agrestes. Poesia (1981–1985).* Rio de Janeiro: Editora Nova Fronteira 1985.

Calado, Manoel: *O valeroso Lucideno. E triumpho da liberdade. Primeira parte.* Lissabon: Por Paulo Craesbeeck impressor & liureiro das Ordões Militares 1648.

Calmon, Pedro: *História do Brasil.* Bd. 2. Rio de Janeiro: José Olympio 1971.

Cambará, Isa: »Clarice Lispector. Não escrevo para agradar a ninguém.« In: *Folha de S. Paulo,* 10. September 1975.

Cambará, Isa: »Escritora mágica.« In: *Veja,* 30. Juli 1975.

Cançado, José Maria: »O ›vício impune‹ da leitura.« In: *Folha de S. Paulo,* 25. Oktober 1992.

Cândido, Antônio: »Perto do coração selvagem.« In: *Folha da manhã,* 16. Juli 1944.

Cândido, Antônio: *Vários escritos.* São Paulo: Livraria Duas Cidades 1977.

Cardoso, Lúcio und Mario Carelli: *Crônica da casa assassinada. Kritische Ausgabe.* Nanterre: ALLCA XX, Université Paris X, Centre de recherches latino-américaines 1991.

Cardoso, Maria Helena: *Por onde andou meu coração. Memórias.* Rio de Janeiro: José Olympio 1967.

Cardoso, Maria Helena: *Vida-vida. Memória.* Rio de Janeiro: José Olympio 1973.

Carelli, Mario: *Corcel de fogo. Vida e obra de Lúcio Cardoso (1912–1968).* Rio de Janeiro: Editora Guanabara 1988.

Carvalho, Marco Antonio de: *Rubem Braga. Um cigano fazendeiro do ar.* Rio de Janeiro: Editora Globo 2007.

Castello, José: *Inventário das sombras.* 1999. Rio de Janeiro: Editora Record 2006.

Castro, Ruy: *Carmen. Uma biografia.* São Paulo: Companhia das Letras 2005.

Castro, Ruy: *Ela é carioca. Uma enciclopédia de Ipanema.* 2. Aufl. São Paulo: Companhia das Letras 1999.

Cixous, Hélène und Deborah Jenson: »*Coming to Writing*« *and Other Essays*. Cambridge, MA: Harvard University Press 1991.

»Clarice e A Maçã no Escuro.« In: *Diário de Notícias*, 30. Juli 1961.

»Clarice Lispector diz que Escreve sem ter Esquemas.« In: [Curitiba], 25. Juli 1970.

»Clarice, um mistério sem muito mistério.« In: *Correio da Manhã*, 2. November 1971.

Córdova-Bello, Eleazar: *Compañías holandesas de navegación, agentes de la colonización neerlandesa*. Sevilla: Escuela de estudios hispano-americanos 1964.

Coutinho, Edilberto: *Criaturas de papel. Temas de literatura & sexo & folclore & carnaval & futebol & televisão & outros temas da vida*. Rio de Janeiro: Civilização Brasileira 1980.

Cruz, Juan: »Carmen Balcells. Autorretrato de una dama.« In: *El País*, 11. März 2007.

Dan, Joseph: *The Early Kabbalah*. Übersetzt von Ronald C. Kiener. New York: Paulist Press 1986.

Decol, René: »Uma certa Aracy, um chamado João.« In: *Folha de S. Paulo*, 18. Dezember 2006.

Denis, Ferdinand: *Résumé de l'histoire littéraire du Portugal, suivi du résumé de l'histoire littéraire du Brésil*. Paris: Lecointe et Durcy 1826.

Dines, Alberto: *100 páginas que fizeram história. Grandes momentos do jornalismo brasileiro nos últimos 80 anos*. São Paulo: LF & N 1997.

Dulles, John W. F.: *Carlos Lacerda, Brazilian Crusader*. 2 Bde. Austin, TX: University of Texas Press 1991.

»Entrevista com Caio Fernando Abreu.« In: *Estado de São Paulo*, 9. Dezember 1995.

»Esboço de uma possível pintora.« In: *Jornal do Brasil*, 4. November 1992.

Escorel, Lauro: »Crítica Literária.« In: *A Manhã*, 20. Oktober 1944.

Escorel, Lauro: »Prêmio da Fundação Graça Aranha de 1943.« In: *A Manhã*, 29. Oktober 1944.

Falbel, Nachman: *Estudos sobre a comunidade judaica no Brasil*. São Paulo: Federação Israelita do Estado de São Paulo 1984.

Falbel, Nachman: *Jacob Nachbin*. São Paulo: Nobel 1985.

Fausto, Boris: *Getúlio Vargas*. São Paulo: Companhia das Letras 2006.

Felinto, Marilene: »Lispector foi a congresso de bruxaria.« In: *Folha de S. Paulo*, 2. August 1992.

Fernández, Sílvia Leal: »Um ano sem Clarice.« In: *Desfile*, Dezember 1978.

Ferreira, Teresa Cristina Montero: *Eu sou uma pergunta. Uma biografia de Clarice Lispector*. Rio de Janeiro: Rocco 1999.

Figes, Orlando: *Die Tragödie eines Volkes. Die Epoche der russischen Revolution 1891 bis 1924*. Aus dem Englischen von Barbara Conrad unter Mitarbeit von Brigitte Flickinger und Vera Stutz-Bischitzky. Berlin: Berlin Verlag 1998.

Finamour, Jurema: »Clarice Lispector.« In: *Jornal de Letras*, September 1960.

Fonta, Sérgio: »O papo. Clarice Lispector.«. In: *Jornal de Letras* 259 (1972), 5.

Fraga, Eudinyr: »Clarice.« Unveröffentlichtes Typoskript, Sammlung des Autors.

Francis, Paulo: »Clarice. Impressões de uma mulher que lutou sozinha.« In: *Folha de S. Paulo*, 15. Dezember 1987.

Franco Júnior, Arnaldo: »Clarice, segundo Olga Borelli.« In: *Minas Gerais Suplemento Literário*, 19. Dezember 1987.

»Frases que ficaram.« In: *O Jornal*, 25. Februar 1968.

Freixas, Laura: *Clarice Lispector. Vidas literarias*. Barcelona: Ediciones Omega 2001.

Gaspari, Elio: *As ilusões armadas. A ditadura envergonhada*. São Paulo: Companhia das Letras 2002.

Gaspari, Elio: *As ilusões armadas. A ditadura escancarada*. São Paulo: Companhia das Letras 2002.

Gaspari, Elio: *O sacerdote e o feiticeiro. A ditadura derrotada*. São Paulo: Companhia das Letras 2003.

Gilbert, Martin: *Atlas of Russian History*. New York: Dorset Press 1972.

Gilio, María Esther: »Tristes trópicos. Con Clarice Lispector en Río.« In: *Triunfo*, 5. Juni 1976.

Girsoler, Ulysses: »Psychodiagnostique de Rorschach.« [1947–48] Clarice Lispector Archiv, Arquivo-Museu de Literatura Brasileira, Fundação Casa de Rui Barbosa, Rio de Janeiro.

Gomes, Angela Maria de Castro: *Em família. A correspondência de Oliveira Lima e Gilberto Freyre, Coleção Letras em série.* Campinas: CECULT Mercado de Letras 2005.

Gorga Filho, Remy: »Clarice Lispector. Eu não sou um monstro sagrado.« In: *Revista do livro*, Mai/Juni 1970, 112–15.

Gotlib, Nádia Battella: *Clarice. Uma vida que se conta.* São Paulo: Editora Atica 1995.

Gotlib, Nádia Battella: *Clarice Fotobiografia.* São Paulo: Edusp / Imprensa Oficial 2007.

Graieb, Carlos: »A ciranda de Lygia.« In: *Veja São Paulo*, 6. August 2008.

Guimarães, Valmiki Villela: »Clarice Lispector em duas histórias.« In: *Minas Gerais Suplemento Literário*, 19. Dezember 1987.

Hesse, Hermann: *Der Steppenwolf.* Berlin: S. Fischer Verlag 1927.

Hofferman, Nathan: *The 20th Century and I.* Records of the Chechelnicker Benevolent Association of New York [ohne Jahr].

Hohlfeldt, Antônio: »Uma tarde com Clarice Lispector.« In: *Correio do povo*, 3. Januar 1971.

Howe, Irving: *World of Our Fathers.* New York: Harcourt Brace Jovanovich 1976.

Hundert, Gershon David (Hg.): *The YIVO Encyclopedia of Jews in Eastern Europe.* 2 Bde. New Haven, CT: Yale University Press 2008.

Instituto Moreira Salles: *Cadernos de literatura brasileira. Clarice Lispector*: Bde. 17 und 18. São Paulo: Instituto Moreira Salles 2004.

Instituto Moreira Salles: *Cadernos de literatura brasileira. Erico Verissimo.* Bd. 16. São Paulo: Instituto Moreira Salles 2003.

Instituto Moreira Salles und Carlos Mendes de Sousa: »A revelação do nome.« In: *Cadernos de literatura brasileira. Clarice Lispector*. São Paulo: Instituto Moreira Salles 2004.

Ivo Lêdo: *Melhores crônicas de Lêdo Ivo.* Hg. von Gilberto Mendonça Teles. São Paulo: Global Editora 2004.

Kaufman, Tânia Neumann: *Passos perdidos, história recuperada. A presença judaica em Pernambuco.* Recife: Editora Bagaço 2000.

Kaufman, Tânia Neumann u. a.: *Passos Perdidos, História Desenhada. A Presença Judaica em Pernambuco no Século xx.* Bd. 1. Recife: Arquivo Histórico Judaico de Pernambuco 2005.

Koifman, Fábio: *Quixote nas trevas. O embaixador Souza Dantas e os refugiados do nazismo.* Rio de Janeiro: Editora Record 2002.

Kushnir, Beatriz: *Baile de máscaras. Mulheres judias e prostituição. As polacas e suas associações de ajuda mútua.* Rio de Janeiro: Image Editora 1996.

Lara Resende, Otto: »Mãe, filha, amiga.« In: *O Globo,* 10. Dezember 1977.

Lecache, Bernard: *Quand Israël meurt.* Paris: Éditions du »Progrès civique« 1927.

Lerner, Julio: *Clarice Lispector, essa desconhecida.* São Paulo: Via Lettera 2007.

Lerner, Julio: »A última entrevista de Clarice Lispector.« In: *Shalom,* Juni/August 1992, 62–69.

Lesser, Jeff: *Welcoming the Undesirables. Brazil and the Jewish Question.* Berkeley, CA: University of California Press 1995.

Lewis, Norman: *Naples '44.* 1978. New York: Pantheon Books 2002.

Linhares, Temístocles »Romances femininos.« In: *Estado de São Paulo Suplemento Literário,* 18. November 1961.

Lins, Álvaro: *Os mortos de sobrecasaca. Obras, autores e problemas da literatura brasileira. Ensaios e estudos 1940–1960.* Rio de Janeiro: Editora Civilização Brasileira 1963.

Lispector, Elisa: *Além da fronteira.* 1945. Rio de Janeiro: Leitura 1988. [*Jenseits der Grenze*]

Lispector, Elisa: *Corpo a corpo.* Rio de Janeiro: Edições Antares 1983. [*Körper an Körper*]

Lispector, Elisa: *No exílio. Romance.* 1948. Rio de Janeiro: Editora Pongetti 1971. [*Im Exil*]

Lispector, Elisa: *O dia mais longo de Thereza*. Rio de Janeiro: Gráfica Record Editora S. A. 1965. [*Therezas längster Tag*]

Lispector, Elisa: *O muro de pedras*. Rio de Janeiro: Livraria José Olympio Editora 1963. [*Die steinerne Mauer*]

Lispector, Elisa: *Retratos antigos*. Unveröffentlichtes Typoskript. Sammlung Nicole Algranti, Teresópolis, Rio de Janeiro. [*Alte Bilder*]

Lowe, Elizabeth: »The Passion According to C. L.« In: *Review* 24 (1979), 34–37.

Machado de Assis, Joaquim Maria: »Instinto de nacionalidade.« 1873.

Malamud, Samuel: *Escalas no tempo*. Rio de Janeiro: Editora Record 1986.

Manzo, Lícia: *Era uma vez-eu. A não-ficção na obra de Clarice Lispector. Ensaio*. Curitiba: Governo do Estado do Paraná Secretaria de Estado da Cultura / The Document Company, Xerox do Brasil 1998.

Marcondes Homem de Mello, Francisco Ignacio und Francisco Homem de Mello: *Geographia-atlas do Brazil e das cinco partes do mundo*. Rio de Janeiro: F. Briguiet 1912.

Martin, Diane: *Clarice Lispector. A Bio-Bibliography*. Westport, CT.: Greenwood Press 1993.

McCann, Frank D.: »Brazil and World War II. The Forgotten Ally. What did you do in the war, Zé Carioca?«. In: *Estudios Interdisciplinarios de América Latina y el Caribe* 6, 2 (1995). http://www.tau.ac.il/eial/VI_2/mccann.htm

Medeiros, Elza Cansanção: *E foi assim que a cobra fumou*. Rio de Janeiro: Marques-Saraiva 1987.

Meira, Mauritônio: »Clarice Lispector não quer se enfeitar com penas que não sejam suas.« In: *O Globo*, 10. Januar 1960.

Meira, Mauritônio: »Clarice Lispector volta à editoras: ›Laços de família‹.« In: *O Globo*, 27. März 1960.

Mengozzi, Federico: »Mistérios de Clarice.« In: *Época*, 3. Dezember 2004.

»Meus livros têm ›recadinhos‹. Quais? Os críticos é que dizem ...« In: *O Globo*, 15. Mai 1961.

Milliet, Sérgio: *Diário crítico de Sérgio Milliet*. Bd. 7. 1953. São Paulo: Martins 1982.

Milliet, Sérgio: *Dário crítico de Sérgio Milliet*. Bd. 3. 1944. São Paulo: Editora Brasiliense Ltda. 1981.

»Moonlight Dance Opens a Congress of Sorcery.« In: *New York Times*, 26. August 1975.

Moraes, Dénis de: »Humor de combate. Henfil e os 30 ano do Pasquim.« In: *Ciberlegenda* 2 (1999). http://www.uff.br/mestcii/denis3.htm

Moraes, Emmanuel de: »A via-crucis de Clarice.« In: *Jornal do Brasil*, 17. August 1974.

Morais, Fernando: *Corações sujos. A história da Shindo Renmei*. São Paulo: Companhia das Letras 2000.

Morganti, Vera Regina u. a.: *Confissões do amor e da arte*. Porto Alegre: Mercado Aberto 1994.

Moser, Benjamin: »A Newly Discovered Poem by Clarice Lispector.« In: *Brasil / Brazil. A Journal of Brazilian Literature* 36 (2007), 20. Jg., 36–45.

Nicklaus, Robert L.: »Occult Conventioneers.« In: *Evangelical Missions Quarterly*, 1. Januar 1976, 5–12.

Nolasco, Edgar Cézar: »Restos de Ficção. A criação biográfico-literária de Clarice Lispector.« Universidade Federal de Minas Gerais 2003.

Nunes, Aparecida Maria: *Clarice Lispector Jornalista. Paginas femininas & outras paginas*. São Paulo: Editora Senac 2006.

Nunes, Benedito: »Clarice Lispector ou o naufrágio da introspecção.« In: *Colóquio / Letras* 70 (1982), 12–22.

Oliveira, Marly de: *A suave pantera*. Rio de Janeiro: Orfeu 1968. [*Der sanfte Panther*]

»Os novos. Elisa Lispector.« In: *Revista Panorama*, August 1947.

Page, Joseph A.: *Perón, a Biography*. New York: Random House 1983.

Paixão, Fernando und Maria Celeste Mira: *Momentos do livro no Brasil*. São Paulo: Editora Atica 1995.

Peixoto, Marta: *Passionate Fictions. Gender, Narrative, and Violence in Clarice Lispector*. Minneapolis: University of Minnesota Press 1994.

Perez, Renard: *Escritores brasileiros contemporâneos*. 2. Aufl. Rio de Janeiro: Civilização Brasileira 1970.

Perez, Renard: »Lembrança de Elisa Lispector.« 1996. Unveröffentlichtes Typoskript, Sammlung des Autors.

Pessoa, Fernando: *Heróstrato e a busca da imortalidade*. Übersetzt von Manuela Rocha. Hg. von Richard Zenith. Lissabon: Assírio & Alvim 2000 (= Obras de Fernando Pessoa, 14).

Pontieri, Regina Lucia: *Clarice Lispector. Uma poética do olhar*. São Paulo: Ateliê Editorial 1999.

Prado, Paulo: *Retrato do Brasil. Ensaio sobre a tristeza brasileira*. 1928. São Paulo: Duprat-Mayença 1997.

Proença, Edgar: »Um minuto de palestra ...« In: *Estado do Pará*, 20. Februar 1944.

Quisling, Vidkun, Fund for the Relief of the Jewish Victims of the War in Eastern Europe: *The Truth about the Ukrainian Horror. Official Report*. London: Fund for the Relief of the Jewish Victims of the War in Eastern Europe 1922.

Rabassa, Gregory: *If This Be Treason. Translation and Its Dyscontents. A Memoir*. New York: New Directions 2005.

Ravage, Marcus Eli: *The Jew Pays. A Narrative of the Consequences of the War to the Jews of Eastern Europe*. New York: Knopf 1919.

Rêgo, Norma Pereira: »Lispector. Sempre em tom maior.« 1969. Zeitungsausschnitt, Clarice Lispector Archiv, Arquivo-Museu de Literatura Brasileira, Fundação Casa de Rui Barbosa, Rio de Janeiro.

Reid, Anna: *Borderland. A Journey through the History of Ukraine*. Boulder, CO: Westview Press 1999.

Ribeiro, Leo Gilson: »Auto-inspeção.« In: *Veja*, 19. September 1973.

Ribeiro, Leo Gilson: »Tentativa de explicação.« In: *Correio da manhã*, 21. März 1965.

Rodrigues, José Honório: *Historiografia e bibliografia do domínio holandês no Brasil*. Rio de Janeiro: Departamento de Imprensa Nacional 1949.

Rouchou, Joëlle: *Samuel, duas vozes de Wainer*. 2. Aufl. Rio de Janeiro: UniverCidade 2004.

Sabino, Fernando: *O tabuleiro de damas*. Rio de Janeiro: Editora Record 1988.

Santos, Joaquim Ferreira dos: *Feliz 1958. O ano que não devia terminar*. Rio de Janeiro: Editora Record 1997.

Sartre, Jean-Paul: *Furacão sôbre Cuba*. Rio de Janeiro: Editora do Autor 1961. [*Wirbelsturm über Kuba*]

Scholem, Gershom: *Die jüdische Mystik in ihren Hauptströmungen*. Frankfurt am Main: Suhrkamp 1980.

Scholem, Gershom: *Zur Kabbala und ihrer Symbolik*. Frankfurt am Main: Suhrkamp 1973.

»Sepultamento de Clarice será simples e discreto.« In: *O Globo*, 11. Dezember 1977.

Severino, Alexandrino: »As duas versões de Água viva.« In: *Remate de Males* 9 (1989), 115–18.

Simões, João Gaspar: »Clarice Lispector ›Existencialista‹ ou ›Supra-realista‹.« In: *Diário Carioca*, 28. Mai 1950.

Singer, Isidore und Cyrus Adler (Hg.): *The Jewish Encyclopedia. A Descriptive Record of the History to the Present Day*. 12 Bde. New York: Funk & Wagnalls 1906.

Skidmore, Thomas E.: *Black into White. Race and Nationality in Brazilian Thought*. 1974. New York: Oxford University Press 1993.

Skidmore, Thomas E.: *Politics in Brazil, 1930–1964. An Experiment in Democracy*. New York: Oxford University Press 1967.

Sousa, Carlos Mendes de: *Clarice Lispector, figuras da escrita*. Minho: Universidade de Minho Centro de Estudos Humanísticos 2000.

Souza, Gilda de Mello e: »O lustre.« In: *Estado de S. Paulo*, 14. Juli 1946.

Spinoza, Benedictus de: *Die Ethik*. Übersetzt von Jakob Stern. Stuttgart: Reclam 2007.

Spinoza, Benedictus de: *Korte verhandeling van God, de mensch en deszelvs welstand*. Um 1660. Koninklijke Bibliotheek, Den Haag.

Spinoza, Benedictus de und Arnold Zweig: *Les pages immortelles de Spinoza*. Paris: Éditions Corrêa 1940.

Tschanz, David W.: »Typhus Fever on the Eastern Front in World War I.« http://entomology.montana.edu/historybug/wwi/TEF.htm

União Brasileira de Escritores: *Boletim Bibliográfico Brasileiro*. Bd. 9. Rio de Janeiro: Estante Publicações 1961.

Varin, Claire: *Langues de feu. Essai sur Clarice Lispector*. Laval, Québec: Trois 1990.

Varin, Claire mit Clarice Lispector: *Clarice Lispector. Rencontres brésiliennes*. Laval, Québec: Trois 1987. [Interviews]

Vasconcellos, Eliana: *Inventário do arquivo Clarice Lispector*. Rio de Janeiro: Ministério da Cultura, Fundação Casa de Rui Barbosa, Centro de Memória e Difusão Cultural, Arquivo-Museu de Literatura Brasileira 1994.

Veloso, Caetano: »Clarice segundo suas paixões.« In: *Jornal do Brasil*, 24. November 1992.

Veloso, Caetano: *Verdade tropical*. São Paulo: Companhia das Letras 1997.

Venâncio, Renato Pinto: »Presença portuguesa. De colonizadores a imigrantes.« In: *Brasil, 500 anos de povoamento*. Rio de Janeiro: IBGE, Centro de Documentação e Disseminação de Informação 2000.

Venâncio Filho, Francisco: *Euclides da Cunha e seus Amigos*. São Paulo: Cia. Editora Nacional 1938.

Verissimo, Erico: *Brazilian Literature. An Outline*. New York: Macmillan 1945.

Verissimo, Erico: *Solo de clarineta. Memórias*. 1973. Porto Alegre: Editora Globo 2005.

Vieira, Nelson: »A expressão judaica na obra de Clarice Lispector.« In: *Clarice Lispector. Remate de Males. Revista do Departamento de Teoria Literária*. Hg. von Vilma Arêas und Berta Waldman. Campinas: Universidade Estadual de Campinas 1989.

Vieira, Nelson: *Jewish Voices in Brazilian Literature. A Prophetic Discourse of Alterity*. Gainesville, FL: University Press of Florida 1995.

Vincent, Isabel: *Bodies and Souls. The Tragic Plight of Three Jewish Women Forced into Prostitution in the Americas*. New York, NY: William Morrow 2005.

Wainer, Samuel: *Minha razão de viver. Memórias de um repórter*. Hg. von Augusto Nunes. São Paulo: Planeta 2005.

Wainstok, David: *Caminhada. Reminiscências e reflexões*. Rio de Janeiro: Editora Lidador 2000.

Wainstok, Israel: *Zichrones fun a fater*. Rio de Janeiro: Impresso nos Estabelecimentos Gráficos »Monte Scopus« 1955.

Werneck, Humberto: *O desatino da rapaziada. Jornalistas e escritores em Minas Gerais.* São Paulo: Companhia das Letras 1992.

Williams, Claire: *The Encounter between Opposites in the Works of Clarice Lispector.* Bristol: Hispanic, Portuguese, and Latin American Monographs 2006.

Wowk, C. T., S. W. Taranez und W. A. Kossakiwski: *Narissi s istoryi Tschetschelnika. S naidawnischich tchassiw do naschich dniw*. Winniza: »Kompjuternaja werstka ta chudoschne oformlennija redakzii gaseti *Tschetschelnizkii wisnik*« 2000.

Zweig, Stefan: *Begegnungen mit Menschen, Büchern, Städten*. Wien: H. Reichner 1937.

Zweig, Stefan: *Die Welt von Gestern. Erinnerungen eines Europäers*. 1942. Stockholm: Bermann Fischer 1946.

Namensregister

Ortsregister

Die Originalausgabe erschien 2009 unter dem Titel
»Why This World. A Biography of Clarice Lispector«
bei Oxford University Press, New York.

Verlagsgruppe Random House FSC® N001967
Das für dieses Buch verwendete FSC®-zertifizierte
Papier *Lux Cream* liefert Stora Enso, Finnland.

1. Auflage
Genehmigte Taschenbuchausgabe August 2015,
btb Verlag in der Verlagsgruppe Random House GmbH, München
Copyright © 2009 by Benjamin Moser
Copyright © der deutschsprachigen Ausgabe 2013 by Schöffling & Co.
Verlagsbuchhandlung GmbH, Frankfurt am Main
Copyright der Zitate aus sämtlichen Werken sowie der Fotos von Clarice
Lispector, sofern nicht anders angegeben: © Clarice Lispector Erben 2013
Umschlaggestaltung: Schöffling & Co., Frankfurt am Main;
© Paulo Gurgel Valente
Druck und Einband: CPI books GmbH, Leck
LW · Herstellung: sc
Printed in Germany
ISBN 978-3-442-74904-1

www.btb-verlag.de
www.facebook.com/btbverlag
Besuchen Sie auch unseren LiteraturBlog www.transatlantik.de

Irène Némirovsky

Suite française

Roman

512 Seiten, btb 73644

Sommer 1940: Die Deutsche Armee steht vor Paris. Voller Panik
packen die Menschen ihre letzten Habseligkeiten zusammen und
fliehen. Angesichts der existentiellen Bedrohung zeigen sie ihren
wahren Charakter ...
Der wiederentdeckte Roman »Suite française« wurde 2004 zur
literarischen Sensation. Über 60 Jahre lag das Vermächtnis der
französischen Starautorin der 30er Jahre unerkannt in einem
Koffer – bis der Zufall dieses eindrucksvolle Sittengemälde aus
der Zeit des Zweiten Weltkriegs ans Licht brachte.

Der Fall Kurilow

Roman

192 Seiten, btb 73614

Im zaristischen Petersburg der Jahrhundertwende soll der
Revolutionär und Anarchist Léon M. den Erziehungsminister des
Zaren ermorden – den zynischen, schwerkranken, dekadenten
Kurilow. Als Hausarzt verschafft sich Léon Zugang zu seinemOpfer.
Doch je näher Léon Kurilow kommt, umso mehr gewinnt der
Minister menschliche Züge, und Léon zweifelt am Sinn seiner
Mission.
Ein ebenso spannendes wie sensibles und atmosphärisch dicht
gezeichnetes Psychogramm von Opfer und Täter.

btb

Elizabeth Strout

Mit Blick aufs Meer

Roman

480 Seiten, btb 74700
Geschenkausgabe im kleinen Format,
bedrucktes Ganzleinen mit Lesebändchen
Aus dem Amerikanischen von Sabine Roth

Ausgezeichnet mit dem Pulitzerpreis

In Crosby, einer kleinen Stadt an der Küste von Maine, ist nicht
viel los. Doch sieht man genauer hin, ist jeder Mensch eine
Geschichte und Crosby die ganze Welt. Die amerikanische
Bestsellerautorin fügt diese Geschichten mit liebevoller Ironie
und feinem Gespür für Zwischenmenschliches zu einem
unvergesslichen Roman.

»Warmherzig, anrührend, lebensklug.«
Frankfurter Allgemeine Zeitung

btb

Edith Wharton

Traumtänzer

Roman

432 Seiten, btb 74465

Eine Villa am Comer See, ein Palazzo in Venedig, die exklusiven Salons in London und Paris – hier gibt sich die High Society der goldenen 20er Jahren des letzten Jahrhunderts ein Stelldichein. Mittendrin das frisch verheiratete, aber mittellose Paar Susy und Nick Lansing, die sich fröhlich von einer Sommerfrische zur nächsten schmarotzen und mit Esprit ihre Gönner unterhalten. Doch für ihr Luxusleben zahlen sie einen hohen Preis, denn die Abhängigkeit von ihren reichen Freunden hat ungeahnte Folgen für das junge Paar.

Ein altes Haus am Hudson River

Roman

624 Seiten, btb 74606

Für Vance Weston, Sohn eines Immobilienspekulanten, hält die Zukunft ein komfortables Leben in der amerikanischen Provinz bereit. Doch der 19-Jährige hat eigene Pläne: Vance will nach New York und dort Schriftsteller werden. Tatsächlich gelingt ihm in der pulsierenden Metropole der kometenhafte Aufstieg zum Liebling der Society. Doch allzu rasch folgt die große Ernüchterung, und Vance muss sich zwischen kommerziellem Erfolg und seinen literarischen Grundsätzen entscheiden. Der einzige Mensch, der ihm Orientierung bietet, ist Héloïse, die kluge und schöne Frau seines Verlegers.

btb